大清一統志

第二十二册

四川（一）

上海古籍出版社

四川（一）

目録

四川統部圖

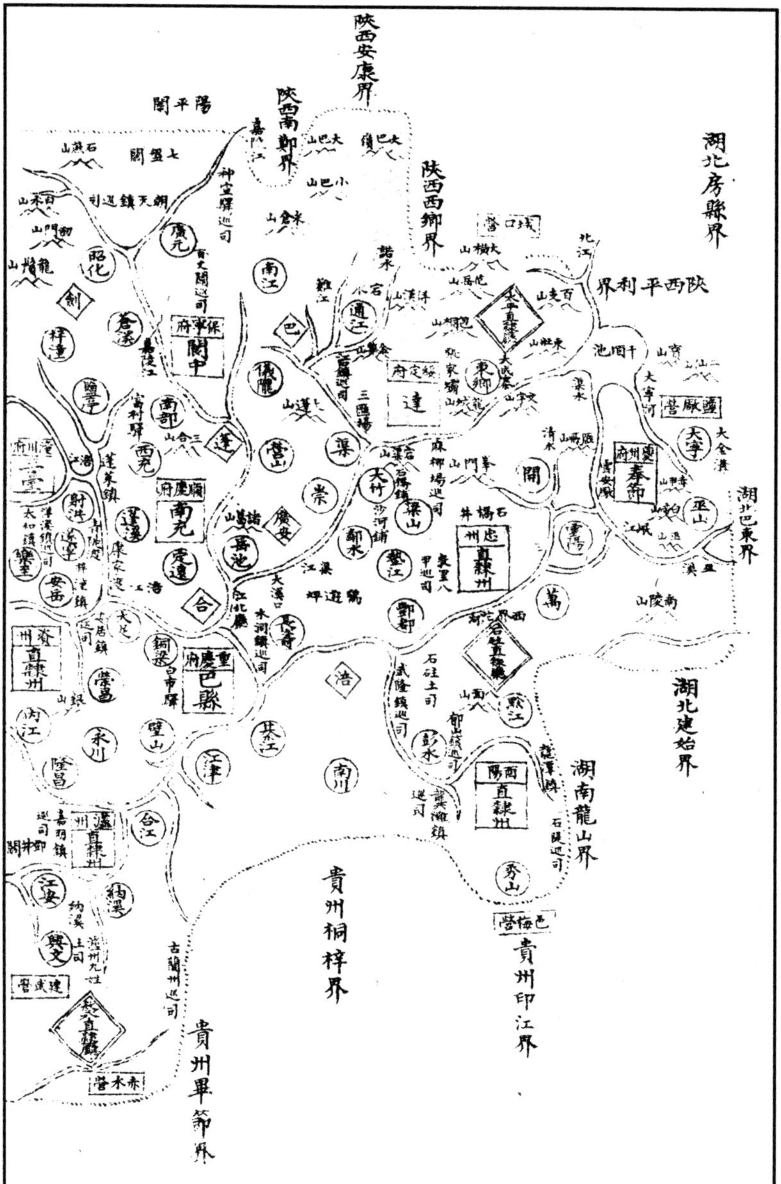
陝西安康界
陝西南鄭界
陝西西鄉界
湖北房縣界
陝西平利界
湖北巴東界
湖北建始界
湖南龍山界
貴州桐梓界
貴州印江界
貴州畢節界
陽平關
七盤關
城口營
保寧府
閬中
順慶府
南充
綏定府
達
重慶府
巴縣
夔州府
奉節
忠州直隸州
酉陽直隸州
瀘州直隸州
資州直隸州
太平直隸廳
石砫直隸廳
敘永直隸廳
鹽廠營
邑梅營
建武營
赤水營
廣元
昭化
劍
蒼溪
梓潼
南部
西充
南江
通江
巴
儀隴
東鄉
蓬
營山
渠
大竹
梁山
開
雲陽
萬
大寧
巫山
鄰水
墊江
長壽
豐都
涪
合
定遠
岳池
廣安
遂寧
射洪
安岳
銅梁
璧山
永川
江津
綦江
南川
榮昌
隆昌
內江
合江
納溪
江安
興文
黔江
彭水
秀山

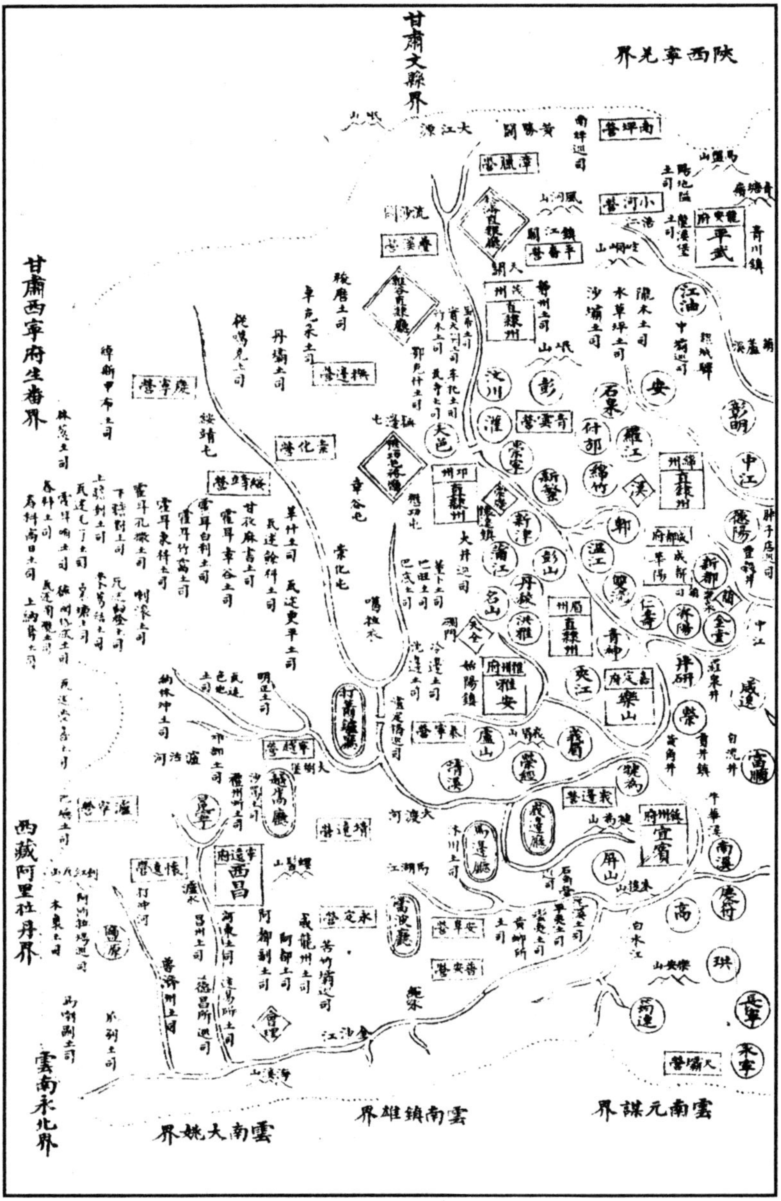
甘肅文縣界
陝西寧羌界
甘肅西寧府生番界
西藏阿里拉丹界
雲南永北界
雲南大姚界
雲南鎮雄界
雲南元謀界
大江源
黃陽關
南坪營
漳臘營
松潘直隸廳
小河營
龍安府
平武
青川鎮
江油
彰明
中江
德陽
新都
成都府
茂州直隸州
汶川
灌
彭
安
石泉
羅江
什邡
綿竹
綿州直隸州
漢
郫
新繁
新津
崇寧
溫江
邛州直隸州
大邑
雅州府
雅安
嘉定府
樂山
眉州直隸州
夾江
洪雅
丹稜
名山
蒲江
彭山
青神
仁壽
井研
榮
威遠
富順
犍為
峨眉
峨邊廳
敘州府
宜賓
屏山
南溪
慶符
高
珙
長寧
興文
馬邊廳
雷波廳
寧遠府
西昌
越巂廳
冕寧
會理
鹽源
打箭爐廳

四川統部表

		成都府
秦	置巴、蜀二郡。	蜀郡
兩漢	高帝分置廣漢郡，武帝置犍爲、沈黎、汶山、越嶲等郡。元封二年置益州郡，後省沈黎、汶山。後漢安帝分置蜀郡、犍爲屬國都尉。	益州蜀郡 後漢移州來治。
三國	蜀漢建都，又分置梓潼、涪陵、汶山、漢嘉、朱提五郡。魏景元四年，分置梁、益二州。	益州蜀郡 蜀漢建都。魏景元四年入魏。
晉		益州蜀郡 太康十年改置成都國。後復故。
南北朝	梁承聖二年入西魏。	益州蜀郡
隋	開皇二年廢益州，置西南道行臺。	蜀郡 開皇初州、郡俱廢。大業元年復置郡。
唐	貞觀元年以益州置劍南道，梁州置山南道。開元二十二年分山南爲東、西，梁州爲山南西道。	成都府 武德元年復置州。至德二載改府。
五代	初屬王建，後屬孟知祥。	成都府
宋	乾德三年置西川路。開寶六年分置峽西路，尋併爲川峽路。咸平四年分置益、梓、利、夔四路，總曰四川路。	成都府路 太平興國六年降爲益州。端拱元年復府。咸平四年分置益州路。嘉祐六年改名。
元	四川等處行中書省。	成都府 改路。
明	四川布政使司。洪武四年置。	成都府 洪武初復府，四川布政使司治。

續表

重慶府	保寧府	順慶府
巴郡	巴郡地。	巴郡地。
巴郡治江州縣。後漢初平六年改永寧郡。建安六年復故。	巴西郡後漢建安六年分置。	巴郡安漢、宕渠等縣地。
巴東郡	巴西郡	
巴東郡	巴西郡	
楚州巴郡梁置州，西魏改巴州，周復故。	隆州盤龍郡宋置北巴西郡，梁天監八年置南梁州。西魏改名。	南宕渠郡宋置。梁去「南」字。
巴郡開皇初郡廢，改渝州。大業初改州爲郡。	巴西郡開皇初郡廢。大業初改州爲郡，復故名。	開皇初郡廢，大業初屬巴西郡。
渝州武德元年復置州。天寶初改南平郡，乾元初復故，屬劍南東道。	閬州武德元年置隆州，先天二年改名。天寶初改閬中郡，乾元初復故，屬山南道。	果州武德四年置州，天寶元年改南充郡，乾元元年復故，屬山南西道。
渝州屬蜀。	閬州唐天成四年置保寧軍，長興中入蜀。	果州屬蜀。
重慶府崇寧元年改恭州，淳熙十六年升府。	閬州初屬利州路，紹興十四年屬利州東路。	順慶府寶慶三年升府。
重慶路至元十六年改路。	保寧府初屬利州路，至元十三年升府，二十年改路，後復爲府，隸廣元路。	順慶路至元四年置東川路，後改府。十五年復曰順慶府，二十年改路。
重慶府洪武初復府，屬四川布政使司。	保寧府屬四川布政使司。	順慶府洪武初復府，屬四川布政使司。

續表

敘州府	夔州府	龍安府
西南夷地。	巴郡地。	氐、羌地。
犍爲郡 建元六年置，後徙。	巴郡 後漢初平元年分置固陵郡，建安六年改名。	廣漢郡地。
	巴東郡	陰平郡地。
	巴東郡 永和初屬荆州。	
犍爲郡 齊復移來治。梁大同十年改置戎州。	巴東郡 齊建元二年兼置巴州，永明元年省。梁改置信州。	龍州 江油郡 後漢置郡，西魏置州。
犍爲郡 大業初復改州爲郡。	巴東郡 開皇初郡廢，大業三年復改州爲郡。	平武郡 開皇三年郡廢，大業初改州爲郡，更名義寧。二年改龍門郡，尋曰西龍門郡。
戎州 武德元年復置州，天寶元年改南溪郡，乾元元年復故，屬劒南道。	夔州 武德元年復置州，二年改名。天寶元年改雲安郡，乾元元年復故，屬山南東道。	龍州 貞觀元年改龍門州，天寶元年復曰江油郡。至德二載改應靈郡，乾元元年復改州，屬劒南道。
戎州 屬蜀。	夔州 屬蜀。	龍州
敘州 政和四年改名，屬潼川路。	夔州路 開皇六年分置峽西路，咸平四年改名。	龍州 政和五年改政州，屬利州路。紹興五年復故。寶祐六年徙。
敘州路 至元十八年升路。	夔州路 至元十五年兼置總管府。	龍州 屬廣元路。
敘州府 洪武六年改府，屬四川布政使司。	夔州府 洪武四年改府，九年降州，屬重慶府。十三年復升府，屬四川布政使司。	龍安府 洪武二十二年改軍民千户所，尋爲州。嘉靖四十五年改府，屬四川布政使司。

續表

寧遠府	雅州府	嘉定府
	蜀郡地。	蜀郡地。
越巂郡 元鼎六年置，屬益州。		犍爲郡地。
越巂郡	漢嘉郡 蜀漢置。	
越巂郡 徙治會無。太安二年改屬寧州。咸康八年還屬益州。	永嘉後廢。	
嚴州 齊改越巂獠郡，尋没於獠。梁置巂州，旋廢。周天和五年置西寧州，尋改名。	蒙山郡 西魏置。	嘉州平羌郡 周保定元年置郡，大成元年分置州。
越巂郡 開皇十八年復巂州，大業初復郡。	臨邛郡 開皇初郡廢。仁壽四年置雅州。大業三年改州爲郡。	眉山郡 開皇初郡廢。大業二年州併入眉州，尋置郡。
巂州 武德元年復置州。太和六年徙治臺登。咸通中置建昌府。	雅州 武德元年復置州。天寶元年改盧山郡。乾元元年復故，屬劍南道。	嘉州 武德元年復置州。天寶初改犍爲郡。乾元初復故，屬劍南道。
	雅州 屬蜀。	嘉州 屬蜀。
羈屬大理。	雅州 屬成都府路。	嘉定府 慶元二年升府。
建昌路 至元十二年置。	雅州 初屬嘉定路，至元中改屬吐蕃宣慰司。	嘉定路 至元十三年改路。
洪武十五年置建昌府，屬四川布政使司，又置建昌衛，屬四川都司。後府廢，改衛爲軍民指揮使司。	雅州 屬四川布政使司。	嘉定州 洪武四年復府，九年降州，屬四川布政使司。

潼川府	綏定府	眉州直隸州
蜀郡地。	巴郡地。	蜀郡地。
廣漢郡地。		犍爲郡武陽縣地。
新州昌城郡。宋分置新城郡，齊廢，梁末置州，西魏兼置郡。	巴渠郡。宋分置，梁置萬州及東關郡，西魏改通州。	齊通左郡。齊建武三年析置。梁改齊通郡，兼置青州。西魏改眉州。周復曰青州，尋又改嘉州。
新城郡。開皇初郡廢，末改梓州。大業初改州爲郡。	通川郡。開皇初郡廢，大業初改州爲郡。	開皇初郡廢。大業二年改州曰眉州，尋廢。
梓州。武德元年復置州。天寶元年改梓潼郡。乾元元年復故，屬劍南道。	通州。武德元年復州，天寶初復郡，乾元初又改屬山南西道。	眉州。武德二年復置州。天寶初改通義郡。乾元初復故，屬劍南道。
梓州屬蜀。	通州屬蜀。	眉州屬蜀。
潼川府。咸平四年分置梓州路，後曰潼川路。重和元年升府。	達州。乾德二年改名，屬夔州路。	眉州。屬成都府路。
潼川府	達州	眉州。至元十三年屬嘉定路。
潼川府。洪武九年降州，屬四川布政使司。	達州。洪武九年降縣。正德九年復州，屬夔州府。	眉州。洪武九年降縣，十三年升直隸州，屬四川布政使司。

續表

	邛州直隸州	瀘州直隸州	資州直隸州
	蜀郡地。		蜀郡地。
		江陽郡 後漢建安十八年分犍爲郡置。	資中縣地。
		江陽郡	
		江陽郡 安帝時徙廢。	
	邛州 臨邛郡 梁置州，西魏置郡。	瀘州 東江陽郡 宋加「東」字。梁移郡來治，兼置州。	
	開皇初郡廢，大業初州〔廢〕。	瀘川郡 開皇初郡廢，大業初改州爲郡。	資陽郡 開皇七年移資州來治。大業初改郡。
	邛州 武德元年復州，天寶初復郡，乾元初又改屬劍南道。	瀘州 武德元年復州，天寶初復郡，乾元初又改屬劍南道。	資州 武德元年復州，天寶元年復郡，乾元元年又改屬劍南道。
	邛州 屬蜀。	瀘州 屬蜀。	資州 屬蜀。
	邛州 臨邛郡 屬成都府路。	江安州 景定二年改名，屬潼川府。	資州 資陽郡 屬潼川路。
	邛州 至元十三年屬嘉定路。	瀘州 復故名，屬重慶路。	初廢，至正末復置。
	邛州 洪武九年降縣，屬嘉定州。成化十九年升直隸州，屬四川布政使司。	瀘州 洪武初升直隸州，屬四川布政使司。	資縣 洪武四年降縣，屬成都府。

續表

綿州直隸州	茂州直隸州	忠州直隸州
	元鼎六年置汶山郡。地節三年省屬蜀郡，爲北部都尉。	
	汶山郡 蜀漢復置。	
永嘉後移梓潼、巴西二郡來治。	徙治汶山縣。	
潼州 巴西郡 魏置州。	汶州 北部郡 梁置繩州北部郡，周改州名。	臨州 臨江郡 梁大同六年置郡，西魏置州。
金山郡 開皇初郡廢，五年改綿州，大業初改州爲郡。	汶山郡 開皇初郡廢，改蜀州，尋改會州。大業初復改州爲郡。	臨州 開皇初郡廢，大業初州廢，義寧二年復置州。
綿州 武德元年復州，天寶元年復巴西郡，乾元元年又改屬劍南東道。	茂州 武德元年復置會州，尋改南會州。貞觀八年又改。天寶元年改通化郡。乾元元年復故，屬劍南道。	忠州 貞觀八年改名，天寶初改南賓郡，乾元初復故，屬山南東道。
綿州 屬蜀。	茂州 屬蜀。	忠州 屬蜀。
綿州 屬成都府路。	茂州 通化郡 屬成都府路。	咸淳府 咸淳元年升府。
綿州 至元二十年改屬潼川府。	茂州 屬吐蕃宣慰司。	忠州 復降州。至元二十一年改屬重慶路。
綿州 屬成都府。	茂州 屬成都府。	忠州 屬重慶府。

續表

酉陽直隸州	敘永直隸廳	松潘直隸廳
涪陵、遷陵二縣地。	犍爲郡地。	
蜀漢僑置酉陽縣，尋省。		
永嘉後没於蠻。	蠻獠地。	
周爲黔州地。		扶州龍涸郡，周天和元年置。
開皇末置務川縣，屬巴東郡。		開皇三年郡廢，七年州廢。
武德初置思州，尋改務州。貞觀四年復故。開元四年置思印縣，屬思州。		松州武德元年置，天寶初改交川郡。乾元初復故，屬劍南道。廣德初入吐蕃。
復没於蠻。		
政和七年復置思州。宣和四年廢，紹興元年復置。	瀘州江安、合江二縣地。	吐蕃地。
酉陽州置，改名，屬懷德府。	初置西南番總管府，至元三十五年改永寧路，隸四川行省。至正中改永寧宣撫司。	屬吐蕃等處宣慰司。
初仍爲州，尋改宣撫司，屬四川都司。永樂十六年改屬重慶府。天啓初又改宣慰司。	洪武四年改永寧安撫司。八年復故，隸四川布政使司。天啓三年置同知轄之，屬敘州府。	洪武十二年置松州、潘州二衛，尋併爲松潘衛。二十年改松潘等處軍民指揮使司，隸四川都司。嘉靖四十二年復改松潘衛。

續表

石砫直隸廳	雜谷直隸廳	太平直隸廳	懋功屯務廳
巴郡臨江縣南境。		巴郡宕渠縣地。後漢宣漢縣地。	西南蠻地。
巴東郡南浦縣地。			
周以後施州西境。		東關縣宋置，屬巴渠郡。梁置南晉郡。西魏置并州，領南晉郡。周改名永昌郡。	
		宣漢縣開皇初州郡俱廢，改名，屬通川郡。	
後没於蠻。	維州武德七年置廣德。後入吐蕃，太和五年收復。	宣漢縣武德元年復置南并州，貞觀初廢屬通州。	吐蕃地。
	蜀內徙。	宣漢縣	
景定中置石砫安撫司。	威州保寧縣地。	乾德五年省入東鄉。	
初改石砫軍民府，尋升軍民安撫司。	威州地。		
洪武八年改石砫宣撫司，屬重慶府。嘉靖四十二年改屬夔州府。	永樂五年置雜谷安撫司。	太平縣正德十年置，屬達州。	金川寺演化禪師世有其地。

大清一統志卷三百八十三

四川統部

在京師西南五千七百一十里。東西距三千里，南北距三千二百一十里。東至湖北宜昌府巴東縣界一千七百六十里，西至甘肅西寧府生番界一千二百四十里，南至雲南武定州元謀縣界二千三十里，北至陝西漢中府寧羌州界一千一百八十里。東南至貴州大定府畢節縣界一千一百五十里，西南由打箭鑪出口，至西藏阿里拉丹界九千六百七十五里，東北至陝西興安府安康縣界一千四百一十里，西北至甘肅階州文縣界一千一百五十里。

分野

天文井、鬼分野，鶉首之次。漢書地理志：秦地，於天官東井、輿鬼之分野也。南有巴、蜀、廣漢、犍爲、武都，又西南有牂牁、越巂、益州，皆宜屬焉。新唐書天文志：東井、輿鬼，鶉首也。初，東井十二度。中，井二十七度。終，柳六度。西南盡巴、蜀、漢中之地，及西南夷犍爲、越巂、益州郡，極南河之表，東至牂牁。按：魏太史陳卓以蜀中諸郡皆爲魏分，其說本於史記天官書「觜觿、參，益州」之言。後之志天文者多沿之，不知觜觿、參爲實沈之次，於辰在申，魏之分野，河内、河東之地，在今河南、山西省境，與益州邈不相屬，不可信也。

建置沿革

禹貢「華陽、黑水惟梁州」。孔安國傳：東據華山之南，西距黑水。風俗通：梁者，言西方金剛之氣强梁，故名。周官職方并入雍州，爲蠻夷巴、蜀諸國地。尚書牧誓「庸、蜀、羌、髳、微、盧、彭、濮」，孔安國傳：「八國皆蠻夷。羌在西蜀，髳、微在巴蜀，盧、彭在西北，庸、濮在江漢之南。」慎靚王五年，秦滅巴、蜀，置二郡。

漢元年，屬漢國。漢書本紀：「王巴、蜀、漢中四十一縣。」按：漢中府今屬陝西。高帝分置廣漢郡。武帝開西夷，置犍爲、沈黎、汶山、牂牁、越嶲等郡。元封五年，置益州部。風俗通[一]：益之爲言阨也，言其地險阨。亦曰疆壤益大，故名。按：牂牁郡在今貴州省。後省沈黎、汶山。王莽末，爲公孫述所據。治成都。後漢建武元年，述改益州，置司，隸校尉。十二年，屬漢，復爲益州。後漢志：雒州刺史治雒。劉焉傳：中平五年，爲益州牧，徙居綿竹。興平元年，徙居成都。安帝分置蜀郡、犍爲屬國都尉。建安中，劉璋分置巴東、巴西、江陽三郡。十九年，昭烈帝定益州，建都成都。又分置梓潼、涪陵、汶山、漢嘉、朱提五郡。

三國魏景元四年，分置梁、益二州。見宋志。而晉志以爲泰始三年置。晉亦爲梁、益二州。晉書地理志：梁州領梓潼、廣漢、新都、涪陵、巴郡、巴西、巴東等郡，益州領蜀郡、犍爲、汶山、漢嘉、江陽、朱提、越嶲等郡。自後割裂僑寓，不能悉紀。永興初，爲李雄所據，建號大成。延康四年，李壽改成曰漢。永和三年，歸晉。寧康元年，陷於苻秦。太元八年，來歸。義熙元年，又爲譙縱所據。九年，討平之。宋、齊皆爲梁、益二州。宋志：梁州領漢中等二十郡，益州領蜀郡等二十九郡。齊志：梁州領漢中等二十三郡，又弘農等四十五荒郡，益州領漢中等二十五郡、東宕渠等七獠左郡及北部都尉。梁天監後，分置州郡益多。元帝承聖元年，爲武陵王紀所據。二年，入西魏。後周置總管府。

隋開皇二年，廢益州置西南道行臺。三年，復置總管府。大業元年，府廢。尋改諸州爲郡。按：隋志之漢川、西城、房陵、宕昌、武都、同昌、河池、順政等郡，今屬陝西，其清化、通川、宕渠、義城、平武、汶山、普安、金山、新城、巴西、遂寧、涪陵、巴郡、巴東、蜀郡、臨邛、眉山、隆山、資陽、瀘川、犍爲、越巂、黔安等郡，在今四川界。唐武德元年，復改諸郡爲州，梁、益二州皆置總管府。三年，於益州置西南道行臺。分遂、瀘、巂、茂、利、夔、黔等州，皆置總管府。九年，罷行臺。貞觀元年，以益州置劒南道，梁州置山南道。時山南併得荆州北境。開元二十二年，分山南爲東、西，而梁州爲山南西道，舊唐志：劒南道領成都府及漢、彭、蜀、眉、綿、劒、梓、閬、果、遂、普、陵、資、榮、簡、嘉、邛、雅、黎、瀘、茂、翼、維、戎、姚、巂、松、龍、當、悉、静、恭、柘、保、真、霸等州，山南西道領興元府及鳳、興、利、通、合、集、巴、蓬、壁、開、渠、渝等州，又夔、萬、忠三州分屬山南東道。新唐志：合、渝二州屬劒南道，又分乾昌二州，閬果二州屬山南西道。其東道又有涪州。分黔州爲黔中道。至德二載，分劒南道東、西川節度。昭宗初，爲王建所據。建以唐大順二年克成都，天復七年建國，得五十三州，凡二世三十五年。是爲前蜀。後唐同光三年屬唐，尋爲孟知祥所據。知祥以後唐同光四年入蜀，應順元年建國，得四十六州，凡二世四十一年。是爲後蜀。

宋乾德三年，平蜀，置西川路。開寶六年，分置峽西路。太平興國六年，併爲川峽路。咸平四年，分置益、後曰成都路。梓、後曰潼川路。利、夔四路，總曰四川路。宋史地理志：成都府路，治成都府，領眉、蜀、彭、綿、漢、嘉、邛、簡、黎、雅、茂、威十二州，永康、石泉二軍，仙井一監。潼川路，治潼川府，領遂寧府及果、資、普、昌、敘、瀘、合、榮、渠九州，長寧、懷安、廣安三軍，富順一監。利州路，治興元府，領利、洋、閬、劍、興、蓬、政、巴八州。夔州路，治夔州，領黔、施、萬、忠、開、達、涪、恭、珍、思、播十一州，雲安、梁山、南平三軍，大寧一監。南渡後，府州雖有改置，然四路之界如故。按：興元府洋、興二州今屬陝西省，施州今屬湖北省，珍、思、播三州今屬貴州省。元置四川等處行中書省。領成都、嘉定、廣元、順慶、永寧、重慶、夔州、敘州、馬湖九路，潼川、紹慶、懷德三府，保寧、廣安二屬府，彭、漢、安、灌、崇慶、威、簡、眉、邛、劍、龍、巴、沔、蓬、渠、遂寧、綿、筠連、瀘、忠、合、涪、來寧、柔遠、酉陽、服、施、達、梁山、萬、雲陽、大寧、開、富順、高、戎三十六州，長寧一軍。至正中，爲明玉珍所據。明史本傳：歲乙未克重慶，戊戌克成都，建國號曰夏，都於重慶。明洪武四年，平之。置四川等處承宣布政使司。領成都、保寧、順慶、夔州、重慶、敘州、馬湖、龍安、遵義九府，潼川、嘉定、眉、邛、瀘、雅六州，東川、烏蒙、烏撒、鎮雄四軍民府。置四川都司，領衛十一，所八，招討司一。又置四川行都司，領建昌、鹽井、會川、寧番、越巂等五衛。崇禎末，爲流賊張獻忠所據。本朝順治二年，討平之，置四川省。

康熙四年，以烏撒軍民府隸貴州。雍正六年，以東川、烏蒙、鎮雄三軍民府隸雲南，遵義府隸貴州，併馬湖府入敘州府，改建昌衛爲寧遠府，升綿、茂、達三州及資縣並爲直隸州。七年，升雅州爲府。十二年，升嘉定、潼川二州爲府，升忠州爲直隸州，置黔彭直隸廳。以重慶府屬之黔江、彭水二縣屬焉。十三年，置秀山縣，隸黔彭廳。乾隆元年，改酉陽土司爲酉陽直隸州，裁黔彭廳，以所屬秀山、黔江、彭水三縣屬酉陽州。以貴州來屬之永寧縣爲敘永直隸廳。二十五年，改松潘同知爲松潘直隸廳，雜谷同知爲雜谷直隸廳。二十六年，改石砫土司爲石砫直隸廳。四十一年，平兩金川，置阿爾古州、即金川地。美諾廳。即小金川地。四十四年，裁阿爾古州。併入美諾。四十八年，改美諾廳爲懋功屯務廳。嘉慶七年，升達州爲綏定府，以舊屬達州之太平縣爲太平直隸廳。共領府十二、直隸州八、直隸廳五、屯務廳一。

成都府，重慶府，保寧府，順慶府，敘州府，夔州府，龍安府，寧遠府，雅州府，嘉定府，潼川府，綏定府，眉州直隸州，邛州直隸州，瀘州直隸州，資州直隸州，綿州直隸州，茂州直隸州，忠州直隸州，酉陽直隸州，敘永直隸廳，松潘直隸廳，石砫直隸廳，雜谷直隸廳，太平直隸廳，懋功屯務廳。

形勢

東據夔門，夔州府東有瞿唐、巫峽之險，與湖北接界。西連番族，茂、雅以西皆番族。南阻蠻部，鎮雄、東川皆爲蠻部，今屬雲南。北控梁、洋。即漢中府。今屬陜西。其名山則有岷山、在茂州及松潘廳。杜光庭曰：岷山連峯接岫，千里不絶。峩眉、在嘉定府峩眉縣。有大峩、中峩、小峩三山。方輿勝覽：禹貢梁州之山四，岷、嶓、蔡、蒙。西山皆岷，北山皆嶓，南山皆蒙，峩眉則蒙山之首也。青城、在成都府灌縣西南五十里。巫山，在夔州府巫山縣東三十里。其大川則有岷江、江源出松潘廳北，南流經松潘廳疊溪營入茂州汶川縣，至灌縣分爲沱江、郫江，東入成都南北界。其正流經崇慶州、眉州、嘉定府、敘州府、瀘州、重慶府、涪州、忠州、夔州府，入湖北界。亦曰汶江、都江，亦曰外水。雒江、源出漢州什邡縣西北，東南流經德陽縣、漢州，合綿水。又南經金堂縣，合湔水。又南徑簡州，一名牛鞞水。又東南徑資陽縣、資州爲資江。又東南徑內江、富順、隆昌三縣，至瀘州入大江。雒江之名，隨境而更，而中水爲其通稱。涪江、源出松潘廳，東南流徑龍安府江油縣、綿州、潼川府射洪縣、蓬溪縣、遂寧縣、合州，會嘉陵江，又東南至重慶府，北入大江。嘉陵江、即古西漢水。自漢中府寧羌州南流，徑廣元縣、昭化縣東合白水。及東南徑劍州蒼溪縣、保寧府南部縣、蓬州，又西南徑順慶府合州，會巴渠江，又合涪江。亦曰閬水、巴水、渝水。巴江、源出陝西南鄭縣南之大巴嶺，南流入保寧府界，徑南江縣、巴州、達州，與東來之渠江合，又徑梁縣、廣安州、合州入嘉陵江。瀘水、即古若水。俗名打沖河。上流曰鴉龍江。源出西番，東南流徑寧遠府西昌縣、鹽源縣，會理州，與金沙江合，又東北徑雲南之東川、昭通二府，至敘州府合岷江。大渡河，即古涐水。自茂州徼外發源，流徑清溪縣西折而東，徑越嶲廳、峩眉縣，至嘉定府入岷江。其重險則有劍門、在保寧府劍州北二十五里。亦曰劍關。有大、小二劍山。鹿頭關、在成都府德陽縣北三十八里。又有白馬關，在縣西南十里。二關相對，皆唐時所置。瞿唐關、在夔州府奉節縣東七里，即古江關。戰國時，巴楚相攻，故置關以守水道。邛崍關、在雅州府榮經縣西八十里。又臨關，在雅州府蘆山縣西北六十里，即漢時靈關道。明正統初，以其外臨董卜韓胡，改名臨關，並爲西面之險。清溪關。在清溪縣南一百三十五里大渡河南，唐置以捍南詔。

文職官

總督。駐成都府，兼管巡撫事。

提督學政。駐成都府。

布政使，經歷，照磨，庫大使。廣濟。

按察使，兼轄全省驛傳事。經歷，司獄。

鹽茶道，駐成都府，專管通省鹽茶事。庫大使，鹽課大使五員。分駐雲陽縣雲安廠、大寧縣大金溝、犍爲縣牛華溪、射洪縣青隄渡、蓬溪縣康家渡。

分巡成綿龍茂兵備道。駐成都府。舊爲松茂兵備道，駐茂州，轄龍安府、茂州、松潘廳並各屬土司。乾隆四十年移駐。嘉慶二十五年，改今名，增轄成都府綿州，兼管水利事。

分巡川東兵備道。駐重慶府，轄重慶、夔州、綏定三府，忠、酉陽二州。

分巡川南永寧兵備道。駐瀘州，轄敘州府瀘、資二州。

分巡建昌上南兵備道。駐雅州府，轄雅州、寧遠、嘉定三府，眉、邛二州，並各屬土司。

分巡川北兵備道。駐保寧府，轄保寧、順慶、潼川三府。

成都府知府，同知，理事同知，通判，府學教授，訓導，司獄。舊有經歷，乾隆五十二年裁。知州三員，簡、崇慶、漢。州同，崇慶。駐懷遠鎮，乾隆五十五年設。州判，簡，駐石橋井。州學學正三員，訓導三員，巡檢，簡屬龍泉鎮。吏目三員。知縣十三員，成都、華陽、雙流、温江、新繁、金堂、新都、郫、灌、彭、崇寧、新津、什邡。縣丞二員，成都、華陽。舊有華陽屬太平場巡檢一員，嘉慶二十二年裁。縣學教諭十員，成都、華陽、温江、新繁、金堂、新都、郫、灌、新津、什邡。訓導十員，成都、華陽、雙流、温江、金堂、新都、灌、彭、崇寧、什邡。典史十三員。

重慶府知府，同知，駐江北廳，乾隆二十四年改設。通判，府學教授，訓導，經歷。兼批驗所。廳學訓導，嘉慶十五年設。廳照磨。駐江北。知州二員，合、涪。州同，涪，駐鶴遊坪。嘉慶七年設。州學學正二員，訓導二員，巡檢，涪屬武隆鎮。吏目二員。知縣十一員，巴、江津、長壽、永川、榮昌、綦江、南川、銅梁、大足、壁山、定遠。縣丞，巴，駐白市鎮。縣學教諭八員，巴、江津、長壽、永川、榮昌、綦江、南川、銅梁。訓導八員，巴、江津、綦江、南川、銅梁、大足、璧山、定遠。按：銅梁一員，嘉慶二十二年裁長壽訓導改設，專管安居鄉學。巡檢二員，巴屬木洞鎮、銅梁屬安居鎮。典史十一員。

保寧府知府，舊有同知，嘉慶十三年裁。府學教授，訓導，經歷。知州二員，巴、劒。州判，巴，駐龍關鎮。州學學正二員，訓導二員，巡檢，巴屬江口鎮。吏目二員。知縣七員，閬中、蒼溪、南部、廣元、昭化、通江、南江。縣丞，南部，駐富村驛。縣學教諭七員，訓導七員，巡檢三員，廣元屬百丈關、朝天鎮、神宣驛。驛丞二員，劒州屬劒門驛、武連驛。典史七員。

順慶府知府，舊有同知，嘉慶六年裁。通判，駐岳池縣大溪口。府學教授，訓導，經歷。知州二員，蓬、廣安。州學學正二員，訓導二員，吏目二員。知縣六員，南充、西充、營山、儀隴、鄰水、岳池。舊有渠、大竹二縣，嘉慶十九年改屬綏定府。縣學教諭五員，南充、西充、營山、儀隴、鄰水。訓導五員，南充、西充、營山、儀隴、岳池。主簿，南充屬李渡場，乾隆五十一年設。典史六員。

敘州府知府，同知，駐馬邊廳。舊爲馬邊通判，嘉慶十三年改設。通判，駐雷波。乾隆二十六年設。府學教授，訓導，經歷。廳學訓導二員，廳照磨二員，馬邊、雷波。巡檢。雷波屬黄螂所。知縣十一員，宜賓、慶符、富順、南溪、長寧、高、筠連、珙、興文、隆昌、屏山。縣丞二員，富順，一駐自流井，一駐鄧井關。縣學教諭十一員，訓導十員，宜賓、慶符、富順、南溪、長寧、高、筠連、珙、隆昌、屏山。舊設十一員，嘉慶十五年裁興文一員。巡檢，屏山屬石角營。典史十一員。

夔州府知府，舊有同知，乾隆二十七年裁。通判，府學教授，經歷。知縣六員，奉節、巫山、雲陽、萬、開、大寧。縣丞，萬。縣學教諭二員，奉節、開。訓導四員，巫山、雲陽、萬、大寧。典史六員。

龍安府知府，府學教授，訓導，經歷。知縣四員，平武、江油、石泉、彰明。縣丞，平武，駐青川鎮。縣學教諭三員，平武、江油、石泉。訓導四員，主簿，平武屬大印隘，嘉慶七年設。巡檢，江油屬中壩。典史四員。

寧遠府知府，通判，駐越巂廳。府學教授，嘉慶十四年設。經歷。廳學訓導，舊設教授，嘉慶十四年改設。廳經歷，駐大樹堡。廳照磨。知州，會理。州學學正，訓導，巡檢二員，會理屬苦竹壩、迷易所。吏目。知縣三員，西昌、冕寧、鹽源。縣丞三員，西昌，駐舊禮州所；冕寧，駐冕山；鹽源，駐鹽中。縣學教諭三員，訓導，鹽源。舊設三員，嘉慶九年裁冕寧一員，十三年裁西昌一員。巡檢二員，西昌屬德昌所，鹽源屬阿所拉場。按：阿所拉場一員，嘉慶二十二年增設。典史三員。

雅州府知府，同知，駐打箭鑪廳。舊有通判，乾隆三十三年裁。府學教授，訓導，經歷，巡檢。府屬瀘定橋。廳照磨。知州，天全。州同，駐始陽鎮。州學訓導，乾隆五十七年設。吏目。知縣五員，雅安、名山、榮經、蘆山、清溪。縣學教諭三員，舊設名山、榮經、蘆山三員，嘉慶十三年裁名山一員，改設雅安一員。訓導二員，名山、清溪。舊設三員，乾隆五十七年裁蘆山一員。典史五員。

嘉定府知府，通判二員，舊設一員，駐犍爲縣黃角井。嘉慶十三年，增設峩邊廳一員。府學教授，經歷。兼批驗所。廳經歷。峩邊，駐沙坪場。知縣七員，樂山、峩眉、洪雅、夾江、犍爲、榮、威遠。縣丞，榮，駐貢井鎮。縣學教諭五員，峩眉、洪雅、夾江、犍爲、榮。訓導六員，樂山、峩眉、洪雅、夾江、犍爲、威遠。典史七員。舊有峩眉縣主簿，嘉慶十四年裁。

潼川府知府，通判，駐射洪縣太和鎮。府學教授，訓導，嘉慶二十二年設。經歷。知縣八員，一臺、射洪、鹽亭、中江、遂寧、蓬溪、樂至、安岳。縣丞三員，三臺，駐葫蘆溪；遂寧，駐梓潼鎮，兼批驗所；蓬溪，駐蓬萊鎮。縣學教諭五員，三臺、射洪、中江、遂寧、蓬溪。按：三臺一員，嘉慶二十二年由鹽亭教諭改設。訓導五員，射洪、鹽亭、中江、樂至、安岳。舊設六員，嘉慶二十二年裁三臺一員。巡檢二員，射洪屬洋溪鎮、中江屬胖子店。典史八員。

綏定府知府，舊爲達州直隸州，嘉慶七年升府，改今名，裁州同、吏目等官。府學教授，嘉慶七年設。訓導，嘉慶七年設。經歷。嘉慶七年設。知縣五員，舊設東鄉、新寧、太平三員。嘉慶七年，升太平縣爲直隸廳，增達縣一員。十九年，以舊屬順慶府之渠、大竹二縣來隸。縣丞二員，渠，駐三匯場；大竹，駐石橋鋪。縣學教諭三員，東鄉、渠、大竹。訓導四員，舊設新寧、渠、大竹三員。嘉慶七年，增達縣一員。主簿，東鄉，嘉慶七年設。舊駐南壩鎮，十八年移駐大城寨。巡檢，達屬麻柳場。舊隸達州，嘉慶七年改屬。典史五員。舊設東鄉、新寧、渠、大竹四員。嘉慶七年，增達縣一員。

眉州直隸州知州，州判，州學學正，訓導，吏目。知縣三員，丹稜、彭山、青神。縣學教諭，丹稜。訓導二員，彭山、青神。典史三員。

邛州直隸州知州，州判，州學學正，訓導，巡檢，火井槽。吏目。知縣二員，大邑、蒲江。縣學教諭二員，訓導二員，典史二員。

瀘州直隸州知州，州判，兼批驗所。舊有州同，乾隆五十五年裁。州學學正，訓導二員，一駐九姓土司。巡檢，嘉明鎮。吏目。知縣三員，納谿、合江、江安。縣學教諭三員，訓導三員，典史三員。

資州直隸州知州，州判，駐羅泉井。州學學正，訓導，吏目。知縣四員，資陽、内江、仁壽、井研。教諭四員，訓導四員，典史四員。

綿州直隸州知州，州判，駐豐穀井。州學學正，訓導，驛丞，兼巡檢事，駐魏城驛。舊隸梓潼縣，嘉慶七年改屬。吏目。知縣五員，德陽、羅江、安、綿竹、梓潼。按：羅江一員，乾隆三十四年裁，嘉慶七年復設。縣學教諭四員，德陽、安、綿竹、梓潼。訓導三員，羅江、綿竹、梓潼。典史五員。

茂州直隸州知州，州學學正，舊有訓導，嘉慶七年裁。吏目。知縣，汶川。舊有保縣一員，嘉慶七年裁。縣學教諭，舊有訓導，嘉慶七年裁。典史。

忠州直隸州知州，州判，駐石橋井。州學學正，訓導，巡檢，敦里八甲。吏目。知縣三員，酆都、墊江、梁山。縣丞，梁山，駐沙河鋪。舊有墊江一員，嘉慶七年裁。縣學教諭二員，墊江、梁山。訓導二員，酆都、墊江。典史三員。

酉陽直隸州知州，州同，駐龍潭鎮。州判，州學訓導，巡檢，龔灘鎮。吏目。知縣三員，秀山、黔江、彭水。縣學教諭二員，黔江、彭水。訓導二員，舊設彭水一員，乾隆五十九年增秀山一員。巡檢二員，秀山屬石隄，彭水屬郁山鎮。典史三員。

敘永直隸廳同知，廳學教諭，訓導，照磨，巡檢。古藺州。知縣，永寧。縣丞，駐赤水鎮。縣學教諭，訓導，典史。

松潘直隸廳同知，舊爲松潘同知，隸龍安府，乾隆二十五年升直隸廳。廳學教授，舊有訓導，乾隆五十九年裁。照磨，巡檢。駐南坪。

石砫直隸廳同知，舊爲石砫土司，隸夔州府，乾隆二十六年升直隸廳。訓導，照磨，巡檢。駐西界沱。

雜谷直隸廳同知，舊爲雜谷同知，隸成都府，乾隆二十五年升直隸廳。廳學教諭，嘉慶七年設。照磨。

太平直隸廳同知，舊爲太平縣，屬達州，嘉慶七年升直隸廳。經歷，嘉慶七年設。舊有太平縣城口主簿，是年裁。

廳學訓導，嘉慶七年設。照磨。嘉慶七年設。

懋功屯務廳同知，駐美諾。乾隆四十一年，設美諾同知及阿爾古知州各一員，安輯兩金川降番。四十四年，裁阿爾古州。四十八年，改土爲屯，改今名，於內地同知內派往，三年一換。屯務官五員。分駐懋功、章谷、崇化、綏靖、撫邊五屯。乾隆四十一年設七員，四十四年裁二員，俱於內地佐雜內派往，三年一換。

武職官

成都將軍，駐成都府，乾隆四十一年設。副都統，駐成都府。協領五員，佐領十九員，防禦二十四員，驍騎校二十四員，筆帖式二員。

將軍標中、左、右三營。副將，中軍。乾隆四十一年設，並設都司等官。都司，左營。守備，右營。千總二員，把總四員，經制外委八員，舊設六員，嘉慶二十四年增二員。額外外委六員。

督標中、左、右三營。副將，中軍。遊擊二員，左營、右營。都司，中營。守備二員，左營、右營。千總六員，把總十二員，經制外委十八員，額外外委二十四員。

提督，駐成都府。中、左、右三營。舊設四營，嘉慶二十四年裁前營。參將，中軍。遊擊二員，左營、右營。舊有前營都司，嘉慶二十四年裁。守備三員，舊設四員，嘉慶二十四年裁一員。千總六員，舊設十員，乾隆四十一年裁二員，嘉慶二十四年裁二員。把總十二員，舊設二十員，乾隆四十一年裁四員，嘉慶二十四年裁四員。經制外委十八員，九住本營，九分防井研、仁壽、彭、溫江、崇寧、犍爲、榮、彭山、青神各汛。舊設二十四員，嘉慶二十三年裁六員。額外外委十二員。舊設十五員，嘉慶二十三年裁三員。

建昌鎮總兵官，駐寧遠府，中、左、右三營。遊擊二員，中營、左營。都司，右營。防西昌縣熱水汛。守備二員，分防木托、西溪二汛。舊設三員，乾隆四十一年裁一員。千總五員，三駐本營，二分防熱水、普格二汛。舊設六員，乾隆四十四年裁二員，嘉慶二十四年增一員。把總十二員，一駐本營，十一分防北山、蓋銀窩、交腳、木托、西溪、德昌、熱水、拖即、馬石曬〔二〕、馬平壩、三披橋各汛。經制外委十六員，七駐本營，九分防涼水井、青龍、定番、虐郎、崩土坎、大水塘、土堡、大堡子、溪龍各汛。額外外委十一員。

松潘鎮總兵官，駐松潘廳，中、左、右三營。遊擊二員，中營、左營。都司，右營。守備二員，舊設三員，乾隆四十四年裁一員。千總四員，二駐本營，二分防流沙關、三舍公二汛。舊設六員，乾隆四十四年裁二員。把總九員，二駐本營，七分防三岔伏羌、羊角溪、望山關、譚邪、風洞關、紅花屯、老熊溝各汛。舊設十二員，乾隆四十四年裁二員，嘉慶十四年裁一員。經制外委十五員，額外外委五員。

川北鎮總兵官，駐保寧府，中、左、右三營。遊擊二員，中營、左營。都司，右營。守備二員，舊設三員，乾隆四十四年裁一員。千總六員，五駐本營，一防閬中汛。把總十員，七駐本營，三分防南部、蓬溪、射洪各汛。舊設十二員，乾隆四十四年裁二員。經制外委十五員，十三駐本營，二分防蒼溪、鹽亭二汛。額外外委七員。

重慶鎮總兵官，駐重慶府，中、左、右三營。遊擊二員，中營、左營。都司，右營。守備二員，舊設三員，乾隆四十四年裁一員。千總四員，三駐本營，一防巴縣汛。舊設六員，乾隆四十四年裁二員。把總十員，六駐本營，四分防合州、長壽、江津、涪州各汛。舊設十二員，乾隆四十四年裁二員。經制外委十五員，五駐本營，十分防綦江、南川、壁山、永川、榮昌、大足、定遠、銅梁、大庵、安居各汛。額外外委九員。

以上建昌等四鎮均聽總督、提督節制，建昌、松潘二鎮兼聽將軍節制。

阜和協副將，駐打箭鑪，左、右二營。舊爲阜和營遊擊，乾隆四十三年改設。都司二員，左營駐本營，右營防清溪汛。乾隆四十三年設。舊有守備一員，是年裁。千總四員，三駐本營，一分防噶達汛。把總七員，三駐本營，四分防麻書、折多、萬工堰、富林各汛。舊設五員，乾隆四十三年增二員。經制外委九員，五駐本營，四分防角落寺、章谷、漢源場、黄泥鋪各汛。額外外委五員。

以上阜和一協，隸將軍管轄。

懋功協副將，駐懋功廳。舊爲懋功營遊擊，乾隆四十八年改設。都司，乾隆四十八年設。舊有守備一員，是年裁。千總二員，一駐本營，一防僧格宗汛。舊設三員，嘉慶二十四年裁一員。把總四員，一駐本營，三分防明郭宗、約咱、崇德各汛。舊設五員，嘉慶二十四年裁一員。經制外委四員，三駐本營，一防翁古汛。舊設六員，嘉慶二十四年裁二員。額外外委二員。舊設三員，嘉慶二十四年裁一員。

成都城守營參將，左、右二營。守備二員，左營駐本營，右營防邛州汛。千總四員，三駐本營，一防崇慶汛。把總四員，分防内江、新都、大邑、灌縣各汛。舊設六員，嘉慶二十四年裁二員。經制外委十二員，分防簡州、資州、漢州、資陽、金堂、新繁、雙流、新津、什邡、邛州、郫縣、龍泉驛各汛。舊設十三員，嘉慶二十三年裁一員。額外外委十八員。

普安營參將，駐雷波廳。守備，駐烏角汛。千總，舊設二員，乾隆二十一年裁一員。把總四員，一駐本營，三分防烏角、那比、牛喫水各汛。經制外委六員，四駐本營，二分防豆沙溪、虎跳二汛。額外外委。

永寧營參將，駐永寧縣。舊爲永寧協副將，乾隆四十一年改設。舊有左、右營都司二員，是年裁。守備，乾隆四十一年設。千總二員，分防敘永廳、古藺二汛。把總四員，分防長寧、南溪、吼西、自流井各汛。經制外委六員，一駐本營，五分防富順、大村、鄢家關、兩河口、安平橋各汛。額外外委二員。一駐本營，一防江門汛。

馬邊營遊擊，駐馬邊廳。舊設都司，嘉慶十四年改設。守備，嘉慶十四年設。千總二員，一駐本營，一防煙峯汛。舊設一員，嘉慶十四年增一員。把總二員。一駐本營，一防西安汛。舊設一員，嘉慶十四年增一員。經制外委五員，一駐本營，四分防中壩、永樂、沙灣、下溪各汛。舊設三員，嘉慶十四年增二員。額外外委三員。二駐本營，一防三河口汛。舊設二員，嘉慶十四年增一員。

峩邊營遊擊，駐峩眉縣。守備二員，舊設中軍一員，嘉慶十四年增左營一員，防太平堡汛。千總二員，分防嘉定、歸化堡二汛。把總三員，舊設二員，一駐本營，一防眉州汛。嘉慶十四年增一員，防太平堡汛。經制外委五員，舊設四員，分防棬木、冷磧、夾江、威遠各汛。嘉慶十四年增一員，防太平堡汛。額外外委二員。舊設一員，防楊村汛。嘉慶十四年增一員，防太平堡汛。

黎雅營遊擊，駐雅州府。守備，千總二員，一駐本營，一防天全汛。把總四員，一駐本營，三分防滎經、名山、洪雅各汛。經制外委三員，分防蘆山、蒲江、丹棱各汛。額外外委二員。

綏靖營遊擊，駐懋功廳綏靖屯。守備，千總二員，一駐本營，一防噶爾丹汛。把總三員，二駐本營，一防獨松汛。舊設四員，嘉慶二十三年裁一員，經制外委五員，二駐本營，三分防甲咱、他角洛、格爾替等汛。額外外委二員。舊設三員，嘉慶二十四年裁一員。

崇化營都司，駐懋功屯噶拉依。乾隆四十五年設遊擊，嘉慶二十四年改設。千總，乾隆四十五年，設守備，並千總二員。嘉慶二十四年，裁守備，並千總一員。把總二員，分防馬爾邦、卡撒二汛。經制外委三員，分防廣法、曾達、馬柰各汛。額外外委。舊設二員，嘉慶二十四年裁一員。

安阜營都司，駐雷波廳黃螂所城。千總，把總，防箐口汛。舊設二員，乾隆二十一年裁一員。經制外委三員，一駐本營，二分防那古、大漢漕二汛。額外外委。

瀘州營都司，駐瀘州。舊爲永寧右營，乾隆四十一年改今名。千總，防安江汛。舊設二員，乾隆四十七年裁一員。把總四員，一駐本營，三分防納谿、合江、普市各汛。經制外委四員，二駐本營，二分防小市、蘆衛二汛。額外外委。

敘馬營都司，駐敘州府。舊設遊擊，乾隆四十四年改設。千總二員，分防宜賓、屏山二汛。舊有守備一員，乾隆四十四年裁。把總二員，分防横江、隆昌二汛。經制外委五員，三駐本營，二分防高縣、慶符二汛。額外外委二員。

建武營都司，駐興文縣。舊設遊擊，乾隆四十三年改設。千總，防筠連汛。舊有守備一員，乾隆四十三年裁。把總二員，一駐本營，一防珙縣汛。經制外委三員，一駐本營，二分防羅星渡、落亥二汛。額外外委。

泰寧營都司，駐清溪縣化林坪。舊爲泰寧協副將，設左、右營都司二員，乾隆四十三年改爲營，裁副將及都司二員，設遊擊、守備。四十四年，裁遊擊、守備，設都司。千總，舊設二員，乾隆四十三年裁一員。把總，防瀘定橋汛。舊設二員，乾隆四十四年裁一員。經制外委二員，一駐本營，一防宜頭鋪汛。額外外委二員。

綿州營都司，駐綿州。嘉慶二十四年設，並設千總等官。千總，把總三員，分防梓潼、德陽、綿竹各汛。經制外委四員，一駐本營，三分防安縣、羅江、魏城各汛。額外外委。

青雲營守備，駐灌縣青雲沱。千總，防漩口汛。把總，防寨子坪汛。經制外委二員，額外外委。

大壩營守備，駐敘永廳大壩城。舊設都司，嘉慶二十四年裁改。把總，防興文汛。經制外委，額外外委。防興隆汛。

赤水營守備，駐敘永廳赤水河。舊爲龍場營，駐永寧縣，乾隆四十年移駐，改今名。把總，經制外委，防大河口汛。額外外委。

撫邊營守備，駐懋功廳底木達。乾隆四十五年設，並設千總等官。千總，防大板昭汛。把總二員，一駐本營，一防八角碉汛。經制外委二員，分防撒拉、叨鳥二汛。舊設三員，嘉慶二十四年裁一員。額外外委二員。舊設三員，嘉慶二十四年裁一員。

慶寧營守備，駐懋功廳茹寨。乾隆四十五年設，並設千總等官。千總，把總，防日旁汛。舊設二員，嘉慶二十四年裁一員。經制外委二員，一駐本營，一防新咱汛。舊設三員，嘉慶二十四年裁一員。額外外委。

以上懋功一協、城守等十九營均隸提督管轄。

會川營參將，駐會理州。守備，千總二員，一駐本營，一防披砂汛。把總四員，分防苦竹、黎漢、丙谷、夷門各汛。經制外委六員，一駐本營，五分防鳳山、姜舟、鰺魚、者保、撒連各汛。額外外委二員。

越巂營參將，駐越巂廳。守備，千總二員，一駐本營，一防小哨汛。把總四員，分防新基姑、利濟、河東、柏香各汛。經制外委六員，二駐本營，四分防馬蝗溝、土城、青岡關、梅子各汛。額外外委二員。

會鹽營遊擊，駐鹽源縣。守備，防河西汛。千總二員，一駐本營，一防阿所拉汛。把總四員，一駐本營，三分防杭州、西河、白鹽井各汛。經制外委四員，二駐本營，二分防打沖河、黃草壩二汛。額外外委二員。

靖遠營遊擊，駐冕寧縣靖遠城。守備，千總，防波羅汛。舊設二員，嘉慶二十四年裁一員。把總四員，一駐本營，三分防冕山、古路橋、龍潭溝各汛。經制外委四員，分防登相營、洗密窩、竹翁、密坡各汛。額外外委。

冕山營都司，駐冕寧縣。千總，把總二員，分防北山關、瀘沽二汛。經制外委三員，一駐本營，二分防青山嘴、高山堡二汛。額外外委。

寧越營都司，駐越巂廳海棠關。千總，把總二員，分防大樹堡、桂皮羅二汛。經制外委四員，一駐本營，三分防河南站、蓩葉坪、平壩各汛。額外外委二員。

懷遠營都司，駐冕寧寧沙壩。千總二員，一駐本營，一防嘉順汛。舊設一員，乾隆四十四年增一員。把總二員，分防松林、白鹿二汛。經制外委四員，分防白宿凹、卡卡、馬吾甲、趕到底各汛。額外外委二員。一駐本營，一防麥地汛。

永定營守備，駐會理州永定城。舊設都司，乾隆四十四年改設。千總，舊有把總二員，乾隆四十四年裁。經制外委二員，分防半站、巴松二汛。額外外委二員。

瀘寧營守備，駐冕寧縣兒斯堡。千總，把總二員，一駐本營，一防接興汛。經制外委三員，一駐本營，二分防廟頂、木羅二汛。額外外委。

以上會川等九營均隸建昌鎮管轄。

維州協副將，駐雜谷廳，左、右二營。都司，左營。舊有右營一員，乾隆四十四年裁。守備，右營。千總二員，一駐本營，一防新堡關汛。舊設三員，乾隆四十四年裁一員。把總五員，二駐本營，三分防汶川、茶關、桃關各汛。舊設六員，乾隆四十四年裁一員。經制外委七員，五駐本營，二分防通化、丹柘木二汛。額外外委五員。三駐本營，二分防維關、樸頭二汛。

漳臘營參將，駐松潘廳漳臘城。守備，千總二員，一駐本營，一防黃勝關汛。把總四員，二駐本營，二分防踏藏、柏木橋二汛。經制外委六員，一駐本營，五分防黃勝關、柏木橋、虹橋、大石頭塘、踏藏各汛。額外外委二員。

疊溪營遊擊，駐松潘廳疊溪城。守備，千總，把總，防永鎮汛。舊設二員，乾隆四十四年裁一員。經制外委二員，一駐本營，一防大定汛。額外外委。

龍安營都司，駐龍安府。舊設參將，乾隆四十一年改設。舊有守備一員，是年裁。千總，防平武汛。舊設二員，乾隆四十四年裁一員。把總四員，分防青川、江油、彰明、石泉各汛。經制外委五員，三駐本營，二分防平武、䢺溪二汛。額外外委。防彰明汛。

南坪營都司，駐松潘廳南坪城。千總，把總二員，分防隆康堡、會龍二汛。經制外委三員，一駐本營，二分防湯朱河、黑河二汛。額外外委。

茂州營都司，駐茂州。千總，把總二員，分防桃坪、正西橋二汛。經制外委三員，一駐本營，二分防七星關、長平堡二汛。額外外委二員。

平番營守備，駐松潘廳平番城。舊設都司，嘉慶十二年改設。千總，把總二員，分防正平、歸化二汛。經制外委二員，額外外委。

小河營守備，駐松潘廳小河城。把總二員，分防北路、南路二汛。舊有千總，嘉慶十四年裁。經制外委，額外外委。

以上維州一協、漳臘等七營均隸松潘鎮管轄。

綏定協副將，駐綏定府，左、右二營。舊爲達州營遊擊，嘉慶十四年改設。都司，中軍兼左營，嘉慶十四年設。守備，右營。千總二員，分防達縣、東鄉二汛。舊設一員，嘉慶二十三年增一員。把總三員，分防渠、大竹、新寧各汛。舊設二員，嘉慶十四年增一員。經制外委六員，三駐本營，三分防石橋河、四合鎮、静邊各汛。額外外委三員。

順慶營遊擊，駐順慶府。守備，千總二員，分防楊通廟、南充二汛。把總二員，分防蓬州、營山二汛。經制外委五員，分防廣安、西充、岳池、鄰水、蔣家塘各汛。額外外委二員。

太平營遊擊，駐太平廳。舊爲太平營都司，嘉慶六年升協。十二年增都司一員，爲左、右營。十四年復改營，裁副將、都司。守備，千總，嘉慶十四年增一員，二十三年裁。把總二員，分防大竹河、羅文壩二汛。經制外委三員，二駐本營，一防固軍壩汛。額外外委二員。

廣元營遊擊，駐廣元縣。嘉慶六年改廣楊堡營守備，二十四年設遊擊，改今名。守備，千總二員，一駐本營，一防黄楊汛。嘉慶六年設一員，二十四年增一員。把總四員，一駐本營，三分防昭化、劍州、朝天關各汛。嘉慶六年設一員，二十四年增三員。經制外委五員，一駐本營，四分防七盤關、寬灘、五郎、劍關各汛。嘉慶六年設二員，二十四年增三員。額外外委二員。嘉慶六年設。

巴州營遊擊，駐巴州。嘉慶二十四年設，並設守備等官。守備，千總二員，一駐本營，一防龍關鎮汛。把總二員，一駐本營，一防江口汛。經制外委二員，分防南江、儀隴二汛。額外外委二員。一駐本營，一防花叢埡汛。

城口營都司，駐太平廳城口。嘉慶六年設，爲太平協左營，十四年改專營。千總，把總二員，分防黄墩、雙河口二汛。經制外委三員，一駐本營，二分防厚坪、雞鳴寺二汛。額外外委二員。

潼川營都司，駐潼川府。舊爲潼綿營都司，乾隆四十三年改設遊擊，嘉慶十四年裁遊擊，復設都司，二十三年改今名。千總，舊有守備一員，嘉慶十四年裁。把總三員，分防安岳、遂寧、樂至等汛。舊設二員，嘉慶二十二年增一員。經制外委三員，一駐本營，二分防中江、葫蘆溪二汛。額外外委二員。分防豐谷井、盛家池二汛。

通江營守備，舊駐通江縣毛峪鎮，嘉慶十年移駐縣城。舊名通巴營，二十三年改今名。把總二員，一駐本營，一分防竹峪關汛。經制外委二員。一駐本營，一分防毛峪鎮。額外外委。

以上綏定一協、順慶等七營均隸川北鎮管轄。

夔州協副將，駐夔州府，左、右二營。都司，中軍兼左營。守備，右營。千總二員，分防奉節、雲陽、石砫各汛。

舊設四員，乾隆四十四年裁一員。把總五員，三駐本營，二分防開縣、大寧二汛。舊設八員，乾隆四十四年裁二員，嘉慶十八年裁一員。經制外委八員，四駐本營，四分防張家壩、大坪、射香溪、臨江市各汛。額外外委二員。

綏寧協副將，駐秀山縣，左、右二營。舊爲綏寧營游擊，嘉慶二年改設。都司，中軍兼左營。嘉慶二年設。守備，右營。千總三員，一駐本營，二分防洪安、峩容二汛。舊設二員，嘉慶二年增一員。把總四員，二駐本營，二分防平塊、石耶二汛。經制外委六員，四駐本營，二分防平茶、石隄二汛。額外外委三員。

酉陽營遊擊，駐酉陽州。舊爲綏寧中營守備，嘉慶二年改專營，設遊擊。守備，駐大溪汛。千總二員，一駐本營，一防興隆坪汛。舊設一員，嘉慶二年增一員。把總二員，一駐本營，一防龍潭汛。舊設一員，嘉慶二年增一員。經制外委三員，一駐本營，二分防龔灘、大溪二汛。舊設一員，嘉慶二年增一員。額外外委。

忠州營都司，駐忠州。千總，把總二員，分防墊江、酆都二汛。經制外委二員，一駐本營，一防拔山寺汛。額外外委。

巫山營都司，駐巫山縣。千總二員，一駐本營，一防大昌汛。舊設一員，嘉慶十四年增一員。把總二員，一駐本營，一防八石坪汛。經制外委四員，二駐本營，二分防黄草坪、觀音巖二汛。額外外委。

梁萬營都司，駐萬縣。千總，乾隆四十七年設。把總，防梁山汛。經制外委二員。一駐本營，一防龍駒壩汛。額外外委。

黔彭營都司，駐黔江縣。千總，把總二員，分防郁山、彭水二汛。經制外委三員，分防老鷹關、石牙關、江口鎮各汛。額外外委。

鹽廠營守備，駐大寧縣鹽廠。嘉慶八年設營於徐家壩，十一年移駐，改今名，千總，駐徐家壩。把總，經制外委二員，分防雞心嶺、一椀泉二汛。額外外委二員。一駐本營，一防蕭家坡汛。

邑梅營守備，駐秀山縣邑梅場。嘉慶二年設，並設千總等官。千總，防晏農汛。把總二員，一駐本營，一防巴家汛。經制外委二員，一駐本營，一防濫橋汛。額外外委。

以上夔州、綏寧二協，酉陽等七營，均隸重慶鎮管轄。

雜谷腦屯守備，駐雜谷腦。乾隆十七年設，並設千總等官。千總二員，把總四員，外委八員。

上孟董屯守備，駐上孟董。乾隆十七年設，並設千總等官。千總二員，把總四員，外委八員。

下孟董屯守備，駐下孟董。乾隆十七年設，並設千總等官。千總二員，把總四員，外委八員。

九子寨屯守備，駐九子寨。乾隆十七年設，並設千總等官。千總二員，把總四員，外委八員。

八角碉屯守備，駐撫邊屯。乾隆四十一年設，並設千總等官。千總，把總二員，駐懋功屯。外委四員。駐懋功屯。

漢牛屯守備，駐懋功屯。乾隆四十一年設，並設千總等官。千總，把總二員，外委三員。

別思滿屯守備，駐撫邊屯。乾隆四十一年設，並設千總等官。千總二員，一駐本屯，一駐曾頭溝。把總二員，外委五員。四駐本屯，一駐馬爾當。

宅壟屯守備，駐章谷屯。乾隆四十一年設，並設千總等官。千總，把總二員，駐懋功屯。外委十員。駐懋功屯。

河東屯守備，駐崇化屯。乾隆四十一年設，並設千總等官。千總二員，把總二員，外委十一員。

河西屯守備，駐綏靖屯。乾隆四十一年設，並設千總等官。千總三員，把總六員，外委十五員。

以上雜谷腦等五屯隸雜谷廳管轄，八角碉等六屯隸懋功廳管轄。

户口

康熙五十二年原額人丁一十四萬七千一百五十四，乾隆三十七年停編丁，今滋生男婦共二千八百四萬八千七百九十五名口，計七百九萬二千二百七十二户。又懋功屯、廳屬番屯兵民八千五百四十四户。

田賦

田地四十六萬三千八百十九頃三十九畝九分有奇，額徵地丁正雜銀六十六萬七千二百二十七兩七錢二分八釐二毫，米豆一萬三千五百一十八石九斗二升五合。又懋功屯、廳屬屯田山地一千八百四十二頃七十三畝，額徵糧一千二百九十五石一斗三升一合。

税課

夔州關額徵正税銀七萬三千七百四十兩四錢九分二釐，盈餘銀一十一萬兩。渝關額徵木税銀五千兩。打箭鑪額徵正税銀二萬兩，盈餘儘收儘報，歲無定額。四川水引、陸引共一十六萬八千三百二十六道，額徵鹽課銀一十四萬一十一兩六錢九分三釐。

名宦

漢

李彊。杜陵人。爲益州牧。喜謂揚雄曰：「吾得嚴君平矣。」雄曰：「君備禮以待之，彼人可見而不可詘也。」彊心以爲不然。及至蜀，致禮與相見，卒不敢言以爲從事。乃歎曰：「揚子雲誠知人。」

王尊。高陽人。先是，琅邪王陽爲益州刺史，行部至邛崍九折阪，歎曰：「奉先人遺體，奈何數乘此險。」後以病去。及尊爲刺史，至阪問吏，吏以對。尊叱馭曰：「驅之。」王陽爲孝子，王尊爲忠臣。尊居部二歲，懷來徼外，蠻夷歸附其威信。

孫寶。鄢陵人。鴻嘉中，廣漢羣盜起，選爲益州刺史。寶到部，親入山谷，諭羣盜，非本造意，渠率皆得悔過自出，遣歸田里。坐失死罪免，益州吏民多陳賨功效。後會益州蠻夷犯法，巴蜀頗不安，復拜廣漢太守，蠻夷安輯，吏民稱之。

後漢

朱輔。寧陵人。永平中，爲益州刺史，宣示漢德，威懷遠夷。自汶山以西，前世所不至，正朔所未加，白狼、槃木、唐菆等百餘國奉貢稱臣僕。輔上其事，併譯夷人樂德、慕德、懷德歌三章，帝嘉之，事下史官録其歌。

張喬。南陽人。永初中，爲益州刺史。元初六年，永昌、越嶲諸郡夷叛，殺長吏，燔城邑，喬遣兵討平之。延光二年，旄牛夷叛，攻零關，喬與西部都尉擊破之。永建初，隴西鍾羌叛，又討破之。

种暠。洛陽人。順帝時，爲益州刺史。在職三年，宣恩遠夷，開曉殊俗，岷山雜落皆懷服漢德。其白狼、槃木、唐菆、邛、僰諸國自前刺史朱輔卒後遂絶，暠至，乃復舉種向化。時永昌太守鑄黄金爲文蛇，以獻梁冀，暠糾發逮捕，馳傳上言，而二府畏懦，不敢案之。

山昱。益州刺史。延禧四年，犍爲屬國夷寇鈔百姓，昱擊破之，斬首千四百級，餘皆解散。

龐芝。益州刺史。建寧六年，蔡邕上封事，稱芝有奉公疾姦之心。尚書令羊陟以芝清亮在公，薦舉升進，帝嘉之。

三國　漢

諸葛亮。陽都人。先主定蜀，以亮爲軍師將軍。先主外出，亮常鎮守成都，足食足兵。建興元年，領益州牧，政事無巨細，咸決於亮，軍資所出，國以富饒。

蔣琬。湘鄉人。亮卒，琬領益州牧。遷大將軍、録尚書事。處羣僚之右，無喜色，神守舉止，有如平日。既開府漢中，疏陳涪水陸四通，惟急是應，遂還治涪。

費禕。鄳人。蔣琬自漢中還涪，固讓州職。禕領益州刺史，當國功名，略與琬比。

晉

王濬。弘農人。武帝時，爲巴郡太守，垂惠布政，百姓賴之。遷益州刺史，懷輯殊俗，待以威信，蠻夷徼外，多來歸降。

周撫。尋陽人。代毌丘奥監巴東諸軍事、益州刺史。桓温鎮蜀，撫鎮彭模，屢著戰績。進鎮西將軍，卒。

周楚。撫子。撫卒，以楚監梁、益二州軍事。世在梁、益，甚得物情。

毛璩。陽武人。安帝時，爲益州刺史。桓靈寶篡位，遣使加璩官，璩執其使，傳檄遠近，列罪狀，遣巴東太守柳約之等擊破桓希等，仍率衆次於白帝。靈寶敗，謀奔梁州。璩姪修之誘令入蜀，殺之。安帝反正，進璩都督梁益秦涼寧五州軍事。譙縱反，襲涪，害璩弟西夷校尉瑾。璩遣參軍王瓊討反者，相距於廣漢。璩下人受縱誘説，遂共害璩及璩弟蜀郡太守瑗，並子姪在蜀者一時殄殁。義熙中，詔贈先所授官，給錢帛，追封璩歸鄉公。

朱齡石。沛人。義熙九年，將伐蜀，以爲建威將軍、益州刺史。尋加節督益州諸軍事。率衆自外水取成都，臧熹等於中水取廣漢，使羸弱乘高艦十餘，由内水向黄虎。譙縱果備内水，齡石至彭模攻破諸營守。縱奔涪城，擒斬之。

沈叔任。武康人。從朱齡石平蜀，爲巴西、梓潼太守。侯勵、羅奥作亂，討破之。以平蜀全涪功爲益州刺史。

南北朝　宋

吉翰。池陽人。元嘉中，徙益州刺史。在州著美績，甚得方伯之體，論者稱之。

陸徽。吳人。元嘉中，張尋、趙廣爲亂於益州，兵寇之餘，政荒民擾，乃徵徽持節督寧益二州諸軍事、益州刺史。徽隱卹有方，威惠並著，寇盜靜息，民物殷阜，蜀土安悅。

劉秀之。東莞莒人。孝武初，遷益州刺史。州境豐阜，前後刺史莫不營聚，蓄多者致萬金。所攜賓僚，並京邑貧士，出爲郡縣，皆以苟得自資。秀之爲治整肅，以身率下，遠近安悅。

劉亮。彭城人。益州刺史。在任廉儉，不營財貨，公禄悉以還官，太宗嘉之。

王玄載。下邳人。益州刺史，有清績，西州稱之。

裴方明。河東人。益州中兵參軍。元嘉九年，賊程道養等圍成都，自九月末至十二月，方明出戰，屢擊破之。十年五月，進軍涪城，涪、蜀皆平。

張岱。吳人。元徽中，益州刺史。性清直，益土安其政。

齊

陳顯達。彭城人。益州刺史。益部山險，多不賓服，顯達襲斬大村獠，自此山夷震服。

蕭鑑。高帝第十子。永明二年，爲益州刺史，時年十四。好學善屬文，不重華飾，器服清素，有高士風。州城北門常閉，防夷鈔掠，鑑曰：「善閉無關鍵，且在德不在閉。」即令開之。戎夷慕義，自是清謐。性甚清正，在蜀未嘗有所營造，當時稱之。

梁

蕭恢。簡文帝第十子。天監中，遷都督、益州刺史。成都去新城五百里，陸路往來，悉訂私馬，百姓患之，累政不能改。恢乃市馬千匹，以付所訂之家，有用則以次發之，百姓賴焉。子範，亦爲益州刺史。開通劍道，克復華陽。

蕭憺。簡文帝第十一子。天監九年，拜都督、益州刺史。舊守宰丞尉歲時乞丐，躬歷村里，民苦之，習以爲常。憺至州，停斷嚴切，百姓以蘇。又興學校，祭漢蜀郡太守文翁，由是人多向方者。

魏

傅豎眼。清河人。遷益州刺史。性既清素，不營産業，衣食之外，俸禄粟帛，皆以饗夷恤士。撫蜀人以恩信爲本，保境安人，不以小利侵竊。有掠蜀民入境者，皆移送還本郡。檢勒部下，守宰肅然，遠近雜夷，相率款謁，仰其德化。

尉遲迥。代人。大統末，爲益州刺史。明賞罰，布恩威，綏輯新邦，經略未附，夷夏懷而歸之。

周

宇文憲。太祖第五子。武成初，除益州總管，憲時年十六。善於撫綏，留心政術。詞訟輻輳，聽受不疲，蜀人悦之。

裴文舉。聞喜人。爲宇文憲總管府中郎，加使持節。蜀土沃饒，或有勸文舉以利者，答曰：「利之爲貴，莫若安身。身安則道隆，非貨之謂，是以不爲，非惡財也。」憲矜其貧窶，每資給之，恒辭多受少。

庫狄峙〔三〕。代人。世宗初，益州刺史。性寬和，尚清静，甚爲夷獠所安。

隋

元巖。洛陽人。高祖初，拜益州總管長史。法令明肅，吏民稱焉。蜀王性好奢侈，嘗欲取獠口以爲閹人，又欲生剖死囚取膽爲藥，巖皆不奉教，排閤切諫，王輒謝而止。蜀中獄訟，巖所裁斷，莫不悦服。

獨孤楷。仁壽初，代蜀王秀爲益州總管。秀有異志，楷諷諭久之，乃受代。楷察秀有悔色，因勒兵爲備。秀至興樂，將反襲楷，覘知楷不可犯而止。楷在益州，甚有惠政。

唐

張長遜。櫟陽人。檢校益州行臺左僕射。歷遂、夔二州總管，所在皆有惠政。

皇甫無逸。萬年人。高祖以蜀新定，吏多横恣，人不聊，詔無逸持節巡撫，得承制除吏。既至，黜貪暴，用廉善，法令嚴明，蜀人以安。嘗按部宿民家，燈炷盡，抽佩刀斷帶爲炷，其廉介類此。

高儉。渤海蓚人。武德中，益州大都督府長史。蜀人畏鬼而惡疾，雖父母病，皆委去，望舍投餌哺之，昆弟不相假財。儉爲設條教，辨告督勵，風俗翕然爲變。又引諸生講授經義，學校復興。秦時李冰導汶江水灌田，瀕水者頃千金，民相侵冒。儉附故渠釃引旁出，以廣溉道，人以富饒。子履行，顯慶初亦居此職，政有名。

李崇義。河間元王孝恭子。太宗時，爲益州都督府長史，有威名。

李大亮。涇陽人。貞觀八年，爲劍南道巡省大使，激濁揚清，甚得名譽。

長孫操。洛陽人。貞觀中，爲益州長史，以課最下詔褒揚。

韓思彦。南陽人。高宗時，巡察劍南益州。高貲兄弟相訟，累年不決，思彦敕廚宰飲以乳，二人悟，齧臂相泣曰：「吾乃夷獠，不識孝義。公將以兄弟共乳而生耶。」乃請輟訟。蜀大饑，開倉賑民，然後以聞，璽書褒美。

馮元常。安陽人。高宗時，巡察劍南，興利除害，蜀土賴焉。

杜景佺。武邑人。性嚴正。武后時，爲益州録事參軍。時隆州司馬房嗣業徙州司馬，詔未下即欲視事，先笞責吏以示威。景佺謂曰：「公雖受命爲司馬，州未受命，何急數日禄耶？」嗣業怒不聽。景佺曰：「公持咫尺制，真僞莫辨，即欲攪亂一府，敬業揚州之禍非此類耶？」叱左右罷去。按：舊唐書、通鑑「佺」皆作「儉」。

畢構。偃師人。中宗時，兩爲益州長史，按察劍南，振弊絶私，號爲清嚴。睿宗立，嘉構修潔獨行，其治術又爲諸使最，乃賜璽書袍帶。

蘇頲。武功人。開元八年，檢校益州大都督府長史，按察節度劍南諸州。時蜀彫敝，人民流亡，詔頲收劍南山澤鹽鐵自贍。頲尚簡静，重興力役，即募戍人輸雇直，開井置鑪，量入計出，分所羸市穀，以廣見糧。時皇甫恂使蜀，檄取庫錢，市錦半臂〔四〕、琵琶捍撥、玲瓏鞭，頲不肯與。或謂頲曰：「公今在遠，豈宜忤聖意。」頲曰：「明主不以私愛奪至公，豈以遠近間易忠臣節也！」

倪若水。藁城人。以右臺監察御史黜陟劍南道，繩舉嚴允，課第一。

陸象先。吴人。明皇時，爲益州大都督府長史、劍南按察使。爲政尚仁恕，司馬韋抱真諫曰：「公當峻朴罰以示威，不然，民慢且無畏。」答曰：「政在治之而已，必刑法以示威乎？」卒不從，而蜀化。

李濬。隴西人。拜益州長史、劍南節度使、攝御史大夫。所歷皆以誠信待物，稱爲良吏。及去職，咸有遺愛。

李璬。明皇子。天寶中，領劍南節度大使。帝西出，令璬大設儲偫，先即鎮，以蜀郡長史崔圓爲副。璬渡綿州江，登舟見綵緣席爲藉者，命撤去，曰：「此可寢處，奈何踐之？」視事兩月，人甚安之。

韋倫。京兆人。明皇時，從入蜀，以監察御史爲劍南節度、行軍司馬、置頓判官。時中人、衛卒多侵暴，尤難治，倫以清儉自將，西人賴濟。

高適。渤海人。肅宗時，爲蜀、彭二州刺史。始明皇東還，分劒南爲兩節度，百姓勞敝，適上疏請罷東川，以一劒南併力從事。帝不納。後梓州副使段子璋反，適從崔光遠討斬之。光遠不能戢軍，以適代爲西川節度使。

嚴武。華陰人。肅宗時，坐房琯事，貶巴州刺史。遷東川節度使。明皇合劒南爲一道，擢武成都尹、劒南節度使。破吐蕃七萬衆於當狗城，遂收鹽川。

班宏。汲人。肅宗時，高適鎮劒南，表爲觀察判官。青城人以左道惑衆，謀作亂，事覺，誣引屯將，規緩死，衆洶懼。宏驗治即殺之，人心大安。

張延賞。猗氏人。爲劒南西川節度使。建中間，兵馬使張朏襲成都，延賞諜知朏酣亂不設備，遣將叱干遂捕斬朏，復成都。自楊國忠討南蠻，三蜀疲罄。及乘輿臨狩，糜費百出。後更郭英乂、楊子琳亂，益矜僭，公私蕭然。延賞事爲之制，薄入謹出，府庫遂實。德宗幸奉天，貢獻踵道。及次梁，倚劒蜀爲根本。

韋皋。萬年人。貞元初爲劒南西川節度使。治蜀二十一年，數出師，凡破吐番四十八萬，擒殺都督、節度、城主、籠官千五百，斬首五萬餘級，獲牛羊二十五萬，收器械六百三十萬，功烈爲西南劇。善撫士，死傷婚嫁皆厚資之。

林蘊。莆田人。貞元初，西川節度推官。劉闢反，蘊曉以順逆，不聽。復遺書切諫，闢怒，械於獄，且殺之。將就刑，闢惜其直，陰戒刑人抽劒磨其頸以脅服之，蘊怒曰：「死即死，我項豈頑奴砥石耶？」闢知不可服，捨之。及闢敗，蘊名重京師。

盧坦。洛陽人。元和中，爲東川節度使，盡捐鹽井榷率之籍。吴少誠之誅，坦遣兵屯安州，每朔望使人問其父母妻子，視疾病醫藥，士皆感慰，無逃還者。

李叔明。新政人。劒南判官。招徠遺民，時號能吏。後拜東川節度使。鄉邑凋落，叔明治之二十年，撫綏有方。

馮宿。東陽人。東川節度使。涪水數壞民廬舍，宿修治防庸，一方便賴。疾革，將斷重刑，家人請宥之，宿曰：「命修短天也，撓法以求佑，吾不敢。」

李夷簡。唐宗室。元和時，爲劍南西川節度使。嶲州刺史王顒積姦贓〔五〕，屬蠻怒，叛去。夷簡逐顒，占檄諭禍福，蠻落復平。始韋皋作奉聖樂，于頔作順聖樂，常奏之軍中，夷簡輒廢去，謂禮樂非諸侯可擅制。語其屬曰：「我欲蓋前人非，以貽戒後來。」

高崇文。幽州人。以左神策行營節度使討劉闢，拜東川節度使，擒闢檻送京師。崇文入成都，師屯大逵，市井不移，珍貨如山，無秋毫犯。衣冠脇汙者請命，爲條上，全活之。刻石紀功鹿頭山。

武元衡。文水人。憲宗時，爲劍南西川節度使。時蜀新定，前節度高崇文不知吏治，帝難其代，遂有是命。元衡至，綏靖約束，儉己寬民，比三年，上下完實，蠻夷歸懷。雅性莊重，雖淡於接物，而開府極一時選。

段文昌。臨淄人。穆宗初，授劍南西川節度使。文昌素諳蜀利病，治寬静，間以威斷，羣蠻震服。長慶二年，黔中蠻叛，文昌使一介開曉，蠻即引還。彭濮蠻大酋蹉禄來請立石刊誓，修貢獻。太和中，復節度西川，卒。

崔戎。安平人。太和初，爲劍南宣撫使。奏罷税外薑芋錢，當賦錢者率三之一，以其一準繒布，優其估以與民。綏招流亡。凡所廢置，公私莫不便之。

盧弘宣。開成中，爲東川節度使。時歲饑，盜贅結，酋豪自王，僞置官吏，發廩廥，招亡命，聯蓬、瀘、嘉、榮諸州，訹蠻落揺亂，根株槃熾。弘宣下檄脅諭，賊黨多降，魁長逃入峽中，吏捕誅之。

李德裕。趙人。爲劍南西川節度使。完殘奮怯，皆有條次。建籌邊樓，按南道山川險要與蠻相入者圖之左，西道與吐蕃相接者圖之右，其部落衆寡，餫饋遠邇，曲折咸具。乃召習邊事者指畫商訂，盡知情僞。又請甲人於安定，弓人於河中，弩人於浙西，由是蜀之器械皆犀鋭。率户二百取一人，使習戰，謂之雄邊子弟。築仗義城、禦侮城、柔遠城，復邛崍關，遠民乃安，二邊寖懼。

柳仲郢。華原人。大中中，東川節度使。孔目吏邊章簡，以貨交近倖，前後廉使無如之何。仲郢因事決殺，部内肅然。在鎮五年，美績流聞。

牛叢。安定人。咸通末，拜劍南西川節度使。時蠻犯邊，抵大渡，進略黎、雅，叩邛崍關，謾書求入朝，且曰假道。叢囚其使四十人，釋二人還之，蠻懼即引去。

崔安潛。全節人。乾符中，代高駢領西川節度使。吏倚駢爲姦利者皆誅之，數更除謬政，於是盜賊衰，蜀民以安。

唐溪。西川孔目官。高仁厚平阡能等五賊，陳敬瑄榜邛州，賊黨皆釋不問。未幾，邛州刺史申獲阡能叔父行全家，請準法。敬瑄以問溪，溪曰：「此必有故。若殺之，失大信，且恐賊黨紛紛復起矣。」從之。問其故，果行全有良田，刺史强買不與。將按之，刺史以憂死。他日行全密餉溪金百兩，溪怒，斥使去。

宋

曹彬。真定人。爲兵馬都監，從劉光義伐蜀，由東道克夔、萬、施、開、忠、遂六州。諸將所過，咸欲屠戮，彬力禁止之，秋毫無犯。及還，惟圖書衣衾，太祖獨優嘉之。

高彦暉。漁陽人。王師伐蜀，爲歸州路先鋒都指揮使。全師雄之亂，與田欽祚共討之。至導江，賊設伏竹箐中，戰不利，欽祚遁，彦暉與十餘騎力戰，皆死之。

楊克讓。馮翊人。開寶三年，命爲西川轉運副使。蜀民懷其善政，璽書褒美。代歸闕下，疏民利病十事，稱旨。

許仲宣。青州人。太宗立，授西川轉運使。屬西南夷寇鈔邊境，仲宣親至大渡河，諭以逆順，示以威信，夷人率服。

張諤。歙州人。太平興國中，除西川轉運副使。土人罕習舟楫，取峽中競渡者給漕運，役覆溺常十四五。諤建議置威櫂軍，分隸管勾，自是無覆舟之患。

張鑑。范陽人。淳化中，盜起西蜀，王繼恩討平之，而御軍無政。上遣鑑往，召對後苑，鑑曰：「益部新復，軍旅不和。若聞使命驟至，易其戎伍，慮或猜懼，變生不測。請假臣安撫之名。」太宗善之。鑑至蜀，即部戍卒出境，督繼恩等分路討捕殘寇，招輯反側，事遂平。

張玘。西川都巡檢。淳化四年，王小波掠彭山，玘與鬭於江源縣，射小波中其額，旋被創死，玘亦死之。

劉紹榮。燕人。爲西川都巡檢使。神禦軍卒亂，或欲奉紹榮爲帥者，紹榮罵曰：「汝亟殺我，我肯負朝廷哉？」叛卒遂擁王均爲主，紹榮自經死。

高繼勳。蒙城人。咸平初，王均據益州。以繼勳爲益州兵馬都監，以勁兵攻東郭二門，克之。賊退保子城，餘黨保山藪中。乃徙繼勳爲綿漢劍門路都巡檢使，繼勳募惡少年偵賊動静，窮躡巖穴，掩其不備，悉擒殺之。

張綸。汝陰人。以右班殿直從雷有終討王均於蜀。有降寇數百據險叛，使綸擊之，綸曰：「此窮寇，急之則生患，不如諭以向背。」有終用其説，賊果降。以功遷，歷益、彭、簡等州都巡檢使。部卒掠居民，綸斬首惡數人，衆乃定。

雷有終。郃陽人。王均亂，以有終知益州兼川峽兩路捉盜招安使，平殄巨寇。

馬亮。合肥人。王均反，以亮爲西川轉運副使。賊平，亮全活數千餘人。城中米斗千錢，亮出廩米裁其價，人賴以濟。時諸州鹽井歲久泉涸，而官督所賦課，繫捕者州數百人，亮盡釋之，而奏廢其井。又除屬部舊逋官物二百餘萬。

石普。太原人。王均叛，以普爲川峽路招安巡檢使，佐雷有終率諸將進討。至天回鎮，賊拒戰，普領前陣力擊破之。賊退保益州，普繕車礮，又爲地道攻城，城破，均夜遁。普引兵追擊至富順監，均自殺，餘黨皆平。

馬知節。薊人。李順亂，知節以羸兵三百守彭州，賊十餘萬來攻城，力戰破之。授益州鈐轄，加都巡檢。劉旴叛，逐都巡檢韓景祐，知節與西川招安使上官正擊敗之，斬旴。旋知益州，兼本路轉運使。自乾德後，歲漕蜀物，動踰萬計，時籍富民以部舟運，坐沈覆破產者衆。知節請代督以省校，而程其漕事，自是蜀人賴以免患。

趙禎。宣城人。遷益州路轉運使，真宗諭曰：「蜀遠而數亂，其利害朕所欲聞。」禎至，數言部中事。蒲江縣捕劫盜不得，反逮繫平民，楚掠誣服，禎行部得其冤狀，悉縱之。再知益州。度支市錦六千匹，召工計歲織裁千餘匹，止以歲所織數上供。

明鎬。安丘人。仁宗時，益州路轉運使。會歲饑，民無積聚，盜賊間發，鎬爲平物價，募民爲兵，人賴以安。

韓琦。安陽人。仁宗時，益利路饑，爲體量安撫使。異時郡縣督賦調繁急，市上供綺繡諸物，不予直，琦爲緩調蠲給之，逐貪殘不職吏，汰冗役數百，活饑民百九十萬。

趙抃。衢州人。仁宗時，爲梓州路轉運使。改益州路轉運使。蜀地遠民弱，吏肆爲不法，州郡公相餽餉。抃整身率之，蜀風爲變。窮城小邑，民或生而不識使者，抃行部無不至，父老喜相慰，姦吏悚服。治平初，復知成都，以寬爲治。英宗立，召還。帝曰：「聞卿匹馬入蜀，以一琴一鶴自隨，爲政簡易，亦稱是乎？」熙寧五年，以大學士復知成都，治益尚寬，蜀郡晏然。

范純仁。吳人。神宗時，徙成都路轉運使，以新法不便，戒州縣未得遽行。安石怒純仁沮格，遣使欲捃摭私事，不能得。

李之純。無棣人。爲成都路轉運使。成都歲發官米六千石，損直與民，言者謂惠民損上，詔下其議。之純曰：「蜀人恃此爲生百年，柰何一旦奪之？」事遂已。秩滿復留，凡數歲始還朝。神宗勞之曰：「遐方不欲數易大吏，使劒外安靜，年穀屢豐，以彰朝廷綏遠之意，汝知之乎？」後復以直學士知成都府。

黃廉。分寧人。熙寧間，爲利州路轉運判官。元祐初，陸思閔茶法爲川、陝害〔六〕，遣廉使蜀按察。至則奏罷其太甚者，且言：「前所爲誠病民，若悉以予之，則邊計不集，蜀貨不通，園畦將受其弊。請榷熙、秦茶勿改〔七〕，而許東路通商；禁南茶毋入陝西，以利蜀貨。定博馬歲額爲八千匹。」朝廷可其議，使以直秘閣提舉。

王光祖。開封人。熙寧中爲梓夔鈐轄。渝獠叛，詔熊本安撫，與光祖同致討。本疑光祖不爲用，使光祖將後軍出黄沙坎。比發日已暮，士相挽而前，夜半抵絶頂，質明獠望見大駭，一鼓而潰。楊萬等困於松溪，又亟往援。本愧謝，上其功第一。吐蕃圍茂州，光祖領兵三千，會王中正破雞宗關。賊據石鼓村，光祖擇鋭兵分襲吐蕃背，出其不意，皆驚遁。後爲瀘南安撫使兼領邊事。

吴玠。永洛城人〔八〕。紹興九年，金人請和，帝以玠功高，特進開府儀同三司。遷四川宣撫使，陝西階、成等州皆聽節制。治廢堰，營田六十莊，計田八百五十四頃，歲收二十五萬石，以助軍儲，賜詔奬諭。

吴璘。玠弟。紹興初，遷統制，營仙人關。金兵至關下，璘血戰連日，大敗之。自是金人不敢窺蜀者數年。進四川宣撫使。守蜀二十年，隱然爲方面之重，威名亞於玠。

張燾。德興人。高宗時，知成都，兼本路安撫，許以便宜。雖安撫一路，而四川賦斂無藝者悉得蠲減。在蜀四年，戢貪吏，薄租賦，歲旱發粟，民得不饑。暇則修學校，與諸生講論。蜀人懷其惠政。

李迨。開封人。紹興初，爲四川都轉運使，兼提舉川、陝茶馬。請併提舉諸司，以省冗費。又奏欲省漕運，莫如屯田漢中之地，約收二十五萬餘石，亦可稍寬民力。降詔奬諭。

劉子羽。崇安人。張浚宣撫川、陝，辟子羽參議軍事。浚合五路之兵以進，子羽以非本計争之。會與金兵戰不利，官屬有建策徙治夔州者，子羽叱之，謂宣使但當留駐興州，以繫關中之望，安全蜀之心。又命吴玠柵和尚原，守大散關，而分兵悉守諸險寨。金人知有備，引去。浚移治閬州，子羽請獨留河池，調護諸將，以通内外聲援。後拜利州路經略使，兼知興元府。再與金人戰，全蜀之力，子羽爲多。

楊政。臨涇人。紹興十年，金人渝盟，政兼川陝宣撫副使司都統制。凡大戰七，斬獲甚衆。

胡世將。晉陵人。爲四川安撫、制置使〔九〕，兼知成都。宣撫吴玠以軍無糧，奏請踵至。世將既被命入境，約玠會議，蜀之餉運，泝嘉陵江千餘里，半年始達，於是用轉般摺運之法，軍儲稍充，公私便之。紹興九年，玠卒，遂以世將宣撫川、陝。

鄭剛中。金華人。紹興中，爲四川宣撫副使。宣撫司舊在綿、閬間，及胡世將代吴玠，就居河池，饋餉不繼。剛中奏移司利州，自是省費百萬。奏蠲四川雜征。於階、成二州營田抵秦州界，凡三千餘頃，歲收十八萬斛。

李璆。汴人。遷四川安撫、制置使。成都舊城多毁圮，璆至，首命修築，俄水大至，民賴以安。三江有堰，灌眉田百萬頃，久廢弗修，璆率部刺史合力修復，眉人感之，繪像祠於堰所。間遭歲饑，發倉賑活，無慮百萬家。

汪召嗣。紹興中，總領四川財賦軍馬錢糧，奏蠲諸路欠紹興十七年以前折估糴本等錢一百二十九萬餘緡、米九萬八千七百餘石、綾絹一萬四千餘匹。

蕭振。温州人。高宗時，知成都府，制置四川。軍儲適闕，倉吏以窘告，振奏留對糴米八萬斛以足軍食，以其直歸計所。秦檜風御史劾振要譽，謫池陽。檜死，帝感悟，亟遣振還成都，父老懽呼載道。振至，一切以寛治。或問其故，振曰：「承縱弛，革之當嚴；今繼苛刻，非寛則民力瘁矣。」帝嘉振治行，謂宰臣曰：「四川善政，前有胡世將，今有蕭振。」進秩四等。

王剛中。樂平人。高宗時，知成都府，制置四川。時吴璘累官閥至大帥，其下姚仲、王彦等亦建節雄一方。剛中檢身以法，示人以禮，恩威並行。羽檄紛沓，從容裁決，皆中機會。敵騎度大散關，剛中夜馳二百里，起吴璘於帳中，責之曰：「大將與國義同休戚，臨敵安得高枕而卧？」璘大驚。又以蠟書抵張正彦濟師。西師大集，金兵敗走。剛中謂其屬曰：「將帥之功，吾何有焉。」成都萬歲池溉三鄉田，歲久淤澱，剛中疏之，累土爲防，上植榆柳。州人指曰：「王公之甘棠也。」府學就圮，繕完復其舊。葺諸葛武侯祠、張文定公廟，夷黄巢墓，表賢癉惡以示民。

盧法原。德清人。紹興中，知夔州。進川陜宣撫副使。金兵攻闗輔，叛將史斌陷興州，河東經制王𤫊以乏食班師，法原開關納之，與夔同破斌，復興州。秦、隴叛兵欲窺蜀，法原極意拊循，嚴爲備禦，視山川險阻，分地置將，前後屢捷。

汪應辰。玉山人。孝宗時，爲四川制置使、知成都。既至，免利州路民餉運，徙沿邊戍兵就糧内郡，縱保勝義士復業，存左藏所解白契二百萬以備不虞。有謂蜀中綱馬宜浮江而下，執政、大將皆主其説，應辰力言其不便，遂得中止。有欲增税者，應辰列奏，民受其賜。時吴璘駐蜀口，病且死，應辰遂攝宣撫之職，蜀道晏然。總所牒委官覈四川匿契税，應辰奏其不便者四，止之。

趙不惪。宋宗室。爲成都轉運判官。適歲饑，不惪行抵瀘南，貸官錢五萬緡分糴。比至，下令曰：「米至矣。」富民争發粟，米價遂平。永康軍歲治都江堰，吏盜金減役，堰易圮，故屢饑。不惪躬視操版築，繩吏以法，乃出令：「民業耕者，田主貸之；事末作者，富民振之；老幼疾患者，官爲鬻視。」全活數百萬。已而攝制司。吐蕃酋豪夢束畜列入寇，不惪遣軍赴沈黎，且密檄諸蕃部，許以重賞，遂大破之於漢源，斬豪首。

京鏜。豫章人。孝宗時，爲四川安撫、制置使，兼知成都府。到官首罷征斂，弛利以予民。

范成大。吴人。孝宗時，除四川制置使。謂西南諸邊，黎爲要地，增戰兵五千，奏置都監路，分吐蕃入寇之路十有八，悉築栅分戍。白水砦將王文才私取蠻女，導之寇邊，成大擒文才斬之。蜀北邊舊有義士三萬，本民兵也，監司郡守雜役之，都統司又俾與大軍更戍，成大力言其不可，詔遵舊法。蜀知名士孫松壽年六十餘，樊漢廣甫五十九，皆挂冠不仕，表其節，蜀士由是歸心。

李蘩。晋原人。孝宗時，提點成都路刑獄，兼提舉常平。歲凶，先事發廩蠲租，所活百七十萬人。知興元府，安撫利州東路，又總領四川財賦。廷臣上言四川歲糴軍糧，名爲和糴，實科糴也。詔范成大同蘩相度以聞。乃書利民十一事上之。前後凡三年，蘩上奏疏者十有三，而降詔問難者凡八，訖如其議。民始知有生之樂，梁、洋間繪像祠之。

留正。永春人。淳熙初，四川制置使，兼知成都府。平折税價，歲減酒課三十八萬。以簡素化民，歸裝僅書數篋，人服其清。

趙汝愚。餘干人。淳熙間，制置四川，兼知成都府。諸羌蠻相挺爲邊患，汝愚至，以計分其勢。孝宗謂其有文武威風。

丘崈。江陰軍人。光宗時，擢四川安撫、制置使，兼知成都府。崈素以吴氏世掌兵爲慮，挺死，崈即奏乞選他將代之，仍置副帥以殺其權。其後郭杲繼，詔復兼利西路安撫。杲死，韓侂胄復以兵權付曦，曦反，識者乃服崈先見。

劉甲。龍游人。累官利東安撫使。吴曦屢招，甲援大義拒之，且以帛書告變，朝廷稱忠臣者再。曦誅，除宣撫使。未幾，金自鶻嶺關進屯八里山，甲守諸關，截潼川戍兵駐饒風以待之。移知潼川府，權四川制置司事。首罷互送禮，廢茶鹽柴邸等法。命屬吏討論田税，一府歲減百六十萬緡、米麥萬七千石，邊民感泣。

崔與之。廣州人。開禧中，成都叛卒大擾，命與之知成都府、本路安撫使，至即帖然。時安丙握重兵久，亦忌蜀帥之自東南來者，至是獨推誠相與。丙卒，詔盡護四蜀之師〔一〇〕，拊循將士，人心悦服。

吴獵。醴陵人。開禧中，以四川安撫、制置使兼知成都府。嘉定六年召還，家無餘資。蜀人思其政，畫像祠之。

丁黼。成都制置使。嘉熙中，元兵將至，黼先遣妻子南歸，自誓死守。元兵自新井入，詐豎宋將李顯忠之旗，直趨成都，黼以爲潰卒，以旗榜招之。既審知其非，領兵夜出城南迎戰，至石筍街兵散，力戰而死。黼帥蜀，爲政寛大，蜀人思之。事平，賜額立廟。

孟珙。棗陽人。嘉熙四年，爲四川宣撫使，兼知夔州。釐蜀政之弊，爲條頒諸郡縣，曰：「不擇險要立砦柵，則難責兵以衛民；不集流離安耕種，則難責民以養兵。」乃立賞格以課殿最，俾諸司奉行之。尋兼夔路制置大使，兼屯田大使，大開屯田，調夫築堰，募農給種。首秭歸，尾漢口，爲屯二十，爲莊百七十，爲頃十八萬八千二百八十。上屯田始末，與所減券食之數，降詔褒諭。

余玠。蘄州人。理宗時，授四川安撫、制置使，兼知重慶府，四川總領，兼夔路轉運使。玠大更敝政，遴選守宰，築招賢館於府之左，供張如帥府。播州冉氏兄弟璡、璞有文武才，聞玠賢，詣府上謁，更闢别館以處之。遂用其策，徙合州城於釣魚山。又築青居、大獲等十餘城，皆因山爲壘，碁布星分，爲諸郡治所，屯兵聚糧，爲必守計。又開屯田於成都，蜀以富實。用楊成計，誅利司都統王夔。後卒，蜀之人莫不悲慕，如失父母。玠之治蜀也，任都統張實治軍旅，安撫王惟忠治賦財，監簿朱文炳接賓客，皆有常度。至於修學養士，輕傜薄征。蜀既富實，乃罷京湖之餉，邊關無警。又撤東南之戍。自寶慶以來，蜀閫未有能及之者。

陳隆之。爲四川制置使。淳祐元年，成都被圍，守彌旬弗下，部將田世顯乘夜開門，元兵突入，隆之舉家數百口皆死。檻送隆之至漢州，命諭守臣王夔降，隆之呼曰：「大丈夫死爾，毋降也。」遂見殺。贈徽猷閣待制，賜謚立廟。

張珏。鳳州人。寶祐末，元兵攻蜀圍合州，珏與王堅協力戰守，攻之九月不能下。王堅入朝，珏治合，練士卒，修器械，信賞必罰，碇舟斷江中爲水城，元兵數萬攻之不克。德祐元年，爲四川制置副使，知重慶府。元軍合兵圍重慶，援絶糧盡，珏遣張萬以巨艦載精兵，斷内水橋，入重慶。元兵會重慶，遣瀘州降將李從招降，不從，率兵與伊蘇岱爾戰，兵潰。帳下韓忠顯開門降，珏率兵巷戰不支，執送京師，解弓弦自經。「伊蘇岱爾」舊作「也速解兒」，今改正。

張桂。爲四川都統。劉整引兵襲桂營，桂及統制金文德戰死。納溪曹贑闔門死之。

蒲東卯。爲四川轉運副使。元兵至，死之。

楊大異。醴陵人。除四川制置司參議官。元兵入成都，大異從制置使丁黼巷戰，身被數創死，闔門皆遇難。詰旦復蘇，其部曲負以逃，獲免。

元

廉希憲。中統初，併四川、京兆爲一道，以希憲爲宣撫使。進平章政事。奏四川降民皆散處山谷，宜申敕軍吏，禁止俘掠，違者千户以下與犯人同罪。又禁毋販易生口，四川遂安。宋將劉整以瀘州降，盡縶前歸宋者數百人，請誅以戒，希憲與商挺奏釋之。

賽音諤德齊沙木思迪音。回回人。至元元年，置四川行中書省，出爲平章政事。蒞官三年，增户九千五百六十五，屯田糧九萬七千二十一石，撙節和買鈔三百三十一錠。七年，分鎮四川，與宋將昝萬壽對壘，一以誠意待之，不爲侵掠。及召還，萬壽請置酒爲好，竟往不疑。酒至，左右言未可飲，笑曰：「若等何見之小！昝將軍能毒我，其能盡毒我朝人乎？」萬壽嘆服。「賽音諤德齊沙木思迪音」舊作「賽典赤瞻思丁」，今改正。

王利用。通州潞縣人。中統中，授四川提刑按察使。土豪有持官府長短者，問得其實，而當以罪，民賴以安。都元帥達哈抑巫山縣民數百口爲奴，民屢訴不決，利用承檄覆問，盡出爲民。「達哈」舊作「答海」，今改正。

李德輝。潞縣人。至元中，奉命爲四川總帥。初，憲宗惡合州久不下，遺命克城盡屠其民。宋守王立爲元兵所逼，乃間行至成都請降，德輝乃單舸詣合受其降，安集其民，罷置其吏。民德之，建祠以祀。

譚澄。德興懷來人。至元中，四川僉省。葬暴骸，修焚室，賑饑貧，集逋亡，民心稍安。

汪良臣。鞏昌鹽州人。至元十年，授樞密副使、西川行樞密院事。平蜀之日，禁焚掠，發粟賑饑，民大悦。尋行四川中書省事。陳治蜀十五事，世祖喜納。瘡痍之餘，極意拊循，蜀人安之。

汪惟正。良臣猶子。至元十七年，遷中書左丞，行秦蜀中書省事。以省治遠在長安，乃命惟正分省於蜀。蜀土荐罹兵革，民無完居，聞馬嘶輒竄匿，惟正留意撫循，人便安之。

張庭瑞。臨潢全州人。世祖時，成都總管。蜀平，升諸蠻夷部宣慰使。碉門羌與婦人老幼入市，争價殺人，碉門魚通司繫其人。羌酋怒，謀入劫之。左丞汪惟正問計，庭瑞請遣使往諭禍福，惟正曰：「無以踰君。」庭瑞往，酋果從命，乃論殺人者，而遣其餘。且約交市，以碉門爲界。又更官買茶法，每引納二緡，而付文券與民，聽其自市於羌，羌蜀便之。復立屯田，以避陽山泝江運糧覆陷，人得免患。

喇勒智喇斡。唐古鄂摩克氏。成宗時，再遷四川行省參知政事。進左丞。蜀大饑，親勸分以賑之，所活甚衆。有死無葬者〔一二〕，以己錢買地使葬。且修寬政以撫其民，部内以治。「喇勒智喇斡」舊作「立智理威」，「唐古鄂摩克」舊作「唐兀烏密」，今俱改正。

趙世延。庸古特族人。祖阿勒楚爾，以蒙古漢軍征行大元帥鎮蜀。至大元年，世延除四川肅政廉訪使。蒙古軍事科差繁重，而軍士就戍往來者多害人，且軍官或抑良爲奴，世延皆除其弊而正其罪〔一三〕。又修都江堰，民尤便之。「庸古特族」舊作「雍古族」，「阿勒楚爾」舊作「按竺邇」，今俱改正。

張珪。范陽人。大德三年，奉使巡行川、陝，問民疾苦，賑恤孤貧，罷冗官，黜貪利。

趙資。順帝時，任行省參政，守嘉定。時右丞鄂勒哲依圖鎮重慶，爲明玉珍所敗，因會平章隆和岱與資謀復重慶，屯嘉定之大佛寺。玉珍圍嘉定，遣其黨明三奴輕兵襲陷成都，虜隆和岱及資妻子以歸。隆和岱妻自沈於江，以資妻子狥嘉定，招資降，資引弓射殺妻。俄城破，擒資及鄂勒哲依圖、隆和岱，歸於重慶，館諸治平寺，欲使爲己用。三人執不可，乃斬於市，以禮葬之。蜀人謂之「三忠」。「鄂勒哲依圖」舊作「完者都」，「和隆岱」舊作「朗革歹」，今俱改正。

結當布。元統中，僉四川廉訪司事。請罷鹽運司，正鹽法，撫流寓，使安耕鑿。時灌州都江堰歷年蕩齧，結當布鑄鐵龜，以鐵柱貫其中鎮之，諸堰如制。工成，揭傒斯爲之記。「結當布」舊作「吉當普」，今改正。

王守誠。陽曲人。至正五年，宣撫四川。廉訪某誣宣使蘇伯延行賄，致瘐死。重慶府官以私怨誣銅梁尹張文德縱盜，罪加等。守誠皆爲直其事。小民田、婚之訟百十計，亦爲詳讞平反。請復文翁石室爲書院，風采聳動天下。論功居諸道最。

明

茹太素。澤州人。洪武初，擢四川按察使，以平允稱。

朱守仁。徐州人。洪武十年，進四川布政使，治尚簡嚴，多善政。

丁玉。河中人。洪武十年，爲右御史大夫。威茂土酋叛，以玉爲平羌將軍，討平之。十二年，平松州。玉言松爲西羌要地，請立軍衛，遂設官築戍。會四川妖人彭普貴爲亂，焚掠十四州縣，命玉移軍討滅之，帝手敕褒美。

蔡運。南康人。建文時，歷官四川參政，勁直不諧於俗。

方法。桐城人。建文時，以舉人授四川都司斷事。永樂改元，諸藩表賀，法不署名被逮，至望江投江死。本朝乾隆四十一年，賜謚忠節。

陳璉[一三]。番禺人。永樂初，任蜀按察使。務存大體，不屑科條，以誠感人，人自不忍欺之。

耿九疇。盧氏人。永樂間，任四川布政使。性周詳，綜理有法，雖不事刑威，而衆務修舉。

李敬。宜興人。素以材武稱。宣德初，授四川都指揮。十三年，保縣羌民黑大作亂，敬直搗賊巢，悉殲其衆，生擒黑大送京。升右都督府同知，仍留守蜀。

龔璲。南昌人。宣德初，任按察使。守正不阿，洞察民隱。歷官四十餘年，蕭然如寒士。

李斆。涿州人。宣德初，任參議。西戎叛，圍松、茂、威疊，都督陳懷總大軍征之。棧路飛輓甚艱，斆任轉運，均其勞逸，獲成功焉。遷右布政使。居蜀近十年，不攜妻子，唯一蒼頭供役。

朱與言。萬安人。宣德中，爲四川按察副使。合州盜起，督吏目馮鼎斬六十餘人，賊勢遂衰。雅州妖人爲亂，與言執送京師，境内以安。

陳員韜。臨海人。宣德中，出按四川。黜貪奬廉，雪死囚四十餘人。

王質。太和人。宣德末，爲四川參議。疏陳十事，咸切時弊。行部惟啖青菜，人呼爲「青菜王」。

王翺。鹽山人。宣德五年，巡按四川。松潘蠻竊發，都督陳懷駐成都不能制，翺請移懷松潘，而松潘軍糧於農隙起運，護以官軍，毋專累百姓，致被劫掠。又請州縣土司徧設社學，禁吏蠹，事允行，而遷蠹吏北京。正統四年，松潘都指揮趙諒誘執國師商巴，掠其財，誣以叛。其弟怒，聚衆剽掠，命翺征之。翺悉其枉，出商巴於獄，遣人招其弟，撫定餘黨，而劾誅諒，松潘遂平。

邢旭。金華人。正統初，四川布政使。茂州土豪王永等聚衆讐殺，官軍征之不克。旭單騎撫之，即歸附，西鄙以安。荆湘大祲，流民萬餘入廣安等處剽掠，僉議加兵，旭堅持不可，遣官馳諭，移文所在賑濟之。

周濟。洛陽人。正統時，巡按四川。威州土官董敏、王允相讐殺，詔濟督官兵進討。濟曰：「朝廷綏安遠人，宜先撫而後征。」馳檄遂解。

李匡。黄巖人。正統初進士。爲按察司副使，奉例録囚，巡行郡縣，平反數十事，名大著。及草塘、大壩弗靖，擢副都御史，巡撫四川，内理彫敝，外調師徒，頻年討平之。

羅俊。安福人。景泰中，巡按四川，有廉聲。著有理冤録行世。

何洪。全椒人。景泰末，以都指揮使掌四川都司事。與平東苗。憲宗即位，擢都督僉事，巡撫汪浩乞留洪四川，許之。德陽人趙鐸反，連番衆數陷城，殺將吏，遣其黨何文讓及僧悟昇掠安岳諸縣，洪斬悟昇，生擒文讓。鐸將逼成都，官軍三路分討，洪偕都指揮安用趨彰明，賊引去。追至梓潼朱家河力戰，賊少卻，洪乘勝陷陣，後軍不繼，爲賊所圍，左右逃盪，殺賊甚衆，力竭而死。洪勇敢，善撫士，號令嚴，蜀將無及之者。詔贈都督同知。

劉雄。臨淮人。四川都指揮僉事。爲人剛勁，遇敵輒前。嘗捕賊漢州，生擒七十餘人。及趙鐸之亂，追之羅江大水河，馘數人，賊連敗。千户周鼎傷，雄前救之，徑奔賊陣，叢刺死。詔贈都指揮同知。

張瓚。孝感人。成化中，巡撫四川。會松、茂番寇邊，西鄙驛騷，命瓚兼督松、茂、安、綿、建昌軍務。瓚帥師破滅五十二砦，殲其魁撒哈等，餘一百五砦悉獻馬納款，諸番悉平，名著西蜀。

王軾。公安人。成化時，爲大理寺右丞，録囚四川，平反百餘人。尋擢四川副使。歲凶，發廩賑貸，請官銀十萬兩爲糴費。後按嘉定同知盛崇仁贓罪，爲其所搆，下吏。弘治初，復擢四川按察使。

彭韶。莆田人。成化九年，任四川按察使。有扈氏、曹氏殺人，獄久不決，韶至，一訊得實。撤境内淫祠。王府祭葬，舊遣内官，公私繁費，奏罷之。

夏壎。天台人。成化中，巡撫四川。苗獠時爲寇，壎立互知會捕法，賊爲之戢。古州苗萬餘居爛土久，時議逐之，壎謂非計。壎剛介，善聽斷，所至民不冤。在蜀三年〔一四〕，民夷畏服。

黄紱。平越人。成化中，四川左參政。崇慶州州西寺倚山爲巢，後臨巨塘。僧夜殺人沈塘，分其貲，且多藏婦女於窟中。紱按部得其狀，誅僧毁寺。倉吏倚皇親乾没官糧巨萬，紱追論如法，威行部中。歷左、右布政使。奏閉建昌銀礦。

洪鐘。錢塘人。弘治初，爲四川按察使。馬湖土知府安鼇恣淫虐，士人婦女將婚必請命，或至老不敢嫁。殺無辜數百人，掘塚墓，焚廬舍甚衆。讐家訐奏，有司利其金，遷延二十年。僉事曲鋭請巡按御史張鸞按治，鐘贊決，捕鼇送京師，置極刑。安氏自唐以來，世有馬湖，至是改流官，一方始靖。

謝士元。長樂人。弘治初，巡撫四川。土番有大小娃者，將煽亂，士元託行邊馳詣其地，賊恐，羅拜道左，徐慰遣之。歲大祲，流民趨就食，士元賑恤有方，全活者數萬。

童軒。鄱陽人。弘治初，以右副都御史提督松潘軍務。值歲饑，開倉賑貸，資遣流移還業。禁令所出，軍民稱便。南路鎮番素苦蠻賊出没，歲減軍餉充犒，軍多逃亡。軒易以官帑銀布，軍乃無乏。

潘蕃。崇德人。弘治九年，巡撫四川，兼提督松潘軍務。宣布威信，番人畏服。歲罷假道金千計，捍禦撫輯，積五年，朝廷無西顧憂。

張昺。慈谿人。弘治中，歷四川僉事。有富豪殺人，屢以賄免。御史檄昺治，果得其情。尋進副使。守備中官某將進術士周慧於朝，昺即擒慧治罪，徙之極邊。

周瑛。莆田人。弘治中，任四川參政，遷右布政。勵風節，布袍瓦器，意淡如也。於民一介不取，時論重之。

崔陞。安陽人。四川右參政。弘治丙辰，監營壽王宫於保寧，役者數萬人，費覈而力舒。每行部勾稽既詳，又喜廉臧否，與僉事曲鋭齊名。蜀人語曰：「崔參曲僉，屹如雪山。」鋭，萊陽人。

吴景。南陵人。正德中，任四川僉事。時流賊藍、鄢之黨逼江津，景率典史張俊迎擊，城陷俱死。

王源。五臺人。正德中，任四川僉事。值賊藍廷瑞等作亂，源巡歷營山，賊已逼，率典史鄧俊禦之，顧兵無可用，以死自誓，城陷皆被殺。

彭澤。蘭州人。正德時，總督川陝諸軍，討四川賊。時廖麻子、喻思俸猖獗，澤偕總兵官時源數敗之，擒麻子於劍州。思俸竄通、巴間，督諸軍圍之，卒就擒。以次討平内江、榮昌諸賊，並平成都亂卒之執知州指揮者。詔留保寧鎮撫。

林俊。莆田人。正德四年，巡撫四川。時閬中賊藍廷瑞、鄢本恕、廖惠勢張甚，俊督軍擊敗之，擒廖惠。以次擊瀘州賊曹甫，破之。復與總制洪鐘共擒本恕、廷瑞，而益發士兵擊勦甫黨方四。累功進右都御史。中貴子弟欲冒軍功，輒禁止。去官之日，士民號哭追送。

馬昊。寧夏人。正德時，官四川僉事。洪鐘討方四、曹甫久無功，昊知兵，擇健卒千人，教之，從林俊敗甫江津。又平方四。及甫降而其黨廖麻子併其衆，勢復熾，鐘召還，巡撫高崇熙仍主撫，許以開縣臨江市處之，昊力争不從。明年賊果叛。詔逮崇熙，以昊代。與彭澤平廖麻子及内江賊駱松祥等，羣盜悉靖。

王廷相。儀封人。正德中，任四川提學僉事，經品題者率以名著。創建大益書院，以祀前代諸賢。嘉靖六年，巡撫四川。條陳州、蜀利弊，卓有經濟之略。

馮傑。涿鹿衛人。正德中，官四川副使，賊麻六兒逼川東，傑率兵追擊於蒼溪，俘斬頗衆。日晡移營鐵山關，賊乘夜衝突，兵潰，傑死之。贈按察使，謚恪愍。

盧翊。常熟人。正德八年，任僉事。成都之田皆資灌口堰水，近源淤塞，民稱病。翊採衆議濬之，澤潤數百里。

盛應期。吴江人。正德末，巡撫四川，討平天全六番招討使高文林。會泉江蠻普法惡作亂，富順姦民謝文義、文禮附之，應期督指揮何卿等先後討誅之。

胡世寧〔一五〕。仁和人。正德末，巡撫四川。松潘所部熟番，將吏久不能制，率輸貨以假道。世寧陳方略，請選將益兵，立賞罰格，嚴隱匿，修烽堠，時巡徼以振軍威，通道路，詔悉施行。又劾副總兵張傑、中官趙欽貪虐，皆罷去。

吕翀。永豐人。正德時，遷四川副使。修都江堰以資灌溉，水利大興。

姜寶。丹陽人。嘉靖時，四川提學僉事。能鑑識才器，與諸生倡明道學，一時蜀士彬彬，文教翔洽。

余珊。桐城人。嘉靖初，爲四川副使。分巡威、茂，律己清嚴。居官威惠並施，士民祀之。

顧珀。晉江人。嘉靖初，爲四川副使。威、茂二州地連松潘，番人時出没爲患。珀修城堡，募材勇，覈賞番餘銀得萬兩，雇民鑿石炭，開衢路以通往來。初，番人入貢多挾刀，乘間剽掠。珀禁毋挾，諸番帖然。

胡東皋。餘姚人。嘉靖初，爲四川副使，分巡建昌。前使多駐節雅州，東皋親駐其地，申嚴約束，軍民帖然。番賊入寇，殲之，無敢牧境上者。平越嶲嶺道，使寇不得依據。建昌有大渡水，湍悍多覆溺，爲相山勢移其處，人號胡公渡。及去，立祠祀之。

蔣信。常德人。嘉靖時，爲四川水利僉事。播州土官以重賄饋於途，叱去之。盡心民瘼，民無不得以情言者。有道士以妖術愚衆，後奪人貲，他司遣人往攝莫敢近，信召之，寘諸法。

嚴清。雲南後衛人。嘉靖時，官四川按察使、右布政，並有清望。隆慶初，巡撫四川。清久宦川中，僚吏憚其風采，相率勵名行，少墨敗者。罷郡縣卒團操成都。番人入貢，裁爲定額。痛絶强宗悍吏。大學士趙貞吉稱其約己愛人，省事任怨。當歲荒民流，無不倚清如父母。

楊守禮。蒲州人。嘉靖中，巡撫四川。烏都、鵓鴿諸番爲亂，與副將何卿討破之。因進兵破遮花、高黄、脊魚三部，又破鵓兒、刁農、雞公諸部，降其餘砦，番人震讋。

劉顯。南昌人。冒蜀籍，爲武生。嘉靖中，宜賓苗亂，顯從巡撫張臬軍，手格殺五十餘人，擒首惡三人。隆慶末，敘州都掌蠻爲亂，其酋阿大、阿二、方三據九絲山僭稱王，姦民阿苟爲賊耳目，巡撫曾省吾屬顯軍事往討。諸軍集敘州，誘執阿苟〔一六〕，鑿灘通餉，擊斬賊黨阿墨。遣間諜誘，遂進逼九絲，乘夜賊無備，斬關而入，三酋以次就擒。録功進顯都督同知。又擊西川番没舌、丟骨、人荒諸砦，斬其首惡，撫餘衆而還。建昌傀厦、洗馬諸番咸獻首惡，西陲以安。

曾省吾。承天人。四川巡撫。都掌蠻據險剽掠，時議征之。萬曆元年，省吾調兵攻拔淩霄、都都、九絲城巢穴，盡獲其酋。凡克寨六十，拓地四百餘里。

劉綎。顯子。萬曆初，從顯討九絲蠻，勇冠諸軍。尋以總兵官討播酋楊應龍，賊聞綎至，懼，據峒堅守。諸將憚其險，綎左持金，右挺劍，督戰大呼曰：「用命者賞，不用命者齒劍。」連克三峒。賊盡鋭來攻，綎設伏殲之。乘勝追逐，奪諸險隘。後又討平建昌逆猓，分八道督諸將進攻，諸猓巢穴一空。

郭子章。泰和人。萬曆四年，官四川提學副使。聞來知德隱居著述，遂單騎造廬，知德款以粗糲瓦盆，相對竟日忘返。時人兩重之。

王廷瞻。黄岡人。萬曆五年，巡撫四川。番屢犯松潘，令副使楊一桂、總兵官劉顯勦之，殲其魁，羣蠻納款。風村、白草諸番久踞二十八砦，率男婦八千餘人來降。復命顯討建昌、傀厦、洗馬、姑宰、鐵口諸叛番，皆獻首惡。

沈瑞臨。仁和人。萬曆中，川東兵備僉事。公廉有方略。播州楊應龍煽動，瑞臨撫懾，應龍憚服威信，終其任不敢叛。以終養歸。部中有羨金，屬吏致賮，瑞臨正色卻之，歸囊不攜蜀中一物。

王象乾。新城人。萬曆中，總督四川、湖廣、貴州軍務，兼巡撫四川。楊應龍初平，分其地爲遵義、平越二府，改設流官。其遺黨吴洪結連水西爲亂，討平之。

李化龍。長垣人。楊應龍反，化龍以兵部右侍郎總督湖廣、川、貴軍務，兼巡撫四川，討之。分兵八道並進，凡百有十四日而賊平。播自唐乾符中入楊氏八百餘年，至應龍而絶。

崔景榮。長垣人。巡按四川。播州亂，監劉綎、吴廣軍。會李化龍憂去，景榮爲請蠲蜀一歲租，卹上東五路，罷礦使。敘監軍功，晉太僕少卿。

周嘉謨。漢川人。萬曆十年，爲四川副使，分巡瀘州。窮治大猾楊騰霄，置之死。建武所兵燔總兵官沈思學廨，單車諭定之。尋撫白草番。督兵邛州、灌縣，皆有方略。

李應祥。九谿衛人。萬曆十三年，爲四川總兵官，討平松、茂叛番。明年平建昌、越嶲諸猓。又明年，平邛部逆酋，以其地置屏山縣。三巨寇積爲蜀患，至是悉定，威振西南。論功累加都督同知。被劾罷職。會征播州再起，合諸軍滅楊應龍，仍留鎮蜀，討其遺孽，盡平之。

朱燮元。山陰人。萬曆末官四川副使，尋遷左布政。天啓初，奢崇明父子反，巡撫徐可求、參政孫好古、下東道李繼周、下南道駱日昇、重慶知府章文炳、總兵黄守魁皆遇害。圍成都，朝廷擢燮元右副都御史、巡撫四川。賊多方攻城，燮元隨機應擊，賊計無所施。其將羅象乾降，燮元與同卧起，象乾感激誓報。已而諸軍至，象乾内應，賊遁去，圍解，復州縣衛所四十。賊尚據永寧，進克之，殺奢寅，崇明乞降。拓地千餘里，立屯制賦，蜀中遂安。

徐如珂。吴人。天啓元年，川東兵備副使。擊殺奢崇明黨樊龍，復重慶。

劉可訓。澧州人。恤刑四川。會奢崇明反，困成都。可訓佐城守有功，擢僉事，監軍討賊。崇明走龍場壩，可訓督諸將進勦，功最多。總督朱燮元彙奏文武將吏功，盛推可訓。遷威茂兵備參議。崇禎元年，改敘瀘副使，仍監諸軍。與總兵侯良柱破賊十萬衆於五峯，斬崇明及安邦彦。御史毛羽健言可訓將孤軍，久經蠻煙瘴雨，五路大戰，十道並攻，皆抱病督師，誓死殉國，宜畀以節鉞。帝頗納其言。

林兆鼎。福建人。天啓初，爲四川參將。奢崇明作亂，兆鼎進攻容仲壩，直抵龍場，擒崇明妻及弟，蜀亂稍定。擢副總兵。

馬如蛟。和州人。崇禎初，出按四川。安邦彦、奢崇明爲四川將士所馘，而貴州軍與爭功，如蛟劾巡撫蘇琰冒功罪〔一七〕。蜀中奸民率以他人田産投勢家，如蛟列上十事，永革其弊。

施邦曜。餘姚人。崇禎時，四川按察使，有政聲。或餽之朱墨竹者，不受。曰：「受之，彼即得以乘間嘗我，我則示以可欲之門矣。」性好山水，或勸之遊峩眉，曰：「上官遊覽，動緐屬吏支應，傷小民幾許物力矣。」其潔己愛民如此。

陳良謨。鄞人。崇禎十二年，巡按四川。張獻忠、羅汝才猖獗，楊嗣昌議盡驅入蜀，蹙而殲之，檄諸將集於鄖、襄。良謨曰：「是將以蜀爲壑也。」躬閲關隘，嚴飭文武將吏，爲堵勦計。期滿當還，詔留任專護蜀王。良謨飭守具，檄屬城堅壁清野，數調諸將出擊。賊犯成都，良謨遣將列要害，爲掎角勢。一再戰，賊始奔潰。優旨賜銀幣。明末殉難。本朝乾隆四十一年，賜謚恭潔。

張繼孟。扶風人。歷官副使，分巡川西。獻忠寇成都，與兵備副使陳其赤等佐巡撫龍文光守城。城陷被執，幽之僧寺。

時獻忠僭帝號，欲用之，不屈遇害，妻賈從死。本朝乾隆四十一年，賜謚忠愍。其赤，崇仁進士。自投百花潭死，家人同死者四十餘人。本朝乾隆四十一年，賜謚節愍。

盧懋鼎。東陽人。崇禎中，任建昌道分巡行都司僉事。十七年，獻賊陷城，被執不屈死。本朝乾隆四十一年，賜謚烈愍。

陳士奇。漳浦人。崇禎十五年，擢四川巡撫。松潘兵以索餉叛，聚衆四萬，士奇諭以禍福，咸就撫。士奇方候代，瑞王避闖賊，自漢中來奔。總兵趙光遠擁兵二萬護之，至保寧，蜀人震駭。士奇責光遠，令退守陽平。明年獻忠陷夔州，士奇隨留駐重慶。或言公已謝事宜去，士奇不可，誓死固守。城陷，罵賊而死。本朝乾隆四十一年，賜謚忠烈。

龍文光。柳州人。分守川北道。以參政擢右僉都御史，巡撫四川，駐節順慶。聞賊至成都，星馳赴省，以圖拒守。城陷赴水死。

劉之勃。寶雞人。崇禎末，巡按四川。列城多遭亂，之勃盡心撫綏，力請緩賦省刑。獻忠陷蜀，之勃被執，賊以其同鄉欲用之，之勃勸以不殺百姓，改邪歸正，輔立蜀世子。賊不從，大罵而死。本朝乾隆四十一年，賜謚忠烈。

本朝

孟喬芳。漢軍鑲紅旗人。順治元年，總督陝西。二年冬，遣總兵范蘇等入蜀，討張獻忠，克復龍安。疏陳蜀地守戰之計，多見施行。尋總督川、陝三邊軍務。卒謚忠烈。

李國英。漢軍正紅旗人。順治三年，從肅王取蜀，殲獻賊。大兵凱旋，留國英鎮保、順間，勦平餘賊。代王遵坦爲巡撫，治兵閬中。軍旅之後，饑疫頻仍，國英勸農桑，備戰守，禮賢興學，士民復業。劉文秀逼閬中，漢、沔震動，國英舉兵破之。尋總督川、陝。康熙元年，詔帥湖廣、陝西、河南、四川四省兵會勦茅麓山賊李來亨、袁宗第等。國英師次夔府，伐榛莽道以進，遂奪羊耳山，敗宗第於茶園坪，追及巫山據其城。宗第又合郝永忠、劉體純引衆數萬來攻，我兵出戰，體純潰自殺，乘勝追至黄草坪，永忠、宗第以次授首。遂進兵圍來亨於茅麓山，來亨窮蹙，偕妻子自經死，寇孽悉平。國英鎮蜀凡二十有一年，以勞瘁卒於官。賜謚勤襄，入祀賢良祠。

郝浴。定州人。順治八年，以御史巡按四川。時巨寇劉文秀等踞滇、黔，吴三桂握重兵屯川南，七年無功，部下尤淫殺不法。既而兵敗，三桂遁至綿州。會浴在保寧監省試，賊騎且抵城下，浴撫安士民，一晝夜七馳檄，邀三桂還，決策固守。賊勢張甚，浴徧歷行間，以忠義激發將士，與賊戰，遂大破之。浴疏陳蜀事，即密言三桂縱兵焚掠，陰蓄異志諸奸狀。三桂銜之，誣以他事，坐降調歸。康熙十二年，三桂反，起用。

張椿。陽城人。順治八年，巡按四川。時保、順二府初隸版圖，椿請撥牛種五萬，給兵民資耕稼。是歲除供軍儲外，仍貯粟六千八百有奇。又疏請振興文教，整肅吏治，蜀人德之。

陳安國。沔縣人。以僉事監軍四川。會巨寇攻保寧甚急，安國詣西安乞兵。總督孟喬芳應之，圍遂解。又嘗降姚、黄賊衆數萬。尋以事下獄，後得白，擢井陘道。

張所志。漢軍正黄旗人。順治十一年，巡按四川。時土廣人稀，道路榛莽，所至招輯流遺，各令復業。疏陳全川事宜，多蒙采納。

佟鳳彩。漢軍正藍旗人。康熙元年，巡撫四川。疏請修復都江大堰，民田被其利。卒，入祀名宦祠。

張松齡。莆田人。康熙元年，爲四川參議。蜀當彫敝之後，民多逃竄，松齡招徠之，給以牛種，民復其業。

張德地。漢軍鑲藍旗人。康熙三年，巡撫四川。初，總督苗澄以蜀省額兵四萬，欲抽撥七千人屯田，計一歲所獲，可資軍餉。德地恐兵不習耕，土不宜人，獨持不可。欲度防禦稍輕之地，量爲裁汰，歲計所減，亦當屯田收穫之數。疏聞報可。又請定夔關總税，裁越嶲、會川、鹽井、梅嶺、安寧、大壩諸處雜税，商旅德之。

郎廷相。漢軍鑲黄旗人。康熙三年，官四川布政使。綏集流移，給廬舍耕具，營廨舍，建學校。兵火之餘，百廢具興，民不知擾。擢河南巡撫，遠近攀留者，遮道號泣。

李翀霄。絳州人。康熙三年，爲四川按察使。蜀亂初定，鞫治脅從，株連者三百人。翀霄止殲渠魁三人，餘盡開釋。又請罷陝西茶馬，以除蜀民之累。

音泰。滿洲鑲紅旗人。康熙十三年，隨征逆藩吴三桂叛黨譚宏等，屢敗賊兵。十九年，進征四川，克保寧、敘州，授驍騎校。四十八年，遷川陝總督。四十九年，斡偉番蠻羅都等劫掠建昌衛，提督岳昇龍疏請往勦，上命巡撫年羹堯偕往。羹堯至，昇龍已擒羅都等三人。羹堯先還，昇龍同總兵郝宏勳招降番蠻十餘萬。音泰即請以降酋爲土司，分隸其衆，因劾年羹堯不偕往並先還罪狀。諭曰：「音泰潔清自持，不狥情面，乃實心任事人也。」卒謚清端。

杭愛。滿洲正白旗人。康熙十三年，吴逆叛，杭愛以陝西巡撫督運糧餉。十九年，調四川巡撫。會逆鎮譚弘叛，將軍噶爾漢等往勦，命杭愛與將軍吴丹等慰撫夔州諸路，以安反側。明年建昌土司安泰平陰蓄亂謀，杭愛申諭禍福，泰平懼，來降。先是，吴逆倡亂，四川郡縣悉爲賊踞，百姓逃亡，弁兵強佔民田，抗賦不納。至是，杭愛疏言：「方今逆孽漸平，逃亡漸復，請急行清理占種民田者，令即給還，違者論罪。若開墾年久無原主者，仍聽佃種。」得旨允行。謚勤襄，入祀名宦祠。

趙良棟。寧夏衛人。康熙十九年，以勇略將軍討吴三桂，破賊帥吴之茂於石峽。由陰平間道入成都，衆奔潰，旬日間郡邑傳檄而定。明年擊賊黨胡國柱等，克關山、象嶺、黎州諸地。於是建昌諸道相率歸款。良棟行軍有紀律，所過秋毫無犯，蜀人德之。卒謚襄忠。

楊茂勳。漢軍鑲紅旗人。康熙十九年，總督四川。吴三桂僞總督王公良率僞將軍王鳳岐、劉之衛等據夔州，茂勳統兵由楚江峽路逆流而上，破巫山。帆風直進，不二日抵夔城，兵刃未交，羣賊宵遁。

王之鼎。漢軍正紅旗人。官四川提督。康熙十九年，駐節永寧。吴三桂僞將胡國柱等圍城急，之鼎堅守彌月，援兵未至，城陷被執，不屈死。贈太子少保。賜謚忠毅。

王騭。福山人。康熙十九年，分巡松茂道。蜀中甫定，騭招徠撫馭。嘗築都江堰隄，以導水利，民多賴之。

姚締虞。黄陂人。康熙二十四年，巡撫四川。時蜀之宦遊者多以故土荒殘，逗留異地。締虞具疏請令還籍，以實地方。並覈勘田畝，均徭賦，户口日增。凡利弊之切於民者，悉心調劑。

李輝祖。漢軍鑲白旗人。康熙二十七年，官四川布政使。時歲供蠟料，棧道險阻，民多以爲病。輝祖力請於巡撫，奏罷之。綏流民，闢荒土，按畝徵賦，民以爲便。入祀名宦祠。

岳昇龍。莊浪衛人。康熙三十七年，官四川提督。時建昌涼山諸番蠢動，昇龍率勇敢士直逼賊巢，番衆震慴，棄戈投款者凡十萬九千户。

陳璸。海康人。康熙四十八年，督學四川。屏絶請託，以甄扶人才爲心。莅官之日，止一蒼頭隨侍，襆被蕭然。衡校每至夜分不輟。

黄廷桂。漢軍鑲紅旗人。雍正二年，任四川提督。奏請速製軍械，別建馬廠，禁士卒驕奢，嚴番蠻防範。疏聞，報可。時建昌蠻新隷版籍，屢肆竊掠，廷桂擒治之，番蠻畏服。乾隆初，再任四川總督。飭通省勘修塘堰，山田悉成腴壤。打箭鑪外孔撒、麻書兩土司搆釁，撫馭解散，全活無算。卒，謚文襄，圖形紫光閣。入祀賢良祠。

班第。蒙古鑲黄旗人。乾隆初，署四川巡撫。十四年，以副都統銜西藏辦事。時西藏郡王謀叛，駐藏都統傅清以計誅之，旋爲逆黨所害，勢甚紛囂。班第抵藏，撫馭衆番，誅逆衆，西藏遂定。

郡王。

傅恒。滿洲鑲黄旗人。乾隆十三年，以協辦大學士經略大金川。時小金川土司澤旺之弟良爾吉與大金川土酋莎羅奔相結爲亂。至則偵知良爾吉之惡，以其方握兵柄，謀以其弟小郎素代之，乃説令來見，梟其首，而授小郎素爲副土司，一時兵弁番民凛然聽命。遂由黨壩進勦，揚言攻康八達，而暗襲跟雜。復臨勒烏圍隘口，斬殺甚衆。土酋懼，乞降。金川平。卒謚文忠，晉贈郡王。

阿桂。滿洲正白旗人。乾隆三十六年，授四川總督。偕副將軍温福勦金川，命爲定邊左副將軍。三十八年，索諾木誘小金川降蠻襲控卡後路，温福兵潰，小金川、美諾相繼陷。命爲定邊將軍，攻破布朗、郭宗諸寨。别遣將由北山西下，賊不能支，遂克美諾，收占古。七日而小金川全復。明年，冒雪克喇穆等處，連戰至該布達什，各路兵俱乘勝進。明年，遂據刮耳崖。偵知索諾木之母往河西收餘衆，因選兵間道下河邊，賊信隔絶，懼甚，我兵圍賊益急，索諾木詣營乞降。大小金川平。封一等誠謀英勇公。卒謚文成。入祀賢良祠。

費元龍。歸安人。乾隆間，由知縣洊升四川按察使司副使。在蜀十餘年，整躬率屬，潔己愛民。爲綿州開翥鶴堰，灌下游田數萬畝，盡爲膏腴。爲潼川創立文峯書院，與諸生辨論經旨，多所造就。

陳奉兹。江西德化人。乾隆間，官四川按察使。勤政愛民，釐奸剔弊，所至俱有名。

顧光旭。金匱人。乾隆三十七年，署四川按察使。扶善抑奸，吏民肅然。以總理軍儲出南徼，事竣回成都，百姓以香盆花燭迎者數萬人。時塞外軍興，而腹地民不知兵，光旭之力也。後終養歸，百姓送者亦數萬人。

劉棨。諸城人。乾隆間，官四川布政使，有治績。上詢九卿，以本朝清介大臣數人，求可與倫匹者，九卿舉四人，棨與焉。後因籌畫兵備，勤劬致疾，卒於官。

德楞泰。蒙古正黄旗人。嘉慶三年，以副都統銜偕尚書惠齡勦白蓮教匪於營山縣之箕山，大破之，擒首逆羅其清等。五年春，餘孽嘯集，渡嘉陵江，勢張甚。授四川總督，與總統勒保分路會勦。由廣元出江油，扼龍安要隘，使與甘省賊不得合。轉戰至馬蹄岡，獲其黨。復進至劍州，連破之。賊狂奔渡潼河，躡賊後五晝夜不少息，至蓬溪縣，殲其渠，潼河東西肅清。掃除餘孽，三省蕩平。封一等侯。卒，入祀昭忠祠。詔川省建立專祠，俾得常欽威略云。

方積。定遠人。嘉慶間，累遷四川按察使。時馬邊熟夷、赤夷與峩眉嶺夷結梁山生番寇邊，積偕提督豐紳由馬邊三河口鑿山深入，克六拔夷巢，遂由赤夷間道進攻嶺夷十二地。浹旬之間，每戰皆捷。官蜀二十餘年，措注有方，用兵能獨當一面。初令梁山時，教匪滋擾，首行堅壁清野法，他邑流民依集者三十餘萬人。萬縣賊起，越境平之。又於望牛埡殲賊首林廷相。屢奉諭旨褒嘉。卒，入祀名宦祠。

校勘記

〔一〕按，查今傳風俗通並無此文。晉書卷一四地理志引此文，屬之緯書春秋元命苞。此作「風俗通」，蓋失考。

〔二〕馬石囉　「馬」，乾隆志卷二九一四川省武職官（下同卷簡稱乾隆志）及雍正四川通志卷二二兵制作「罵」。

〔三〕庫狄峙　「庫狄」，北史卷六九、周書卷三三本傳皆作「厙狄」。按，元和姓纂卷八有厙狄姓，廣韻亦將其附「厙」字下，資治通鑑卷一五七梁紀亦作庫狄峙。蓋「庫」、「厙」點畫之異，故傳寫不同。

〔四〕市錦半臂　「臂」，原作「肩」，乾隆志同，據新唐書卷一二五蘇頲傳改。按，半臂即「兩當衫」，短袖或無袖之上衣也。

〔五〕嶲州刺史王顒積姦贓　「顒」，原作「容」，避清仁宗諱改也，據乾隆志及新唐書卷一三一李夷簡傳改回。下同。

〔六〕陸思閔茶法爲川陝害　「陸思閔」，乾隆志及明一統志卷四九江西人物黃廉傳同，宋史卷三四七黃廉傳作「陸師閔」。

〔七〕請權熙秦茶勿改　「秦」，原作「泰」，乾隆志同，據宋史卷三四七黄廉傳改。

〔八〕吴玠永洛城人　「永洛城」，乾隆志同，當作「水洛城」。考名臣碑傳琬琰集上集卷一二明庭傑吴武安玠功蹟記載吴玠歿年四十七，「葬於德順軍水洛城」，宋史卷八七地理志德順軍下亦載水洛城。中華書局點校本宋史卷三六六吴玠傳據以改作「水洛城」，是也。按，史籍中「水洛城」常訛作「永洛城」，「永」、「水」字形相近易誤。

〔九〕爲四川安撫制置使　「制」，原脱，據乾隆志及宋史卷三七〇胡世將傳補。

〔一〇〕詔盡護四蜀之師　「四」，原作「西」，乾隆志同，據宋史卷四〇六崔與之傳改。

〔一一〕有死無葬者　「葬」，原作「算」，據元史卷一二〇立智理威傳改。

〔一二〕世延皆除其弊而正其罪　「而」，原作「西」，據乾隆志及元史卷一八〇趙世延傳改。

〔一三〕陳璉　「璉」，原作「漣」，據乾隆志及雍正四川通志卷六名宦改。按，本志避乾隆太子永璉諱改字。

〔一四〕在蜀三年　「三年」，原作「二年」，乾隆志同，宋史卷一五九夏壎傳作「二年」。

〔一五〕胡世寧　「寧」，原作「安」，據乾隆志及明史卷一九九胡世寧傳改。按，本志避清宣宗諱改字。下同改。

〔一六〕誘執阿苟　「苟」，原作「句」，據乾隆志、本志上文及明史卷二一二劉顯傳改。

〔一七〕如蛟劾巡撫蘇琰冒功罪　「琰」，原作「炎」，據乾隆志改，本志避清仁宗諱改字也。按，明史卷二五五劉宗周傳作「巡按蘇琰」，雍正貴州通志卷一七秩官亦列蘇琰於巡按御史下，是。此「巡撫」當作「巡按」。

成都府圖

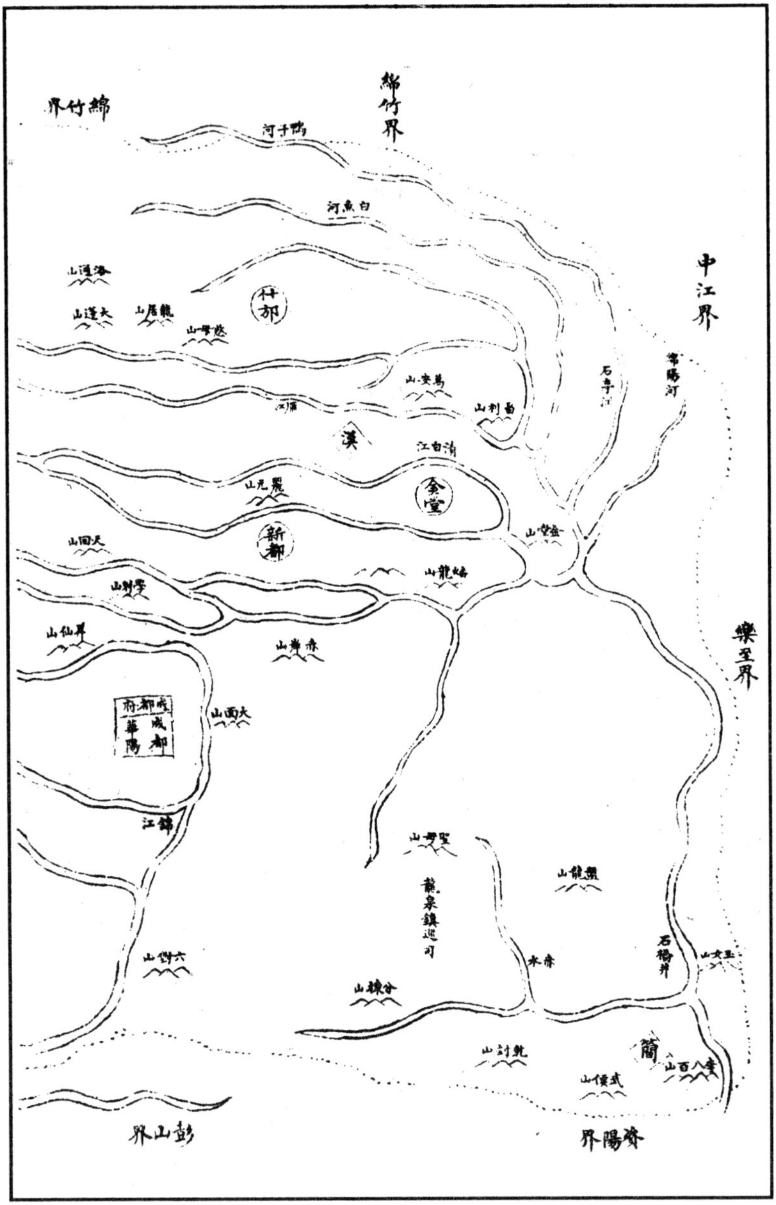
綿竹界
綿竹界
鴨子河
白魚河
中江界
什邡
漢
清白江
金堂
新都
樂至界
成都府
成都
華陽
錦江
龍泉鎮巡司
赤水
簡
彭山界
資陽界

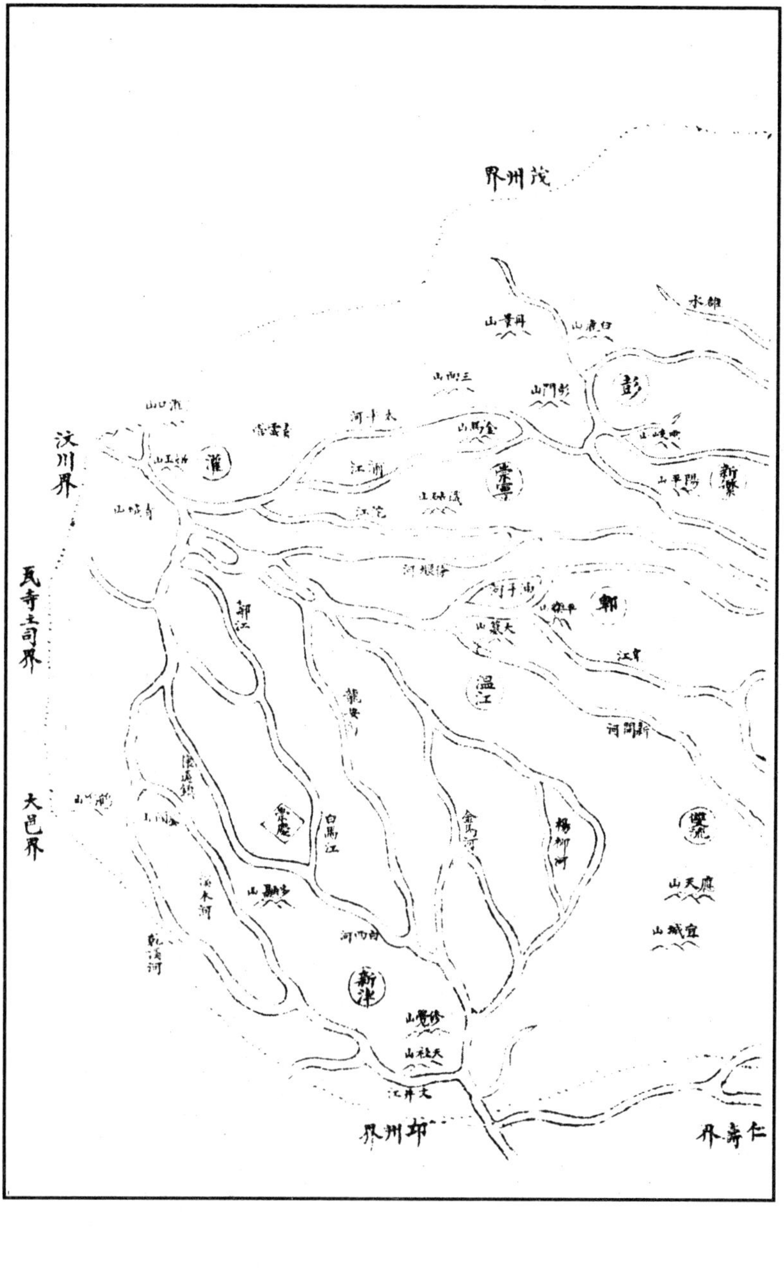
茂州界
汶川界
瓦寺土司界
大邑界
邛州界
仁壽界
彭
灌
崇寧
郫
温江
新繁
崇慶
新津
白馬江
金馬河
楊柳河
丹景山
彭門山
天臺山
文井江

成都府表

	成都府	成都縣
秦	蜀郡	成都縣郡治。
兩漢	益州蜀郡後漢移州來治。	成都縣後漢末兼爲州治。
三國	益州蜀郡蜀漢建都，魏景元四年入魏。	成都縣
晉	益州蜀郡太康十年改置成都國，後復故。	成都縣州郡治。
南北朝	益州蜀郡	成都縣 宋興郡宋元嘉十年置，領南漢、建昌、永川三縣。周廢。
隋	蜀郡開皇初州郡俱廢，大業元年復置郡。	成都縣郡治。
唐	成都府武德元年復置州，至德二載改府。	成都縣府治。
五代	成都府	成都縣
宋	成都府路太平興國六年降爲益州，端拱元年復府，咸平四年分置益州路，嘉祐五年改名。	成都縣府路治。
元	成都路改路。	成都縣路治。
明	成都府洪武初復府，四川布政使司治。	成都縣府治。

續表

	華陽縣
	成都縣地。 廣都縣置屬蜀郡。
	廣都縣
懷寧郡安帝置，領始平、西平、萬年三縣。 始康郡安帝置，領始康、新城、談、晉豐四縣。	廣都縣
宋寧郡宋元嘉十年置，領欣平、宜昌、永安三縣。周廢。 懷寧郡周廢。 始康郡梁徙。	廣都縣
	徙廢。
	華陽縣貞觀十七年分置蜀縣，同爲府治。乾元元年改名。
	華陽縣
	華陽縣
	華陽縣
	華陽縣

	雙流縣	温江縣
	廣都縣地。	郫、江原二縣地。
寧蜀郡 永和中分置，領廣漢、廣都、升遷、西鄉四縣。		
寧蜀郡 周廢。		温江縣 西魏置。
	雙流縣 仁壽元年改置，屬蜀郡。	開皇三年省入郫縣。仁壽三年改置萬春縣，大業初又省。
	雙流縣 屬成都府。 廣都縣 龍朔三年分置，屬成都府。	温江縣 武德三年復置萬春，屬益州。貞觀元年改名。至德初屬成都府。
	雙流縣 廣都縣	温江縣
	雙流縣 廣都縣	温江縣
	雙流縣 屬成都路。 省入。	温江縣 屬成都路。
	雙流縣 洪武十年省入華陽。十三年復置，屬成都府。	温江縣 屬成都府。

續表

新繁縣	金堂縣
繁縣置，屬蜀郡。	新都、牛鞞二縣地。
繁縣	
繁縣	
新繁縣周加「新」字。	金淵縣西魏置，兼置金淵郡。周廢郡。 白牟縣西魏置，屬金淵郡。周省入金淵。
開皇初省入成都。	金淵縣屬蜀郡。
新繁縣武德三年復置，屬成都府。	金堂縣咸亨二年分置，屬益州。垂拱二年屬漢州。 金水縣武德元年改名，屬簡州。
新繁縣	金堂縣晉天福初改曰漢城，尋復故。 金水縣
新繁縣	金堂縣屬懷安軍。 懷安軍乾德五年置。 金水縣軍治。
新繁縣屬成都路。	金堂縣屬成都路。 初升懷州，至元二十年省入。 省。
新繁縣洪武十年省入成都，十三年復置，屬成都府。	金堂縣洪武十年省入新都，十三年復置，屬成都府。

續表

新都縣	郫縣	灌縣
	郫縣 置屬蜀郡。	
新都縣 置屬廣漢郡。	郫縣	緜虒、郫、江原三縣地。
新都縣	郫縣	
新都縣 泰始二年屬新都郡，太康六年還屬廣漢郡。	郫縣	
新都縣 始康郡 梁移來治。西魏廢。	郫縣	汶山縣 周改置。
開皇十八年改名興樂，大業初省入成都。	郫縣	仁壽初省入郫縣。
新都縣 武德二年復置，屬成都府。	郫縣 屬成都府。 犀浦縣 垂拱二年析置。	武德元年置盤龍縣，尋徙。開元中分置鎮静軍。
新都縣	郫縣 犀浦縣	鎮静軍
新都縣	郫縣 省入。	永康軍 乾德四年改名永安，太平興國三年又改，熙寧五年廢。九年即導江縣治復置，屬彭州。元祐初還故治，屬成都府路。
新都縣 屬成都路。	郫縣 屬成都路。	灌州 改置，屬成都路。
新都縣 屬成都府。	郫縣 屬成都府。	灌縣 洪武初降縣，屬成都府。

	綿虒縣地。	江原縣地。
	都安縣 蜀漢置，屬汶山郡。	
	都安縣	
汶山郡 宋移來治。周廢。	都安縣 宋爲郡治。周省。	齊基縣 齊置，屬汶山郡。梁兼置齊基郡。周天和四年郡廢，改名清城。
		清城縣 屬蜀郡。
	導江縣 武德二年移盤龍來治，尋改名。貞觀中改灌寧。開元中復故，屬彭州。	青城縣 屬蜀州。開元十八年改「清」爲「青」。
	導江縣	青城縣
	導江縣 初屬永康軍，熙寧九年爲軍治，元祐初復屬。	青城縣 屬永康軍。
	省入州。	省入州。

續表

彭縣

繁縣地。

南晉壽郡　宋置。梁兼置東益州。周廢州，改郡名九隴。
晉壽縣　宋置，郡治。周改名九隴。

開皇初郡廢，仁壽初置濛州，大業初廢。
九隴縣　大業初屬蜀郡。

彭州　武德三年復置濛州，貞觀初廢。垂拱二年改置。天寶初改濛陽郡。乾元初復故，屬劍南道。
九隴縣　州治。
濛陽縣　儀鳳初置，屬益州。垂拱三年改屬彭州。

彭州
九隴縣
濛陽縣

彭州　屬成都府路。
九隴縣　熙寧二年分置堋口縣，四年省。
濛陽縣

彭州　屬成都路。
省入州。
濛陽縣

彭縣　洪武十年降縣，屬成都府。
洪武十年省。

續表

續表

崇寧縣	簡州
郫縣地。	牛鞞縣置，屬犍爲郡。
	牛鞞縣
	牛鞞縣永和中改屬蜀郡。
	武康郡西魏置。周置資州，尋徙。 陽安縣西魏改置郡治。 牛鞞縣宋改鞞縣，齊復故。
	開皇初郡廢。仁壽三年改置簡州，大業初廢。 陽安縣屬蜀郡。 平泉縣開皇十八年移治，改名，屬蜀郡。
唐昌縣儀鳳二年置，初屬益州，後屬彭州。長壽二年改周昌，神龍初復故。	簡州武德三年復置州，天寶元年改陽安郡，乾元元年復故，屬劍南道。 陽安縣州治。 平原縣
唐昌縣梁開平二年改歸化，唐復故。晉天福初改彭山，漢又復故。	簡州屬蜀。 陽安縣 平泉縣
崇寧縣開寶四年改永昌，崇寧元年又改。	簡州陽安郡屬成都府路。 陽安縣 平泉縣
崇寧縣	簡州屬成都路。 省入州。 省。
崇寧縣洪武十年省入灌縣，十三年復置，屬成都府。	簡州洪武六年降縣，正德八年復升州，屬成都府。

崇慶州	
江原縣 置,屬蜀郡。	
江原縣	
晉原郡 永嘉六年置漢原郡,永和中改名。 江原縣 末爲郡治。	
晉原郡 梁改名江原,周廢。 晉原縣 周改名。	婆閏縣 魏置,屬益州。 貴平縣 西魏置,兼置仁和郡。
晉原縣 屬蜀郡。	貴平縣 開皇初郡廢,屬隆山郡。
蜀州 垂拱二年置,天寶初改唐安郡,乾元初復故,屬劍南道。 晉原縣 州治。	靈池縣 久視元年置東陽縣,天寶元年改名,屬成都府。 開元中徙。
蜀州 屬蜀。 晉原縣	靈池縣
崇慶府 紹興十年升崇慶軍。淳熙四年升府,屬成都府路。 晉原縣 府治。	靈泉縣 天聖四年改名。
崇慶州 至元二十年改州,屬成都路。 晉原縣 州治。	省入州。
崇慶州 屬成都府。 洪武初省入州。	

續表

				新津縣
				犍爲郡武陽縣地。
晉樂縣屬沈黎郡。				
晉樂縣宋屬晉原郡，西魏廢。		江源縣西魏置，兼置犍爲郡。		
		郡縣俱廢。		新津縣開皇初移治，屬蜀郡。
	唐興縣武德元年置唐隆，長壽二年改武隆，神龍元年復曰唐隆，先天元年改唐安，至德二載又改。			新津縣初屬益州，垂拱二年改屬蜀州。
	唐興縣		永康縣蜀置，屬蜀州。	新津縣
	江源縣開寶四年改名，屬崇慶府。		永康縣	新津縣淳熙四年屬崇慶府。
	至元二十年省入州。		永康縣	新津縣屬崇慶府。
			省入州。	新津縣

續表

	漢州	什邡縣
	益州廣漢郡後漢移來治。 雒縣置屬廣漢郡，後漢州郡治。	什邡縣置屬廣漢郡。
	廣漢郡 雒縣	什邡縣
	廣漢郡初徙。泰始二年改新都郡，太康六年復故。 雒縣泰始二年爲新都郡治，太康六年爲廣漢郡治。	什邡縣初屬新都郡，後屬廣漢郡。
新津縣周置，屬犍爲郡。	廣漢郡齊、梁間分置西遂寧郡，周廢。 雒縣周分置懷中縣，尋廢。	什邡縣周改名方亭，後省入雒縣。
	開皇初廢。 雒縣開皇十八年改名綿竹，大業初復故，屬蜀郡。	
改屬蜀州。	漢州垂拱二年置州，天寶初改德陽郡，乾元初復故，屬劍南道。 雒縣州治。	什邡縣武德三年復置，屬益州。垂拱二年改屬漢州。
	漢州 雒縣	什邡縣
	漢州德陽郡屬成都府路，端平中廢。 雒縣	什邡縣
	漢州中統元年復置，屬成都路。 省入州。	什邡縣
	漢州屬成都府。	什邡縣洪武十年省入綿竹。十三年復置，屬成都府漢州。

大清一統志卷三百八十四

成都府一

四川省治。東西距三百四十里，南北距二百七十五里。東至潼川府樂至縣界一百六十里，西至茂州瓦寺土司界一百八十里，南至眉州彭山縣界一百十五里，北至綿州綿竹縣界一百六十里。東南至資州資陽縣界一百六十五里，西南至邛州界一百二十里，東北至潼川府中江縣界一百五十里，西北至茂州汶川縣界一百四十里。自府治至京師五千七百一十里。

分野

天文井、鬼分野，鶉首之次。

建置沿革

禹貢梁州之域，自古爲蜀國。華陽國志：蜀之爲國，肇於人皇。至黄帝，爲其子昌意娶蜀山氏之女，生子帝嚳。封其支庶於蜀，世爲侯伯。歷夏、商、周。武王伐紂，蜀與焉。周慎靚王五年，秦滅之，置蜀郡。史記秦本紀：惠文君後九年，司馬錯伐蜀，滅之。華陽國志：周失綱紀，蜀侯蠶叢始稱王。後有王曰杜宇，移治郫邑，或治瞿上。七國稱王，杜宇稱帝。禪位於其相開明。九世有開明尚，徙治成都。後與苴、巴相攻，爲秦所滅。漢亦曰蜀郡，屬益州。後漢初，爲公孫述所據，置成都尹。後漢書公孫述傳：王莽天鳳中，爲導江卒正，居臨邛。更始二年，自立爲蜀王，都成都。建武元年，改益州爲司隸校尉，蜀郡爲成都尹。建武十二年，述平復蜀郡。興平初，兼爲益州治。時益州牧劉焉自綿竹徙治成都。建安末，蜀漢昭烈帝定都於此。建安十九年，劉焉子璋以成都降。二十六年，昭烈即帝位。魏景元四年，入魏。晉太康十年，改置成都國。封子穎爲王。後仍爲蜀郡。太安二年，爲李雄所據。永和三年，平之。寧康元年，陷於苻秦。太元八年，還屬晉。安帝分置懷寧、始康二郡。宋、齊因之。元嘉十年，置宋寧、宋興二郡。十六年，又徙南秦州之懷寧郡，皆寄治成都。梁徙始康郡於新都。梁大寶三年，武陵王紀僭號於此。西魏廢帝二年，入魏。後周置總管府。省懷寧、宋寧、宋興三郡入蜀郡。隋開皇初，州郡並廢，置西南道行臺。三年，復置總管府。大業元年，府廢，仍爲蜀郡。唐武德元年，復置益州總管府。三年，府罷，置西南道行臺。九年，罷行臺，置都督府。貞觀元年，置劍南道。龍朔二年，升大都督府。開元二年，置劍南經略使。七年，升節度使。天寶元年，復曰蜀郡。十五載，駐蹕於此。至德二載，改成都府，置南京，分爲劍南西川節度使〔一〕。上元元年，罷京。五代時，王建、孟知祥據蜀，皆都此。宋乾德三年，平蜀，置西川路。太平興國六年，降爲益州。端拱元年，復曰成都府。淳化五年，又降爲益州。咸平四年，分置益州路。嘉祐五年，改成都府路。元曰成都路，爲四川等處行中書省治。至正中，明玉珍改成都刺史府。明洪武初，復曰成都府。本朝因之，爲四川省治，領州三、縣十三。

成都縣。附郭。在府治北。東西距三十里，南北距三十五里。東與華陽縣分界，西至郫縣界三十里，南與華陽縣分界，北至新都縣界三十五里。東南與華陽縣分界，西南至温江縣界二十里，東北與華陽縣分界，西北至新繁縣界三十里。古蜀王所治。秦置成都縣，爲蜀郡治。漢因之。後漢末，兼爲益州治。三國蜀漢建都於此。晉以後，皆爲州郡治。隋爲郡治，唐爲成都府治。五代王氏、孟氏皆爲國都。宋爲成都府治。元爲成都路治。明爲成都府治，本朝因之。

華陽縣。附郭。在府治南。東西距四十里，南北距二十里。東至簡州界四十里，西與成都縣分界，南至雙流縣界二十里，北與成都縣分界。東南至簡州界四十里，西南至雙流縣界二十五里，東北至簡州界一百里，西北與成都縣分界。唐以前俱爲成都縣地。貞觀十七年，分置蜀縣，與成都縣共治郭下。乾元元年，改爲華陽縣。宋、元、明因之。本朝康熙九年，併入成都縣。雍正五年，復置。

雙流縣。在府西南四十里。東西距四十五里，南北距四十里。東至華陽縣界二十里，西至崇慶州界二十五里，南至新津縣界二十里，北至温江縣界二十里。東南至資州仁壽縣界三十里，西南至崇慶州界四十里，東北至華陽縣界二十里，西北至温江縣界十五里。漢爲蜀郡廣都縣地。隋仁壽元年，改置雙流縣，屬蜀郡。唐龍朔二年，復分置廣都縣，屬成都府。宋因之。元省廣都入雙流，屬成都路。明洪武十年，省入華陽。十三年復置，屬成都府。本朝康熙元年，併入新津。雍正六年，復置。

温江縣。在府西少南五十里。東西距四十五里，南北距三十里。東至成都縣界三十里，西至崇慶州界十五里，南至雙流縣界二十里，北至郫縣界十五里。東南至雙流縣界三十里，西南至崇慶州界十五里，東北至成都縣界三十里，西北至灌縣界四十里。漢爲郫、江原二縣地。西魏分置温江縣。隋開皇三年，省入郫縣。仁壽三年，改置萬春縣。大業初，又省。唐武德二年，復置萬春屬益州。貞觀元年，改曰温江。至德初，屬成都府。五代及宋因之。元屬成都路。明屬成都府，本朝因之。

新繁縣。在府西北五十六里。東西距三十里，南北距三十五里。東至新都縣界十五里，西至崇寧縣界十五里，南至成都縣界二十里，北至彭縣界十五里。東南至成都縣界十七里，西南至郫縣界十五里，東北至新都縣界十八里，西北至彭縣界二十五里。漢置繁縣，屬蜀郡。蜀漢徙降人居於此。周改曰新繁。隋開皇初，省入成都。唐武德三年，復置，屬成都府。宋因之。元屬成都路。明洪武十年，省入成都。十三年復置，屬成都府，本朝因之。

金堂縣。在府東北七十里。東西距六十五里，南北距六十里。東至潼川府中江縣界五十里，西至新都縣界十五里，南至簡州界五十里，北至漢州界十里。東南至潼川府樂至縣界七十里，西南至新都縣界二十五里，東北至中江縣界七十里，西北至漢州界二十里。漢爲新都、牛鞞二縣地。唐初爲雒、新都二縣地。咸亨二年，分置金臺縣屬益州。垂拱二年，屬漢州。五代晉天福初，改曰漢城，後復故。宋乾德五年，置懷安軍，以縣屬之。元初升軍爲懷州。至元二十年，省州入縣，屬成都路。明初屬成都府。洪武初，省入新都，十三年復置。本朝因之。

新都縣。在府北五十里。東西距三十里，南北距四十五里。東至金堂縣界十五里，西至新繁縣界十五里，南至成都縣界十五里，北至漢州界三十里。東南至金堂縣界二十里，西南至成都縣界十里，東北至漢州界二十里，西北至新繁縣界二十五里。漢置新都縣，屬廣漢郡。後漢因之。晉泰始二年，屬新都郡。太康六年，還屬廣漢郡。宋、齊因之。梁移始康郡來治。西魏郡廢。隋開皇十八年，改曰興樂。大業初，省入成都。唐武德二年，復置，屬成都府。五代及宋因之。元屬成都路。明屬成都府，本朝因之。

郫縣。在府西四十五里。東西距四十五里，南北距三十里。東至成都縣界二十五里，西至崇寧縣界二十里，南至溫江縣界十五里，北至新繁縣界十五里。東南至溫江縣界二十里，西南至灌縣界二十里，東北至新繁縣界十七里，西北至崇寧縣界二十里。古蜀王杜宇所都。秦置郫縣屬蜀郡。漢至隋因之。唐、宋俱屬成都府。元屬成都路。明屬成都府，本朝因之。

灌縣。在府西北一百二十五里。東西距五十里，南北距一百里。東至崇寧縣界三十五里，西至茂州汶川縣界十五里，南至崇慶州界八十里，北至彭縣界二十里。東南至溫江縣界四十里，西南至汶川縣界六十里，東北至彭縣界六十里，西北至漢州界三十五里。漢緜虒、郫、江原三縣地。蜀漢置都安縣，屬汶山郡。晉因之。劉宋移郡來治。北齊因之。周天和三年，廢郡，改置汶山縣。隋仁壽初，省入郫縣。唐武德元年，置盤龍縣，尋改名導江。貞觀中曰灌寧，開元中復曰導江。垂拱二年，自益州割屬彭州。開元中，分置鎮靜軍。五代因之。宋乾德四年，改曰永安軍，以導江縣屬之。太平興國三年，改曰永康軍。熙寧五年廢爲砦。

九年，復即導江縣置永康軍，隸彭州。元祐初復故，屬成都府路。元初改軍，置灌州，省導江縣入之，屬成都路。明初降州爲灌縣，屬成都府，本朝因之。

彭縣。在府西北九十里。東西距八十五里，南北距一百十五里。東至漢州界七十里，西至崇寧縣界十五里，南至新繁縣界十五里，北至茂州界一百里。東南至漢州界五十里，西南至崇寧縣界三十里，東北至什邡縣界四十里，西北至灌縣界一百一十里。漢爲繁縣地。劉宋元嘉十二年，置南晉壽郡及晉壽縣。齊因之。梁置東益州。周廢州，改郡縣俱曰九隴。隋開皇初廢郡。仁壽初置濛州。大業初，州廢，縣屬蜀郡。唐武德三年，復置濛州。貞觀二年，州廢，縣屬益州。垂拱二年，於縣改置彭州。天寶初，改濛陽郡。乾元初，復曰彭州，屬劍南道。五代因之。宋屬成都府路。元至元十三年，省縣入州。明洪武十年，降州爲縣，屬成都府。本朝康熙七年，併入新繁。雍正六年復置。

崇寧縣。在府西北八十里。東西距三十里，南北距二十五里。東至新繁縣界十五里，西至灌縣界十五里，南至郫縣界十里，北至彭縣界十五里。東南至郫縣界二十里，西南至灌縣界二十五里，東北至新繁縣界二十里，西北至灌縣界四十里。漢爲郫縣地。唐初爲九隴、導江、郫三縣地。儀鳳二年，置唐昌縣，屬益州。垂拱二年，改屬彭州。長壽二年，改曰周昌。神龍初復曰唐昌。五代梁開平二年，改曰歸化。後唐同光初復故。晉天福初，改曰彭山。漢又復故。宋開寶四年，改曰永昌。崇寧元年，改曰崇寧。元因之，屬彭州。明洪武四年，屬成都府。十年省入灌縣，十三年復置。本朝康熙七年，併入郫縣，雍正七年復置。

簡州。在府東少南一百二十里。東西距一百二十里，南北距一百四十五里。東至潼川府樂至縣界四十里，西至華陽縣界八十里，南至資州資陽縣界四十五里，北至潼川府中江縣界一百里。東南至樂至縣界四十里，西南至資州仁壽縣界六十里，東北至中江縣界五十里，西北至金堂縣界九十五里。漢置牛鞞縣，屬犍爲郡。後漢因之。晉永和中，改屬蜀郡。宋曰鞞縣。齊復曰牛鞞。西魏恭帝二年，改置陽安縣，併置武康郡。周閔帝元年，於郡置資州。武成二年，州徙。隋開皇初廢郡，仁壽三年改置簡州。大業初州廢，縣屬蜀郡。唐武德三年，復置簡州。天寶元年，改曰陽安郡。乾元元年，復曰簡州，屬劍南道。宋亦曰簡州陽安郡，屬成都府路。元至元二十年，省陽安縣入州，屬成都路。明洪武六年，降州爲縣。正德八年，復升爲州，屬成都府，本朝因之。

崇慶州。在府西南九十里。東西距四十五里，南北距六十里。東至温江縣界二十五里，西至邛州大邑縣界二十里，南至新津縣界三十五里，北至灌縣界二十五里。東南至新津縣界四十五里，西南至大邑縣界三十里，東北至温江縣界二十五里，西北至茂州瓦寺土司界一百里。漢置江原縣，屬蜀郡。後漢因之。晉永嘉六年，李雄置漢原郡。永和中歸晉，改晉原郡，宋、齊因之。梁改江原郡。周廢郡改縣曰晉原。隋屬蜀郡。唐垂拱二年，於縣置蜀州。天寶初改唐安郡，乾元初復曰蜀州，屬劍南道。五代屬蜀。宋初亦曰蜀州唐安郡。紹興十年，升崇慶軍。淳熙四年，升崇慶府，屬成都府路。元至元十二年，置總管府。二十年，改曰崇慶州，屬成都路。明洪武初，省晉原縣入州，屬成都府，本朝因之。

新津縣。在府西南九十里。東西距六十里，南北距四十里。東至雙流縣界三十里，西至邛州界三十里，南至眉州彭山縣界十五里，北至崇慶州界二十五里。東南至彭山縣界四十里，西南至邛州蒲江縣界六十里，東北至雙流縣界三十里，西北至崇慶州界二十五里。漢犍爲郡武陽縣地。周閔帝元年，置新津縣，仍屬犍爲郡。隋初屬蜀郡。唐初屬益州。垂拱二年，改屬蜀州，宋初因之。淳熙四年，屬崇慶府。元屬崇慶州，明因之。本朝屬成都府。

漢州。在府北少東九十里。東西距七十五里，南北距四十五里。東至潼川府中江縣界四十里，西至什邡縣界三十五里，南至金堂縣界二十五里，北至綿州德陽縣界二十里。東南至金堂縣界四十五里，西南至新都縣界四十里，東北至中江縣界三十五里，西北至什邡縣界四十里。漢置雒縣，屬廣漢郡。後漢移郡及益州來治。晉泰始二年，改置新都郡。太康六年，罷新都郡，仍爲廣漢郡治。宋、齊以後因之。隋開皇初，郡廢。十八年，改縣曰綿竹。大業初，復改曰雒，屬蜀郡。唐垂拱二年，於縣置漢州。天寶初，改曰德陽郡。乾元初，復曰漢州，屬劍南道。宋亦曰漢州德陽郡，屬成都府路。端平中廢。元中統元年復置，以雒縣省入，屬成都路。明屬成都府，本朝因之。

什邡縣。在府北一百三十里。東西距二十里，南北距四十里。東至綿州德陽縣界十里，西至彭縣界十里，南至漢州界十里，北至綿州綿竹縣界三十里。東南至德陽縣界三十里，西南至彭縣界三十里，東北至綿竹縣界四十里，西北至彭縣界六十里。

漢置什邡縣，屬廣漢郡。後漢因之。晉初屬新都郡，後仍屬廣漢。宋、齊以後因之。周閔帝改曰方亭，武帝省入雒縣。唐武德三年復置，屬益州。垂拱二年改屬漢州。宋、元因之。明洪武十年省入綿竹，十三年復置，屬成都府漢州。本朝屬成都府。

形勢

巴蜀沃野，南御滇僰，西近邛筰。然四塞，棧道千里，無所不通，惟褒斜綰轂其口。史記貨殖傳。井絡儲精，坤宫定位。揚雄蜀都賦。華陽西極，黑水南流。揚雄益州箴。沃野千里，天府之土。蜀志諸葛亮傳。廓靈關以爲門，包玉壘而爲宇。帶二江之雙流，抗峩眉之重阻。左思蜀都賦。天文井絡輝其上，地理岷、嶓鎮其域。五岳華山表其陽，四瀆汶江出其徼。華陽國志。其地四塞，山川重阻。水陸所輳，貨殖所萃。隋書地理志。西控吐蕃，南撫蠻獠。元和志。左阻劒門，右負夷蕃。内坦夷數百里，環以長江，裹以複岑。宋祁益部方物略記。

風俗

土地肥美，有江水沃野、山林竹木、疏食果食之饒。南賈滇僰僮，西近邛筰馬、旄牛。民食稻魚，亡凶年憂。俗不愁苦，而輕易淫泆，柔弱褊阸。景、武間，文翁爲蜀守，教民讀書法令。及司馬相如以文辭顯，後有王褒、嚴遵、揚雄之徒，文章冠天下。漢書地理志。其俗文多於質，其民柔弱，土地沃美，人士俊乂。華陽國志。其人敏慧輕急，貌多蕞陋，頗慕文學，多溺於逸樂，少從宦之士。人多工巧，綾錦雕鏤之妙，侔于上國。貧家不務儲蓄，富室專于趨利。其處家室，則女勤作業，而士多自閒。隋書地理志。其邊野富人，多規固山澤，以財物雄，役夷獠。宋史地理志。地狹而腴，民勤耕作，無寸土之曠，歲三四收。其所獲多爲遨遊之費，踏青藥市之集尤盛。宋史地理志。金繒紵絮，天灑地發，以給中府，以贍諸塞。宋文同漕廳記。

城池

成都府城。周二十二里三分，門四。明洪武初，因舊址建。本朝康熙初重建，雍正五年修，乾隆四十八年重修。成都、華陽二縣附郭。滿城在府城西，周四里五分，門五，康熙五十七年建，乾隆五十年修。

雙流縣城。周三里二分，門四。明正德中，因舊址土築，萬曆二十二年甃甎。本朝乾隆三十一年修。

温江縣城。周四里一分，門五，池廣一丈。明成化間土築。本朝乾隆三十一年甃甎，嘉慶四年修，十一年重修。

新繁縣城。周六里七分，門四，池廣一丈。明正德中土築，嘉靖中甃甎。本朝康熙五十七年修，乾隆四十四年重修。

金堂縣城。周五里三分，門四。明成化中建。本朝康熙初修，乾隆三十四年重修。

新都縣城。周九里三分，門四。明正德初建。本朝乾隆三十年修，嘉慶十六年重修。

郫縣城。周八里三分，門四。明天順中土築。本朝乾隆三十年甃甎，嘉慶三年修，十二年重修。

灌縣城。周七里九釐，門四。明弘治中建。本朝康熙五年修，乾隆二十八年重修。

彭縣城。周五里六分，門五。明天順中土築。本朝乾隆三十一年甃甎，嘉慶二年修，十八年重修。

崇寧縣城。周四里八分八釐，門五。明正德中土築。本朝乾隆三十年甃甎。

簡州城。周四里三分，門四。明成化中建。本朝康熙四年修，乾隆三十五年重修。

崇慶州城。周九里，門四。明成化中土築。本朝乾隆三十五年甃甎。

新津縣城。周三里七分，門四，池廣一丈五尺。明成化間土築，正德中甃甎。本朝康熙四年修，乾隆三十年重修。

漢州城。周八里六分一釐，門四，池廣一丈。明天順中土築，正德間甃甎。本朝乾隆三十六年修。

什邡縣城。周三里九分，門四。明正德中建。本朝乾隆七年重建，嘉慶八年修，十一年重修。

學校

成都府學。在府治南，漢文翁講堂遺址。本朝康熙八年修，四十九年、乾隆三十九年重修。入學額數二十名。嘉慶四年，定駐防旗人准附府學，每五六人取進一名。

成都縣學。在縣治東。宋政和中建。本朝康熙初修，嘉慶四年重修。入學額數十二名。

華陽縣學。在縣治西南，舊在縣東南六里。宋初以孟蜀太學改建。本朝康熙九年，裁併成都縣學。雍正九年改建今所。入學額數十二名。

雙流縣學。在縣治西南。明洪武初建。本朝雍正十一年重建，乾隆四十四年修。入學額數八名。

温江縣學。在縣治西南。宋咸平初建。本朝康熙八年修，雍正十年、乾隆十年、嘉慶十七年重修。入學額數十二名。

新繁縣學。在縣治東南。宋乾德三年建。本朝康熙初重建，四十二年修，五十五年、乾隆五年重修。入學額數八名。

金堂縣學。在縣治東北。宋嘉祐初建。本朝康熙初修，六十一年、乾隆十六年重修。入學額數九名。

新都縣學。在縣治東。明天順中建。本朝乾隆二十二年重建，嘉慶十一年修。入學額數八名。

郫縣學。在縣治東南隅。唐元和初，建於城西。明隆慶中，遷建西門外。本朝康熙五十五年復舊址，乾隆二十九年遷建今所，嘉慶六年重建。入學額數八名。

灌縣學。在縣治西北。五代時建。本朝康熙元年重建，雍正四年修，乾隆四十三年、五十五年重修。入學額數八名。

彭縣學。在縣治東南。明洪武初建。本朝康熙七年，裁併新繁縣學。雍正八年重建，乾隆四十四年修，五十五年重修。入學額數八名。

崇寧縣學。在縣治西。宋建。本朝康熙七年，裁併郫縣學。雍正八年重建。入學額數八名。

簡州學。在州治舊城東北。宋開寶初建。明正德八年，徙於新城。本朝康熙九年，復還舊址。入學額數十五名。

崇慶州學。在州治東。明洪武初建。本朝康熙六年重建，乾隆五十年修。入學額數十五名。

新津縣學。在縣治東。宋明道初建。本朝康熙二十五年重建，乾隆四十三年修。入學額數八名。

漢州學。在州治南。宋嘉祐中建。本朝康熙元年重建，五十七年修，雍正九年重修。入學額數十二名。

什邡縣學。在縣治東。宋大中祥符二年建。本朝康熙二十一年重建，乾隆四十二年修。入學額數八名。

錦江書院。在府學明倫堂後。漢文翁石室故址。本朝康熙四十三年，按察使劉德芳建。

芙蓉書院。在成都縣治東。舊爲少陵書院。本朝嘉慶五年，知縣張人龍重建，改今名。

潛江書院。在華陽縣東十里静居寺左。本朝乾隆十二年建。

元音書院。在華陽縣東三十里中興場。本朝嘉慶十二年建。

景賢書院。在雙流縣學宫右。本朝乾隆六年建，四十一年修。

萬春書院。在温江縣治南、學宫右。本朝乾隆九年建。

繁江書院。在新繁縣治東、學宫後。本朝乾隆二十九年建，嘉慶十年修。

繡川書院。在金堂縣治東。本朝康熙五十九年建，乾隆二十六年修。

龍門書院。在新都縣治北。舊在縣東。本朝乾隆十八年建，五十四年遷建今所。

岷陽書院。在郫縣治南。本朝乾隆十八年建。

岷江書院。在灌縣東門外。本朝乾隆二十八年建，五十一年修。

九峯書院。在彭縣治南。本朝乾隆十五年建，五十三年修。

唐昌書院。在崇寧縣治西。本朝乾隆十六年建，嘉慶四年修。

鳳山書院。在簡州治左。本朝乾隆六年建。

崇陽書院。在崇慶州治西南。本朝雍正元年建,乾隆十八年修,嘉慶十七年重修。

通津書院。在新津縣治右。舊名寶資書院。本朝乾隆五十七年僑置城西,嘉慶十七年移建,改今名。

南軒書院。在漢州治西南、房公湖北。明嘉靖元年建。

方亭書院。在什邡縣永豐門内。本朝乾隆六年建,四十一年修。

郫縣義學。在縣城内。本朝嘉慶間建。

簡州義學。有二,一在州西龍泉驛,一在州東北盤龍寺。本朝乾隆中建。

什邡義學。在縣治學宫西。本朝康熙三十一年建。按:舊志載大益書院在府治東北,明正德十三年建,今廢。謹附記。

户口

原額人丁三萬五千四百一十六,今滋生男婦共五百四十八萬四千二百七十二名口,計一百七十萬六千九百五十八户。

田賦

田地六萬八千一百八十八頃二十七畝五分有奇,額徵地丁正雜銀九萬五千七百五十一兩二錢三分五釐。

山川

武擔山。在府城内西北隅。蜀本紀：武都有丈夫化爲女子，顔色美好，蓋山精也。蜀王納以爲妃，不習水土，未幾物故。王發卒之武都擔土，葬於成都郭中，蓋地數畝，高六七丈，號曰武擔，表石鏡一枚於墓上。後漢書方術傳「公孫述時，蜀武擔石坼」，注：「武擔山在成都縣北一百二十步。」蜀志：昭烈帝即位於武擔之南。通志：明蜀府建於其陽。

昇仙山。在成都縣北十里。通志：本名星宿山。唐咸通十一年，南詔寇成都，大將宋威敗之，蠻退屯星宿山。梁開平二年，王建講武於星宿山，即此。

學射山。在成都縣北十八里。寰宇記：一名斛石山。又名威鳳山。蜀漢後主嘗習射於此，因名。舊志：成都宴會，惟上巳學射山之集爲盛。

宋興山。在成都縣北三十里。

天回山。在成都縣北三十里。本名天䕒，唐明皇自蜀返蹕經此，因名。下有天回鎮。

大面山。在華陽縣東二十八里。

六對山。在華陽縣南六十里。相傳孟蜀後主自新津修覺山回至廣都，見十二峯，有「三峯六對」之語，因名。

鐵鑪山。在華陽縣南六十里。

應天山。在雙流縣南八里。南接宜城山。唐僖宗幸蜀時賜名。

宜城山。在雙流縣南十二里。出紫草。益州記：在牛飲水南三十里，岡阜相屬，高百餘步，連入貴平縣界。

大墓山。在温江縣北二十五里。相傳爲魚梟王墓。

兩歧山。在新繁縣西北。寰宇記：在九隴縣西北二十七里。益州記：此山出木堪爲船。本琅歧山，語訛「兩歧」。

五龍山。在新繁縣西北。寰宇記：山在九隴縣。有神溪水，多木蓮。元統志：在彭州西北五十里。亦曰遊龍山。

陽平山。在新繁縣西北。方輿勝覽：九隴縣有金城山，在西北五十里。元統志：金城即陽平也。

曲尺山。在新繁縣北。

三學山。在金堂縣東。唐景福元年，王建攻楊晟於彭州，楊守亮遣將符昭救之，營三學山。蜀王衍咸康初遊漢州三學山。皆此。明統志：山在縣東北十里。上有法海、普濟、廣濟三寺，又有佛跡，石理温潤，非世間追琢所能。下有隘口，壁立千仞，惟一路可通人騎，謂之三學隘。

望蜀山。在金堂縣東南二里。

金堂山。在金堂縣東南。華陽國志：新都縣有金堂山，水通於巴漢，以水出金沙，因名。元和志：在金水縣北二十四里。寰宇記：金堂山在金水縣西十五里。又金臺山在金臺縣東南五十里。一作金堂山。高聳如臺。明統志：兩山拱峙，河流其中。相傳望帝相鼈靈所鑿。宋轉運使韓璹復修之，以通舟楫。亦曰金堂峽口。

九頭山。在金堂縣東南五十里。山有九峯，因名。

白神山。在金堂縣南。方輿勝覽：在軍城西南，周三里，高五十步。

蟠龍山。在金堂縣南五十里。山勢盤旋，起伏如龍。

雲頂山。在金堂縣南五十里。隋書地理志：金泉縣有石城山。寰宇記：雲頂山舊名石城山，其狀如城。在金水縣西南十五里。頂上有神泉，方丈許，澄清如鏡，雲霞常興。唐天寶六年，改爲雲頂山。

銅盤山。在金堂縣西北二十里。寰宇記：北接雒縣，南連新都。山形如盤，洛水、彌牟、毘橋三水逕此山下合中江〔二〕。

壁山。在金堂縣北五里。

萬安山。在金堂縣北十五里。相傳洪水時，棲其上者萬人，俱得免，因名。山有三脊，雷霆所分。

棲賢山。在金堂縣東北十三里。陰弘道益州故老傳：李八百昔游此山，因有「棲賢」之號。山側有一洞，莫知所去。又有石菴一所，丹竈存焉。

銅官山。在金堂縣東北，接中江縣界。隋志：金泉縣有銅官山。元和志：在金水縣北四十九里。寰宇記：銅官山，鄧通冶鑄之所。景龍二年，御史奏玄武、金水二縣競銅官坑。按李宗諤益州路圖經，合屬玄武縣。又雒縣有銅官山，方輿勝覽「亦名金水山」。通志「在漢州東二十里」〔三〕。

昌利山。在金堂縣東北十三里。隋書地理志：金泉縣有昌利山。寰宇記：山有一石室，三門，中可容九十人，今人呼爲三龍門。

龍門山。在新都縣南十二里。下有龍洞，四時不涸，山頂有清泉。

繁陽山。在新都縣南十五里。衆山連接，孤峯特起。相傳張道陵嘗修煉於此。上有浴丹池、通仙井、麻姑洞。

赤岸山。在新都縣南十五里。山赭色，岸邊常有光如火，因名。周三十里。一名宋興戍山。

麗元山。在新都縣北八里。寰宇記：平地特起，高三丈。有雙石鏡，廣五尺。

平樂山。在郫縣西二十五里。

登高山。在灌縣學宫左。一峯卓立。又金龜山在學宫右。按：元和志有盤龍山，在導江縣北二十里。寰宇記「山土色黄，盤迴有龍形，故名」。今盤龍山不知所在，惟金龜山壤黄而形蜿蜒，或是。

趙公山。在灌縣南九里。隋嘉州太守趙昱居此。有道術，斬蛟治水。唐太宗封「神勇大將軍」。明皇時進封赤城王。宋張詠平蜀得神助，奏聞，封川主清源妙道真君。其上每有雲起山頂，輒雨。

聖母山。在灌縣西南。寰宇記：在青城縣西，山高二千餘丈，周迴三十里。通志：山在灌縣西南五十里。輿地紀勝「慈母山在青城山東，有龍池洞穴」，即此。

青城山。在灌縣西南。元和志：在青城縣西北三十里。青城山記：道書以此山爲第五洞天。上有清泉懸澍，一日三時灑落，謂之潮泉。唐六典：劍南道名山之一，山連峯接岫，千里不絶，青城乃第一峯也。前號青城，後曰大面，其實一耳。有七十二小洞，應七十二候，八大洞應八節。寰宇記：道書福地記云，上有甘露芝草。玉匱經曰「此第五大洞寶仙九室之天，黄帝封爲五岳丈人。刻石篆書猶存」。輿地紀勝：大面山在三溪之北，前臨成都山，衆峯攢秀，高七十二里。又八大洞，一太一，二九仙寶室，三沙羅，四高臺玉室，五麻姑，六寶園，七聖母，八都督。方輿勝覽：一名赤城，一名青城都。天倉諸峯，屹然三十有六，前十八謂之陽峯，後十八謂之陰峯。明統志：山在灌縣西南五十里。舊志：又名丈人山，高三千六百丈，周一百五十里。

成都山。在灌縣西南。輿地紀勝：青城之案山也。前臨麻姑洞。

高臺山。在灌縣西南七十里。輿地紀勝：在丈人祠之西，上有天池。晉立上清宫於其上。

天倉山。在灌縣西南八十里。唐書地理志：晉原有天倉山。輿地紀勝：在延慶觀南，連崖隱軫，爲三十六倉云。神仙祕藏金石異寶、米鹽雜貨於其中。諸峯三十六，每峯各有一洞。其西南極峯之前有軒轅臺。

傍便山。在灌縣西南八十里。寰宇記：在青城縣西。高下與青城山接連。當吐蕃之界，谿谷深邃，夏積冰雪。

雪山。在灌縣西南一百里。

韞玉山。在灌縣西三十五里。山色如玉。一名永康山。

靈巖山。在灌縣西北五里。旁有泉出石穴中。又有風洞，風出如吼。

灌口山。在灌縣西北。元和志：在導江縣西北二十六里。漢文翁穿湔江溉灌，故以「灌口」名山。山西嶺有天彭闕，亦曰天彭門。兩石相立如闕，故名。按華陽國志，天彭闕即汶山。水經注「在氐道縣西北」，此後人附會。明統志又以彭縣彭門山爲天彭闕，亦非。

玉壘山。在灌縣西北。漢書地理志：緜虒縣玉壘山，湔水所出。元和志：在導江縣西北二十九里。今入汶川縣界。

九隴山。在彭縣西。元和志：在九隴縣西二十五里，連峯迤邐，凡有九曲。寰宇記：自唐昌縣連亘至縣界，崖谷險峻，人所罕到，有鳴猿谷、清風嶺、鴨子鼻。方輿勝覽：古彭州之西山。一伏隴，二豆隴，三秋隴，四龍奔隴，五走馬隴，六駱駝隴，七千秋隴，八較車隴，九横擔隴。

至德山。在彭縣西。方輿勝覽：在彭州西三十里。蜀王衍遊是山，患其高險，令別開一徑以登。一名茶隴山。

慈坪山。在彭縣西北。相傳即慈照精藍，僧通陸習静之所。

丹景山。在彭縣西北。元統志：山在彭州西北三十五里，與天彭山相接。舊志：山多牡丹，春時光艷照人。

白鹿山。在彭縣西北。元和志：在九隴縣西北六十一里。華陽國志：劉璋曾孫敞隱此，高尚皓首，未嘗屈志。

彭門山。在彭縣西北。九域志：彭州有彭門山。明統志：在縣西北三十里，兩峯對立如闕，名天彭門；又有牛心山，與彭門山隔江對峙。

大隋山。在彭縣西北。方輿勝覽：在堋口鎮北三十五里，上有瀑布泉，下流入清白江。

中隋山。在彭縣西北大隋山北。方輿勝覽：山高三十里，下視大隋、白鹿、葛仙諸山，真培塿也。元統志：在彭州西北八十里。

九峯山。在彭縣西北中隋山北。山極高大，北連茂州界。

葛𧷢山。在彭縣北。唐書地理志：九隴有葛𧷢山。寰宇記：在縣北四十八里。方輿勝覽：上有崇真觀，梁武帝錫名上清觀。成都記：韋皋夢神人謂：「苟富貴，無忘葛𧷢也。」後尹成都，乃復新觀宇。元統志：仙傳拾遺曰：「葛仙翁永𧷢居蜀上清山，白日昇天，時人因號其山爲葛𧷢山。」通志：山在縣北四十里，亦曰葛仙山。有二十四峯、八十一洞。隋志云九隴縣有道場山，疑即此。

濔沅山。在彭縣北六十里。唐書地理志：九隴縣有濔沅山。按：寰宇記作麗元山。

鐵砧山。在崇寧縣西六里。相傳武侯鑄鐵砧於此，以造軍器，故名。

昌化山。在崇寧縣北。元和志：在唐昌縣北九里。

金馬山。在崇寧縣北二十里。相傳似雲南之金馬，故名。上有金馬碧雞祠。

三面山。在崇寧縣北三十里。上有龍湫，徑不盈尺，而水常不絕。

李八百山。在簡州東一里。唐真人李和煉丹於上，延年八百歲，因名。

雙牙山。在簡州東五十里。上有雙石對峙如牙，山頂有古井，山半有石箱。

脈堅山。在簡州東南二十里。大江直流，一山横截，爲州治關鎖。

天臺山。在簡州南八十里。上有三峯如臺。

石城山。在簡州西南。接資州仁壽縣界。寰宇記：在平泉縣西北五十里，山形如城，北連分棟山，南接聖燈山，入貴平縣界。

分棟山。在簡州西。元和志：在陽安縣西七十七里，靈池縣東十五里。其山北連秦隴，南入資、瀘，東北入静戎軍。其於東川，即此爲隔門也。寰宇記：李膺記云〔四〕：「蜀人謂嶺爲棟。」宋劉涇少休亭記：自成都趨陵、簡，必過分棟山。山周數百里，高大險阻，以石次第爲步。按：分棟山又名龍泉山。元和志所言最覈，舊志别出龍泉山，誤。

孝子山。在簡州西。鄧宗古故里。

鳳翅山。在簡州西。寰宇記：在平泉縣北一里。

武侯山。在簡州西。元和志：在靈池縣東南十五里。

大塔山。在簡州西。元和志：大塔山在廣都縣東四十里、平泉縣西北六十二里，與分棟山連屬，南入陵州界。按：今雙流縣雖古廣都地，而邑改地狹，境不及遠。自分棟山而下，多屬簡州。西界華陽，南界資州仁壽縣。且雙流移而西，於大塔山益遠矣。舊載雙流，誤。

乾卦山。在簡州西五十里。山形如乾卦。下有李淳風墓。

望湖山。在簡州西北五里。下瞰金、絳二水。

忠國山。在簡州西北一里。宋知州李大全殉難於此，因名。

五臺山。在簡州西北二十里。明天啓中改丹景山。

長松山。在簡州西北七十里。分棟山北與華陽縣接界。山巔有長松寺。見鄭谷集。

聖母山。在簡州西北靈泉廢縣北三十里。雲笈七籤：隋褚聖母，青城黑水溪人，居此。唐悟達國師題爲「聖母院」，山亦從而名之。宋時禱雨屢應。大中祥符賜額「瑞應院」。按：省志誤與灌縣聖母山合爲一。

盤龍山。在簡州北少西六十里。相傳蜀漢先主嘗立寨於此。其下有泉名普濟，流爲盤龍溪。

石鼓山。在簡州東北十里。元和志：昔蜀將許都軍平定羌戎，回登此山，擊石鼓犒軍，因名。

玉女山。在簡州東北。唐志：陽安縣有玉女靈山。寰宇記：山東北有泉，西北兩岸各有懸崖，腹有石乳房十七眼，狀如人乳流下，土人呼爲玉華池。元統志：隋時仙者劉慶善遊此，感玉女降現。唐至德二載賜名。明統志：在州東北二十里。

逍遥山。在簡州東北。方輿勝覽：去城三十里，其北有層崖，景德間有人登之。有東西兩室，壁鐫「漢安元年四月十八日會仙」字，石室丹竈俱存。通志：山在州東北五十七里。

柏茂山。在簡州東北。唐書地理志：陽安有柏廟山。舊志：今曰柏茂山，在州東北八十里，峯巒卓立，爲羣山之首。蓋「廟」、「茂」聲近而誤也。

穰山。在簡州東北四十里。

賴山。在簡州東北五十里。方輿勝覽：下有賴簡池。

多融山。在崇慶州西南。元和志：在晉原縣西南。

化城山。在崇慶州西城外。

蟇頤山。在崇慶州西。方輿勝覽：在永康縣西七里，山有穴如蝦蟇頤，故名。諸山之鹿，日聚於此，號曰「鹿市」。明統志：在州西十六里。

天國山。在崇慶州西。九域志：永康縣有天國山，爲青城山八大洞之一。方輿勝覽：左連大面，右接鶴鳴，前臨獅子，後枕大隋等山，上有龍池。明統志：在灌縣西南九十里。

白塔山。在崇慶州西二十里。

龍華山。在崇慶州西七十里。有唐段文昌讀書臺。

翠圍山。在崇慶州西北。方輿勝覽：在永康縣西八里，前有繩橋。

白崖山。在崇慶州西北。元和志：在永康故縣西二十里。

西門樓山。在崇慶州西北。高峻如重樓之狀。

鶴鳴山。在崇慶州西北。後漢書劉焉傳：張魯祖父陵，順帝時客蜀，學道鶴鳴山中。元和志：在晉原縣西北七十九里，絶壁千尋。按：三國志作鵠鳴山。隋志青城縣有鵠鳴山，即此。

大坪山。在崇慶州西北一百里。右接大邑，左接灌縣諸山。背有羊腸鳥道，可抵瓦寺之三江口冉龍寨，崚嶒疊嶂，壁立千尋。其中周匝一畝稍平，故名大坪。産茶。

修覺山。在新津縣東南五里。山有修覺寺，因名。其上爲雪峯，亦曰寶華山。其下爲三江渡。

天社山。在新津縣南。水經注：文井江至武陽天社山下入江。元和志：山在縣南三里，北枕大江，南接連嶺。每益土有難，人多依焉。

平岡山。在新津縣南五里。

稠稉山。在新津縣南。唐書地理志：新津縣有稠稉山。方輿勝覽：在縣南八里，有草名稠稉，服之可長生。

平蓋山。在新津縣北三十里。明統志：相傳崔孝通於此得道。

連山。在漢州東二十五里。以山勢連延故名。

東覺山。在漢州東三十里。上有古井，深數十丈。

雍齒山。在什邡縣南。寰宇記：在什邡縣南四百步。

慈母山。在什邡縣西三十里。

龍居山。在什邡縣西五十里。有飛瀑虛亭，危橋古柏。又有寶蓮山，在洛通、龍居之間。

大蓬山。在什邡縣西五十五里，即鎣華山。方輿勝覽：什邡縣有大蓬山，高崖矗天，瀑布飛落。舊志：山高百里，六月積雪不消。

洛通山。在什邡縣西北。漢書地理志：雒縣章山，雒水所出。華陽國志：李冰導洛水於洛通山。元和志：洛通山在什邡縣西三十九里。寰宇記：在縣西北四十里。方輿勝覽：洛通即章山也。明統志：章山在縣西六十里，上有風、火二洞。縣志：一名章雒山，又名楊村山。

青雲峯。在簡州北二十里，金水東岸，數峯淩雲。宋紹興中，上下建有白雲寺、青雲樓，今廢。

東崖。在簡州東五里。崖後有石洞二，洞有龍泉。左右石刻卦圖，隸書西銘俱存。又西厓在州西五里，南厓在州南三里，北厓在州北二里。

五龍岡。在簡州東北十里。金、絳二水合流其下。

新婦峴。在新都縣北七里。

焦山坡。在金堂縣東十五里。前、中、後三江，合流於此。

觀坂。在灌縣西。三國蜀漢建興十四年，後主幸湔，登觀坂，觀汶江之流，即此。元和志：在灌口。

牡丹坪。在灌縣西南八十里。方輿勝覽：自青城之長平山捫蘿而上，由鳥道三十里許，有平阜數十畝，高樹蔽天，異花香艷，類牡丹，因名。

離堆。在灌縣西南。漢書溝洫志：蜀守李冰鑿離堆，避沫水之害。宋史河渠志：離堆之址，舊鑱石爲水則，則盈一尺，至十而止。水及六則，流始足用，過則從侍郎堰減水河泄而歸於江。歲作侍郎堰，必以竹爲繩，自北引而南，準水則第四以爲高下之度。元史河渠志：北江少東爲虎頭山，爲鬭雞臺。臺有水則，以尺畫之，凡十有一。水及其九，則民喜，過則憂，没其則則困。又書「深淘灘，高作堰」六字其旁，爲治水之法，皆冰所爲也。又東爲離堆。舊志：離堆在灌縣西一里，或曰灌口山也。按華陽國志，離堆在南安縣界。洪氏隸釋在今夾江縣。又保寧府南部蒼、溪二縣皆有之。

大江。原出岷山北，自茂州汶川縣流入，東南逕灌縣西，又東南逕温江縣西、崇慶州東，又東南逕新津縣東，又東南入眉州彭山縣界。亦稱岷江。水經注：江水東别爲沱，歷都安縣，又逕臨邛縣，又逕江原縣，郫江水出焉。又東南過犍爲武陽縣，與郫江合。元和志：大江逕青城縣北二里。又温江縣大江，俗謂之温江，南流逕縣西一里，出麩金。又郫江在縣西十里。又唐興縣有郫江，一名皁江，逕縣東二里。寰宇記：大皁水自灌口流逕青城縣北，入温江縣界。又郫江一名皁里水，自青城縣百丈水南流，逕温江縣，又江原縣界，入猪母水。明統志：大皁江在温江縣治西南。舊志：大皁江本岷江正流，自離堆鑿後，始以流江爲正流，而以此爲南江。按：自漢以來，皆以李冰所鑿逕成都者爲大江，其南流者曰郫水，轉謂之入江。漢志云江原縣郫水首受江，南至武陽入江是也。元和志以郫江即皁江，與温江分爲二。又與流江互稱大江。寰宇記訛稱「郫」爲「鄲」，其源流皆未明晰。宋、元以來，始專以皁江爲正源。近時南流數道，有金馬、羊馬、白馬諸名，而皁江之名又混。以今考之，江水自汶川縣逕灌縣，俗呼味江。逕縣城西，東南流，東分爲沱江。稍南分一支入崇慶州界，其流又分二派，一逕州東爲白馬河，即味江也。江水又東南，東分爲油子、走馬二河，即成都之二江也。其南分者曰羊馬河，亦入崇慶州界。江水又東南至温江縣西，爲金馬河，南流入新津縣。金馬河之東，又分一支歷温江縣南、雙流縣西，爲楊柳河。楊柳河之東又分一支，經雙流縣城西。數派分流，皆會於新津東北，又南入眉州彭山縣界，與成都之二江會。舊志或以白馬河爲皁江，或以羊馬河爲郫江。按諸派中惟金馬河在温江縣西，與元和志合。新津縣志云：「岷江正派曰金馬河，自温江縣東南流逕雙流縣西，又二十里逕縣北界，又南二十里合羊馬河、西河，至縣東門外又合南河，又五十里入彭山縣界。」據此，當以金馬河爲皁江正流也。

沱江。自灌縣南分大江，東流逕崇寧縣南，郫縣北，又東逕新繁縣南、成都縣北，又東逕新都、金堂二縣南，又東合湔水。書禹貢「岷山導江東別爲沱」，孔安國傳：「江東南流，沱東行。」漢書地理志：「郫縣，禹貢江沱在西，東入大江。」郭璞爾雅音義：「沱水自蜀郡都安縣湔山，與江別而更流。」水經注：「江水歷都安縣，李冰作大堰於此。益州記：江至都安，堰其右，撿其左，其正流遂東。」括地志：新繁縣有繁江，首受郫江，即禹貢「江沱」也。元和志：江水在唐昌縣西北四里，又毗江水在金堂縣西二里。唐書地理志：武后時，彭州長史決唐昌沱江，鑿川派流，合堋口琅岐水溉九隴、唐昌田〔五〕。九域志：新都縣有毘橋水。宋史河渠志：皁江支流迤北曰都江口，置大堰，疏北流爲三：曰外應，溉導江、新繁，達於金堂；東北曰三石洞，溉導江、九隴、崇寧〔六〕、蒙陽，達於漢之雒；東南曰馬騎，溉導江、崇寧、郫、温江、成都、華陽。元史河渠志：南江、北江皆自都江堰東行。北舊無江，李冰所鑿，自離堆又東，至三石洞釃爲二渠。其一自上馬騎東流，過郫，入於成都，古謂之内江，今府河是也〔七〕；其一自三石洞北流，過將軍橋，又北過四石洞，折而東流，過新繁，入於成都〔八〕，古謂之外江。此冰所穿二江也。舊志：「大江逕灌縣西三十三里，分爲二派。其一東南逕崇慶州至新津者，今謂之南江。其一東循灌城者，今謂之北江，即禹貢江沱也。北江又分爲三派。其一東南逕温江，過府城南入新津合大江者，爲流江。其一自灌縣寶瓶口直東入五斗口，東北逕新繁過府城北，折而南合流江者，謂之郫江。其一自寶瓶口東北穿三泊洞，又東北逕新繁、新都至漢州入雒者，爲湔水。」又云：「沱江自灌縣西岷江分派，逕離堆山下，又東逕縣城南，分爲渡船河。又東流二十里至廢導江縣，又分二支。一支東南流爲走馬河，其正派俗名毘橋河，東流二十里，入崇寧縣界。逕縣南五里，又東流十五里入郫縣界。逕縣西北十三里，又東流十七里入新繁縣界。逕縣南，又東流七里入成都縣界。逕縣北三十里，又東流三十五里入新繁縣界。逕縣南八里，自縣界合錦水河，又東流二十五里入金堂縣界。逕縣西南四里，又名前江，又東流二十五里，有水利河、繡川河自新都東流入焉，至焦山坡合中、後二江。」按：宋史所謂外應即沱江也，三石洞即湔水也，馬騎即流江也。舊志謂江沱始於禹貢，水經注以爲開明所鑿，寰宇記又專歸之李冰，皆誤。其言固是，然禹跡難尋，今所稱沱江，大抵皆後世所開以溉田，約略傳其舊名耳。

郫江。在成都縣北。自灌縣分大江東流經郫縣北，又東入成都縣界，繞城北而南，與錦江合。舊統名爲二江，亦曰都江。史記河渠書：蜀守李冰鑿離堆避沫水之害，穿二江成都之中。此渠皆可行舟，有餘則用溉，百姓饗其利。杜豫益州記曰〔九〕：二江者，郫江、流江也。華陽國志：李冰穿郫江、檢江，別支雙流過郡下。水經注：江水東北逕郫縣下，又東逕成都縣。縣有二江，雙流郡下，故楊雄蜀都賦曰「兩江珥其前」也。括地志：「郫江一名成都江，一名市橋江，一名永平江，亦曰中江，亦曰内江。西北自新繁縣界來。」元和志：郫江逕郫縣北三十一里，新繁縣西十一里。又都江水在犀浦縣北四里。寰宇記：都江水在府西四里。一名粉水，以水作粉，鮮潔於他處。九域志：二江舊皆從府西入城。自高駢築羅城，遂從西北作麋棗堰，塞故瀆，更作新渠，導外江遶城西而北，内江遶城西而南，下流仍合於舊渚。舊渚，合江亭也。舊志：内江由城南，外江由城北，至濯錦橋合流。郫江上流，自崇寧縣分一支，東南流爲走馬河。至油子江口，又分爲油子河，逕崇寧縣南，東南流十里入郫縣界，逕縣北六里，又東流四十里合九曲江，入成都縣界，逕縣北闕外，轉東入錦江。按：今郫江下流與古異。水經注言郫江水從沖治橋北折，東絶緜、雒，逕五城界，至廣都北岸入江，斯爲北江。其自成都逕廣都者爲南江。即二江也。蓋古郫江由灌縣逕郫、新繁至成都郡下，仍北折抵新都過湔、洛，復折而南至府南舊廣都界，合於流江，與今沱江始分，中合，末復分耳。因其中合，故水經注湔、雒亦有郫江之名。或者不考其故，遂謂郫江即禹貢沱江，非李冰所穿，誤矣。又内江、外江諸説亦互異。元史河渠志以沱、湔爲外江，郫江爲内江；近志以郫江爲外江，流江爲内江。蓋自成都一府而言，則郫爲内江，沱、湔爲外江；自成都一城而言，則流江爲内江，而郫又爲外江，郫江實兼内外之稱也。

錦江。在華陽縣南。即流江也。自郫縣西分流至府城東南，合郫江，折西南入彭山縣界。括地志：大江一名汶江，一名流江，一名笮橋水。西南自温江縣界流來。通典：成都縣有錦江。元和志：大江逕成都縣南七里，蜀人又謂爲笮橋水。此水濯錦，鮮於他水。又在華陽縣南六里。舊志：錦江在府城南關外，俗名府河。即岷江支流。自灌縣東南流逕崇寧縣西，入郫縣界，曰走馬河。東南流至合江浦，分一小支爲九曲江，其正派又東流六十里，入成都縣界，爲錦江。至府城南轉東，合郫江下流，二十里至二江寺，合流江、汶江，又南逕仁壽縣西北，入眉州界。其九曲江東北曲注，繞府城西北下流五十里，入油子河。

清白江。自灌縣南分沱江東流，逕崇寧縣北，又東逕彭縣南、新繁縣北，又東逕新都、金堂二縣北，至漢州東南，折南流，與雒水、沱水會，入簡州界。自彭縣以西俗名渡船河，彭縣以東曰清白江，自金堂縣以下曰中江，即古湔水也。漢書地理志：綿虒縣玉壘山，湔水所出，東南至江陽入江，過郡三，行千八百九十里。華陽國志：文翁爲蜀守，穿湔江口，溉灌、繁田千七百頃。水經注：湔水出緜道之玉壘山。吕忱云，一曰半浣水也。明統志：清白江在新繁縣北十里。宋趙抃過此，嘗曰：「吾志如此江清白，雖萬類混淆，其中不少濁也。」因名。舊志：沱江至灌縣南，分一小支，穿縣下注四十五里，入崇寧縣界，曰渡船河。逕縣北三里，又東十里，入彭縣界，爲清白江。合王村河，又東入新繁縣界。又分一支爲督橋河，又東入新都縣界，逕縣北三十里，又東逕漢州西南二十五里，又東南流五十里，至三水關合馬水河，又南入金堂縣界，流二十五里至焦山坡，合前後兩江，總名爲金堂河。又東南曲流九十里，出金堂峽，入簡州界，通名爲中江。

味江。在灌縣西南。自大江分流，逕崇慶州西，又南逕新津縣入大江。寰宇記：味江水源出青城西長樂山下。江中有大石高數丈，號大坎。又有小石在下，亦高數丈，爲小坎。水激其上，聲聞數里。其水東流。古老傳云，水味甘美，人争飲之，因名。方輿勝覽：味江入永康縣界，注白馬、文井兩江。舊志：俗名西河。自灌縣岷江分流，入崇慶州界，合石定江，又南十里合西北河，又東南三十里入新津縣界，又東十五里逕縣北，入大江。其石定江在灌縣西南十五里，源出丈人山，西北河源出瓦寺土司界雪山，皆東南流至崇慶州北，合味江。按：味江今自灌縣南流，東分爲白馬江，入崇慶州。又分一支西南流。其正派逕州城西，名曰西河。至西南與白馬江會，又謂之白西河。其西南分者，下流又分二支，東曰溪水河，西曰乾溪河，至新津縣西合流入文井江。

白沙江。在灌縣西北。方輿勝覽：在導江縣西三十里。源出灌口，入都江。通志：源出茂州雪山，經灌縣西十一里入岷江。縣志：縣西數十里有水出尤溪口，又數十里有水出白沙口，同會於灌。

中江。在簡州城東。即湔、雒諸水下流，自金堂縣東南流入。一名牛鞞水，亦名雁水。水經注：雒水合綿水、湔水，又逕犍爲、牛鞞縣，爲牛鞞水。昔羅尚乘牛鞞水東征李雄，謂此水也。元和志：中江水，即牛鞞水也。寰宇記：中江在懷安軍西北。源從漢州彌濛、雒水、毘橋等三水，至金堂合爲一江，入簡州陽安縣界，又東南入資陽縣界。元統志：雁江上接金堂，下連資江。舊志：雁水入簡州境，東南流七十里至州城東，合絳水，轉南流五十里，入資陽縣。按：綿、湔、雒諸水皆會於中江。俗以沱爲前江，雒爲後江，湔爲中江，蓋本之漢志，以湔爲正流。元和志云「中江在金堂縣東北一里」是也。水經注則以雒爲正流。土俗稱爲雁江，則又以漢州之沉犀、金雁二水爲正流。要之，中江所合之水甚多，不必專主一水也。

白馬江。在崇慶州東北十里。自灌縣味江分流入州界，又分爲黑石溪河，又東南流九十里入新津縣界，與西河合，謂之白西河。東南至縣北又會羊馬河，入於大江。舊志以此爲岷江正流也。其黑石溪本白馬江分支，流逕州東三江口，仍入白馬江。又羊馬河在白馬江東，自大江分流曰龍安河，下流曰羊馬河，南合白馬江。舊志謂白馬江即羊馬河，誤。

文井江。在新津縣南。自邛州流入大江，即古僕千水也。漢書地理志：臨邛縣僕千水，東至武陽入江。水經注：文井江自臨邛縣東逕江原縣，又東至武陽天社山下入江。舊志：文井江今曰南河，自邛州流入新津縣，又東三十里逕縣城南，轉東入江。元統志云白木水自邛州依政縣流入，逕天社山下入江，即此。又鐵溪河在縣西十三里，亦自邛州流來入南河。相傳武侯烹鐵於此，因名。

雒江。自什邡縣西北發源，東南流逕綿竹、德陽二縣界，又南逕漢州東，至金堂縣東合綿、湔諸水。一名石亭江，亦曰後江。漢書地理志：雒縣章山，雒水所出。南至新都谷入湔。華陽國志：李冰導洛通山洛水，出瀑口、什邡，與郫別江會新都大渡。又有綿水逕綿竹，入洛東流，過資中，會江陽，皆灌溉稻田。水經注：雒水出洛縣章山，亦言出梓潼縣柏山。流逕什邡縣，又南逕洛縣故城南，又南逕新都縣，與緜水合。又與湔水合，亦謂之郫江。元和志：雒水在雒縣東一里。寰宇記：「綏江水在什邡縣東北十八里，源出縣北洛通山。李膺以此水爲雒水，云即石亭水。蓋是洛水支流。今按：洛水發源，或洛通山，或九隴縣界鹿堂山也。」又洛水，在金堂縣北二十三里。明統志：石亭水在漢州東北二十餘里。舊志：石亭江在什邡縣北三十五里，源出茂州文政堡，東南流八十里，抵什邡縣北高境關，又東南四十里逕德陽縣西，與漢州分界。又東南三十里，逕州東，又南六十里，合金雁、沈犀諸水。又十里合綿陽河入金堂界。又南二十四里至焦山坡，合前、中二江。

金水河。在府城內。自城西入，由城東出。通志：唐白敏中所開。舊名禁河。宋吳師孟導水記云：「自高駢築羅城，堰糜棗，分江水爲二道，環城而東，惟餘一脈自城西北隅鐵窗潛流入城，歲久遂絶。」天禧中，王覿知成都，訪得鐵窗、石渠故基，循渠而上十里許，至曹波堰接上流溉餘之棄水，於是導之自西門而南，至南鐵窗入城，引而東，派別而四，又東匯於東門而入江。久之復塞。大觀初，席旦復疏導之。宣和末，旦子益以舊渠堙廢，復修築城西外堤，引江水入城如故，作三斗門節之。明初建蜀府於河陽，改名金水。本朝雍正九年復濬，又於三橋西北開新河，環蜀王城外以通舟楫。

酸棗河。自岷江分流，東南逕郫縣南、温江縣北，又東南逕雙流縣東，又東南至華陽縣界，入府河。俗名新開河。又名馬壩河，即元時馬壩渠也。元史河渠志：鹿角之北涯，有渠曰馬壩，東流至成都，入於南江。渠東行二十餘里，水決其南涯四十有九，每歲疲民力以塞之。乃自其北涯鑿二渠，與楊柳渠合，東行數十里，復與馬壩渠會，而渠成安流。按：舊志又有二江，一名筰橋河，在雙流縣東北十里，即流江；一名簇錦江，在雙流縣東北十里，即汶江。皆自温江縣流入，東流二十里逕成都縣界，入府江。亦即此水。但流江、汶江即錦江也，移其名於此，與古不合。

楊柳河。在温江縣西南。自縣西岷江分流，曰石魚河，逕縣城西分爲二支。一支南流，名楊柳河，流二十里入雙流縣界，名黄水河。一支遶縣南而東，逕雙流縣西，下流仍合楊柳河，又南至新津縣東入江。按：此即元和志之温江也。

錦水河。自灌縣南柏木堰分江流，曰柏木河，東流逕崇寧縣南，合徐堰河，又東逕彭、新繁二縣南，又東至新都縣西南，分一支東流爲水利河，入金堂縣界，注湔江。其正派又東至新都縣東南，亦入湔江。

督橋河。自彭縣西南分清白江東流，逕新繁縣北，又東逕新都縣北，又東逕金堂縣南，至焦山坡入中江。一名繡川河。

馬水河。源出彭縣西北五峯、大隋、中隋、白鹿、麗元諸山溪，合流曰王村河，逕彭門山下，出三郎鎮，復分二支，東流入什邡縣慈母山界。其正派東流入漢州界，曰馬水河，又東逕州南，入清白江。按：元和志有馬蹄水，在雒縣南二里，即此。舊志謂清白江即馬蹄水，誤。

沈犀河。自什邡縣西發源，曰平橋河。東南流四十里逕縣城北，又十里入漢州界，爲沈犀河。又東南四十里至州城東北合雁江，又二十五里入石亭江。又有白魚河，亦自什邡縣西北發源，東南流百餘里，至漢州東南，入沈犀河。按：舊志謂沈犀河即石亭江分流。今考輿圖，石亭在東，沈犀在西，中隔白魚河，非分流也。又謂沈犀、雁江乃雒水正派，亦非。

金雁河。亦名雁江。自什邡縣西南發源，俗名鴨子河。東南流四十里至漢州城東北，合沈犀河。方輿勝覽：雁江在雒縣南，曾有金雁，故名。

牛飲水。在雙流縣西。元和志：在廣都縣西三里。寰宇記：清水在雙流縣西十里，牛飲水之末流也。昔程鄭家於此，每羣牛飲，江爲之竭，故名。

新源水。在温江縣西。唐書地理志：温江縣有新源水。開元二十三年，長史章仇兼瓊因蜀王秀故渠開，通漕西山竹木。

弩機水。在灌縣南。元和志：在青城縣東南四十里，水流甚急，如弩箭，故名。其水下入晉原，合文井江。

瀰濛水。在彭縣東。寰宇記：在濛陽縣南二百五十步，源出琅歧山〔一〇〕，俗呼五侯水。舊志：東入湔水，即新都彌牟水之上源也。「濛」聲轉訛而爲「牟」耳。

羅江水。在彭縣及什邡縣界。元和志：在濛陽縣北十里。寰宇記：在什邡縣西南二十七里，源出九隴縣兩歧山，經縣界入雒縣，亦名廉江水。按：今什邡西南之水入漢州者止有雁江，疑羅江即雁江之異名也。

赤水。在簡州西北。元和志：在平泉縣南七十步。舊志：一名黄龍溪，西流入仁壽縣界，即蘭溪上源也。

絳水。在簡州北，今曰絳溪河。寰宇記：絳水在州南，色赤如絳，故名。王洙九州要記云「州在赤水之北」是也。舊志：絳溪河源出州西北月亮溝東南六十里，至州西北合赤水河，又過州城北入江。其赤水河在州西北二十里，源出龍泉山，東南流四十里入絳溪水。按：此水東流入中江，赤水西流入府河，二水名相似而其流實不相混。

綿水。在漢州東。自德陽縣流入，又南入雒水。元和志：在雒縣東三十里。舊志：俗稱綿陽河。入州境東南流二十里，有土溪河，亦自德陽流入焉。又二十五里入石亭江。

浣花溪。在成都縣西五里。方輿勝覽：一名百花潭。唐杜子美居此。又薛濤家潭旁，以潭水造十色牋，名「浣花牋」。陸游老學菴筆記：四月十九日泛浣花溪，郡人謂之大遊江，傾城而往，遨頭宴於杜子美草堂滄浪亭。自開歲宴遊，至是日而止。蜀人云，雖戴白之老，未嘗見浣花日雨也。

解玉溪。在華陽縣東。明統志：在大慈寺南，與錦江同源。唐韋臯所鑿。用其沙解玉，則易爲功，因名。

柳溪。在金堂縣東南。方輿勝覽：在金水縣南七里。嘗有柳葉從穴中出，因名。入金堂河。

三溪。皆在簡州。方輿勝覽：劉涇云，三溪號一郡之勝，前溪在陽安縣治北，南溪在壽昌寺側沿江行一里許，惟東溪最勝。明統志：東溪在州東三里。宋姚孳有詠三溪詩。

板橋灘。在華陽縣東南合江亭下。自蜀下峽之第一灘也。

白石溝。在彭縣北。王村河分流也。源出小峽山，東流入漢州，注金堂峽。

東湖。在彭縣舊州倅廳。唐李德裕開。又有西湖，唐元和間州守王潛、蕭佑創。又崇慶州治東、西亦有二湖。方輿勝覽：皁江之水皆導城中，環守之居困瀦其餘以爲湖云。

房公湖。在漢州治西南，唐房琯爲刺史時所鑿。杜甫、李德裕皆有詩。方輿勝覽：又名西湖。舊志：宋熙寧中奏墾爲田，今廢塞。

摩訶池。在府城内。寰宇記：汙池一名摩訶池，蕭摩訶所置，在錦城西。方輿勝覽：隋蜀王秀築廣子城，取土於此，因爲池。陸游渭南集：摩訶池入蜀王宮中，舊泛舟入此池，曲折十餘里。今蜀宮後門已爲平陸，猶呼「水門」。舊志：明初此地填爲蜀藩正殿，西南尚有一曲，水光漣漪。

萬歲池。在府城北。華陽國志：張儀築成都城取土，去城十里，因以養魚。今萬歲池是也。唐書地理志：成都縣北十八里有萬歲池，天寶中長史章仇兼瓊築堤積水溉田。宋史王剛中傳：萬歲池廣袤十里，溉三鄉田。歲久淤澱，剛中疏之。按：水經注作萬頃池。

千秋池。在華陽縣東五里。華陽國志：成都城北有龍壩池，城東有千秋池，城西有柳池，冬夏不竭。按：水經注「龍壩」作「龍堤」。又西北有天井池。

龍躍池。在華陽縣東南。方輿勝覽：在府東南十二里。隋開皇中欲伐陳，作此池以教水戰。路振九國志：蜀王衍乾德初改龍躍池爲宣華苑。按：摩訶、龍躍本二池，方輿勝覽、明統志俱誤混爲一。宋張唐英蜀檮杌又謂王建武成元年改摩訶池爲龍躍池，俱誤。

龍飲池。在金堂縣東六十里。

楊妃池。在灌縣東。方輿勝覽：在導江縣。妃父爲蜀州司户，生妃，幼嘗誤墮此池。縣志：池在縣東十里。

賴簡池。在簡州東。元和志：隋置簡州，因賴簡池爲名。池在陽安縣東九十六里。方輿勝覽又有柳池、鳳池，是爲三池。柳池在折柳亭下，鳳池在州西南三里，水自鳳翅山來。

賴黎池。在簡州南。元統志：在平泉故縣東二十六里。

靈泉池。在簡州西。寰宇記：在靈池縣南三十五里。唐初湧出，縣因此爲名。又石虎池在縣南二十里，池上有怪石如虎形。

白螺泉。在新都縣北五里。相傳有白螺在此化泉，居民春作設祭，泉即湧出。

新婦泉。在新都縣東北五里。寰宇記：又什邡縣界亦有新婦水。初二婦勤於奉養，晨夜負汲，不憚冰雪，久之泉爲之湧，故以名泉。

湧泉。在漢州東三十五里。周廣三百餘丈，可激磑。

濯纓泉。在什邡縣北三十里。舊志：唐任愿云，什邡之西行十里許，有佛寺曰南陽，宋大明中所建。寺之左有泉，匯爲陂，浮於方亭，達於雒，流百里許，溉田數十萬頃。即此泉也。

通僊井。在成都縣。方輿勝覽：在成都縣嚴貞觀與綿竹縣君平宅井相通。往有淘井得錢三，徑可二寸，恍惚不安，因復投於井中。或謂此錢即君平擲卦錢也。

諸葛井。在成都縣西五里浣花溪旁。明統志：相傳蜀漢諸葛亮欲通井絡王氣，故爲此井。又一井在府城東門内，有祠。明楊名有記。今存。

薛濤井。在華陽縣錦江南岸。舊名玉女津。水極清洌。明屬藩邸，人不敢汲。每歲春三月三日，汲此水造牋二十四幅，以十六幅入貢。

仙人井。在金堂縣東北十五里。明統志：唐仙人李八百女妙應真人於此取水煉丹，因名。

陽明鹽井。在簡州。華陽國志：牛鞞縣有陽明鹽井。元和志：在陽安縣北十四里。又有牛鞞等四井，公私仰給。又上軍井、下軍井，並鹽井也，在平泉縣北二十里。州志：明舊有九井，曰下流、寶應、韭菜、永通、龍凹、永城、海濟、石馬、窑店〔二〕。弘治間，水漲崖崩，盡行填塞。本朝順治十七年始招竈民重開。通志：今簡州鹽井共九十三。

七星井。在漢州元妙觀。相傳爲漢嚴君平鑿。

校勘記

〔一〕至德二載改成都府置南京分爲劍南西川節度使　乾隆志卷二九二成都府建置沿革（下同卷簡稱乾隆志）同。按，舊唐書卷四一地理志載：「至德二年十月，駕迴西京，改蜀郡爲成都府，長史爲尹。又分爲劍南東川、西川，各置節度使。」則此處脱「東川」二字。

〔二〕洛水彌牟毘橋三水逕此山下合中江　「毘橋」，原作「毘江」，乾隆志同，據太平寰宇記卷七六劍南西道懷安軍改。

〔三〕通志在漢州東二十里　「通志」，原脱，據乾隆志補。按，銅官山在漢州東二十里，見載於雍正四川通志卷二三山川志。

〔四〕李膺記云　乾隆志「記」上有「益州」二字。按，據書例，此二字似不當省。

〔五〕合堋口琅歧水溉九隴唐昌田　「琅」，乾隆志同，新唐書卷四二地理志作「垠」。

〔六〕崇寧　「寧」，原作「慶」，據乾隆志及宋史卷九五河渠志改。

〔七〕今府河是也　「府河」，乾隆志同，元史卷六六河渠志作「府江」。

〔八〕入於成都　「成都」，原作「新都」，據乾隆志及元史卷六六河渠志改。

〔九〕杜豫益州記曰　「杜豫」，乾隆志同。考史記卷二九河渠書「穿二江成都之中」正義引任豫益州記云「二江者，郫江、流江也」。則此「杜豫」當作「任豫」。胡渭禹貢錐指卷九考辨亦以「任豫」爲是。

〔一〇〕源出琅歧山　「琅歧山」，乾隆志同，太平寰宇記卷七三劍南西道彭州作「峎岐水」。

〔一一〕明舊有九井曰下流寶應韭菜永通龍凹永城海濟石馬窑店　「窑店」，原作「窑居」，據乾隆志改。按，丁寶楨四川鹽法志卷四井廠引簡州志曰：「明有九井，曰上流，曰寶應，曰韭菜，曰水東，曰龍凹，曰永城，曰石馬，曰海濟，曰窑店。」與乾隆志及本志略有不同，「下流」作「上流」，「永通」作「水東」。又按，讀史方輿紀要卷六七四川簡州有上流井。疑「下流」當作「上流」。

大清一統志卷三百八十五

成都府二

古蹟

成都故城。即今成都、華陽二縣治。蜀王開明故都也。秦置縣，歷代因之。舊有大城、少城、羅城、羊馬城。華陽國志：秦惠王二十七年，張儀與張若城成都，周迴十七里，高七丈。縣本治赤里街，若徙置少城內。府舍市肆，與咸陽同制。又晉時，州治大城，郡治少城。劉逵蜀都賦注：漢武帝元鼎二年，立成都十八門。元和志：州城張儀所築。初築時，屢頹不立，忽有大龜周行旋走，巫言依龜行處築之，城得堅立。又少城一名小城，在成都縣南一里二百步。寰宇記：少城在縣南一百步。李膺記云：「與大城同築，惟西、南、北三壁，其東即大城之西墉。故左思賦云：『亞以少城，接乎其西。』」宋張詠益州重修公宇記〔一〕：按圖經，張儀築是城，方廣七里。隋文帝封次子秀爲蜀王，因附張儀舊城，增築西南二隅，通廣十里。舊志：成都大城亦謂之子城。唐乾符二年，西川節度使高駢以子城湫隘，築羅城，周二十五里，以甓甃之。後唐天成二年，孟知祥於羅城外增築羊馬城，周四十二里。

廣都故城。有二。一在華陽縣東南，漢置縣，屬蜀郡〔二〕。晉永和中分置寧蜀郡，領廣漢、廣都、升遷、西鄉四縣。後周郡廢。隋改廣都縣曰雙流，而此城廢。一在雙流縣東南，唐析置，屬成都府。元省。蜀本紀：蜀王本治廣都三樊鄉，後徙成都。

華陽國志：廣都縣在蜀郡西三十里，元朔二年置。蜀以成都、新都、廣都爲三都，號名城。隋書地理志：雙流縣舊曰廣都，置寧蜀郡。後周郡廢。仁壽元年改縣曰雙流。後漢書注：廣都故城在成都縣東南。元和志：廣都縣北至成都府四十五里。龍朔二年，長史喬師望重奏置。寰宇記：唐析雙流縣，置廣都縣於舊縣南十二里。續通典：唐廣都縣置於漢故縣西南十二里。舊志：唐故城在雙流縣東南七里。按：隋志、元和志俱謂雙流即漢廣都，據後漢書唐章懷太子注，參考岑彭吴漢傳，漢縣當在府東南江北岸，但不知徙置在何時耳。寰宇記、續通典謂唐縣在漢縣南十餘里，則漢縣又當在今雙流縣界。明統志謂漢城在唐縣北十五里，晉城在縣北十三里，未知何據。

萬春故城。在温江縣治。元和志：温江縣東至成都府七十五里。本漢郫縣地，後魏於此置温江縣，屬蜀郡。隋開皇三年，廢入郫縣。仁壽三年，於郫東境置萬春縣。貞觀元年，改名爲温江縣。九域志：在府西南五十里。縣志：今縣之長春鄉即萬春故址。

繁縣故城。在新繁縣東北，漢置。華陽國志：縣在郡北九十里。元和志：新繁縣東南至成都府六十里。本漢繁縣，因繁江以爲名。周改爲新繁。隋開皇三年省，武德二年分廣都縣地重置，因周舊名也。舊唐書地理志：漢繁縣，劉禪時加「新」字。寰宇記：蜀延熙十年，後主居涼州降人於繁縣，而移繁縣户於此，俗謂之新繁。自此縣名因俗而改。元統志：漢故繁城在九隴縣東四十里，新繁城在崇寧縣東二十里。府志：繁城在今縣北二十里。按：繁縣之加「新」字，以晉、宋、隋志考之，惟元和志謂周改名爲合，舊唐志、寰宇記皆非也。宋史謂前蜀改，更誤。蓋遷治或在蜀漢時，改名在周耳。

金堂故城。在今金堂縣東南，唐置縣。元和志：縣北至漢州五十二里。本漢牛鞞縣地。咸亨二年，蜀郡長史李崇義奏析雒縣、新都及簡州金水三縣置。以縣界連金堂山，故以爲名。舊屬益州，垂拱二年割入漢州。寰宇記：縣在懷安軍西北五十里。乾德六年來隸。舊志：舊縣治在縣東南二十里金堂峽口，今爲古城鎮。

懷安故城。在金堂縣東南。晉義熙末，朱齡石於東山置金淵戍。西魏置金淵縣，並置金淵郡。後周郡廢。隋屬蜀郡。

唐武德元年，改曰金水。三年，屬簡州。宋乾德五年，以縣置懷安軍。元至元十三年，升軍爲懷州，以金水縣併入。二十年，又併州入金堂。元和志：縣南至簡州一百五十里。九域志：懷安軍，東南至簡州一百里，西南至成都一百二十里。

新都故城。在新都縣東。漢置縣，隋大業初省，唐武德二年復置。後漢書注：新都故城，在今新都縣東。元和志：縣南至府四十八里。府志：故城在今縣東二里。

始康故城。在新都縣南一里。晉安帝置始康郡，領始康、新城、談、晉豐四縣。宋寄治成都。梁時自成都移治縣界。西魏廢。

郫縣故城。在今郫縣北。秦置。華陽國志：秦張儀與張若城郫城，周迴七里，高六丈，在蜀郡西北六十里。晉書載記：李雄自稱益州牧，都郫城。元和志：縣東至成都府五十里。本郫邑，蜀望帝治汶山下邑曰郫是也。秦滅蜀，因而縣之不改。故郫城在縣北五十里。

灌州故城。今灌縣治。本古灌口鎮。唐置鎮静軍，宋改永康軍，元改軍爲灌州，明降州爲縣。元和志：灌口鎮在導江縣西二十六里，後魏置。自灌阪迄千頃山五百里間，兩岸壁立，時有瀑布飛流，昔人以比井陘之阨。寰宇記：灌口鎮，本導江縣地。唐貞觀十年，立爲鎮静軍。宋乾德三年平蜀，四年改爲永安軍，割蜀郡之青城、彭州之導江二縣隸焉。太平興國三年，改曰永康軍，東北至九隴縣一百十五里，西北至汶川縣二百十六里。元統志：蜀人呼雒口爲大郎，灌口爲二郎，栅口爲三郎。

導江故城。在灌縣東。三國蜀漢置都安縣，屬汶山郡。劉宋爲汶山郡治。周廢。唐改置導江縣，屬彭州。宋屬永康軍，元省。元和志：縣東至彭州五十八里。本漢郫縣地。武德元年，於灌口置盤龍縣，尋爲灌寧。二年，又改爲導江縣，取禹貢「岷山導江」之義，屬成都。垂拱二年，割入彭州。寰宇記：縣在軍東十八里。本都安縣地，屬汶山郡。周天和三年，廢汶山郡，以縣併入郫縣，别於灌口置汶山縣。唐改爲盤龍，尋改爲導江，自灌口移於舊邑，縣爲諸城即古都安城也。元史地理志：至元十三年，以導江、青城二縣户少，省入灌州。舊志：明爲導江鋪，在縣東二十里。

九隴故城。今彭縣治。劉宋置晉壽縣，爲晉壽郡治。周改曰九隴。唐、宋爲彭州治。元省入州。元和志：彭州東南至成都府一百里，東至漢州七十五里。垂拱二年置，以天彭門爲名。九隴縣郭下，西至州二里。本漢繁縣地。舊曰小郫，言土地肥良，比之郫縣也。梁於此置東益州。後魏改九隴郡，取九隴山爲名。寰宇記：九隴縣，宋置晉壽郡古城，在縣西北三里。按：元統志謂彭州即古彭國，舊志又謂隋九隴故城在彭縣北三十里之二郎鎮，唐移今治，疑皆無據。

新津故城。在今新津縣東。元和志：縣西北至蜀州八十里。本漢犍爲郡武陽縣地。故城東七里有新津渡，人謂之新津市。周閔帝元年，於此置新津縣。元統志：隋開皇初移今治，有故城在縣東三里。

西五城故城。在漢州。寰宇記：在雒縣。宋元嘉九年，以舊五城置新城郡，復於此立西五城。

什邡故城。在今什邡縣南。漢書功臣表：汁防侯雍齒，高帝五年封。括地志：雍齒故城在今縣南四百步。元和志：縣東南至漢州四十里。本漢舊縣，俗名雍齒城。周閔帝改曰方亭，武帝省。武德三年復置。寰宇記：什邡縣舊置在雍齒城，今於城北四十步立縣。按：史記作「汁邡」，漢書地理志作「汁方」，功臣表作「汁防」，後漢書郡國志作「什邡」，晉、齊志又作「什方」，諸本不一。應劭曰：「汁音十。」

南陽故城。在什邡縣。寰宇記：南陽郡故城在什邡縣西二十三里。李膺記云：李雄亂蜀，遣李壽盡掠漢川五千餘家，流寓於此。晉太康元年置郡，後魏三年廢。按：太康初，李雄未亂，諸志益州亦無南陽郡，惟宋志北陰平郡有南陽，今疑是。

宋興廢郡。在成都縣北。宋元嘉十年免建平營置，領南漢、建昌、永川三縣。又有宋寧郡，亦是年免吳營橋置，領興平、宜昌、永安三縣。俱寄治成都，周俱併入成都縣。縣有宋興山，蓋以故郡得名。

懷寧舊郡。在成都縣南。晉安帝時置，屬南秦州。宋元嘉十六年，改屬益州，領治平、西平、萬年三縣，寄治成都。齊、梁因之。周時郡縣俱廢入成都縣。舊志：今有西平城，在府南。

白牟廢縣。在金堂縣東。西魏置，屬金淵郡。後周廢入金淵縣。

犀浦廢縣。在郫縣東。唐置。元和志：縣東至成都府二十七里。本成都縣地。垂拱二年分置，取李冰所造石犀爲名。宋史地理志：熙寧五年，省犀浦爲鎮，入郫縣。府志：在府城西二十里，即古晉興城。縣志：今爲犀浦鋪，在縣東二十五里。

青城廢縣。在灌縣西。本漢源縣地。齊置齊基縣，屬汶山郡。梁兼置齊基郡。後周天和四年廢郡，改縣名清城。隋屬蜀郡。唐垂拱中改屬蜀州，開元八年去「水」爲「青」。寰宇記：永安軍，乾德四年判蜀州之青城縣隸焉。元史地理志：青城縣，至元十三年省入灌州。

堋口廢縣。在彭縣西北。九域志：熙寧二年置堋口縣，四年省爲鎮，入九隴縣。又有堋口茶場，舊志：在彭縣西北二十五里。

濛陽廢縣。在彭縣東北。唐置。元和志：縣北至彭州四十里。本九隴、雒、新都、繁、什邡五縣之地。儀鳳初分置濛陽縣，在濛江之北，因名。寰宇記：縣在彭州東三十九里。初屬益州，垂拱三年來屬。明統志：濛陽廢縣在彭縣東二十一里。舊志：明洪武十年省入彭縣，今爲濛陽鎮。

陽安廢縣。在簡州東。漢置牛鞞縣，屬犍爲郡。西魏改名陽安，爲武康郡治。唐、宋爲簡州治。元省。元和志：簡州正西微北至成都一百三十里，正東微南至普州二百四十里，正西至陵州一百八十里。陽安縣，郭下，本漢牛鞞縣也。九域志：陽安縣有牛鞞鎮。舊志：州舊治在絳河北，明正德八年，徙治河南。州西一里有牛鞞戍，即故縣也。又州東二里有陽安故縣，自元以前治此。按：華陽國志牛鞞縣，漢元鼎二年置。水經注則謂元封二年置。宋志蜀郡有鞞縣，齊志有牛鞞縣，元和志謂南齊於此置牛鞞戍。皆彼此互異。又周本紀閔帝元年於武康郡置資州。寰宇記謂西魏恭帝二年置資州，誤。

平泉廢縣。在簡州西南。元和志：平泉縣北至簡州四十里。本牛鞞縣地。後魏恭帝二年置婆閏縣，屬益州。隋開皇十八年改爲平泉縣，以縣内有泉，源出於平地，故以爲名。仁壽三年置簡州，以縣屬之。又婆閏故縣，在縣南四十六里。舊唐書地理志：隋移婆閏縣治賴黎池改爲平泉。元史地理志：簡州有平泉縣，至元二十二年，以地荒廢之。明統志：平泉廢縣在簡州西南五十里，婆閏城在簡州南九十餘里。

貴平廢縣。在簡州西南四十里。西魏置，唐開元中移治仁壽縣界。隋書地理志：隆山郡貴平縣，西魏置，又置仁和郡。周又廢可曇、平井二縣入焉。開皇初郡廢。舊唐書地理志：貴平縣，漢廣都縣之東南地，舊治仁和城，開元十四年移治禄川。九域志：平泉縣有貴平鎮。舊志：在簡州西南四十里，後魏時縣址也。

靈池廢縣。在簡州西北。元和志：靈池縣西至成都府六十里。久視元年，長史李道廣奏分蜀縣、廣都置東陽縣。天寶元年，改爲靈池縣，以縣南靈池爲名。宋史地理志：天聖四年，改爲靈泉。元史地理志：至元二十二年，并靈泉入簡州。舊志：州西七十里有龍泉鎮，即故靈泉縣也。

晉樂廢縣。在崇慶州西南。舊志：按宋書州郡志，晉源郡領晉樂縣，故屬沈黎郡，今州西南三十里有晉康廢縣，疑即「晉樂」之訛也。

江源廢縣。在崇慶州東南，漢江原縣地。西魏置犍爲郡及僰道縣。隋開皇三年罷郡，大業二年廢僰道縣入新津縣。唐武德元年，於此置唐隆縣，屬益州。垂拱二年，改屬蜀州。長壽二年，改曰武隆。神龍元年，復曰唐隆。先天元年，改爲唐安。至德二載，又改唐興，後復曰唐安。宋開寶四年，改曰江源。元至元二十年，併入崇慶州。元和志：縣西北至蜀州四十里。九域志：在州東南三十里。舊志：今爲僰道鄉江源鎮。按：元和志至德二載，改唐安爲唐興。新舊唐志、寰宇記皆不載，疑五代時復舊名也。又舊唐志、寰宇記皆云後魏置犍爲郡及僰道縣，元和志則謂隋開皇三年徙僰道縣於此，豈前此犍爲郡治竟無縣耶？舊志遂謂西魏置犍爲郡，兼置江源縣，誤。隋志汶山郡有江源縣，後周置，當在今松潘廳地，非此江源。此自宋時改名也。

晉原廢縣。今崇慶州治。漢置江原縣。晉永嘉中，李雄置漢原郡，并改縣曰漢原。永和中平蜀，改郡曰晉原，縣復故名曰江原。周廢郡，改縣曰晉原。唐於縣置蜀州。宋爲崇慶府治。明初省縣入州。華陽國志：江原縣在蜀郡西，濱文井江，去郡一百二十里。元和志：蜀州東南至眉州一百七十里，西南至邛州八十二里，東北至成都府一百五十里。在漢爲江原縣。李雄分爲漢原郡，晉穆帝改爲晉原郡。後魏平蜀後，移犍爲郡理此東三十里，因省晉原郡以併之，仍於此西十里立多融縣。隋改爲晉原，取舊郡名也。開皇中改屬益州。垂拱二年，割屬蜀州。元統志：古州城，秦張儀築；子城，隋大業九年縣令韓士元築。舊志：漢原廢縣在州西北五十里。横原鎮，一作懷遠鎮，相傳李雄置縣於此。按：今本齊志作晉康郡，「康」即「原」之訛耳。或以爲齊改晉原爲晉康，亦誤。

永康廢縣。在崇慶州西北。五代後蜀置，宋因之。明省。寰宇記：廣政十二年，割郭信等八鄉，就横渠鎮置征税院。十六年升爲永康縣，在蜀州北六十里。州志：在州西北五十里，今名四界鎮。按：元史失載此縣。明統志明初省入崇慶州。舊志謂元至元十二年省，恐無據。

雒廢縣。在漢州北。漢置，屬廣漢郡。後漢爲郡治。晉初徙廣漢郡治廣漢，以雒縣爲新都郡治，尋復爲廣漢郡治。隋屬蜀郡。唐於縣置漢州。元省縣入州。元和志：州南至成都府一百里，東至梓州二百十里，正西微南至彭州七十五里，東北至綿州一百八十里。按：後漢書注雒縣故城在今縣南，舊志故雒縣在州北二里，二説不同。水經注云雒水經雒縣故城南，則舊志之説似是。

懷中廢縣。在漢州北。隋書地理志：雒縣有西遂寧郡，後周改爲懷中，尋廢。

安州廢衛。在府治東四里。明洪武十一年建。又成都右衛在府西三里，中衛在府西南七里，前衛在府南六里，後衛在府東三里，俱洪武中建。今皆廢。

錦官城。在府南。華陽國志：夷星橋南岸，道西有城，故錦官也，命曰錦里。又有車官城。元和志：錦城在成都縣南十里，故錦官城也。

盤古城。在成都縣。元和志：在成都縣東三十里。按：方輿勝覽作盤古祠。

赤塗城。在成都縣北三里，李特所築。

瞿上城。在雙流縣東。華陽國志：杜宇或治瞿上。明統志：在縣東十八里，蠶叢氏所都。

宜城。在雙流縣東南十里宜城山下，相傳漢任安所築，亦曰武陽城。

魚鳧城。在温江縣北十里，相傳古魚鳧所都。

方便城。在温江縣北。去魚鳧城五里，周四里。漢朱遵所築。又有敦城，在縣西二十二里。

蠻子城。在新繁縣東十五里。唐咸通中，南詔蠻寇成都，嘗築城於此以拒官軍，因名。又有蠻子城在崇慶州西北四十里，一名忙子城。相傳唐明皇幸蜀駐蹕於此，不三日而城成，因名。

王子城。在彭縣境。寰宇記：在九隴縣。漢封雍齒子於此。

公孫述城。在新津縣西。寰宇記：江源縣有臨邛故城，俗云公孫述城。益州記云：蓋李雄據蜀，李壽從牂柯引獠入蜀境，自象山以北臨邛舊縣盡爲獠居，因茲移置。元統志：公孫城在今縣西三十里，周九里。按：舊唐志晉於唐隆縣置臨邛縣，後魏平蜀，自唐隆移還漢縣。即此。

葭萌城。在漢州東五十里。或以爲漢故城，誤。

湔陽城。在漢州南。寰宇記：漢縣廢城在雒縣南。舊志：在州西南二十里，以在湔水之南爲名。蓋南北朝時置。

唐僖宗行殿。在新都縣北半里，寶光寺遺礎尚存。

蜀王府。在府城内。明太祖第十一子椿洪武中封蜀建，有城周五里。今改其南爲貢院，北爲寶川局。

石筍街。在成都縣西。華陽國志：蜀有五丁力士能移山，每王薨，輒立大石長三丈重千鈞爲墓誌。今石筍是也，號曰筍里。劉禹錫福成寺記：益城石門街，大逵西馳曰石筍街。酉陽雜俎：蜀石筍街夏中大雨，往往得雜色小珠，俗謂地當海眼，莫知其故。杜光庭石筍記：成都子城西通衢有石二株，挺然聳峭，高丈餘，圍八九尺。老學庵筆記：成都石筍，其狀與筍不類，乃壘疊數石成之。

赤里街。在華陽縣南。華陽國志：成都縣本治赤里街。

碧雞坊。在成都縣西南。益州記：成都之坊百有二十，第四曰碧雞坊。

玉女房。在灌縣西。華陽國志：李冰西於玉女房下白沙郵作三石人立水中〔三〕。寰宇記：玉女房在導江縣。李膺記云：其房鑿山爲穴，深數十丈。中有廊廡，堂室屈曲。

羊灌田戍。在灌縣西。華陽國志：李冰自湔堰分穿羊摩江、灌江。唐書地理志：彭州有羊灌田、朋笮、繩橋三守捉城。舊志：唐元和初，高霞寓追劉闢及之於羊灌田，即此。又縣西四十里有金繩渡，即繩橋故址。

雞鳴原。在華陽縣南。宋咸平三年，知蜀州楊懷忠攻賊王均，砦於雞鳴原，即此。

望川原。在雙流縣西。任豫益州記：廣都縣有望川原。後漢時鑿石二十里，引取郫江水，灌廣都田。華陽國志：廣都有鹽井漁田之饒。江西有安稻田，穿山崖過水二十里。

蠶市。在府城內。方輿勝覽：蜀民重蠶事，每歲二月望日，於府治東大慈寺前鬻蠶器，謂之「蠶市」。又五月賣扇於街中，謂之「扇市」。五月九日於市前鬻香藥，號「藥市」。冬月於市前鬻器用，號「七寶市」。

花村。在彭縣北。方輿勝覽：天彭亦謂之花州，牛心山下謂之花村。

文翁石室。在府治南。華陽國志：文翁立文學精舍講堂，作石室一曰玉堂。在城南。永初後堂遇火，太守陳留高眹更修立，又增造一石室。元和志：南外城中有文翁學堂，一名周公禮殿。李膺記云：後漢中平中，火延學觀，廂廊一時蕩盡，惟此堂火焰不及。構制雖古，而巧異特奇。壁上悉圖古聖賢。齊永明中，劉瑱更圖焉。朱齡石平譙縱，勒宋武帝檄文於石室之壁。代王更以丹青增飾古畫，仍加豆盧辨、蘇綽之像。費著周公禮殿聖賢圖考：周公禮殿，制甚古，低屋方柱。柱上狹下廣，與今異制。左柱有漢高眹修學舍記，凡三百四十二字。殿有板龕，護先聖賢像，丘文播畫山水。龕後有板壁，黄筌畫湖灘。丘畫已亡，獨黄畫存。殿之壁高下三方，悉畫上古以來君臣及七十二弟子像，世傳晉太康中太守張收之筆。收子載，即銘劍閣者也。嘉祐中，王素命模寫爲七卷，凡一百五十五人，爲成都禮殿聖賢圖。紹興中，席益又模寫於石經堂，凡一百六十八人。縣志：今爲成都府學。

揚雄宅。在成都縣。寰宇記：在成都少城西南角，一名草玄堂。方輿勝覽：中有載酒亭及墨池。通志：今成都縣治即其地也。

嚴君平宅。在成都縣。寰宇記：在益州西一里，耆舊傳曰「卜肆之井猶存，今爲普賢寺」。舊志：今名嚴真觀，中有支機石。元和志：君平卜臺在漢州雒縣東一里。寰宇記：雁橋東有嚴君平卜處，土臺高數丈。

諸葛亮宅。有三，一在成都縣，二在雙流縣。寰宇記：武侯宅在府西北二里，今爲乘煙觀，有祠在觀内。元和志：諸葛亮宅在廣都縣南十九里。又有舊居在雙流縣東北十八里，今謂之葛陌。孔明表云「薄田十五頃，桑八百株」，即此地也。

蔣琬宅。在成都縣。寰宇記：在成都縣東七里。又犀浦縣有蔣橋。益州記云：「琬宅於此，因以名橋。」

李膺宅。在成都縣。寰宇記：在府西三里。或云是姜維宅。

司馬相如宅。在成都縣西南。寰宇記：在益州西四里。蜀記云「相如宅在市橋西」，益部耆舊傳云「宅在少城中笮橋下百步許，琴臺在焉」。今爲金花寺。明統志：在府城西南五里。

杜甫宅。在成都縣西南五里浣花溪。杜甫詩「萬里橋南宅，百花潭北莊」謂此。寰宇記：在成都縣西郭外，地屬犀浦，接浣花溪，地名百花潭。陸游云少陵有二草堂，一在萬里橋西，一在百花潭。萬里橋蹤蹟不可見，今據杜詩，當在縣西郊碧雞坊外。萬里橋南、百花潭北、浣花水西實無二草堂也。又有草堂別館，明巡撫劉東皋、巡按王金川建。本朝知府冀應熊重修，立碑書「草堂寺」三字。右爲工部祠，巡撫張德地建。

花蘂夫人宅。在灌縣西南。方輿勝覽：在故青城縣。陳后山云，夫人費氏，青城縣人。

朱桃椎故居。在簡州西。元統志：在靈泉故縣東一里，今爲安静觀。

西園。在府城内舊轉運司署。宋章楶有轉運西園十詠。又東園爲兵馬提轄後圃，宋李良臣有東園記。

雪錦樓。在府治東。方輿勝覽：在大慈寺前。郡人每歲七月七日登樓觀夜市。明統志：取杜甫「雪嶺界天白，錦城薰日黄」之句以名。成都一城之景一望在目。

錦官樓。在府治東。宋元豐中，吕大防建。樓後有彦聚亭，亭後有集思堂。

籌邊樓。在府治西。李德裕建。四壁圖蠻夷險要，日與習邊事者籌畫其上。宋淳熙中，范成大重建於子城西南。明時又改在都院之東。後圮。

海棠樓。在府治西。唐李回建，以會僚佐。裴坦有記。

張儀樓。在成都縣。元和志：成都城西南樓百有餘尺，名張儀樓，臨山瞰江，蜀中近望之佳處也。寰宇記：張儀樓，即宣明門樓也。重閣複道，跨陽城門。故左思賦云「結陽城之延閣，飛觀榭於雲中」。舊志：一名白兔樓。

錦樓。在華陽縣治東北隅。方輿勝覽：在成都縣龜城上，唐建。前瞰大江，西眺雪嶺，東望長、松二江合流。一曰錦江樓，亦曰散花樓。唐李白詩：「日照錦城頭，朝光散花樓。金牕夾繡户，珠箔懸瓊鈎。」

望雪樓。在彭縣北。方輿勝覽：在彭州子城上。唐大中初，鄧衮有記。

江月樓。在簡州。方輿勝覽：在郡治，下臨雁、赤二水之間。

讀書樓。在簡州東溪上，劉光祖所居。今東林寺即其故址。

叢桂樓。在簡州南雙市街。明統志：宋建，因紹興中李瞰如、李進修、范時中、袁炎、牟子正同登第，故名。

望湖樓。在簡州南三里。明統志：下瞰江流，山光水色，交相輝映。輕舟小艇，時出柳陰中。人謂不減瀟湘、苕霅之景。

銅壺閣。在府治。陸游銅壺記：閣南直西川門，西北距府五十步。宋蔣堂知益州建，吴械、范成大相繼更新爲成都巨觀。亦稱郡樓。

東閣。在簡州東。唐杜甫和裴迪登蜀州東亭送客逢早梅相憶見寄詩云「東閣官梅動詩興」，即此。

插雲閣。在簡州。輿地紀勝：在簡州東一里天王院。居民栽桃李萬株，方春花開，郡守領客來遊。劉左史建閣。

尚友閣。在崇慶州治西湖上。明統志：宋紹興間，計敏夫領郡事，以高適嘗爲此州，時與杜甫以詩酬唱，乃索高、杜二詩刻石，目其閣曰尚友。

静勝堂。在府治。又有雄邊堂，俱宋時建。又有圓通堂，在府治園中，宋韓絳建，趙抃葺之。

惠遠堂。在府治。宋靖康初，盧法原建，摹禮殿人物，圖繪堂中。

石經堂。在府學内。名勝志：成都記云，蜀孟昶有國，其相毋昭裔刻孝經、論語、爾雅、周易、尚書、周禮、毛詩、禮記、儀禮、左傳凡十經於石。石凡千數，盡依太和舊本，歷八年乃成。公、穀則有宋田元均補刻。古文尚書則晁公武所補也。胡元質作堂以貯之，名石經堂。

西瞻堂。在灌縣。輿地紀勝：在永康軍城西門之南，下臨江水，西見青城雪山。

清忠堂。在簡州舊倅廳。宋趙抃、范純仁嘗按臨於此，因名。

四相堂。在崇慶州治。明統志：唐建。以張柬之、鍾紹京、李峴、王縉四人皆牧是州，後皆爲相，因名。前有崇慶堂，宋紹興間知州孫大沖建。

清心堂。在漢州舊通判廳後，宋文同建。

合江亭。在府東南二江合流處，唐韋皋建。宋呂大防記：亭爲唐人宴餞之地，名士題詩，往往在焉。俯而觀之，滄波渺然。東山翠麓，與煙林篁竹，列峙於前。鳴瀨抑揚，鷗鳥上下。商船漁艇，錯落遊衍。一府之佳觀也。

疏江亭。在灌縣西二里。相傳大禹導江於此。碑尚存。又名都江亭。

廣莫亭。在灌縣北舊朝天門。宋呂大防建。危簷飛檻，附城四出。觀覽之盛，甲於東南。

會勝亭。在簡州城内西北隅。明統志：宋趙抃爲蜀漕時，按部至此，賦詩。後十五年，再入蜀爲帥，復和前韻。人因繪像於壁。

歇馬亭。在簡州西四十里。漢昭烈帝征吴，駐蹕於此，因名。

浮觴亭。在崇慶州西湖側，宋文同建。

房湖亭。在漢州。明統志：在漢州治南。唐郡守房琯鑿湖構亭，高適、杜甫及宋宋祁、司馬光、趙抃、韓駒、文同皆有題詠。

冷泉亭。在什邡縣西十里。唐李白有冷泉亭詩。

讀書臺。在成都縣北二里。寰宇記：孔明相蜀，築此臺以集諸儒，兼以待四方賢士。在章城門路西。今爲乘烟觀。

望鄉臺。在成都縣。寰宇記：昇仙亭夾路有二臺，一名望鄉臺，在成都縣北九里，蜀王秀所築。

寫經臺。在新繁縣北三十里。隋時〔四〕，有苟居士嘗於臺上援筆書空曰「爲諸天寫經」，後雨降，臺上獨不沾濕。臺側有石硯。

講道臺。在漢州東。宋程顥及弟頤隨父珦守漢州講道處，址尚存。

將相臺。在什邡縣南三里。漢高祖封雍齒處。臺猶存。

八陣。在新都縣彌牟鎮。元和志：在新都縣北十九里。寰宇記：李膺益州記云，稚子闕北五里，有武侯八陣圖，土城四門，中起六十四魁，八八爲行，魁方一丈，高三尺。緯略：八陣圖在新都縣者，峙土爲魁，植以紅石，四門二首，六十四魁，八八成行，兩陣並峙，周凡四百七十二步，魁百二十有八。成都圖經：八陣凡三。在夔者六十有四，方陣法也。在彌牟者一百二十有八，當頭陣法也。在棊盤市者二百五十有六，下營法也。棊盤市亦曰南市，在廢廣都縣。

石婦。在府西十五里。明統志：昔有婦守節，孝於舅姑，後人刻石像之。唐白居易有詩。

石犀。在華陽縣南。華陽國志：李冰作石犀五頭，以壓水精。穿石犀溪於江南，命曰犀牛里。後轉置犀牛二頭在府中，一在市橋，一在淵中。水經注：市橋下謂之石犀淵。陸游筆記：犀在廟之東階下，一足不備，以他石續之，氣象甚古。明統志：在府城南三十五里，土人立廟祀冰，號石犀廟。

誓水碑。在彭縣。方輿勝覽：在彭州。李冰鑿山導江，刻石與江神誓曰：「後世淺無至足，深無至肩。」碑以唐貞元十四年立。

關隘

獠澤關。在灌縣西南百里。

鹽井關。在灌縣西南沙河北。又有水西關在北沙河南。

蠶崖關。在灌縣西北。元和志：在導江縣西北四十七里。其處江山險絶，鑿崖通道，有如蠶食，故名。漢於此置縣，後廢。寰宇記：周天和二年立，西北與汶川縣接界。舊志：關在岷江北，當松茂驛路之衝。宋熙寧五年重建，元末燬於兵。明置巡司，今廢。關外有宋時所置蠶崖市，夏夷互易之地。

玉壘關。在灌縣西北。方輿勝覽：在玉壘山下，乃番夷往來之衝。舊志：唐貞觀初建，亦曰七盤關。

静塞關。在彭縣北。唐書地理志：彭州有静塞關。

陽安關。在簡州西南三里，依山爲之。

清溪關。在崇慶州西八十里，宋置。亦曰清溪口。其旁兩山峙立，上合下開，名百家門。門内二里曰天生橋，以兩山相接如橋也。明置巡司，今裁。

三水關。在漢州東南十五里。關下有渡，即湔、綿二水合流處。明置巡司，今裁。

高境關。在什邡縣北六十里。關外即章洛山。

龍泉鎮巡司。在簡州西七十里。即古靈泉縣。明置巡司。本朝康熙中裁。雍正七年復置。

天回鎮。在成都縣北天回山下。

沱江鎮。在成都縣北。九域志：成都縣有沱江、蠶此二鎮，華陽有均窯鎮，廣都有招攜、木馬、麗江三鎮。舊志：蠶此鎮在成都縣北學射山下。

柏茂鎮。在金堂縣東柏茂山下，接簡州界。

古城鎮。在金堂縣東南。九域志：金堂縣有金堂、真多、古城、牟池四鎮，又金水縣有堂化、三州、常樂、白方、三節、柏茂六鎮。方輿勝覽：懷安軍縣二而鎮九。以縣而言，古城爲富。諺謂軍不如縣，縣不如鎮。

軍屯鎮。在新都縣界。

彌牟鎮。在新都縣北二十里，接漢州界。九域志：縣有彌牟、軍屯二鎮。本朝雍正七年置巡司，乾隆二十二年裁。

馬街鎮。在郫縣北。九域志：縣有犀浦、馬街、雍店三鎮。

白沙河鎮。在灌縣西北。本朝雍正七年置巡司，乾隆二十一年裁。

白石溝鎮。在彭縣北六十里。明置巡司，今裁。

乾溪鎮。在崇慶州西南二十里。唐中和二年，西川叛將阡能等作亂，陳敬暄遣楊行遷等擊之，戰於乾溪。即此。

懷遠鎮。在崇慶州西。昔爲土番出没之地。本朝乾隆五十五年設州同，駐此。

新穿鎮。在新津縣東北。其地有新穿水。唐咸通十一年，南詔寇成都，遁還至雙流，阻新穿水造橋，即此。九域志：新津縣有新穿、方井二鎮。舊志：新穿口在縣東北四十里。

青雲營。在灌縣青雲沱。本朝設守備駐防。

馬軍寨。在華陽縣東南三十五里。明置巡司，今裁。

太平場。在華陽縣東四十里。本朝乾隆二十四年置巡司，嘉慶二十二年裁。

虛閣棧道。在灌縣西十里。又十五里有石筍閣道，三十里有龍洞閣道。

石橋井。在簡州界。州判駐此。

錦官驛。在成都縣治左，馬驛也。又有木馬水驛，在華陽縣東南六十里。明設驛丞，今裁。

廣漢驛。在新都縣治內。南至省城五十里，北至漢州五十里，爲自蜀赴京之道。

龍泉驛。在簡州西，即龍泉鎮，接華陽縣界，爲東路第一驛。又陽安驛，在州西一里。

津梁

青羊橋。在成都縣西南。

笮橋。在成都縣西南四里。華陽國志：萬里橋西上曰夷星橋，亦曰笮橋。徐康晉記：桓温討李勢戰於笮橋。寰宇記：以竹索爲之。

市橋。在成都縣西四里。華陽國志：城西南石牛門曰市橋。李膺記云，市在橋南，因以名。通志：今曰金花橋。

沖治橋。在成都縣西。華陽國志：直西門郫江上曰沖治橋，從沖治橋西出曰長昇橋。郫江上西有永平橋。又成都西南兩江有七橋。長老傳言李冰造七橋，上有七星〔五〕。故世祖謂吴漢曰，安軍宜在七星間。李膺記：一長星橋，今名萬里；二員星橋，今名安樂；三璣星橋，今名建昌；四夷星橋，今名笮橋；五尾星橋，今名禪尼；六沖星橋，今名永平；七曲星橋，今名昇仙。

按：李膺記與華陽國志多不同。華陽國志昇仙橋亦不在七星之數。

昇仙橋。在成都縣北。華陽國志：城北十里有昇仙橋。司馬相如初入長安，題市門曰：「不乘赤車駟馬，不過汝下。」

按：水經注、寰宇記作「昇遷」。

清遠橋。在成都縣北。唐光啓三年，王建攻成都，田令孜登樓慰諭，建與諸將羅拜於清遠橋上，即此。宋京鏜駟馬橋記「出成都城北不百步，有橋舊名清遠」，疑即古昇仙橋，鏜更新之，改曰駟馬。　按：胡三省謂清遠橋在府南太玄樓前，誤。

濯錦橋。在華陽縣東。

洪濟橋。在華陽縣東。明萬曆中布政使余一龍建，爲洞九，形勝壯觀，俗呼爲新橋。又有金津橋、金水橋，俱在城内。

安順橋。在華陽縣東南，跨錦江上。本朝乾隆中建。

萬里橋。在華陽縣南。華陽國志：城南江橋曰萬里橋。元和志：萬里橋架大江水，在縣南八里。蜀使費禕聘吴，諸葛亮祖之，禕歎曰：「萬里之行，始於此。」橋因以爲名。又唐明皇幸蜀過此，問橋名，左右以對。明皇歎曰：「開元末，僧一行謂更二十年，朕當遠游萬里外，此其驗也。」寰宇記：亦名篤泉橋，以橋南有篤泉也。范成大吴船録：橋在今合江亭西。通志：橋高三丈，寬半之，長十餘丈。本朝康熙五年修。

南江橋〔六〕。在華陽縣南。華陽國志：城南門曰江橋。寰宇記：南江橋亦曰安樂橋，在城南二十五步。宋孝武改名。明統志：今名南虹橋。

軀化橋。在華陽縣南。俗呼青石橋。

金花橋。在雙流縣東十里。又簇錦橋在縣東二十里，黄水橋在縣南十五里。

鼎濟橋。在雙流縣東南八里。本朝乾隆五十七年建。

卧龍橋。在新繁縣西十里。舊建石橋，久圮。本朝乾隆二十九年，邑人羅美錦等易以木，爲洞七十有二，上蓋以樓，水勢始分，自是橋無衝激之患。

毘橋。在新都縣南十里。舊志：晉永寧初，李特攻成都，遣其弟驤軍於毘橋。唐咸通十一年，南詔攻成都，成都將王晝軍昆橋，即此。又名德陽王橋，以明德陽王嘗修治也。又天緣橋在縣南八里，其北有安瀾橋。清白橋在縣東北二十里，其北有永清橋。皆省會大道。

蔣橋。在郫縣東。寰宇記：在犀浦縣。益州記云蔣琬曾宅於此，因以名橋。

珠浦橋。在灌縣西二里，索橋也，亦名繩橋。長一百二十丈，廣一丈。

長安橋。在崇寧縣北三里。廣丈餘，長百二十丈。

折柳橋。在簡州北一里。方輿勝覽：在簡州朝天門外。本名情盡，唐刺史雍陶易今名。

濟川橋。在簡州北絳溪上。高九十尺，闊三十二尺，直跨四百餘尺，上有瓦房三十餘楹。本朝康熙初修。

通遠橋。在崇慶州西十里。又有鐵索橋二，皆跨文井江。其製用鐵索十餘，截江平繫於兩岸，上鋪木板，索橫板縱，左右復繫數索爲欄。人行板上，隨索高下，不能自主，而販夫負重，度若康莊。又有刁橋，其製橫木於兩岸，以土石鎮其本，其顛則積漸長出數尺，相對如石橋捲洞狀。將合處則以竹爲排架於其上，高約數丈，闊僅數尺。亦跨文井江。

繫龍橋。在新津縣東七里會安鄉。寰宇記：神仙瞿鵲子繫龍於此。

鴈橋。在漢州北一里，跨鴈江水上。一名金鴈橋。元和志：在漢州雒縣南二里。又犀橋在州北。寰宇記：廣漢郡北一里半，有犀橋，跨白魚水。舊志：明周滿重建。一名周公橋。

和順橋。在漢州北十里。本朝嘉慶八年，州人張迪和、迪順建，因名。

金繩渡。在灌縣西四十里。又飛赴渡在縣南二十里。

新津三渡。在新津縣東三里，首文井江，次羊馬河，三石魚河、金馬河，爲建昌道要路，江勢衝激。俗有「難過新津渡」之謡。

隄堰

官源渠隄。在成都縣南。唐書地理志：成都縣城南百步有官源渠隄百餘里。天寶二年，令獨孤戒盈築。

九里隄。在成都縣西北。隄長九里，故名。相傳漢諸葛亮所築，以捍水勢。宋乾德中，劉熙古重修。一名劉公隄。

萬年隄。在華陽縣東。長三百餘丈。置石人、石牛各九，以鎮水患。

清波堰。在成都縣西十里。又雙江堰，在縣西二十五里；木龍堰，在縣北二十五里；石隄堰，在縣北四十里。

洗瓦堰。在華陽縣東五里。又妲兒堰，在縣東十里；龍爪堰，在縣西南五里；闌干堰，在縣西南十里。皆分都江水溉田。

金馬堰。在雙流縣西北十五里。又鯉魚堰，在縣東北二十里。縣境凡二十二堰。

鹿角堰。在温江縣西。元時建。通志：縣有朱家、龍梁二堰，在縣東三十里。自灌口下二十里，分一派入江安堰，即新開河，流徑温江、郫、雙流、華陽。又自灌口下四十里，分一派入玉石堰，流徑温江、雙流，皆溉田。

楊柳堰。在新繁縣北五里。又興龍堰，在縣東十二里；鐵馬堰，在縣南七里；金牛堰，在縣西南十五里；天生堰，在縣西三里。

老馬堰。在金堂縣東十里。又石龍堰，在縣南十里；天工堰，在縣西十里；紡車堰，在縣北二十五里；鑾子堰，在縣東北五里。

龍門堰。在新都縣南二十里。又千工堰，在縣西南十五里；馬沙堰，在縣西二十里；插版堰，在縣北二十里。皆分毘橋河水。

黃土堰。在郫縣三十里。縣境又有漏沙、石子、黃家、紅踏等三十七堰，俱分自都江大堰溉田。

侍郎堰。在灌縣南十里。唐書地理志：導江縣有侍郎堰，其東百丈堰，引江水以溉彭、益田。龍朔中築。宋史河渠志：離堆之址，鑱石爲水則。過六則，則從侍郎堰減水河泄而歸之江。歲作侍郎堰，必以竹爲繩，自北引而南，準水則第四，以爲高下之度。

都安堰。在灌縣西二十五里。亦曰湔堰，亦曰楗尾堰。水經注：江水歷都安縣，李冰作大堰於此。堰於江作堋，堋有左右口，謂之湔堋江，入郫江、檢江，以行舟。俗謂之都安堰，亦曰湔堰，又謂金隄。左思賦云「西踰金隄」是也。諸葛亮北征，以此隄農本，國之所資，以征丁千二百人主護之，有堰官。元和志：楗尾堰，在導江縣西南二十五里，李冰作之，以防江決。破竹爲籠，圓徑三尺，長十丈，以石實中，累而壅水。宋史河渠志：都江口置大堰，疏北流爲三，曰外應、三石洞、馬騎。三流而下，派別支分，不可悉記。皆以隄攝北流，注之東而防其決。離堆之南，實支流故道，以竹籠石爲大隄，凡七，堆如象鼻狀，以捍之。元史河渠志：至元元年，廉訪僉事吉當普復修都江堰，即禹鑿之處，分水之源也。鹽井關限其西北，水西關據其西南，江南北皆東行。中爲都江堰，少東爲大、小釣魚。又東跨二江爲石門，以節北江之水。又東爲利民臺，臺之東南爲侍郎、楊柳二堰，其水自離堆分流，入於南江。北江少東爲鬬雞臺，又東爲離堆，又東至三石洞，釃爲內、外二江。三石洞之東，爲外應、顏上、五斗諸堰。諸堰都江及利民臺之役最大〔七〕，而都江又居大江中流，以鐵萬六千觔鑄爲大龜，貫以鐵柱，鎮其源，然後即工。諸堰皆甃以石，工以永固。明弘治、正德間屢加修築。明末廢壞。本朝順治十六年重修。康熙四十五年爲霪雨所衝，巡撫能泰復加修築。雍正八年，巡撫憲德以舊時力役未均，奏請凡用水灌田之州縣，計畝出夫，隨時修葺，民便利焉。

馬鳴堰。在彭縣東。縣境又有麻柳、羅江、濟民等共二十四堰。

萬工堰。在崇寧縣北十五里。元史河渠志：外江東至崇寧爲萬工堰。堰之支流，自北而東，爲三十六洞。過清白堰，東入於彭、漢之間，而清白堰水潰其南涯，延袤三里餘。有司因潰以爲堰，堰輒壞，乃就其北涯舊渠直流而東，罷其堰及三十六洞之役。通志：今有紀家堰，在縣東三里，永安堰在縣南十里，龍口堰、平樂堰俱在縣西十里，毛家堰在縣北十五里。

陽明鎮堰。在簡州東北。州境又有花落溝、官斗溝、平大鎮、虎頭、長溝等六十五堰，皆節雁、絳諸水以溉田。

百丈堰。在崇慶州北。州境又有黑石、石頭、沙河、普濟、普潤、婆羅〔八〕、石魚等七十四堰。

通濟堰。在新津縣西南三里，即遠濟堰。唐書地理志：遠濟堰分四洞，穿渠溉眉州通義、彭山之田。開元二十八年，採訪使章仇兼瓊所開。

大寺堰。在新津縣西北十五里，接崇慶州界。引西北河水溉田。又七星堰，在縣東北十里，引羊馬河水。石馬堰、蕎草堰在縣西，俱引金馬河水。五所堰在縣東十五里，引楊柳河水。

柳梢堰。在漢州北。引綿水溉田。又馬叉堰引石亭江水，馬腳堰引金雁河水，皆在州北。老鴉堰引馬蹄河水，粟米堰引清白江水，皆在州西。州境共三十六堰。

雒口堰。在什邡縣北。縣境又有青竹、跑馬、楊村等二十堰，皆引雒水溉田。

陵墓

三國　漢

昭烈帝惠陵。在華陽縣西南八里。旁有廟。

古蠶叢氏墓。在成都縣西南隅聖壽寺側金花橋東。

魚鳧王墓。在溫江縣北二十五里。

蠶女墓。在什邡縣界。

周

蜀王開明墓。在成都縣西北武擔山下。

商瞿墓。在雙流縣南八里應天山下。

杜宇墓。在郫縣南一里。

鼈靈墓。在郫縣西五里，與杜宇墓對峙。宋皇祐四年陳皋記。

漢

趙典墓。在成都縣西笮橋側。有二石闕。

費貽墓。在華陽縣東南。元統志：在江原故縣。

公孫述墓。在雙流縣西四十里。述女墓在崇慶州東十三里，高三丈。

侯剛墓。在新繁縣西十里，入灌縣界。

王渙墓。在新都縣北十五里。舊志有二石闕，各高三丈。一題曰「漢故兗州刺史雒陽令王君稚子之闕」，一曰「漢故侍御史河内縣令王君稚子之闕」，兩角有斗，又作重屋，四壁刻人物、牛馬之類。

何武墓。在郫縣南三里。宋趙抃爲建祠。

揚雄墓。在郫縣西二十里。有子雲亭。

司馬相如墓。在灌縣東。元和志：在導江縣東二十里。元統志：在彭州九隴山。

嚴遵墓。在崇寧縣西南。元和志：在唐昌縣西南十里。

陳立墓。在崇慶州東南。元統志：在江原故縣。

張任墓。在漢州北關外。

雍齒墓。在什邡縣南一里。寰宇記：李膺記云，墓高四丈，闊四畝，有石麒麟二。

三國　漢

關帝墓。在華陽縣南萬里橋側。昭烈帝以衣冠招魂葬此。

張桓侯墓。在華陽縣萬里橋南。

馬超墓。在新都縣南二里。

唐

李淳風墓。在簡州西五十里。元統志：在平泉故縣乾封鎮東十里。

五代

蜀王建墓。在成都縣西郭。有二石幢。

孟知祥墓。在成都縣北二十里。又什邡縣龍居山龍潭右亦有知祥墓。

杜光庭墓。在灌縣西南，清都觀後。旁有薛昌井。

宋

陳咸墓。在成都縣北五里。

范家墓。在成都縣北積善里。范鎮、范百禄祖墓也。黄庭堅有記。

宇文邦彦墓。在雙流縣靈溪鄉。子粹中、孫師獻附塋。

謝湜墓。在金堂縣西門外。

李大全墓。在簡州治左。有祠曰赫神。

許奕墓。在簡州乾封門外。

劉光祖墓。在簡州北二十里，地名官墳溝。有石碑，上題「宋大學士陽安劉公神道碑」〔九〕。

元

杜圭墓。在新都縣東北二里。

張顗墓。在灌縣東十六里。

明

蜀獻王墓。在成都縣北天回山。又靖王墓亦在此。又僖王墓在華陽縣正覺山，崇安王墓在崇寧縣朝天山，崇慶王墓在成都縣威鳳山，悼懷王墓在成都縣李村山。

宋濂墓。在華陽縣東十五里。明統志：初葬夔州，永樂間，蜀獻王遷葬於此。

楊廷和墓。在新都縣西一里，周垣數里。其父春、子慎墓俱在内。

楊處子墓。在漢州南十五里。正德初，爲賊所執，不辱，投水死，葬此。

何教授夫婦墓。在府學明倫堂西。

本朝

岳鍾琪墓。在金堂縣東松秀山下。

祠廟

蠶叢祠。在府治西南。南史齊永明間，始興王蕭鑑爲益州刺史，于州園得古冢，有金蠶數斗，鑑一無所取，復爲起冢，且立祠焉。方輿勝覽：今呼爲青衣神，在聖壽寺。

昭應祠。在府城金馬坊。方輿勝覽：漢宣帝使王褒祭金馬碧雞之神于此。宋賜今額。

韋皋祠。在府城内大慈寺。

張文定祠。在府城内浄衆寺。蘇洵有畫像記。

趙清獻祠。在府東南。

望帝祠。在府西南五里。寰宇記：齊永寧末，刺史劉仲連置。又有祠在導江縣二十里灌口鎮。

杜工部祠。有二：一在府城西浣花溪上，宋吕大防建；一在崇慶州東南，宋趙抃建。

文成公祠。在府城北門外。本朝乾隆三十八年，兩金川平定後公建，祀定西將軍文成公阿桂。嘉慶十七年修。

慰忠祠。在府城北門外。本朝乾隆四十一年敕建，祀金川死事文武諸臣。

昭忠祠。在府城北門外。本朝嘉慶九年敕建，祀征勦教匪死事文武諸臣，俱以春秋仲月歲祭。

繼勇公祠。在府城北門外。本朝嘉慶十四年敕建，祀成都將軍繼勇公德楞泰。

六賢祠。在新繁縣東北。祀漢章明、侯剛、任末，宋梅摯、勾濤，明王平。

瞿君祠。在新津縣東六里。寰宇記：瞿君名武。

江瀆廟。在府城内。漢書郊祀志：秦并天下，立江水祠於蜀。元和志：祠在成都縣南八里。通志：今廟在城内南門西，隋開皇三年建。本朝康熙六年修。雍正三年，敕封「南瀆涵和大江之神」，載在祀典。

大禹廟。在府城東。明萬曆中建。本朝康熙年間修，有聖祖仁皇帝御書「永奠大川」扁額。

顯英王廟。在府城東。俗名二郎，祀李冰之子。本朝雍正五年，敕封承績廣惠顯英王，各州縣皆有廟。

關張廟。寰宇記：俱在府南七里惠陵左右。宋廬陵王立。

漢昭烈帝廟。在府城南。寰宇記：祠在府南八里，惠陵東七十步。齊高帝夢益州有天子鹵簿，詔刺史傅季珪修立而卑小，故相國李回在鎮更改，置守陵户。本朝康熙十一年重建。前殿祀昭烈，以關、張、北地王及諸將佐左右配享。後殿祀諸葛武侯，唐裴度撰武侯祠堂碑，柳公權書，在廟内。又方輿勝覽：蜀先主祠在晉原縣西二里，有房琯碑文。

通祐王廟。在府城西南，俗名川主，祀秦蜀守李冰。本朝雍正五年，敕封敷澤興濟通祐王，與二郎廟俱載祀典。按：冰廟今各處皆有，其見於古者，府境有四。一在成都縣西南三里，寰宇記：唐李德裕重立。一在灌縣西，元和志：在導江縣西三十三里。吴船録謂之崇德廟。一在崇慶州南一里，舊名廣濟王廟。一在什邡縣，見唐書地理志。

三公廟。在府城西南，祀秦李冰、漢文翁、宋張詠。明洪武中建。

武侯廟。寰宇記：在先主廟西。方輿勝覽：在府城西北二里。武侯初亡，百姓遇朔節各私祭於道中，李雄始爲廟於少城内。桓温平蜀，夷少城，獨存孔明廟。舊志：一在百花潭上。按：今與昭烈合祀一廟，詳見上。府東北亦有祠。又有廟在新都縣北彌牟鎮八陣前。

楊晟廟。在彭縣西湖，墓亦在焉。

寺觀

聖壽寺。在成都縣西南。唐爲空慧寺，後改龍淵。宋大中祥符間改今名。

金花寺。在成都縣西南。明統志：即司馬相如故宅。劉宋時，有僧持金花王像至此，因名。

梵安寺。在成都縣西南五里，與杜甫草堂相接。本名浣花寺。唐大曆中建。宋時禱雨有驗，改今名。俗呼草堂寺。本朝康熙四年修。

浄衆寺。在成都縣西北。一名萬福寺。唐開元十六年，新羅國僧無相募建。有巨鐘重千鈞。

昭覺寺。在成都縣北。唐建。即孟蜀宣華苑故址。本朝康熙五年修，有聖祖仁皇帝御製昭覺寺詩，拜敕賜扁額、經部。

大慈寺。在華陽縣東。唐至德中建，明皇書「大聖慈寺」額。本朝順治年間修。

普慈寺。在華陽縣東。蜀中人多餞客於此。

馬覺寺。在華陽縣東。舊名正覺院。相傳馬祖嘗經此，因名。

三學寺。在金堂縣東南二十里三學山。一名棲賢寺。有上、中、下三刹，曰法海，曰普濟，曰廣濟。

承天寺。在灌縣東南四十里。寺有馬祖靈骨塔，高丈六尺。俗呼爲馬祖寺。

飛赴寺。在灌縣西南三十五里。内有四望亭。名勝志：按神僧傳，青城山有異僧，出入井中，赴供長安，頃刻復返。廣明中賜名飛赴寺。

衍慶寺。在簡州西北長松山。亦名長松寺。本蠶叢廟址。唐開元中，爲馬祖所建。宋名嘉福。今名靈峯。

修覺寺。在新津縣東南五里。修覺山僧神秀結廬於此。唐明皇駐蹕，爲題「修覺山」三字。有左、右二井，春夏汲東，秋冬汲西，水斯甘洌，反之則否，名曰靈泉。又縣南二里有四安寺，亦神秀創。杜甫有暮登四安寺鐘樓詩。

開元寺。在漢州治東北。唐建。

羅漢寺。在什邡縣東。唐景龍三年建，爲馬祖出家處。門右有説法臺。本朝康熙三年修。

龍居寺。在什邡縣西。舊名浄慈寺。方輿勝覽：在龍居山，飛瀑千尺，虛亭屹然，橋横路轉，高柏擁翠。

玉局觀。在府城南楊柳隄。寰宇記：内有玉局壇，張道陵得道之所。方輿勝覽：昔老君與張道陵至此，有局脚玉牀自地而出，老子升座説南斗經。既去而座隱入地中，因成洞穴。故以玉局爲名。蘇軾提舉玉局觀即此。明統志：在府城北二十里。按：明統志與寰宇記不同，明初别建，止取故名，非故址。

通真觀。在成都縣北十里學射山。隋開皇中建〔一〇〕，名至真觀。明統志：晉孝武時，張伯子於此飛昇。

度人觀。在華陽縣治東。相傳唐保和真人嘗修煉於此。

金烏觀。在温江縣西三里。内有池。舊志：唐高宗夢金烏集於益州巨木上，遣使訪至此，見金烏三足而金色，浴於池中，因建。

伏龍觀。在灌縣南一里離堆山上，下有深潭，相傳李冰鎖孽龍於此。

長生觀。在灌縣南二十里。方輿勝覽：舊名碧落觀，在青城山北二十里。漢昭烈時，有范寂字無爲修煉於此。觀有古枏，高數十尋，圍三十丈。又有赤城閣，臨眺甚遠。

丈人觀。在灌縣西南五十里青城山北。方輿勝覽：今名會慶建福宫。昔甯封棲於北巖之上，黄帝師焉，築壇拜爲五岳丈人。

常道觀。在灌縣西南青城山。一名延慶宫。方輿勝覽：隋時建，有張天師遺蹟及唐明皇御書碑。有六時水，六時洒水，以代晷漏。

清都觀。在灌縣西南六十三里。一名洞天觀。輿地紀勝：宋文彦博鎮蜀日，市觀側隙地以贈張俞，所謂白雲居也。其下白雲溪出焉。

青羊宫。在成都縣西南。寰宇記：老子與關尹喜别，約曰「千日後尋我於成都青羊肆」，今爲青羊宫。明統志：青羊宫在府西南十里。明初蜀王重建。本朝康熙七年修。

上清宫。在灌縣高臺山上。唐建。吴船録：宫在峯頂，岷山數百峯悉在闌檻下，如翠浪起伏，勢皆東傾。方輿勝覽：夜有神燈，飛行徧空。其東北麓有天師手植栗十七株。

文殊院。在成都縣西北，即妙圓塔院。有聖祖仁皇帝御製詩，并敕賜扁額。

二仙庵。在成都縣西南。本朝康熙三十四年建。有聖祖仁皇帝御製詩及扁額。乾隆四十六年修。

護國庵。在華陽縣南。本朝康熙四十一年敕賜扁額、經部。

名宦

秦

李冰。孝文王時，爲蜀守，鑿離堆辟沬水之害，穿成都二江，溉田萬頃，蜀人永饗其利。子二郎贊助之，厥功懋焉。

漢

文翁。舒人。景帝時，爲蜀郡守，仁愛好教化。見蜀地僻陋，有蠻夷風，欲誘進之，乃選郡縣小吏開敏有材者十餘人，遣詣京師受業博士，或學律令，數歲皆成就還歸，文翁以爲右職。又修起學宫於成都市中，招下縣子弟以爲學官弟子，高者以補郡縣吏，次爲孝弟力田。常選學官僮子，使在便坐受事。每出行縣，益從學官諸生明經飭行者與俱，吏民榮之，争欲爲學官弟子，由是大化。蜀地學於京師者，比齊魯焉。至武帝時，乃令天下郡國皆立學校官，自文翁爲之始云。

趙護。成帝鴻嘉三年，廣漢男子鄭躬等盜庫兵。四年，黨與寖廣，犯四縣，衆且萬人。拜護爲廣漢太守，發郡中及蜀郡合三萬人擊之，或相捕斬除罪，旬月平。

張堪。宛人。光武時拜蜀郡太守。時大司馬吴漢伐公孫述，軍餘七日糧，陰具船欲遁。堪聞之，馳往見漢，説述必敗，不宜退師。漢從之。成都既拔，堪檢閲庫藏，收其珍寶，悉條列上之，秋毫無私。慰撫吏民，蜀人大悦。

蔡茂。懷人。光武時爲廣漢太守，有政績。時陰氏賓客在郡界，多犯吏禁，茂輒糾案，無所迴避。

第五倫。長陵人。永平中爲蜀郡太守。蜀地肥饒，掾史皆鮮車怒馬，以財貨自達，倫悉簡其豐贍者遣還之，更選孤貧志行之人，以處曹任，於是争賕抑絶，文職修理。所舉吏多至九卿二千石。

廉范。杜陵人。建初中，遷蜀郡太守。俗尚文辯，好相持短長，范每厲以淳厚，不受偷薄之説。成都民物豐盛，邑宇逼側，舊制禁民夜作，以防火災，而更相隱蔽，燒者日屬。范乃毁先令，但嚴使儲水。百姓歌之曰：「廉叔度，來何暮。不禁火，民安作。平生無襦，今五袴。」

陳寵。沛國洨人。和帝初，爲廣漢太守。西州豪右并兼，吏多姦貪，訴訟日百數。寵到，顯用良吏王涣、鐔顯等，以爲腹心，訟者日減，郡中清肅。

黄昌。餘姚人。順帝時，遷蜀郡太守。先太守李根年老多悖政，昌到，吏人訟者七百餘人，悉爲斷理，莫不得所。密捕盜帥一人，脅使條諸縣彊暴姓名居處，乃分遣掩討，無所遺脱。宿惡大姦，皆奔走他境。

第五訪。長陵人。順帝時，補新都令，政平化行。三年之間，鄰縣歸之，户口十倍。

韋義。杜陵人。順帝時，爲廣郡長，政甚有績，廣都爲生立廟。及卒，吏民舉哀，若喪考妣。

李膺。襄城人。桓帝時，出補蜀郡太守。修庠序，設條教，明法令，恩威並行。蜀之珍玩，不入於門。益州紀其政化。

高眹。陳留人。獻帝初，爲蜀郡太守。始文翁立文學精舍講堂，作石室。永初後遇火，眹更修立，乃增造二石室。州奪郡文學爲州學，郡更於夷里橋南岸道東邊，起文學以播文教。按：魏志高柔傳注：高幹父躬，蜀郡太守，陳留圉人。「眹」疑即「躬」之譌。

李嚴。南陽人。漢末益州牧劉璋以爲成都令，有能名。

董和。枝江人。漢末，劉璋以爲牛鞞、江原長，成都令。蜀土富俗奢，和躬率以儉，防遏踰僭，爲之軌制，所在皆移風變善，畏不敢犯。縣界豪强憚和嚴法，説璋轉和爲巴東屬國都尉。老弱相攜乞留者數千人，璋聽留二年。

三國　漢

楊洪。武陽人。先主争漢中，時蜀守法正從行，諸葛亮表洪領蜀郡太守。衆事皆辦，遂使即真。

鄧芝。新野人。先主定益州，芝爲郫邸閣督。先主與語，大奇之，擢爲郫令，遷廣漢太守。所在清嚴有治績。

蔣琬。湘鄉人。先主入蜀，除廣都長。先主嘗至廣都，見琬衆事不理，將加罪。諸葛亮請曰：「蔣琬社稷之器，非百里才也。其爲政以安民爲本，不以修飾爲先，願重加察之。」先主乃不罪。頃之，爲什邡令。

王連。南陽人。先主平成都。以爲什邡令，轉任廣都，所居有績。後遷蜀郡太守。

吕乂。南陽人。先主時，爲新都、綿竹令，存心隱卹，百姓稱之，爲一州諸城之首。累遷廣漢、蜀郡太守。蜀郡户口衆多，士伍亡命，更相重冒，姦巧非一。乂到官，爲之防禁，開喻勸導，數年之中，漏脱自出者萬餘口。

晉

周處。陽羡人。武帝時，爲廣漢太守。郡多滯訟，有經三十年不決者。處詳其枉直，一朝決遣。

南北朝　梁

柳憕。解人。武帝時，爲蜀郡太守。爲政廉恪，益郡懷之。

庾黔婁。新野人。武帝初，爲益州刺史鄧元起長史。成都平，城中珍寶山積，元起悉以分寮佐，黔婁一無所取，請書數篋而已。後除蜀郡太守，在職清素，民安之。

魏

辛昂。狄道人。大統末，尉遲迥平蜀，表爲成都令。昂到縣，即與諸生祭文翁學堂，因共歡宴，謂諸生曰：「子孝臣忠，師嚴友信，立身之要，如斯而已。若不事斯語，何以成名？各宜自勉，克成令譽。」昂言切理至，諸生等並深感悟，歸告其父兄曰：「辛君教誡如此，不可違之。」於是井邑肅然，咸從其化。

隋

柳儉。解人。高祖初，爲廣漢太守，甚有能名。

韋仁壽。萬年人。大業末，爲蜀郡司法書佐，斷獄平恕。其得罪者皆曰：「韋君所論，死而無恨。」

唐

韋嗣立。陽武人。武后時，爲雙流令，政爲二川最。

劉易從。彭城人。武后時，彭州長史。決唐昌沲江，鑿川派流，合堋口琅岐水，溉九隴、唐昌田。

張柬之。襄陽人。武后時，以鳳閣舍人出爲合、蜀二州刺史。故事，歲以兵五百戍姚州，地險瘴，到屯輒死。柬之請罷姚州隸巂府，歲時朝覲同蕃國，廢瀘南諸鎮，而設關瀘北，非命使不許交通，增巂屯兵，擇良吏以統之。疏奏不納。

李褘。吴王恪孫。開元初，蜀州刺史。政號清嚴，人吏畏而服之。子峴，肅宗時亦刺蜀州。

顔春卿。琅邪人。開元初，調犀浦主簿。常送徒於州，亡其籍，至廷，口説物色，凡千人無所差。長史陸象先異之。轉蜀尉。

章仇兼瓊。潁川人。開元中，益州長史。開通濟大堰一、小堰十，自新津中江口引渠南下，百二十里至眉州西南入江，溉田千六百頃。

顏泉明。春卿弟子。肅宗拜爲郫令，政化清明。誅宿盜，人情翕然。成都尹舉課第一。遷彭州司馬。

盧士玭。范陽人。貞元末，漢州刺史。立隄堰，溉田四百餘頃。

薛元賞。佚其籍。太和初，漢州刺史。李德裕受維州降，牛僧孺沮之。元賞上言，可因撫之，潰虜膺腹不可失。不省。

高仁厚。佚其籍。出爲西川押牙。邛州賊阡能等紛起，節度使陳敬瑄遣仁厚討之，六日而平五賊。又平涪州刺史韓秀昇之亂。後與敬瑄絶，敗死。昭宗時贈司徒。

楊晟。佚其籍。昭宗時，守彭州。王建據蜀，數攻彭州，城陷不屈死。其愛將安師建勇而有禮，既就執，王建顧曰：「爾報楊司徒足矣，能從我乎？」謝曰：「楊司徒誓同生死，不忍復戴日月。」三謂不回，乃殺之。

五代　前蜀

段融。事後主爲雒令，多惠政，漢州推廉吏第一。

後蜀

張業。浚儀人。本名知業。孟知祥入蜀，授簡州刺史。時蜀漢盜賊羣起，百姓驚擾，業率兵捕之，令五家爲小保，五十家爲大保，旬日之内，擒獲殆盡。

宋

呂餘慶。安次人。太祖平蜀，命知成都府。時盜賊四起，軍士恃功驕恣，大將王全斌等不能戢下。一日藥市始集，街吏馳報，有軍校被酒，持刀奪賈人物，餘慶立捕斬之以殉，軍中畏服，民用安堵。

劉熙古。寧陵人。太祖時，知成都府。九里堤壞，熙古規畫修築，以捍水患，民德之，曰劉公隄。

吕端。安次人。開寶中，知成都府。爲政清簡，遠人便之。

辛仲甫。孝義人。太祖時，知彭州。州卒誘營兵及諸屯戍，以長春節宴集爲亂，屬春初。仲甫出城巡視，見壕中草深，意可藏伏，命燒薙之。其黨疑謀泄，乃自首，盡擒斬之。先是，州少種樹，暑無所休，仲甫課民栽柳蔭行路，郡人德之，名「補闕柳」。太祖問羣臣文武兼資者，趙普以仲甫對。徙益州兵馬都監。太宗時，知成都府。奏免歲輸銅錢，罷榷酤，政尚寬簡，蜀人安之。

郭守文。太原人。太祖平蜀，選知簡州。時劒外多寇，守文悉招來集附。

安守忠。晉陽人。乾德時，知漢州。時寇難甫平，使車旁午，公帑不足，守忠出私錢以給用。每遣使，太祖必戒曰：「守忠在蜀，律己以正，汝當效之。」

王晉卿。河朔人。乾德四年，知漢州。時蜀初平，寇盜充斥，晉卿嚴武備，設方略，擒捕靡遺，賊無敢窺其境。

耿昭化。河南人。爲蜀州司户參軍。盜據城，欲脅以官，昭化大駡，至斷手足，不屈而死。

張詠。鄄城人。太宗時，知益州。時李順搆亂，王繼恩、上官正總兵攻討，頓師不進。詠以言激正，勉其親行，大致克捷。時民多脅從，詠移文諭以朝廷恩信，使各歸田里。且曰：「前日李順脅民爲賊，今日吾化賊爲民，不亦可乎？」蜀士知向學而不樂仕宦，詠察郡人張及、李畋、張逵者皆有學行，爲鄉里所稱，遂敦勉就舉，三人者悉登科，士由是知勸。民有牒訴者，詠灼見情僞，立爲判决，人皆厭服。真宗時，以詠前在蜀治行優異，復命知益州。傳諭詠曰：「得卿在蜀，朕無西顧之憂矣。」

淩策。涇人。太宗時，爲西川節度推官，以彊幹聞。李順之亂，川、陝選官多憚行，策自陳三涖蜀境，諳其民俗，即命知蜀州。真宗時，復知益州。初策登第，夢人以六印加劒上遺之。其後往劍州凡六任，時以爲異。策勤吏職，處事精密。真宗嘗對王且稱「策治蜀，敦而有斷」。

宋璫。渭南人。太宗時，知益州。屬歲饑多盜，璫始至，以方略擒捕招輯，盜皆首服屏息。下詔嘉奬。

程羽。陸澤人。太宗時，知成都府。爲政寬簡，蜀人便之。

謝濤。富陽人。太宗時，知華陽縣。時李順初平，田廬荒廢，詔有能占田而倍入租者與之，於是腴田悉爲豪右所占，流民至無所歸。濤收詔書，悉以田還其主。

劉師道。東明人。太宗時，知彭州。轉運使劉錫、馬襄上其治績，召歸。

郭延濬。彭城人。太宗時，知漢州。州經兵燹，廨舍、橋梁、城呰悉毁，延濬募軍民葺之。又率州帑以應軍須。

薛田。河東人。真宗時，爲益州路轉運使。民間以鐵錢重，私爲券以便交易，謂之「交子」。而富家專之，數致争訟。田請置交子務，以權其出入，未報。及寇瑊守益州，卒奏用其議，蜀人便之。

高覿。蘄人。真宗時，爲益州轉運使。彭州廣碃、麗水二峽地出金，宦者挾富人請置場，募人夫採取之。覿曰：「聚衆山谷間，與夷獠雜處，非遠方所宜，且得不償失。」奏罷之。

張佶。渭南人。景德中，爲益州鈐轄。御軍撫民，甚有威惠，蜀人久猶懷之。

任中正。濟陰人。景德中，代張詠知益州。在郡五載，遵詠條教，蜀人便之。

王曙。河南人。真宗時，知益州。繩盜以峻法，多致之死。有卒夜告其軍將亂，立辨其僞，斬之。蜀人比之張詠，號「前張後王」。

劉隨。考城人。真宗時，通判益州。臨事明鋭，蜀人號爲「水晶燈籠」。

趙湘。華州人。真宗時，知新繁縣。以吏最，命知商州。

李行簡。馮翊人。真宗時，爲彭州軍事推官。陵州富民陳子美父死，繼母詐爲父書逐出之，累訴不得直。轉運使檄行簡，核正其獄。

陳從易。晉江人。真宗時，調彭州軍事推官，攝州事。時王均盜據成都，彭人謀應之。從易斬其首謀，召餘黨曉以禍福，貫之，衆皆呼悦。乃率勵將吏，修嚴守械，戒其家僮，積薪舍後，曰：「吾力不足以守，當死於此。」賊聞其有備，不敢入境。

司馬池。夏縣人。真宗時，爲郫縣尉。蜀人妄言戍兵叛，蠻將入寇，富人争瘞金銀，逃山谷間。令假他事上府，主簿稱疾不出，池攝縣事。會上元張燈，縱民遊觀，凡三夕，民心遂安。

章頻。浦城人。真宗時，知九隴縣。眉州大姓孫延世僞爲券，奪族人田，久不能辯。轉運使使按治之，頻視墨浮朱上，曰：「此必先盜印然後書。」乃引伏。

楊懷忠。咸平中，知蜀州。王均亂，懷忠即調鄉兵進討，寨櫧木橋南，以扞邛蜀之路，與雷有終擊破之，均走。領翼虎軍追之，均窮蹙死。

趙賀。封丘人。真宗時，知漢州。蜀吏善弄法，而賀精明，吏不敢欺。吏呈文牘，多被究詰，人目爲「趙家關」，謂如關梁不可越也。後又爲益州轉運使。

張逸。滎陽人。真宗時，知益州。逸凡四至蜀，諳其民風。華陽驛長殺人，誣道旁行者，縣令受財，獄既具，乃使殺人者守囚。逸曰：「囚色寃，守者氣不直，豈守者殺人乎？」囚始敢言，而守者果服，立誅之。蜀人以爲神。歲旱，逸使作堰壅江水溉民田，並出公租減價以賑民。初民饑，多殺耕牛食之，犯者皆配關中。明年歲少稔，逸請放還，復其業。

彭思永。廬陵人。仁宗時，爲益州路轉運使。成都府吏盜公錢，付獄已三歲，出入自如。思永攝府事，甫一日即具獄。中使歲祠峨眉，率留成都，購珍玩，價值數百萬錢，悉責諸民。思永削其三之一，使怒去，而不能有所中傷。

袁抗。南昌人。仁宗時，爲益州路轉運使。時三司歲市上供綾錦萬二千匹，抗言蜀民困憊，願少紓其力，以備秦中他日之用。是年郊祀，蠲其數之半。

薛奎。正平人。天聖中，知益州。見范縝，愛之，俾與子弟講學。有民婦訟其子不孝，詰之，乃曰貧無以爲養。奎出俸錢與之，且戒之曰：「若復失養，吾不貸汝矣。」其母子遂如初。

王鬷。臨城人。景祐元年，知益州。戍卒有焚營殺馬脅軍校爲亂者，鬷潛兵還營，下令曰：「不亂者斂手出門無所問。」於是衆皆出。命軍校指亂者，得十餘人，即戮之。

蔣堂。宜興人。仁宗時，知益州。慶曆初，詔天下建學，堂因廣漢文翁石室爲學宫，選屬官以教諸生，士人翕然稱之。

任中師。中正弟。康定中，知益州。先轉運使急於籠利，自薪芻果蔬之屬皆有算，中師盡奏蠲之。

楊日嚴。河南人。慶曆中，知益州。時急財用，多擾民之賦。又陝西奏市益、梓、利路溪洞馬，而不知實無馬也。日嚴皆奏罷之。

文彦博。介休人。慶曆五年，知益州。嘗擊毬鈐轄廨，聞外喧甚，乃卒長杖一卒，不伏。呼入問狀，令引出與杖，又不受，復呼入斬之，竟毬乃歸。

田況。信都人。慶曆中，知成都府。蜀自李順、王均再亂，人心易摇，守得便宜決事，多擅殺以爲威。況至，拊循教誨，蜀人愛之。

程戡。陽翟人。知成都府奪職。人言歲在甲午，蜀且有變，仁宗自擇戡再知益州。至彭州，民妄言有兵變，捕斬之。守益州者，以嫌多不治城堞，戡獨完城浚池自固，奏禁蜀人妖言誣民者。

韓億。雍丘人。仁宗時，知益州。故事，益州歲出官粟六萬石，糶給貧民。是歲大旱，億倍數出粟，先期與民，民得不饑。又疏九升江口，下溉民田數千頃。

張方平。南京人。至和初，知益州。未至，或煽言儂智高在南詔，將入寇，攝守亟調兵築城，民大驚擾。朝廷聞之，發陝西步騎，兵仗絡繹往成蜀。詔趣方平行，許以便宜從事。方平曰：「此必妄也。」道遇戍卒皆遣歸，他役盡罷。適上元張燈，城門三夕不閉。得邛部川譯人始造此語者，梟首境上，而流其餘黨，蜀人遂安。方西鄙用兵，兩蜀多所調發，方平爲奏免橫賦四十萬，減鑄鐵錢十餘萬緡。

王素。莘縣人。嘉祐中，知成都府。先是，牙校歲輸酒坊錢，以供廚傳，日加厚，輸者轉困。素一切裁約之。鐵錢布滿兩蜀，而鼓鑄不止，幣益輕，商賈不行。命罷鑄十年，以權物價。凡爲政務合人情，蜀人紀其目，號曰「王公異斷」。

韓絳。億子。嘉祐中，知成都府。張詠鎮蜀日，春糶米，秋糶鹽，官給券以惠貧弱，歷歲久，權歸豪右。中人奉使至蜀，使酒吏主貿易，因附益以取悦。絳悉奏罷之。

吕公弼。壽州人。嘉祐六年，知成都府。爲治尚寬。人疑其少威斷。營卒犯法當杖，抗不受，曰：「甘以劍死。」公弼曰：「杖者國法，劍汝自請。」杖而後斬之。軍府肅然。

高繼宣。蒙城人。仁宗時，爲益州都監。蜀人富侈。元夕大張燈，知府薛奎戒以備盗。繼宣籍惡少年飲犒之，使夜中潛誌盗背，明日皆獲。

鄭驤。河南人。仁宗時，提點益州路刑獄。建言：蜀人引江水溉田，率有禁，歲旱利不均，宜弛其禁。

孫甫。陽翟人。仁宗時，知永昌縣，監益州交子務。蜀用鐵錢，民苦轉貿重，故設法書紙代錢，以便市易。轉運使以僞造交子多犯法，欲廢不用。甫曰：「交子易可以僞造，錢亦可以私鑄。私鑄有犯，錢可廢乎？但嚴治之，不當以小人廢大利。」後卒不能廢。

鍾離瑾。合肥人。仁宗時，爲簡州推官，以殿中丞通判益州。建言：州郡既上雨，後雖旱多隱之，以成前奏。請令監司劾其不實者。

陳薦。沙河人。仁宗時，爲華陽尉。盜殺人棄屍民田，薦出驗，有以移屍告者，田主又殺其母。縣欲文致殺二人，以逭薦失盜之責。薦不可，曰：「焉有誣人以自貰者耶？」已而獲盜。

姚仲孫。商水人。仁宗時，通判彭州。嘗以天下久無事，不可以弛兵備，因上前世禦戎料敵之策，名防邊龜鑑。累遷尚書屯田員外郎。王騣守益州，辟通判州事。

吕大防。藍田人。仁宗時，知青城縣。故時，圭田粟入以大斗，而出以公斗，獲利三倍，民雖病不敢訴。大防始均出納，以平其直。青城外控汶川，與敵相接。大防據要置邏，密爲之防，禁山之採樵，以嚴障蔽。韓絳鎮蜀，稱其有王佐才。入權鹽鐵判官。元豐中，知成都府。

俞汝尚。烏程人。仁宗時，知導江縣。新繁令卒，使者使承其乏，將資以公田。辭不許。至則悉以周舊令之家。

朱壽隆。諸城人。仁宗時，知九隴縣。吏告民一家七人以火死者，壽隆曰：「豈有盡室就焚，無一脱者？殆必有姦。」逾月獲盜，果即縱火之人，殺之。

盧士宏。新鄭人。仁宗時，知漢州。校實民産，使力役不濫，人德之。

魚周詢。雍丘人。仁宗時，通判漢州。城中夜有火，部衆救之，植劍於前曰：「攘一物者斬。」火止，民無所失亡。

王舉元。鎮定人。治平中，徙成都轉運使。邛井鹽歲入三百五十萬，爲丹稜卓筒所侵，積不售，下令止之，鹽登於舊。

劉航。魏人。神宗時，知犀浦縣。航先知虞城，虞城多姦猾，喜寇盜。犀浦民弱而馴。航爲政寬猛急緩不同，兩縣皆治。

馮京。鄂州人。熙寧中，茂州夷叛，徙知成都府。蕃部何丹方寇雞粽關，聞京兵至，請降。議者遂欲蕩其巢窟，京請於朝，爲禁侵掠，給稼器，餉糧食，使之歸。夷人喜，争出犬豕割血受盟，願世世爲漢藩。

韓宗道。熙寧中，擢成都路轉運判官。時行新法，使者相望於道。宗道不務紛更，不膠舊貫，所究利害，務通其平，故蜀路視他路獨優，世論嘉之。

陸詵。餘杭人。熙寧中，知成都府。青苗法出，詵言蜀民刀耕火種，民常不足，今省税科折已重，其民輕侈不爲儲積，脱歲儉不能償逋，適陷之死地，願罷四路使者。詔獨置成都府一路。

劉庠。彭城人。神宗時，知成都府。乞禁西山六州與漢人婚姻，勿蹈吐蕃侵取維州之害。

張燾。濮州人。神宗時，知成都府。蜀人苦多盗，燾嚴保伍，使不得隱，而申其捕限。南蠻寇黎、雅，討走之，罷磨刀崖戍卒。

張戩。長安人。熙寧元年，知金堂縣。民有小善，皆籍記之，月吉，召老者飲勞，使其子孫侍，勸以孝悌。民化其德，獄訟日少。

程珦。河南人。神宗時，知漢州。嘗宴開元僧舍，酒方行，人讙言佛光現，觀者相騰踐，不可禁。珦安坐不動，頃之遂定。熙寧法行，爲守令者奉令惟恐後，珦獨抗議，指其未便。使者李元瑜怒，珦即移病歸。

何常。京兆人。哲宗時，爲成都路轉運副使。中使持御札至，令織戲龍羅二千匹、繡旗五百。常奏：「旗者，軍器之飾，敢不奉詔。戲龍羅惟供御服，日衣一匹，不過三百有奇，今乃數倍，無益也。」詔奬其言，爲減四分之三。

胡宗愈。晋陵人。元祐初，知成都府。蜀人安其政。

王覿。如皋人。紹聖初，知成都府。蜀地膏腴畝千金，無閒田以葬，覿索侵耕官地，表爲墓田。江水貫城中爲渠，歲久湮塞，積若霖潦，多水災，覸疏治復故。民德之，號王公渠。

呂由誠。開封人。哲宗時，通判成都。有治績。

馬伸。東平人。紹聖中，爲郫縣丞。守委受成都租，伸屏絶宿弊，民争先輸，多沿途假寐以達旦。常平使者孫俟早行，怪問之，皆應曰：「今年馬縣丞受納，不我病也。」俟遂薦於朝。

席旦。河南人。徽宗時，知成都府。蜀數有妖言，議者遂言蜀士習亂，或導旦治以峻猛，旦政務尚和平。政和中入見，言蜀楮券益多，使民不敢信。帝曰：「朕爲卿損數百萬虚券，而别給緡錢與本業，可乎？」對曰：「陛下不愛重費，以救敝法，此古聖王用心也。」自是錢引稍仍故。

邵伯温。洛陽人。徽宗時，提點成都路刑獄。賊史斌窺劍門，伯温與成都帥臣盧法原合謀守劍門，賊不能入。蜀人德之。

唐恕。江陵人。崇寧初，爲華陽令。以不能奉行茶法，忤使者，謝病免歸。

梁介。乾道中，爲彭州守。修復三縣二十餘堰，灌溉之利及於鄰邦。詔直秘閣、利州路轉運判官。

黄疇若。豐城人。嘉定中，知成都府。蠲積欠十餘萬，考官吏冗員，非敕令差注者悉罷之，爲民代輸六年布估錢計二十萬二千四百緡。又别立庫，儲二十五萬三千緡，期於異日接續代輸。又糴米十五萬石有奇，足廣惠倉之儲。又減他賦之重者，民力遂寬。初沈黎蠻屢犯邊，疇若鏤榜，曉以禍福，青、彌兩羌遂乞降。後董蠻寇犍爲利店，疇若亟調兵，設方略捕之，皆遁去。

洪咨夔。於潛人。嘉定中，崔與之帥成都，請於帝，授咨夔籍田令，通判成都府。與之爲制置使，首檄咨夔自近。辭曰：「今當開誠心，布公道，合西南人物以濟國事，乃一未有聞而先及門生、故吏，是示人私也。」卒不受，惟以通判職事往來効忠，蜀人高之。

馮有碩。淳祐初，權成都府事。元兵入蜀，死之，詔贈三官。

李大全。淳祐初，知簡州。元兵克簡州，大全死之。

王驤。淳祐初，權漢州。元兵入蜀，死之。同時死者，彭州守宇文景訥權〔一一〕。

劉當可。淳祐初，權漢州事。元兵屠漢州，當可與判官邵復、録事參軍羅由〔一二〕、司户參軍趙崇啓、知雒縣羅君文皆不屈而死。

元

劉元振。濟南人。憲宗時，隨父黑馬入蜀，攝萬户，年方二十，號令嚴明，賞罰不妄，宿將皆敬服之。中統元年，廉希憲奏爲成都總管。宋將劉整降，元振往受之。整獻金六千兩、男女五百人，元振以金分賜將士，而歸還其男女。

張宏。元統中灌州判官，從肅政廉訪使吉達布修治隄堰，役省工速，民利之。

明

何文輝。滁人。洪武初，以參將留守成都。號令明肅，軍民皆德之。帝嘗稱其謀略威望。子環，成都後衛指揮使，征迤北陣殁。

胡子祺。吉水人。洪武中，知彭州。都江諸堰歲治隄防，舊用鐵石，勞費不貲。元季堰廢，子祺議以竹木代，工甚省。

朱景哲。陜西人。洪武初，知金堂縣。廉静寬平，民賴其撫字。凡官署學校壇祠，多所創建，民不勞而事舉。

易節。萬載人。洪武間，知成都府。治尚清静，吏胥不敢爲奸。

王佑。泰和人。洪武中，知崇慶州。招徠撫輯，甚得民和。

胡壽安。歙縣人。永樂中，知新繁縣。延父老，詢邑中利病而罷行之。躬行原野，勸耕種。性淡泊，寢處一紙帳。後圃種蘆菔數畝，採以供客。三宰大邑，未嘗攜妻子。

孔友諒。長洲人。永樂中，知雙流縣。立學宫，尚風節。去任，民立祠祀之。

王敏。郫縣訓導。宣德中，言郫、彭盜賊縱横，乞命廉能大臣剋期殄滅，詔從之。

嚴亨。宣德中，灌縣陰陽學訓術，請築都江四十四堰，詔許之。

汪奎。婺源人。弘治中，知成都府。歲饑多盜，賑救復業。

曾遜。承天人。正德中，知金堂縣。老成凝重。初遠民多逋賦，不奉約束，或以事捕至，輒拘繫僨於獄。遜至，嘆曰：「民不信，有司之過也。」遂下令與民更始，吏不得禁無辜。自是輸賦者如期至，户給税帖，升合有稽，民得其便。祀名宦。

劉漢。金齒人。嘉靖初，任成都訓導，教人有法。捐貲以養士，孤寒皆能自立。署郫縣教諭，聲望益著，郫人尸祝之。

繆輔之。通海人。嘉靖初，授重慶節推，讞獄明斷。擢知漢州。節浮費，卻請託，事上敬而弗阿，廚傳悉裁以制。歲旱，調治有法，郡不至亂。忌之者以考察陰中之，怡然引去。

汪鸞。陜州人。嘉靖中，知簡州。廉直慈惠，體士愛民，救荒弭盜，疏減京料鹽課，州人思之。

劉琮。安福人。嘉靖中，知漢州。資性剛明。州廨學宫傾圮，悉爲建置。丁未大旱，設粥賑饑，懾豪强，屏盜賊，人稱其能。

張文淵。貴州人。嘉靖中，知漢州。自甘儉約。賦役令民自應，不待期會而集。利害無不興革。去久，民猶稱道。

劉體仁。昆明人。嘉靖中，知新繁縣。作堰灌口以溉民田，改甃甎城。摘奸僧績善隱罪，人稱神明。隣縣每有疑獄，輒委決，無不立服者。自奉淡泊，民目爲青菜劉。子文徵，歷四川按察使，清節與其父同。

韓宸。大理人。嘉靖間，知什邡縣。清介自持，勤察民瘼。未久以直道去。邑人知其貧，賑以金帛，宸受之，行稍遠，仍反其主。

任璜。臨潼人。嘉靖中，授成都推官，監倉糧。時月俸皆倍支，倉曹多累，璜革其弊。當事有要功者，請加兵瀘、敘等衛，璜按其迹實未叛，力請罷師。及徵苗民備邊，無不奉命，造釁者遂被劾去，璜得褒擢。

賈梁。江川人。隆慶時，知什邡縣。剛正無私。在任四年，清苦如一日。條陳運米折銀，民免賠累。

耿定力。黄岡人。萬曆中，知成都府。方正嚴明，人不敢干以私。大新學宫，激厲後進。政尚體要，郡務翕然改觀。

李曰輔。南昌人。天啓時成都推官。值奢賊亂後，民物凋殘，有綏輯勞。巡撫朱燮元倚以兵事，偕諸將攻復重慶，釋脅從無算。隨攝仁壽縣事。

翟英。天啓時成都衛指揮。奢崇明之亂，英扼賊龍泉驛，與後衛指揮韓應泰、小河所鎮撫都聯若俱力戰死。

左重。蒙化人。灌縣知縣。天啓初，奢崇明圍成都，重鼓勵士民救之，力戰，馬蹶，罵賊死。贈光禄寺卿。

趙愷。天啓初郫縣訓導。奢崇明來攻，率衆禦之，爲賊刺死。贈重慶同知。

鄭安民。浙江人。崇禎末，爲蜀王府左長史。賊圍成都，安民分守南城，城陷不屈死。本朝乾隆四十一年，賜謚節愍。

劉士斗。南海人。崇禎末，爲成都府推官，攝府事。巡按劉之勃薦爲建昌兵備僉事。賊將入境，之勃促之行，士斗曰：「生死共之，復何往？」及城陷被執，見之勃與獻忠語，大呼曰：「此賊也，不可屈節。」獻忠怒，遂闔門被殺。之勃，寶雞人。被執時，勸賊勿殺百姓，故士斗遥語以勿屈。既而慷慨罵賊，賊攢箭射殺之。本朝乾隆四十一年，賜士斗謚烈愍，之勃謚忠烈。又成都同知當塗沈受蒲舉家被害。雙流知縣蒲圻李甲升建昌衛同知，未行，會師滎經縣，賊至，戰敗被執，不屈死。本朝乾隆四十一年，俱賜謚烈愍。

方堯相。黄岡人。崇禎末，爲成都同知，監紀軍事。城陷被執，不屈死。又金堂縣知縣沭陽章鳴謙、新都縣知縣通海包洪策、崇寧縣知縣江寧劉旋，均以城陷不屈死。本朝乾隆四十一年，俱賜謚節愍。

沈雲祚。太倉人。崇禎中，知華陽縣。流寇破夔門，成都大震，雲祚謁蜀藩陳守禦策，不應，城陷被執，脅降不屈死。本朝乾隆四十一年，賜謚忠烈。

潘夢科。金堂縣典史。與郫縣主簿張應奇於崇禎十年李賊陷城均不屈死。本朝乾隆四十一年，俱予入忠義祠。

王勵精。蒲城人。崇禎中，知崇慶州。有善政。張獻忠陷成都，家人勸之去，勵精不可。朝服北向拜，書文文山「成仁取義」四語於壁，登樓自焚死。本朝乾隆四十一年，予入忠義祠。

李之珍。崇禎時，爲成都都司僉事。獻賊陷城，死之。本朝乾隆四十一年，賜謚節愍。

趙嘉煒。山陰人。官郫縣主簿。甫受事守都江堰，獻賊至，脅降不從，投江死。本朝乾隆四十一年，予入忠義祠。

何教授。佚其名。官成都府教授。獻賊破成都，夫婦並殉難。本朝乾隆四十一年，予入忠義祠。

本朝

蕭永芃。漢軍鑲白旗人。康熙三年，知温江縣。詢民利病而罷行之。闢荒田，瘞枯骨。期年之間，流亡復業。

常九經。洋縣人。康熙三年，知新津縣。時人民稀少，風氣淳樸，九經慈良誠慤，官民相親，至有男婦出耕而九經代視其稚幼者。民間謂之「真父母」。

戴宏烈。桐城人。康熙八年，知成都縣。招流亡，給牛種。相度地勢，修都江堰以通水利，民利賴之。

周輔奏。海鹽人。康熙四十七年，知成都縣。發奸摘伏，有能名。尋攝崇慶州事。州多滯獄，輔奏至，立讞決百餘案，稱爲平允。

王霖。上元人。雍正二年，知新繁縣。聽斷之下，諭導款至，婦孺無隱情。加意學校，建義路、禮門二坊。在任四載，緼袍蔬食，人服其廉。

王紹文。衡水人。雍正五年，知成都縣。勤理民事，非公不謁大府，操守清廉。以與同官争論解職，貧至不能舉火，民負米析薪，日爲具食。巡撫憲德以聞，擢知西安府。

黄鍔。將樂人。乾隆元年，知雙流縣。時邑初創復，鍔綜理有序。修橋十二、堰四，設官渡六。於邑之東南牧馬山相度臯隰，募民開塘濬溝，闢田二萬畝。在任十一年，以卓異陞。

鄭方城。閩縣人。乾隆二年，知新繁縣。莅任初，即勸民積社穀以濟匱乏，歷三載積儲漸充，分貯四村，貧民賴之。建西關義和橋，往來者稱便。

張南瑛。姚安人。乾隆十二年，知金堂縣。初大河灣有地十里許，平衍無灌溉利，居民僅種菽麥，南瑛親爲履度，遂繞冠紫山南鑿渠接繡川河，溉良田數千畝，民呼爲「普利堰」，堰旁悉成膏腴。

闕基聖。臨桂人。乾隆三十三年，知雙流縣。值夏旱，履行各鄉村，至邑東北得水源曰鯉魚洞，民接筧注水，苦不能多。基聖往復周勘，令鑿石置筧，闢兩洞以引水，水大至，灌溉皆徧，下流宣洩無滯，民享其利。

蔣兆奎。渭南人。乾隆三十四年，知華陽縣。潔己奉公，摘伏如神。與大吏論事，剛正不撓，愛民以實。去官之日，邑人奔送者相屬。

毛大瀛。寶山人。嘉慶五年，知簡州。賊首冉添元等偷渡嘉陵江，涉潼河擾及金堂，大瀛偕汛弁馬應魁帶兵防堵。至金堂界之土橋溝，賊大至，大瀛及應魁力戰歿，州人從死者五十餘人。賜祭葬，卹廕如例。

校勘記

〔一〕宋張詠益州重修公宇記　「張詠」，原作「長詠」，據乾隆志卷二一九二成都府古蹟（下同卷簡稱乾隆志）及成都文類卷二六益州重修公宇記改。

〔二〕屬蜀郡　「郡」，原作「都」，據乾隆志改。

〔三〕李冰西於玉女房下白沙郵作三石人立水中　「白沙」，華陽國志卷三原文作「自涉」，李膺益州記、酈道元水經注卷三三皆引作「白沙」，今人校注華陽國志亦以「白沙」爲是。然考華陽國志卷三原文載李冰作三石人立水中，「與江神要：水竭不至足，盛不没肩」，則恰爲「自涉」之注脚。「白沙」似當改作「自涉」。

〔四〕隋時　「隋」，原作「隨」，據乾隆志改。

〔五〕長老傳言李冰造七橋上有七星　「有」，乾隆志卷二一九三成都府津梁（下同卷簡稱乾隆志）、華陽國志卷三蜀志作「應」，義勝。

〔六〕南江橋　原作「江南橋」，據乾隆志、蜀中廣記卷一名勝記、太平寰宇記卷七二劍南西道益州乙正。下文同乙。

〔七〕諸堰都江及利民臺之役最大　「役」，原作「後」，乾隆志同，據元史卷六六河渠志三蜀堰改。

〔八〕婆羅　「婆」，乾隆志同，雍正四川通志卷一三上水利志作「娑」。

〔九〕上題宋大學士陽安劉公神道碑　「陽」，原作「楊」，據乾隆志、宋史卷三九七劉光祖傳改。

〔一〇〕隋開皇中建　「皇」，原作「寶」。按「開寶」爲宋太祖年號，顯誤。考蜀中廣記卷三引盧照鄰集云：「至真觀者，隋開皇二年所立。」通志卷七三金石略載益州至真觀碑，注云：「劉曼才書，開皇十二年，成都。」則「開皇」爲是，據改。

〔一一〕同時死者彭州守宇文景訥權　「權」下疑有脱文。按宋史卷四三理宗本紀載，與王驤同時死於官守者尚有權成都府馮有碩、權成都縣楊兑、權資州劉永、權潼川府魏霆，詔贈三官，時爲淳祐五年十一月。宇文景訥死於官守是在淳祐七年八月，此言與王驤同時死，亦未確。

〔一二〕録事參軍羅由　「羅」，原作「熊」，據乾隆志、宋史卷四四九王翊傳改。

大清一統志卷三百八十六

成都府三

人物

漢

司馬相如。成都人。景帝時，爲武騎常侍。病免，客遊梁。著子虛賦。武帝讀而善之，乃召相如，令尚書給筆札，奏上林賦，以爲郎。會唐蒙使蜀，略通夜郎西僰中，巴蜀民大驚恐。乃使相如諭告巴蜀民，後復通西南夷道。拜爲中郎將，建節往使，邛、筰、冉、駹、斯榆之君皆請爲臣，邊關益斥。常從至長楊獵，因上疏諫，上善之，拜爲孝文園令。病免，家居茂陵。上使所忠往取其書，相如已死，遺札言封禪事。太史公曰：相如賦雖多虛辭濫説，然其要歸引之節儉，此與詩之諷諫何異。

臣君子。漢書藝文志：道家者流，臣君子二篇，蜀人。

張寬。成都人。武帝時，從上郊甘泉泰畤，在帝後七車，辨乳星之異。世稱爲七車張。爲揚州刺史，別蛇莽之妖。

嚴遵。成都人。卜筮於成都市，與人言，各因勢導之以善。日閲數人，得百錢足自養，則閉肆下簾而授老子。博覽無不通，揚雄少時從遊學。雄著書稱曰：「蜀嚴沈冥，久幽而不改其操。」君平未嘗仕，然其風聲足以激貪厲俗，近古之逸民也。

何武。郫縣人。宣帝時，舉賢良方正。徵對策，拜爲諫大夫。遷揚州刺史。入爲丞相司直，丞相薛宣敬重之。綏和三年，爲御史大夫，更爲大司空。武爲人仁厚，好進士，奬稱人之善。爲楚内史，厚兩龔，在沛郡，厚兩唐，及爲公卿，薦之朝廷。其所居無赫赫名，去後常見思。其立朝功名略比薛宣，而經術正直過之。後以不附王莽，見誣死。

李弘。成都人。少讀五經，不爲章句。處陋巷，淬厲金石之志。州命從事，常以公正諫争。居成都，里中化之，斑白不負擔，男女不錯行。

揚雄。成都人。少好學，博覽無所不見。爲人簡易佚蕩，默而好深湛之思。成帝時，有薦雄文似相如者，召雄待詔承明廷。哀帝時，丁傅、董賢用事，雄方草太玄，有以自守，泊如也。又譔法言十三卷及訓纂、州箴、反離騷、廣騷、畔牢愁。於時人皆忽之，惟劉歆、范逡敬焉，而桓譚以爲絶倫。

楊宣。什邡人。長於天文圖緯，成帝徵拜諫大夫。勸上立定陶王子爲太子，出爲交州牧。哀帝即位，徵拜太倉令。上言封周公、孔子後，帝從之。又薦王剛、徐吉、郭越、龔勝，皆名士。平帝時，持節授爲講學大夫。

王皓。江原人。平帝時，爲美陽令。王莽篡位，棄官歸。公孫述遣使徵之，恐不至，先繫其妻子，皓先自刎，以首付使者。

王嘉。江原人。平帝時，爲郎。以王莽篡位，棄官歸。公孫述徵之，嘉聞王皓自刎，歎曰：「後之哉。」乃對使者伏劒而死。又繁人侯剛，爲郎，以莽篡，不事非主見殺。章明爲大中大夫，莽篡，歎曰：「不以一身事二主。」遂自殺。

郭堅。雒縣人。與子游君並修清節，不仕王莽。

姜詩。雒縣人。事母至孝。母性好飲江水，水去舍六七里，妻常泝流而汲。母嗜魚膾，又不能獨食，夫婦常力作供膾，呼鄰母共之。舍側忽有涌泉，味如江水，每旦出雙鯉魚，常以供二母之饍。赤眉賊經詩里，弛兵而過，曰：「驚大孝必觸鬼神。」時歲荒，賊乃遺詩米肉，受而埋之。永平三年，察孝廉，顯宗詔曰：「大孝入朝，凡諸舉者，一聽平之。」皆拜郎中。詩尋除江陽令，卒於官，所居稱治。

郭賀。雒縣人。爲荆州刺史，有殊政。明帝南巡狩，特見嗟嘆，賜以三公之服，敕行部去襜帷，使百姓見其容服，以彰有德。徵拜河南尹，卒。

楊終。成都人。年十三，爲郡小吏，太守奇其才，遣詣京師受業，習春秋。顯宗時，徵詣蘭臺，拜校書郎。建初元年，大旱穀貴，終上疏請還諸獄徙者，悉罷邊屯，肅宗從之。終又言宣帝博徵羣儒，論定五經於石渠閣，今章句之徒破壞大體，宜如石渠故事。於是詔諸儒於白虎觀論同異焉。坐爲郡守廉范游説，徙北地。貰還。侍中賈逵薦終博達忠直，永元十二年，徵拜郎中。

郭玉。雒縣人。初有老父號涪翁，著鍼經診脈法，授弟子程高，高亦隱跡不仕。玉少師事高，學六診六徵之技、陰陽隱測之術。和帝初，爲太醫丞，多有效應。

楊統。新都人。父春卿，善圖讖學。臨殁，謂統曰：「吾先祖所傳祕記，爲漢家用，爾其修之。」統感父遺言，從犍爲周循學習先法，又就同郡鄭伯山受河、洛書及天文推步之術。建初中，爲彭城令。一州大旱，太守使統求雨，即降甘澍。自是朝廷災異，多以訪之。作家法章句及内讖二卷解説。位至光禄大夫，爲國三老。

李尤。雒縣人。少以文章顯。和帝時，侍中賈逵薦尤有相如、揚雄之風，召詣東觀。受詔作賦，拜蘭臺令史。安帝時，爲諫議大夫。受詔與謁者僕射劉珍等撰漢記。帝廢太子爲濟陰王，尤上書諫争。順帝立，遷樂安相。孫充，亦有文才。

李勝。雒縣人。有文才。爲東觀郎。著詩、誄、頌、論數十篇。

王阜。成都人。少好經學，從犍爲定生受韓詩，聲聞鄉里。補重泉令，政治肅清，吏民嚮化，鸞集於學宫。爲益州太守。邊郡吏多放縱，阜以法繩正，百姓安業，神馬四出滇河中，世謂其用法平正、寬慈惠化所致。大將軍竇憲嘗遺書益州取六百萬，阜以狀上，憲遣吏迎錢，阜俟詔書報給，乃與焉。按：後漢書「阜」作「追」。

張霸。成都人。年數歲而知孝讓，鄉人號爲張曾子。七歲通春秋。復欲進餘經，父母曰：「汝小未能也。」霸曰：「我饒爲之。」故字曰饒。後博覽五經。舉孝廉，爲光禄主事。永元中，爲會稽太守，表用郡人處士顧奉、公孫松等，並有名稱。郡中争勵志節，習經者以千數。四遷爲侍中。時皇后兄鄧隲當朝貴盛，聞霸名，欲與交，霸不答。後當爲五更，會疾卒。

楊厚。統子。厚母與前妻子不相安，厚年九歲，託疾不言不食，母知其旨，瞿然改意，恩養加篤。厚少學統業，精力思述。安帝永初二年，厚隨統在京師，鄧太后使中常侍承制，問以時政，除爲中郎。尋免歸。順帝時，特詔徵厚，因陳蠲法改憲之道，及消伏災異，凡五事。制書褒美，拜議郎。三遷爲侍中。梁冀威權傾朝，以車馬珍玩遺厚，欲與相見，厚不答。稱病歸家，屢徵不就。教授門生，上名録者三千。

楊竦。成都人。爲益州部從事。元初五年，越嶲夷封離等畔。明年，益州永昌郡夷皆畔應之，破壞二十餘縣。詔益州刺史張喬選堪能從事討之。喬遣竦將兵，至楪榆致討。先以詔書告示三郡，密徵求武士，重其購賞。乃進軍與戰，大破之，斬首三萬餘級，夷懼皆降。竦因奏長吏奸猾、侵犯蠻夷者九十人。州中論功未及上，會竦病創卒，喬深痛之，乃刻石勒銘，圖畫其像。

楊班。成都人。爲不韋、茂陵令，治化浹洽。徙西城、閬中令，號時名宰。

羅衡。郫縣人。爲萬年令。路不拾遺，人家牛馬皆繫道邊，曰屬羅君。三府争辟，拜廣漢長。二縣皆爲立祠。

朱辰。廣都人。爲巴郡太守，甚著德惠。卒官，郡民北送及墓〔一〕，獽蜑鼓刀辟踊，感動路人。於是，葬所草木頃許皆倣之曲折。

朱倉。什邡人。受學於蜀郡張安，餐豆飲水，閉户精誦。同業憐其貧，資給米肉，終不受。著河洛解。爲郡功曹。每察孝廉不就，以諷詠自終。

陳省。蜀人。元初二年，羌零昌種分寇益州，遣中郎將尹就擊零昌黨呂叔都等。至秋，省同蜀人羅横應募〔二〕，刺殺叔都，皆封侯賜錢。

張楷。霸子。通嚴氏春秋、古文尚書，門徒常百人。除長陵令，不至官，隱居弘農山中，五府連辟不就。順帝詔云：「楷行慕原憲，操擬夷、齊。」郡守以禮發遣，稱病不起。

柳宗。成都人。爲州郡右職，務在進賢，其所拔致，終至牧守。州里諺曰：「得黄金一笥，不如爲伯騫所識。」後舉茂才，爲陽夏太守。　按：伯騫，柳宗字。

翟酺。雒縣人。好老子，尤善天文推算。徵拜議郎，遷侍中。試策第一，拜尚書。時安帝任用外戚，酺上疏諫，寵臣咸畏惡之，出爲酒泉太守。擊斬叛羌，威名大震。遷京兆尹。順帝即位，歷遷將作大匠。損省經用歲息四五千萬。屢因災異，多所匡正。又上言太學辟雍頹廢，宜更繕修，誘進後學，帝從之。後遂更起太學，開拓房室，學者爲酺立碑。

段恭。雒縣人。少周流七十餘郡，求師受學三十年。明天文，舉茂才。順帝時，太尉龐參數爲左右所陷毁，恭以上計掾上疏明參忠直，願卒寵任，順帝納之。

張俊。蜀郡人。有才能。爲尚書郎，年少厲鋒氣。郎朱濟、丁盛立行不修，俊欲舉奏之，未及行，反爲所陷，下獄當死。俊自獄中上書自訟，鄧太后詔以減死論。俊復上書謝，當時皆哀其文。

趙典。成都人。父戒，官至太尉。典少篤行隱約，博學經書。建和初，四府表薦，徵拜議郎。帝欲開鴻池，典諫而止。時恩澤諸侯以無勞受封，羣臣莫敢諫，典獨論奏。後爲太常，朝廷每有災異疑義，輒諮問之，典據經正對，無所曲折。每得賞賜，輒分與諸生之貧者。與李膺齊名，列於「八俊」。

張陵。楷子。官尚書。元嘉中，歲首朝賀，大將軍梁冀帶劒入省，陵叱之出，敕虎賁奪劒。冀跪謝，陵不應，即劾冀，請廷尉論罪，百僚肅然。初，冀弟不疑舉陵孝廉，謂曰：「舉君適以自禍。」陵曰：「今申公憲，正報私恩也。」

治名。

任昉。成都人。爲尚書令。梁冀憚之，出爲平原太守。冀誅後，昉復爲尚書令。遷大司農，卒。弟愷，徐州刺史，亦有治名。

趙謙。典兄子。官司隸校尉。車師王侍子爲董卓所愛，數犯法，謙收殺之。卓怒，素敬憚謙，不加罪。轉爲前將軍，遣擊白波賊，有功，封郫侯。

趙温。謙弟。初爲京兆丞，歎曰：「大丈夫當雄飛，安能雌伏！」遂棄官去。歲遭大饑，散家糧以賑窮餓，所活萬餘人。獻帝時，徵爲侍中，歷官至司徒。

任末。繁縣人。少習齊詩，遊京師，教授十餘年。友人董奉德於洛陽病亡，末乃躬推鹿車，載奉德喪致其墓所，由是知名。爲郡功曹，辭以病免。

王忳。新都人。嘗詣京師，見一書生疾困，有金十斤，願以贈忳，乞葬骸骨，未及問姓名而絶。忳鬻金一斤營葬，餘金悉置棺下。後忳爲大度亭長，有馬馳入亭中。言於縣，縣以歸忳。乘馬到雒縣，馬奔牽忳入他舍，主人問所由，乃知書生是其子也，姓金名彦。因與忳俱迎彦喪，餘金具存。由是顯名。舉茂才，除郿令。到官，至斄亭，亭有鬼，數殺過客，忳竟入亭止宿。夜中有女子稱冤，訴門下游徼殺其家十餘口，埋樓下，盜取財貨。忳爲理其冤，同謀悉伏辜，亭遂清安。

諒輔。新都人。仕郡爲五官掾。時夏大旱，太守出禱山川，連日無應。輔乃自暴庭中，慷慨咒曰：「日中不雨，乞以身塞無狀。」積薪將自焚，俄澍雨，一郡霑潤。世以此稱其至誠。

折像。雒縣人。其先張江者封折侯。父國爲鬱林太守，徙廣漢，因封氏焉。像通京氏易，好黄老言。及國卒，散金帛貲産，周施親疏。或諫阻之，像曰：「昔鬭子文有言：『我乃避禍，非避富也〔三〕。』」智者聞之咸服焉。

何英。郫縣人。學通經緯，著漢德春秋十五卷。孫汶，亦深於學，徵爲謁者。京師旱，請雨即澍。遷屬國。著世務論三十篇。

禽堅。成都人。父信爲縣史，使越嶲爲夷所得，傳賣歷十一種。去時堅方妊，六月生，母更嫁。堅壯乃知，傭賃以求父。三出徼外，周旋萬里，經六年四月乃至夷中得父，將父歸，迎母致養。州郡嘉其孝。召功曹辟從事，列上東觀。太守王商追贈孝廉，立碑祠之。

汝敦。新都人。居世殷富。兄弟早孤，而嫂貪悋，敦以所受田宅、奴婢三百餘萬悉讓與兄，裁留園地數十畝。起舍耕作，土中得金一器，偕妻擔金與兄。兄悟，棄妻還金。並舉孝廉。

李幾。江原人。修易、論語，大義略舉。質性恭順。與叔子就同居，就有痼疾，幾推所有田園悉以讓就，夫婦紡績以自給。

常洽。江原人。獻帝時，歷侍中、長水校尉。以兵衛大駕西幸，李傕作難，洽衛天子左右，爲傕所殺。

張任。蜀郡人。爲劉璋拒先主於涪，敗退守雒城。出戰於雁橋，敗禽，先主聞其忠勇，令軍降之。任厲聲曰：「老臣終不復事二主矣。」乃殺之。先主歎息焉。

三國　漢

何宗。郫縣人。師事廣漢任安，學問精博。先主定益州，辟爲從事祭酒，多所獻替。遷大鴻臚。

何祗。宗之族。爲人寬厚通濟。補成都令。時郫縣令缺，諸葛亮以祗兼二縣。二縣户口猥多，饒諸奸穢，祗常眠睡，值其覺悟，輒得姦詐，衆咸畏其發摘，無敢欺者。汶山夷不安，以祗爲汶山太守，民夷信服。轉廣漢、犍爲，卒。

杜瓊。成都人。少受學於任安，精究安術。後主踐祚，拜諫議大夫，遷太常。爲人静默少言，闔門自守，不與世事，蔣琬、費禕皆器重之。著韓詩章句十餘萬言。

張裔。成都人。治公羊春秋，博涉書史，幹理敏捷。先主平蜀，以裔爲巴郡太守，轉益州。時雍闓據郡，遥通孫權，縛裔送於吴，流徙伏匿數年。諸葛亮遣鄧芝使吴，從權請裔歸，爲亮參軍。裔少與楊恭友善，恭早死，遺孤甫四歲，裔迎與分屋而居。事恭母如母。恭之子息長大，爲娶婦，置田宅。時人重其義。後官至輔漢將軍。

王伉。成都人。爲永昌郡丞。建興元年，南中諸郡叛，道路壅塞，太守改易。伉與功曹吕凱帥厲吏民，閉境拒雍闓。及丞相亮南討，表伉等報忠絶域十有餘年，封伉亭侯，爲永昌太守。

常播。江原人。建興中，爲縣功曹。縣長被誣逋没官穀，當論重罪。播詣獄争辨，受數千杖，肌骨刻爛，更歷三獄，幽閉二年，詞終不撓，事遂分明，縣長得釋。衆咸嘉播節義抗烈。舉孝廉，除郪長。

諸葛瞻。亮子。工書畫，彊識念，蜀人咸愛其才敏。屢遷侍中，加軍師將軍。景耀六年，拒鄧艾，住綿竹。艾書誘瞻曰：「若降者必表爲琅邪王。」瞻怒斬艾使。遂戰，臨陣死。長子尚歎曰：「父子荷國重恩，不早斬黄皓，以致傾敗，用生何爲！」乃馳赴魏軍死。次子京入晉，爲郿令，有稱，位至廣州刺史。

劉諶。後主子。封北地王。後主將從譙周策，降於鄧艾，諶怒曰：「若理窮力屈，禍敗必及，便當父子君臣背城一戰，同死社稷，以見先帝可也。」後主不納。諶哭於昭烈之廟，先殺妻子而後自殺。

趙廣。雲次子。爲牙門將，隨姜維沓中，臨陣戰死。又張遵，飛孫，苞子，爲尚書，於綿竹與鄧艾戰，死。

羅偶。郫縣人。事親至孝。二親亡時，病不食肉，遂終身不食肉。察孝廉。晉郡守王長文追爲立表以旌之。

晉

杜軫。成都人。父雄，綿竹令。軫博涉經書。察孝廉，除建寧令，風化大行。秩滿將歸，羣蠻追送，賂遺一無所受。除池陽令，爲雍州十一郡最。累遷尚書郎，奏議多見施用。後拜犍爲太守，甚有聲譽。

別駕。

何攀。郫縣人。仕州爲主簿，屬刺史皇甫晏爲牙門張弘所害，誣以大逆，攀拜表證晏不反，晏冤得伸。王濬爲益州，辟爲別駕。時謀伐吴，遣攀奉表詣臺，口陳事機，與張華籌量進討之宜，帝善之，詔攀參濬軍事。吴平，轉滎陽令，上便宜十事，甚得名稱。除廷尉平。時廷尉卿諸葛冲以攀蜀士，輕之。及共斷疑獄，冲始歎服。以預誅楊駿功，封西城侯。後遷大司農，轉兖州刺史，加鷹揚將軍，固讓不就。攀居心平允，莅官整肅。子璋嗣，亦有父風。

壽良。成都人。少與犍爲張徵、費緝並知名。治春秋三傳，貫通五經，操身貞素。辟除霸城令。歷始平太守，政治著稱，徙扶風，轉秦國内史。子紹，累官大長秋。

何旅。郫縣人。州典學從事。泰始十年，汶山白馬胡恣掠諸種，刺史皇甫晏表討之。旅諫曰：「昔周宣王六月北伐者，獫狁憂及諸夏故也。今胡夷相滅，未爲大患，而盛夏出軍，水潦將降，必有疾疫，宜須秋令。」晏不聽。五月，軍至都安，屯觀坂上。旅復諫，以觀坂自上觀下，反上之象，援漢祖柏人、岑彭彭亡事，請移營。亦不納。夜中，州兵蔡雄等反殺晏。

任熙。成都人。世有德彦。父元，犍爲太守，執金吾。熙治毛詩、京房易，通五經。事親至孝，居喪盡禮，爲州鄉所稱。察孝廉，除南鄭令。以病去官。復轉梓潼令，爲政清静。辭疾告歸，勤農力穡，循訓閨門，内則可法，謙恭接物，祗慎著聞。太康中，除越巂護軍，不往。徵給事中，終以疾辭。即家拜朱提太守，讓不之官。好述作，詩、誄、論、難皆燦豔。子蕃，察孝廉。蕃子迪，俱知名。

杜烈。軫弟。明政事，爲平康、安陽令，所居有異績，遷衡陽太守。聞軫亡，因表兄子幼弱，求去官，詔轉犍爲太守，蜀士榮之。弟良，舉秀才，除新都令、涪陵太守，不就。後補州大中正。

常騫。江原人。治毛詩、三禮，以清尚知名。察孝廉，歷萍鄉、綿竹令，魏郡太守、新都内史。騫性汎愛，敦敬宗族。當官修理，恕以撫物，好咨問，動必謙讓，州鄉以爲儀範。

何觀。郫縣人。清公淑慎，知名州里。察孝廉，爲南安令、平西長史。張昌作亂荆州，徒黨西上至江陽，觀討賊平殄。除巴郡太守。

常寬。江原人。父廓，以明經著稱，早亡。闔門廣學。治毛詩、三禮、春秋、尚書，尤躭意大易，博涉史、漢，彊識多聞，而謙虚清素。舉秀才，爲侍御史，除繁令。元帝立，嘉其德行潔白，拜武平太守，民悦其政。以榮貴非志，三年去職。卒於交州。

柳純。成都人。父伸，漢嘉、巴東太守。純有名德幹器。舉秀才，歷巴郡、宜都、建平太守，巴東監軍。永昌元年，賊張龍寇巴東，純擊走之。王敦圖逆，純與甘卓等露檄陳敦過逆，率所統致討。

杜毘。軫子。舉秀才，歷尚書郎。王敦表爲益州刺史。將與宜都太守柳純共固白帝，杜弢遣軍要毘，遂遇害。

杜秀。毘弟。州主簿。爲氐賊李驤所得，欲用爲司馬，秀不受，見害。

常璩。江原人。永和二年，桓温西伐，李勢降。温停蜀三旬，舉賢旌善，謂璩曰：「蜀之良也。」以爲參軍，百姓感悦。璩著霸史漢書凡十卷〔四〕、華陽國志十二卷。

文處茂。蜀郡人。安帝初，爲涪陵太守桓靈寶既敗死，桓振復攻没江陵，遣桓放之屯西陵，處茂距擊破之。安帝反正，詔曰：「處茂宣贊蕃牧，蒙險夷難，可輔國將軍，巴西、梓潼二郡太守。」譙縱反，討蜀屢有功。義熙三年，劉敬宣伐蜀，與處茂由墊江進，轉戰而前，達遂寧郡之黄虎，糧盡引還。縱送處茂母何歸。盧循叛，處茂於查浦中流矢死。

南北朝

齊

王績祖。蜀郡人。累世同爨。建武三年，詔表門閭，蠲調役。

梁

藺相如。蜀人。父爲益州刺史劉季連所殺，相如變姓名走建鄴。季連叛而降，赦爲庶人。天監四年正月，出建陽門，相如報而殺焉。乃面縛歸罪，帝壯而釋之。按：藺相如，梁書作藺道恭。

隋

何妥。本西域人，父入蜀，家於郫。妥少機警。時蘭陵蕭眘亦有雋才，住青楊巷，妥在白楊頭，時人爲之語曰：「世有兩雋，白楊何妥，青楊蕭眘。」文帝時，爲國子博士，令妥考定鍾律。妥以太常所傳宗廟雅樂，惟作大吕，廢黄鍾。詔下公卿議，從之。開皇六年，爲龍州刺史。有負笈從游者，親爲教授，作刺史箴勒石州門外。以疾請還。復知學事，上言時政損益，並指斥當世朋黨。爲國子祭酒，卒，謚曰肅。

何稠。妥兄子。累遷太府丞。開皇末，桂州俚李光仕爲亂，稠奉詔討平之，象州、羅州逆帥相繼降，承制署首領爲州縣官而還，衆皆悦服，信著蠻夷。稍加至右光禄大夫。

唐

朱桃椎。成都人。澹泊絶俗，被裘曳索，人莫能測。長史竇軌見之，遺以衣服，鹿巾麂鞾，逼署鄉正，委之地，不肯服。更結廬山中，夏則羸，冬緝木皮葉自蔽。嘗織十芒屩置道上，見者曰：「居士屩也。」易米茗置其處，輒取去，終不與人接。高士廉爲長史，備禮以請，降階與之語，不荅，瞪視而出。士廉拜曰：「祭酒其使我以無事治蜀耶？」屢遣人存問，見輒走林草自匿云。

袁天綱。成都人。善風鑑。仕隋爲監官令，與杜衍、王珪、韋挺游，决其名位，皆有奇驗。太宗召見曰：「古有君平，朕今得爾，何如？」對曰：「彼不逢時，臣實勝之。」官終於火山令。子客師亦傳其術，官廩犧令。

焦懷肅。益州人。母病，每嘗其唾，若味異，輒悲號幾絶。母終，水漿不入口五日，負土成墳，廬守，日一食，杖然後起。繼母殁，亦如之。

郭景華。益州人。與焦懷肅皆事親居喪著至行者，俱旌表門閭，賜粟帛，州縣存問。

陰弘道。益州人。世其父顥之業，雜采子夏、孟喜等十八家之説，參定其長，爲周易新傳疏十卷，合七十二篇，於易有助。仕爲臨涣令。

朱灣。蜀人。貞元、元和間，爲李勉永平從事。灣率履真永，娱情江湖，郡國交辟，潛曜不起，有唐高人也。詩體幽遠，興用洪深，因詞寫意，窮理盡性，於詠物尤工。詩集四卷。

雍陶。成都人。太和進士。大中時，自國子毛詩博士出爲簡州刺史。自比謝宣城、柳吴興。

姚鵠。蜀人。會昌初，李德裕爲相，抑退浮薄，奬拔孤寒，鵠遂與盧肇、丁稜同及第。詩集一卷。

唐求。崇慶人。居味江山。王建召爲參謀，不就，人謂唐隱居。每入市，騎一青牛，至暮醺酣而歸。非其類不與之交。或吟詠有得，將稿撚爲丸，納大瓢中，二十餘年，莫知其數。暮年卧病，索瓢置江中漂下，識者曰：「唐山人詩瓢也。」潤損十得二三，凡三十餘篇行世。

五代　後蜀

孫逢吉。成都人。博學，尤善毛詩。孟蜀時爲國子博士檢校，刻石經於蜀學。同郡林罕亦善文學，著説文二十篇，附刻於學宫。

孫知微。蜀人。孟蜀時隱居青城山。及宋淳化中，張詠鎮蜀，雅慕之，終不可致。及還朝出劒閣，一村童持思邈畫進，問所在，則曰去已遠矣。其高潔如此。

張立。新津人。雅善吟詠，朴直無忌諱。蜀後主於城上徧種芙蓉，立作詩云：「雖裝蜀國三秋景，難入豳風七月詩。」國人號爲「詩諫」。

田淳。成都人。官龍游令。好談治亂大略。後主與周世宗交惡，疊興師旅，淳疏諫。後主又鑄鐵錢，遣使徵歷年逋課，淳言擾民聚財，犯天意而損君道。又常言王昭遠、伊審徵、韓保貞不可大任，皆爲大臣所深憾。或勸以遜辭取貴仕，淳曰：「大丈夫安能附狗鼠求進哉！」

李起。成都人。仕孟蜀爲補闕。蜀以李昊領威信節度，起援故事，謂宰相無領方鎮者，持論侃直。昊畏之，語曰：「以子之才，能慎默，當爲翰林學士。」起曰：「喉無舌乃不言耳。」

范文通。漢州人。父羲，西水令。文通居父喪，以孝聞。廬墓側，虎見之，弭耳而去。賜羊酒束帛。

張元。江源人。母死，負土成墳，有白兔馴繞其廬，及羣鳥銜土置墳上。事聞，後主賜帛三十段，並酒米等物。

孟熙。蜀人。販果養親，承顏順旨。父常云：「我雖貧，養得一曾參。」父亡，絶漿哀號，布苫寢地，三年不食鹽酪。

宋

卞震。成都人。工詩。舉蜀進士，爲渝州判官。蜀平，仍舊職。會賊杜承褒率衆圍城，震率士卒且戰且拒，中流矢，不能臨軍。賊入據郡城，以僞官厚賄誘震，震皆斬其使。賊有東章者，本州兵校也，震遣人諭以禍福，章懼，因伏兵擊其黨，承褒之衆大潰，震因急攻之，賊遂平。

羅居通。成都人。母死，廬墓三年，有甘露降墳樹，芝草生其旁。開寶四年，長史以聞，詔爲延長主簿。

王著。成都人。孟蜀時，明經及第。入宋授隆平主簿。善書。太宗時遷著作佐郎、翰林侍書，委以詳定篇、韻。真宗嘗稱其善於規益。官至殿中侍御史。

陳充。成都人。雍熙中進士，除孟州觀察推官。寇準薦其文學，得召試，授殿中丞。大中祥符六年，出權西京留守。充詞學典贍，性曠達，澹於榮利，自號中庸子。有集二十卷。

郭震。成都人。博學能詩，才識過人。淳化中，走京師，上書言蜀將亂，不報，已而李順起邛、僰間。自是括囊不言，隱身漁釣。有漁舟集行世。

薛映。成都人。登進士第，授大理評事。累遷禮部郎中，擢知制誥，以右諫議大夫知杭州。臨決鋒鋭，庭無留事。尋知河南府。真宗以映有治狀，賜御書嘉奬。映好學有文，善筆札。爲治嚴明，吏不能欺。卒，謚文恭。子耀卿，秘閣校理。孫紳，直龍圖閣。

卞衮。震子。舉進士，知將樂縣，通判宣州。淳化中，上命采庶僚中廉幹者，給御書印紙，俾書課最，仍賜實俸以旌異之，衮與焉。咸平中，爲荊湖發運使，以才幹聞。景德初，官刑部員外郎，充鹽鐵副使。真宗嘗稱衮公忠盡瘁，無所畏避，人罕能及。

梁鼎。華陽人。第進士，知秭歸縣，遷著作佐郎。端拱初，獻聖德徽號頌萬餘言〔五〕，通判歙州，徙知吉州。太宗賞其强幹，代還，特賜犀帶，記其名於御屏。遷度支判官，建議興水利。歷知數州，皆有治績。磊落尚氣，有介節，名稱甚茂。好學，工篆籀。著隱書、史論等書。

勾中正。華陽人。孟蜀時舉進士。歸宋，補曹州録事參軍。精於字學，太宗時獻八體書，授著作佐郎、直史館，被詔詳定篇、韻。又命中正撰定雍熙廣韻凡百卷，又與徐鉉同校定説文，模印頒行。太宗覽之嘉賞，因問中正，凡有聲無字有幾何？中正退，條爲一卷以進。淳化初，遷屯田郎中，杜門守道，以文翰爲樂。嘗以大、小篆、八分三體書孝經摹石，咸平三年表上之。真宗命藏於祕閣。子希古、希仲並進士第。

王永。華陽人。太宗時爲右補闕。吴越納土，受命往均賦，至則悉除無名之算。使還，或言其多弛租賦，帝詰之，對曰：「使新附之邦蒙天子仁恩，臣雖得罪，死不恨。」帝大悦。永孫罕，字師言，知宜興縣，出爲廣東轉運使。募民爲兵，儂智高入寇，竟不敢犯。仕終光禄卿。

羅處約。華陽人。太宗時登第，有詞學。初知吴縣。與長洲令王禹偁相倡酬，傳誦一時。後召直史館。蘇易簡、王禹偁集其文十卷，題曰東觀集。

李畋。華陽人。以學行爲鄉里所稱。初，蜀士不樂仕宦，張詠敦勉就舉，畋遂登第。累官知榮州。所著歌詩雜文總百卷，張詠語録三卷，孔子弟子傳贊六十卷。同舉者成都張及歷官御史，張逵歷官職方，皆有時名。

范鎮。華陽人。薛奎守蜀愛之，還朝載與俱。人問奎入蜀何所得，曰：「得一偉人，當以文學名世。」仁宗時知諫院，屢進讜言，務引大體。嘗請建儲，面陳懇切至泣下。帝曰：「朕知卿忠，當俟之。」前後章十九上，待命百餘日，鬚髮爲白。朝廷知不能奪，解言職，以集賢殿修撰知制誥。後爲翰林學士。論新法，與王安石不合，遂致仕。蘇軾往賀曰：「公雖退而名益重矣。」鎮慨然曰：「使天下受其害，而吾享其名，吾何心哉。」哲宗即位，起爲端明殿學士，固辭不拜。平生與司馬光相得甚懽，議論如出一口。清白坦夷，遇人必以誠。臨大節，決大議，色和而語壯。尤篤於行義。卒，謚文忠。

彭乘。華陽人。及進士第，以親老乞歸侍養。天禧初，寇準薦爲館閣校勘。後歷祕書丞，求便養，得知普州。州人鮮知學，乘爲典學，召其子弟爲生員教育之。父卒，既葬，有甘露降於墓柏，人以爲孝感。服除，累遷夔州路轉運使。會起居注缺中書舍人，帝指乘名曰：「此老儒也，無以易之。」尋遷翰林學士。

周善敏。雙流人。喪父，廬墓側。母病，割股愈之。祥符中，賜粟帛存慰。

王琪。華陽人。舉進士，調江都主簿。上時務十二事，仁宗嘉之。琪性孤介，不與時合。數臨東南名鎮，政尚簡靜。以禮部侍郎致仕。從弟珪，仕至門下侍郎，封岐公。

何郯。本陵州人，徙成都。景祐中，爲殿中侍御史，言事無所避。嘗極陳夏竦姦狀。楊懷敏以衛卒之變，猶爲副都知，郯力言不可，争甚力。仁宗諭曰：「古有碎首諫者，卿能之乎？」對曰：「君不從諫，則臣有碎首。今陛下受諫如流，臣何敢掠美而歸過君父？」帝欣納之。累官尚書右丞。

呂陶。成都人。蔣堂守蜀，見陶所作論，曰：「此賈誼之文也。」皇祐中進士，調銅梁令。遷知壽陽縣，務以德化民。府帥唐介器重之，薦應制科。時王安石執政，陶對策枚數其過，安石取卷讀未半，色沮。神宗使馮京竟讀，謂其言有理，通判蜀州。元祐初，擢侍御史，首獻邪正之辨，極論蔡確、韓縝、張璪、章惇之姦，相繼罷去。後以集賢學士出知潞州，以元祐黨奪職。徽宗立，起知梓州。致仕卒。

李大臨。華陽人。嘉祐進士。累官祕閣校理。仁宗嘗遣使賜館閣官御書，至大臨家，方自秣馬，使者還奏，帝曰：「真廉士也。」神宗時，知制誥，上言青苗法有害無益。李定除御史中丞，大臨封還詞命，詔諭數四，争不已。復爲天章閣待制致仕。大臨清整有守，論議識大體。自争李定後名益重，與宋敏求、蘇頌稱「熙寧三舍人」。

章詧。廣都人。博通經學，尤長易、太玄，著發隱三篇。明用蓍索易之法，知以數寓道之用、三摹九據始終之變。蜀守以逸民薦，命爲州助教，不就。嘉祐中，賜號冲退處士。王素爲州，更其所居之鄉曰處士，里曰通儒，坊曰冲退。子禩，亦好古學，世有隱德。

郭輔。廣都人。天聖乙科。范仲淹、龐籍、韓琦經略陝西，皆薦其才器可任，自鳳州擢知興元。平金房叛卒有功，璽書褒美。後以梓州轉運使，皇祐二年征淯井夷死。

梅摯。新繁人。以進士通判蘇州。慶曆中擢侍御史。李用和以帝舅除宣徽使，摯上言不宜以名器濫授無功。又言張堯佐由宫掖以進，恐上累聖德。又奏召待制官同議政，復百官轉對，帝稱其言事有體。累遷右諫議大夫。摯性淳静，不爲矯厲之行，政跡如其爲人。

周表權。新繁人。與姪尹字正孺同登慶曆六年進士第。李稷使蜀，榷茶爲蜀害，李杞、劉佐繼陳苛法，尹爲御史，言其害甚鉅。時表權及吕陶、吴師孟等奏争之，皆坐降，出表權再知漢州，改名表臣。尹提點湖北刑獄，後入歷考功郎中。

張愈。郫縣人。俊偉有大志。寶元初，上書言邊事，其論甚壯，除試秘書郎，願以授父顯忠而隱於家。文彦博治蜀，爲置青城山白雲谿於杜光庭故居以處之。丁内艱，鹽酪不入口。再朞，植所持柳杖於墓，忽生枝葉，後合抱。六召不應，杜門著書以終。

代淵。導江人。性簡潔，事親以孝聞。年四十，舉進士甲科，得清水簿，歎曰：「禄不及親，何所爲耶？」還家教授，屢薦不起。著周易旨要。晚自號虚一子。

范百禄。鎮兄鍇子。第進士，又舉才識兼茂科。提點江東、利梓路刑獄。利州武守周永懿以賄敗，百禄請復至道故事，用文吏領兵。熊本治瀘夷，裨將欲殺降爲功，百禄謂本曰：「殺降不祥，何容驕將横境内乎？」本矍然，檄止之。召知諫院，手疏實法不便。治李士安獄，與執政忤，貶監宿州酒税。哲宗時，累官翰林學士，爲帝分别邪正之目，以類相反者，凡二十餘條。仕終中書侍郎。

范百常。鎮兄鎡子。熙寧中知茂州。州初無城隍，民甚苦蠻寇，請築城。蠻奄至，百常擊走之。乃合衆來寇，百常拒守七十日，援兵至，蠻乃降。

范祖禹。鎮之從孫。舉進士。從司馬光編修資治通鑑，在洛十五年，不事進取。書成，光薦爲祕書省正字。王安石當國，甚愛重之，竟不往謁。哲宗立，擢右正言，歷官侍講，勸帝日御經筵。又上疏論人主正心修身之要，遷翰林學士。時帝始親政，祖禹慮小人乘間害政，上章論列。蘇軾見祖禹疏，遂附名同奏，曰：「公之文，經世之文也。」後以章惇譖，竄賓化，卒。祖禹嘗爲資州龍水令，寬簡愛民，尤以興學校爲務。平居恂恂口不言人過，至遇事則別白是非，不少借隱。在邇英守經據正，獻納尤多。嘗進唐鑑十二卷、帝學八卷、仁宗正典六卷。

吴師孟。成都人。王安石當國，以師孟同年生，自鳳州別駕擢梓州路提舉常平。師孟疏力言新法不便，願罷歸故官。後知蜀州，又論茶法害民，謝事去。時稱「矯矯六君子」。子縝，初登第，求與修唐書不得。書成，縝作唐書糾繆。

成都隱者。程頤侍其父珦官於蜀，嘗見箍桶者挾册，就視之則易也，因質所疑，酬答如響。問其姓名不言，問「未濟，男之窮」，曰：「三陽皆失位也。」後袁滋問易，伊川曰：「易學在蜀。」

謝湜。金堂人。元豐進士，官國子博士。伊川高弟。嘗入京師過洛，見伊川，問何之，曰：「將試教官。」伊川喻止之，遂不行。弟濬，元祐進士，學術醇正，議論剛方。以詆王安石新法，坐黨籍廢錮，時共惜之。

張唐英。新津人。少攻苦讀書，登進士第。孫抃得其正議五十篇，薦試賢良方正，不就，調穀城令。英宗繼大統，唐英上書云：「爲人後者爲之子，他日必有引漢定陶王故事以惑宸聽者，願杜其漸。」既而濮議果起。神宗即位，擢殿中侍御史。帝問：「何尚衣緑？」對曰：「前者固得之，回授臣父。」帝嘉其孝，賜五品服。唐英有史材，嘗著仁宗政要、宋名臣傳、蜀檮杌，行於世。

鄧宗古。陽安人。父死，自培土爲墳，廬其側，甘露降於墓木。元豐中褒賜粟帛。

申積中。成都人。襁褓中，楊繪從其父起求爲子。及長，知非楊氏，而絶口不言。登進士，事所養父母盡孝終身。有二弟一妹，爲畢婚娶，始歸本族，復爲申氏。蜀人以「純孝」歸之。政和中，通判德順軍。成都守許光凝得其事，薦諸朝，擢提舉永興軍學事。

宇文昌齡。廣都人。進士甲科。調榮州推官。熊本經制梓、夔，辟幹當公事，凡攻討、建諸城砦，皆出其畫。以功擢提舉，累遷太常少卿。詔議郊祀合祭，昌齡曰：「今祭地於圜丘，以氣則非所合，以類則非所應。」後竟用其議。徽宗立，爲户部侍郎。陝西餽芻糧於邊，舊制令内郡轉給，爲民病，昌齡建言，止輸其州，而令量取道里費助邊糴。從之，歲省糴價五百萬，公私便之。後歷知青、杭、越三州。卒。子常，政和末知黎州。有奏乞於大渡河外置城邑，以便互市者。常言恐虜情攜貳，邊隙寖開，非中國之福。上從之。累官中大夫。

勾濤。新繁人。崇寧進士。調嘉州法掾。召見，論五事。累官史館修撰，後爲湖北安撫使，知潭州。秦檜嘗令人諭意，欲與共政，濤力辭，乃上書論時事之害政者五，帝歎其忠直。濤長身偉貌，以忠亮自許，料邊情如在目前。知名之士，多所薦進。

楊應詢。郫縣人。歷知信安、保定軍。霸州塘濼之間，地沮洳，水潦易集，居人浮板以濟。應詢增隄防，闢長衢，濬其旁以泄流，民賴之。擢沿邊安撫使，增歸信、容城兩縣弓手。知雄州，治兵積粟，契丹不敢肆。

師驥。彭州人。宣和中爲右正言，十餘日凡七八疏，論權倖及廉訪使者之害而去。

范祖述。百禄子。知犨縣，文彦博稱其能。以父隋黨籍，謫監中嶽廟。久之，知台州，奏罷黄柑、葛簟之貢。靖康初，避地汝州，與汝守趙子櫟共城守，傍郡盡陷，汝獨全。累官朝議大夫。

杜翊世。華陽人。紹聖進士。通判懷遠軍。靖康中，夏人乘隙入寇，翊世與知軍劉銓率衆守禦，謀徙妻子於長安，翊世妻張曰：「願同死此。」城陷脅降，翊世瞋目叱之，遂遇害。舉家皆没烈焰中。贈朝議大夫，官其後，表所居曰忠義坊。人因號爲忠義杜。

范沖。祖禹子。紹興進士，爲虞部員外郎，出爲兩淮轉運副使。高宗重修神、哲兩朝實録，召沖爲宗正少卿，兼直史館。

沖因論熙寧創置，元祐復古，紹聖以降，弛張不一。本末先後，各有所因。又極言王安石變法度之非、蔡京誤國之罪，帝嘉納之。俄開講筵，升侍讀。上好左氏春秋，沖敷衍經旨，因以規諷，帝未嘗不稱善，命與朱震同輔導東宮。官至龍圖閣直學士。沖修實録時，爲考異一書，又別爲辨誣録，又爲司馬光編類記聞十卷奏御。

孫松壽。郫縣人。紹興進士。守漢、嘉甚有惠愛。范成大與江原樊漢廣允南同薦於朝，召用不起。趙雄在樞府，言其賢，詔轉一官。趙汝愚復奏松壽挂冠勇退，内行素飭，終始不渝，除直祕閣，不就。

蘇雲卿。漢州人。紹興間，客豫章東湖，結廬獨居，稱曰蘇翁。少與張浚爲布衣交，浚爲相，馳書函金幣，屬豫章帥及漕曰：「余鄉人蘇雲卿，管、樂流亞，聞灌園東湖，幸爲我致之。」帥漕乃屏騎從入其圃，出書函金幣，力請共載，辭，期以詰朝上謁〔六〕。旦遣使迎伺，則扃户閴然，不知所往。

楊震仲。成都人。負氣節，有志當世。登淳熙進士第，權大安軍。吴曦叛，馳檄招之，辭疾不赴，飲藥死。詔贈朝奉大夫，謚節毅，表其里曰「義榮」，賜廟額曰「旌忠」。

黎商老。廣都人。乾道九年，青羌努爾吉寇安静砦，商老以推官戰死。

李蘩。晉原人。第進士，爲隆州判官，攝綿州。又提點成都路刑獄，兼提舉常平。又知興元府。所至有惠政，梁、洋間繪像祠之。仕終太府少卿。講學臨政，皆有源委。著桃溪集百卷。

胡晉臣。江源人。紹興進士，爲成都通判。孝宗召對，除著作佐郎。時近習用事，晉臣極論之，出知漢州。後爲侍御史。林栗奏朱子傲慢，晉臣獨抗疏留。光宗時，拜參知政事，與留正同心輔政，中外帖然。卒，謚文靖。

陳敏政。什邡人。自敏政高祖母王氏遺訓，五世同居，並以孝友信義著。乾道九年，特賜旌表門閭。

劉光祖。陽安人。登進士。淳熙五年召對，論恢復事，請以太祖用人爲法。光宗即位，擢侍御史，劾罷户部尚書葉翥、太府卿沈揆，謂宜詔大臣，僉舉朝野所共屬、賢愚所同敬者一二十人，參錯立朝，國勢自壯。慶元初，累官司農少卿。入對，獻謹始五箴。時韓侂胄寖擅威福，光祖首論其姦。及朱子以直言予祠，光祖力請留，再疏不聽，出爲湖南運判，不就。侂胄誅，累遷顯謨閣學士。卒，謚文節。

賈子坤。懷安軍人。嘉定進士，爲西和州推官，攝通判。關外被兵，子坤與郡守陳寅誓死守城。城陷，子坤朝服，與其家十二口死之。追贈承議郎。

趙彦吶。彭州人。少以才稱。吴曦叛，遣將守夔，彦吶結義士殺之，遂顯名。嘉定中，經理西和州。金兵再至，戰卻之。在州五年，得軍民心。歷官四川制置使。

許奕。簡州人。歷起居舍人。韓侂胄議開邊，奕遺書，謂今日之勢，如元氣未復，不足以當寒暑之寇。侂胄不樂。後使金，金人聞奕名，禮迓甚恭。還，奏和不可恃，宜葺紀綱，練將卒，使屈伸進退之權復歸於我。權禮部侍郎，條六事以獻。擢給事中，論駁十有六事，皆貴族近習之撓政體者。帝嘗稱其骨鯁。以顯謨閣待制知瀘州。安撫使安丙新立大功，讒忌日聞，奕以百口保之，異論頓息。奕天性孝友，通籀、隸書。

宋德之。江源人。慶元中，爲山南道掌書記。召除國子正，後出知閬州，召爲兵部郎官。朝論有疑安丙意，丞相史彌遠首以問德之，德之對曰：「蜀無安丙，朝廷無蜀矣。」忤時相意，遂罷。安丙深感德之，請婚不許。論者賢之。

王翬。蜀人。佚其籍。爲儒林郎。端平丙申，蜀破，翬闔門死於兵。嘉熙四年，贈通直郎，官一子文學。

賈純孝。子坤孫。爲揚州教授。受知李庭芝。元兵下江南，二王在福州，文天祥辟佐其幕。累官右司，轉朝散郎。厓山師敗，純孝偕妻牟同蹈海死。

王翊。郫縣人。寶慶元年進士。吴曦嘗招之入幕，及曦叛，抗節不拜，爲陳大義，曦怒欲殺之，曦誅而免。嘉熙初，爲制置使參議官，爲文訣先墓，誓以死報國。元兵至，翊募兵拒守。城破，元兵入公署，見翊朝服危坐，問何以不去，曰：「食天子禄，臨難不能救，死有餘罪，願速殺我。」元兵相謂曰：「忠臣也。」戒勿殺。翊以朝服赴井死。

穆演祖。彭州人。爲衡陽尉。元將烏蘭岱自雲南大理入廣南，先鋒破永州，衡守令聞之皆走。時演祖戍石灣，馳入城，收散亡以守城。俄而烏蘭岱兵大至，演祖出於楊林廟，相距七晝夜，募死士，沈所聚舟，烏蘭岱遁去，城賴以完。「烏蘭岱」舊作「兀良哈台」，今改正。

許彪孫。奕之子。爲四川制置使參謀官。景定二年，劉整叛，召彪孫草降文，以潼川一道爲獻。彪孫辭使者曰：「我腕可斷，此筆不可書也。」即閉門仰藥死。

張汴〔七〕。蜀人。佚其籍。明習韜略。文天祥起兵，領廣東提舉、督撫參謀，左右幕府，知無不爲。兵敗，爲亂兵所殺，鄒渢得其尸葬之。

元

張惠。新繁人。侍世祖藩邸，以謹敏稱。世祖即位，授燕京宣慰副使，爲政以寬簡名。至元元年，遷參知政事，行省山東，以銀贖俘囚三百餘家爲民。李璮之亂，軍士擄掠甚衆，惠至，大括軍中，悉縱之。又奏選良吏，去冗官，以蘇民瘼。巴延伐宋，詔惠主其饋餉。宋降，惠入城，按閲府庫版籍，收其禮樂器物。巴延北還，俾惠居守。官至平章政事，行省揚州、杭州，所至有能聲。「巴延」舊作「伯顔」，今改正。

張䇓。導江人。僑寓江左，從金華王柏學，六經、語、孟以及周、程、朱、張之言，靡不潛心玩索，究極根柢。至元中，行臺中丞吳曼慶延至江寧學宫，俾子弟受業。大臣薦諸朝，命爲孔顔孟三氏教授。䇓器宇端重，講説精詳。有經説及文集行世。吳澄序其書，以爲議論正，援據博，新安朱氏尸祝也。至正中，真州守臣以須立及郝經、吳澄皆嘗留儀真，作祠宇祀之，曰三賢祠。

趙世延。成都人。至元中，授承事郎、雲南按察使判官。烏蒙蠻叛，世延會省臣討之，蠻大潰，請降。擢監察御史，劾丞相僧格不法。按平陽獄，發伊克圖贓巨萬，出僉江南湖北道肅政廉訪事。至大初，陞陝西行臺侍御史。朝廷方征八百媳婦國，世延言窮兵黷武，實傷聖治。章再上，卒罷之。遷御史中丞，留守大都。拜四川行省平章。特們德爾復相，誣以罪，拜住言其冤，仁宗釋之。泰定元年，召還朝，復爲御史中丞。定策迎立文宗，累遷奎章閣大學士，兼修經世大典，封魯國公。卒，謚文忠。子伯忽，夔州路總管。囊嘉特叛，死於難，贈蜀郡公，謚忠愍。「僧格」舊作「桑哥」，「伊克圖」舊作「也忽都」，「特們德爾」舊作「帖木迭兒」，「囊嘉特」，舊作「囊加歹」，今俱改正。

伊濟台。趙世延子。累轉黃州路總管。湖廣既陷，朝廷察其才，升四川行省參政，命與平章耀珠討賊。耀珠分鋭卒八百，使伊濟台爲前驅，攻賊於巴東縣，拔之。又平歸、峽等州賊，進拔枝江、松滋兩縣，乘勝趨江陵。賊出陣清水門，鏖戰至夕退。乃據其門，俟耀珠軍至。黎明，賊出戰三時頃，耀珠軍止百步外不救，遂死。追封涼國公，謚忠壯。「伊濟台」舊作「野峻台」，「耀珠」舊作「咬住」，今改正。

布景龍。新都人。舉進士，授芒部路益涼州同知。李額驢來寇〔八〕，景龍募義兵力戰拒之，援絶矢盡，乃北向再拜曰：「臣力竭矣。」冒刃衝敵死。按：「景龍」，明統志作「景範」。

章卿孫。蜀人。佚其籍。本劉氏。幼與母富氏相失，三十九年遍訪於江西諸郡，迎歸養之。

費著。華陽人。進士，授國子助教。有詩名。居母喪盡禮，哀毀骨立。歷漢中廉訪使，調重慶府總管。卒於犍爲。兄克成亦進士。時人稱爲「成都二費」。

楊椿。新都人。博學能詩文，教授吳中。强起爲義軍府參謀。張士誠兵入平江，與其子巷戰俱死。椿妻求得其尸，亦自經死。

馮文舉。什邡人。初爲漢州學正，達嚕噶齊宴僚佐，以一手致觴，文舉恥不受，隱去。次科成進士，授雲南儒學正提舉。明玉珍攻雲南，文舉與妻馬氏對縊於學宮。「達嚕噶齊」舊作「達魯花赤」，今改正。

明

王平。新繁人。洪武間，以御史遷河南僉事，行部孟津、宜陽。屬吏有謀以貨撓法者，平以狀聞，特敕褒奬。累官右都御史。

楊廷和。新都人。成化進士。正德中，累官文華殿大學士，參預機務。安化王寘鐇反，請擢邊將仇鉞，以離其黨。鉞果執寘鐇。薦陸完、彭澤將邊兵，討畿南流賊。以功累加少師，代李東陽爲首輔。乾清宮災，上疏勸帝早朝晏罷，親九廟祭祀，崇兩宮孝養，勤日講。復面奏開言路，達下情，凡十餘條。世宗繼統，由廷和定策。時平虜伯江彬擁重兵在肘腋間，廷和以太后旨捕誅彬，盡革正德中蠹政，引用正人，布列在位。及議大禮，廷和持論不撓，遂引去。隆慶初，謚文忠。

焦韶。灌縣人。成化進士。弘治間，由郎中出知曲靖府，興學平賦，弭盜招亡，民祠祀之。終副使。

趙佑。雙流人。弘治進士。歷官御史。正德初，言劉瑾輩日獻鷹犬導騎射，乞置之法，羣奄大恨。瑾得志，指佑爲姦黨，勒罷之。瑾誅，起山西僉事。

顧佖。成都人。正德進士。知豐城縣，興學省刑，築隄捍水，積粟數萬石，荒旱減價以糶。宸濠反，佖捕斬從逆者四十八人以徇，極力備禦。後從王守仁討賊有功，遷大理寺丞，進少卿。

楊慎。廷和子。正德進士第一，授修撰。武宗微行出居庸關，慎抗疏切諫。嘉靖三年，擢翰林學士。及議大禮，慎偕廷臣伏左順門力諫，下詔獄廷杖之，謫戍雲南永昌衛。慎幼警敏。在翰林時，武宗問：「星有注張，又作汪張，是何星也？」衆不能對。慎曰：「柳星也。」歷援周禮、史記、漢書以復。預武宗實録，事必直書。既投荒多暇，書無所不覽，好學窮理，老而彌篤。詩文雜著，至一百餘種，並行於世。天啓中，追謚文憲。

劉士元。彭縣人。正德進士。官御史，巡按畿輔。武宗獵於古北口，將招致朶顔衛酋和通巴爾斯等納質燕勞，士元歷陳四不可。爲嬖幸所譖，下詔獄，謫麟山驛丞。世宗立，復故官。出爲湖廣副使，修荒政，積粟百萬餘石。事聞，被旌勞。屢遷右副都御史，巡撫貴州。「和通巴爾斯」舊作「花當把兒孫」，今改正。

何卿。成都衛人。嗣世職爲指揮僉事。嘉靖時，積功至松潘副總兵。屢破番賊，著威望。自威茂迄松潘、龍安夾道築墻數百里，行李往來，無剽奪患。先後莅鎮二十四年，軍民戴之。

王汝梅。華陽人。父弼，成化進士，由知縣擢御史，歷福建僉事，皆有名績。汝梅登正德進士。嘉靖初，官禮科都給事中。八年二月，以災異求言，汝梅言：「比來章奏多逢迎，大臣奏事多留中，宜倣祖宗故事，時御平臺，召宰執面決大議，以除壅蔽。」忤旨。時禮制紛更，汝梅數率同官抗論。出爲浙江參政，卒於官。

樊景麟。新繁人。嘉靖進士，知長沙。民謡曰：「樊作長沙官，止飲長沙水。」知漢陽府。水齧城址，景麟爲隄禦之，不欲勞民，躬率隸役，隨地斂石，致之江岸。仕至雲南憲副。

戢汝止。簡州人。嘉靖進士。歷禮、户兩科，剛正不阿。出爲湖廣僉憲，飭武備，足兵食，江洋無警。後升福建參政。屢疏陳情歸，奉親甚懽。居鄉和易，蓬蓽慶弔，必躬造焉。

劉希簡。漢州人。嘉靖進士。除行人，爲工科給事中。以争張福達獄杖，未幾又以直言得罪，直聲大振。久之謫縣丞，終肇昌知府。

李應麒。成都人。嘉靖中，旌表孝子。同縣楊茂勳，萬曆中旌。

閻宗德。簡州人。敦行孝誼，天啓中旌。

李藎。成都人。隆慶進士。萬曆初，任雲南推官。仁恕明察，案無留牘，振興文教，習俗一變。署臨安知府。時有牳㒒之役，軍興旁午，饋餉不乏。召入爲御史。

朱之臣。成都人。萬曆進士。知德安府。下車之日，爲文以誓於神。闢如水堂，以待問字者，名士多出其門。崇禎初，任貴寧道，凡軍民利弊殫力興革。歷官户部侍郎。文章政事，爲時推重。

張紀。華陽人。萬曆舉人。知湖口縣。内監李道榷湖關爲商旅害，紀條病商十四事，上撫按疏請之，罷李道，撤湖關。

何節。漢州人。萬曆進士。事孀母至孝，言行不苟。知長沙府，案無留牘，繕城堡，清賦役，興學校，覈屯伍，諸政具舉。

蔡心一。漢州人。萬曆末知麻陽縣。邑田苦無水，心一度地勢，築陂堰四十餘所，民食其利。嘗判一訟，里老於公堂駁其誤，欣然改從。

莊祖詔。成都人。萬曆中知常寧縣，革里甲舊規，禁行户以杜侵漁。歷順天治中。歸里。獻賊陷城，與弟祖誨、雲南按察使祖誥及郫縣舉人江騰龍舉義兵討賊，不克，死之。闔門被害。本朝乾隆四十一年，賜祖詔謚節愍，祖誥謚烈愍，祖誨、騰龍予入忠義祠。

雍鳴鑾。成都人。崇禎元年進士。知孝感縣。縣爲寇衝，鳴鑾繕樓櫓，練鄉勇，晝夜乘城，賊至輒擊走之，城賴以全。

張允登。漢州人。萬曆進士。歷知咸陽、咸寧縣，卓異遷主事，累遷河西副使。鄜延歲饑，亟遭盜，允登拊循備至，士民德之。崇禎四年，督餉至甘泉，流賊劫餉，力禦不敵死。鄜人迎其喪，哭聲震十里，罷市三日。本朝乾隆四十一年，賜謚烈愍。

楊鏡。四川人。佚其籍。崇禎中，知保康縣。空城無人，招集逃亡，浚池修城，作保障計。賊突至，城破，閉門自盡。本朝乾隆四十一年，賜謚節愍。

韓醇。四川人。佚其籍。知新野縣。崇禎十四年，闖賊陷城，不屈死。本朝乾隆四十一年，賜謚節愍。

毋崇正。四川人。佚其籍。崇禎間，知桂東縣。十六年，張獻忠陷衡、郴，遣賊徇桂東，衆皆竄走。崇正曰：「吾爲朝廷守土，敢愛死乎？」賊至執之，不屈死。本朝乾隆四十一年，賜謚節愍。

張寶山。四川人。佚其籍。初隸總戎麾下，史可法使率健丁八十人戍桐城，賊勢甚熾，寶山身先士卒，皆以一當百。授撫標參將。戰輒捷。辛巳，賊革里眼叛，寶山禦之，戰死於魯硔山。本朝乾隆四十一年，賜謚烈愍。

王坦。四川人。佚其籍。知安定縣，攝會寧事。崇禎十六年，爲賊所執，逼令説後任安定令應昌士降。及登埤，勗以死守，被殺。本朝乾隆四十一年，賜謚節愍。

郭金城。四川人。佚其籍。崇禎末，以裨將守羅田。流寇薄城，大戰斬首百餘，追至英山，賊大集，困三日，突圍轉戰，力盡被執不屈死。本朝乾隆四十一年，賜謚烈愍。

朱東旦。四川人。佚其籍。兵部郎中。事桂王，奉命謀除孫可望，事洩被殺。本朝乾隆四十一年，賜謚烈愍。

丘之坊。成都人。貢生。以理學名。獻賊陷城，使招之，託疾堅卧不食死。第三子祖福，邑諸生。父卧不起，遂代父往。賊瞋其不跪，曰：「吾乃朝廷士子，豈跪賊乎？」罵不絶口而死。本朝乾隆四十一年，俱予入忠義祠。

丘祖德。之坊子。崇禎進士，授寧國推官，調濟南，擢僉事，分巡東昌。奉命招撫土寇，多解散。歷保定、山東巡撫。京師覆，賊遣使招降，祖德斬之。南渡後，寓寧國，與金聲等起兵，兵敗死之。本朝乾隆四十一年，賜謚忠烈。

朱國寶。成都人。官汝寧府通判。崇禎十五年，與僉事王世琮守城，城陷死之。本朝乾隆四十一年，賜謚節愍。

顧鼎鉉。成都人。貢生。崇禎十年，李自成寇蜀，被執大罵，死之。本朝乾隆四十一年，予入忠義祠。

王履亨。華陽人。官宣府同知。崇禎十七年，張獻忠陷成都，被執不屈死。又成都乾日貞，官知縣，以艱歸里，獻賊陷城，以甎擊賊而死。本朝乾隆四十一年，俱賜謚節愍。

朱奉⿰金伊。華陽人。藩籍。崇禎進士。官御史。劾督師丁啓睿，爲時所稱。巡撫貴州，杜絶苞苴，辨疑獄數十案，號爲神明。歸蜀，値獻賊亂，率兵拒賊於雅州飛仙關，兵敗被執，磔死成都南關。本朝乾隆四十一年，賜謚烈愍。按：⿰金伊，一作「⿰金尹」。

王秉乾。華陽人。仕湘陰令，報最。時魏璫擅權，同事者欲招秉乾附和，秉乾力拒之。授大理寺正，平反無滯。流賊陷成都，秉乾令闔門投井，罵賊死之。本朝乾隆四十一年，賜謚烈愍。

費經虞。新繁人。崇禎末，以舉人知昆明縣。薄征省訟，重士勸農。勘覆吾必奎叛黨，全活數萬人。罷歸遇亂，寓江都，自以不得養親，忌辰哭泣終日，至七十猶然。著有毛詩廣義諸書。

王源長。新津拔貢。爲獻賊所執，不屈死。又成都布衣雷應奇，糾集義勇，殺賊於高境關，追之至桑園力戰死。彭縣人魯城隍，佚其名，人以其正直有守呼焉。賊至被執，大罵不屈，磔死。彭縣生員劉祚昌罵賊死。生員徐端履赴水死。華陽生員何繼皋，獻賊僞官迫脅應考，憤罵自刎。六人於本朝乾隆四十一年，俱予入忠義祠。

陳雲鵬。漢州人。早孤，率母教。年十六，爲諸生。奢酋變，援兵饑乏，雲鵬罄所有輸穀麥凡千五百石。明末，獻賊搜執之，迫以僞官，不從，遇害。本朝乾隆四十一年，予入忠義祠。

本朝

尚自察。成都人。順治五年，任武城教諭。李化鯨陷城，自察署縣事，選諸生有才幹者集民兵爲扞禦，籌餱糧，備器械，俱有方略。賊解則擊之，可撫則招之，旬月賊平。以勞卒於官。入祀名宦祠。

傅永吉。成都人。順治七年，知福建長泰縣。九年，海寇圍城，永吉晝夜修守備，率驍勇力戰，彎弓殪賊酋三人，賊乃引去。中礮洞腹，猶呼殺賊。事聞，贈按察使司僉事。

費密。新繁人。父經虞，知昆明縣。會張獻忠亂，密奉母避黎州，徒步往來滇、蜀間。後流寓揚州，以詩文自娱。又稱「中文先生」。子錫琮，有白雀樓諸集。錫璜，有掣鯨堂詩集。俱承家學，以文行著。

張吾瑾。金堂人。順治乙未進士。性純孝。母疾篤，昕夕禱神，請以身代。授山東夏津知縣，轉行人司。致仕歸。因江都堰爲金堂水利，請於當事，修三泊洞古埭，里人賴之。

陳大常。漢州人。雲鵬子。明末流賊肆毒，大常避什邡山中，合衆阻險，保全者數千家。順治初，中鄉試，任廣州府推官。誅巨盗於順德縣之桂陽堡，升淮安同知。祀廣州府名宦。

唐大陶。成都舉人。康熙十年，任山西長子知縣，以經術飾吏治，政績著稱。去官僦居吴市，名宿亟相推重。著述甚富，其潛書九十七篇，寧都魏禧尤稱之。

李永昌。華陽人。江西南豐把總。康熙十三年，耿逆據閩，隨軍進剿，力戰死。嘉慶七年，補予恩騎尉，世職。又元江州把總華陽汪自貴，雍正十年擊猓賊於阿者，奮勇赴敵死。把總成都王世用雍正十三年出師勦黔苗，戰殁。俱補卹廕如例。

周玉麟。成都人。康熙三十九年，以守備隨師進打箭爐，攻大岡有功，擢冕山營遊擊。冕山賊蠻羅都等恣行刦掠，玉麟往諭被圍，身中五矢，猶奮勇決戰，死。贈副將，卹廕如例。

王天禄。成都人。候推守備。康熙三十九年，隨師取打箭鑪，力戰死。事聞，卹廕。

趙曰榮。漢州人。事母至孝。賊至，獨負母避難，妻子皆被害。

宋瑋。成都人。康熙乙卯舉人。任南海知縣，愛民造士，循聲著聞。時粤多大盗，瑋盡心緝捕，羣奸斂迹。以薦内擢，邑人罷市塞門不得行，督、撫題請留任三載。洊升廣東按察使，以病乞歸。

王德璋。成都人。倜儻有才。康熙中，累官潮州協副將。時海島有盜魁牛骨頭者，聚衆肆掠，德璋以計擒殺之。其黨復讐，德璋復擊殺五百餘人，衆散島空，潮人感焉，廟祀以報。

倪國珍。成都人。康熙丁卯舉人。任廣西義寧知縣。邑境雙江苗與楚苗煽亂，國珍請兵四百駐縣。當事者意主撫，國珍力陳不可，不聽，遂撤防禦兵，而遣國珍與巡檢蔡多奇等往諭。多奇易衣逃，或勸國珍去，國珍矢死直前。苗窘之脅降，國珍厲聲罵之，苗刳其齒舌死。贈按察司僉事。

向廷颺。成都人。康熙甲午舉人。知仁懷縣，興利剔弊，獄無繫囚。值歲饑民流，命人於鄉里分設粥廠，親歷撫慰，泣語曰：「爾輩皆吾赤子，饑至此，吾敢辭咎乎？但國法不可犯，慎勿滋事，且歠粥以待秋成。」衆皆歡躍。復開倉以賑，不待報自劾。大吏嘉之。以勞卒官。

楊宏緒。新繁人。康熙辛丑進士。任河南尉氏知縣。邑多盜，號難治，宏緒甫下車，即捕治盜魁，閭井肅然。歷官浙江按察使，所至有能名，吏不能欺，而持法平允。性孝友。工詩文，著有真養齋集。

楊棟榮。金堂人。康熙中，由拔貢任犍爲教諭，方正自持，待士以禮，誨誘後進，科第日盛。升夔州教授去，犍爲人思之，祀名宦。

羅國賢。崇慶人。康熙中官州同。招撫吴三桂逆黨楊家嘉等，至巫山，單騎赴賊營，諭以順逆，言辭激烈，賊殺之於山河口。

岳超龍。本莊浪衛人，兄昇龍官四川提督，以母老奏隸蜀籍，遂家成都。超龍積功至遊擊。雍正二年，領河州兵。會參將張元佐勦鐵布、撒路等寨，破番寨四十一所。擢河州協副將。是年五月，自西寧出口，七月復領先鋒，帶四川兵勦逆夷羅卜藏丹津，擒斬甚衆。超龍儀幹修偉，沈勇敢戰。歷湖廣提督，卒官。子鍾璜，字渭章，由藍翎侍衛洊擢總兵。乾隆十九年，自廣西調四川提督，疏請停止松潘鎮臣每年出口化番，以節勞費。二十三年、二十八年，金川土司迭搆釁，鍾璜與督臣討平之。卒官。謚莊恪。鍾璜子湘，以廕官至遊擊。三十六年，隨征金川，攻宜溪梁子，先登傷卒。

岳鍾琪。昇龍子。少有至性。母苗氏病，刲股以進，猶忍痛習射。嗜學，工書能詩。尤殫心武略，遇宿將老卒，詢山川夷險、番情向背特詳。由同知改武職。康熙五十九年，隨定西將軍噶爾弼征西藏，功加左都督，授四川提督。六十年，與總督年羹堯勦平三果羅克。雍正元年，青海羅卜藏丹津叛，寇西寧，鍾琪率兵會謀勦撫，所過五千餘里，烽煙肅清。明年，授奮威大將軍，進征青海。以五千人出邊，計十五日，擒滅逆賊大酋而還。授三等公。復平桌子山、棊子山諸番，兼甘肅提督。三年兼巡撫，晉授川陝總督。疏邊防職事多得請。七年，湖南逆民曾静遣徒張熙投書，勸鍾琪以叛，鍾琪佯與設誓，盡得静與吕留良之徒謀叛狀，上優獎之。準噶爾不靖，鍾琪爲西路安遠大將軍，與北路靖邊大將軍傅爾丹討之。十年，鍾琪以屢失機宜，所委非人，褫職論斬。乾隆二年，釋歸。十三年，金川逆酋莎羅奔作亂，起爲總兵從征，尋授四川提督，連敗賊。十四年，經略傅恒抵軍營，莎羅奔懼，欲降未決。鍾琪率從者十三人袍服入賊巢，諭以順逆，酋素服鍾琪，棄刀弩羅拜，次日詣大營降。詔許班師，復封鍾琪威信公，還提督任。十九年，重慶姦民陳琨等滋擾，力疾親往督緝。還，卒於資州。謚襄勤，賞給一等輕車都尉。

顔清如。成都人。隨征西藏、青海，積功至遊擊。雍正五年，西藏與噶隆搆釁，清如從使臣往定其界。蕆事歸至中途，聞西藏阿爾布巴隆布柰戕殺噶隆康濟鼐，乃復返後藏。而噶隆頗羅鼐率衆圍藏，使者懼，將遷達賴喇嘛於工布以避之。清如争曰：「處重圍中，避將安出？縱出藏，必殘破，與守土失陷同罪。彼衆爲仇而來，義也。誠諭以大義，更執讎以俟朝旨，彼必束身歸命矣。」如其計，登樓呼頗羅鼐與語，清如剴切譬諭之，果稽首退兵俟命。清如復説達賴喇嘛，俾執其所讎阿爾布巴隆布柰，并勘噶隆稱兵之罪奏之。時已發三省兵，中道而事定。超擢清如副將。旋遷總兵，隨大將軍岳鍾琪出師巴里坤。授四川提督，移吐爾番回民於哈密。乾隆二年，師還，調湖廣提督。以病乞休歸。年八十一卒。

冶大雄。成都人。隨總督岳鍾琪征西藏、青海，累功至參將。雍正八年，偕總兵樊廷率兵二千，破準噶爾賊二萬，轉戰七晝夜，殺賊過當。歷遷山西大同鎮總兵。以事褫職。乾隆元年，起衡州協副將。五年，城、綏苗猺不靖，大雄勦撫之。復擢總兵。十三年，隨經略大學士傅恒征金川，授雲南提督，洊加左都督銜。

岳濬。鍾琪長子。以廕入仕。雍正七年，授山東巡撫。在任十年，一以和易爲政，歲得屢豐，盜賊屏迹。乾隆元年，調江西。初，鍾琪得罪下獄，濬終日憂戚，結草舍以居，茹蔬食粥，非公事不衣絲枲，三疏請以身代。及鍾琪得釋，濬旋以事鐫秩，補光禄寺卿，出爲福建按察使。累遷廣東巡撫。復降鴻臚少卿。歷通政司參議，卒。濬任封疆近二十年，所至有聲，不爲子孫置田產，營官職，而年僅五十，人皆惜之。

楊岱。彭縣人。雍正丙午舉人。事父能先意承志，以孝稱。著有村山詩集。弟崑，有三樹堂集。岐，有碧蘿亭稿。俱以詩名，人稱「三楊」。

顧汝修。華陽人。乾隆壬戌進士。歷編修贊善，遷順天府尹。莅任即革除諸弊，清理積案。旋補大理寺少卿。奏讞或有未允，即與刑部駮詰。適座主某爲尚書，謂之曰：「君無太剛。」汝修曰：「事論可否，不當問剛柔也。」回籍後，掌教錦江書院，門下知名者甚衆。晚精宋儒之學，著有鈞引編、四勿箴、味竹軒詩文集。

高辰。金堂人。乾隆丁卯，金川用兵，辰以諸生詣軍門，陳山川形勢、攻取之策，當事奇之而不能用。辛未成進士，改庶吉士。散館授清河知縣，調華亭。有盜魁竄伏浙之歸安，辰偵知擒獲。破積案數十，盜風以靖。薦升禮部主事。授鳳陽同知，未任卒。辰居官廉介，不名一錢，而負奇愛士，獎成者多。著有白雲山房詩文集。

胡連。成都人。甘肅寧州營參將。乾隆十年，從征瞻對，與同縣參將吴錦江均力戰陣亡，卹廕各如例。又同縣守備梁士瑋、千總潘浩、把總李應選、外委王致中俱於十二年金川陣亡。都司温和、楊先春，把總高天昇、王朝柱、曾榮、劉記印，外委賽清注，俱於十三年金川陣亡。千總何茂榮、陳志，外委陳國泰，俱於十五年西藏陣亡。都司張璋於三十二年緬甸陣亡。千總胡印、王國英，外委單應魁，俱於三十七年金川陣亡。參將沈寬，守備王汝衡，千總富國安，把總岳方善、達正逵、楊繼梁、黄伸、范惠，俱於三十八年金川陣亡。千總張魁、王謐，把總劉宗文，俱於三十九年金川陣亡。遊擊崔文傑，守備劉魁，把總賈國榮、唐偉、馬鑑，俱於四十年金川陣亡。遊擊劉越於五十三年安南陣亡。參將張占魁，千總李端、蘇國龍、唐忠榮，俱於五十七年廓爾喀陣亡。遊擊王重品，千總王治、趙榮，俱於六十年黔楚陣亡。均卹廕如例。

楊國璽。華陽人。官把總。乾隆十二年，從征金川陣亡，卹廕如例。同縣外委趙坤於三十二年緬甸陣亡。千總李洪基，把總石璽、孫連，俱於三十六年金川陣亡。把總王得陞、黄安國俱於三十七年金川陣亡。把總丁元功於三十八年金川陣亡。外委賈廷臣於三十九年金川陣亡。外委劉應照於四十年金川陣亡。千總楊茂於四十六年甘肅陣亡。把總張治平於五十七年廓爾喀陣亡。守備高乾於六十年黔楚陣亡。均卹廕如例。

陳敬修。温江人。官把總。乾隆四十年，從征金川陣亡。同縣把總余奉璋，五十六年廓爾喀陣亡。均卹廕如例。

趙廷鼎。新繁人。乾隆己卯舉人。任廣西羅城知縣。邑多曠土，民未知水利，廷鼎度原隰，濬渠築堰，廣爲引注，溉田數萬頃。民德之，爲立祠，名其堰曰趙公堰。歷官泗城知府，所至有聲。

劉君相。新都人。官外委。乾隆三十二年，從征緬甸陣亡。同縣守備虎成林，三十七年金川陣亡。均卹廕如例。

許世亨。新都人。乾隆三十六年，以守備從征金川，積功十九等，洊升貴州威遠鎮總兵。五十二年，調勦臺灣逆匪，所向克捷，臺灣平。列紫光閣二十功臣圖像，升廣西提督。偕總督孫士毅征安南，克黎城，封一等子。五十四年，阮惠等謀奪黎城，士毅將渡江，世亨止之，曰：「總督非鎮將可比，設有疏虞，國體攸關。」自率將弁於橋南力戰，死之。事聞，贈三等壯烈伯，謚昭毅，祀賢良祠。

陶嚴端。郫縣人。父殁，廬墓三年。妻亡，有二子，嚴端年甫二十四，遂不更娶，親操井臼，晨夕不離母側。母殁，廬墓如初。乾隆五十九年旌。

楊玉林。郫縣人。官千總。乾隆六十年，從勦黔楚苗匪，陣亡，卹廕如例。

馬捷。灌縣人。官千總。乾隆十二年，從征金川陣亡，卹廕如例。

李獻廷。彭縣人。官把總。乾隆六十二年，勦黔楚苗匪陣亡，卹廕如例。

鄭思强。崇慶人。父尚客死山東，思强甫十歲。力學遊庠，授徒養母。久之積五十金，徒步往尋父櫬不得。門鄉人王姓，昔官山東知之，復回蜀問王得實耗，再往扶櫬歸葬，廬墓四年。乾隆四十年旌。

張邦伸。漢州人。乾隆己卯舉人。官河南襄城知縣。時有事緬甸，兵差絡繹，邦伸均其役而民不擾。通湛、汝諸水以利民田。勤聽斷，出冤滯，囹圄空虚者六月。調固始，濬河賑災，皆有善政。著有文谷詩文鈔、雲棧紀程、錦里新編、地學正宗、醫述、歸田集、全蜀詩匯等書。

譚公義。成都人。官守備。嘉慶元年，與同縣千總廖廷魁、把總張大斌、馬世傑、何世雄、外委周廷玉俱從勦川楚教匪，力戰陣亡，卹廕各如例。又同縣守備樊模，雲騎尉李榮，千總魯君俸、冶正華、馬國安、王大倫、陳萬年，把總馮玉成、蒙彪、王榮陞、毛安國、張瑛，外委鍾德勝、韓連陞，俱於二年陣亡。遊擊靳文銓，守備趙成龍，千總李占魁，把總王正剛，外委王正林、岳彪、張占鼇、朱玉貴，俱於三年陣亡。副將關聯升於四年陣亡。遊擊冶正恩，都司劉忠魁，千總虎正江、馬應舉、馬應魁、王國相、馬良奇，把總曾守忠、廖榮，俱於五年陣亡。遊擊傅廷剛，都司賈紹復，千總段松林、外委鄭起高俱於六年陣亡。千總宋廷杰，把總龍廷貴，外委江順、艾玉林，俱於七年陣亡。副將張應貴，千總馬正龍，把總羅純、王得勝、陳貴，外委敬聯升，俱於八年陣亡。都司鄭起貴，外委江國用俱於九年陣亡。均卹廕如例。

李應貴。成都人。嘉慶十一年，官福建汀州鎮總兵。帶兵巡洋，遇逆匪蔡牽，應貴麾舟直進，親冒矢礮，躍登盜船，手刃數人，以衆寡不敵被害。卹廕如例。

何元卿。華陽人。由行伍從征金川、廓爾喀，累功官參將。嘉慶元年，隨勦湖北教匪，攻克旗鼓寨賊巢，擢陝西興漢鎮總兵。調勦四川達州教匪，攻克冉家壩、土地埡等處。十一月，追賊至牛背山，身先士卒，遇伏，力戰陣亡。賜祭葬，照提督例卹廕。同縣千總徐文英、把總岳占魁、外委郭萬福俱於元年從勦川楚教匪陣亡。都司安如峒、胡魁，把總馬正乾，外委陳釗，俱於二年陣亡。外委周仁、黃玉祥俱於三年陣亡。守備朱映堂，千總徐恩、宋廷柱、王廷耀、張大陞，外委曹易新、駱維煥、王增、江魁、楊占龍、吳占超，俱於五年陣亡。守備陳應彪於六年陣亡。都司李鳳鳴、黃鳳，千總江鵾化，俱於七年陣亡。遊擊曹文通、都司彭家棟、千總李國泰、恩騎尉李啓功俱於八年陣亡。均卹廕如例。

康恒彩。雙流人。官把總。嘉慶元年，與同縣外委李雲龍俱從勦川楚教匪力戰陣亡，卹廕各如例。又同縣把總謝復榮於二年陣亡。都司應元寬於七年陣亡。外委楊廷英於九年陣亡。均卹廕如例。

蔡魁。雙流人。由行伍從征金川及甘肅逆回，累功官福建建寧鎮標遊擊。嘉慶十一年九月，帶兵巡洋，遇逆匪蔡牽，魁以孤軍扼險，斷賊艘取水要道，賊傾舟來撲，力戰陣亡。卹廕如例。

鄧連。温江人。官把總。嘉慶元年，從勦川楚教匪，力戰陣亡，卹廕如例。同縣守備文光斗、把總羅舉睿俱於二年陣亡。外委王得勝於七年陣亡。均卹廕如例。

薛文魁。新繁人。官外委。嘉慶七年，從勦川楚教匪，力戰陣亡，卹廕如例。

高傑。新都人。官都司。嘉慶元年，與同縣外委馬懷龍俱從勦川楚教匪，力戰陣亡，卹廕各如例。同縣外委羅應舉於二年陣亡。把總羅廷柱於三年陣亡。均卹廕如例。

游金階。郫縣人。官千總。嘉慶五年，與同縣外委謝玉貴俱從勦川楚教匪，力戰陣亡，卹廕各如例。同縣把總張聯程於六年陣亡。外委鄧維仕於八年陣亡。均卹廕如例。

楊映揚。彭縣人。官千總。嘉慶二年，從勦川楚教匪，力戰陣亡，卹廕如例。

謝占魁。簡州人。官守備。嘉慶六年，從勦陝西教匪，力戰陣亡，卹廕如例。

田占魁。崇慶人。官都司。嘉慶二年，從勦貴州狆苗，力戰陣亡。同縣千總余伸於是年從勦川楚教匪陣亡。卹廕各如例。

倪占鼇。新津人。官守備。嘉慶元年，從勦川楚教匪，力戰陣亡。同縣把總童鈞於六年陣亡。均卹廕如例。

張超。什邡人。嘉慶九年，從勦川楚教匪，力戰陣亡，卹廕如例。

流寓

漢

楊仲續。河東人。舉賢良方正，拜祁令，甚有德惠。樂益部風俗，因家新都。代修儒學，以夏侯尚書教授。

侯芭。鉅鹿人。揚雄病免家居，好事者載酒肴從游學，芭從雄受太玄、法言。雄卒，芭爲起墳，喪之三年。

申屠剛。茂陵人。嘗慕史鰌、汲黯之爲人。平帝時，舉賢良方正，對策直言，罷。王莽篡位，剛遂避地河西，轉入巴蜀，往來二十許年。建武七年，詔徵爲尚書令。

廉范。杜陵人。父客死於蜀，范遂流寓西州。西州平，歸鄉里。年十五，西迎父喪。蜀郡太守張穆，范祖丹之故吏，重資送范，范無所受。至葭萌，載船觸石破没，范抱持棺柩，遂俱沈溺。衆傷其義，鉤求得之，療救僅免於死。穆聞，復馳遣使持前資物追范，范又固辭。

唐

王勃。龍門人。嘗客劒南，登葛墳山曠望，慨然思諸葛亮之功，賦詩見志。

杜甫。襄陽人。流寓劒南，結廬成都西郭浣花溪上。成都尹裴冕爲築草堂。嚴武鎮蜀，辟爲參謀，待之甚異。

張道古。臨淄人。昭宗時爲左拾遺。時方鎮擅兵，道古極陳其弊，謫施州司户參軍。後入蜀，聞王建憾之，乃變姓名，賣卜導江、青城市中。建開國，召爲五部郎中。至玉壘關，謂所親曰：「吾唐室諫臣，於死之日，葬我於關東不毛之地，題曰『唐左補闕張道古墓』。」後竟遇害。

五代　前蜀

韋莊。杜陵人。蜀王建以爲掌書記，文不加點，而語多稱情。

韋縠。杜陵人。少有文藻，夢中得軟羅頭巾，才情益進。仕蜀爲尚書。嘗選唐人詩爲才調集。

後蜀

毋昭裔。中州人。貧時借文選於交游，見有難色，遂發憤曰：「異日若貴，當鏤板以遺學者。」後避難依孟蜀，仕至宰相，遂鏤文選諸書。

宋

宋汝爲。豐邑人。吕頤浩爲相，使致書於劉豫。汝爲見豫，勉以忠義，不從。乃謀劫豫，事泄逃歸。及金人通和，以汝爲姓名來索，乃變姓名爲趙雙，字逸老，入青城山。其後金人叛盟，朝廷始求汝爲，已卒。乃官其子南强。

譙定。涪陵人。隱居青城山。建炎初，召至揚州，留之講筵不可，以通直郎致仕。淳熙中，年百三十餘，巢居險絶，數年一出，人亦罕見之者。

邵伯温。洛陽人。父雍嘗曰：「世行亂，蜀安可避居。」及宣和末，伯温載家使蜀，故免於難。

姚平仲。山西人。靖康初在圍城中，夜攻賊營不利，乃逸去。建炎初，所在揭榜，以觀察召之，不出。淳熙間，或見之青城山丈人觀，年近九十矣。

安世通。開禧初，僑居青城山。吴曦反，乃獻書於成都帥楊輔，陳君臣大義。輔不用，遂東如江陵，請吴獵舉兵以討曦。未幾曦敗，獵使蜀，薦士以世通爲首。

明

方孝孺。寧海人。幼警敏，長從宋濂學，恒以明王道、致太平爲己任。洪武十五年，以薦召除漢中教授。蜀獻王聞其賢，聘爲世子師。陳説道德，王尊以殊禮，名其讀書之廬曰正學。

列女

漢

姜詩妻龐氏。廣漢人。龐盛女。詩事母至孝，龐奉順尤篤。母好飲江水，水去舍六七里，龐常泝流而汲。後值風，不時得還，母渴，詩責而遣之。龐寄止鄰舍，晝夜紡績，市珍羞，使鄰母以意自遺之姑。久之，姑感慙呼還，恩養愈謹。其子因遠汲溺死，龐恐姑哀傷，託以行學。母嗜膾，夫婦嘗力作以供母膳〔九〕。

張霸妻司馬敬司。成都人。霸前妻有三男一女，敬司撫教五子，恩愛若一。子楷，禀母教爲聘士。

王遵妻張叔紀。霸女孫。適廣漢王遵，生子商，海内名士。時頌曰：「少則爲家之孝女，長則爲家之賢婦，老則爲子之慈親。」

孝廉汝敦妻。廣漢人。敦兄弟共居，有父母時財，嫂心欲得，妻勸敦盡讓田宅奴婢與兄，自出居。後敦耕得金一器，妻復勸送之兄，嫂見金踊躍。兄悟，即出妻，讓財還弟，弟不受，相讓積年。後並察孝廉，世爲冠族。

姚超二女姚、饒。郪縣人。建初中，超爲廣柔長。九種夷反，殺超獲二女，欲使牧羊，二女誓不辱，以衣連腰沈水死。見夢告兄慰曰：「姊妹之喪，當以某日至溉下。」慰如夢得喪，郡縣圖像府廷。

便敬賓妻常元常。江原人。適廣漢便敬賓，夫早亡無子，養賓族子。父母欲嫁，乃祝刀誓志而死。又常靡常，江原常仲山女，適成都殷仲孫，遭疫，舉家死亡。靡常年十八，收葬諸喪，養遺生子成家。又常洽女紀常，適趙謙夫。洽遇害於長安，二兄先歿，遣父門生瞿登、張順迎喪。時寇賊蠭起，紀常晝夜悲哀，喪還無恙，人皆謂精誠所感。

趙憲妻何玹。郫縣人。憲早亡無子，父母欲改嫁，何恚憤自幽，不食死。又羅倩女貢羅，景奇妻也。奇早亡無子，父愍其年壯，以許何詩，羅白書誓父不還家。詩告縣逼遣之，羅乃訴州刺史高而許之。

三國　漢

公乘會妻張氏。廣都人。夫早亡無子，姑及兄弟欲嫁之，張誓不許。而言之不止，乃斷髮割耳，養會族子，事姑終身。又新都便敬妻王和，敬早亡，養孤守義。蜀郡何玉因媒求之，兄喻以公族可憑，和恚，割其一耳。又繁縣張氏女名昭儀，廣漢朱叔賢妻。賢爲郡督郵，昭烈圍劉璋於成都，賢坐事誅。璋以昭儀配兵，將見逼，自殺，三軍哀歎。

張惟妻程貞玦。牛鞞人。十九適惟，未期惟亡。養惟兄子悦，供養舅姑，夙夜不怠。資中王沖欲娶玦，玦叔父肱答以女志不可奪。沖爲太守李嚴督郵，遣縣掾以太守命聘之，玦自投水，救援不死。後太守爲立表作頌。

李昭儀。魏以蜀宫人賜諸將之無妻者，昭儀曰：「我不能二三屈辱。」乃自殺。

晋

許延妻杜氏。成都人。延，益州別駕，爲氏帥李驤所殺。驤欲納杜，杜哭守夫尸，罵驤見害。

唐

李希妻俞氏。蜀人。有異色。王建克成都，軍校徐瑶虜而逼之，脅以劍，矢死不受辱，瑶壯而釋之。

宋

張愈妻蒲氏。名芝。賢而有文。愈卒，蒲爲之誄。

陳安節妻王氏。雒縣人。歸歲餘而夫卒，事親治家有法，舅姑安之。一子曰新入太學，早卒。二孫綱、絨，咸篤學有聞。親屬貧窶者，收養婚嫁，至三十四人。鄉人敬其節操行義，呼曰「堂前」，猶私家尊其母也。乾道中，其元孫敏政猶五世同居，詔旌之。又華陽范祖堯母趙氏、杜準妻黎氏、雙流宇文邦彥妻黎氏均以賢母聞。廣都喻舜二女以節行著。

范孝純妻師氏。彭州人。父驥，右正言。孝純建炎初還蜀，至唐州遇賊被害，執師氏，師駡曰：「我中朝言官女，豈爲賊辱？吾夫已死，宜速殺我。」賊遂害之。

元

張保童妻郝氏。成都人。早寡，不忍獨生，以死從夫。事聞褒表。

李世安妻王氏。成都人。年十九，夫卒，有欲奪其志者，引刀斷髮，復自劓其耳。狀上旌之。

費氏女。灌縣人。至正丁酉，軍亂肆掠，費恐辱，豫自縊。

明

李孝先妻文氏。郫縣人。夫歿守節，孝事翁姑。永樂中旌。

李瑞妻夏氏。簡州人。成化中，羣盜夜劫其室，夏知難免，密令夫遁，挺身禦賊，死之。

葉馨妻彭氏。彭縣人。年二十五，夫殁，撫孤世蓁領正德鄉薦。蓁卒，又撫孫瑞成立，以詩禮世其家。瑞既娶而卒，妻柳氏年十七，復矢志守節。先後被旌。

楊烈女。漢州人。楊通女。正德初爲寇所掠，大罵不屈死。

蔣芹妻曹氏。成都人。早寡守節。二子三近、三益俱登嘉靖進士。同時同縣進士林軏祖母謝氏、母韓氏均以節旌。

郭朝用妻姜氏。漢州人。早寡，守節四十餘年。二子同舉嘉靖乙酉鄉試。

任高妻李氏。温江人。隆慶初，高爲萬載教諭，江行遇寇，李攜二女投水死。次日三尸浮出，面如生。詔於其地立祠。萬曆中，又建三烈坊於本邑。

乾道妻楊氏。成都人。年二十五，夫卒，撫遺腹子。及長，有一孫而子尋殁。媳汪氏年十六，或諷令改適，汪泣曰：「吾姑不負吾舅，吾忍負吾夫哉？」萬曆中並旌。一門雙節，里人榮之。同縣汪源妻闞氏、向昇陽妻邵氏、周繪妻楊氏、桂瑄妻方氏、周選妻李氏、楊綸妻高氏均夫殁守節。

徐大美妻劉氏。華陽人。與同縣楊瑄妻程氏、宋元嗣妻趙氏、楊惟畏妻胡氏、劉南陽妻鄭氏、程時信妻劉氏均夫殁守節。賈席慶妻潘氏，夫殁殉節。

李孝女。華陽人。李廷幹女。年十三，刲股愈母疾，事聞被旌。

何志聰妻鄭氏。温江人。與同縣劉某妻李氏均夫殁守節。田汝均妻徐氏，夫殁殉節。

趙及第妻左氏。新繁人。與同縣楊體乾妻羅氏、向可久妻王氏均夫殁守節。

郭惟尚妻杜氏。金堂人。翁年九十，杜侍奉誠孝，至口舐潰癰，事聞被旌。同縣杜勝海妻彭氏，夫歿守節。

孫思孔妻楊氏。新都人。與同縣楊廷學繼妻趙氏均夫歿守節。

王正宇繼妻林氏。郫縣人。與同縣鄧承芳妻劉氏、陳三甲妻張氏均夫歿守節。

朱政妻陳氏。灌縣人。成化十一年，政守茂州鎮戎堡，值羌番犯邊，戰死。陳走抱屍慟哭，既殮，遂投崖死。

文可刊妻王氏。灌縣人。夫亡殉節。

劉松茂妻王氏。彭縣人。與同縣趙三畏妻劉氏、邊一俊妻祝氏、楊雲鵬妻趙氏均夫歿守節。

殷子襄聘妻杜氏。簡州人。未婚而子襄歿，守志母家，事母勤懇，人稱其貞孝。同州李朝英妻羅氏，夫歿守節。

葉相妻唐氏。崇慶人。與同州梁拱岷妻鍾氏、方從德妻黄氏均夫歿守節。劉無我聘妻王氏，未婚守節。

何其瑞妻唐氏。漢州人。與同州戴處信妻孟氏、方涇妻鐵氏、妾許氏、趙文耀妻馬氏、趙一琴妻郭氏、胡桐妻章氏均夫歿守節。

李可植妻馬氏。什邡人。夫歿殉節。

王鳴珂妻熊氏。成都人。崇禎末，流賊張獻忠陷城，被執不屈，死之。同時駡賊死難者，漢州江禹澤妻陶氏、子婦張氏。抗節自盡者，金堂李仕俊妻楊氏、彭尚仁聘妻李氏、彭縣劉時雨妻黄氏、趙某妻官氏、新津王源長妻徐氏、藍燦妻袁氏、什邡顧存志妻賈氏、子婦張氏、李愛芳二女。

劉應選妻陳氏。什邡人。陳百户女。有才智，能騎射。崇禎末，張獻忠屠蜀，應選結山寨自保。疾甚，賊乘夜來攻，陳率衆力戰卻之，立栅於木瓜坪，據險以守。聚避寇諸婦女，擇其壯健者教練之，號「孃子軍」，賊不敢犯。應選歿，陳守栅五年糧盡，采木實、炙鼠雀以食，衆恃爲固。賊退，移夫柩歸葬，守節以終。

本朝

周之德妻文氏。成都人。夫亡，二子相繼殤，文織紝養姑，苦節四十二年。

鄒望臣妻劉氏。新繁人。年十八，夫亡守節。舅姑卒於湘江，劉載骸歸葬。同縣節婦鄒珏妻高氏，均康熙年間旌。

李廷藩妻謝氏。金堂人。夫亡無子，孝事孀姑，苦節三十四年。康熙年間旌。

武嶽年妻劉氏。新津人。嶽年隨征吴逆陣亡，劉苦節奉姑，教子世臣登鄉薦。康熙年間旌。

岳超龍母楊氏。成都人。夫亡守節，教子以武勳世其家。雍正年間旌。

何生美妻顧氏。成都人。早寡，子方襁褓，兵燹流離，竄隱巖谷，常摘木葉寫四書章句，教子成立。八十五歲終。雍正年間旌。

楊於浤妻劉氏。金堂人。早寡，孝事翁姑，撫子燕慕。婚後旋亡，姑媳相依，時稱「雙節」。雍正年間旌。

師大成妻危氏。新都人。夫亡守節。雍正年間旌。

何以政妻顧氏。郫縣人。明太僕卿造孫女。淹通經史。以政起義兵與流賊戰歿，顧年二十六，子甫一歲。泣曰：「吾不可以一死殄忠烈之祀也。」兵戈艱險，卒能完節，教子孫成立，苦節四十五年卒。同縣節婦樊彬妻郭氏、張鳳騰妻趙氏、唐廷獻妻李氏、楊遠妻陳氏，均雍正年間旌。

殷輅妻張氏。崇慶人。夫早歿，事舅姑以孝稱。日勤紡績，教子成立，守節三十五年。同州節婦秦開甲妻李氏，均雍正年間旌。

宋玉洪妻林氏。新津人。早寡，斷髮剺面，誓志守節。翁姑皆七十餘，祖姑九十有三。林撫二歲孤，養生送死，不愆於禮。雍正年間旌。

胡嘉貴妻郭氏。漢州人。夫亡，翦髮誓志，孝事舅姑，撫子成立，苦節四十九年。同州節婦劉尚臣妻何氏，均雍正年間旌。

拜納妻瓜爾佳氏。成都駐防滿洲人。夫亡守節。又節婦瑪錫妻章佳氏、札稜泰妻郎氏、六十一妻餘庫爾氏、額勒墨妻劉氏、爾納妻納拉氏、禄昌妻特氏、阿玉喜妻巴里克氏、林安圖妻杜喇氏、西蒙額妻佘氏、富森布妻伯衣克氏、巴延泰妻瓜爾佳氏、官星保妻伊爾根覺羅氏、天紹保妻巴氏、巴彦布妻李氏、白石保妻劉氏、長銘妻河托氏、伊蘭泰妻李氏、九家保妻郭羅吉氏、瑪桑阿妻吴氏、觀德保妻馬尼克氏、實靈妻郭氏、德保妻塔禄克氏、德升保妻蘇都哩氏、興旺妻拉氏、富隆阿妻阿勒爾氏、明福妻章京氏、色楚妻汪嘉氏、福保妻郭氏、依林布妻李氏、穆克敦妻舒穆嚕氏、德成妻劉氏、常齡妻陳氏、靈保妻章佳氏、富敏妻舒穆嚕氏、色稜額妻兆墨特氏、崧新布妻舒穆嚕氏，均乾隆年間旌。

張璽妻趙氏。成都人。夫亡守節。同縣節婦江以寬妻葉氏、高廷英妻張氏、陳有世妻李氏、王世美妻趙氏、劉友諒妻任氏、劉瑞麟妻胡氏、酆登相妻王氏、汪宏烈妻王氏、郭現瑞妻王氏、鄭國興妻葉氏、劉漢倫妻鄭氏、劉應沛妻胡氏、黄霖妻王氏、來琢妻李氏、劉沛裔妻陳氏、胡嘉會妻毛氏、高登榜妻張氏、馮祖裔妻陳氏、張國用妻李氏、張廷基妻楊氏、陳大紀妻梅氏、張明甫妻高氏、胥芳妻宋氏、林承恩妻張氏、李文鍾妻林氏、李先興妻陳氏、馬守貴妻賈氏、黄家正妻張氏、陳開甫妻徐氏、郭應麒妻杜氏、郭之玉妻林氏、李若秋妻劉氏、海自清妻李氏、馬麟妻王氏、張翱妻郭氏、趙儀鳳妻陳氏、楊棟繼妻卞氏、王國棟妻張氏、彭象乾妻涂氏、王志鼎妻孫氏、張鳳基妻熊氏、黄宗堯妻王氏、任上國妻黄氏、汪靈妻桂氏、李國柱妻張氏、曹廷柱妻常氏、王之林妻李氏、陳翰極妻李氏、陳翰枚妻張氏、王居仁妻劉氏、張文嵐妻楊氏、何其玠妻王氏、吴廷機妻葉氏、錢熙妻王氏、張之琪妻高氏、趙裔性妻周氏、孫良焜妻王氏、陳文相妻胡氏、曹振妻郭氏、崔鍾意妻李氏、劉宗印妻胡氏、錢杰妻葉氏、劉漢妻敬氏，貞女張元德聘妻向氏、陳天佑聘妻張氏，均乾隆年間旌。

周永安妾張氏。華陽人。年二十，夫病革，刲股療之不起，嫡亦亡，乃嗣夫姪纘。纘亡，撫孫宗旦。宗旦亡，又撫曾孫元音。三世存孤，年至九十三歲。同縣節婦徐學明妻黄氏、王宏勳妻張氏、馬元鼎妻石氏、杜秉越妻黄氏、郭九會妻褚氏、袁朝聘妻黄氏、張慄妻李氏、張永璧妻梅氏、段作霖妻劉氏、鄒君玉妻袁氏、楊汝楹妻李氏、閔攀林妻李氏、李正芳妻韓氏、文天錫妻李氏、田時志妻楊氏、王維璧妻李氏、李懷妻蒲氏、楊翠岡妻陶氏、雷聯吉妻趙氏、趙禄妻汪氏、陳紹猷妻黄氏、趙永泰妻楊氏、雷作貴妻李氏、蔡廷極妻尚氏、黨明智妻史氏、郭秉忠妻王氏、彭萬英妻宋氏、劉瑞麟妻胡氏、楊棲鵜妻許氏、賈緒妻張氏、戴勝續妻許氏、曾瑄妻李氏、周廷元妻李氏、張斌妻李氏、佘澤潤妻鍾氏、劉汝梅妻周氏、李際昌妻吴氏、張翯妻佘氏，均乾隆年間旌。

周奇禄妻羅氏。雙流人。夫亡守節。同縣節婦徐蓼妻侯氏、解元相妻彭氏、盧大張妻李氏、王國卿妻劉氏、吴之璲妻彭氏，均乾隆年間旌。

石士林妻鄭氏。温江人。夫亡守節，訓二子皆成立。同縣節婦張士榮妻許氏、薛掄元妻李氏、陳瑛妻江氏、張邦達妻劉氏、張邦倫妻林氏、張珖妻夏氏、周耀隆妻李氏、吴玠妻盧氏、熊聖瑞妻王氏、楊慎修妻周氏、張若楷妻税氏、李抒薈妻伍氏、王廷藩妻武氏、李需妻王氏、陳韶妻胡氏、盧某妻李氏、楊廷柱妻王氏、劉覲祖妻陳氏、曹樸妻張氏、李品特妻鍾氏，烈婦楊國選妻文氏，均乾隆年間旌。

王璘妻劉氏。新繁人。夫亡守節。同縣節婦李行義妻趙氏、袁景任妻酆氏、李俊妻彭氏、李伯妻王氏、梁詔選妻胡氏、梅洪妻王氏、李明賢妻楊氏、雷君元妻駱氏、楊譜妻黄氏、陳昇妻李氏，烈婦張洪信妻劉氏，均乾隆年間旌。

黄茂發妻曾氏。金堂人。夫亡守節。同縣節婦楊沅妻劉氏、周邦良妻蕭氏、秦正傳妻張氏、何世偉妻段氏、賴贊章妻劉氏，均乾隆年間旌。

練琮環聘妻曾氏。金堂人。未嫁夫亡，白母請奔喪，不許，遂誓不他適。琮環父聞之，致書女父迎歸。及期，迎者阻雨未至，女以爲誑，遂自經。葬日，棺重不能起，祝以同穴，乃合葬焉。乾隆四十五年旌。

張世瑛妻黄氏。新都人。夫亡守節。同縣節婦馮于楊妻趙氏、趙洞妻王氏、魏正宇妻楊氏、藺全妻馬氏、曹志孔妻彭氏、周坤元繼妻王氏，均夫亡守節，俱乾隆年間旌。

郭璵妻戴氏。郫縣人。夫亡守節。同縣節婦郭元重妻李氏、陳啓元妻秦氏、石璽妻郭氏、陳奇龍妻閆氏、劉其瑛妻何氏、黄再霸妻楊氏、嚴自琳妻孟氏，貞女徐鴻猷聘妻董氏，烈女蘇萬吉女，均乾隆年間旌。

劉天禄妻毛氏。灌縣人。夫亡守節，訓二子成名，長子旋卒，婦李氏亦勵苦節。同縣節婦馬人仕妻李氏、楊世珩妻李氏、張廷貴妻吕氏、楊開先妻劉氏，貞女郭義聘妻陳氏，烈女曹金榮女，均乾隆年間旌。

陳維復妻姜氏。彭縣人。夫亡守節。同縣節婦黄在職妻張氏、駱應聯妻喻氏，烈婦胡宏祥妻王氏，均乾隆年間旌。

曹新貴妻樊氏。崇寧人。夫亡守節。同縣節婦高淳妻牟氏、蔣熾妻劉氏、田廣元妻李氏、米啓盛妻曾氏，烈婦葉華松妻李氏，均乾隆年間旌。

張鳳翌妻韋氏。簡州人。夫亡守節。同州節婦陳珖妻王氏、張庭槐妻謝氏、劉瑚文妻蘇氏、田玉妻藍氏，烈女都廷琗女、李國用女、李正恭聘妻龍氏，均乾隆年間旌。

胡宣妻李氏。崇慶人。夫亡守節。同州節婦王之相妻謝氏、秦開甲妻李氏、董萬乘妻嚴氏、董萬里妻胡氏、陳域妻程氏、林國柱妻胡氏、仇正元妻陳氏、李純妻朱氏、嚴聖修妻何氏，烈女盧長英，均乾隆年間旌。

周應揚妻謝氏。新津人。夫亡守節。同縣節婦楊文思妻吴氏、魏良佐妻毛氏、徐民炘妻趙氏，均乾隆年間旌。

嚴以容妻楊氏。漢州人。以容病，割股救之不起，矢志守節。家貧，紡績以養翁姑。翁病，復割股以進。同州節婦張越妻程氏、黄宗孟妻廖氏、張仁守妻周氏、黄國依妻劉氏、陳斌蓮妻羅氏、潘啓祥妻邱氏，烈女李氏女，均乾隆年間旌。

楊蕃妻張氏。什邡人。夫亡守節。同縣節婦羅醇妻李氏、周君用妻王氏、張文煒妻姚氏、景文成妻佘氏、林明綱妻劉氏、歐陽正龍妻劉氏、劉中和妻米氏、劉玉鰲妻王氏、楊河妻吴氏，均乾隆年間旌。

額勒琿妻特氏。成都駐防滿洲人。夫亡守節。又節婦保靈妻拉氏、哈勒洪阿妻羅氏、克興額妻特氏、廣德妻爾氏、禪布妻鄒氏、阿林阿妻甘氏、阿林妻佳氏、朱隆阿妻瓜爾佳氏、德倫妻何氏、全福妻蘇凡特氏、哈豐阿妻威古特氏、佟福妻張氏、德隆額妻安氏，均嘉慶年間旌。

王壆妻張氏。成都人。夫亡守節。同縣節婦葉洪謨妻龔氏、韓維新妻徐氏、黄秉賢妻曾氏、方禹治妻張氏、王裕彦妻姜氏、馬承恩妻馮氏、黄承奎妻張氏、杜慶頤妻王氏、吴仕奇妻廖氏、吴仕章妻張氏、郭宇宗妻董氏、郭貴賢妻彭氏、王進忠妻張氏、胡元隆妻周氏、江源妻黄氏、許謙榮妻馬氏、陳廷柱妻何氏、王蘭生妻劉氏、劉廷貴妻趙氏、王朝選妻李氏、朱文忠妻劉氏、李材妻梁氏、張動妻章氏，烈婦李某妻廖氏、唐某妻馬氏，貞女吴七姑，均嘉慶年間旌。

洪淵妻劉氏。華陽人。夫亡守節。同縣節婦胥玉妻趙氏、馮恭達妻楊氏、王宗舜妻楊氏、盧懷義妻王氏、王茨妻張氏、張志忠妻顧氏、吴大濬妻顧氏、賴正己妻劉氏、嚴成國妻吴氏、聶思品妻陳氏、王金印妻沈氏、張治成妻王氏、何貴萬妻郭氏、許字芳妻季氏、張顯權妻蕭氏、湯可耑妻羅氏、趙子重妻閻氏、安述業妻孫氏、張汝翼妻曹氏、馬呈國妻曾氏、何國才妻賀氏、李琯妻王氏、佘紹文妻任氏、劉尚佐妻崔氏，烈婦李某妻王氏，貞女洪淵女，烈女劉信懷女、傅某女，均嘉慶年間旌。

劉彭焕妻楊氏。雙流人。夫亡守節。家貧，紡績以養舅姑，撫姪祥爲嗣。祥卒，復撫孫成立。同縣節婦蒲薦蓁妻王氏、蒲瑄妻敬氏、蒲紹宗妻王氏，烈女帥公策女，孝女胡姑，均嘉慶年間旌。

周繼統妻胡氏。温江人。夫亡守節，事姑盡孝。姑病，割股療之，遂愈。同縣節婦李文夔妻馬氏、屈師宓妻陳氏、冉瑗妻李氏、范準妻鄢氏、王治成妻余氏、趙文瑞妻劉氏、胡奇遇妻劉氏、鄢瓊陽妻文氏、李文貴妻殷氏、熊白珩妻董氏、吴謨妻帥氏、黄現龍妻張氏，烈婦趙某妻鄭氏、黄宗義妻蔣氏、鄒文富妻蕭氏，貞女徐淑雲、徐淑英，烈女王三姑，均嘉慶年間旌。

楊萱妻李氏。新繁人。夫亡守節。同縣烈女黄金蓮，均嘉慶年間旌。

鄭尚忠妻陳氏。金堂人。夫亡守節。同縣節婦龍在海妻謝氏、潘啓祥妻邱氏、魏成璞妻陳氏、陳大晐妻何氏，均嘉慶年間旌。

冉仕颺妻譚氏。新都人。夫亡守節。同縣節婦周琴妻趙氏、史學彰妻巫氏、吴子仙妻楊氏、周灉妻王氏，貞女史學珠聘妻曾氏，均嘉慶年間旌。

程象益妻曾氏。郫縣人。夫亡守節。同縣節婦張其綬妻李氏、李朝柱妻康氏、李經妻蕭氏、李熄妻蘇氏、李煖妻向氏、劉其才妻黄氏、吴朝相妻李氏、余世昕妻黎氏、余天眷妻王氏，烈女張開賢女保英，均嘉慶年間旌。

周維琦妻王氏。灌縣人。夫亡守節。同縣節婦楊廷權妻魏氏、趙安妻劉氏、趙仲元妻任氏、苟廷煇妻江氏、王朝相妻楊氏、官澤灝妻羅氏，烈婦張啓盛妻王氏、蔡某妻羅氏，烈女鄧氏女，均嘉慶年間旌。

陳獻圖妻侯氏。彭縣人。夫亡守節。同縣節婦張爵茂妻甯氏，烈婦李某妻袁氏，烈女龍亨耀女，均嘉慶年間旌。

楊朝臣妻蔡氏。崇寧人。夫亡守節。同縣節婦田璞妻李氏、李朝舉妻劉氏、余鎮湖妻徐氏、唐德茂妻楊氏、蔣熾妻劉氏，均嘉慶年間旌。

陳德熥妻李氏。簡州人。夫亡守節。同州節婦王化淑妻林氏、張世忠妻章氏、朱敦立妻馬氏，均嘉慶年間旌。

李志浩妻蔡氏。崇慶人。夫亡守節。同州節婦程尚志妻施氏、姜名奇妻楊氏、陳衡妻牟氏、孟興宗妻張氏、胡定庠妻楊氏、陳國璠妻張氏、陳國珩妻牟氏、劉子孝妻文氏、龔禄重妻盧氏、龔朝輔妻何氏、袁仕永妻楊氏、張文才妻史氏、楊廷輝妻王氏、沈适妻曹氏、何永安妻周氏、劉化浦妻何氏、李朝榮妻楊氏，烈婦楊某妻徐氏、張某妻王氏、沈國佑妻白氏，烈女王慈英、黄氏女，均嘉慶年間旌。

岳有榕妻田氏。新津人。夫亡守節。同縣烈婦岳某妻王氏，均嘉慶年間旌。

金國瑞妻佘氏。漢州人。夫亡守節。同州節婦李耀妻張氏、侯肇禋妻劉氏、劉守家妻胡氏、唐國材妻陳氏、段秀章妻鄧氏、劉懋庸妻胡氏、唐鳳秀妻卿氏、張乾惕妻黄氏、譚正瑚妻唐氏、方應農妻曾氏，烈婦文某妻趙氏、羅萃章妻蔡氏，烈女游二女，均嘉慶年間旌。

劉應瓏妻嚴氏。什邡人。年二十四，夫亡，遺幼子二，翁姑衰耄，氏奉養撫育，艱苦備嘗，人稱節孝。嘉慶年間旌。

仙釋

古

甯封。黄帝時人。隱居青城山丈人峯下。黄帝從之問龍蹻飛行之道。自唐以來，號五岳丈人、儲福宣命真君。

周

李八百。蜀人。時人計其年八百歲，因號焉。或隱山林，或居廛市。初居金堂山龍橋峯下修道，周穆王時居廣漢棲元山，雲遊五岳，還山鍊藥。又居什邡仙居山。

漢

欒巴。内黄人。一云蜀郡人。順帝世，歷桂陽、豫章太守。有道術，能役鬼神。常毁淫祀，翦姦巫，所在有績。徵拜尚書。正旦大會，巴後到，乃飲酒西南噀之。有司奏巴不敬，詔問，巴頓首曰：「臣本縣成都市失火，臣故因酒爲雨以滅之。」詔令驛書問成都，果然。

李常在。蜀人。治道術，常如五十許人。治病，困者三月，微者一日愈。二弟子隨之，各以青竹杖度其身，遣歸家，置杖卧牀。其家見兒尸在牀，各泣埋之。有人於郫縣逢二子，隨常在行，附書到家，發棺視之，惟青竹杖耳。

李阿。蜀人。常乞食於成都市，所得輒復散與貧窮者，市人莫知所止。有古强者，試隨阿還，乃入青城山中。

李意其。漢文帝時人。三國時尚在。先主欲伐吴，迎意其問吉凶，意其不答，但求紙筆，畫作兵馬器仗數十紙已，便一一裂壞之。又畫作一大人掘地埋之，便徑去。先主敗還，遂卒於永安宫。

隋

李珏。蜀人。隱青城山爲道士，後仙去。唐明皇時，封祐應保慈先生。

趙昱。蜀人。隋末隱青城山。煬帝聞其賢，徵召不起，督讓益州刺史，强起之。昱至京師，縻以上爵不就，獨乞爲蜀太守，帝從之，拜嘉州太守。斬潭中老蛟以除民害。莅政五月，隋大亂，昱隱去不知所終。

唐

王仙柯。青城人。儀鳳中拔宅上昇。蜀僧中痦遇於龍岱，問曰：「飛昇後，何爲來此？」仙柯曰：「吾昔得靈藥，令能飛步，今全家隱於後城，更修道法。」

益州父老。則天末，攜壺於成都賣藥，以錢濟貧乏，得藥者疾無不愈。嘗告人曰：「夫人一身如一國，心即帝王也，腑臟内輔也，九竅外臣也。欲身無病，必先正心，不亂求狂思，不惑嗜慾，則腑臟雖有病易療，九竅亦無由受病矣。藥亦有君臣佐使，小不當其用，必自亂也，何能攻人病？」歲餘浴於錦川，化鶴飛去。

道一。什邡人。姓馬氏，故俗稱馬祖。開元中，習定於衡嶽，遇讓和尚，密受心印。貞元四年，於建昌石門山示滅。元和中，謚大寂禪師。

羅公遠。九隴人。幼好道。明皇欲學其術，對曰：「陛下宜習唐虞之無爲，繼文景之儉約，豈可以萬乘之尊，徇小術爲戲翫乎。若盡臣術，必懷璽入人家，困於魚服矣。」帝堅學隱形術，卒不得，怒殺之。數歲，有中使入蜀逢公遠，袖出書一緘，以蜀當歸爲寄。

五代

彭曉。永康人。善修煉，別號真一子。常分魏伯陽參同契爲九十章而註之，以應火候九轉。有參同契分章通義行世。

掃地和尚。蜀王建開國後，有僧常持大帚，遇官府第宅寺觀，即加灑掃，人目爲掃地和尚。掃畢即書云：「水行仙，怕秦川。」及後罹秦川之禍，人始悟「水行仙」爲「衍」字。

宋

魏漢津。蜀黥卒〔一〇〕。自言師事唐仙人李良。皇祐中，以善樂薦。徽宗時，朝廷方考鐘律，得召見，獻樂議，請先鑄九鼎大鐘及二十四氣鐘。四年鼎成，賜號沖顯居士。大晟樂成，頒其樂書於天下。漢津曉陰陽數術，多奇中云。

本朝

石穴僧。不知何許人。嘗卧武都山石穴内二十餘年，不起亦不飲食，樵牧習見之。一日有士人於山下遇髯道人云：「此山有六祖應化，知否？」士即詣僧拜云：「師六祖耶？」僧張目曰：「莫信髯道人亂道。」明日再過之，不復見矣。

土産

麩金。唐書地理志：簡州土貢麩金。元和志：温江、阜江、牛鞞水出麩金。寰宇記：彭州産麩金，蜀州産金。

銅。唐書地理志：簡州陽安、金水二縣有銅。寰宇記：成都府舊貢銅盆。

鐵。唐書地理志：新津縣有鐵。

錦。華陽國志：成都江水濯錦則鮮明。唐書地理志：成都府蜀州土貢錦。寰宇記：成都九壁村出美錦。

羅。唐書地理志：成都府蜀州土貢單絲羅，彭州、漢州土貢交梭羅。寰宇記：廣都、雙流、温江出單絲羅。九域志：成都土貢花羅。

紗。唐書地理志：成都蜀州貢花紗。寰宇記：成都出交絲紗。

綾。唐書地理志：漢州土貢綾。寰宇記：成都華陽、新都、新繁、郫縣出綾，漢州出紋綾。九域志：成都府出雜色綾。

綿紬。唐書地理志：簡州土貢綿紬。寰宇記：成都府貢絁綿絹。

雙紃。唐書地理志：漢州土貢雙紃。

絲。寰宇記：郫縣出絲，犀浦縣出柘蠶絲。

布。唐書地理志：成都府土貢高杼布，漢州出彌牟、紵布、衫段。寰宇記：新都出高杼布及椑布、衫段，漢州出紵布、彌牟布，永康軍舊貢交梭布。

麻。唐書地理志：成都府土貢麻。

葛。唐書地理志：簡州貢葛。

鹽。隋書地理志：陽安縣有鹽井。明統志：府境鹽井不一，以其水煮之，而簡州爲盛。

漆。寰宇記：成都府貢漆。

牋紙。唐十道志：成都紙維十色。寰宇記：成都府舊貢薛濤十色牋，短而狹，纔容八行。

合簟。寰宇記：漢州土貢。

竹。唐十道志：成都府竹則九種。新志：椶竹生府城，葉似椶有刺，其中實而不虚。又有刺竹，刺環節而生，名艻竹。

牡丹。諸色俱備，花千瓣而大如毬，兩都所不及。一名「魚血紅」者獨艷。

海棠。寰宇記：成都此樹尤多。未開時如朱砂爛漫，稍白半落如雪，天下所無。又有鐵梗海棠，其色稍紅。

旌節花。寰宇記：出成都，枝直上，花紅紫層發出旌節，葉碧類百合。

千葉刺榆。寰宇記：出成都，紅似桃花，極大。

椒。寰宇記：蜀州土産。

藥。元和志：蜀州貢木蘭皮，新津出紫草。寰宇記：成都府舊貢雪山朴硝，其色如玉；彭州貢升麻、續斷；蜀州産紫草、紅花；永康軍産紫貝龍牙、白貝龍牙。

茶。寰宇記：茶生益州山谷，凌冬不死。三月三日，採乾爲飲，令人不睡。又簡州亦産茶。茶經：出彭州九隴縣馬鞍山至德寺、堋口鎮者，與襄州茶同味。毛文錫茶譜：蜀州晉源、洞口、横源、味江、青城皆出〔一二〕，有雀舌、鳥觜、麥顆、片甲、蟬翼諸名，皆散茶之最上者。

龍葵菜。寰宇記：出成都府。

蒟醬。寰宇記：出成都府，如今之大華撥。

梅煎。唐書地理志：成都府貢梅煎。

蔗糖。唐書地理志：成都府土貢蔗糖。元和志：蜀州土貢沙糖。

酒。唐書地理志：成都府土貢生春酒。方輿勝覽：漢州出鵝兒酒。華陽風俗録：郫縣有郫筩池，池旁有大竹，郡人刳節，傾春釀於筩，號「郫筩酒」。

魚。寰宇記：細鱗似鱒，蜀中謂之拙魚，蜀郡山中處處有之。每年春從石穴出，大者長五尺。

桐花鳳。寰宇記：成都出小鳥，紅翠碧色相間，出於桐花開時，惟食其汁，不食他物，花落即死。土人畫桐花鳳扇，即此鳥也。

校勘記

〔一〕郡民北送及墓　華陽國志卷三蜀志「廣都縣」條、蜀中廣記卷五引皆作「郡獽民北送及墓」。

〔二〕省同蜀人羅横應募　「羅」，原作「陳」，據後漢書卷八七西羌傳改。

〔三〕我乃避禍非避富也　「富」，原作「福」，乾隆志卷二九四成都府三人物（以下同卷簡稱乾隆志）同，據後漢書卷八二上折像傳及國語卷一八楚語載鬬子文「我逃死，非逃富」之語改。

〔四〕璩著霸史漢書凡十卷　「漢書」，隋書卷三三經籍志霸史類作「漢之書」。

〔五〕獻聖德徽號頌萬餘言　「頌」，原脱，據宋史卷三〇四梁鼎傳補。

〔六〕期以詰朝上謁　「期」，原脱，乾隆志同，據宋史卷四五九蘇雲卿傳補。

〔七〕張汴　「汴」，原作「抃」，乾隆志同。按，宋史卷四五四忠義傳有張汴，事蹟與此正同。文山先生全集卷一六有張秘撰汴詩，小序言汴事亦與此合。則「抃」爲「汴」之誤，因據改。

〔八〕李額驢來寇　「李額驢」，明一統志、萬姓統譜作「李頗驢」。

〔九〕夫婦嘗力作以供母膳　「夫」，原作「人」，據乾隆志及後漢書卷八四列女傳姜詩妻改。

〔一〇〕蜀黥卒　「黥」，原作「黔」，乾隆志作「點」，皆誤，據宋史卷四六二方技下魏漢津傳改。

〔一一〕蜀州晉源洞口横源味江青城皆出　「晉」，原作「普」，乾隆志同，據太平寰宇記卷七五劒南西道蜀州、蜀中廣記卷六五所引茶譜文改。

重慶府圖

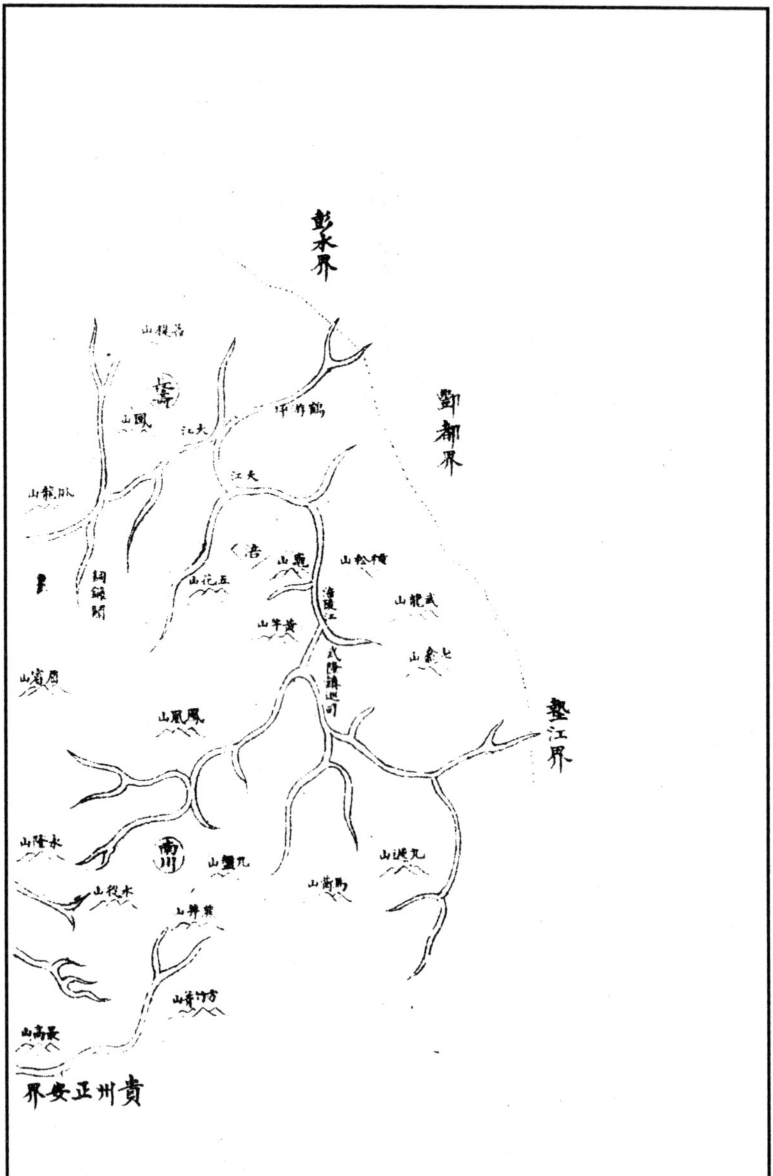
彭水界
酆都界
墊江界
貴州正安界
涪
南川
大江
涪陵江
武陽鎮巡司
銅鑼關
五花山
鳳凰山
武龍山

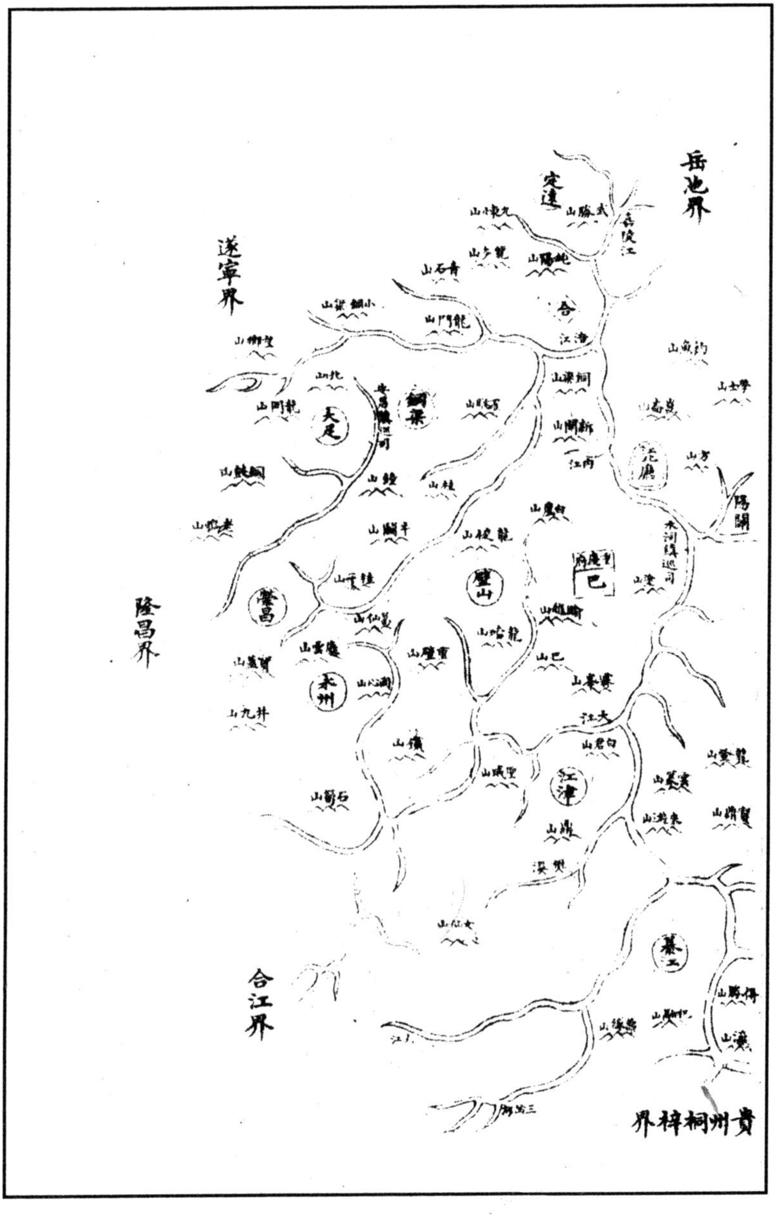
岳池界
遂寧界
隆昌界
合江界
貴州桐梓界
定遠
銅梁
大足
璧山
重慶府
巴
榮昌
江津
綦江

重慶府表

	重慶府	巴縣
秦	巴郡	
兩漢	巴郡治江州縣。後漢初平元年改永寧郡，建安六年復故。	江州縣郡治。
三國	巴東郡	江州縣
晉	巴東郡	江州縣
南北朝	楚州巴郡梁置州。西魏改巴州。周復故。	墊江縣齊移置改名。周武成三年又改巴縣，州郡治。 齊徙。
隋	巴郡開皇初郡廢，改渝州。大業初改州爲郡。	巴縣郡治。
唐	渝州武德元年復置州。天寶初改南平郡。乾元初復故，屬劍南東道。	巴縣州郡治。
五代	渝州屬蜀。	巴縣州治。
宋	重慶府崇寧元年改恭州。淳熙十六年升府改名。	巴縣府治。
元	重慶路至元十六年改路。	巴縣路治。
明	重慶府洪武中復府，屬四川布政使司。	巴縣府治。

續表

	江津縣	長壽縣
	江州縣地。	枳縣地。
	江陽縣 西魏分置，兼置七門郡。	
	江津縣 開皇初郡廢，十八年改名，屬巴郡。	巴縣地。
南平縣 貞觀四年置，兼置南平州，旋改霸州。十三年廢，屬渝州。永淳初徙。	江津縣 屬渝州。 萬壽縣 武德三年分置萬春，屬渝州，尋改名。	
南平縣	江津縣 萬壽縣	
雍熙中省。	江津縣 乾德五年移今治。 乾德五年省。	
	江津縣 屬重慶路。	長壽縣 至正中改置，屬涪州。
	江津縣 屬重慶府。	長壽縣 洪武六年改屬重慶府。

續表

	永川縣	榮昌縣
		犍爲郡資中、江陽、巴郡墊江三縣地。
樂温縣武德二年析置，屬南潾州。九年改屬涪州。永安縣武德元年置，開元中省。	永川縣大曆十一年分置，屬昌州。	昌州乾元元年置，屬劍南道，尋廢。大曆十年復置。光啓元年徙治大足。靜南縣乾元元年置州治，州徙縣屬。
樂温縣	永川縣	昌州
樂温縣屬涪州。	永川縣	昌州屬潼川路。
至元二十年省入涪州。	至元中省入大足。	省。
	永川縣洪武初復置，屬重慶府。	

續表

	綦江縣
	江州縣地。
昌元縣 乾元元年置，屬昌州，尋爲州治，州徙縣屬。	南州 武德二年置。天寶初改南川郡。乾元初復故，屬江南道黔州都督府。 南川縣 武德二年置隆陽。先天元年改名，州治。 三溪縣 貞觀五年置，屬南州。
昌元縣	南州 南川縣 三溪縣
昌元縣	南平軍 初爲羈縻州，皇祐五年廢。熙寧七年置軍，屬夔州路。嘉熙三年徙治隆化。 南川縣 熙寧七年置軍省縣。元豐元年復置，後省。 省。
省。	置南平綦江長官司，屬播州宣撫司。
榮昌縣 洪武初改置，屬重慶府。	綦江縣 洪武中改置，屬重慶府。

	南川縣
	枳縣地。
	巴縣地。
丹溪縣 武德初置，屬南州。貞觀十七年省。 瀛山縣 貞觀四年置，屬南州，十三年省。 溱州 貞觀十七年置。天寶初改溱溪郡。乾元初復故。 榮懿縣 州治。 扶觀縣 屬溱州。	
溱州 榮懿縣	
初爲羈縻州，宣和二年廢。 宣和二年省。	南平軍 嘉熙三年移來治。
	至元二十二年廢。

續表

	合州
	巴郡地。
	墊江縣 置屬巴郡。後漢建安六年屬巴西郡。
	墊江縣 蜀漢建興十五年還屬巴郡。
	墊江縣
	東宕渠郡 宋元嘉中置。西魏改墊江郡,兼置合州。 墊江縣 宋爲郡治。西魏改名石鏡,爲州郡治。
	涪陵郡 初廢郡,開皇末改涪州。大業初復改州爲郡。 石鏡縣 郡治。 赤水縣 開皇八年置,屬涪陵郡。
隆化縣 貞觀十一年分置,屬涪州。光天元年改名賓化。	合州 武德元年復州。天寶初改巴川郡。乾元初復故,屬劍南道。 石鏡縣 州治。 赤水縣 屬合州。
賓化縣	合州 屬蜀。 石鏡縣 赤水縣
隆化縣 初復故名,熙寧七年改屬南平軍。嘉熙三年爲軍治。	合州巴川郡 乾德三年復郡,屬潼川路。 石照縣 乾德三年改名,州治。淳祐三年徙。 赤水縣 熙寧四年省入銅梁,七年復置。
南川縣 至元二十二年改置,屬重慶路。	合州 至元二十二年復爲州,屬重慶路。 石照縣 至元二十二年復移治。 至元二十年省入。
南川縣 屬重慶府。	合州 屬重慶府。 洪武初省入州。

涪州				
		枳縣 置屬巴郡。		
		枳縣		漢平縣 蜀漢延熙十三年置,屬涪陵郡。
涪陵郡 永和中移來治。		枳縣 郡治。		漢平縣
涪陵郡		枳縣 周省,徙郡治漢平。		漢平縣
廢。	涪陵縣 開皇十三年移漢平來治,改名,屬巴郡。			徙廢。
涪州 武德元年置。天寶初改涪陵郡。乾元初復故,屬山南西道。	涪陵縣 州治。		武龍縣 武德元年分置,屬涪州。	
涪州 屬蜀。	涪陵縣		武龍縣 宣和元年改名枳縣。紹興元年復故。	
涪州涪陵郡 屬夔州路。	涪陵縣		武龍縣	
涪州 屬重慶路。	至元二十年省入。		武龍縣	
涪州 屬重慶府。			武隆縣 洪武初改「龍」爲「隆」。	

續表

	銅梁縣	大足縣
	墊江縣地。	
	西魏爲石鏡縣地。	
温山縣武德初置，屬南潾州。後屬涪州。	銅梁縣長安四年置，屬合州。 巴川縣開元二年置，屬合州。	大足縣乾元元年置，屬昌州。光啓元年移州來治。
温山縣	銅梁縣 巴川縣	大足縣
熙寧三年省入涪陵。	銅梁縣 巴川縣	大足縣
	銅梁縣移今治。 省入。	省入合州。
	銅梁縣 安居縣成化十七年析置，屬重慶府。	大足縣洪武四年復置，屬重慶府。

續表

壁山縣	定遠縣	江北廳
江州縣地。	墊江縣地。	江州縣地。
		周以後爲巴縣地。
巴、江津二縣地。		
壁山縣至德二載置，屬渝州。		
壁山縣		
壁山縣	合州地。	
至元二十二年省入巴縣。	定遠縣至元四年置武勝軍，尋改定遠州。二十四年降縣，屬合州。	
壁山縣成化十九年復置，屬重慶府。	定遠縣嘉靖十三年移今治。	江北鎮。

大清一統志卷三百八十七

重慶府一

在四川省治東南一千二百里。東西距五百六十里，南北距五百九十五里。東至忠州墊江縣界二百二十里，西至敘州府隆昌縣界三百四十里，南至貴州遵義府桐梓縣界二百五十里，北至順慶府岳池縣界三百四十五里。東南至貴州遵義府正安州界三百里，西南至遵義府仁懷縣界二百里，東北至酉陽州彭水縣界三百五十里〔一〕，西北至潼川府遂寧縣界二百二十里。自府治至京師六千六百七十里。

分野

天文井、鬼分野，鶉首之次。

建置沿革

禹貢梁州之域，周爲巴國。山海經：「西南有巴國。太皞生咸鳥，咸鳥生乘釐，乘釐生后昭，是爲巴人。」郭璞注：

「爲巴之始祖。」華陽國志：武王克殷，封宗姬於巴，爵之以子，都江州，或治墊江，或治平都，後治閬中。戰國時嘗與楚婚。及七國稱王，巴亦稱王。慎靚王五年，秦滅蜀，置巴郡。華陽國志：蜀王伐苴，苴侯奔巴，巴爲求救于秦，秦遣張儀、司馬錯救苴、巴，遂伐蜀，滅之。儀貪巴、苴之富，因執巴王以歸，置巴郡。漢仍爲巴郡，治江州縣。屬益州。後漢因之。初平元年，劉璋改爲永寧郡。建安六年，復爲巴郡。華陽國志：獻帝初平元年，征東中郎將安漢趙穎建議分巴爲二郡。穎欲得巴舊名，故白益州牧劉璋，以墊江以上爲巴郡，江南龐羲爲太守，治安漢；以江州至臨江爲永寧郡，朐忍至魚復爲固陵郡。建安六年，魚復蹇胤白璋争巴名〔二〕，乃改永寧爲巴郡，以固陵爲巴東，徙羲爲巴西太守。是爲三巴。按：晉書地理志「初平元年，劉璋分巴郡立永寧郡。建安六年改永寧爲巴東，以巴郡爲巴西。二十一年，先主分巴郡立固陵郡。章武元年，又改固陵爲巴東郡，巴西郡爲巴郡」，與華陽國志不同。三國屬蜀漢。華陽國志：建興中，李嚴督江州，求以五郡爲巴州，諸葛亮不許。晉、宋、齊俱爲巴郡。梁太清四年，武陵王蕭紀於郡置楚州〔三〕。西魏大統十七年，改曰巴州。周閔帝元年，復曰楚州。

隋開皇初，郡廢，改州曰渝州。大業初，復罷州爲巴郡。唐武德元年，復曰渝州。天寶初，改曰南平郡。乾元初，復爲渝州，屬劒南東道。元和志、新唐志皆屬劒南，舊唐志及寰宇記則屬山南西道。五代屬蜀。宋亦曰渝州南平郡，屬夔州路。崇寧元年，改曰恭州。淳熙十六年，升爲重慶府。見宋史本紀，以光宗潛藩故。地理志作「高宗」，或作「淳熙初改」，皆誤。元至元十六年，立重慶路總管府，爲四川南道宣慰司治。屬四川行省。至正末，明玉珍據此，建號曰夏。明洪武初平之，仍曰重慶府，屬四川布政使司。本朝因之，屬四川省，領州二、縣十一、廳一。

巴縣。附郭。東西距二百八十五里，南北距一百十五里。東至長壽縣界二百里，西至壁山縣界八十五里，南至綦江縣界九十五里，北至江北廳界十里。東南至南川縣界一百八十里，西南至江津縣界八十里，東北至江北廳界十里，西北至銅梁縣界一百十里。春秋巴國都。漢置江州縣，爲巴郡治。後漢及晉、宋因之。齊改曰墊江。梁爲楚州治。周武成三年，改曰巴縣。隋初爲渝州治，後復爲巴郡治。唐復爲渝州治。宋爲重慶府治。元爲重慶路治。明爲重慶府治。本朝因之。

江津縣。在府西南一百三十里。東西距一百四十里，南北距一百九十里。東至巴縣界五十里，西至永川縣界九十里，南至綦江縣界一百五十里，北至壁山縣界四十里。東南至綦江縣界一百五十里，西南至瀘州合江縣界一百里，東北至巴縣界五十里，西北至永川縣界九十里。漢江州縣地。西魏分置江陽縣，兼置七門郡。隋開皇初郡廢，十八年改縣曰江津，仍屬巴郡。唐屬渝州。宋因之。元屬重慶路。明屬重慶府。本朝因之。

長壽縣。在府東北二百三十里。東西距五十里，南北距一百六十里。東至涪州界二十里，西至江北廳界三十里，南至南川縣界九十里，北至順慶府鄰水縣界七十里。東南至涪州界六十里，西南至江北廳界六十里，東北至忠州墊江縣界一百九十里，西北至合州界一百三十里。漢枳縣地。周、隋爲巴縣地。唐武德二年，析置樂温縣，屬南潾州。九年，改屬涪州。宋因之。元至元二十年，省入涪州。至正中，明玉珍改置長壽縣，仍屬涪州。明洪武六年，改屬重慶府。本朝因之。

永川縣。在府西少南一百八十里。東西距九十里，南北距一百三十里。東至江津縣界四十里，西至榮昌縣界五十里，南至瀘州合江縣界一百里，北至銅梁縣界三十里。東南至江津縣界四十里，西南至榮昌縣界六十里，東北至壁山縣界四十里，西北至大足縣界五十里。唐壁山縣地。大曆十一年，分置永川縣，屬昌州。宋因之。元至元中，省入大足縣。明洪武初復置，屬重慶府。本朝因之。

榮昌縣。在府西少南二百六十里。東西距七十九里，南北距六十八里。東至永川縣界二十九里，西至内江縣界五十里〔四〕，南至瀘州界三十里，北至大足縣界三十八里。東南至瀘州合江縣界七十里，西南至敘州府隆昌縣界三十里，東北至永川縣界七十里，西北至大足縣界八十里。漢犍爲郡資中、江陽、巴郡墊江三縣地。唐初爲瀘、普、渝、合、資、榮等六州之界。乾元元年分置昌州，兼置昌元縣爲州治。大曆六年廢，十年復置，屬劍南道。光啓元年，徙州治大足〔五〕，以昌元爲屬縣。宋因之。元省。明初改置榮昌縣，屬重慶府。本朝因之。

綦江縣。在府南少東二百里。東西距二百十里，南北距一百九十五里。東至南川縣界八十里，西至江津縣界一百二十里，南至貴州遵義府桐梓縣界一百七十五里，北至江津縣界二十里。東南至南川縣界八十里，西南至遵義府仁懷縣界一百四十里，東北至巴縣界四十里，西北至江津縣界八十里。漢江州縣地。唐武德二年，分置隆陽縣，兼置南州。三年改曰楚州，四年復曰南州。先天元年，改縣曰南川。天寶初，改州曰南川郡。乾元初，復曰南州，屬江南道黔州都督府。宋初爲羈縻州。慶曆八年，改屬渝州。皇祐五年，廢州爲南川縣。熙寧七年，復置南平軍，屬夔州路。嘉熙三年，軍徙治隆化，縣廢。元置南平綦江長官司，屬播州宣撫司。明洪武初，改置綦江縣，屬重慶府。本朝因之。

南川縣。在府東南三百五十里。東西距一百四十里，南北距二百里。東至涪州界七十里，西至綦江縣界七十里，南至貴州遵義府正安州界一百里，北至涪州界一百里。東南至正安州界九十里，西南至遵義府桐梓縣界六十里，東北至涪州界八十里，西北至巴縣、綦江二縣界一百里。漢枳縣地。周、隋爲巴縣地。唐貞觀十一年，分置隆化縣，屬涪州。先天元年，改曰賓化。宋初復曰隆化。熙寧七年，改屬南平軍。嘉熙三年，移軍來治。元至元二十二年，軍廢，改置南川縣，屬重慶路。明屬重慶府。本朝因之。

合州。在府北少西二百五里。東西距三百五十里，南北距一百二十里。東至順慶府岳池縣界一百十里，西至潼川府安岳縣界二百四十里，南至壁山縣界六十里，北至定遠縣界六十里。東南至巴縣界六十里，西南至銅梁縣界七十里，東北至定遠縣界六十里，西北至潼川府遂寧縣界一百五十里。古巴國別都。秦爲巴郡地。漢置墊江縣，屬巴郡。後漢因之。建安六年，改屬巴西郡。三國漢建興十五年，還屬巴郡。晉因之。宋元嘉中，置東宕渠郡。西魏恭帝三年，改郡曰墊江，縣曰石鏡，又于郡置合州。隋初郡廢，開皇末改合州曰涪州。大業初，又改州曰涪陵郡。唐武德元年，復曰合州。天寶初，又改曰巴川郡。乾元初，復曰合州，屬劍南道。五代屬蜀。宋乾德三年，改縣曰石照，仍曰合州巴川郡，屬潼川府路。元至元二十年爲散郡，二十二年復爲州，改屬重慶路。明洪武初以州治石照省入，仍屬重慶府。本朝因之。

涪州。在府東少北三百五十里。東西距一百五十里，南北距一百六十三里。東至忠州酆都縣界九十里，西至長壽縣界六十里，南至南川縣界一百三里，北至長壽縣界六十里。東南至酉陽州彭水縣界一百六十里，西南至南川縣界一百里，東北至酆都縣界九十里，西北至長壽縣界六十里。戰國時楚枳邑。漢置枳縣，屬巴郡。後漢及晉初因之。永和中，移涪陵郡治此。宋、齊因之。後周廢枳縣，徙郡治漢平。隋開皇初郡廢，十三年移漢平於此，改曰涪陵縣，屬巴郡。唐武德元年於縣置涪州。天寶初曰涪陵郡。乾元初復曰涪州，屬山南西道。五代屬蜀。宋亦曰涪州涪陵郡，屬夔州路。元至元二十年，以州治涪陵縣省入。二十一年，改屬重慶路。明屬重慶府。本朝因之。

銅梁縣。在府西少北二百四十里。東西距八十里，南北距一百五十里。東至壁山縣界五十里，西至大足縣界三十里，南至永川縣界一百里，北至潼川府遂寧縣界五十里。東南至巴縣界七十五里，西南至大足縣界一百二十里，東北至合州界六十里，西北至大足縣界六十里。漢墊江縣地。西魏爲石鏡縣地。唐長安四年，置銅梁縣，屬合州。元移今治。明因之。本朝康熙元年，併入合州。六十年，復置，屬重慶府。

大足縣。在府西三百十里。東西距一百二十里，南北距一百四十里。東至銅梁縣界六十里，西至潼川府安岳縣界六十里，南至永川縣界九十里，北至潼川府遂寧縣界五十里。東南至永川、銅梁二縣界八十里，西南至榮昌縣界一百二十里，東北至銅梁縣界八十里，西北至安岳縣界一百里。合州巴川縣地。唐乾元元年，置大足縣，屬昌州。光啓元年，移昌州來治。宋因之。元州縣俱廢入合州。明洪武四年，復置，屬重慶府。本朝康熙元年，省入榮昌縣。雍正六年復置。

壁山縣。在府西少北一百里。東西距一百里，南北距一百四十五里。東至巴縣界七十五里，西至銅梁縣界二十五里，南至江津縣界九十五里，北至合州界五十里。東南至巴縣界九十里，西南至永川縣界一百里，東北至合州界三十里，西北至銅梁縣界三十里。漢江州縣地。隋爲巴、江津二縣地。唐至德二載，分置壁山縣，屬渝州。宋因之。元至元二十二年，省入巴縣。明成化十九年復置，屬重慶府。本朝康熙元年，省入永川縣。雍正六年復置。

定遠縣。在府北少西二百九十五里。東西距一百六十里，南北距八十里。東至順慶府岳池縣界七十里，西至潼川府蓬溪縣界九十里，南至合州界六十五里，北至順慶府南充縣界十五里。東南至合州界七十五里，西南至合州及蓬溪縣界俱九十五里，東北至岳池縣界八十里，西北至蓬溪、南充二縣界一百里。漢墊江縣地。宋爲合州地。元至元四年，置武勝軍，後改爲定遠州。二十四年，降爲縣，屬合州。明嘉靖十三年移今治。本朝康熙八年，併入合州。雍正六年復置，屬重慶府。

江北廳。在府北一里。東西距三百里，南北距二百一里。東至長壽縣界二百里，西至合州界一百里，南至江邊與巴縣水面分界一里，北至順慶府岳池縣界二百里。東南、西南俱至巴縣界一里，東北至順慶府鄰水縣界一百六十里，西北至合州界一百七十里。漢江州縣地，嘗爲巴郡治，謂之北府城。周以後俱爲巴縣地。明爲巴縣之江北鎮。本朝乾隆十九年，移同知駐此。二十四年，分巴縣地隸之，屬重慶府。

形勢

東至魚復，西至僰道，北接漢中，南極黔涪。華陽國志。江州地勢剛險，重屋累居，承三江之會。同上。江州以東，濱江山險。墊江以西，土地平敞。同上。

風俗

江州以東，其人半楚，姿態敦重。墊江以西，精敏輕疾，上下殊俗。華陽國志。二江商販，舟楫旁午。方輿勝覽。地瘠民貧，務本力穡。其士亦喜静退，不爲剽鋭。元統志。

城池

重慶府城。周十二里六分。門十七，九開八閉，俗以爲九宫八卦之形。環江爲池。明洪武初因舊址甃石。本朝康熙二年修，乾隆三十年重修。巴縣附郭。

江津縣城。周五里六分，門四。明成化中建。本朝乾隆三十一年修，嘉慶九年重修。

長壽縣城。周五里有奇，門四。舊治瀕江。明天順中築。本朝嘉慶四年，移建石城於今所，依山爲址。

永川縣城。周八百丈有奇，門六。明成化中建。本朝乾隆三十年修，五十六年重修。

榮昌縣城。周五里五分，門四。明成化中建。本朝乾隆三十四年修。

綦江縣城。周二里七分，門三。明成化中建。本朝康熙八年修，乾隆三十年、嘉慶十五年重修。

南川縣城。周三里五分，門四。明成化中築。嘉靖九年甃石。本朝康熙二十四年修，雍正十二年、乾隆十年、三十一年重修。

合州城。周十六里二分，門八。明成化中建。本朝乾隆三十三年修，五十三年、嘉慶八年重修。

涪州城。周四里，門五。明成化初因舊址建。本朝康熙二十四年修，乾隆二十九年重修。

銅梁縣城。周六里六分，門四。明天順中建。本朝乾隆三十一年修。

大足縣城。周四里八分，門四。明天順中建。本朝嘉慶二年修。

壁山縣城。周三里八分，門四。明成化中建。本朝雍正八年重建，乾隆三十五年修。

定遠縣城。周三里七分，門四。明嘉靖三十年建。本朝雍正六年修，乾隆二年、四十四年重修。

江北廳城。周十五里，門四。南臨江，三面依山。本朝嘉慶六年土築。

學校

重慶府學。在府治西。宋紹興中建。明洪武四年重建。本朝康熙三年修，三十八年、乾隆十九年重修。入學額數二十名。

巴縣學。在縣治東。宋紹興中建。本朝康熙三年重建。入學額數十一名。舊額十二名，嘉慶十六年減三名，二十三年增二名。

江津縣學。在縣治南。宋治平中建。本朝康熙二十二年重建，乾隆四十二年修，嘉慶九年重修。入學額數十二名。

長壽縣學。在舊縣治西北。明末燬。本朝康熙元年重建，四十八年修，嘉慶十一年重修。入學額數八名。

永川縣學。在縣治西。本朝康熙二十四年建，雍正三年修，乾隆二十三年重修。入學額數八名。

榮昌縣學。在縣治東北。明天順中建。本朝康熙二十三年修，乾隆四十三年重修。入學額數八名。

綦江縣學。在縣治西南。明萬曆中建。本朝順治十八年重建，康熙五十六年修，乾隆五十九年重修。入學額數八名。

南川縣學。在縣治東。明嘉靖十四年建。本朝康熙二十二年重建。入學額數八名。

合州學。在州治西。明天順中建。本朝康熙二十三年重建。入學額數十二名。

涪州學。在州治南。宋建。本朝康熙四十六年重建，雍正三年修，乾隆三十九年重修。入學額數十二名。

銅梁縣學。在縣治西。明初建。本朝康熙六十一年重建，乾隆二十三年修。入學額數七名。又安居鄉學額七名。舊額均八名，嘉慶二十三年各減一名。

大足縣學。在縣治東北。明嘉靖中建。本朝雍正八年重建，乾隆九年修。入學額數八名。

璧山縣學。在縣治西。明成化中建。本朝康熙二十五年修，雍正九年重修。入學額數八名。

定遠縣學。在縣治南。明嘉靖中建。本朝雍正十一年修，乾隆六十年重修。入學額數八名。

江北廳學。在廳治西北。本朝嘉慶十六年建。入學額數六名。

東川書院。在府治洪崖坊。本朝乾隆二十三年建。

三益書院。在巴縣城外。本朝乾隆四十一年建。

江津書院。在江津縣城隍祠左。本朝乾隆六年建。

鳳山書院。在長壽縣文昌宫左。本朝乾隆五十一年建。

錦雲書院。在永川縣古察院基。本朝乾隆二十七年建。

東臯書院。在永川縣文昌祠左。本朝乾隆五十三年建。

玉屏書院。在榮昌縣治東北。本朝乾隆五十年建。

瀛山書院。在綦江縣治南。本朝康熙四十九年建，嘉慶三年修。

隆化書院。在南川縣城南二里。本朝乾隆二十一年建，嘉慶十年修。

合宗書院。在合州南津街。明嘉靖十年建。

鉤深書院。在涪州北。輿地紀勝：「紹聖丁丑，程伊川來涪，於北巖普浄院闢堂傳易，再歲而成。元符中，黄山谷過此，榜其堂曰鉤深。嘉定丁丑，范仲武請爲北巖書院。」本朝乾隆九年重建，改今名。

巴川書院。在銅梁縣治西。本朝乾隆二十五年建。

瓊江書院。在銅梁縣安居鄉。本朝乾隆二十五年建。

棠香書院。在大足縣治北。舊在治東，名寶鼎書院。本朝乾隆五十五年遷建，改今名。

重璧書院。在璧山縣東門内。本朝乾隆十五年建。

印山書院。在定遠縣胡公祠前。本朝乾隆七年建，二十四年修。

嘉陵書院。在江北廳治西。本朝嘉慶十八年建。

合州義學。在州治左。本朝乾隆五十五年建。

大足義學。在縣治西。明萬曆中建。本朝乾隆中重建，嘉慶十一年修。

户口

原額人丁一萬四千五百九十二，今滋生男、婦共三百一萬七千九百五十七名口，計九十五萬八千二十八户。

田賦

田地一十一萬二千二頃五畝四分有奇，額徵地丁正、雜銀五萬八千六十八兩七分六釐。

山川

塗山。在巴縣東一里。華陽國志「禹娶塗山」，今江州塗山是也，帝禹之廟銘存焉。水經注：江水北岸有塗山，常璩、庾仲雍並言禹娶於此。按，禹娶在壽春當塗，不於此也。寰宇記：山在巴縣東南八里岷江南岸，高七里，周迴二十里，東接石洞峽。明統志：山趾有石中分，名曰龍門。其下水與江通。通志：山之絶頂，俯視兩江，城如浮葉。俗名真武山。

屈賓山。在巴縣東南百里。

沱江山。在巴縣南五十里。其下有七里店。又南十里有冠山。又十里有太華山。

霖峯山。在巴縣南百里。高七里。遇旱，禱之即應。

南坪山。在巴縣南百五十里。一名青山。

仙女山。在巴縣西四十里。相近有雲鳳山。

呰山。在巴縣西五十里。上有古呰，昔人曾保聚於此。

縉雲山。在巴縣西，接壁山縣界。寰宇記：山在巴縣西一百三十七里。其山高聳，林木鬱茂，下有泉水東西分流。傳云黄帝於此山合神丹，故名。元統志：山有九峯，其中二峯最秀，一名獅子，一名香鑪。左接漁鹿峽，入涪江，右入江津縣界華蓋峯，達於岷江，横亘二百餘里。舊志：山在巴縣西八十里、壁山縣東北二十里。輿地紀勝謂之巴山，今一名鳳凰山。明通志有來鳳山，在府西一百三十里，亦此山之異名也。

踰越山。在巴縣西七十里。其峯峻拔，高出衆山。

四面山。在巴縣西北一百一十里。四面壁立，上有金田寺。

白崖山。在巴縣北。明統志：在府城西北五十里，又名朝陽山。又涪州東二十里，亦有白崖山。

雲篆山。在江津縣東六十里。元統志：山勢險絶，跨江南岸，狀如篆紋。

珞黄山。在江津縣東六十里。一名東山。

龍登山。在江津縣東南百里，西去綦江縣七十里。上有虎跳嶺，雙峯並峙，頂有井泉，又有龍塘、石蟹泉。四圍石壁巉巖，有一路可升。明正德八年盜起，義兵屯此，爲一方保障。

固城山。在江津縣東南百二十里。其山四垂而上平。宋馮壽居此，黄庭堅爲記。

寶鼎山。在江津縣東南百三十里。上有三石如鼎。明正德中，鄉民築砦於此，盜不敢窺。

鼎山。在江津縣南一里，三峯鼎峙。

綦盤山。在江津縣南，接綦江縣界。

綾錦山。在江津縣西南，接永川縣界。元和志：在萬壽縣西八十五里。寰宇記：在永川縣南八十里，山之花木如錦。

女仙山。在江津縣西南。元統志：距縣一百五十里漢東市，對岷江南岸，有二峯峙立可愛。昔有二女於此登仙，故名。

黿停山。在江津縣西江中。輿地紀勝：山若黿形。元統志：在縣東北五十里江中，周二百步，高十二丈，接巴縣境。

君井山。在江津縣西隔江四十三里。輿地紀勝：有井泉，淺深不常。邑宰賢則水清溢，否則濁涸。

聖威山。在江津縣西五十里。其西又有周望山。

石筍山。有二。一在江津縣西，接永川縣界，孤峯如筍，上有石泉。一在縣東二百里，平地一石突起，高二十餘丈。旁有石磴可升，絶頂方平，可坐數十人。

華蓋山。在江津縣西北二十五里。

石佛山。在江津縣北一里。與馬驍山相連。一名鎮秀山。有巨蟹泉自石孔流出。

馬驍山。在江津縣對江北岸。元統志：其山縈曲，周三里，形勢峭拔。昔有驍騎將軍馬邈葬此，因名。舊志：一名馬駿山。宋馬駿鎮此。

白君山。在江津縣北六里。輿地紀勝：昔有白令住此學道，因名。元統志：在縣東六十里，周迴五里，高二里。

歸山。在長壽縣東。輿地紀勝：在樂温縣東八十里。

樂温山。在長壽縣西南。元和志：在樂温縣南三十里，縣因山爲名。舊志：在今縣西南五十里。地氣常温，禾稼早熟。下有樂温灘，大江所經也。

鳳山。在長壽縣西一里大道旁。以形似名。一名白虎山。

三峯山。在長壽縣西十里。上有菩提寺。

牛心山。在長壽縣西十里。形類牛心。

銅鼓山。在長壽縣西北。輿地紀勝：在樂温縣北一里。

巾子山。在長壽縣西北。輿地紀勝：在樂温縣北一百里。

菩提山。在長壽縣北十里。上有菩提寺。

漏明砦山。在長壽縣北四十里。山皆石壁，中有洞，日光穿漏，如屋宇然。

雲臺山。在長壽縣北百里。舊有雲臺觀。

長壽山。在長壽縣東北七十里。

同心山。在永川縣東二十里。以與石筍、二郎兩山相連，故名。

英井山。在永川縣東南三十里。

鐵山。在永川縣東南八十里。寰宇記：其山出鐵。按：明統志「在縣東二十里，石如鐵色」，蓋别一山也。

瀘龍山。在永川縣南十里。

英山。在永川縣。輿地紀勝：在縣西北十里。下有龍洞。明統志：龍洞山在縣西北二十里，即古英山。上有龍湫，旱禱輒應。

溪山。在永川縣西北。輿地紀勝：去縣一百里，接沙溪源，因名。

桂子山。在永川縣北三十里。一名桂山。又箕山在縣北四十里。

葛仙山。在榮昌縣東。元和志：在昌元縣南一百五十里。輿地紀勝：圖經云，山去昌元百餘里，下臨中江，上干霄漢，有仙翁煉丹巖、洗藥池、甘露茶、打子石。明統志：在榮昌縣東十五里。舊志：在縣東二十里大道。又有桃香嶺在縣東十五里。嶺有桃樹，根出石上，無寸土。相傳仙翁遺核於此而生。

慶雲山。在榮昌縣東南六十里。

寶蓋山。在榮昌縣南一里。宋寶蓋鎮以此名。舊志：明初於鎮改置榮昌縣，即今縣治。

井九山。在榮昌縣南。寰宇記：在昌元縣南一百五十里。側有鹽井。

磁窯山。在榮昌縣西三十里。

綾波羅山。在榮昌縣西北。寰宇記：在静南縣西三十里。

瀨波山。在榮昌縣西北。一名賴婆山。寰宇記：在昌元縣南七十里。四面懸絶。唐大曆四年，在山上置行州。

老鴉山。在榮昌縣西北。輿地紀勝：在昌元縣南三十里。山下有李戡、李戣兄弟善基，常應詔退虜。文彦博贈詩云：

昌元建邑幾經春，百里封疆秀氣新。鴨子池邊登第客，老鴉山下著棊人。」

銅鼓山。在榮昌縣北。元和志：在静南縣北八十里。

得勝山。在綦江縣東南。輿地紀勝：在南平軍東南二十里。形勢艱險，林木鬱茂。亦名黄沙坎。

最高山。在綦江縣東南。輿地紀勝：在南平軍東南九十里。高十五里，林箐深密，視衆山猶培塿。

瀛山。在綦江縣東南，接貴州遵義府桐梓、仁懷二縣界。元和志：在南平縣西南三百七十里。以其高峻象海中蓬瀛，故名。輿地紀勝：在南平軍西北七十里。周迴九十里，崖壁峻峭，林木葱蔚。山類三峽，中有四十八面，面皆不同。

石印山。在綦江縣南十里。形如印。又縣南五十里有石笏山。

祝融山。在綦江縣南五十里。上有祝融寺。

蘿緑山。在綦江縣南。元和志：在南川縣南十二里。山多楠木，堪爲大船。九域志：在隆化縣。

扶觀山。在綦江縣南。輿地紀勝：唐以之名縣，今謂之砦山。舊志縣有砦子山。明萬曆中楊應龍破縣，留苗兵結砦於此。蕩平後改興文山。

朽石埡山。在綦江縣南百二十里。山多碎石，有虚崖峭壁之勝。

琵琶山。在綦江縣西。輿地紀勝：在東溪側近。

南山。在綦江縣西北。輿地紀勝：與瀛山相對，岡勢甚遠。其上平廣，有石筍數峯，嶄然秀拔。其下名石筍峽。

牛岡山。在綦江縣北十里。高十里，以形似名。

黑崖山。在綦江縣北。輿地紀勝：在南平軍北七十里。石崖峭拔。

九盤山。在南川縣東十二里。峯巒高遠，九折而上。

馬嘴山。在南川縣東五十里。高三十里，有小路通正安州。

九遞山。在南川縣東。輿地紀勝：在隆化縣東六十里。絶壁如銀色，人視其昏明以候晴雨。上有水瀦爲洞，高廣百尺。左右石臺有兩泉，温冷靡常。池上各蟠石龍，初非鐫刻。洞以龍名。

鼇頭山。在南川縣南一里。以形似名。又南一里有置燈山。

熊井山。在南川縣南三里。上有井，水清而味鹹。

方竹箐山。在南川縣南五十里。有小路通桐梓縣。

永隆山。在南川縣西。元和志：隆化縣因縣西永隆山爲名。寰宇記：在隆化縣西二十里。

水從山。在南川縣西五十里。南江別源出此。

來遊山。在南川縣西七十里，路通巴縣。

鳳凰山。在南川縣北。輿地紀勝：在隆化縣北七十二里。有峯屹然，二小山翼之如鳳，因名。又有獅子峯，與鳳凰山相距不數里。兩山爲一邑之勝。

瑞應山。在合州城内北隅。輿地紀勝：本名坐龍山，唐改名。明統志：宋乾德中，山有異木生文，成「天下太平」字。魏了翁有瑞應山房記。

學士山。在合州東。輿地紀勝：在石照縣東五里，直郡治之江樓。其高不踰旁山，而南峯、斜崖諸山，班班若出其下。

釣魚山。在合州東。輿地紀勝：在合州石照縣東十里。涪内水在其南，西漢上流經其北。山南大石砥平，有巨人跡。

相傳異人坐其上，投釣江中。山以是名。明統志：上有天池，大旱不涸。宋淳祐中，移合州治此山。

東山。在合州東。輿地紀勝：在合州石照縣東十里，高四五丈，縈紆可二里，下瞰涪江。又有書臺山，在縣東北七里。東漢末，薛融讀書於此。俗名東臺山。

銅梁山。在合州南。左思蜀都賦：外負銅梁於宕渠。元和志：山在石鏡縣南九里，出鐵及桃枝竹。寰宇記：銅梁山東西連亘二十餘里，山頂平整，遠望諸山而此獨秀。舊志：山有石梁橫亘，色如銅，因名。

牟山。在合州西。輿地紀勝：在州西二十里。唐康元朗讀書於此〔六〕。俗名西臺山。

呰山。輿地紀勝：在合州西二十餘里。峻峭如削。

朝霞山。在合州西。元和志：在赤水縣南十八里。

龍多山。在合州西北，與潼川府蓬溪縣接界。輿地紀勝：在赤水縣北五里。晉時廣漢人馮蓋羅煉丹於山之仙臺，永嘉三年舉家仙去。唐孫樵有龍多山録。山東有大池，即武后時放生池。有東巖廣五十丈，多唐人刻字。泉自巖出，瀦爲方池，大旱不竭。其山高明窈深，變態萬狀。有鴛鶴軒，下視涪水如帶，煙雲出没，山之偉觀也。明統志：在合州西北一百里。

青石山。在合州西北，接蓬溪縣界。寰宇記：在石鏡縣西二百四十里，涪水之南。按：此山爲巴、蜀分界處。詳見「蓬溪」。

純陽山。在合州北三里。相傳唐女冠范志玄得道處。

九煉山。在合州北七里。九域志：合州有九煉山。唐道士任處華居此。

馬騣山。在合州東北一百五十里。宋咸淳九年，叛將劉整獻計於蒙古，欲自青石進築馬騣、虎頭二山，扼三江口以圖合州。合州將張珏聞之，潛師越呰七十里，焚其船場，由是馬騣城築不就。即此。

龜山。在涪州東。輿地紀勝：在黔江東岸，州治據其上。其形如龜，故州亦名龜陵。舊志：在州東北。一名三台山。宋咸淳中移州治三台山，即此。

種松山。在涪州東。輿地紀勝：州産松屏石，出山間。相傳爾朱先生種松於此，映山之石皆有松文。舊志：種松山在州東二里。

游蘭山。在涪州東南。輿地紀勝：在涪陵縣高松鄉，地名羅雲，蘭真人修煉處。人至洞門，望見丹竈，有真人題字，巖石自搖欲墮，駭不可至。明統志：在州東南七十里。

黄牛山。在涪州東南，泝江四十里。

羅浮山。在涪州東南。寰宇記：在州東一百二十里，白水入江處。

七龕山。在涪州東南。輿地紀勝：在武龍縣北十五里。舊志：山有七穴，故名。又石尖山在縣北十里，青雲山在縣東北五里。

武龍山。在涪州東南。寰宇記：唐武龍縣以邑界武龍山爲名。明統志：「龍橋山在武龍縣東五十里，透迤如龍，下有空洞。」即武龍山也。

神鳳山。在涪州東南。輿地紀勝：在武龍縣東十里。

望川山。在涪州西南五里。又許雄山，在州西南七里。

五花山。在涪州西二十里。五山排列，宛然如花。

星宿山。在涪州西北五十里。

合掌山。在涪州西北五十里。二山對合如掌，下有毛家泉，一日三潮。

鐵櫃山。在涪州北。輿地紀勝：一名吴君山，横亘江北，與廢涪陵縣相對，雄壓諸山。舊志：山在州北五里，屹立如櫃。相傳諸葛武侯嘗屯兵於此。其南二里爲北巖山，即宋程子注易之所。

天共山。在涪州北六十里。

新開山。在銅梁縣東六十里。有道直走巴縣。

崆峒山。在銅梁縣東南五十里。

巴嶽山。在銅梁縣東南。輿地紀勝：在巴川縣南十五里。一名瀘崑山。上有巨石如狻猊，名香鑪峯。又有崑谷洞，多蒼玉，有瀨玉溪。又産木蓮花，高五六丈，葉如梗楠，花如菡萏，出山則不殖。

雙山。在銅梁縣東南。輿地紀勝：在巴川縣南五十里。相傳有漁者網得二石，其一飛去，其一留者，因即山築室而寶祠之。遇旱以水沃石即雨。明統志：在銅梁縣南五十里。

計都山。在銅梁縣南三里。又有羅睺山，在縣東北里許，亦名東巖。

桂山。在銅梁縣南五十里。又珠玉山，在縣南一百里，上有石如玉。

鐘山。在銅梁縣西南十里。輿地紀勝：有池，大旱不涸。

六贏山。在銅梁縣西十五里。輿地紀勝：相傳昔人禦寇於此，六戰皆捷，故名。

龍透山。在銅梁縣西三十里。輿地紀勝：山壁絶峭，中有穴，前後透穿，望之空明。有寶蓋山，在縣西二十里。

聖燈山。在銅梁山西六十里。巖間夜有光，熒然如燈。

小銅梁山。在銅梁縣西北六十里。元和志：銅梁縣取山爲名。

葛山。在銅梁縣北五里。

歸龍山。在銅梁縣北舊安居縣東。山形盤旋如龍。東北對峙者曰鳳凰山，山頂巨石平正，曰鳳凰臺。按：通志又有隆龕山，云唐置崇龕縣於山下，誤。唐崇龕縣在今潼川府遂寧縣南，接安岳縣界，明之安居縣，亦非隋、唐、宋故縣地。

龍門山。在銅梁縣東北七十里。輿地紀勝：隱士蘇汝礪之居在焉。有書院，藏書三萬卷。

井山。在大足縣東十里。

寶頂山。在大足縣東三十里。

三華山。在大足縣東三十里。其山清秀，三峯屹立。

陔山。在大足縣東四十里。輿地紀勝：近三華秀氣〔七〕，屹然鼎立。

五桂山。在大足縣東。宋乾道中五士同登科第，故名。

牛鬬山。在大足縣東南六十五里。今訛爲牛口山。元和志：在大足縣東南八十里。寰宇記：山長三百里，崖石巉巖，有雙峯對立如牛之狀。

玉口山。在大足縣東南九十里。有老君洞，宏敞可容百餘人。

高山。在大足縣南五里。輿地紀勝：上有龍洞醮壇，旱禱輒應。淳化二年，供奉官盧斌平蜀賊任秀，嘗駐兵此山。

鷄棲山。在大足縣南。輿地紀勝：在縣南。下有藏馬崖，相傳蜀王時産龍馬於此。

龍岡山。在大足縣西三里。明統志：其山環拱山脊，折紋若龍鱗然。舊志：即元和志所謂營山也。

望鄉山。在大足縣西北四十里。于衆山中最高。

北山。在大足縣北二里。唐刺史韋靖於此置城。又白塔山在縣北三里。

王來山。在壁山縣東南五十八里。

龍瑠山。在壁山縣南十里，倚障縣南。又有龍梭山在縣北三里，擁蔽縣後。

重壁山。在壁山縣西南十五里。元和志：壁山縣川中有一孤山，西、北二面險峻，東、南面稍平，土人號爲重壁山。縣因山爲名。府志：一名茅萊山〔八〕。明統志：一名巴山。按方輿勝覽，巴山即縉雲山，非重壁山也。

武勝山。在定遠縣東。明統志：舊名飛龍峯。元兵攻合州，駐兵於此，更今名。

焦石山。在定遠縣北四十里。山高聳，石色焦赤。又麻油山，在縣西南六十里，土黑而潤。

方山。在江北廳東。輿地紀勝：山去巴縣四十八里。一名凝脂山。堯時洪水不没，故又名浮山。元統志：山高五里，周迴六十里。又名雲鴻山。明統志：在縣東三十里。

卧龍山。在江北廳東百二十里。高四里，無路可通。

楊井山。在江北廳西九十里。上有古泉，號楊家井。

石獅埡山。在江北廳北九十里。二山峭峙，四壁絶險，中盤小徑，分渝、合之界。

崑崙山。在江北廳北百五十里。元統志：據府及渠合之境，高十里，俯瞰三郡如指掌然，林壑深翠，峯頂絶無塵埃。按明統志作崑嶁山，在府城東北七十里。又名塔平山。

銷劒山。在江北廳東北五十里。元統志：昔人於山銷鐵爲劒。

南峯。在銅梁縣東。輿地紀勝：在巴川縣東四十里，高五里，是爲峽山之首。兩山複出對峙，中廣十里。塗左有穴，謂之仙洞，其深五里。竇水流爲澗，有嘉魚。明統志：在銅梁縣東七十里。

中峯。在銅梁縣東南九十里。山環二十里如盤，民居如畫。絶頂有泉注下，曰天池。

古佛巖。在巴縣西一里。兩壁峭起，高一丈五尺，廣一丈，深直五丈，中鐫諸佛像。

蟄龍巖。在巴縣西二十五里。有泉出石縫間，瀉入巖下。

紫雲崖。在長壽縣北一里。

丹崖。在長壽縣西北一里。高二十丈。相傳爲徐神翁煉丹處。有瀑布下注於江。又有集仙山，爲神翁飛昇處。

櫃崖。在綦江縣東南。輿地紀勝：在南平軍東南一百里。峭崖壁立，有洞不可扳援。其門有一櫃。

石筍崖。在綦江縣。輿地紀勝：在南平軍北一百里。路通隆化縣。有石如筍，高者三四丈，低亦丈餘，凡數十焉。

斜崖。在合州東北八十里。輿地紀勝：高十餘里，有石横亘崖腹，如拖修帛，迤長四五里。崖以此爲名。下有穴，謂之龍洞，水由此出。

黄葛峽。在巴縣東。水經注：江水又經黄葛峽，山高險，全無人居。舊志：塗山足有古黄葛樹，下有黄葛渡，即黄葛峽也。

銅鑼峽。在巴縣東二十里。懸崖臨江，下有圓石如銅鑼狀。

大茅峽。在巴縣西。元統志：棲真洞在縣西八十里大茅峽内，相傳昔茅君昇仙於此，故名其峽曰大茅，洞曰棲真。

魚鹿峽。在巴縣西北一百二十里。涪江中流有石，一狀若魚，一狀若鹿，故名。

石洞峽。在巴縣東北。寰宇記：渝州東北二十里有石洞峽，即劉先主置關之所，東西約長二里。

明月峽。在巴縣東北。華陽國志：巴郡東有明月峽、廣德嶼，故巴亦有三峽。寰宇記：在巴縣東八十里。李膺記云：廣陽洲東七里水南，有遮要三𢹂石，石東二里至明月峽，峽首南岸，壁高四十丈。其壁有圓孔，形若滿月，因以爲名。府志：在縣東五十里。

雞鳴峽。元和志：在涪州西十五里。又黄草峽在涪州西。唐大曆中，楊子琳叛，沿江東下，守捉使王守先伏兵於此。

温湯峽。在壁山縣西南。輿地紀勝：在巴縣西北一百六十里。上有温泉，自懸崖下湧出，騰沸如湯。舊志：今名湯口峽。山在壁山縣西南二十五里，接銅梁界。

洪崖洞。在巴縣西二里。一名滴水巖。蒼崖翠壁，中懸巨石，其下嵌空，上有瀑布，瀉出巖前。

長安洞。在巴縣西八十里。深二里，入者必秉燭。盡處有二石墩若龍狀，過此則積水泓深，不可往。

悟正洞。在綦江縣南。輿地紀勝：在歸正砦。一名白鹿洞。中有聖泉，晴雨無增減。

清溪洞。在涪州東。輿地紀勝：在高松鄉。巖穴中有石洞二處，一自洞門入，約一里許，有湫水一潭。

白龍洞。在涪州南五十里。又飛龍洞，在州西六里。

松石坪。在永川縣西南六十里。輿地紀勝：在永川縣來蘇鎮。有松化石，石質而松理，或二三尺許，大可合抱，然不過相望數山有之。俗呼雷燒松。杜詩所謂「萬年松花石」，即此。

白土坪。在銅梁縣。輿地紀勝：在縣東北六十里。地多梔子，望如積雪，香聞十餘里。

登雪坪。在壁山縣南七十里。山形似盤，長十里，横八里，結爲大坪，秀峯羅列，四面朝拱。相傳明建文帝嘗潛於此。

大埡。在江津縣東南一百二十里。高峯連峙，僅通一路。明正德中，副使李越破賊方四於此。

石門。有二：一在江津縣南三十里筍溪河兩岸；一在縣西南一百二十里，亦曰龍門峽。

凌雲石。在江津縣北十里聖泉寺左。一石突起，上逼霄漢。其端俯瞰，可覆數十人。

石鏡。在合州南。輿地紀勝：内江有石屹立水心，正圓如月，其下嶄巖如雲氣，俗謂石鏡。冬出水可三丈。

大江。在巴縣東南。自瀘州合江縣流入江津縣界。又東北逕府城東南，又東北逕長壽縣南，又東逕涪州北，又東北入忠州酆都縣界。水經注：江水過符縣，又東北至江州縣東，强水、涪水、漢水、白水、宕渠水五水合南流注之。庾仲雍所謂「江州縣對二水口，右則涪内水，左則蜀外水」是也。又東逕陽關巴子梁，又東右逕黄葛峽，又左逕明月峽，東至梨鄉，歷鷄鳴峽至枳縣。又東逕涪陵故郡北，又東逕文陽灘，灘險難上。又東逕漢平二百餘里，左自涪陵東出百餘里而届積石東爲銅柱灘，又東逕望峽，歷平都。舊志：岷江自合江縣界東北流一百八十里，至江津縣北還繞縣治，狀如「几」字，亦名几水。又五十里至銅罐驛入巴縣界。又東北一百二十里至府城東，内江水自北來注之。又東北九十里入長壽縣界，又六十里逕縣城南，又折東南流三十三里入涪州界。又九十里至州城北，涪陵江自南來注之。又東北八十里入酆都縣界。

南江。在綦江縣東。自貴州遵義府桐梓縣流入，又西北流入江津縣東，入大江。古名僰溪，今名綦江。元和志：三溪縣内有僰溪、東溪、葛溪。其僰溪在三溪縣西，又經南川縣南四十步。寰宇記：僰溪自三溪縣西北流，經舟溪廢縣，又北流逕南川縣東南四十步，又北至江津縣南十四里，西北流入大江。輿地紀勝：僰溪亦名夜郎溪〔九〕，從夜郎境流過南平軍城下。又東溪在軍之西北。元統志：南江在南川縣。衆溪會合，至三溪口可通舟楫，行三十里至綦市，又至南江口入江。名勝志：南江入綦江縣界，其色蒼白，名曰綦江。又僰溪，在江津縣東南三十里，來自夜郎境，闊三十步，深七尺，可通二十石舟。府志：綦江有三源，一自桐梓縣坡頭河流四十里至綦江縣界捍水鎮，一自桐梓縣松坎流五十里，又自仁懷縣李漢壩流六十里，亦皆至捍水鎮，三派合流名三岔河，又順流一百十里入縣界爲綦江。又順流四十里至縣城東，又西北三十里至白渡口，入江津縣界。又一百二十里至南江口，入大江。

嘉陵江。在合州東。自順慶府南充縣流入定遠界，又南逕合州界，合渠江、涪江東南流入巴縣界，至府城東合大江，即西漢水也。自合涪江以下，俗統名涪江，亦曰内江。漢書地理志：西漢水，南入廣漢白水，東南至江州入江。水經注：西漢水經宕渠縣，又東南合宕渠水，又東南逕江州縣，東南入於江，涪水注之。庾仲雍謂涪内水者也。方輿勝覽：西漢水在石照縣東一百步。又杜甫詩「百丈内江船」注：「水自渝上合州者，謂之内江；自渝由戎、瀘上蜀者，謂之外江。」舊志：嘉陵江自南充縣李渡場流入定遠縣界，五十里至縣城東門外，又十里至南溪口，入合州界。又一百九十里合渠江，曰嘉渠口。又十里至州城東南合涪江，曰三江口。又南流四十里入巴縣界，又東南流九十里至府城東，合岷江。自合州以下，本涪、漢、强、白、宕渠五水合流，其别名尤紛出不一。五水之中，漢名最古，故班固漢志以爲經流。而涪以一水獨當四流，且逼近會城，漢晉以來用兵者多由之，故庾仲雍稱内水而獨係以涪，自後遂總稱爲涪江，而漢名亦隱。然據漢志、水經注，終當以西漢水爲正流也。

涪江。在合州南。自潼川府遂寧縣流入合州界，至州城東南與漢諸水合流，即内江也。漢書地理志：「剛氏道〔一〇〕：涪水南至墊江入漢。」水經注：涪水南至小廣魏，又西南入于墊江，亦謂之内水。元和志：涪江水在銅梁縣東北四十里，又逕石鏡縣南二百步。舊志：涪江自遂寧縣入安居廢縣界，東南流五十里，合兜溪河，又三里逕縣北門外，又十里入合州界，又一百四十里至州東南，合嘉陵江。

渠江。在合州東北。自順慶府廣安州流至合州東北，入嘉陵江，即宕渠水。水經注：宕渠水逕宕渠縣，又東南入漢。寰宇記：渠江源自萬頃池，經巴、達、渠等州，廣安軍界，至合州東北十里，與嘉陵江合。

涪陵江。在涪州東。自彭水縣流入，又北入大江。水經：「江水至枳縣西，延江從牂牁郡北流西屈注之。」注：「水乃延江之枝津，分水北注，逕涪陵入江，故亦云涪陵水也。其水南逕武陵郡。昔司馬錯泝舟此水，取黔中地。」元和志：涪江水在武龍縣南，屈北流注於蜀江。寰宇記：益州記云，涪陵江自萬寧縣西北二百八十里至關頭灘，灘長百步，懸崖倒水，舟楫莫通。舊志：自彭水江口鎮西流入武隆廢縣界，一百二十里至關頭灘，五里至城西南，又五里至石牀灘，又十里至白馬鎮，入涪州界，又折北流一百二十里至州東，入大江。

長橋河。在榮昌縣西。舊志：上流即岳陽溪，自潼川州安岳縣石羊腸東流十五里，至大足縣西四里長橋，又五十里爲路孔河，又二十八里至觀音灘，又西南流二里至城西，出思濟橋，亦名思濟河。又三十五里至清江灘，入瀘州界。按輿圖，此水至榮昌西南而止，不入他水。或云即元和志昌元縣南之瀨波溪也。

四十八渡水。在南川縣東。輿地紀勝：在隆化縣東三十里，兩山壁立，一水灣環，其中涉是溪者凡四十八渡。其門有穴如户牖，行平徑數百步，涌一石臺，水出其中。又有流金水，在龍化縣南五里，水色如黄金，泥之沉下者與硫黄無異。俗傳水之發源乃硫黄所出處。府志：四十八渡水源出馬嘴山，西流二十里至四十八渡，又四十里至流金水，又二十里至水東橋，與鎮江橋溪合流。

白水。源出南川縣南，東北流入涪州界，即今大溪河也。輿地紀勝：白水在涪州南二百二十里。源出天衆山，其色如練。又白水，去隆化縣十里，自夷界龍泉鄉出，流入縣界，合黔江。舊志：大溪河源出南川縣南方竹箐山谷，北流四十里經鎮江橋溪，又十五里至棘水橋，又二十里至水東橋，又五十里至涪州界，名大溪河。又東北流一百里至州南，八十里入涪陵江。

温泉水。在合州東南五十里。源出巴縣縉雲山，流一里入州界，又東北入江。

信水。在涪州東南。舊武隆縣南二十里峡口，其泉如沸，日有三潮，每至則高尺餘。

丹溪。在巴縣東南。自綦江縣流來，源出涅婆山，水色如丹，東北流五十里入江，曰丹溪口。

砦溪。在江津縣南。源出鼎山，北流半里入城，環帶學宫，又半里至大通橋，出城北入江。

笱溪。在江津縣南。源出棊盤山，東北流一百六十里至牛渡，又一百五十里入南江。小舟通至牛渡止。

樂城溪。在江津縣西。源出馬鞍山，東流二十里入江。

龍溪。在長壽縣東。自忠州墊江縣流入，又西南入江。古名容溪。寰宇記：樂温縣有容溪，源出縣理北，南流逕縣東，又南至永安縣東北二里，注大江。按：此水即墊江高灘之下流，舊志謂即桃花溪，誤。

桃花溪。在長壽縣東二里。亦自墊江縣流入，源出老龍洞，南流三十里至桃花洞，又五里過新橋入江。又有海棠溪，源出雲臺山，東南流七十里合桃花溪。

梅溪。在長壽縣西北七十里，即鄰水。自順慶府鄰水縣流入縣境，名玉溪。又西南流七十里至巴縣界，名交龍溪，以溪側舊有古木盤曲如交龍，因名。又南流七十里入大江。

侯溪。在永川縣南。元和志：縣東、西、北三面並枕侯溪。寰宇記：溪在縣西南一百八十步。舊志：今有文曲水，繞縣城盤旋四面，流達松子溉，蓋即侯水也。其松子溉在縣南一百里，源出龍洞山別流，東入大江。按輿圖，此水上流曰車對河，下流曰洙溶溪，自縣東南流入江。

骨溪。在綦江縣東。源出老瀛山，西流五十里，至縣東下渡入綦江。又金沙溪在縣北對岸二里，西南入綦江。

奉恩溪。在綦江縣西。輿地紀勝：在南平軍西十餘里。按輿圖，今縣西有清溪河，有二源，東曰三岔溝，西曰魚子溪，自貴州遵義府仁懷縣界東北流百餘里，合爲清溪河，又東北百餘里入綦江。蓋即奉恩溪也。

水從溪。在南川縣西南六十里。源出水從山，西流十里入綦江縣界，入南江。

羅雲溪。在涪州東五十里。源發羅雲壩水洞，北流六里入江。

安居溪。在銅梁縣西北，舊安居縣南城外。一名闢箭溪，又名瓊江。自遂寧縣東流至陽馬橋入縣界，六十里至縣南關，又東北入涪。小舟通至陽馬橋。

兜溪。在銅梁縣，舊安居縣西北，涪江北。源出龍多山，西流一百里入涪。以水流迴曲而名。

赤水溪。在大足縣東。元和志：大足縣東臨赤水。又赤水溪在静南縣南，去縣九十步。舊志：在大足東十里，一名馬灘河，源出銅梁縣六贏山，南流四十里至縣界普安場，又十五里合沙河溪。其沙河溪在縣東七十五里，源出玉口山石谷，流十五里合赤水溪，又五里至舊州壩，仍東北流入銅梁縣界，爲淮遠洞河。又六十里入縣城，與巴川河合流，出城東流二十里至合灘，與小安溪合。其巴川河源出龍透山，東北二十里至銅梁城北，環繞縣治如「巴」字，穿城至平灘，與淮遠洞河合。

小安溪。源出大足縣界，流逕永川、銅梁二縣界，至合州西南入涪江。元和志：巴川縣有小安溪，源出縣南巴山中。舊志：源出大足縣東南玉口山，名單石溪。東北流三十里，逕永川縣西北，又五十里入銅梁縣界，爲跳石溪。又五十里至合灘，與馬灘河合，又十里至樓灘，又五十里至合州西南侯灘，入涪江。

油溪。在壁山縣西。源出湯峽口，南流三十里出馬坊橋，又六十里至鬬牛石，入江津縣界，與來鳳橋溪合流爲油溪。又三十里至縣西四十里油溪口，入大江。九域志：壁山縣有油溪。又來鳳橋溪，在壁山縣東，源亦出湯峽口，東南流八十里出來鳳橋，又四十里亦至鬬牛石，與馬坊橋溪合。

花石溪。在定遠縣東二里。源出岳池縣，名岳池水，南流入縣界爲花石溪，又西南流四十里入嘉陵江。又有鹽灘溪，在縣南十里，源出蓬溪縣，自浴馬坪入縣界，東南流八十里出南溪口入江。又有苦竹溪，在縣南二十里，源出麻油山，曰寶泉，東南流四十里入江。兩岸多苦竹，因名。

巴子魚池。在巴縣東。元和志：在南平縣西北十里。輿地紀勝：在巴縣東南二百五十里，流合岷江。

蓮花池。在江津縣東二里，廣袤三十餘畝。宋、元間鑿，引水入泮池〔一二〕，由大通橋入江。又長池，在江津縣南十里，廣袤五丈，四時湛然。

仙池。在江津縣北，岷江南岸。

天水池。在江津縣北二里，鍾秀山之上。其水無源，四時不竭。又有魚池，亦在縣北，相傳爲巴子養魚池。

開池。在涪州東三十里。元和志：出剛鐵，土人以爲文刀。

悦池。在銅梁縣西十里。明統志：水深丈餘，清澈如鑑，内多芙蓉。

黑墨潭。在巴縣西五十里。其水如墨，歲旱祈禱輒應。

龍寶潭。在涪州東南。舊志：在舊武隆縣東北七十里，古箐凄其，人鳥兩絶。援藤而入，幽逕可十里許，忽平沙廣野，曲壑清泉，別一世境。

七門灘。在江津縣西七十里。輿地紀勝：有大石横江凡七處，望之如門，因名。舊志：又有龍門灘，在縣西十五里，石梁如門，水漲甚險。

觀音灘。在榮昌縣北二里。又清平橋水，源出縣東青松山。永利橋水，源出縣東南慶雲山。靖樂橋水，源出縣南馬鞍山。皆至觀音灘合流。

龍牀灘。在南川縣北。輿地紀勝：在隆化縣北五十五里。縣有朱婆渡灘，面廣百步，與龍牀相近。古諺云：「龍牀如拭，濟舟必吉。龍牀彷彿，濟舟必没。」是語頗信。

横石灘。在涪州東。後漢建武十一年，岑彭破公孫述將侯丹於黄石。章懷太子曰：「即横石灘，在涪陵。」

銅柱灘。在涪州東。寰宇記：昔人於此維舟，見水底有銅柱，故名。灘最峻急。

白鶴灘。在涪州西一里。輿地紀勝：在州上流妃子園下。又有歇神灘，在州治北。又豬灘，在州東十里，水落石現，形如羣豬。昔人稱云：「灘急羣豬沸，岸高落馬懸。」又百牽灘，在州東五十里，以舟行至此牽挽爲難也。

錦繡洲。在涪州東。寰宇記：銅柱灘東有錦繡洲，巴土盛以此洲人能織錦罽，故名。

清水穴。在巴縣。華陽國志：江州縣下有清水穴，巴人以此水爲粉，則膏暉鮮芳，貢粉京師，因名粉水。輿地紀勝：穴在巴縣西三十步。

孝婦泉。在綦江縣南。輿地紀勝：在南平軍南一里，俗稱有孝婦感出此泉，極甘而冷。又秋泉，在軍東。温泉，在湯窠市。

三潮泉。在南川縣北。輿地紀勝：在隆化縣北五里。早晚兩潮，晷刻不差。每潮則泉下有聲如雷，泉湧高四五尺。春、秋分必一大潮，高可數丈，聲聞十餘里。故老相傳謂其泉通海。

鹹泉。在涪州東南。輿地紀勝：在武隆縣白馬津東三十餘里。江岸有鹹泉。初康定間，有程運使舟次鶻岸，聞江中有硫黄氣襲人，謂此必有鹹泉，召工開之，果得鹹脈。遷忠州竈户，教以煮鹽之法，至四百餘竈。

新井。在巴縣南。輿地紀勝：在縣南五十步，東西十五里。縣城在高岡之上，唐天授中，刺史許子儒鑿之無水，先天中，刺史皇甫珣鑿石六丈方至泉，因名。

鹽井。榮昌縣有鹽井五眼，大足縣有鹽井九眼。

校勘記

〔一〕東北至酉陽州彭水縣界三百五十里　乾隆志卷二九五重慶府（下同卷簡稱乾隆志）同。按，酉陽州彭水縣實際在重慶府東南，而非東北，此誤。

〔二〕魚復蹇胤白璋争巴名　「胤」，原作「湑」，據華陽國志卷一巴志改。按，乾隆志作「胥」，缺末筆，以避雍正諱。本志遂訛爲「湑」，形似而誤也。

〔三〕梁太清四年武陵王蕭紀於郡置楚州　乾隆志同。按，太清僅三年，「四年」實爲大寶元年。梁世祖蕭繹不用大寶紀年，而沿用太清年號。史文多相承未改，前人論之已詳。

〔四〕西至内江縣界五十里　乾隆志同。按，據文例，「内江縣」上當出「資州」二字。

〔五〕徙州治大足　「徙」，原作「徒」，據乾隆志改。

〔六〕唐康元朗讀書於此　「康元朗」，乾隆志同。按，元一統志卷七三一合州古蹟、雍正四川通志卷二三合州亦作「康元朗」，方輿勝覽卷六四合州山川、蜀中廣記卷一八名勝記作「康元良」，未知孰是。

〔七〕近三華秀氣　「近」，乾隆志同，方輿勝覽卷六四昌州山川「陔山」條作「接」。

〔八〕一名茅萊山　「茅」，原作「芽」，據乾隆志及讀史方輿紀要卷六九四川重慶府改。

〔九〕僰溪亦名夜郎溪　「僰溪」，原脱「溪」字，據乾隆志及輿地紀勝卷一八〇夔州路南平軍補。

〔一〇〕剛氐道　「氐」，原作「氏」，乾隆志同，據漢書卷二八地理志改。

〔一一〕引水入泮池　「池」，原作「地」，據乾隆志及雍正四川通志卷二三山川志改。

大清一統志卷三百八十八

重慶府二

古蹟

江州故城。在巴縣西。本巴國都。漢置縣，爲巴郡治。左傳桓公九年「巴子使韓服告於楚，請與鄧爲好」，杜預注：「江州，故巴國都也。」華陽國志：「秦惠文王遣張儀滅巴，城江州。漢世郡治江州巴水北，有柑橘官，今北府城是也。後乃還南城。劉先主初以江夏費觀爲太守〔二〕，領江州都督，後都護李嚴更城大城，周迴十六里，欲穿城後山，自汶江通水入巴江，使城在孤洲上。諸葛亮召嚴，故穿山不逮。然造蒼龍、白虎門，別郡縣倉皆有城。」後漢書注：江州故城在巴縣西北。元和志：巴縣在岷江之西，漢水之南，即李嚴所修古巴城也。南齊改爲墊江縣，周武成三年改爲巴縣。寰宇記：南齊永明五年，江州自郡城移理𣗥溪口，又移墊江縣就江州所理。

枳縣故城。在涪州西，古巴邑。漢置縣。晉永和中爲涪陵郡治。周廢入巴縣。隋於此置涪陵縣。唐、宋爲涪州治。元省。戰國策：蘇代約燕王曰：「楚得枳而國亡。」華陽國志：枳縣在巴郡東四百里，治涪陵水會，土地确瘠。水經注：江水歷雞鳴峽，江南岸有枳縣治。元和志：「涪州西至渝州，水路二百四十里。華陽國志曰：『涪陵，巴之南鄙，從枳縣入泝涪水。』枳縣即今州理是也。與荆楚界相接。蜀先主以爲涪陵郡。武德元年立爲涪州，在蜀江之南，涪江之西，故名。」寰宇記：四夷縣道記云：自涪陵西泝蜀江十五里，有雞鳴峽，上有枳城，即漢枳縣也。李雄據蜀後縣廢。桓温平蜀，别立枳縣於今郡東北十里鄰溪口。又置枳城郡，尋廢。周保定四年，涪陵首領田思鶴歸化，於故枳城立涪陵鎮。隋開皇三年，移漢平縣於鎮城，仍改漢平爲涪陵縣，因鎮爲名。大業三年，又罷爲鎮。輿地紀勝：故枳城在巴縣東北一百十五里。

廢昌州。在榮昌縣北。元和志：昌州正南至瀘州三百八十里，正北微西至普州二百八十里，東北至合州二百九十里。本漢資中縣之東境，墊江縣之西境，江陽縣之北境。乾元元年，左拾遺李鼎祚奏以山川闊遠，請割瀘、普、渝、合、資、榮等六州界置昌州。尋爲狂賊張朝等所焚，州遂罷廢。大曆十年復置。其城南憑赤水，北倚長巖，極爲險固。静南縣，郭下，乾元元年與州同置。寰宇記：廢静南縣在永川縣西北五十里，地名静南壩，因爲縣名。宋初以地荒民少，并入大足等三縣。舊志：今名舊州壩，在大足縣東南。按：新唐書地理志、寰宇記皆云州初治昌元，獨元和志云治静南，蓋先治静南，繼治昌元，又移治大足也。府志：今名舊州壩，在大足縣東南。

廢溱州。在綦江縣南，接貴州遵義府桐梓縣界。元和志：溱州正南微東至珍州二百里，東北至南州二百七十里，東與賓州接界，山險不通，西接合江縣界。本巴郡南境。貞觀十六年，有渝州萬壽縣人牟智才上封事，請於西南夷竇、渝之界，招慰不庭，建立州縣。至十七年置，以南有溱溪水爲名。管縣二：榮懿縣，郭下；扶觀縣，東至州五十里，以縣東扶觀山爲名〔二〕。皆與州同置。舊唐書地理志：貞觀十六年並置樂來縣，咸亨元年廢，天寶元年改爲溱溪郡，乾元元年復爲溱州。宋史地理志：溱溪砦本羈縻溱州，熙寧七年招納，置榮懿等砦，隸恭州。後隸南平軍。大觀二年，别置溱州及溱溪縣。宣和二年，州縣俱廢，以溱溪砦隸南平軍。輿地紀勝：榮懿市本唐溱州故榮懿縣。紹興七年，移土門鎮巡檢於此，兼砦事。後移巡檢於曲崖隘。今空有砦名，止爲一市。又扶觀市本溱州屬縣，熙寧四年置砦，後移砦官於歸正，今止爲一市。

江陽故縣。在江津縣西南。西魏置。隋改名江津。宋移今治。元和志：江津縣東北至渝州一百二十里。寰宇記：南齊永明五年，江州縣自郡城移理僰溪口，即今理是也。周閔帝元年，於縣理置七門郡，領江州一縣。尋改江州爲江陽縣。隋開皇三年罷郡，移縣入廢郡理，屬渝州。十八年，改江陽爲江津縣，以斯地在江之津爲名。宋史地理志：乾德五年移治馬騣鎮。舊志：江陽故城在今縣西南僰溪口，即南江口也。

永川故縣。即今永川縣治。元和志：縣西至昌州九十里。大曆十一年置，東、西、北三面並枕侯溪水，南面接延陵英山。唐書地理志：本壁山縣地。寰宇記：在昌州東南一百五十里，以山川闊遠，因名。

南川故縣。在綦江縣南。唐置[三]。元和志：南州北至江津縣二百三十里。漢爲巴郡江州之境。武德二年割渝州置。南川縣，郭下，武德二年改曰隆陽。舊唐書地理志：先天元年復爲南川。宋史地理志：皇祐五年，以南州置南川縣。熙寧七年，以南川縣隸南平軍。九域志：南平軍，熙寧七年招收西南蕃部，以南川縣銅佛壩地置，仍省南川縣爲鎮入焉。元豐元年，復置南川縣爲軍治。輿地紀勝：今之南川，在唐之南川縣北四百六十里。其銅佛壩在故南平城西門外。地有金銅佛像二，相傳唐明皇所鑄。明統志：廢南平軍，在綦江縣南九十里。

銅梁故縣。在今銅梁縣北。元和志：縣東至合州一百五十里。長安四年，刺史陳靖意以大足川僑户輻輳，置縣，取小銅梁山爲名。寰宇記：本漢墊江縣地。舊理在今縣北四十里奴崙山北列宿壩上，開元三年移就涪州南岸權立。十六年，遂東南移於東流溪壩上，即今理也。明統志：縣在合州西南九十里。元移今治。按：今縣乃故巴川縣地，蓋元時既併巴川入縣，遂南移於巴川舊縣側近也。

壁山故縣。即今壁山縣治。元和志：縣東北至渝州一百八十里，本江津、萬壽、巴三縣地。四面高山，中央平田，周迴約二百里。天寶中，諸州逃户多投此營種。至德二載置縣，因山爲名。縣東陸路至江津縣一百三十里。

定遠故縣。在今定遠縣北。元史地理志：合州定遠縣，本宋地名女箐平，至元四年創爲武勝軍，後改爲定遠州。二十四年降爲縣。明統志：在合州北一百五十里。舊志：縣治本在江北，其後江水漲溢，城壞。明嘉靖十三年，知縣胡濂移治江南岸十里，去州九十里，地名廟兒壩，即今治也。

南平廢縣。在巴縣東南。唐貞觀四年，分巴縣南界置南平州，領南平、清谷、周泉、昆川、和山、白溪、瀛山七縣〔四〕。八年，改曰霸州。十三年，州廢，省清谷等六縣，以南平屬渝州。宋雍熙中省入巴縣。元和志：縣西至渝州一百三十里，本漢江州縣地。寰宇記：唐貞觀四年置南平州，仍於州理置南平縣。今縣南三十五里古霸州城也。十三年州廢，移南平縣於西北，即永淳以前舊理所也。永淳二年，又東南移六十里，於平鄉頓壩權置行縣，即今縣理。

萬壽廢縣。在江津縣西南。元和志：縣東北至渝州二百八十里。本漢江州縣地。武德三年，分江津置萬春縣，屬渝州。五年，改爲萬壽縣。宋史地理志：恭州舊領萬壽縣，乾德五年廢。

永安廢縣。在長壽縣西南。寰宇記：唐武德元年，析涪陵、巴二縣地，於涪州西南一百五十里置縣，以縣北永安山爲名。開元二年，民以爲非便，遂廢。按：唐書地理志作開元二十二年省入樂温。

樂城廢縣。在長壽縣西。華陽國志：巴郡領樂城縣，蜀延熙十七年省。舊志：今長壽縣西一百里有樂碛鎮，即其地也。

樂温廢縣。在長壽縣西北，唐置。元和志：縣東南至涪州一百十里。寰宇記：樂温縣，秦枳縣地。後周省枳縣，又爲巴縣地。唐武德二年，又析巴縣地置，以縣南樂温山爲名。舊志：元省樂温入涪州，置涪陵巡司。明玉珍改置長壽縣，西北去故縣五十里。

昌元廢縣。在榮昌縣西北。元和志：縣東至昌州一百二十里。乾元元年，與州同置。東接瀨波，西臨耶水。輿地紀勝：周顯德初，爲寇所焚，移治羅市鎮。天禧中又移今治。舊志：故昌元縣，今爲昌元里。按：宋史地理志作咸平四年移治羅市，與紀勝不同。又明統志「元改置昌安縣，明改榮昌」，而元史地理志不載。

丹溪廢縣。在綦江縣東南。舊唐書地理志：武德二年置南州，領隆陽、扶化、隆巫、丹溪、靈水、南川六縣。貞觀七年，又置當山、嵐山、歸德、汶溪四縣。八年，廢當山等四縣。十一年，又廢扶化、隆巫、靈水三縣。寰宇記：丹溪縣在南川縣東南三十里，於丹溪水曲置，因名。貞觀十七年廢。

三溪廢縣。在綦江縣東南。唐置，屬南州。元和志：縣西北至南州二百四十里。貞觀五年置，以縣内有棘溪、東溪、葛溪三溪合流爲名。其縣城甚高險。寰宇記：縣理城俗名石城。宋初廢。

瀛山廢縣。在綦江縣西北。舊唐書地理志：貞觀四年，南平州領瀛山縣〔五〕，十三年省。舊志：在縣西北瀛山下。

隆化廢縣。今南川縣治。元和志：縣東北至涪州三百里，本漢枳縣地。貞觀十一年，分巴縣置隆化縣，因縣西永隆山爲名。先天二年，以避諱改爲賓化。宋史地理志：南平軍領隆化縣。熙寧八年，自涪州來隸。九域志：縣在軍東一百四十五里。舊志：按元統志云「嘉熙三年移軍治此。元至元二十二年，併縣入南川，於此置理，自後遂爲南川縣治」。是則今之南川，唐之賓化也；唐之南川，今之綦江也。明統志不經詳别，致山川古蹟混雜不明，今據元志改正。

石照廢縣。今合州治。漢置墊江縣，屬巴郡。西魏改曰石鏡，爲合州治。宋初改曰石照。明初省縣入州。元和志：合州西至遂州二百六十里，北至果州三百里，治石鏡縣，本漢墊江縣也。寰宇記：宋於此置東宕渠郡。魏恭帝三年，改東宕渠爲墊江郡，改縣爲石鏡，以涪水北有圓石似鏡，因名。仍於郡治合州，蓋取涪、漢二水合於此，故爲州稱。城臨峽江之上，實控東之地。舊志：宋淳祐三年，余玠知重慶府，徙州城治釣魚山，縣亦隨徙焉。元至元二十二年，州縣始復還故治。

漢平廢縣。在涪州東南。三國漢置，晉因之。宋省，齊復置。隋又廢。華陽國志：涪陵郡漢平縣，蜀延熙十三年置。水經注：江水自涪州東經漢平二百餘里。寰宇記：漢平縣在今涪州東一百二十里羅浮山北，岷江之南，白水入江處。開元三年移入涪陵。

武隆廢縣。在涪州東南。唐置，曰武龍，屬涪州。明初改名。元和志：武龍縣西北至涪州二百五十里，本漢涪陵縣地。武德元年分置。寰宇記：本涪陵、枳二縣地，以界内武龍山爲名。宋史地理志：宣和元年，改武龍爲枳縣。紹興元年復故。舊志：明洪武初改爲武隆。本朝康熙七年歸併涪州，設巡司，有城周二里有奇，在州南一百七十里。

赤水廢縣。在合州西。隋開皇八年置，屬涪陵郡。唐屬合州。宋熙寧四年省入銅梁，七年復置。元至元二十年併入石照。元和志：縣東至合州一百里，本漢墊江縣地。隋分石鏡縣於今縣西二里置縣，因水爲名。寰宇記：唐武德元年，移於今理。舊志：按九域志，在合州西北一百三十里，蓋宋時又徙而北也。

温山廢縣。在涪州西北一百一十里。唐書地理志：涪州有温山縣，本屬南潾州，亦武德初所置。九域志：熙寧三年省爲鎮，入涪陵縣。

巴川廢縣。在銅梁縣西南。唐置，屬合州。宋因之。元初併入銅梁。元和志：縣北至州二百里。開元二年，刺史孫希莊奏割石鏡之南、銅梁之東置。寰宇記：本漢墊江縣地，以地在巴川，故名。九域志：在合州西南一百十里。輿地紀勝：在州南七十五里。

安居廢縣。在銅梁縣西北七十里。隋、唐有安居縣，在今遂寧縣界。明成化十七年，復析銅梁、遂寧二縣別置，屬重慶府，蓋即宋銅梁縣之安居鎮也。縣治波羅川東里許，有城周一里有奇。本朝康熙元年省入合州。六十年，以其地分屬銅梁縣。

古灘城。輿地紀勝：在巴縣東七十九里岷江岸，周一百步，闊五尺。相傳巴子於此置津立城，因名。

古樂城。輿地紀勝：在巴縣西南。舊志又有多功城，在縣西四十里，宋淳祐中築，以禦蒙古。

東陽城。輿地紀勝：在巴縣西一百里，舊經云齊建武元年，割巴縣置東陽郡〔六〕。舊志：周時廢，今爲東陽鎮。

宋王城。在合州。輿地紀勝：在合州南二里。

巴子城。在合州南。華陽國志：巴子或治墊江，在巴郡西北中水四百里。括地志：巴子故都在石鏡縣南五里。九域志：舊傳楚襄王滅巴子，封庶子於濮江之南，號銅梁侯。即此。

綦市。今綦江縣治。輿地紀勝：宋紹興二十六年，移南川鎮税務於大綦市。明統志：綦江鎮即古綦市，洪武初改置爲縣。

范鎮村。在江津縣西樓臺山之麓。宋范鎮嘗寓於此，人慕之，因以名村。

鑄錢監。在綦江縣南。輿地紀勝：在南平軍西南一里許。渡溪而上，於歸正壩、松嶺塤等處取鐵，歲鑄錢四萬貫。自元豐二年吴洪申請〔七〕，復增鑄至六萬貫，名廣惠監。紹興末，郡守張鼎以取炭遠，鼓鑄不充，遂廢。

荔枝園。在巴縣。華陽國志：江州有荔枝園。至熟，二千石常設廚宴，命士大夫會樹下食之。按：明統志謂在江津縣廳西北，誤。

塞樂園。在綦江縣南。輿地紀勝：在南平軍西郊，去城一里。初太守封固以邊方安静，營治爲遊宴之地。細石屈曲，鱗砌錦紋作小徑，嘉木名卉，最爲可人。有二亭，曰風月，曰賞心，軒曰緑猗，士大夫留詠甚多。紹興末，溪水泛浸稍壞，今爲荒圃，獨荔枝一株在耳。

妃子園。在涪州西十里。輿地紀勝：其地多荔枝。昔楊妃所嗜，當時以馬遞馳載，七日七夜至京。

香草樓。在江津縣西南。寰宇記：李膺記云，江州縣西南有仙池，昔有仙人居此池側置樓，多植香草，忽一夕天降紫雲，飄然而去。後人指其地爲香草樓。明統志：在江津縣西南三十里。

飛雲樓。在南川縣普澤寺。

江樓。在合州治前。輿地紀勝：下臨漢水。杜甫送祁録事歸合州因寄蘇使君詩：「幸爲達書賢府主，江花未盡會江樓。」

清華樓。在合州治。輿地紀勝：晁公武有記。

三仙樓。在涪州北巖東。謂爾朱先生、藺真人、王帽仙。

四賢樓。在涪州北巖西。四賢，宋程頤、黄庭堅、尹焞、譙定也。

望仙樓。在銅梁縣治西。唐合州刺史趙延之仙去，後人建此樓。

朝宗閣。在合州簽判廳。輿地紀勝：瞻視之遠，略如江樓。

朝爽堂。在綦江縣南。輿地紀勝：在南平軍倅廳。又有亭曰晚静，曰横壁，曰枕流，曰溪堂，俯臨江皋，觀覽勝地。

沈厚堂。在合州治。唐姚崇薦合州守張柬之沈厚，具相才，因名。後名景厚堂。

吴公堂。在涪州南。州有溪水泛溢，宋太守吴光輔疏之，民懷其惠，故號吴公溪。其孫信仲繼守是邦，臨溪建堂，因名。

香霏堂。在大足縣故昌州治。輿地紀勝：在郡圃，取東坡詩「香霧霏霏月轉廊」之句爲名。海棠患無香，獨昌南者有香，故昌號「海棠香國」。香霏堂一老樹，重趺疊萼，每花或二十餘瓣，花氣濃郁，餘不能及。

吏隱亭。在巴縣西洪崖洞。又有輕紅亭。

萬山亭。在綦江縣南。輿地紀勝：在南平軍治西南，其峯最高，過溪而上約五里，乃至其頂。舊有亭曰萬翠，後改今名。

養心亭。在合州治東。宋張宗範所居，濂溪周子題曰「養心」，有記。

碧雲亭。在涪州。輿地紀勝：在涪州對江北岸上，每歲人日，太守率郡僚遊宴於此。

金碧臺。在府治後。明統志：宋制置使余玠築。

懷清臺。在長壽縣南。史記貨殖傳：巴寡婦清，其先得丹穴，擅其利數世，家不訾，清能守其業，用財自衛。秦皇帝以爲貞婦而客之，爲築女懷清臺。括地志：清臺山俗名貞女峽，在永安縣東北七十里。

風月臺。在長壽縣西北。輿地紀勝：樂温縣北白虎山下，有石龕名風月臺。

招賢館。在府治左。明統志：宋余玠建。

關隘

陽關。在巴縣東。水經注：江水東逕陽關巴子梁，江之兩岸猶有梁處。巴之三關，斯爲一也。延熙中，車騎將軍鄧芝爲江州都督治此。寰宇記：州東北二十里有石洞峽，即劉先主置關之所。舊志：今亦名石洞關。

銅鑼關。在巴縣東三十里銅鑼峽。又南平關在縣南一百五十里。

佛圖關。在巴縣西十里，即李嚴欲鑿通汶、涪二江處，爲重慶要津。上有石佛像，故名。又二郎關，在縣西北六十里。清水關，在縣北六十里。

崖門關。在江津縣南三百里，接貴州遵義府界爲總路。元末明玉珍築。一名雁門關。關北屬縣界，南屬遵義。

朝陽關。在榮昌縣東一里。

三舍溪關。在綦江縣南一百里，近古縣。

趕水關。在綦江縣南一百五十里。元置東溪巡司。明嘉靖十一年移此，今裁。

馬頸關。在南川縣南。又冷水關，在南川縣北一百里，接涪州界。

清溪關。在涪州東南。唐開成三年，牂牁蠻寇涪州之清溪鎮，即此。又白雲關，在州西南七十里。

米糧關。在大足縣東二十五里，即宋米糧鎮也。又有化龍關，在縣北三十里，接潼川府遂寧縣界。

木洞鎮巡司。在巴縣東九十里。明置水驛於此。本朝雍正七年置巡司。

武隆鎮巡司。在涪州東南舊武隆治。本朝康熙初置。

安居鎮巡司。在銅梁縣西北七十里，即舊安居縣。本朝雍正七年置。

大洪江鎮。在巴縣東百里，亦曰大紅江鎮。明置巡司，今裁。

來蘇鎮。在永川縣西南六十里。九域志：永川縣有牛尾、來蘇、侯溪、龍歸、羅市、鐵山等十一鎮。

雲門鎮。在合州東北。九域志：石照縣有雲門、龍會、安壩、來灘、來蘇、扶山、銅期、董市、茆域九鎮。舊志：雲門在州東北渠口。

屯營。在江津縣南二十五里。四圍峻絶，中如砥平。明正德中，都御史林俊破賊曹甫，屯兵於此。

石砦。在江津縣東南龍登山後。四圍石壁皆百丈，僅通一路。又茅草砦在縣西南石門驛西一里。高砦在縣思善鄉，平地突起一峯，插天懸巖，僅通一線。昔人避兵於此。

天臺砦。在長壽縣北四十里。舊有天臺寺。地極陡峻，明末鄉人多避兵於此。

永昌砦。在榮昌縣北廢昌州北三里。唐乾寧二年，昌州守韋君靖建。

安穩砦。在綦江縣南。九域志：南川縣有榮懿、開邊、通安、安穩、歸正五砦。舊志：安穩砦在縣西南百二十里。

大菴汛。在江北廳北二百六十里華鎣山，岡巒延亘，接合州、岳池、鄰水界。本朝乾隆十七年，移重慶右營守備駐此。四十四年裁，改營爲汛。

鶴遊坪。在涪州北一百里。磐石爲坪，周二百餘里。本朝嘉慶十七年設州同駐此，因舊砦爲城，名保和城。

白錦堡。在綦江縣南八十里。宋史地理志：端平三年，以白綿堡置播州。輿地紀勝：南平軍有白綿堡，去播州三百里，係納土官楊光榮子孫世襲守之。按：「白綿」、「白錦」字相似而誤耳。

藺市。在涪州西六十里。宋開慶元年，元兵攻合州，其將耨埒造浮橋於涪州藺市以杜援兵，即此。「耨埒」舊作「鈕璘」，今改正。

白馬鹽場。在涪州南。九域志：涪陵縣有白馬一鹽場。輿地紀勝：白馬津在武隆縣北三十五里，有鹽官。州志：宋置白馬寨，今曰白馬鎮。

朝天驛。在巴縣東。又節馬驛，在縣東南九十里。温湯驛，在縣西百里。舊有魚洞水驛，在縣西南六十里。銅罐溪水驛，在縣西南百二十里。

白市驛。在巴縣西五十里。明置馬驛。本朝雍正七年，移縣丞駐此。

茅壩驛。在江津縣北。石羊驛，在縣西南六十里。白渡驛，在縣西南百二十里。漢東驛，在縣西南百八十里。石門驛，在縣西南二百二十里。皆明時所置水驛，今裁。

東皋馬驛。在永川縣東十里。

峯高馬驛。在榮昌縣城内。

東溪驛。在綦江縣南六十里。又安穩驛，在縣西南百二十五里。皆馬驛，今裁。

劉家場驛。在合州西北百八十里。又温湯驛，在州北，路通順慶府，皆本朝康熙中置，今設站。舊有合陽水驛，在州東，今裁。

涪陵驛。在涪州治東，濱江。又東青驛，在州東六十里。藺市驛，在州西六十里。並水驛也，今皆裁。

來鳳馬驛。在璧山縣東南五十里，去巴縣五十里。舊屬巴縣，明成化後改屬永川。

津梁

善會橋。在府城内北隅。

大中橋。在江津縣西。舊名南木橋。又太平橋，在縣城内西北。

海棠橋。在長壽縣北八十里。

迎恩橋。在永川縣東五里。又惠民橋，在縣東南一里。

殷家橋。在永川縣西二里。

雙石橋。在永川縣西北二十里，跨單石溪。

思濟橋。在榮昌縣西南二里。

魚梁橋。在綦江縣南三十五里魚梁河上。山溪多派，合流迅疾。明崇禎中重修，凡六洞。

萬壽橋。在綦江縣南四十里，亦跨魚梁河，黔、蜀通道。

孝感橋。在綦江縣南六十里東溪小市。輿地紀勝：宋紹興甲戌，有里婦從其姑過溪，姑墮水，即隨入拯之，漂至灘下，忽若有人扶之而出，兩人俱活。故名。

䕠水橋。在南川縣東。又鎮江橋，在縣南十五里。水東橋，在縣北四十里。

鐵索橋。在南川龍巖江第二十八渡。本朝嘉慶十五年建。

聯濟橋。在合川東五里。本朝嘉慶十四年修。

石鼓橋。在合州東南三里。水出南峯，東北流六十六里，至此入江。

通仙橋。在涪州治西。又飛泉橋，明都給事中劉茝女錢節婦建。文珂詩：「父忠女烈傲嚴霜，人迹平橋客路長。問是何年成砥柱，溪頭流出柏舟香。」

臨清橋。在銅梁縣城内。

烏木橋。在銅梁縣北廢安居縣治西。其水出龍透山田溝，北流二十里至縣，穿城經橋下出城入涪。

人文橋。在大足縣南五十里龍水鎮。本朝乾隆五十年修。

寶珠橋。在大足縣南六十里三溪鎮渡。本朝嘉慶九年修。

德通橋。在大足縣西門外，即西門石橋。本朝嘉慶二年修。

東郭長橋。在大足縣西四里。長橋河以此名。又化龍橋，在縣東二十五里。其水源出巫林山，流十里至此，又二十五里至東郭長橋合流。

接鳳橋。在壁山縣東南五十里。本朝嘉慶十七年修。

文風橋。在壁山縣南半里。本朝嘉慶十六年修。

馬坊橋。在壁山縣南三十里。又來鳳橋，在縣東南五十里。

武勝橋。在定遠縣西北十三里。其水出蓬溪縣，自乍石灘入縣界，三十里出橋下，又三里入江。

永定橋。在江北廳東。明弘治十五年建。

隄堰

東鄉壩。在南川縣西南七十里，去綦江縣八十里。明萬曆中楊應龍據播州，以此爲界。

五弟壩。在南川縣西北。輿地紀勝：在隆化縣西北五十里。熙寧創邑初，有任氏昆弟五人自蜀中來，相其地可以耕種，同力墾闢，因家焉。故名。

馬援壩。在涪州南四里。

陵墓

周

巴蔓子墓。在巴縣西通遠門内。

巴子冢。在巴縣西北五里。

唐

柳玭墓。在銅梁縣安居鄉太平里。

宋

馮時行墓。在巴縣東銅鑼峽。

杜莘老墓。在江津縣南杜村。虞允文題爲「剛直御史墓」。

度正墓。在銅梁縣城東。

明

劉世曾墓。在巴縣柳市里。

劉春墓。在巴縣西劉家廠。

蹇義墓。在巴縣北五十里。

江淵墓。在江津縣石橋里。

聶賢墓。在長壽縣西二十里牛心山。

劉時俊墓。在榮昌縣東三十里魚池壩。

曾異撰墓。在榮昌縣北關外。

鄒智墓。在合州雲門鎮北二里。

劉菃墓。在涪州神鳳山。

張佳胤墓。在銅梁縣西鳳凰山。

胡子昭墓。在大足縣南七十里棠山。

本朝

劉漢墓。在巴縣西蜀橋。

周煌墓。在涪州七賢溝。

祠廟

禹王祠。在巴縣南塗山上。華陽國志：塗山有禹王祠及塗后祠。

張桓侯祠。在長壽縣治西。宋大觀間，於祠前得三印及佩鉤、刁斗，上鐫侯名。又涪州亦有廟。

張公祠。在合州治西，祀唐張柬之。

李德輝祠。在合州治西。德輝仕元爲總管，有惠愛，民爲立祠。

鄒公祠。在合州治北，祀明鄒智。

伏波祠。在涪州東五里。

忠節祠。在大足縣治前，祀明胡子昭及其弟子義。

壁山廟。在永川縣壁山，祀唐安撫趙延之。

寺觀

治平寺。在巴縣治西。宋治平中建，本朝康熙五年修。

崇因寺。在巴縣北一里。宋熙寧初建，本朝康熙四年修。

永福寺。在江津縣東。元建。

雙峯寺。在江津縣南一百二十里。明建，本朝康熙初修。

定慧寺。在長壽縣東。宋紹興中建。

普照寺。在永川縣治南。宋寶慶中建。

羅漢寺。在榮昌縣南。有唐明皇御製石刻。

勝果寺。在綦江縣治南。元建，明洪武中修。

報恩寺。在南川縣東七里。

嘉福寺。在合州東。元至元中建，本朝順治十八年修。

崇興寺。在涪州治西。元建。

壽隆寺。在銅梁縣西。宋建。

報恩寺。在大足縣治東。宋元祐中建。

寶鼎寺。在大足縣南三十里寶鼎山。唐建，石壁俱鐫佛像。本朝康熙二十五年修。

東林寺。在壁山縣西五里。有宋理宗御書「蓮社」二字碑。

大通寺。在定遠縣南十里，右臨大江。宋元祐中建。

塔坪寺。在江北廳北古藏山。宋紹興中建，有塔七層，高十丈有奇。

東華觀。在巴縣治南。元至元中建。觀後有十八洞，皆相通。

永福觀。在江津縣東。元建。

紫微觀。在永川縣南。明洪武中建。

白雲觀。在綦江縣東老瀛山。明嘉靖中建。

名宦

漢

杜安。潁川人。徵拜巴郡太守。率身正下，以禮化俗，政甚有聲。按：舊志作杜根，三國時人。並誤。安，根之父也。

王堂。郪人。永初中，西羌寇巴郡，詔遣中郎將尹就攻討，連年不尅。三府舉堂治劇，拜巴郡太守。堂馳兵赴賊，斬虜千餘級，巴庸清静，吏民爲立生祠，刺史張喬表其治能，遷右扶風。

吴資。泰山人。永建中爲巴郡守，屢獲豐年，民歌之曰：「習習晨風動，澍雨潤乎苗。我后卹時務，我民以優饒。」及資遷去，民人思慕，又曰：「望遠忽不見，惆悵嘗低徊。恩澤實難忘，悠悠心永懷。」

趙温。成都人。桓帝時爲巴郡太守。時板楯蠻數反，温以恩信降服之。

但望。泰山人。桓帝時爲巴郡太守，勤卹民隱。因郡文學掾趙芬等請云「郡境廣遠，吏民于役維艱」，遂陳分郡之議。

曹謙。光和中爲巴郡太守。時板楯蠻叛，靈帝因益州上計程包對，請選賢能牧守，遣謙宣詔赦之，即皆降服。

三國　漢

李嚴。南陽人。先主時爲中都護，屯江州，築江州城，周迴十六里。

費觀。鄳人。先主時爲巴郡太守。陳壽季漢輔臣贊曰：「揚威才幹，欷歔文武。當官理任，衎衎辯舉。圖殖財施，有義有敘。」

龐宏。襄陽人。統之子。涪陵太守，有德政。

晉

費緝。南安人。涪陵太守，清檢有治幹。　按：舊志作「壽緝，成都人」，誤。

南北朝　周

周搖。洛陽人。閔帝時楚州刺史，吏民安之。

唐

張柬之。襄陽人。永昌初，以賢良召對。聖曆間爲合州刺史，奏移新明縣於漢水上，以避水害。

趙延之。大曆中巴川令。時資、瀘夷寇掠縣境，延之率民兵襲破之，即擢合州刺史。

宋

李惟清。下邑人。開寶中爲涪陵尉。民尚淫祀，病不醫療，聽命巫覡。惟清捡大巫笞之，教以醫藥，稍變風俗。時遣宦官督輸造船木，縱恣不法，惟清奏殺之。

葛宫。江陰人。真宗時知昌州，以惠政聞。

周敦頤。營道人。治平間爲合州判官，事不經手，吏不敢決，民不肯從。部使者趙抃惑於譖口，臨之甚威，敦頤處之超然。後通判虔州，抃熟視其所爲，乃大悟，執其手曰：「吾幾失君矣，今而後乃知周茂叔也。」

胡交修。晉陵人。高宗時知合州，卻私請，免上供以萬計。

單煦。平原人。知昌州。時詔城蜀治，煦以蜀負山帶江，一旦毁籬垣而興版築，其費巨萬，非民力所堪，請但築子城。轉運使即移檄諸郡，如其請。遷知合州。合居涪、漢間，夏秋患於淫潦，煦築東隄以禦之。赤水縣鹽井涸，奏蠲其賦。

姚涣。普州人。徙知涪州。時賓化夷多犯境，涣施恩信拊納，酋豪争羅拜庭下，迄涣去無警。

曹豳。瑞安人。嘉泰二年進士。調重慶府司法參軍。郡守度正欲薦之，辭曰：「章司録母老，請先之。」正敬嘆焉。後召爲司諫，負直聲。

劉舜卿。開封人。歷昌州駐泊都監，諭降瀘水蠻八百人，誅其桀驁者。

王堅。咸淳中知合州。元兵來攻，嬰城固守，百戰彌厲，節義爲蜀列城之冠，詔賞典加厚。時鳳州人張珏與堅協力戰守，攻之九月不能下。堅入朝，珏治合州，士卒必練，器械必精，有功雖奴隸必賞，有過雖至親必罰，人人用命。賽音諤德齊提兵入壞重慶夾道，珏碇舟斷江中爲木城，北兵數萬攻之不克，遂引去。「賽音諤德齊」舊作「賽典赤」，今改正。

楊泰之。青神人。理宗時知重慶府，俗用大變。

曹琦。飛烏人。寶祐進士。知南平軍。元兵來攻，被執，既得脱，南歸。時制置使辟爲主管機宜文字，聞都統趙安以城降，遂於所守地自經死。

王僊。德祐間守涪州。元兵攻圍無虚日，勢孤援絶，宋亡之二年，城始破，僊自刎死。

明

高斗南。陝西徽州人。洪武初爲定遠知縣。才識精敏，多善政。

袁旭。樂安人。永樂間知江津縣。民困宿逋，出己資代償，富民聞之争捐助，積逋以清。居官廉明公慎。秩滿當代，父老懇留於朝，詔許復任。

何聰。海州人。宣德中爲長壽縣典史，有能聲。以艱去。越十年，長壽缺知縣，民詣闕乞用聰，詔許之。專務惠民，民益愛戴。

劉繪。光州人。嘉靖中以給事中再劾夏言，出知重慶府。爲治平易近民。土官爭地相讐，檄諭之即定。尤愛士作人，一時人文之盛甲於三川。上官交薦，而夏言再入政府，罷之。

程學博。孝感人。嘉靖中知重慶府。才識敏果，摘發神明，然罪疑從輕。又愛士如子弟。蔡伯貫作亂，陷七州縣，賊黨多伏城中，憚其威名不敢發。學博隨以計擒之，州縣俱復。

傅光宅。聊城人。萬曆中以御史左遷，歷工部郎，知重慶府。時播賊猖獗，總制李化龍莅郡，光宅督理戎馬軍餉，皆有方略。播平，弔忠義，瘞遺骨，輯流亡，撫瘡痍，修學宫，捐俸率作，一本於誠懇。適遵義守缺，當事者委任之，遂星馳去。安撫夷漢，大著功績。尋擢遵義兵巡道副使。

高折枝。固始人。任重慶府推官。懲姦除猾，不避權貴。播州楊應龍將反，憤然以勦除爲己任。綦江破時，折枝在成都，日夜馳千里，至郡兵復變，不移時談笑定之。已監軍攻南川，諸路軍未入，先斬關擊賊，播平，漢夷畏服。總制李化龍欲題以兵憲，彈壓遵義，會以忌中，遂拂衣去。

葉聯芳。吴縣人。萬曆中知長壽縣。慈和愷悌，視民如子。厚庠士，置學田，革排保，躬採大木。播酋破綦江，聲言東下，聯芳諭其民曰：「吾亦有老母幼子在此，爾毋恐也。」民咸倚之。

段高選。劍川人。知巴縣，以寬厚得民。天啓元年，樊龍等反，大罵死之。父汝元、母劉、側室徐及一子一女皆自盡。贈光禄卿，謚恭節，立祠祀之。

張志譽。大足主簿。天啓時奢崇明之亂，志譽與典史宗應皋集兵奮戰，力屈死。

章文炳。長泰人。知重慶府，治行廉潔。天啓元年，樊龍等反，死之。賊知其賢，厚斂之。喪出江上，夾岸者皆失聲。贈太常卿。

王行儉。宜興人。崇禎中由刑部員外郎出知重慶府。蜀地多寇，重慶嘗宿重兵，行儉撫御有方，民獲安業。十七年，獻賊陷城，死之。乾隆四十一年，賜謚忠烈。

王錫。新建人。崇禎中知巴縣。流寇圍城急，蒙板穴城，錫灌以熱油，多死。及城陷被執，大罵，抉其齒，罵不已，捶膝使跪，終不屈。賊縛樹上射之，又爇而烙之。既死，復毀其骨。乾隆四十一年，賜謚忠烈。

楊一忠。河西人。巴縣教諭。流寇攻城，分門拒守，城陷不屈，罵賊被害。其子名嗣亦被殺。乾隆四十一年，予入忠義祠。

覃文應。柳城人。巴縣縣丞。獻賊陷城，與其子懋德俱投井死。乾隆四十一年，予入忠義祠。

顧旦。上虞人。銅梁知縣。獻賊陷城，不屈死。又江津主簿方應時，衢州人，獻賊陷城，死之。乾隆四十一年，俱賜謚節愍。

曾英。福建人。官遊擊。獻忠死，英復重慶最有功，升副將。孫可望等兵至，英戰死。乾隆四十一年，賜謚節愍。按：明史王應熊傳作「曾英」，省志、府縣志同，惟樊一蘅傳作「曹英」，實一人也。

本朝

陳丹赤。侯官人。順治初爲重慶推官，有惠政。

于成龍。永寧人。康熙七年知合州。賦性狷介。興學重農，士民蒙業。

張寀。蒲城人。康熙十二年知綦江縣。時吴三桂竊據，寀厲志不屈，憤惋成疾死。

王無荒。孟津人。康熙十九年知綦江縣。值吴三桂餘寇圍城下，無荒百計拒守，糧盡援絶，死之。

陳士鑛。秀水人。康熙四十九年，知重慶府。廉正剛介，執法嚴明。誅鋤豪横，一郡肅然。

任舉。大同人。乾隆十二年，官重慶鎮總兵。督兵勦金川逆酋，冰雪崚嶒，舍馬徒步，身先士卒，克昔嶺，奪諸卡及碉樓二百餘座，進兵色兒力山。賊懼，退守石城。十三年六月，薄卡踴登，手刃數賊，因火鎗傷，墜崖死。詔贈提督，謚勇烈。又守備李成邦，亳州人，亦以是年隨征金川，力戰歿於陣，卹廕如例。

單思邁。高密人。乾隆十五年知永川縣。精明果斷，民不敢爲姦。修築塘堰數百處，水利以興，至今賴之。

曾受一。東安人。乾隆三十年知江津縣。始教民樹桑飼蠶，倡修水利，加意學校，民爲祠祀之。

吴一嵩。新建人。乾隆三十七年知重慶府。金川軍興，委赴西路佐建昌道總理糧餉。西師潰，一嵩曰：「他人可出走，吾有軍糧之責，宜死守。」遂死之。事聞，贈太僕寺少卿，祭葬卹廕如例。又合州吏目羅載堂亦赴西路軍營掌書記，木果木之變，隨軍夜出，遇賊被害。詔贈府知事，卹廕如例。

葉書紳。廣豐人。乾隆四十三年，官江北廳同知。明決廉慎，緝宄安良，勸農課士，民被其惠。

左修緒。清泉人。乾隆四十五年知合州。廉明静慎，折獄準情，民以不冤。

蔡必昌。順天人。乾隆五十五年知重慶府。嚴毅精明，吏不能爲姦，民憚犯法，郡政大治。

石陣圖。博野人。官重慶守備。嘉慶元年，隨勦邪匪王三槐等，在達州擊賊陣亡。又守備山陰人夏繼先，二年禦賊於長壽縣，力戰陣亡。守備江南龍魁，追勦邪匪，在東鄉縣擊賊陣亡。守備東湖歐愷，七年從征邪匪，在太平廳力戰陣亡。卹廕均如例。

章潮。天津人。嘉慶二年，爲長壽縣典史。王三槐攻圍縣治，潮同守備夏繼先激勵士卒，奮力決戰，被執不屈，剖腹死。事聞，卹廕從優。

校勘記

〔一〕劉先主初以江夏費觀爲太守　「費觀」，華陽國志同，乾隆志卷二九六重慶府古蹟（下同卷簡稱乾隆志）作「費瓘」，水經注亦作「瓘」。按，三國志卷四五楊戲傳載費氏字賓伯，當取義於易觀：「觀國之光，利用賓于王。」則以「觀」字爲正。

〔二〕扶觀縣東至州五十里以縣東扶觀山爲名　二「扶觀」，乾隆志同，金陵書局本元和郡縣志卷三〇江南道溱州俱作「扶歡」。按，舊唐書卷四〇地理志、宋史卷八九地理志、續資治通鑑長編等並作「扶歡」，似以「扶歡」爲是。

〔三〕唐置　「置」，原作「志」，據乾隆志改。

〔四〕領南平清谷周泉昆川和山白溪瀛山七縣　「瀛山」，原作「瀛水」，據乾隆志及舊唐書卷三九地理志改。按，本志下文有瀛山廢縣，即是。

〔五〕貞觀四年南平州領瀛山縣　「平」，原脱，據乾隆志及舊唐書卷三九地理志補。

〔六〕舊經云齊建武元年割巴縣置東陽郡　「經」，原作「志」，據乾隆志及輿地紀勝卷一七五重慶府古蹟改。按，舊經指重慶府圖經。輿地紀勝同卷景物塗山條下王象之注云：「紹定丁亥，象之過重慶，憲使黎伯巽方類次圖經。」則所謂「舊」者當對此而言。

〔七〕自元豐二年吴洪申請　「吴洪」，原作「吴淇」，據乾隆志及輿地紀勝卷一八〇夔州路南平軍改。

大清一統志卷三百八十九

重慶府三

人物

周

巴蔓子。巴國人。仕巴爲將軍。周末國亂，蔓子請師於楚，許三城。楚已救巴，遣使請城，蔓子曰：「藉楚之靈，克弭禍難，誠許三城，可持吾頭往謝，城不可得也。」乃自刎，以頭授楚使。王曰：「使吾得臣如蔓子，用城何爲？」乃以上卿禮葬其首。巴亦葬其尸以卿禮。

漢

嚴永。巴郡人。詔旌孝子。元初時，王堂爲太守，撥亂致治，進賢達士，貢孝子嚴永及隱士黄錯、名儒陳髦、俊士張璊，皆至大位。

李德印。墊江人。辟太尉掾。熹平五年,益州諸夷叛,執太守雍陟,御史中丞朱龜討之,不能克。拜德印益州太守,與刺史龐芝擊破平之。又巴郡沈稚、黎彪爲益州太守,皆著名績。

杜孝。巴縣人。事母以孝聞。母喜食生魚,孝役成都,買魚置竹筒,以草塞之,投於中流,祝曰:「願吾母得此食。」婦汲於江,見筒横來觸岸,異而取視,有二魚,曰:「必我壻所寄。」熟以進姑。聞者嘆其孝感。

譪涣。江州人。仕爲汝南太守,有公直之稱。

三國　漢

董和。其先巴郡江州人,徙於南郡枝江。漢末率族西遷,依劉璋,任成都令、益州太守。清約持躬,務推誠信,南土愛信之。先主定蜀,徵爲中郎將,與諸葛亮並署大司馬府事,外牧殊域,内幹機政,二十餘年。卒之日,家無擔石之儲,亮追思稱嘆不置。

董允。和之子。初爲太子洗馬,後主立,遷黄門侍郎。丞相亮北征,疏允先帝簡拔,必能裨補闕漏,有所廣益。尋遷爲侍中。獻納之任,允皆專之,甚盡匡救之理。後主愛宦人黄皓,允上則正色匡主,下則數責於皓,皓畏允不敢爲非。後終尚書令。允孫宏,晉巴西太守。

晉

毛楚。枳人。與同郡楊宗皆有美德。楚至牂牁太守,宗武陵太守。

唐

李陽冰。合州人。開元中爲當塗令，有政績。宗人李白常往依之。善篆書，推古今獨步。

宋

郝仲連。昌州人。爲河東軍馬使。建炎元年，金將洛索犯河中，以重兵壓城，仲連力戰，度不能支，先自殺其家人，城陷不屈，及其子皆遇害。後贈觀察使。「洛索」舊作「婁宿」，今改正。

譙定。涪陵人。初學易於郭曩氏。一日至汴，聞伊川程頤講學於洛，棄其學而學焉。靖康初，召爲崇政殿説書，以論弗合，辭不就。高宗即位，定猶在汴，詔遣詣行在。將用之，會金兵至，定復歸蜀，隱青城山。蜀人敬之，稱曰譙夫子。

馮時行。壁山人。紹興進士。知丹稜縣，有惠政。以左朝奉郎争和議，出知萬州。部使者附秦檜意，遂坐罪廢。檜死，起守蓬、黎，終成都路提點刑獄。雅人思其德，祠祀之。著有縉雲集。朱子稱其所論人主正心親賢，即所謂「建極」者，足明禹箕之傳，破諸儒之陋。

度正。合州人。紹熙進士。歷官國子監丞。疏言李全必反，且獻籓全之策。其言鯁亮激切。遷軍器少監。爲帝言：「陛下推行聖學，當自正家始。」進太常少卿。適太廟災，爲二説以獻。其一則用朱子之議，其一因宋朝廟制而參以朱子之議。累遷禮部侍郎，致仕。所著有性善堂文集。

胡天啓。重慶人。吴曦叛，負母而逃，兵欲殺其母，天啓妻張氏哀號願以身代，不聽，卒殺之。天啓與其妻呼天大駡，於是夫婦同死。事聞褒恤之。

趙卯發。昌化人〔一〕。淳祐進士。素以節行稱。咸淳十年，權通判池州。元兵渡江，守遁，因攝州事，爲守禦計。明年，有諷以降者，或問褆身之道，曰：「忠義所以褆身也，此外非臣子所得言。」既知不可守，置酒訣親友，謂其妻雍，令出走。雍曰：「吾請先死。」卯發笑止之。兵薄城，晨起書几上曰：「君不可叛，城不可降。夫婦同死，節義成雙。」與妻同縊從容堂死。巴延入，爲具棺衾合葬於池上，祭墓而去。「巴延」，改見前。

趙立。重慶人。以上書忤賈似道被謫。德祐初，起爲太社令、湖北提刑，使蜀，趣諸將入衛。至重慶則昝萬壽已降元〔二〕，張珏方城守爲後圖，立無以復命，還至涪，沈水死。

趙孟壘。合州人。爲金華尉。臨安降，與從子由鑑懷太皇太后帛書，詣益王。擢宗正寺簿監軍，復明州，戰敗見獲，不屈磔死。

劉霖。永川人。德祐元年，瀘州守梅應春以城降於元。霖獻計於郡守張珏，復瀘州，珏以霖爲知軍。既而元兵陷重慶，被執死之。

元

張孝子。江津人。逸其名。元末兵亂，孝子負其母餬口四方，十有二年。明兵平蜀，始負母南歸。至笥溪，時值水漲，母曰：「吾以老憊，累吾子至此。今隔一衣帶水，天將不使吾見家鄉乎？」仰天長嘆，自躍赴江。孝子倉皇從之，覺足下有石載之得渡，與母俱無恙。及顧江中，乃一石牛也。今指渡處爲卧牛灘。

明

陳憲。銅梁人。洪武中知監利縣。有司造官批，民病之；憲奏減大半。知華容，奏免浮税三萬餘石。「憲」，一作「獻」。

蹇義。巴縣人。洪武進士，授中書舍人。建文即位，超擢吏部右侍郎。文皇立，遷左侍郎，進尚書。永樂七年，帝北巡，命輔皇子監國，軍國事倚辦。奉命巡應天諸府，黜陟文武長吏，止斥太甚者數人，餘多寬假。仁宗即位，累進少師，奉命修太宗實録。宣德中，賜第文明門内。英宗即位，遣問欲言，以「敬守成憲，始終不渝」爲對。卒，贈太師，謚忠定。

王原。銅梁人。永樂中知咸寧縣。勞心撫字，不事表暴。

江淵。江津人。宣德進士，授編修。郕王監國，徐有貞倡議南遷，淵極陳固守之策。由侍講擢刑部右侍郎。景泰元年，入閣預機務。明年，以天變條時務三事，詔悉從之。京師久雨雪，淵上言民怨鬱結之由，帝令法司申冤濫，免税如詔。五年，山東、河南、江北饑，淵往撫，條上軍民便宜十數事，悉議行。調工部尚書。

尹竑。巴縣人。正統進士。擢御史。從英宗北狩，死土木之難。

楊慶。長壽人。正統間知通城縣。九載奏績，民請留於朝，復任九載。秩滿又請，前後二十三年。

陳价。銅梁人。正統中知臨湘縣。歲歉，疏乞寬租，詔蠲免之。有舟丁六百戍江淮，役重率多逃亡，价又奏免百人。政績稱最，累官至都御史。「价」或作「介」，誤。

李翔。大足人。天順進士。爲給事中，以疏論宦官忤旨，謫寧州判官。

蔣雲漢。巴縣人。天順進士。成化間知大理府。操守廉約，聽訟以善言感動，至泣下引罪，然後剖決。民相語曰：「不畏公箠，但畏公唾。」去之日，行色蕭然。官至福建布政使。

牟俸。巴縣人。景泰進士。授御史，巡按雲南。南安伯毛勝鎮金齒，俸列其違縱罪，將吏皆聳。成化時，遷江西按察使，政尚嚴厲。巡按山東五年，盡心荒政，活饑民不可勝數。

石敏中。江津人。成化中知松滋縣。歲饑發賑，江漲增築堤防。會鄖、襄盜起，軍供旁午，敏中措置有方，民不告病。

劉春。巴縣人。成化進士及第，授編修。正德時歷禮部尚書，專典誥敕，掌詹事府事。時覲官各言鎮守、内臣入貢之害，春列上累朝停革貢獻詔旨，乞一切停罷。掌禮三年，宗藩請封請婚及文武大臣祭葬贈謚，多所裁正。卒，贈太子太保，謚文簡。

姚學禮。巴縣人。家京師。弘治進士。擢南京御史。正德元年，偕同官諫馳騁騎射，不納。既與葛浩等乞留劉健、謝遷，罪劉瑾、馬永成等，下詔獄，廷杖削籍。後起雲南僉事，終參議。

鄒智。合州人。家貧讀書，焚木葉繼晷。成化二十二年，鄉試第一，明年登進士，改庶吉士。上疏言時事不報。孝宗嗣位，復因星變上書，極詆萬安、劉吉、尹直而薦王恕、王竑、彭韶等。吉憾智甚，適湯鼐、劉槩獄起，使其黨入智名，遂下詔獄，謫廣東石城吏目。聞陳獻章講道新會，往受業，學益粹。未幾卒，年二十有六。天啓初追謚忠介。

劉菃。涪州人。弘治進士。正德初户科給事中。時劉瑾擅權，首抗疏極言其姦，被杖落職。瑾敗，起金華知府。舉治行卓異。終江西副使。

陳伯剛。合州諸生。父母喪，負土成墳，廬墓六年，有白鶴來巢，鄉人以爲孝感。事聞旌表。

王俊民。合州人。正德進士。歷給事中，謇諤有聲。嘉靖初，張璁方尊顯，俊民前後持大禮諸疏劾之不少假，忤旨杖斃。隆慶初贈太常少卿。

任翰。巴縣人。嘉靖進士。知許州。歲旱，多方賑恤。擢守黄州。採木之役，曲蘇民困。知大理府，時檄貨大青甚急，吏欲擇尤者以獻，翰慮以難繼病民拒之。歷貴州巡撫。計縛叛苗許吾等，邊陲奠安。

李文進。巴縣人。嘉靖進士，遷給事中。陳邊計十二事，多見省納。京師僧聚衆説法於天安寺，文進上言乞捕外護爲首者按治之，諸郡邑有似此者，通行禁飭。帝善之。洊擢大同巡撫。大同右衛北地曰豐州，叛民丘富、趙全等居之，築城堡，開良田數千頃，號曰板升。板升者，華言城也。以妖術誘衆，數入寇。文進曰：「此中國隱患也。」乃與劉漢、俞大猷謀乘間取之，擒斬多人，焚其宫室。進宣大總督。

劉起宗。春之孫。嘉靖進士。爲户科給事中。延綏洊饑，請帑金賑救。尋以疏忤嚴嵩父子，廷杖，謫荔浦典史。終遼東苑馬寺卿。

劉世曾。巴縣人。嘉靖進士。以御史巡按江南，不攜蘇松一物。歷雲南巡撫。削平緬寇。性醇孝，平生清苦，無所蓄積。

聶賢。長壽人。由進士爲御史，有清操。嘉靖時歷右都御史。會御史馬録奏妖賊李福達獄，并劾武定侯郭勛，賢等覆如録奏，力言勛黨逆罪。勛激怒帝，反前獄，奪賢官。後用薦起工部尚書，終刑部。謚榮襄。

張佳胤。銅梁人。嘉靖進士，授滑縣令，有異政，擢户部主事。出榷閩、廣，無毫髮私。改兵部職方司主事。累遷副都御史，巡撫應天，爲政務持大體。後撫宣府，入爲兵部侍郎。浙江兵變，令撫浙，許以便宜行事。甫入浙境，市民之變復起，遂勒兵討擒之，而斬兵之倡亂者二人，二亂悉定。以功遷兵部尚書。

段威武。銅梁人。舉孝廉，爲渭源令。事父母以孝聞。既葬，廬於墓，朝夕哀奠，有鹿馴烏集、梨橘再實之異。

李仕亨。銅梁舉人。萬曆中知善化縣。時遭旱疫，斥俸錢給饘粥藥餌，又力請蠲租賑恤，得報可。置義冢以掩胔骼，尤惓惓興學造士。内擢主事，貧不能置裝。後出知思州府。置田贍士，賑恤孤貧，惠愛爲多。歷副使。

田大益。定遠人。萬曆進士。歷户、兵二科給事中。累陳貢税之害，言皆剴切。時兩京缺大僚方面凡百十餘人，大益疏請簡補。又劾内官擅兵採煤，極陳君德缺失，言雖不納，時論壯之。

卞孔時。江津人。萬曆舉人。補武昌同知。監軍征播州有功。大奄以礦税來楚，縱役恣暴，孔時面斥奄，列其狀於朝。奄誣富民，孔時又直之，奄遂劾以阻撓税法，逮下詔獄，凡十九年。葉向高爲言，乃放還。熹宗立，起南京刑部員外郎。忤魏忠賢意，出知漢陽府。越二日卒。

董盡倫。合州人。萬曆舉人，官安定知縣。秩滿，民詣闕乞留，詔加鞏昌府同知，仍視縣事。久之以同知理甘州軍餉，解職歸。天啓初，奢崇明來攻，與知州翁登彦拒守，城獲全。援銅梁復有功。尋被檄援重慶，戰死。贈光禄少卿。

夏衍虞。江津人。天啓舉人。知臨漳縣，有惠政，擢曲靖府推官，署道事。丁亥，孫可望陷滇，衍虞貽巡按羅國瓛書，約共舉義。事覺，與國瓛俱闔門遇害。乾隆四十一年，賜謚節愍。

竇成。川西小卒，隸安慶撫標，守桐城。隨弁將廖應登出偵賊，爲賊所獲，並挾至城下，使諭降。廖未及言，成大聲告以賊虚實，使城中堅守，賊寸磔之。桐人專祠以祀。乾隆四十一年，予入忠義祠。按：巴縣志云邑人，事在崇禎十五年三月。

陳新第。長壽人。崇禎末，知定番州。禮士愛民，共戴之。丁亥春，孫可望寇定番，新第誓衆堅守，並扼要害逆戰，先後殺賊數百。城陷，自縊於署内馴鹿堂。又忠國公王祥，綦江人，守遵義，孫可望遣賊將白文選攻之，兵敗被殺。乾隆四十五年，俱賜謚節愍。

程源。江津人。崇禎進士。釋褐後，以闖賊窺潼關，上書陳勦寇十策，不報。甲申後，擁立永明王。歷晉東閣大學士、兵部尚書，經理滇、黔、楚、蜀，督戰克捷。偏橋之役，爲王祥所執，七日不食，終以大義服祥，解諸鎮争閧之害。明祚既終，悲憤卒。

梁士麒。永川人。崇禎舉人。獻賊陷城，遇賊不屈，大罵受刃。同縣蔣世鉉，獻賊至，倡集義旅二百餘人，嬰城守禦，與賊戰於東門，爲賊所執。招之降，瞋目呼之不屈，賊寸磔之，臨死罵不絶口。又合州諸生董克治，獻賊分掠合州，克治傾貲募義勇，殺賊甚多。後於長安坪與賊戰，力不支，乃率三千餘人據洞中，相持月餘。賊鑿山積火其上，衆感克治風義，無變志，俱被熏死。乾隆四十一年，俱予入忠義祠。

曾異撰。榮昌人。崇禎舉人。爲永寧州知州。張獻忠部寇孫可望將寇雲南，異撰與其客江津進士程玉成、貢士龔茂勳謀曰：「州據盤江天險，控扼滇黔，棄之不守，事不可爲矣。」遂集衆登陴，未幾城陷自焚死。乾隆四十一年，賜謚烈愍。

張奏凱。綦江人。天啓初，征藺有功，授川北副總兵。拒闖賊，升天柱總兵。獻賊攻成都，奏凱守東門，城陷死難。乾隆四十一年，賜謚烈愍。

羅大爵。合州人。崇禎十七年，以總兵鎮成都，賊至死之。同時川北副總兵李文陰，壁山人，與獻賊戰於白水，被執，罵賊死。乾隆四十一年，俱賜謚節愍。按：大爵，一作官黎雅參將。文陰，壁山縣志作「文蔭」。

蕭頌聖。定遠人。明末麻城教諭，署縣事。城陷，獻賊脅授僞官，自縊死。乾隆四十一年，賜謚節愍。

本朝

簡上。巴縣人。性至孝。爲兒時，常負米百里外以養親。順治辛卯舉於鄉，知直隸鉅鹿縣。以廉能擢吏部文選司郎中，視學江南，再轉廣西右江道。所入俸錢，多分贍族黨之貧者。著有四書彙解。

劉如漢。巴縣人。順治進士。由翰林院檢討，轉兵科給事中，所陳奏多報可。累遷副都御史，巡撫江西。未抵任，丁父憂，哀毀骨立，尋卒。

李如碧。合州人。慷慨有勇略。順治間以隨平雲南功，授雲南前營驃騎將軍。康熙三年，復平水西、羅甸，升黔西總兵。晉貴州提督，屢立戰功。卒於官。贈公安伯，祀鄉賢祠。

覃銓。巴縣人。歲貢生。吳三桂迫以僞職，銓百計逃免。教授生徒，多所成就。

李成芳。巴縣人。由拔貢任雲南寧州州同。康熙十三年，吳三桂之亂，把總李忠投賊劫州庫，成芳統丁壯生擒李忠，以功加議敍同知。十四年，賊復攻城，力戰死之。贈布政司參議。

傅汝友。巴縣人。官提標隨征總兵。康熙十九年，出師永寧，與提督王之鼎洎費雅達等被賊執，不屈死。贈都督同知。

龍爲霖。巴縣人。康熙進士，知太和縣。邑號難治，爲霖不尚刑威，民無冤抑。值西藏軍興，供億得宜。初太和丁糧分納，有田已迭賣而丁名不除者，爲霖力爲詳請獲免。擢石屏知州，修城增戍。州有土目立勳父子，以狡黠雄夷中，嘗隨軍得千總劄，爲霖密請斥革以防未然。立勳旋有陰誘魯魁之變，他邑殘破，石屏以有備得全。歷潮州知府，剔弊釐姦，復葺韓山書院，人文蔚起。以母老乞養歸。著有松蔭堂詩集、本韻一得。

李馥。巴縣人。康熙武舉，任成都城守千總，署守備。從征青海，戰殁。

劉鍹。江津人。康熙進士。官桐鄉知縣。歷署海鹽、石門、德清，勤於課士，多惠政。卒祀名宦。

王恕。銅梁人。康熙進士。由庶吉士改吏部主事。歷湖北及江安督糧道，盡除漕政之弊。乾隆元年，遷廣東按察使。治獄多平反。有歸善劫盜數人，獄已具，恕察其枉，悉縱之，未幾果得真盜。累升福建巡撫。請豁崇安浮賦，貯穀南臺，以濟漳、泉荒旱。檄修閩縣、官浦、興化、木蘭陂水利，閩人咸頌其德。著有樓山詩集。

李芳述。合州人。康熙十九年，勇略將軍趙良棟從白水江入川，芳述率先納款，隨師進勦吴三桂餘寇，收復滇、黔。累官西寧總兵、貴州提督。苗蠻慴服，晉太子少保。卒，贈太子太傅。

苟金徽。合州人。康熙舉人。性孝友，潛心理學。知廣東曲江縣，以卓異升廣西新寧州。丁繼母憂，抵家三日慟卒。

韓成。合州人。康熙中，任重慶鎮總兵，法令嚴明，諸蠻畏服。遇亢旱，禱雨輒應。郡城偶不戒於火，成具衣冠肅拜，忽反風滅火，人神之。

韓良輔。成子。康熙武進士，授二等侍衛，隨征厄魯特。歷遷宜君參將。宜君多盜，良輔嚴坐窩主，盜以息。又以多虎患，造虎槍教兵，習殺虎技，獲百餘虎。提督廣西，勦猺獞有功，改巡撫，卒。弟良卿，康熙武進士。由侍衛歷官甘肅提督。岳鍾琪征準夷，良卿總統軍務，機宜悉協。卒，謚勤毅。

韓勷。良輔子。康熙武舉。隨父出兵口外，授侍衛。洊升古州總兵。以征逆苗屢立戰功，遷貴州提督。卒，贈右都督，謚果壯。

周儼。涪州人。譚宏之亂，儼負父潛逃，爲賊所執，兩臂受創。父疾篤，躬嘗便溺以占順逆。父死，號泣嘔血，七日髮盡白。撫弟孤如己子。

周儒。儼弟。事親並以孝聞。儼被執，儒急父兄之難，與賊力戰，受重創死。

李文仲。巴縣人。任貴州安籠鎮標守備。雍正六年，勦八達寨逆玀，戰殁。贈都司僉書。

彭國泰。巴縣人。官把總。乾隆十二年，從征金川，隨守備李成邦攻巴納山，同戰殁。䘏如例。嘉慶七年，補給恩騎尉世職。同縣把總任友、外委馬化龍、把總瞿良佐俱乾隆十三年金川陣亡。把總王信，三十二年緬甸陣亡。䘏廕均如例。

譚世俊。巴縣人。漳臘營守備。乾隆三十八年，從征金川木果木陣亡。同縣把總張其中亦以是年登春陣亡。千總張魁，三十九年博羅瓦陣亡。外委譚虎、馬世奉俱六十年黔楚陣亡。䘏廕均如例。

周煌。涪州人。乾隆進士。授編修，屢典試事。嘗以侍講充册封琉球副使，開洋至姑米山，颶風大作，舟且壞，從人請易舟，煌謹護詔敕，弗聽，尋達琉球，成禮而還。入直上書房，升侍郎，提督江西、浙江學政，晉尚書，改左都御史。卒，贈太子太傅，謚文恭。所輯有琉球國志及詩文集若干卷。

王汝璧。恕少子。甫晬而孤。恕雖歷官顯要，而不爲家人生產計，汝璧惟仰母女紅自給。乾隆丙戌成進士，授吏部主事，洊擢郎中。居銓曹十餘年，性孤介，寡交遊。出守順德等府。嘉慶四年，授山東按察使。歷晉安徽巡撫，入爲內閣學士，旋復撫安徽，所至皆有廉聲。十年，遷刑部右侍郎，奉使河南，觸暑得目疾，乞休，踰年卒。詩宗韓、孟，有銅梁山人詩集行世。又撰漢書考證、夏小正傳考及星象勾股數十卷，脂玉詞、蓮果詞二卷。

周興岱。煌次子。乾隆進士，授編修。洊擢禮部右侍郎，入直南書房。嘉慶四年調吏部，再調户部，奉使祭告川、陝嶽瀆。時三省教匪未靖，上命興岱於所過川、陝地方察視宣諭，凡脅從者許其自新，歸正者善爲安撫。七年，以事降編修。十年，陞侍讀。累晉左都御史，卒。

余文謨。榮昌人。乾隆舉人。初任湖南知縣，再選陝西韓城。時勦邪匪，文謨隨營承辦軍務，甚著勞績。以病歿，照陣亡例議卹，贈同知銜，廕一子入監。

董傑。合州人。七歲喪母，事繼母孝。析産時以弟多子，田四百餘畝盡推與之，奴婢器皿取其羸敝者。州人高其誼。

萬啓貴。巴縣人。官外委。嘉慶元年，與同縣外委高懷隨勦教匪陣亡，卹廕各如例。同縣把總卿定國、外委保廷棟、田應龍、廖懷瑛於三年陣亡，千總魏忠才、把總牟耀先、外委馬朝、余占鼇於八年陣亡，均卹廕如例。

車能勝。長壽人。官把總。嘉慶元年隨勦教匪陣亡，卹廕如例。

傅昌黎。長壽人。嘉慶二年禦教匪王三槐於傅河場，被戕。其子庠生傅暄，性孝友，以身翼父，賊并殺之。同縣黃受牒、王吉士、周澤廣、張蘭軒、廖慶廷、胡經邑、李能拔、韓華清、韓健飛、韓鵬仁、李汝中、蘇蔚、陶能才、孫鱗祖、向以陞、游士道、李家餘、醫學車漢弼、黃廷融、朱子玉、朱子常、朱文剛、朱學、朱壽、李汝中、李汝才、李墩、蔣俸、何金忠、范麻麻、文盛榮、高文耀、余必榮、余安國、余興貴、鄒仕堂、范九相、江小甲、劉代富、黃玉賢、祝茂節、徐綱、徐文林、陳文才、陳銘、張二、李升、蔡樂潮、蔡以容、周國經、周以林、周美玉、周育濤、邵國潮、邵代民、周正卿、周正昭、周文亮、周正喜、周文欽、石紹唐、謝攀龍、鄒代龍、聶春蘭、聶建業、洪章、江九信、江龍安、黃玉碧、黃近虞、江採芹、鄒代祥、陶萬貴、向英華、張志修、張羣、蔡金召、賈雲燦、丁尚才、葉光明、王儒世、胡文煜、李序武、韓若周、韓廷輔、汪洪才、伏以敬、蘇邦、蘇國選、蘇蘭秀、蘇蘭森、蘇蘭芳、蘇蘭育、蘇蘭玉、蘇懷芳、蘇大雙、蘇二雙、范洪儒、范洪才、范洪高、范奕彩、蘇懷保、王登璧、熊如岱、熊如震、李復盛、李光緒、熊端、鄧文廣、張金召、張金龍、張金聲、鄒開書、但紹林、但維龍、張舉、聶精明、劉志帶、呂大元、彭學山、彭卯生、袁文明、袁文朋、袁文聖、向志忠、程博士、程明清、劉宗泰、劉成相、劉得生、陳目其、陳學樸、陳棟才、蹇文耀、羅世欽、羅永玉、羅文新、楊文顯、楊文建、李文恕、胡品功、程子文、殷道舉、高明、高榮、尚仁、王登科、但光海、但三、王學詩、余大全、余大經、余長生、葉第賢、葉大典、葉大章、邱正綱、樊泰、殷紹宗、余載璧、余龍、余光宇、但光、但俸、但沛然、但四品、呂世祿、楊洪升、楊興富、楊廷桂、呂維格、楊大賢、楊卓賢、邱正欽、但維欽、楊光玉、但漁、但維新、但和、但世珍、王登俊、但遵先、但耀祖、黎棟、高尚德、陳之清、劉正剛、劉天壽、呂大福、呂維聰、但新賢、高有光、呂大田、彭萬里、陳朝舉、李如璋、李學良、陳志遠、陳詩、黃代書、羅士高、陳謨、王思文、陳朝升、李清任、夏聲洪、夏聲揚、夏潮選、夏潮萬、夏景道、夏景齊、夏景元、夏景思、夏德、夏繼容、夏繼善、夏繼遠、夏繼周、夏繼武、夏繼光、夏繼舜、夏寅銘、夏井保、夏天壽、曾朝芳、曾汝堅、曾汝昂、袁永遵、袁芳恒、袁三、袁登、張如易、余光舉、余正揚、余石佑、余禮、袁家耀、袁大順、周受一、周受傳、陳永定、鄒正剛、雷三澤、楊麻三、戴木工、聶四、周宗源、周武山、周文榜、周泗太、周寅保、周鳴音、周文祖、周華山、周宗穎、周尼山、周學貢、周長生、周學耀、周芳、周學海、周倉貴、余宗順、余繼富、孔學超、周同、朱大、田永清、胡勝忠、胡心泰、葉在實、劉維詩、高得祚、戴成俊、汪學勝、高華英、徐文明、但從、萬正邦、范伸、陳誥、楊鳳、左貴、陳正鮮、明光、鄭元、楊成、張俸、廖貴、顏國正、朱林、張大忠、張芝翠、陳長仲、李貴、劉貴、羅學、張明、周林、韓安、汪光倫、鍾仁發、向汝盛、余廷貴、李爵位、何美學、余海、吴國相、熊升、丁藺、張大文、車雲從、李能芬、劉萬愷、劉永義、劉永發、劉永清、劉世召、劉三、劉二、申勝顯、韓槐、程從寬、袁文耀、袁文遠、游長生、袁文往、韓紹祖、韓紹乾、韓紹蓮、韓簧、韓棟、黃星、陳中義、黃萬端、陳世貴，俱禦賊死難。嘉慶年間，均入祀昭忠祠。

劉漢章。永川人。官把總。嘉慶三年，隨勦教匪陣亡，卹廕如例。

吴純俊。南川人。官守備。嘉慶五年，隨勦教匪陣亡，卹廕如例。

劉鍾煌。合州人。嘉慶三年，禦賊首張子聰、徐添德，手刃五六人，被執遇害。鍾煌姪良璞、良琦與同州王大造、苟文熍、陳彥佐、任舒揚、劉揚譽、周光渭俱禦賊死難。嘉慶年間，均入祀義烈祠。

陳彥韜。合州人。邪匪倡亂，集義勇以衛鄉里，身經數十戰。嘉慶三年，禦賊被害，卹贈如例。

譚景東。涪州人。嘉慶四年，禦邪匪王三槐等于鶴遊坪，其母遇害，景東奮力擊賊，身受七十餘創而死。同州趙勳、操文昇、袁芳、徐昶、盛萬春、倪岳、周肇基、吳廷魁、姚永安、羅仲坤、冉仕元、彭自澄、黃國龍、彭允清、彭于彬、楊光泰、彭紹猷、戴成龍、李富香、張正禄、李建遠、彭作模、李乾健、徐正常、鄒世俸、陳紹廣、陳紹虞、鞠志仁、朱山、楊朏如、賀文元、曾貴、張志元、李純修、馮昇、譚朝舉、李保、魏世金、魏碧、何玉林、張正銀、王正順、李俸、李榮、李正華、李作楫、李作富、鞠志連、劉仕學、鞠保、黃伯川、熊五鳳、姚允正、李廷俸、彭學波、李芳、李培、劉文照、張應全、張德貴、李廷杰、熊五龍、蔡金瑤、蔡金虎、蔡金梅、蔡金仁、蔡金禄、蔡金明、蔡金朝、蔡金安、周汝明、古文恒、古文德、張榮富、蔡金貴、蔡金順、王文秀、瞿文芳、郭俸先、郭長生、石大章、石彩文、吳金秀、吳金文、周文奇、廖奇榮、朱明占、朱明章、汪鳴岡、汪昭蘭、楊仕貴、陳富勾、唐千發、陳富乾、李本萬、唐萬發、李一萬、陳國安、陳秀謨、唐榮邦、唐榮先、李秀春、李明貴、陳金柱、唐三才、蔣成富、蔣成榮、蒲禄、蒲仕玉、馮上乾、馮上春、王榮從、孫長生、孫國林、周克順、周一梅、周一位、周成年、劉純先、王朝樹、黃順年、黃顯、吳國榮、吳國順、魏國順、魏國舉、張本海、曾通學、曾果正、王天文、王天才、尹仕科、劉釗、陶大遂、蒲漢元、蒲漢鼎、蒲漢高、蒲漢仲、蒲正法、蒲在邦、蒲在朗、蒲在相、蒲學勝、蒲長生、蒲在年、蒲在湯、蒲大山、蕭富三、蕭玉廷、蕭星十、蕭星萬、周明海、唐世興、甯貴、徐廷芳、徐舉榮、徐舉榜、徐舉道、徐舉文、陳大珍、袁衷、唐代聘、唐之成、胡文宗、唐文貴、陶文、劉長生、劉登方、李文科、王玉春、王貴、羅廣賢、羅方廷、黃學孝、黃學禮、吳國松、劉二、盛登榮、盛文富、高國才、余金王、何學常、何學剛、余文連、余文郁、朱仕禮、魏金良、周之榮、高文錦、高長林、萬洪玉、卓相贊、朱金鍾、徐元、劉允才、魏世卓、黃宗孔、魏世悰、楊昌法、張本洪、陳國恒、陳國奇、蔣從太、戴榮、魏世登、周廷揚、劉仲賢、張和南、黎應龍、李貴、李廷青、趙斗弼、趙洪元、趙子寬、趙允才、馬俸、傅信學、趙應付、夏建成、夏奇敏、夏廷玉、馮丙受、張廷碧、陳長生、黃丙、黃朝林、何曾安、劉四海、熊桂林、陳朝、余墨齋、余文祥、余文浩、余文學、唐之相、張朋、張萬、孫廷芳、嚴生于、陳文綱、席文龍、席光美、何元、朱茂德、劉湛祥、冷友、冷貴、馬朝爵、王珍、王珍儒、劉健行、劉謹華、劉敬榮、劉輝朝、劉啓昆、劉啓書、劉維邦、劉輝彩、劉天成、劉姜安、劉明、劉均、劉啓鑄、劉漢玉、劉四銘、孫國用、劉太明、王國明、王國林、王朝相、王鑑、王成、黎朝富、劉文全、董多能、高明賢、高明貴、高明華、高明成、馮海山、馮朗山、馮南山、馮秀清、馮啓漢、馮昆元、馮所如、白允揚、周聲揚、周之聰、周殿揚、周南揚、周汝明、周之秀、周之道、周于潛、周子奇、周之業、周之碩、周于槁、周連升、周之珍、周長元、周之明、周毓、周榮舉、周之舉、周之弼、周之伍、周孔揚、周之寅、周朝陽、周朝舉、周廷舉、周廷輔、周朝仲、周龍安、周汝龍、周二炳、王世德、李朝相、李萬元、劉林祖、李美章、李昌樂、李文同、吴國清、吴正興、胡德遠、王維進、王維龍、王維仲、王維富、王碩、文廷彩、文鉅、文洪儒、徐子高、白谷相、況榮、操文元、王天忠、王天眷、張漢申、胡懷書、高懷、蔡金柱、趙天福、熊占明、夏堯先、劉國輔、王良才、蒲在升、劉玉梅、白漢欽、夏元吉、魏國玉、劉應先、魏廷祥、魏廷秀、余文亮、劉鐸、夏登魁、夏學衡、張子貞、張子洪、張正春、張子修、張正詩、譚世泰、譚世吉、余文逵、余文舉、張顯元、羅開遠、何世鳳、何世舉、陶學寬、韓正文、余學龍、夏天文、何湯、黎正乾、王如碧、夏希文、夏登芳、夏宗才、許君澤、許登玉、王秀榮、夏登國、夏學校、程本周、王秉忠、沈元泰、夏文衡、趙滞濬、劉廷獻、夏宗濬、朱仕孔、徐章、白登龍、趙子真、王岐山、劉美東、王天倫、馬應貴、王朝相、白倫升、鄔國舉、鄔國昂、汪潛安、趙洪滔、王仕昌、馮海山、馬祥爵、馮于全、李安常、黎升、張正體、夏學、陶正海、劉在朝、余學倫、夏福保、余文浚、夏一載、夏一緒、胡正富、楊正泰、王官保、舒正連、幸文元、鍾文、陳正綱、夏滞宗、馮宗傳、朱以焕、孫容江、余文倫、馮占元、夏見聞、余文進、胡國貴、胡登元、余文明、余文學、夏文英、劉映先、劉啓萬、周子書、孔繼智，俱禦賊死難，均入祀昭忠祠。

李繼昌。定遠人。嘉慶元年，集團勇禦教匪王三槐等，賊聞李秀才兵至，輒夜遁去。三年，賊首張潮犯境，繼昌率鄉夫二百人捍衛里黨，賊衆圍之數重，越日糧盡矢絶，遂遇害。祀忠義祠。同縣邱棠、文顯揚、彭廷泰、劉正坤、羅徵杰、劉清標俱遇賊不屈死，均入祀昭忠祠。

黄瑭。江北人。官守備。嘉慶元年，隨勦教匪陣亡。同縣把總袁郊，於七年陣亡。卹廕各如例。

李萬青。江北人。嘉慶三年，禦賊於偏巖場遇害。同廳李堯弼、譚大有、何學來、資榮衛、資正禄、何大龍、李一風、李仁義、藍尚坤、僧海倫、劉貴、王良碧、劉明舉、胡天祥、胡天柱、嚴占仕、胡天錫、劉德相、高朝輔、林毛二、包貴、陳有勝、黄應龍、潘玉楚、黄朝榮、謝有雄、王玉池、石順朝、童紹華、宋來三、黄楊龍、蕭登貴、蕭登榜、宋玉祥、涂國玉、蕭登聯、蕭金玉、楊忠勝、吴世貴、張升、姜榮、蔡國良、張華賢、張華珠俱禦賊死難，均入祀昭忠祠。

袁文安。江北人。母喪，與昆弟守墓三年。贍族人以義田，敦行不怠。年百歲，五世同堂。嘉慶十四年旌。

流寓

宋

程頤。河南人。紹聖間，削籍竄涪州。頤至，寓居北巖山。著易傳。薰其德者皆爲名士。涪人崇祀之。

尹焞。洛人。靖康中，劉豫以禮聘，焞不從，自商州奔閬。得程頤易傳，拜而受之。紹興四年止於涪，頤讀易處也，闢三畏齋以居。邦人不識其面。

列女

秦

寡婦清。巴郡人。用財自衛，不見侵犯。秦始皇以爲貞婦而客之，爲築女懷清臺。顔師古曰：以其行潔，故號清也。

宋

胡天啓妻張氏。元兵至重慶，天啓負母而逃，兵欲殺其母，張哀號願身代，不聽，卒殺之。天啓與妻呼天大罵，遂同死。

趙卯發妻雍氏。昌元人〔三〕。卯發通判池州，元兵渡江，卯發謂雍先出走，雍曰：「君爲忠臣，我獨不能爲忠臣婦乎？」卯發笑曰：「此豈婦人女子之所能也？」雍曰：「吾請先君死。」卯發笑止之。兵薄池，遂同縊死。贈順義夫人。

明

曾子遷妻胡氏。江津人。年二十二守節撫孤。同里江淵詩云：「已抱終天恨，惟存兩歲兒。於今能色養，天道豈無知。」年九十六終。天順中旌。又同縣鄒璇妻胡氏，亦以節壽旌。

宣謨妻夏氏。巴縣人。謨病篤，刲股以進，不起。夏年二十，誓志不二，事舅姑以孝，撫孤成立，八十五歲終。成化中旌。又同縣張啓宗妻王氏，年二十守節養姑。王徽妻李氏，亦刲股愈夫疾。徽死，李欲殉之，家人防救得免。俱旌。

江厚妻秦氏。江津人。年二十四，厚溺死於龜停山，秦至溺所號泣，投水者數，衆持之不果。龜停山水急，凡溺死無獲者。秦哭水次九晝夜，竟獲屍。苦節以終。又巴縣侯烈婦，夫戍松潘，歸途溺死，告者至再，以翦刀自刺死。

張衮妻毛氏。巴縣人。年十八，衮没，毛觸棺頭破，氣絶而死。又榮昌徐際明妻盧氏，年十七夫卒，越月子亦殤，中夜自縊死。銅梁舒九齡妻陶氏，夫卒無子，殮畢，自縊於柩前。

袁璽女。定遠人。幼許字胡宗教，及笄，宗教殁，女依父兄獨居四十餘年，家人罕窺其面。又長壽劉仕甫女，許字周文恒，未笄，文恒没，遂奉親不字以終。

王文瓊女。永川人。許嫁李秉善。少寄育於史初家，史負商人貲，約以女償之。女聞之曰：「我王家女，吾父已許李，彼何人敢以我爲貨乎？」遂自刎。又璧山盧文標女，不污强暴，自刺死。

劉大節妻許氏。涪州人。年十九守節。遺腹子六月，撫之成立，營葬舅姑。今稱其居爲節孝里。同州錢某妻劉氏、張孔時妻馮氏、張德煜妻王氏、吴鼎妻范氏、張詡妻夏氏、任學妻蕭氏、文可宗妻龐氏、張親仁妻朱氏、沈掞妻張氏、文武妻王氏、陳一廉妻趙氏，均以節旌。

帥勳妻胡氏。永川人。事姑孝，遇暴不屈，投帥家灘死。御史巡按至境，夢女子衣濕訴於前，明日閱案牘，得氏死節狀，檄邑令營葬，親爲文祭之。時久旱，其夜大雨。

喻應鶴妻謝氏。榮昌人。年二十二夫亡，有二女，刻意堅守。蔡賊入城，氏攜二女避山中，百鳥環鳴樹上，遂免。同縣喻應夢妻朱氏，年二十守志，撫六月孤思欽成立，事兩世舅姑以孝謹著。思欽妻陳氏，亦十九歲守志事姑，八十三歲卒。崇禎初旌。

張寅啓女。永川人。幼許字成國玉，將笄，國玉歿。父弔之，女隨父奔喪，受姑金釵以歸，翦髮割耳不食死。又巴縣馬魁女，許字羅姓，未婚守節。南川李正榮女，許字聶勝芳，未婚，勝芳亡，女聞訃自縊。合州諸生王開宿聘妻某氏，亦未婚自刎殉節。

魏尚元女。江津人。年十七，正德中流賊將至，女與母嫂約曰：「甘死不辱。」既而榮昌兵過，衆驚走，女至石梁頭投水死。嫂知非賊，追無及矣。同縣周宏智女，年十七喪母，紡績養父，不出户限。流賊劫縣，與父俱被虜，不屈皆死。

陳鳳瑞妻楊氏。長壽人。正德中流賊入縣，楊被執，大罵不屈，賊折其足而死。同時永川張仁魁妻王氏、銅梁傅萬輝妻楊氏、安居郭嘉禾妻王氏均遇寇不屈死。

王仲玉女。名松秀，榮昌人。正德中，賊入境，仲玉遇害。松秀罵曰：「汝殺吾父，恨不得食汝肉。」遂投深堰，賊戕其首而死。同時永川查柏女妙蓮、銅梁馮大本女桂秀、大足李實女金秀、岳仲秀女士真均遇寇不屈死。

程頌妻李氏。合州人。頌卒無子，李年二十一，撫夫兄子宇鷺爲子，登鄉科。子亡，又繼姪孫。賊過其里不入其家。九十歲卒。卒之歲，頌墓發連理枝。同州何溥祐妻陳氏、程鳳儀妻黄氏、陳本初妻魏氏、王肱妻童氏、張仲權妾湯氏俱以節旌。庶吉士鄒智之妻劉氏歸鄒未久，智貶死石城，劉杼軸自給，立操峻厲，以壽終。萬曆間建祠，與夫智並祀。

何嘉會妻吴氏。永川人。年二十五夫卒，遺孤一歲。白蓮賊起，負姑匿山中，採藿養姑。姑殁，典衣治壙，里人呼其塚後溪曰孝節溪。同縣何清山妻劉氏，年十八夫殁，有强奪其志者，劉往拜夫墓，刺面自誓。聞於令，嚴斥邑豪而旌其節。後歲饑，劉捃拾養姑，以稗粃自活。撫二子成立。七十歲而終。

胡萬成女。璧山人。年十五未字，父母俱殁，弟先德幼，女遂矢志守貞。年八十歲卒。萬曆十四年旌。又合州周孝女，舉人世亨之姑也，撫世亨以延周嗣，遂終不字。家甚貧，日夜治絲枲，以哺世亨。稍長，授之句讀，勉以大義，世亨得成名。涪州夏子霄女，性孝，父無子，遂誓不字，以供子職。好書史，屏華飾。年四十卒。人稱曰老姑。碑存韓市。

馬正添妻梁氏。大足人，名孝鳳。夫病危，伯兄私受財賄，俟正添死，即逼嫁之。梁知之，遂自縊。同縣夏良弼妻龍氏，夫早亡，撫子景，娶婦王氏。子又殁，姑婦共厲節。鄢鶴妻秦氏，刲股救夫，守節不二。俱於萬曆間旌。

羅尚價妻劉氏。綦江人。夫早死，播賊亂，避弟劉天善家。賊至，脅之行，劉曰：「我守節三十餘年，豈從汝！」罵不絶口而死。同縣陶鳴鎬妻牟氏，播賊破城，殺鳴鎬，牟伏哭夫屍，亦被害。劉熠勳妻羅氏，夫婦被虜，羅自縊死。歐仕達妻王氏，播賊至被執，過高灘，懸崖數十丈，王盡力挽賊同墜崖下，王死，賊屍亦碎。張啓中妻羅氏，孀居被執，過高灘，攜二子投水死。

鄭烈婦。巴縣人。避亂江津蒙溪，亂兵至，婦負子投深澗死。按：通志載江津庠生鄭裔昌妻況氏，二事相同，疑即一人。

吴舜妻段氏。巴縣人。夫殁守節。同縣王漢武妻彭氏、劉某妻沈氏、銅梁張叔珵妻向氏，均天啓中旌。長壽古某妻陳氏、綦江羅倜妻楊氏、王邦珍妻羅氏、陳懷禮妻李氏、張奏凱妻曹氏、翁秀妻王氏、王英妻田氏、南川蕭子元妻王氏、定遠李純心妻石氏，均崇禎中旌。

沈艾姑、芷姑。巴縣庠生仍煒之二女。奢酋據渝城，二女同投井死。事聞，建雙烈坊旌之。

李翹曾妻張氏。長壽人。崇禎甲申，賊逼長壽，翹曾挈張避於武隆，行至蒲溪箐，賊騎追之。張知不免，謂夫曰：「君急逃避，此吾畢命之所也。」乃以頭觸石，血淋漓。頃之賊至，張已瀕死，猶極口大駡，遂遇害。同縣李庚齊妾孫氏，甘俸爵妻蕭氏、媳劉氏、幼女某，陳吾琳妻金氏，榮昌敖乾恒妻陳氏，綦江翁臺妻康氏，楊霏璧妻郭氏，楊霏玉妻李氏，江津胡女月蟾，永川蠱士榮女，綦江羅大道女四姑，陳明禄妹滿姑，涪州文曉女，大足蔣永貞女淑姑，曹自强女貞姑，均遇寇不屈死。

董昌徵妻陳氏。合州人。崇禎末，昌徵死於賊，遺孤甫一歲。陳攜之避地黔中，豪强多謀娶之者，陳毁容，以死自誓。歷兵亂三十年撫子成立，節操凜然。

本朝

張國縉妻夏氏。巴縣人。夫亡，夏投江以殉，人救之得不死。越一載卒自縊。

蔣玉錫妻張氏。巴縣人。有傭工乘玉錫出，夜以刀掘竇入室逼之，張不從被害。同縣劉公昇妻吴氏，夫遠出，吴病，鄰人祝永將犯之，吴力疾大呼，比舍執永赴官，吴遂自刎。

王咸宜女。巴縣人。幼許字曾壬。及笄，壬卒，女慟哭欲殉，父母勸止之，遂歸曾爲夫服喪，事舅姑以孝聞。

張仁妻孫氏。巴縣人。夫亡，遺一子甫五月，夫弟甫六月，孫撫育之。貧不能自給，勤女紅，營甘旨養姑。姑病，刲股以救。同縣齊天文妻宋氏，年二十而寡，譚宏之變，棄女負姑而竄，養葬盡禮，苦節五十餘年。

彭長春妻楊氏。涪州人。年十九而寡，哀毁幾絶。姑病，刲股以療。事繼姑亦盡禮，撫遺腹子迄於成立。

陳璋妻瞿氏。長壽人。璋病，兩刲股以救，不愈。終身素服，不與筵宴。遺三子，撫之俱成名，孫登賢書者五。守節六十一年，年八十八終。

石邦楫妻楊氏。合州人。夫亡守節。康熙年間旌。

楊芳林妻吴氏。涪州人。夫亡守節。康熙年間旌。

張素藴妻蔡氏。合州人。夫亡守節。雍正年間旌。

楊奇妻何氏。涪州人。夫亡守節。雍正年間旌。

秦師聖妻徐氏。巴縣人。夫病，刲股療之不愈，投繯以殉，遇救免。孝養孀姑，教育稚子。同縣節婦龔瑜妻高氏、張瓊妻余氏、孫泰來妻熊氏、楊廷璣妻李氏、劉廣寅妻陳氏、牟陳常妻王氏、芮茂芳妻黄氏、齊治妻陳氏、李榮妻黄氏、李國靖妻羅氏、顔正色妻楊氏、董經妻周氏、潘滋蘭妻雷氏、易天作妻李氏、陳洪妻童氏、徐元長妻盛氏、張太安妻周氏、金振道妻張氏、韓蒂卿妻黄氏、江咸安妻程氏、蕭復仁妻金氏、戴澍妻樊氏、張瑶妻李氏、陳敬修妻周氏、楊叢發妻曾氏、田大受妻李氏、黄貴麟妻焦氏、向依仁妻張氏、楊春先妻牟氏、楊梅妻余氏、王宗遠妻高氏、王登榜妻覃氏、任本仁妻鄧氏、楊之瑢妻徐氏、劉大輝妻周氏、鄧文翽妻宋氏、烈婦張紹儒妻朱氏，貞女劉澤裕聘妻徐氏，烈女孫兆麟聘妻韓氏，均乾隆年間旌。

王啓甲妻陳氏。江津人。夫亡守節。同縣節婦龔孫祺妻李氏、龔榮妻楊氏、楊均世妻龔氏、程畡妻夏氏、陳鼪斯妻吴氏、楊鳳鳴妻袁氏、王存謙妻陳氏、白鳳廷妻胡氏、白尚文妻曹氏、鍾盛文妻張氏、周吕頡妻李氏、周基永妻劉氏，烈婦周正明妻王氏、王治澤妻劉氏、王友良妻涂氏、王賡堯妻劉氏，均乾隆年間旌。

李忠亮妻彭氏。長壽人。夫亡守節。同縣節婦沈明祖妻張氏、吕國品妻彭氏、尹崇瀹妻楊氏、戴源祖妻侯氏、余騰飛妻鄧氏、劉仁洪妻徐氏，貞女周文衡聘妻劉氏、余屏翰聘妻李氏，均乾隆年間旌。

李世昌妻張氏。永川人。夫亡守節。同縣節婦李榮貴妻黄氏、周國元妻袁氏、王理妻張氏、張天臣妻盧氏均乾隆年間旌。

孫繼祖妻湯氏。榮昌人。夫亡守節，孝事翁姑。鄰家火，揹子負姑以避，焰及其屋自熄。同縣節婦敖毓珚妻楊氏、李景著妻吴氏，均乾隆年間旌。

羅鳳翥妻劉氏。綦江人。夫亡守節。同縣節婦杜廣生妻羅氏、羅鵬翼妻劉氏、趙天聰妻陳氏，孝婦羅振倫妻金氏，均乾隆年間旌。

楊天申妻鮮氏。南川人。夫亡守節。同縣節婦李輝元妻許氏、王光輝妻楊氏，烈婦陳先魁妻何氏，均乾隆年間旌。

范天祐妻冉氏。合州人。夫亡守節。同州節婦唐國祚妻王氏、丁國正妻鍾氏、張瑞麟妻楊氏、劉漢傑妻苟氏、陳三立妻胡氏、王嘉會妻張氏、陳時妻董氏、郭師伋妻馮氏、石璞妻張氏、覃士宏妻吴氏、李春先妻徐氏、郭師偁妻任氏、曹永智妻鄭氏、姚安義妻劉氏、左秀元妻李氏、徐珏妻陳氏、翁聯科妻劉氏，烈婦文宗彦妻李氏，貞女李正時聘妻劉氏、張心載聘妻黄氏、楊一珍聘妻劉氏，均乾隆年間旌。

周儒妻張氏。涪州人。夫亡守節。同州節婦周鑑妻羅氏、夏峪妻高氏、石若漢妻陳氏、周鎬妻黄氏、陳子宸妻文氏、文步武妻周氏、陳子瑞妻夏氏、譚紹堯妻張氏、杜繩祖妻李氏、徐玉階妻馮氏，烈婦冉仲道妻王氏、李文惠妻姚氏、張相臣妻文氏、曹文奇妻王氏，貞女田倫聘妻夏蔡姑，均乾隆年間旌。

張瑛妻盧氏。銅梁人。夫亡守節。同縣節婦周勳妻王氏，烈婦張獻章妻鄢氏，烈女蔣三耀聘妻董二姑、徐應後女金姑，均乾隆年間旌。

中國位妻賀氏。大足人。夫亡守節。同縣節婦黎伯東妻楊氏、譚聲鼎妻康氏，烈婦朱龍章妻宋氏，貞女甄朝聘妻曹氏，均乾隆年間旌。

何其儀妻白氏。壁山人。夫亡守節。同縣節婦魏朝傑妻劉氏、張文琳妻陳氏、陳爵信妻李氏，烈婦田大朋妻任氏，均乾隆年間旌。

郭釗妻蒲氏。定遠人。夫亡守節。同縣節婦湯介妻陳氏、田士傑妻陳氏、馮祖述妻鄧氏、何大山妻苟氏、張良臣妻徐氏，烈婦唐氏，均乾隆年間旌。

聶舞南妻李氏。江北人。夫亡守節。乾隆年間旌。

王志鵬妻晏氏。巴縣人。夫亡守節。同縣節婦李某妻陳氏、金璧妻冉氏、金天爵妻任氏、陳安國妻李氏、辛玉璧妻黄氏、田世英妻姚氏、田世龍妻朱氏、鄭紀妻黄氏、孔毓清妻舒氏、陳真妻胡氏、吴錦元妻黄氏、張孔杏妻周氏、牟尚禮妻周氏、劉大川妻陳氏、唐詒遠妻樊氏、許文浩妻劉氏、程廷珍妻徐氏、鄒毓賢妻熊氏、洪天坦妻羅氏、李紹成妻敖氏、王德治妻朱氏，烈婦劉遇春妻何氏、陳某妻王氏、李某妻杜氏，烈女劉文浩女長姑、王某女癸姑，貞女聶氏，均嘉慶年間旌。

劉宏烋妻刁氏。江津人。夫亡守節。同縣節婦刁邦趾妻漆氏、陳汝翼妻袁氏、龔子然妻潘氏、戴元妻廖氏、刁遐福妻龔氏、鄢毓扆妻左氏、楊欽龍妻蹇氏、王欽妻楊氏、高椿妻程氏、龔德照妻袁氏、鄢毓曾妻涂氏，烈婦羅某妻陳氏、譚某妻段氏、袁某妻張氏、程某妻段氏，烈女卞巴姑，均嘉慶年間旌。

余盟易妻韓氏。長壽人。守正捐軀。同縣節婦王邦藻妻李氏、陳大川妻潘氏、陳子升妻李氏、李文楷妻韓氏、周應城妻傅氏、葉之錫妻曹氏、汪如綸妻楊氏、陳訓妻韓氏、韓登俊妻謝氏、韓嗣志妻胡氏，烈婦楊文榜妻黄氏，均嘉慶年間旌。

傅昌黎妻羅氏。長壽人。嘉慶初，教匪犯境，不屈死節。同縣李能震母聶氏、陳旦妻戴氏、胡瀾母程氏、程志詩祖母張氏、母黄氏、韓紹祖妻楊氏、韓紹乾妻張氏、韓某妻楊氏、韓紹蓮妻周氏、韓笙妻王氏、韓籍妻蔡氏、韓簧妻張氏、韓棟妻羅氏、韓明妻程氏、袁余氏、張氏、謝氏、劉世元母戴氏、劉世顯母黄氏、劉添福母宋氏、劉葉氏、萬劉氏、宋劉氏、劉周氏、張劉氏、萬劉氏、鄭氏女大姑、小姑、袁文耀女三姑、四姑，俱遇寇不屈死，均嘉慶年間旌。

張肆灝妻毛氏。永川人。夫亡守節。同縣節婦李春茂妻文氏、李立馨妻石氏，均嘉慶年間旌。

黄安英妻秦氏。榮昌人。守正捐軀。同縣烈婦雷亮妻王氏、伍某妻謝氏，烈女萬國泰女，均嘉慶年間旌。

婁聯允妻韋氏。南川人。夫亡守節。同縣節婦金廷藩妻楊氏、韋仕馨妻唐氏、周文讓妻唐氏，烈婦楊某妻周氏，均嘉慶年間旌。

刁啓泰妻熊氏。合州人。夫亡守節。同州節婦陳文禮妻姚氏、徐賢良妻顔氏、苟標妻喻氏、戈鑑妻謝氏、馮忠宣妻張氏、劉仕彦妻范氏、蔡方昇妻朱氏、汪永祐妻陳氏、劉中幅妻楊氏、劉中慎妻苟氏、何代茂妻楊氏、劉忠貴妻潘氏、杜如璵妻苟氏、馮彩學妻劉氏，烈婦王廷仁妻袁氏、楊廷光妻高氏、朱廷魁妻周氏，均嘉慶年間旌。

温德彰妻高氏。合州人。嘉慶初，教匪犯境，不屈死節。同州夏文弼妻楊氏、廖興華妻秦氏、李星登母廖氏、林漢楊妻楊氏、蔣國升妻胡氏、龔華妻吴氏、王世相妻余氏、王世儒妻周氏、胡邦相母馮氏、楊德閔妻粱氏、夏思通母嚴氏、楊正禮妻李氏、周家儒母段氏、文天楨妻胡氏、楊朝佐妻劉氏、蔣國楹二女長姑、銀姑、張國權女長姑、文勝章女幺姑，俱遇寇不屈死，均嘉慶年間旌。

余良妻張氏。涪州人。夫亡守節。同州節婦夏淵妻趙氏、張一載妻陳氏、熊猶麟妻陳氏、熊璐妻何氏、陳鵬遥妻周氏、張秉鉅妻周氏、譚燦妻王氏、陳國龍妻王氏、夏涵妻郭氏、毛師堯妻何氏、何宗溶妻徐氏、王文炳妻熊氏、陳惇五妻王氏、孔傳聖妻何氏、譚鎾妻賀氏、張琨妻余氏、孔傳賢妻吴氏、龍標妻胡氏、吴璜妻周氏、郎成名妻周氏，烈婦官有本妻張氏，貞女張栩聘妻何氏，烈女官有慶聘妻楊氏，均嘉慶年間旌。

蕭秦氏。涪州人。嘉慶初，教匪犯境，不屈死節。同州周高氏、錢馮氏、劉蕭氏、羅袁氏、蕭夏氏、戴魏氏、楊張氏、夏韓氏、徐楊氏、譚何氏、譚余氏、蔣王氏、余陶氏、汪熊氏、朱王氏、瞿陳氏、張孫氏、包郭氏、游李氏、余鄒氏、吴柴氏、薛謝氏、徐薛氏、陳梁氏、鞠黄氏、彭何氏、況李氏，烈女胡長姑、唐二姑、趙小姑、黎大姑、程三姑、夏姑、譚姑、馬長姑、浙幺姑、蒲姑、馮小姑、袁大姑、尹大姑、白小姑、文小姑、尹長姑、孔小姑、熊大姑、柴小姑、黄二姑、鄭姑、況姑、彭姑，俱遇寇不屈死，均嘉慶年間旌。

周國望妻王氏。銅梁人。夫亡守節。同縣節婦羅仕達妻任氏、羅珠妻朱氏、張馨妻車氏，均嘉慶年間旌。

王鉉妻黎氏。大足人。夫亡守節。同縣節婦萬朝宣妻羅氏、萬朝宗妻張氏、陳在禄妻韋氏，均嘉慶年間旌。

殷元璧妻李氏。璧山人。夫亡守節。同縣烈婦易蔣氏，均嘉慶年間旌。

何廷樂妻李氏。定遠人。夫亡守節。同縣節婦張良臣妻徐氏、蔣慶雲妻安氏，均嘉慶年間旌。

袁子适妻毛氏。江北廳人。夫疾劇，氏四割股以療，卒不起，年二十而寡。孝事繼姑。姑病，復割股和藥者三。年八十有四終。

楊謝氏。江北人。嘉慶初，教匪犯境，不屈死節。同廳楊顔氏、周楊氏、徐張氏、吴林氏、唐裴氏、徐幺姑、徐孝姑、黄三姑、江二姑、江三姑、郭姑、董細姑、唐姑俱遇寇不屈死，均嘉慶年間旌。

仙釋

古赤斧。巴縣人。能煉丹砂，與消石服之，身體毛髮盡赤。蜀都賦所云「丹砂赩熾，赤斧服而不朽」者也。

唐

蘭沖虚。涪州人。居於精思觀。神龍乙巳秋，一夕乘雲而昇。

王帽仙。出入闤闠，爲人修敝冠，號王帽子。暮則卧於涪州天慶觀。一夕解尸而去，道士爲葬之。月餘自果山貽書謝。

宋

宗璉〔四〕。石照人，姓董，嗣潭州大潙山善果。有僧過其家，以燈示之曰：「燈照汝，汝照燈耶？」答曰：「燈亦不照我，我亦不照燈。」扁其室曰窮谷。劉琦鎮荆南，問「窮谷」何義？璉曰：「心盡曰窮，性凝曰谷。隨響應聲，不疾而速。」

徐神翁。嘗居樂温之北真觀。相傳神翁於此飛昇去。今觀之右有飛仙臺，仙人迹尚存。

本朝

嵇古靈。住綦江中峯寺，年一百一十有五，清健不畏寒暑。從遊者惟教以敦倫行善，他無所語。示寂之日，呼衆説偈而逝。

土産

金。唐書地理志：昌州、合州貢麩金。元和志：涪州貢麩金。寰宇記：渝州産金。

鐵。唐書地理志：合州石鏡、巴川有鐵。

紬絹。寰宇記：昌州貢絹。九域志：南平軍、涪州貢絹。

布。唐書地理志：溱州貢斑布，涪州貢獠布。元和志：昌州貢筒布，南州貢斑布，溱州貢楮皮布、苧布，涪州貢布。寰宇記：昌州貢斑布。九域志：渝州貢葛布。

葛。唐書地理志：合州貢葛。元和志：渝州貢葛。

鹽。唐書地理志：巴縣、壁山縣有鹽。

茶。寰宇記：南平狼猺山出。

甘橘。華陽國志：江州有甘橘官。

荔枝。華陽國志：江州有荔枝園。寰宇記：樂温縣産荔枝，其味猶勝諸嶺。

海棠。花譜：海棠無香，獨靖南者有香。故昌州號「海棠香國」。

藥。元和志：渝州、合州貢牡丹皮，涪州貢連頭。

麝香。唐書地理志：昌州貢。

龜。唐書地理志：溱州産文龜。明統志：涪州出大龜，其甲可卜，其緣可作叉，世號「靈叉」。

丹砂。唐書地理志：溱州貢。

石膽。寰宇記：渝州、合州貢。

蠟。華陽國志：涪州出蜜蠟。唐書地理志：涪州貢蠟。元和志：溱州貢黄蠟，涪州貢白蜜。

粉。華陽國志：江州産粉，謂之「墮林粉」。

蒟醬。元和志：涪州貢。

茄子。元和志：溱州貢。

文鐵刀。唐書地理志：涪州貢文刀。

桃竹筋。元和志：合州貢。寰宇記：渝州産桃竹。

席。寰宇記：涪州産席，渝州産竹簟。

書筒。唐書地理志：合州貢。

扇。寰宇記：涪州出扇，爲時所貴。

校勘記

〔一〕趙卯發昌化人　按，昌化南宋時爲浙江臨安府屬縣，則趙卯發爲臨安府人，非重慶府人，不當入此。趙卯發，宋史卷四五〇忠義傳有傳，作昌州人。昌州屬重慶府，似「昌化」爲「昌州」之誤。然考雍正浙江通志卷一二八選舉宋淳祐十年方逢辰榜，有趙卯發，作「昌化人」。又道光昌化縣志卷一三人物志有趙昴發傳（昴，誤作「昂」），所敘事蹟與此志同，且言趙爲「邑南八都唐溪源人，淳祐十年由上舍登第」，「唐溪趙家坪今猶稱通判故址」云云。則趙實爲浙江人，宋史有誤。本志此條當移除。

乾隆志未收，是也。又按，「卯」，本志安徽池州府名宦作「昴」。

〔二〕至重慶則昝萬壽已降元　「昝」，原作「咎」，乾隆志卷二九六重慶府人物（下同卷簡稱乾隆志）同，據宋史卷四五一趙立傳改。按，宋史卷四六度宗本紀記昝萬壽事甚詳。

〔三〕趙卯發妻雍氏昌元人　按，此條不當入此，辨見本卷校勘記〔一〕。昌元爲昌州州治所在縣，亦疑誤。

〔四〕宗璉　「璉」，原作「連」，據乾隆志及雍正四川通志卷三八之三僊釋改。按，本志蓋避乾隆皇太子永璉諱改字。

保寧府圖

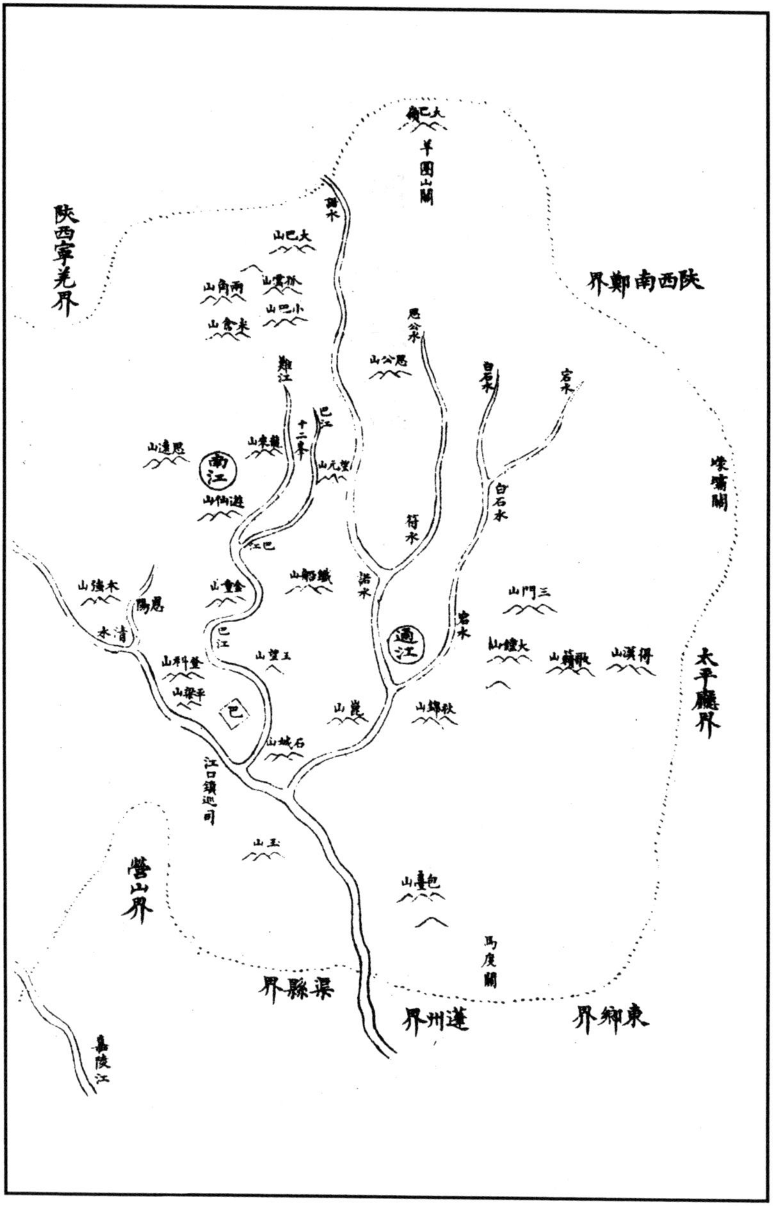
陝西寧羌界
陝西南鄭界
羊圈山關
大巴山
兩角山
小巴山
米倉山
恩公水
恩公山
難江
巴江
十二峯
宕水
南江
遊仙山
符水
白石水
諾水
通江
三門山
清水
大鐘山
得漢山
太平廳界
巴
石城山
江口鎮巡司
包臺山
馬度關
營山界
渠縣界
蓬州界
東鄉界
嘉陵江

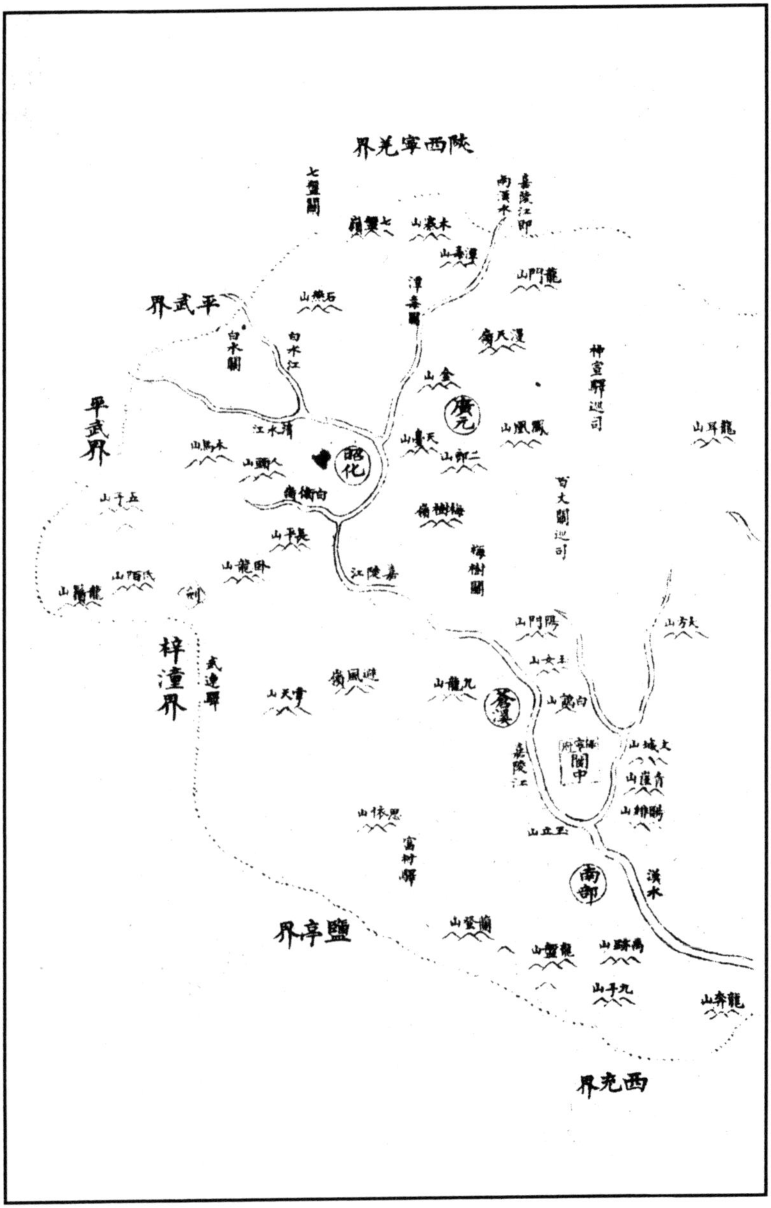
陝西寧羌界
七盤關
七盤嶺
木寨山
嘉陵江即西漢水
龍門山
平武界
白水關
白水江
漫天嶺
神宣驛巡司
廣元
鳳凰山
平武界
清水江
木馬山
昭化
二郎山
五子山
白衛嶺
梅樹嶺
百丈關巡司
臥龍山
嘉陵江
梅樹關
劍
梓潼界
武連驛
玉女山
九龍山
蒼溪
白鶴山
文城山
保寧府
閬中
嘉陵江
青崖山
錦屏山
富村驛
南部
鹽亭界
盤龍山
禹跡山
九子山
西充界

保寧府表

	保寧府	閬中縣
秦	巴郡地。	閬中縣置屬巴郡。
兩漢	巴西郡後漢建安六年分置。	閬中縣後漢爲巴西郡治。
三國	巴西郡	閬中縣
晉	巴西郡	閬中縣
南北朝	隆州 盤龍郡宋置北巴西郡。梁天監八年置南梁州。西魏改名。	閬中縣宋爲北巴西郡治，梁爲南梁州治，西魏爲隆州治。
隋	巴西郡開皇初郡廢。大業初改州爲郡，復故名。	閬内縣改名，仍爲巴西郡治。
唐	閬州武德元年置隆州。先天二年改名。天寶初改閬中郡。乾元初復故，屬山南道。	閬中縣復故名，州治。
五代	閬州唐天成中置保寧軍，長興中入蜀。	閬中縣
宋	閬州初屬利州路，紹興十四年屬利州東路。	閬中縣淳祐二年移治。
元	保寧府初置東川路，至元十三年升府，二十年改路，後復爲府，隸廣元路。	閬中縣又移今治，府治。
明	保寧府屬四川布政使司。	閬中縣

蒼溪縣	
閬中縣地。 漢昌縣 後漢永元中置。	
漢昌縣	
蒼溪縣 分置，屬巴西郡。 漢昌縣	
宋省入漢昌。 漢昌縣 義陽郡 梁置，兼置白馬郡。魏廢郡爲奉國縣。 宋安縣 宋分置，屬宋熙郡。魏改名岐坪。	
蒼溪縣 開皇四年移漢昌來治，十八年改名，屬巴西郡。 奉國縣 屬巴西郡。 岐坪縣 開皇三年屬利州。	
蒼溪縣 屬閬州。 奉國縣 武德七年屬西平州，貞觀元年屬隆州。 岐坪縣 開元二十三年屬閬州，寶曆元年省，天復中復置。	思恭縣 武德元年析置，屬隆州。七年省入。
蒼溪縣 奉國縣 岐坪縣	
蒼溪縣 奉國縣 熙寧八年徙。 省。	
蒼溪縣 屬保寧府。 至元二十年省入。	
蒼溪縣	

續表

	南部縣		
	南充國縣 後漢初平四年分置。	充國縣 置屬巴郡。後漢初省，尋復。	
	南充國縣	充國縣	
	南充國縣 屬巴西郡。	省。	西充國縣 置屬巴西郡。
方州 魏置江州，尋改名。周天和二年廢。	南部縣 宋改名南國，梁又改。魏置新安郡。周屬盤龍郡。		晉城縣 宋改名西國，屬北巴西郡。魏又改。
	南部縣 仍屬巴西郡。		晉城縣 仍屬巴西郡。
方州 武德三年復置，八年廢。	南部縣 屬閬州。	新井縣 武德元年分置，屬閬州。	晉安縣 武德四年改名，屬閬州。
	南部縣	新井縣	晉安縣
	南部縣	新井縣	省。
	南部縣 屬保寧府。	至元二十年省。	
	南部縣 洪武十年省入閬中，十三年復置。		

續表

續表

	廣元縣
	葭萌縣地。
	漢壽縣地。
	晉壽縣地。 興安縣 太元中分置，屬晉壽郡。
西水縣 梁置掌天郡。西魏改名金遷。周置縣，爲郡治。	利州東晉壽郡 齊置郡。魏置益州，亦曰西益州。梁大同中改黎州。西魏又改。 興安縣 改名。
西水縣 屬巴西郡。	義城郡 開皇初郡廢，大業初改州爲郡。 綿谷縣
西水縣 屬閬州。 新政縣 武德四年析置，屬閬州。	利州 武德元年復置，天寶初改益昌郡，乾元初復故，屬山南西道。 綿谷縣
西水縣 新政縣	利州益川郡 屬蜀。唐改郡名。 綿谷縣
西水縣 新政縣	利州路 咸平四年分置，景祐四年改平武軍，端平三年廢。 綿谷縣
西水縣 至元二十年省。 新政縣 至元二十年省。	廣元路 至元十四年改名，屬四川行省。 綿谷縣
	廣元縣 洪武四年改府，尋降州。二十二年又降縣，屬保寧府。 洪武七年省。

華州華陽郡 宋置郡。梁置州。西魏廢。	華陽縣 宋置，屬南安郡。西魏廢。	石亭縣 魏置，屬東晉壽郡，後省。	興樂縣 宋置，屬宋熙郡。魏改名嘉川。	義城縣 西魏置。
嘉川縣 屬義城郡。	義城縣 屬義城郡。義寧二年改名義清。			
嘉川縣 貞觀初屬靜州，十七年屬利州，永泰元年屬集州。	裔山縣 天寶元年改名。			
嘉川縣	裔山縣			
嘉川縣 咸平五年屬利州。	乾德三年改名平蜀，熙寧三年省入嘉川。			
省。				

續表

	昭化縣
	葭萌縣置屬廣漢郡。
	漢壽縣蜀漢改名，分屬梓潼郡。
	晉壽郡太元十五年置。 晉壽縣太康元年改名。
	益昌縣宋置，屬白水郡。魏改名京兆，屬南白水郡。周復故。 西晉壽郡魏置。周廢。 晉壽縣周廢。
	益昌縣屬義城郡。
通平縣武德元年分置狄平縣，二年改名地平，七年移静州來治。貞觀十七年州廢，屬集州。永泰初又改。	益昌縣屬利州。
通平縣	益光縣後唐同光三年改名。
乾德五年省入嘉川。	昭化縣開寶五年改名。
	昭化縣屬廣元路。
	昭化縣屬保寧府。

	巴州
白水縣 置，屬廣漢郡。	巴郡宕渠縣地。
白水縣 蜀漢分屬梓潼郡。	
晉安縣 安帝置。 白水縣 屬晉壽郡。	
新巴郡 後魏移來治。 晉安縣 魏郡治。 白水縣 宋置白水郡。梁置平興郡，兼置北益州。魏置南白水郡。 魚盤縣 魏置。	巴州 大谷郡 宋置歸化郡。魏正始元年改名，延昌三年置州。
廢。 葭萌縣 開皇十八年改名，屬義城郡。 景谷縣 開皇初郡廢，改平興。十八年又改屬義城郡。 大業初省。	清華郡 開皇初郡廢，大業初改州爲郡。
葭萌縣 屬利州。 景谷縣 武德四年置沙州。貞觀元年廢，屬利州。寶曆元年省，尋復置。	巴州 武德元年復置，天寶初復郡，乾元初復州，屬山南西道。
葭萌縣 省。	巴州 屬蜀。
葭萌縣 屬利州路。	巴州 清化郡 屬利州路。
省。	巴州 屬廣元路。
	巴州 洪武九年降縣，正德九年復州，屬保寧府。

續表

漢昌縣 後漢永元中分置，屬巴郡。						
漢昌縣 蜀漢分屬巴西郡。						
漢昌縣						
梁廣縣 梁普通六年置。周改名化成。	其章縣 梁置。	遂寧郡 梁普通六年置。	始平縣 梁置，郡治。	曾口縣 梁置。	平川縣 梁置。周改名同昌。	義陽縣 梁置，屬巴州。
化成縣	其章縣 屬清化郡。	開皇三年廢。	始平縣 屬巴州。	曾口縣 屬清化郡。	歸仁縣 開皇元年改名，屬清化郡。	恩陽縣 開皇十八年改名。
化成縣	其章縣 屬巴州。		始平縣	曾口縣 屬巴州。	歸仁縣 屬巴州。	恩陽縣 貞觀十七年省，萬歲通天元年復置。
化成縣	其章縣		始平縣	曾口縣	歸仁縣	恩陽縣
化成縣	熙寧五年省。		乾德四年省。	曾口縣	乾德四年省。	恩陽縣
化成縣				曾口縣		至元二十年省。
洪武九年省入州。				省。		

	通江縣
	巴郡宕渠縣地。後漢宣漢縣地。
伏强縣 梁置，兼置木門郡。 難江縣 梁置。魏改名盤道。	梁爲始平縣地。 諸水縣 西魏分置，屬遂寧郡。
清化縣 開皇初郡廢，屬巴州。七年改名。 盤道縣 屬巴州。	開皇三年省入始平。
七盤縣 久視元年置。 清化縣 武德元年置静州，七年徙治地平，屬巴州。 盤道縣 寶曆九年省，長慶中復置。	壁州 武德八年置，天寶元年改始寧郡，乾元初復故。 通江縣 武德八年復置諸水，天寶元年改名。
七盤縣 清化縣 盤道縣	壁州 通江縣
熙寧三年省。 咸平二年改屬集州，後省。 乾德四年省。	熙寧五年省。 通江縣 屬巴州，後分爲上通江、下通江。
	通江縣 至元二十年省入曾口，至正四年復置。
	通江縣

南江縣	
巴郡宕渠縣地，後漢漢昌縣地。	
集州平桑郡 周天和五年置。	符陽縣 魏置其章郡。周天和五年移來治。 白石縣 魏置，屬其章郡。
開皇初郡廢，大業初州廢。	符陽縣 開皇三年郡廢，屬集州，大業二年屬巴州。 白石縣 初屬集州，後屬巴州。
集州 武德元年復置，天寶初改符陽郡，乾元初復故，屬山南西道。	符陽縣 初屬集州，後屬壁州。 白石縣 武德八年改屬壁州。 巴東縣 開元二十三年置太平縣，屬壁州。天寶七年改名。 廣納縣 武德三年析置，屬壁州。寶曆元年省，大中初復置。
集州	符陽縣 白石縣 巴東縣 廣納縣
熙寧五年廢。	符陽縣 熙寧五年省。 白石縣 熙寧五年省。 巴東縣 乾德四年省。 廣納縣 省。

難江縣周分置，州郡治。	曲細縣周置。		
難江縣屬漢川郡。	長池縣開皇末改名，屬清化郡。		
難江縣州治。	平桑縣武德元年分置，屬集州。貞觀六年省。	長池縣武德初改屬集州，貞觀六年省。	大牟縣武德元年分置，屬静州。貞觀十七年屬巴州，永泰元年屬集州。
難江縣	大牟縣		
難江縣屬巴州。	乾德五年省。		
至元二十年省入化成。			
南江縣正德十一年復置，改名。			

續表

劍州				
廣漢郡梓潼縣地。				
始州普安郡 宋分置南安郡。梁置南梁州，後改安州。西魏又改。	南安縣 齊置。西魏改名普安郡治。	白水縣 齊置，屬南安郡。魏改名永歸。	胡原縣 齊置，屬巴西郡。	華陽縣 宋置。西魏改名黃安，兼置黃原郡。
普安郡 開皇初郡廢，大業初改州爲郡。	普安縣	永歸縣 屬普安郡。	臨津縣 開皇七年改名，屬普安郡。	黃安縣 開皇初郡廢，屬普安郡。
劍州 武德元年復置州，先天二年改名，屬劍南道。	普安縣 州治。	永歸縣 屬劍州。	臨津縣 屬劍州。	黃安縣 屬劍州，後改名普成。
劍州 屬蜀。	普安縣	永歸縣	臨津縣	普成縣
隆慶府 紹熙元年升府，屬利州東路。	普安縣 府治。	乾德五年省。	省。	普成縣
劍州 至元二十年復降州，屬廣元路。	普安縣 州治。			至元二十年省。
劍州 屬保寧府。	洪武十四年省入州。			

				劍閣縣 置屬梓潼郡，後省。
輔劍郡 宋置，魏改名安都。	武功縣 宋置，郡治。魏改名武連。	南新巴郡 宋元嘉十二年置。齊改新巴郡。魏徙治普安。	始平縣 宋置，屬始平郡。魏屬南白水郡，後廢。	
開皇初廢。	武連縣 屬普安郡。			
	武連縣 屬劍州。			劍門縣 聖曆二年分置，屬劍州。
	武連縣			劍門縣
	武連縣			劍門縣
	省。			至元二十年省入普安。

續表

漢德縣 蜀漢置，屬梓潼郡。
漢德縣
漢德縣 齊末省。

大清一統志卷三百九十

保寧府一

在四川省治東北六百二十里。東西距七百十里，南北距六百里。東至太平廳界五百六十里，西至綿州梓潼縣界一百五十里，南至順慶府西充縣界一百四十里，北至陝西漢中府寧羌州界四百六十里。東南至順慶府蓬州界二百五十里，西南至潼川府鹽亭縣界二百里，東北至陝西漢中府南鄭縣界四百八十里，西北至龍安府平武縣界三百五十里。自府治至京師五千三百九十里。

分野

天文井、鬼分野，鶉首之次。

建置沿革

禹貢梁州之域，春秋巴國别都。秦爲巴郡閬中縣，漢爲巴郡、廣漢二郡地。西境漢水以西爲廣漢郡地。後漢建安六年，劉璋分巴郡置巴西郡。晉因之。宋曰北巴西郡。寰宇記：晉李雄之亂，巴西荒蕪，太守理無定處。宋元嘉八年，始復立北巴西郡。齊因之。梁天監八年，於郡置南梁州。按魏書獠傳，孝昌中，魏子建啓以巴州隆城鎮立南梁州〔一〕。地形志南梁州闕，蓋其地尋復入梁也。西魏廢帝三年，改曰隆州盤龍郡。隋開皇初，廢郡存州。大業初，復改州爲巴西郡。唐武德元年，復曰隆州。先天二年，改曰閬州。天寶初，改曰閬中郡。乾元初，復曰閬州，屬山南道。按：元和志、唐書地理志俱屬山南道，舊唐志、寰宇記則屬劍南道。寰宇記引十道録云，果、閬二州，貞觀中屬劍南道，開元中屬山南道，天寶中屬劍南道，乾元中又屬山南道。若據地勢言之，嘉陵江既在劍門之外，流歷閬、果、合三州而合涪江，且三州同是漢巴郡之地，以山川論定，合屬山南道。五代後唐天成四年，置保寧軍。長興中入蜀。宋亦曰閬州。乾德四年，改安德軍，屬利州路。紹興十四年，屬利州東路。元初立東川路，至元十三年升爲保寧府，二十年改保寧路，後復爲府，隸廣元路。明曰保寧府，屬四川布政使司。本朝因之，屬四川省，領州二、縣七。

閬中縣。附郭。東西距一百二十里，南北距六十里。東至順慶府儀隴縣界六十里，西至潼川府鹽亭縣界六十里，南至南部縣界三十里，北至蒼溪縣界三十里。東南至儀隴縣界六十里，西南至鹽亭縣界六十里，東北至巴州界一百八十里，西北至蒼溪縣界三十里。古巴國別都。秦置閬中縣，屬巴郡。漢因之。後漢建安中分爲巴西郡治。晉因之。劉宋爲北巴西郡治。蕭齊因之。梁爲南梁州治。西魏爲隆州治。隋改曰閬内，仍爲巴西郡治。唐復曰閬中，爲閬州治。五代、宋因之。元、明俱爲保寧府治。本朝因之。

蒼溪縣。在府西北四十里。東西距一百九十里，南北距九十里。東至巴州界一百十里，西至劍州界八十里，南至閬中縣界十里，北至廣元縣界八十里。東南至閬中縣界十里，西南至南部縣界四十里，東北至巴州界二百二十里，西北至劍州界八十里。

漢閬中縣地。晉分置蒼溪縣，屬巴西郡。劉宋省入漢昌縣。隋開皇十八年，改漢昌曰蒼溪，屬巴西郡。唐屬閬州。宋因之。元、明俱屬保寧府。本朝因之。

南部縣。在府南少東七十里。東西距二百五十里，南北距一百十里。東至順慶府儀隴縣界九十里，西至潼川府鹽亭縣界一百六十里，南至順慶府西充縣界七十里，北至閬中縣界四十里。東南至順慶府蓬州界一百里，西南至鹽亭縣界一百六十里，東北至儀隴縣界一百里，西北至閬中縣界五十里。漢置充國縣，屬巴郡。後漢因之。初平四年，分置南充國縣。晉省充國，以南充國屬巴西郡。劉宋曰南國縣，屬北巴西郡。蕭齊因之。梁改曰南部縣。西魏置新安郡。後周郡廢。隋屬巴西郡。唐屬閬州。宋因之。元屬保寧府。明洪武十年，併入閬中。十四年復置，仍屬保寧府。本朝因之。

廣元縣。在府北二百八十里。東西距二百二十里，南北距二百四十里。東至南江縣界二百里，西至昭化縣界二十里，南至蒼溪縣界一百二十里，北至陝西漢中府寧羌州界一百二十里。東南至巴州界一百五十里，西南至昭化縣界三十里，東北至寧羌州界一百七十里，西北至龍安府平武縣界九十里。漢葭萌縣地。三國漢爲漢壽縣地。晉初爲晉壽縣地，太元中分置興安縣，屬晉壽郡。劉宋因之。蕭齊分爲東晉壽郡。魏僑置益州，亦曰西益州。梁大同中改曰黎州。西魏復曰西益州，尋改利州，置總管府。隋開皇初郡廢，十八年改州治興安縣曰綿谷。大業初府廢，尋改州爲義城郡。唐武德元年復曰利州，二年置總管府。貞觀二年府罷。天寶初改曰益昌郡，乾元初復曰利州，屬山南西道。乾寧四年置昭武軍。五代後唐改郡曰益川。宋初屬西川路，咸平四年分置利州路，景祐四年改平武軍，端平三年廢。元憲宗三年置利州都元帥府，至元十四年罷府，改曰廣元路，屬四川行省。明洪武七年曰廣元府，尋改府爲州，以州治綿谷縣省入。十四年又降州爲縣，屬保寧府。本朝因之。

昭化縣。在府北少西二百八十里。東西距八十里，南北距一百八十里。東至廣元縣界二十里，西至劍州界六十里，南至蒼溪縣界一百六十里，北至廣元縣界二十里。東南至蒼溪縣界一百七十里，西南至劍州界六十里，東北至廣元縣界二十里，西北至陝西漢中府寧羌州界一百二十里。漢置葭萌縣，屬廣漢郡。後漢因之。三國漢改曰漢壽，分屬梓潼郡。晉太康元年改曰晉壽，太元十五年於縣置晉壽郡。劉宋分置益昌縣，屬白水郡。蕭齊因之。魏改益昌曰京兆，屬南白水郡。周省晉壽，復改京兆曰益昌。隋屬義城郡。唐屬利州。五代後唐同光三年改曰益光。宋初復曰益昌，開寶五年改曰昭化。元屬廣元路。明洪武十四年改屬保寧府。本朝因之。

巴州。在府東北三百五十里。東西距四百八十五里，南北距二百十里。東至陝西漢中府西鄉縣界四百里，西至蒼溪縣界八十五里，南至順慶府渠縣界一百五十里〔二〕，北至南江縣界六十里。東南至綏定府東鄉縣界二百二十里，西南至順慶府儀隴縣界七十里，東北至通江縣界六十里，西北至廣元縣界七十里。古巴國地。漢巴郡宕渠縣地。後漢永元中，分置漢昌縣，屬巴郡。三國漢分屬巴西郡。晉因之。劉宋初屬巴西郡，尋廢，後改置歸化郡。蕭齊因之。梁初亦曰歸化郡，置梁廣縣爲郡治。魏正始元年改置大谷郡，延昌三年置巴州。周大象二年改縣曰化成。隋開皇初郡廢，大業初復改州爲清化郡。唐武德元年復曰巴州，天寶初復曰清化郡，乾元初復曰巴州，屬山南西道。五代屬蜀。宋亦曰巴州清化郡，屬利州路。元曰巴州，屬廣元路。明洪武九年，以州治化成縣省入，仍降州爲巴縣，屬保寧府。正德九年，復升爲州。本朝因之。

通江縣。在府東北五百五十里。東西距四百四十八里，南北距四百八十里。東至陝西漢中府西鄉縣界四百里，西至巴州界四十八里，南至巴州界五十里，北至漢中府南鄭縣界四百三十里。東南至綏定府達縣界二百里，西南至巴州界五十里，東北至西鄉縣界四百里，西北至南江縣界八十里。漢巴郡宕渠縣地。後漢爲宣漢縣地。梁爲始寧縣地〔三〕。西魏分置諸水縣，屬遂寧郡。隋開皇三年仍省入始寧〔四〕。唐武德八年，復置諸水縣，仍於縣置壁州。天寶元年，改縣曰通江，改州曰始寧郡。乾元元年，復曰壁州，屬山南西道。宋初因之。熙寧五年廢壁州，以縣屬巴州。宋末分爲上通江、下通江縣。元至元二十年，皆併入曾口縣。至正四年，復置通江縣，屬巴州。明因之。本朝屬保寧府。

南江縣。在府東北四百七十里。東西距一百二十里，南北距二百六十里。東至通江縣界九十里，西至廣元縣界三十里，南至巴州界八十里，北至陝西漢中府寧羌州界一百八十里。東南至通江縣界一百二十里，西南至蒼溪縣界一百四十里，東北至陝西漢中府南鄭縣界二百一十里，西北至廣元縣界七十里。漢巴郡宕渠縣地。後漢漢昌縣地。梁爲難江縣地。西魏爲盤道縣地。周天和五年，復分置難江縣，於縣置集州及平桑郡。隋開皇初郡廢，大業初州廢，屬漢川郡。唐武德元年，復於縣置集州。天寶初改曰符陽郡。乾元初復曰集州，屬山南西道。宋初因之。熙寧五年廢集州，以縣屬巴州。元至元二十年，併縣入化成。明正德十一年復置，改曰南江，仍屬巴州。本朝屬保寧府。

劍州。在府西北二百二十里。東西距二百里，南北距二百八十里。東至蒼溪縣界一百二十里，西至綿州梓潼縣界八十里，南至潼川府鹽亭縣界二百里，北至龍安府平武縣界八十里。東南至蒼溪縣界一百六十里，西南至鹽亭縣界一百九十里〔五〕，東北至昭化縣界九十里，西北至平武縣界八十里。漢廣漢郡梓潼縣地。劉宋分置南安郡。蕭齊因之。梁置南梁州，後改安州。西魏改曰始州，改郡縣俱曰普安。隋開皇初郡廢，大業初復改州曰普安郡。唐武德元年，復曰始州。先天二年，改曰劍州。天寶初復曰普安郡。乾元初復曰劍州，屬劍南道。五代屬蜀。宋亦曰劍州普安郡。隆興二年，升普安軍。紹熙元年，升爲隆慶府，屬利州東路。元至元二十年，復曰劍州，屬廣元路。明洪武十四年，以州治普安縣省入，改屬保寧府。本朝因之。

形勢

棧道千里，通於蜀漢。史記。東接巴郡，西接梓潼。華陽國志。當梁、洋、梓、益之衝，土地平衍而沃，山川秀麗。宋馮忠恕設廳記。在劍南巴峽羣山磽确之中，宋董丕思政堂記。前接關表，後據劍北。據川陸之會，實爲要地。宋武寧志〔六〕。

風俗

瑰偉俶儻，冠冕三巴。華陽國志。地暖氣清，民淳事簡，宋李獻卿南樓詩序。恭儉而文。馮忠恕記。

城池

保寧府城。周九里三分，門四。南臨江，三面環池。明洪武四年建。本朝乾隆三十四年修，六十年、嘉慶三年重修。閬中縣附郭。

蒼溪縣城。周三里五分，門四。明成化中土築，正德中甃石。本朝康熙六十年修，乾隆三十六年重修。

南部縣城。周二里七分，門四。明萬曆中建。本朝順治四年修，乾隆四十九年、嘉慶十六年重修。

廣元縣城。周九里，門五。明洪武三十一年因舊址建。本朝乾隆二十九年修，嘉慶元年重修。

昭化縣城。周二里七分，門三。明正德中因舊址建。本朝乾隆三十一年修。

巴州城。周二里五分〔七〕，門五。明成化中建。本朝康熙初修，乾隆三十九年、嘉慶十三年重修。

通江縣城。周四里〔八〕。門三。明成化中土築，正德六年甃石。本朝康熙元年修。

南江縣城。周二里三分〔九〕，池廣二丈。明正德間建。本朝康熙初修。

劒州城。周二里，門五。明成化中土築，正德中甃石。本朝乾隆二十八年修。

學校

保寧府學。在府治西南。宋大觀四年建。明洪武中修。本朝順治中重修。入學額數二十名。

閬中縣學。在縣東門外，舊在府治北。明崇禎間遷建今所。本朝康熙三年修，嘉慶十四年重修。入學額數十五名。

蒼溪縣學。在縣治西北。明正德七年建。本朝康熙五十九年修，乾隆四十八年重修。入學額數八名。

南部縣學。在縣治西。明洪武中建。本朝康熙初修。入學額數十五名。

廣元縣學。在縣治東南。明天啓二年建。本朝康熙五年重建，三十三年修。入學額數十二名。

昭化縣學。在縣城北門外，舊在縣治西。本朝乾隆十九年遷建今所。入學額數八名。

巴州學。在州東巴江北，舊在城西。本朝康熙二十九年遷建今所。入學額數十二名。

通江縣學。在縣治西北。宋建。本朝康熙二十三年修，雍正元年重修。入學額數八名。

南江縣學。在縣東一里，舊在縣南。明正德中建。本朝順治十七年遷建今所。入學額數八名。

劒州學。在州城東門外。宋建。本朝順治十六年修，康熙二十三年、雍正四年、乾隆五十八年重修。入學額數十二名。

錦屏書院。在府治西南。本朝乾隆二十五年建於府城外，嘉慶六年遷建今所。

雲屏書院。在府治錦屏山。本朝嘉慶十七年建。

鶴山書院。在蒼溪縣治北，舊名文翁書院。本朝嘉慶十八年修，改今名。

鼇峯書院。在南部縣治西。本朝乾隆四十四年建。

嘉陵書院。在廣元縣治前。本朝康熙四十二年改利州衛建，乾隆四十三年遷建今所。

臨江書院。在昭化縣治西。本朝乾隆二十二年建。

宕渠書院。在巴州治。本朝乾隆二十七年建。

東皐書院。在通江縣。本朝乾隆四十四年建。

龍門書院。在南江縣。本朝乾隆十七年建。

兼山書院。在劍州治東北。明正德中建。本朝雍正五年重建。

巴州義學。在州治東。本朝乾隆二十七年建。　按：舊志載丹梯書院在巴州南書案山，文貞書院在劍州西南，元建，今並廢。謹附記。

户口

原額人丁一萬五千二百三十二，今滋生男婦共九十六萬二千七百二名口，計二十八萬七千五百五十二户。

田賦

田地二萬五千一百四十七頃一十三畝七分有奇，額徵地丁正、雜銀二萬七千七百九十一兩六錢一分八釐七毫。

山川

靈山。在閬中縣東。寰宇記：仙穴山在閬中縣東北十里。周地圖云靈山多雜樹，昔蜀王鼈靈帝登此，因名。唐天寶六年，改爲仙穴山。

盤龍山。在閬中縣東。隋志：閬中縣有盤龍山。寰宇記：閬州盤龍山南有一石，長四十丈，高五尺，當中有户及扇，若人之掩閉。古老以爲玉女房。輿地紀勝：蟠龍山在縣東北三里，以形得名。唐貞觀中，望氣者言西南千里外有王氣，太宗令人入蜀求之，次閬中，果見山中氣色鬱蔥，因鑿破山脈。唐咸亨中，嘗移縣治於山側。

文城山。在閬中縣東三十里。峯巒聳列，林木葱蒨。一峯拔出，上有玄都壇，爲漢張道陵授符籙之所。相近有瑯琊山，山有九井，泉流濺石，若振珮然。

重錦山。在閬中縣東一百三十里，接儀隴縣界。兩峯對峙，秀麗若錦。九域志：奉國縣有重錦鎮，因名。

青崖山。在閬中縣東南十里嘉陵江東岸。宋淳熙間有僧鑿佛像於崖間，一名千佛崖。

賜緋山。在閬中縣東南四十里。山勢環拱，草木蓊鬱，爲縣之勝。又東南三十里爲思恭山，極高峻。唐初思恭縣蓋置於此。

馬頭山。在閬中縣東南六十里。

閬中山。在閬中縣南。寰宇記：其山四合於郡，故曰閬中。多仙聖遊集焉。輿地紀勝：在縣南三里。一名錦屏山，又名寶案山。上有四院，曰瑪瑙、羅漢、晝錦、西橋。至和初，又築閬風亭以眺望焉。舊志：在江南岸，兩峯連亘，壁立如屏，四時花木錯雜如錦，與郡治對峙，故名。

眉山。在閬中縣南十里。其形如眉。又南五里爲鐘山，居羣山中，其鐘聲四境皆聞，故名。

玉立山。在閬中縣南三十里，山勢屹立。

織子山。在閬中縣北六里。中高四下。舊志：今名織蓋山，爲縣之主山。一名北巖，又名頤神巖。

玉臺山。在閬中縣北七里。有玉臺觀。杜甫詩「閬中城北玉臺碧」，又曰「中天積翠玉臺遥」，即此。

天目山。在閬中縣東北。寰宇記：在奉國縣東十五里。又名天溪洞，葛仙翁修道之山。輿地紀勝：上有玉女池。

大方山。在閬中縣東北一百里。山頂四方如枰。對峙者曰小方山，頂亦方平。又有鳳棲山，與小方山並峙。

白鶴山。在蒼溪縣東五里。山腰有來仙洞。按：舊志以此爲離堆山，疑誤。

紫陽山。在蒼溪縣東三十五里。一峯峙立，高入青雲。唐志：蒼溪縣有紫陽山。

馬鞍山。在蒼溪縣東一百五十里，以形似名。

大獲山。在蒼溪縣東南三十里。石城四周，天生奇險，宋江環繞其下。宋淳祐中，嘗徙閬州治此。山有大、小二峯，小峯上有石井，出泉不竭；大峯上有池，廣數畝，謂之天池，亦曰仙蓮池。又有憑虚洞。

雲臺山。在蒼溪縣東南三十五里，接閬中縣界。唐志：蒼溪縣有雲臺山。寰宇記：一名天柱山，高四百丈，上方百里，有魚池，宜五穀，無惡毒，可度災。周地圖云漢末張道陵在此學道。輿地紀勝：一名鳳凰山。明統志：山峯峻峭插天，有洞曰麻姑、芙蓉、平仙、峻仙，池曰玉丹、玉魚，巖曰松根、盤桃。有九轉亭，丹竈尚存。其東又有書巖，乃葛稚川讀書之所。

小錦屏山。在蒼溪縣南一里，與府城南錦屏山相似，故名。

九龍山。在蒼溪縣西北，與雙劒、天馬皆羣山中最秀者。又有亭子山，接昭化縣界。

玉女山。在蒼溪縣北十里。曲肘川源出於此。

陽門山。在蒼溪縣北。寰宇記：在歧坪縣西三十里。又有岳陽山，在歧坪縣東十五里。舊志：蒼溪縣有避塵、石筍、三星連珠等山，皆爲幽勝。

方山。在蒼溪縣東北。寰宇記：在奉國縣西北三十五里。明統志：在蒼溪縣東八十里。遠望如几案，古方州城也。

離堆山。在南部縣東南。顔真卿磨崖記：此山斗入嘉陵江，直上數百丈，形勝縮矗，上崢嶸而下洄洑，不與衆山相連屬，是謂之離堆。輿地紀勝：離堆巖在新政縣東，鑿腹爲巖。唐鮮于仲通與弟叔明濳修於此。明統志：在南部縣東五十里。蜀有三離堆，此其一也。

龍奔山。在南部縣東南。寰宇記：在新政縣東二十六里。又總角山，在縣東南六十里，山峯如女郎之總角。

小盤龍山。在南部縣東南三十里。山勢盤旋，似閬中之盤龍而差小。

禹迹山。在南部縣東南三十里。俗傳禹治水嘗經此。山頂平衍，有小石泉。

南山。在南部縣南一里。縣之主山也。蜿蜒蒼翠，環繞縣城。一名跨鼇山。宋寶祐中，嘗移縣治於此。

龍靈山。在南部縣南一十里。背西江，與小盤龍山相近，山勢如龍。

九子山。在南部縣南七十里。一名九龍山。

龍樓山〔一〇〕。在南部縣西南五十里。峯頂峭拔，衆山拱揖，有洴溪環繞其下。

蘭登山。在南部縣西八十里。三面峻絶，俯臨西江。輿地紀勝：在新井縣東二十里。相傳嚴君平隱居於此。有君平洞。

思依山。在南部縣西一百四十里。輿地紀勝：在普安北二十里。相傳漢羅沖霄、張道陵隱居於此。有東、西二觀。

鳳凰山。在廣元縣東。盤旋起伏，勢若翺翔。其巔曰寶峯。

雪山。在廣元縣東十里。峯巒疊出，稱爲秀麗。

龍福山。在廣元縣東南。寰宇記：在通平縣東一里。

二郎山。在廣元縣南十里。山高路陡，行人憚之。

烏奴山。在廣元縣西。方輿勝覽：在綿谷縣西六七里。以李烏奴得名。峭壁如削，有洞高不可上。舊志：一名烏龍山。

天臺山。在廣元縣西三里。峭崖蒼鬱，盤道縈紆。獨木危橋，委曲而上。至巔乃即平陸，若天臺然，因名。其北爲九隴山，環拱九十九峯，如劒戟之排列。鮮于侁益昌八景詩「九隴穿天外」，即此。亦謂之九峯山。山有漢玉寨。相傳漢高祖嘗駐蹕於此。

石燕山。在廣元縣西北八十里。一名玉女山。山極高峻，梯格乃能上。獠人恃此爲險。

金山。在廣元縣北三里。孟蜀置金山寨。宋乾德初伐蜀，別將史進德等自嘉川進擊金川砦。一名金城山，潫溪環其右。

潭毒山。在廣元縣北。輿地紀勝：在綿谷縣北九十里。下瞰大江，路皆滑石，登涉頗艱。其下深潭，有一鐵索，見則兵動。

木寨山。在廣元縣北一百三十里。潛水出此。

龍門山。在廣元縣東北。元和志：龍門山在綿谷縣東北八十二里。出好鍾乳。寰宇記：龍門山亦名蔥嶺山。梁州記：蔥嶺有石穴，高數十丈，其狀如門，俗號爲「龍門」。輿地紀勝：龍門洞在綿谷縣北。凡有三洞，自朝天程入谷十五里有石洞，及第二、第三洞，有水自第三洞發源，貫通二洞，下合嘉陵江。按：明統志謂龍門山在昭化縣西一百四十里，誤。

鳳嶺山。在昭化縣東，與廣元縣二郎山接嶺。

五峯山。在昭化縣西南，與白衛嶺相峙，路接劍閣，連峯插天，圓秀如竪掌，俗名五顆山。

長寧山〔二〕。在昭化縣西南九十里。上平下險。其上有池，清澈不竭。宋王智於此築城。後王昭因其遺址立寨，駐兵保障。

牛頭山。在昭化縣西二十五里。以形似名。輿地紀勝：昭化縣有朱雀山，與牛頭山相連。

人頭山。在昭化縣西四十里。山巔突出，宛若人頭。後唐長興初伐蜀，王弘贄從白衛嶺人頭山後出劍門南，即此。

九曲山。在昭化縣西九十里。山勢盤迴九曲，與劍門對峙。

木馬山。在昭化縣西北。隋志：景谷縣有木馬山。元和志：在景谷縣西南二十五里。諸葛亮出祁山，於此造木牛流馬以供運，因名。

九里山。在昭化縣北二十里。盤曲嵯峨，約高九里。

大高山。在昭化縣北一百二十里。山勢高聳，爲衆山之冠，路狹難行。

東龕山。在巴州東十里，巴江東岸。又巾子山，下有古洞數層甚深。

其章山。在巴州東。寰宇記：在其章縣東八里。一名隆城山。

始寧山〔一二〕。在巴州東。隋志：始寧縣有始寧山。寰宇記：在舊始寧縣東北七里。

崑山。在巴州東四十里。出璞石。相近有老君山，山趾三溪，匯爲一潭。

石城山。在巴州東南三十里。突立於清水江心，巴江亦繞其下。

金榜山。在巴州南一里。上有奇石名「印斗」。又名書案山。

南龕山。在巴州南二里。

化城山。在巴州南三里。寰宇記：化城縣以山名。

玉山。在巴州南六十里。多玉石，然深險不可取。

西龕山。在巴州西二里。爲郡主山。又五里爲鳳嘴山。又有卧牛山。

平梁山。在巴州西二十五里。四圍石壁如城，其上平坦，有地數十畝，居民數户。古寺龍泉二水，四時不竭。

義陽岳山。在巴州西北。寰宇記：在恩陽縣南一里。梁義陽縣以此名。

登科山。在巴州西北。輿地紀勝：在恩陽縣東北一里。鄉人謝周卿、謝耕、王紹、謝震皆讀書於此，登科，因名。舊志：在州西北三十里。

木彊山。在巴州西北。隋志：清化縣有伏彊山。寰宇記：木彊山在清化縣北一百步。按：木彊，即伏彊也。

北龕山。在巴州北八里。輿地紀勝：大北龕在郡北三里，俯瞰巴江。小北龕在郡北五里風帽山下，其巖如屋。

王望山。在巴州北十里。輿地紀勝：在巴州江之北岸。自州城絶江而登，山高二里，巖徑絶險，占一州之勝。相傳有王真人蒙得道於此，名王蒙山。唐明皇嘗至此山，曰：「此去京師不遠。」故名王望巖。腹間有龍洞。即古黄牛山，亦名北山。

鼓樓山。在巴州北。輿地紀勝：在巴州北三十里。其傍爲玲瓏山，山頂有泉，出小石如櫻桃，有竅可以穿縷，兒女以爲瓔珞。

龍腹山。在巴州北。隋志：盤道縣有龍腹山。寰宇記：在廢盤道縣西九里。

大鐘山。在通江縣東六十里。突起萬山中，如覆鐘然。有石池龍湫。亦名龍池山。

歌籟山。在通江縣東七十里。寰宇記：上有城甚險峻。明統志：山上舊有石鼓，擊之聲聞數里，連擊之即雨。

得漢山。在通江縣東百二十里。明統志：其上石壁如城，中平可容數百人。舊志：在萬山中崛起崖塹，削絶千仞，獨西南一徑陵險轉折而上，有一夫當關之勢。頂平數里，可以耕藝，出泉冬夏不竭。有石刻云：宋淳祐中余玠臨視形勢，命統制張實因險築壘，儲糧建邑，爲恢復舊疆之規。

秋錦山。在通江縣南隔江。山脈與壁山相連。霜降後，山多紅葉，望之如錦。一名翠屏山。

包臺山。在通江縣南百五十里。高出羣嶺，突兀一方，登之可以遠眺，上有石洞。

壁山。在通江縣西。寰宇記：壁州以縣西一里壁山爲名。舊志：其山峭絶如壁。

金童山。在通江縣西百里。四山環抱，挺然獨出。上有平地數百畝，巴江水繞其下。

鐵船山。在通江縣西北界。石嶺嵌空，長夏雪不消，天欲雨則山下必有飛泉四射。相傳山半有池，常有鐵船浮出，因名。

思公山。在通江縣。寰宇記：在符陽縣北二百里。其山最峻。思公水源出此。又有思公城。

龍山。在通江縣東北。輿地紀勝：在縣東北十餘里。龍灘溪出此。舊志：今有大龍山在縣北一里，延亘數里，爲縣鎮山。即此。

三門山。在通江縣東北。輿地紀勝：由金洋而南，大山深澤，稍涉人境，有石門山絶高，石路犖确，五里入土門。又有六峯山，在縣東北八十里。

龍來山。在南江縣東三里。下有太虚洞，空曠幽深，可藏千人。

望元山。在南江縣東六十里。

玉女山。在南江縣東南三十里。

公山。在南江縣南。輿地紀勝：在縣南一里，不與羣山相連，四面狀如「公」字。舊志：又名白鹿山。

遊仙山。在南江縣南二里。孤峯特立。

思遠山。在南江縣西。寰宇記：在廢大牟縣西北三十里。有曾溪水出此山，東北流注與峻水合。

龍耳山。在南江縣西二百里。孤峯突出，石壁峭拔，上有甘泉。

鳳啄山。在南江縣北二十里。

蠟燭山。在南江縣北六十里。峯巒聳拔雲表。

米倉山。在南江縣北。方輿勝覽：巴之北境即米倉山。紹興以來出兵之孔道。舊志：山在縣北八十里米倉之南，地名三會，乃劍、閬、巴、蓬、渠、達六郡之衝。宋開禧二年，金兵入鳳州，興元帥程松亟趨米倉山，由中巴遁入閬州，即此。

孤雲山。在南江縣北。輿地紀勝：兩角山在難江縣北九十里，與孤雲山相連。唐賈耽曰〔一三〕：興元之南路通巴州，中有孤雲山，行者必三日始達於嶺。王子韶所謂「孤雲兩角，去天一握」也。舊志：亦名韓山，在米倉之西。

茶坡山。在南江縣北百五十里。

大巴山。在南江縣北二百里，接陝西漢中府南鄭縣界。一名巴嶺山。高聳千尋，巖徑極險，與漢中諸山相連，爲巴漢巨鎮。

船山。在南江縣東北二十里。四山環擁，咸若海潮乘風，飄泊蕩漾，而此山宛如巨舟，自北而東。下有井。舊名五女山。

小巴山。在南江縣東北。寰宇記：小巴嶺在難江縣東北一百三十里。周地圖云，此山之南即古巴國，其嶺上多雲霧，盛夏猶有積雪。北水源出此。明統志：小巴山在巴州東北二百九十餘里。舊志：其險次於大巴，而高峻過之。

卧龍山。在劍州東二里。盤圜周布，高一百丈。

鶴鳴山。在劍州東二里。特聳千仞，環繞州治。一名東山。

金鼻山。在劍州東五十里。

掌天山。在劍州東南，接南部縣界。元和志：在臨晉縣西南六十里。晉太安元年，遣都護衛博討李特，特遣李蕩自掌天山要博，博爲伏兵所圍，即此。山出名柘，堪爲弓材，雖檿桑燕角，不能勝也。寰宇記：在西水縣西北三十五里。

兼山。在劍州東南百二十里。宋學士黄裳居此，宅址遺基俱在山下。

駕鶴山。在劍州南。輿地紀勝：在普城縣南一里。相傳張道陵駕鶴往來於此。又名駕空山。舊置柳溪驛於此。舊志：在州西南一百五十里。

滴翠山。在劍州南。輿地紀勝：在普成縣郭外一里。按：明統志「在州治」，蓋誤以普成爲普安也。

淩雲山。在劍州西南。輿地紀勝：在武連縣北三里。一壠直下如龍，橫西峯如屏，下瞰小潼水。

龍祠山。在劍州西南。寰宇記：在武連縣東三里，高三百丈。舊名九龍山。唐貞觀中，嘗於山上置九龍祠。天寶六年，敕改爲龍祠山。輿地紀勝：九龍山腹有洞，洞前石壁如屋，中有九井，求雨輒應。

五郡山。在劍州西南。寰宇記：周地圖云，武連縣南有治山，縣人張逸背梁附魏，與梁將楊乾運戰於此山下，大破乾運，死者千人。恭帝元年，收骸骨並爲一墓。死者凡五郡人，因改治山爲五郡山。

氐陌山。在劍州西南。寰宇記：在普成縣西三十五里。舊圖經云，晉太康中，武都氐人流移入蜀，耕鑿此山，遂以成陌，因名。

龍鬚山。在劍州西。舊志：梁普通六年，益州刺史蕭淵猷遣將樊文熾等圍魏小劍，置柵龍鬚山上，以防歸路，即此。州志有龍飛山，「在州西一里」，即龍鬚之訛也。

五子山。在劍州西北。寰宇記：在武連縣北七十二里。西自龍州界迤邐斜連馬閣山頂。其山至此時起五峯，雁行相次，高五百丈，因名。舊志：在州西北五十里，一名五華山，又名京兆山。峯巒奇秀，清溪縈流。

浮滄山。在劍州西北。唐志：陰平縣有浮滄山。輿地紀勝：在縣東十五里。相傳堯時洪水，此山獨存，因名。

龍血山。在劍州西北。元和志：龍血山，亦名龍象巖，在陰平縣北五十里。絕壁高巖，萬有餘丈。有四石龍在石壁間，昔有羣龍共鬬，四龍疲衄嘔血死，因化爲石。血變成鱉，堪充器物，延布四五里。今龍像猶存。寰宇記：在陰平縣東北五十里。宋、齊於此置龍血戍。亦名龍穴山。東有龍象巖，巖東北有洞穴，莫測深淺。泉出其下。輿地紀勝：一名赤水山。

漢陽山。在劍州北二里。峯巒高聳，爲州之主山。舊志：按寰宇記有故壘山，在州北，有姜維拒鍾會故壘，因名。其山峭壁，下臨絶澗。後唐長興初，孟知祥將龐福誠敗官軍於劍州北山〔一四〕，疑即漢陽山也。

大劍山。在劍州北。又有小劍山，與大劍山相屬。山海經：高梁之山，西接岷、峨，東引荆、衡。蜀志：景耀六年，姜維自沓中還，住陰平，聞關口已下，與張翼、董厥合，還保劍閣，以拒鍾會，會不能克。晉書：張載至蜀省父，道經劍閣，著銘曰：「巖巖梁山，積石峨峨。遠屬荆、衡，近綴岷、嶓。南通邛、僰，北連褒、斜。狹過彭、碣，高踰嵩、華。惟蜀之門，作固作鎮。是曰劍閣，壁立千仞。窮地之險，極路之峻。世濁則逆，道清斯順。」益州刺史張敏表上其文，武帝遣使鐫之於劍閣焉。華陽國志：德陽縣有劍閣道三十里至險，有閣尉。水經注：小劍戍西去大劍三十里，連山絶險，飛閣通衢，故謂之劍閣也。元和志：大劍山亦曰梁山，在普安縣北四十九里。又石新婦東北一里千人巖之南岸，絶壁高數千仞，即劍山之危峯，見數百里外，旁視衆嶺，猶平地也。巖下高百丈許，有石壁紅色，方如坐席，即張載勒銘之處。寰宇記：大劍山西北三十里又有小劍山，崔鴻十六國春秋云，苻堅使楊安伐蜀，徐成破二劍是也。其山東接莎鼻，西接綿州，凡二百三十一里。方輿勝覽：輿地廣記云，山有小石門，穿山通道，六丈有餘，即秦時所開石牛道也。漢永平中，司隸楊厥又鑿而廣之，即鍾會伐蜀之路。大劍雖號天險，有阨塞可守，崇墉之間，徑路頗夷，小劍鑿石架閣，有不容越者。明統志：大劍山在劍州北二十五里。其山峭壁中斷，兩崖相嵌，如門之闢，如劍之植，故又名劍門山。

巾子山。在劍州北七十里。山亦高峻，頂有積石特起，如巾幘然。

朝天嶺。在廣元縣北。輿地紀勝：在利州北五十里。路徑絶險，其後即朝天程。舊路在朝天峽棧閣，後開此道，行人便之。

七盤嶺。在廣元縣北百七十里。一名五盤嶺，與陝西寧羌州接界。自昔爲秦、蜀分界處。石磴七盤而上，因名。杜甫詩：「五盤雖云險，山色佳有餘。仰陵棧道細，俯映江木疏。」

漫天嶺。在廣元縣東北三十五里。有大漫天、小漫天二山，皆極高聳。唐羅隱有詩。一名藁本山。舊志：小漫天在大漫天北，二嶺相連，爲蜀道之險。後唐清泰初，孟知祥置大、小漫天二寨。宋乾德中伐蜀，別將史進德奪其小漫天寨，蜀人退保大漫天寨，即此。

梅樹嶺。在昭化縣東南四十里。叢林深箐，中多猛獸，有關。

避風嶺。在昭化縣南百五十里。

白衛嶺。在昭化縣西南五十里，與劍門相接，有白衛鋪。唐詩紀事：明皇幸蜀，登白衛嶺，眺覽良久，歌李嶠詩，即此。

截賢嶺。在南江縣北。輿地紀勝：在難江縣北百餘里。以韓信得名。舊志：與孤雲、兩角俱有棧道。

大倉嶺。在劍州北。大劍溪經此入江。

雪峯。在巴州東南。輿地紀勝：去曾口縣十里。衆山中突出一峯。明統志：在巴州東三十五里。

十二峯。在南江縣東北。輿地紀勝：在難江縣北四十里。巉巖聳秀，大小十二峯，最爲奇觀。有客題詩曰：「插立翠峯分十二，爲君喚作小巫山。」舊志：小巫山在縣東北五十里〔一五〕，即巴山之羣峯也。下有龍洞，相近又有蓮花峯，有石洞曰蓮花洞，高空百餘丈，外臨深淵，内容千人。邑人嘗避兵於此。一名紅鯉洞，相傳溪中有紅鯉云。

東巖。在閬中縣。方輿勝覽〔一六〕：在縣東五里。一名大象山。宋太平興國中，陳堯叟兄弟讀書於此。亦名台星巖，俗謂之讀書巖。相連者曰漱玉巖。

停雲巖。在南部縣北二里。宋李燾有詩。

千佛巖。在廣元縣北十里，江東岸。石崖蜿蜒，其形如門。先是，懸崖架木作棧而行，唐時韋抗鑿石爲佛〔一七〕，遂成通衢。

秀巖。在劍州北。輿地紀勝：在普安縣後。有池貯泉。

龍巖。在劒州。輿地紀勝：在劒州劒門縣西一里。洞穴可坐百許人。明統志：在州北七十里。蜿蜒如龍盤之狀。又州治西亦有龍巖，可坐百人。

千人巖。在劒州東北大劒山上。元和志：在石新婦東北。有石室可容千人，因名。又石新婦神在縣東北四十九里、大劒東北三十里。夫遠征，婦極望忘歸，因化爲石。

明月峽。在廣元縣北八十里。一名朝天峽，江流所經。

龍門峽。在南江縣北二十里。中有龍門潭。

靈雲洞。在南部縣東北。外邃中廣，冬暖夏涼。入三丈許，踏之有聲如鐘，扣之亦然。

陽模洞。在廣元縣北。輿地紀勝：在綿谷縣北六十里，有山萬仞，峭壁如削，中闢洞門，高不可上。一名羊模谷，在縣北龍洞之西，去朝天驛八里。

富水洞。在昭化縣西北二十里。燃燭而入，過馬鞍橋，路極狹，有石牀石笋。又大潭深十丈，天旱取其水禱雨輒應。有漢王洞在縣北二十里。又明水洞，去縣六十里，水從半嶺流出，居民賴以溉田。

仙人洞。在通江縣西一百里。洞前平沙數丈，成三徑，常有仙人足跡，長短不同，其西則皆牛馬雞犬跡，拂去次日如故。洞前有泉水，有硫磺氣。

巴蛇洞。在通江縣北四百里。其地有南壩寺，每歲端陽前，有蛇自柱礎間出，纍纍不一，然不爲害。

駢池洞。在劒州南二里。一名龍洞。橫側而入，深不可測，禱雨輒應。

羣仙洞。在劒州西南。輿地紀勝：在武連縣界。中無他物，惟石室數間，如堂宇然。相傳有仙人奏樂於此。有水自西而東，不知所來。

漢源坡。在劍州東。舊置驛於坡上，曰漢源驛。後唐長興初，討孟知祥，前鋒將王弘贄自白衛嶺從小劍路出漢源驛〔一八〕，還攻劍門破之。宋乾德三年，王全斌伐蜀，别將至清韁店，出劍關南二十里，蜀將王昭遠引兵陳漢源坡，以拒清韁之兵。皆即此。舊志：漢源坡在州東三十里。

仙人磏。在通江縣東三百里。有石竇可容百人。又有牛角磏在縣西百里金溪上，石筍數十，自崖頂下綴，望之稜稜，如牛角然。有石室可容千人。

石門。在巴州北三十里。左右皆峭壁，圍環三里許。

丙穴。在廣元縣北二十五里，漢水之南。出魚肥美，故名。

嘉陵江。在閬中縣西南。自陝西漢中府寧羌州流入，逕廣元縣西昭化縣東，過劍州東界，又南逕蒼溪、閬中二縣南，又東南逕南部縣北，又東南入順慶府蓬州界，即西漢水也。亦曰閬水，又名渝水。華陽國志：閬中有渝水，賨民多居水左右，鋭氣喜舞，今所謂「巴渝舞」也。水經注：漢水逕通谷，又西南寒水注之。又西逕石亭戍，又逕晉壽城西而南合漢壽水，又東南至葭萌縣東北，白水注之。又東南逕津渠戍東，又南逕閬中縣東，閬水東注之。又東南得東遊水口，又東與濩溪合，又東南逕宕渠縣東。元和志：西漢水一名嘉陵水，逕綿谷縣西一里，又逕葭萌縣城南。寰宇記：嘉陵江自利州流入劍門縣界，逕縣東二十里，過廢始州，又逕蒼溪縣東一里，東南流至閬中縣，又名閬中水，亦名渝水。又逕南部縣東一里，又東流逕新政縣東十里。舊志：自寧羌州入廣元縣境，流一百二十里至縣西南，又三十里達昭化縣界，二十里至縣城東北，合白水，又南過劍州東七十里，歷一百十里達蒼溪縣界，又六十里過縣城西曲，東南繞城南下，三十里達閬中縣界，又二十里至郡城西，轉東十里合宋江，又南八十里達南部縣界，又二十五里轉東，逕縣東北二里，又東南七十里入蓬州界。原按：漢書地理志出隴西郡西縣嶓冢山，南入廣漢白水，東南至江州入江者，西漢水也。酈道元云，漢水南入嘉陵道，而爲嘉陵水。後世嘉陵江之名蓋出於此。自此以下至葭萌爲白水、潛水，至閬中爲渝水、閬水，至墊江爲涪内水，隨地異名。要之皆嘉陵江，即皆西漢水也。其以此爲漾水者，自水經始。漢志「隴西氐道縣」下云：

「禹貢養水所出，至武都爲漢。」「武都郡武都縣」下云：「東漢水受氐道水，一名沔。過江夏謂之夏水，入江。」「養」與「漾」、「瀁」古字通也。今氐道不知所在，其水亦無可考。然班固本以此爲東漢之源，與西漢絶無交涉。至水經則云漾水出隴西氐道縣嶓冢山，東至武都沮縣爲漢水。乍讀之似爲東漢，及觀下文云「東南逕白水至葭萌，與羌水合，又東南過閬中入江」，則竟是西漢水，與漢志「氐道」、「武都」注牴牾。而嘉陵江遂兼漾水之名，其實禹貢所導之漾，在今陝西漢中府寧羌州境，與西漢水源流迴別。詳見漢中府志。

白水江。在昭化縣西北。自陝西階州文縣流入，又東南合嘉陵江。水經注：白水逕建陽郡東，又東南逕白水縣故城東，又東南與西谷水相得，又南逕武興城東〔一九〕，又東南清水左注之，又東南於吐費城南注漢水。元和志：白水一名羌水，逕景谷縣西一里。縣志：白水江在縣北二十里，自平武入縣境合牛頭河，又東南一百十里合清水河，又東南十里至縣東北三里合嘉陵江。

清水江。在昭化縣西北。自龍安府平武縣流逕劒州北界，又東流至縣西北，合白水江〔二〇〕。水經注：清水自平洛郡東南屈而南，逕南陽僑郡東北，又東南逕新巴縣東北，又東南逕始平僑郡南，又東南逕小劒戍北，又東南注白水。明統志：清水江源出清川縣，至安昌壩合白水。舊志：清水江在劒州北一百五十里，自龍安清川所流入，逕黄沙壩，亦名黄沙江，東逕昭化縣西北二十里，又東入白水，水深十餘丈。

巴江。在南江縣東。源出大巴山，西南流逕縣東，又西南逕巴州東，又東南入綏定府達縣界，即古宕渠水也。漢書地理志：宕渠縣潛水西南入江。水經注：宕渠水即潛水也。出南鄭縣巴嶺，南流謂之北水。又東南流與難水合，水出東北巴山西南注之，又東南至宕渠縣，謂之宕渠水。寰宇記：北水一名巴嶺水，一名渝川水，一名宕渠水。源出小巴嶺，東南流至盤道縣界，合難江水。難江水亦出小巴嶺，南流逕南江縣東二十里，至盤道縣北入北水，流入化成縣，又東南流經曾口縣理西，又東南經縣理南，又東南經廢歸仁縣南一里，又東南入永穆縣界。文獻通考：巴州巴江自古集州來派於郡治之右，狀如「巴」字。又曰字江。輿地紀勝：北江至巴州城東南分爲三流，其中有小流横貫成「巴」字，故以爲名。明統志：巴江源出大巴山，至巴縣合清水江，至合州與嘉陵江合。舊志：水出南江縣大巴山，俗名縣河。西南流一百里至縣城東，合菖蒲澗，又四十里合米倉山水，又七十里入巴州境，六十里至州城北，繞城東南，一百五十里合泥灘河，入達州。按：自古言巴江者不一。三巴記「閬、白二水南流曲折，三面如『巴』字」，則指嘉陵江。寰宇記所謂巴江，則在通江縣界，皆不以巴州之水爲巴江也。九域志始言化成縣有江，自後遂獨以南江派水當之，與古說異。又南江縣志有几水，源出巴、漢間，自東北迅激而東，循公山之麓紆洄而下，匯爲巴水。又有南江源出米倉山，南流至縣治前，南與巴江合。又有南屯河在縣東二十五里，源出巴山，南流經兩河口入巴江，接南屯河，即寰宇記之難江。几水、南江，即古宕渠水，寰宇記所謂北水也。或以几水爲難江，誤。

東河。在廣元縣東二百里。自陝西寧羌州流入縣界，又南逕蒼溪縣，至閬中縣東南入嘉陵江，即古東遊水也，又名宋江。水經注：東水出巴嶺南，歷獠中，謂之東遊水，西南逕宋熙郡，東南逕平城東，又東南逕巴西郡東，又東入漢水。寰宇記：東遊水一名宋熙水〔二一〕，自陝西三泉縣界西南流〔二二〕，合西遊水，又屈而東南流，經嘉川縣東一百十步，又西南流入平蜀縣界。又南經歧坪縣界，又南逕蒼溪縣東四十里，又東南入閬中縣界。九域志：嘉川縣有宋江。輿地紀勝：東遊水源出興元廉水縣。舊志：東河又名宋江，源出鹽井河，南流百餘里，經廣元縣東一百三十里，又西南百餘里至白沙壩，入蒼溪縣界，又二百里至青田灘，入閬中縣界，又南流五十里，經縣東十里入江。按輿圖，此水發源在寧羌州東，名七眼泉。南江縣志有七眼洞河，源出大壩關，西南九十里入廣元縣界〔二三〕，即此。

西水河。在南部縣南，即小潼水之下流也。自劍州東南流入縣界，又逕閬中，仍入縣界，又東南至順慶府蓬州界入江。寰宇記：小潼津發源武連縣北七十里京兆山分水嶺南，名京兆水。又西水上源，由京兆水自劍州東南流經西水縣，又東南入晉安縣界，又東南經新井縣東，又東南經南部縣西南十八里而東南流〔二四〕。輿地紀勝：小潼水流經武城縣西，又經普成縣入閬州界。又有揚帆水，在陰平縣西四十里，與潼水合流，泛漲奔注，望如揚帆。舊志：小潼水源出劍州五子山溝，合揚帆水下流八十里入南部縣界，爲西水河，東南流七十里入閬中縣界，經縣西南五十五里，流十五里仍入南部界，又東南五十里，經縣西南，去縣二十里，又九十里至蓬州界。又有溲水河，在南部縣南五十里，流入西水。

閬水。在閬中縣西。水經注：閬水出閬陽縣東，經其縣南，又東注漢水。舊志：今有北溪，自南部縣流入閬中縣，凡十里至府城西南隅流入江，亦謂之老溪，聲相近而誤也。按：閬水即嘉陵江，此水源流甚微，舊志似屬附會。

濩溪水。在蒼溪、閬中二縣界。水經注：濩溪水出獠中，世亦謂之清水。東南流注漢水。寰宇記：奉國縣有和溪水，一名濩溪水，自利州義清縣界流入，經縣東，又南入閬中縣界。按輿圖，今有塘溪河，自蒼溪縣東界發源，西南流至閬中縣，東南入嘉陵江。其下流亦曰苟溪河，入江處在東河之下，疑即濩溪水也。

曲水。有二，一在南部縣北二十里〔二五〕。

清水。在廣元縣東南。源出土溪麻石埡前，東南逕巴州，西南入巴江。隋書地理志清化縣有清水。寰宇記：清水北自難江縣界流入廢通平縣，經高城戍，又南入清化縣界，經木門城東，又南經清化縣理，至恩陽縣西北又屈而東流，經縣北八十步，又東入化成縣界〔二六〕。明統志：清江源出廣元縣通平鎮，歷舊恩陽縣至巴州南，與巴江合。

漢壽水。在廣元縣南。水經注：漢壽水源出東山，西流逕東晉壽故城南，而西南入漢水。舊志：今有南河，在縣南二百步，源出紫金堡，匯流西入江。按：輿地紀勝又有柘溪，在縣東三十里。縣志「今有稻壩河，在縣東西流入江，居民藉以溉田」，皆即此水也。

潛水。在廣元縣北。爾雅「水自漢出爲潛」，郭璞音義：有水從漢中沔陽南流，至梓潼、漢壽入大穴中，通峒山下西南潛出，一名沔水。舊俗云即禹貢之潛也。河圖括地志：潛水一名復水，今名龍門水，源出綿谷縣東龍門山大石穴下。元和志：源出縣北龍門山，書曰「沱潛既道」是也。縣志：潛水源出縣北一百三十里木寨山，流經神宣驛，又南二十里經龍洞口，至朝天驛北，穿穴而出，入嘉陵江。舊省志：按水經注引鄭康成之言曰「漢別爲潛，流與漢合〔二七〕，大禹自導漢疏通，即爲西漢水」。是康成明以西漢水爲潛水也。後人信史疑經，知有西漢而不知其爲潛水也久矣。括地志、元和志皆言出龍門山，而廣元舊志則云出木寨山，意者木寨山乃水自沔陽來之所經，而人誤以爲出與？元和志龍門山在縣東北八十二里，今以舊志所言考之，木寨山南十餘里爲神宣驛，又南二十里爲龍洞口，又南二十里爲朝天驛，去縣八十里，恰與龍門之里數相符，蓋朝天驛之穴即龍門山之穴也。至其所謂經龍洞口至驛北穿穴而出者，又與輿地紀勝脗合。紀勝云「自朝天程入谷十五里有石洞三水，自第三洞發源，貫通兩洞，下合嘉陵江」。此即所謂入大穴中通峒山下西南潛出者也。自此以下，嘉陵江通謂之潛水。溯潛逾龍門而北，即可由沔陽縣西南之水以達於沔矣。

宕水。在通江縣東。又南流逕巴州界入巴江。寰宇記：符陽縣有思公水，源出縣北思公山，南逕縣理西，又南入通江縣界。又有平州水，北自通江縣界流經廢廣納縣理西，與廣納溪水合，又南流經廢歸仁縣東五里，又南合北水。舊志：今名宕水，又曰東河，源出漢中府西鄉縣界，自大巴江入縣境，南流二百三十里，與竹浴關水合，流十里至峭口，又分二派，過毛浴鎮復合，又西南流五十里合諸水，又東南流三十里入巴州界，爲泥灘河，又四十五里入巴江，即平州水也。

諸水。在通江縣西。寰宇記：後魏諸水縣因縣南諸水爲名。舊志：諸水源出南鄭縣之青石關，經衆山中，水流所激，聲若呼諸，故名。舊志：俗名西河，自羊圈關入縣界，南流四百里，過縣城西，又南流三十里入宕水。

符水。在通江縣北。寰宇記：源出符陽縣東南三百步，西流經縣南九十步，又西入思公水。

白石水。在通江縣北。寰宇記：白石縣有清水，一名白石水，東北自洋源縣界流入，又西南流與諸水合。按：舊志「宕水別源，源出西鄉縣，自竹浴關入縣境，西南流二百七十里至水口，與大巴山水合，俗名洪口河」，即白石水也。

平桑水。在南江縣西。寰宇記：源出難江縣西三十里。按輿圖，今縣西有羅溪河，源出縣西北三角山西南流，又折東南至羅坪鋪，入巴江，疑即平桑水。其南又有沙河，亦東南入巴江。

明水。在南江縣北。輿地紀勝：在難江縣北五十里。水間出石硯屏，林木山川之形隱於石間。

都竹水。在劍州南。寰宇記：在臨津縣西五十里。源從武安縣流入普安縣界，又南至當縣掌天山下，入西水。又柘溪在普成縣東三十里，源發柘谷山。益州記云「五婦山東百里有柘溪水」是也。舊志：柘溪一名水溪，亦入西水。

曲肘川。在蒼溪縣北。寰宇記：隋移縣理曲肘川。名勝志：川去縣一里，源出玉女山，東南流經縣東入江，曲折如肘，故名。

海棠溪。在府城南。輿地紀勝：在州城對江，地多海棠。舊志：在錦屏山，與閬江相對。

狀元溪。在南部縣西半里。流逕縣南，至縣東入江。以宋馬涓登第而名。又有安溪，在縣東三里，水深多魚。二溪皆嘉陵之溢流也。

濆溪。在巴州東。寰宇記：源出其章縣東北三十五里平地，東南流經始寧故縣東南，又東南流經縣北三里，又東南經始平山東南，與思賴水合。按輿圖，今巴州東界通化縣西有楊柏河，東南流入宕水，蓋即此也。

鹿溪。在巴州西五十里，相對者爲處溪。又深度溪在州西百里，皆東流入巴江。

清浴溪。在通江縣西九十里。下流入於巴江。

聞溪。在劍州東。源出五子、把寨二山，合流東入嘉陵江。又石臼溪，在州西十五里，東流至漩口入江。

劍溪。在劍州北。水經注：小劍水西南出劍谷，東北流經小劍戍下，入清水。元和志：大劍水出普安縣西北四十九里空冢山下。州志：大劍溪出大劍山，由劍門關流出，北折爲魚子溪，又北至大倉嶺而入清水。又小劍溪在大劍溪北，源出小劍山，東過涼水溝瀑布崖，至兩溪口合於大劍溪。又水會渡，亦曰水回渡，在州北八十里，即二劍水回合處。杜甫有水會渡詩。

彭道將池。在閬中縣南。漢書地理志：閬中縣彭道將池在南，彭道將魚池在西南。寰宇記：四夷述云「州東南有南池，東西二里，南北約五里。州西南十里有郭池，周約五十畝」。二池與漢志相符。方輿勝覽：彭道將池即今南池，魚池即今郭池也。

舊志：自漢以來，堰大斗小，斗水溉田，里人賴之。唐時堰壞，漸成平陸。

玉鞭池。在通江縣西十里壁山上。

龍池。在通江縣北三里。怪石峥嶸，水自石隙出，漫溢成池，不涸。

老池潭。在蒼溪縣西。以沙爲岸，産魚。

黑龍潭。在廣元縣南三十里。三山屹立，林木鬱秀。宋時利州久旱，郡守於潭酌水禱之，大雨三日。

龍潭。在通江縣東二十里。相傳有龍出此，化馬騰躍。

漢王潭。在劍州西南一百二十里。其側有漢王廟，因名。

龍爪灘。在閬中縣南，嘉陵江中。輿地紀勝：雍熙中，閬中光聖院山下江中有龍爪灘出焉，未幾陳氏二元繼出。元豐中，大像山東北江中又有灘生，里人亦以「龍爪」名之。元祐六年，馬涓果擢第一。

九井灘。在廣元縣北一百八十里。一名空舲灘。江流所經也。舊有巨石爲行舟患，宋轉運使陳鵬鑿平之，有記。

菖蒲澗。在南江縣東二里。旁有石崖，下有龍潭，下流入巴江。

醴泉。在南部縣治西。水甘如醴，因名。

玉女泉。在昭化縣東。輿地紀勝：在縣桔柏江一里許山下，大旱不竭。自泉而上二里許，有玉女房。

涼水泉。在昭化縣東桔柏渡大路旁。冬温夏涼。

君子泉。在巴州東南四十里，廢曾口縣西朝陽巖。其泉自巖石中流出，清洌無比。又有二潮泉，在州北三十五里。

校勘記

〔一〕魏子建啓以巴州隆城鎮立南梁州　「子」，原作「昌」，乾隆志卷二九七保寧府建置沿革（下同卷簡稱乾隆志）同，據魏書卷一〇一獠傳改。

〔二〕南至順慶府渠縣界一百五十里　乾隆志同。按，渠縣清初屬順慶府，嘉慶十九年改屬綏定府。本志渠縣已入綏定府，則此「順慶府」當改「綏定府」。

〔三〕梁爲始寧縣地　「寧」，原作「平」。按，舊唐書卷三九地理志山南西道巴州云：「始寧，梁置，以山爲名。」又於諸水下云：「梁分宣漢置始寧縣。」雍正四川通志卷二保寧府巴州，通江縣亦云「梁爲始寧縣地」。本志避清宣宗諱改「平」，今改回。

〔四〕隋開皇三年仍省入始寧　「寧」，原作「平」，據乾隆志及雍正四川通志卷二建置沿革保寧府改。

〔五〕西南至鹽亭縣界一百九十里　「一」，原作「二」，據乾隆志及雍正四川通志卷三疆域改。按，上文云劒州南北距二百八十里，此言至鹽亭縣界二百九十里，則顯然矛盾，蓋「二」爲「一」字之誤。

〔六〕宋武寧志　「寧」，原作「平」，據乾隆志及方輿勝覽卷六六改。

〔七〕周二里五分　乾隆志用「周四里」，未知孰是。

〔八〕門三　乾隆志作「門四」，未知孰是。

〔九〕周二里三分　乾隆志作「周二里門三」。疑乾隆志爲是。

〔一〇〕龍樓山　「樓」，原作「盤」，據乾隆志、明一統志卷六八保寧府山川及讀史方輿紀要卷六八四川改。

〔一一〕長寧山　「寧」，原作「平」，據乾隆志及明一統志卷六八保寧府山川改。按，本志避清宣宗諱改字。

〔一二〕始寧山　「寧」，原作「平」，據乾隆志及隋書卷二九地理志改。下同。

〔一三〕唐賈耽曰　「耽」，原作「眈」，據乾隆志及讀史方輿紀要卷五六四川改。

〔一四〕孟知祥將龐福誠敗官軍於劍州北山　「誠」，原作「城」，據乾隆志及讀史方輿紀要卷六八、資治通鑑卷二七七後唐紀改。

〔一五〕小巫山在縣東北五十里　「小」，原作「山」，據乾隆志改。

〔一六〕方輿勝覽　原作「方輿紀勝」，據乾隆志改。按，方輿勝覽卷六七利州東路閬州有東巖條，云「在城東五里」。

〔一七〕唐時韋抗鑿石爲佛　「抗」，原作「杭」，據乾隆志及雍正四川通志卷二三山川改。

〔一八〕前鋒將王弘贄自白衛嶺從小劍路出漢源驛　「弘」，原脱。按，據舊五代史卷四一後唐明宗紀「長興元年十一月」條，攻劍門，收復劍州者爲階州刺史王弘贄等。乾隆志作王宏贄（「宏」字爲避弘曆諱改），是也。因據補。

〔一九〕又南逕武興城東　「武興」，原作「興武」，乾隆志同，據水經注卷二〇「白水」注乙正。

〔二〇〕又東流至縣西北合白水江　「白」，原脱，據乾隆志補。

〔二一〕東遊水一名宋熙水　「遊」，原作「流」，據乾隆志及太平寰宇記卷一四〇集州嘉川縣改。

〔二二〕自陝西三泉縣界西南流　「泉」，原作「原」，據乾隆志及太平寰宇記卷一四〇集州嘉川縣改。

〔二三〕西南九十里入廣元縣界　「縣」字上原衍「界」字，據文意删。乾隆志作「西南九十里入廣元界」，無「縣」字。

〔二四〕又東南經南部縣西南十八里而東南流　「南部縣」，原作「南江縣」，據乾隆志改。按，據本府各縣地理位置，南江縣位於府境東北，與府境西南之西水兩不相涉，「南江」顯係「南部」之誤。

〔二五〕按，此説曲水有二，但僅述其一，顯有誤脱。乾隆志此條下尚有「宋陳、馬諸人流觴處；一在縣北大江側」兩句。

〔二六〕又東入化成縣界　「成」，原作「城」，據乾隆志及本志本卷保寧府表改。

〔二七〕流與漢合　「與」原作「入」。乾隆志同。按，水經注卷二九「潛水出巴郡宕渠縣」條注引鄭玄作「其穴本小水積成澤，流與漢合」，一統志省去「其穴本小水積成澤」八字，致語意不完，似當補入。又訛「與」爲「入」，今據以改正。

大清一統志卷三百九十一

保寧府二

古蹟

閬中故城。在今閬中縣西。華陽國志：巴子後治閬中。秦置縣。後漢建安六年，劉璋徙龐羲爲巴西太守，是爲三巴之一。通典：閬中城名高城，前臨閬水，却據連岡。舊唐書地理志：閬水迂曲，經郡三面，故曰閬中。寰宇記：閬居蜀漢之半，當東道要衝。今郡城即古閬中城。宋立北巴西郡。梁天監中，又於此置南梁州及北巴郡。西魏廢帝二年平蜀，改爲隆州，取其地勢連岡高隆爲名。尋又立盤龍郡，以郡中有盤龍岡爲名。唐改閬州，以閬水爲名。輿地紀勝：圖經云，貞觀十一年，徙於州東。咸亨二年，又徙盤龍山側。載初元年，又徙張儀故城，即今治也。宋史地理志：閬州，淳祐三年移治大獲山。城邑考：「府城舊爲土城，在嘉陵江北岸，與錦屏山相峙。相傳漢建安中劉璋所築。元末明玉珍始移而西。」按水經注，閬水經閬中縣東。漢城本在漢水之東，蓋自宋末移治之後，元雖移還故縣，不復故治，故改治於江北，實非漢城故址。城邑考謂即劉璋所築，非也。

奉國故城。在蒼溪縣東。隋書地理志：巴西郡統奉國縣。梁置白馬、義陽二郡。開皇初郡廢，並廢義陽縣入焉。舊唐書地理志：奉國縣，後魏分閬中置。武德七年，屬西平州。貞觀元年，還屬隆州。寰宇記：縣在閬州東北九十四里。梁武帝於此置白馬、義陽二郡。魏恭帝二年廢義陽郡，改爲奉國縣，屬白馬郡。以此地始來附於魏，故以奉國爲名。輿地紀勝：熙寧八年，徙治重錦。元史地理志：至元二十年，併奉國入蒼溪。

充國故城。在南部縣西北。漢置。寰宇記：充國故城在新井縣東北二十八里，東北去閬中六十里。李雄亂後，其城遂廢。按：充國縣見漢志，而後漢志作永元二年分閬中置，蓋後漢初省入閬中，和帝復置也。

興安故城。今廣元縣治。東晉太元中置縣，屬晉壽郡。蕭齊分置東晉壽郡。後魏置西益州。西魏改利州。隋改興安縣曰綿谷，唐、宋因之。元和志：利州東北至興元府四百九十里，東至集州三百里，西至龍州四百里，西北至文州四百九十里。本晉壽縣。梁天監中入魏，置西益州。大同六年又克之，改爲黎州。武陵王蕭紀僭號於蜀，以席嶷爲黎州刺史。嶷反，州屬魏，復改爲西益州，三年改爲利州。隋大業三年，改爲義城郡。唐武德元年，又改利州。綿谷縣郭下，本漢葭萌縣地。晉孝武分晉壽縣置興安縣。隋開皇十六年，改爲綿谷縣，因縣東南綿谷爲名。州城西臨嘉陵江。周大象二年，王謙據益州叛，遣達奚惎攻利州，於子城南北起土山。援軍至，惎敗走。今大城内東西南北有大池，達奚惎取土處也。寰宇記：齊明帝永泰元年〔一〕，分晉壽郡之興安縣，置東晉壽郡於烏奴城北一里，即今利州是也。

平蜀故城。在廣元縣東南。元和志：嶲山縣西北至利州一百十五里。漢葭萌縣地。後魏於今縣西南十五里置義城縣。隋義寧二年，改名義清縣。天寶元年，改名嶲山，以縣北三十里有可嶲山爲名。縣城治北崖山上，武德四年築，惟三面有城，皆臨絶險，南面因險不更築城。九域志：乾德三年，改嶲山曰平蜀。熙寧三年，省入嘉川。

益昌故城。今昭化縣治。元和志：縣東北至利州四十五里。漢葭萌縣地。舊唐書地理志：後魏分晉壽置京兆縣，後周改爲益昌。按：宋、齊二志，白水郡皆領益昌縣，而魏志南白水郡領京兆縣，蓋宋分晉壽置益昌，魏改益昌爲京兆耳。舊唐志得之，猶未甚悉。寰宇記謂本岐坪縣，誤。

晉壽故城。在昭化縣南。古苴侯國，秦、漢葭萌縣也。華陽國志：昔蜀王封其弟葭萌於漢中，號曰苴侯，命其邑曰葭萌。苴侯與巴王爲好，巴與蜀讐，故蜀王怒伐苴侯，苴侯奔巴，求救於秦，秦遂滅蜀，因取苴、巴分置郡縣。漢建安十八年，劉先主自葭萌南攻劉璋，留中郎將霍峻守葭萌城。璋遣將由巴閬水攻峻，歲餘不能拔，爲峻所敗。成都既定，先主更葭萌曰漢壽。晉書地理志：泰始三年，改漢壽爲晉壽，後孝武分置晉壽郡。水經注：西晉壽郡，蜀王弟葭萌所封，爲苴侯邑，故遂城爲葭萌矣。元和志：晉壽故城在益昌縣東南五十里。輿地紀勝：益昌東南沿江有平田，號黄金壩，即故晉壽故城基。按：宋、齊志皆作晉壽郡，而水經注謂之西晉壽。魏書地形志，益州有西晉壽郡，領陰平一縣。蓋因當時分東界爲東晉壽，遂以此爲西晉壽也。

白水故城。在昭化縣西北。漢置白水縣，屬廣漢郡。蜀漢分屬梓潼郡。晉屬晉壽郡。宋置白水郡。後魏爲南白水郡。梁置平興郡，兼置北益州。隋開皇初郡廢，縣改名平興，十八年又改曰景谷，屬義城郡。唐武德四年，又於縣置沙州。貞觀元年，州廢，屬利州。寶曆元年省，尋復置。五代時廢。水經注：白水東南徑白水縣故城東，即白水郡治也。元和志：景谷縣東南至利州六十六里。漢白水縣地。宋元嘉十七年，氐人楊難當軍克葭萌關，因分白水置平興縣。周置沙州。隋改爲景谷，大業二年，廢沙州縣屬利州。縣城本平興城，楊難當所築，削山爲城，城三角，中有井，傅豎眼所穿。九域志：昭化縣有白水鎮。明統志：沙州城在昭化縣白水鎮，周迴五里。縣志：景谷廢縣在今縣西北一百里，漢白水縣又在其北。

諾水故城。今通江縣治。舊唐書地理志：漢宣漢縣地。梁分宣漢置始寧縣。魏分始寧置諾水縣，後省。武德八年，復分始寧東境置壁州及諾水縣，今州所治。寰宇記：壁州西至巴州一百五十里。漢宕渠縣地。後魏大統中，於今州理置諾水縣，屬遂寧郡。隋開皇三年，省諾水縣入始寧縣。大業三年，以始寧屬巴州。唐武德八年，於後魏諾水城再置諾水縣，仍於縣理立壁州。天寶元年，以邑枕巴江改爲通江縣。文獻通考：宋開寶五年，廢壁州，尋復。熙寧五年，廢州，以通江隸巴州。舊志：元志云宋爲上通江、下通江二縣，蓋宋末所分。元至元二十年，併入曾口，後復置。舊治趙口坪，明洪武中徙今治。有廢通江縣，在今縣東九十里，蓋即宋末之下通江也。又有大城在縣東百里許，白石廢城之上，四圍石壁可容萬人，其建置無考。

難江故城。在南江縣治。梁置難江縣。西魏改盤道，在今縣南巴州界。周復置難江縣及集州平桑郡於此。寰宇記：集州正南微西至巴州一百八十里，西至利州三百里，北至興元府二百七十里。漢宕渠縣地。後魏景明中，於巴嶺南置洋州、其章、平桑三郡。大統中，山南覆没。梁大同中，又於巴嶺側立安寧、敬水、平南三郡，仍立東巴州領之，州理爲木馬。按木馬地名，在今洋州界，無復遺址。魏恭帝二年，改東巴州爲集州，以東北集川水爲名。人户寡少，寄理梁州。周天和五年，移集州於巴嶺南，又置難江縣爲州理，因江水難涉，故以爲名。隋大業二年，廢集州，以難江屬漢川郡，仍於廢州城置公山鎮。唐武德元年，廢鎮，復於難江縣置集州。宋史地理志：巴州難江縣舊隸集州，熙寧五年來屬。舊志：元至元二十年省入化成，明正德十一年復於故址置縣，改名南江。

漢德故城。在劒州東北。蜀漢置，屬梓潼郡。晉、宋、齊因之，後省。元和志：漢德故城一名黄蘆城，在普安縣東北四十六里，三面並阻絶澗，惟西面少平，周迴百五十步。

新巴廢郡。在劒州西北。舊志：按沈約宋志，梁州有新巴郡，晉安帝分巴西置，領新安、晉城、晉安三縣〔二〕。又益州有南新巴郡，元嘉十二年於劒南置，領新巴、晉城、晉安、漢昌、桓陵、綏德六縣。南齊志：新巴郡亦治新巴，而南新巴郡寄治陰平。魏收志：益州新巴郡治新巴。隋志：後魏新巴郡治晉安，在今昭化縣界。蓋周時移治廢新巴入之也。

新得廢州。在巴州東。元史地理志：保寧路初領新得、小寧二州，後併入閬中縣。按：元統志，蓬州東北至新得州三百里，又儀隴縣東南至小寧州一百五十里。蓋皆在今巴州東南界。

蒼溪故縣。即今蒼溪縣治。寰宇記：縣在閬州西北五十七里。漢閬中縣地。後漢永元中，於今縣北巴嶽山側置漢昌縣。隋開皇四年，移理曲肘川，即今縣是也。十八年改漢昌縣爲蒼溪，因縣界蒼溪谷爲名。按：晉志，巴西郡領蒼溪縣。舊志，宋元嘉八年併入漢昌，有廢縣在今縣西南。今考宋書州郡志無此縣，而隋志、舊唐志、寰宇記皆言隋改漢昌爲蒼溪，疑修晉志者以隋縣誤入，後人又因此附會，然不可考矣。

南充國故縣。今南部縣治。譙周巴記：後漢初平四年，分充國爲南充國縣。隋書地理志：巴西郡統南部縣。舊曰南充國，梁曰南部，西魏置新安郡，後周郡廢。寰宇記：南部縣在閬州東南七十里。漢充國縣地。梁於此置南部郡。周閔帝元年，罷郡立南部縣，屬盤龍郡，以地居閬中之南，改曰南部。舊志：宋端平兵亂，縣無定治。寶祐中嘗移治縣南，跨鼇山。元復還故治。按：寰宇記此條與隋志不同，今建置從隋志。

思恭廢縣。在閬中縣東南。唐武德元年，析閬中縣置，屬隆州。七年省入閬中。舊志：在今縣東南思恭山側。

岐坪廢縣。在蒼溪縣東北一百里。寰宇記：縣在閬州東北一百六十里。漢葭萌縣地。宋分置宋安縣，屬宋熙郡。後魏廢帝三年，改宋安爲岐坪。隋開皇三年，以縣屬利州。唐武德七年，又割岐坪及義清縣置西平州〔三〕。貞觀二年，州廢，屬利州。開元二十三年，割屬閬州。唐書地理志：岐坪縣，寶曆元年省入奉國、蒼溪，天復中王建復表置。九域志：熙寧三年，省岐坪縣爲鎮，入奉國。

新政廢縣。在南部縣東南。唐書地理志：閬州新政縣本新城，武德四年，析南部、相如置，避隱太子名更。寰宇記：在閬州東南一百四十里。漢充國縣地。輿地紀勝：元豐五年，徙治晉安。元史地理志：至元二十年，併新政入南部縣。舊志：在縣東南五十里。

新井廢縣。在南部縣西。舊唐書地理志：閬州新井縣，漢充國縣地。武德元年，分南部、晉安二縣置。寰宇記：在閬州西南九十里，縣界頗有鹽井，因名。元史地理志：至元二十年，併新井入南部縣。

晉安廢縣。在南部縣西北。晉置西充國縣，屬巴西郡。劉宋曰西國縣，屬北巴西郡。西魏改晉城。唐改晉安。宋省。隋書地理志：巴西郡統晉城縣。舊曰西充國，梁置木蘭郡，西魏廢郡改縣名。寰宇記：晉安縣在閬州西七十里。本閬中縣，晉於此置晉安縣。按賈耽四夷縣道記云，梁於此置金遷戍，周閔帝改爲金遷郡，仍置晉安、晉城、西水三縣屬焉，郡理晉安。隋開皇三年，罷郡，仍省晉安縣。自今縣東十四里，移晉城縣於晉安舊理。唐武德四年，改晉城爲晉安縣，即今理也。九域志：熙寧三年，省晉安縣爲鎮，入西水。舊志：晉安廢縣在今南部縣西北四十里。按：寰宇記此條亦與隋志不同。

西水廢縣。在南部縣西北。隋書地理志：巴西郡統西水縣。梁置掌天郡。西魏改曰金遷。隋開皇初郡廢。寰宇記：

縣在閬州西一百二十里。亦漢閬中縣地。梁大同中於今縣西北三十五里置掌天戍。後魏廢戍。周閔帝元年，改爲西水縣，以界内西水爲名。隋大業元年，移於今理。輿地紀勝：圖經云，大業中以水泛漲，徙治彭定故宅。元史地理志：至元二十年，併西水入南部。舊志：在縣西北一百四十里。

嘉川廢縣。在廣元縣東。宋書州郡志：梁州宋熙郡太守，徐志新置，領興樂、歸安、宋安、元壽、嘉昌五縣。魏書地形志：益州宋熙郡，領興樂、元壽二縣。隋書地理志：義城郡嘉川縣，舊置宋熙郡，開皇初廢。寰宇記：嘉川縣在集州西一百五十里。漢葭萌縣地。宋武帝於此置宋熙郡及興樂縣。後魏恭帝元年，改爲嘉川縣，取嘉陵江所經爲名。隋開皇三年，罷郡，以縣屬利州。唐貞觀二年，改屬静州。十七年，復屬利州。永泰元年，割屬集州。九域志：咸平五年，改屬利州，在州東一百十里。縣志：元省入綿谷縣，今名嘉川鄉。按：齊書州郡志郡治興平，即興樂之訛也。

通平廢縣。在廣元縣東南。唐置。寰宇記：廢通平縣在集州西一百十五里。梁大同六年於此置池川縣，屬木門郡。隋開皇初，省爲池川里。唐武德元年，復分清化西北界置狄平縣，屬静州。二年，改爲地平縣，取「天成地平」之義。七年，以静州自木門故城移理於此。貞觀十七年，廢静州，以縣屬集州。永泰元年，改爲通平縣。乾德五年，併入嘉川。舊志：廢縣在今縣東南一百六十里。按：唐書地理志，通平寶曆元年省，與寰宇記不合。蓋其後復置，宋始廢也。

華陽廢縣。在廣元縣北。隋書地理志：綿谷縣有華陽郡。梁置華州，西魏並廢。按：宋書州郡志，梁州有華陽郡，徐志新置，寄治州下，領華陽、興宋、宕渠、嘉昌四縣。蓋劉宋置郡本在南鄭，齊梁時徙而西南也。

葭萌廢縣。在昭化縣南。宋書州郡志：南新巴郡領晉安縣。舊志：晉安帝置。隋書地理志：義城郡葭萌縣，後魏曰晉安，置新巴郡。開皇初廢，十八年縣改名焉。元和志：縣北至利州一百十五里（四）。漢葭萌縣地。東晉於今縣南置晉安縣。隋改爲葭萌，取漢舊縣名也。九域志：在利州南八十五里。元史地理志：元初併葭萌縣入昭化。按：此縣乃漢葭萌南境，隋始名爲葭萌，元和志明白可證。或以爲即漢葭萌者，誤。

魚盤廢縣。在昭化縣西北。梁時置魚石洞戍。大寶初，楊乾運攻楊法琛於平興，法琛退保魚石洞，即此。西魏置魚盤縣。隋大業初，省入景谷縣。唐書地理志景谷縣西北有魚老鎮城，即故魚盤也。

化成廢縣。今巴州治。寰宇記：巴州西至閬州二百十里，東南至達州二百七十里，西南至蓬州二百十里。漢宕渠縣地。後漢分置漢昌縣，即今州理也。四夷縣道記云：李壽時爲獠所據。至宋末，乃於巴嶺南置歸化郡。齊因之。梁置歸化、木門二郡。後魏正始元年，於漢昌縣理置大谷郡，帶防兵以鎮撫之。延昌三年，於大谷郡北置巴州，取古巴國爲名。隋改清化郡。唐復爲巴州理。化成縣，本後漢漢昌縣。梁普通六年，於梁大溪西三里置梁大縣，屬大谷郡。周大象二年，改梁大縣爲化成，以縣南化成山爲名。明統志：洪武九年，改巴州爲縣，以化成縣省入。

其章廢縣。在巴州東。梁置。隋屬清化郡。唐屬巴州。宋省。通典：本漢宕渠縣地。寰宇記：在巴州東三十里。梁普通六年，於此置哀戎郡，以哀戎水爲名。又置其章縣，取縣東八里其章山爲名。隋開皇三年，罷郡，以縣屬巴州。唐寶曆元年廢，尋復置。宋史地理志：熙寧五年，省其章縣爲鎮，入曾口。輿地紀勝：在曾口縣東北三十里。按：舊唐書地理志作「奇章」。太和中牛僧孺爲相，封奇章公，即此。

曾口廢縣。在巴州東南。梁置。隋屬清化郡。唐屬巴州。宋、元因之。明初省。舊唐書地理志：隋縣治戴公山。神龍元年，移治曾溪。寰宇記：在巴州東南四十里。漢宕渠縣地。宋末於此置歸化郡，以撫獠户。梁普通六年，於郡理置曾口縣，以曾口爲名。後魏因而不改。開皇三年，廢歸化郡，以曾口屬巴州。九域志：在州東三十里。

歸仁廢縣。在巴州東南。梁置平川縣。周改曰同昌。隋又改曰歸仁，屬清化郡。唐屬巴州。宋省。寰宇記：廢歸仁縣在曾口縣東八十里。漢宕渠縣地。梁普通六年，於此置平川縣，因縣界平川水爲名〔五〕。隋開皇九年，改爲歸仁縣。乾德四年，併入曾口縣。

恩陽廢縣。在巴州西北。寰宇記：在州西北四十一里。漢閬中縣地。梁普通六年，分閬中置義陽郡，又於郡理置義陽縣，因界內山爲名。屬巴州。後魏以郡屬江州。恭帝改江州爲方州。周天和二年，廢方州，以郡屬巴州。隋開皇三年罷郡，十八年改義陽縣爲恩陽縣。唐書地理志：貞觀十七年省，萬歲通天元年復置。九域志：在巴州西北三十里。輿地紀勝：縣城在義陽山上，四面懸絶。元史地理志：至元二十年，併恩陽入化成。

清化廢縣。在巴州。寰宇記：在巴州西北六十里。漢葭萌縣地。梁普通六年，於今縣北二十里置木門郡，又於郡置伏强縣，並因山爲名。隋開皇初，罷郡，以縣屬巴州。七年，改伏强縣爲清化縣。唐武德元年，於此置静州。六年，徙州就理地平縣。貞觀元年，清化縣自木門城移於今理。九域志：咸平二年，以清化縣屬集州。熙寧三年，省爲鎮，入化成。輿地紀勝：故静州城在恩陽縣北五里。

七盤廢縣。在巴州。寰宇記：在州西北一百二十里。唐久視元年，於七盤山東南置，因山爲名。九域志：宋熙寧三年，省爲鎮，入恩陽。

盤道廢縣。在巴州北。寰宇記：廢盤道縣在清化縣東四十里。漢宕渠縣地。宋末於今縣西南十里置北水郡。梁普通六年，於北水郡置難江縣，因難江水爲名。梁末其地內屬。後魏恭帝三年，改難江爲盤道縣，因龍腹山道路盤屈爲名。隋開皇三年，罷郡，以縣屬巴州。唐貞觀十一年，自故城移縣於今理。寶曆九年，併入恩陽縣，長慶中復置。乾德四年，併入清化縣。九域志：化成縣有盤道鎮。

巴東廢縣。在通江縣東。寰宇記：廢巴東縣在壁州東一百四十里。本漢宕渠縣地。唐開元二十三年，壁州三縣耆老狀論太平曲水王福村界東南連通州，即爲浮游所集，州縣不便，請置邑就以撫之。由是勅置太平縣，因取彼太平川以爲名。天寶十年，改爲巴東縣，以處巴江之東爲名。乾德四年，併入通江。按：舊唐志、寰宇記皆作「巴東」，新唐志作「東巴」。又新唐志皆云天寶元年改名，而寰宇記作「天寶十年」，疑訛。

廣納廢縣。在通江縣南。寰宇記：廢廣納縣在壁州南五十里。漢宕渠縣地，後爲始平、歸仁二縣地。唐武德三年，析二縣地置廣納縣，以縣界廣納溪爲名。寶曆元年九月，山南西道節度使裴度奏廢縣爲鄉六，併入白石、諸水二縣。大中初復置。乾德四年，併入通江。九域志：通江縣有廣納鎮。按：通考作乾德五年廢。

符陽廢縣。在通江縣北。寰宇記：在壁州北七十里。晉、宋爲宣漢縣地。後魏正始中置其章郡，領符陽縣，亦無人户，寄理渠州。後周天和五年，開拓此地，移其章郡及縣理於此。隋開皇三年，罷郡，以縣屬集州。大業二年，屬巴州。唐書地理志：壁州符陽縣，武德元年隸集州，八年來屬。貞觀八年復隸集州，長安三年來屬。景雲二年又隸集州，永泰元年來屬。宋史地理志：熙寧五年，省符陽入通江。

白石廢縣。在通江縣東北。寰宇記：在壁州東北一百里。本漢宕渠縣地。後魏於今縣西南十五里立白石縣，因界内白石川爲名。屬其章郡。隋開皇三年，罷郡，以縣屬集州。大業三年，廢集州，以縣屬巴州。唐武德七年，自魏所置縣移於今縣東南一里，屬渠州〔六〕。八年，改屬壁州。證聖元年，又移於今理。縣城南枕大溪，北臨小澗。宋史地理志：熙寧五年，省白石入通江。

長池廢縣。在南江縣南。後周置曲細縣。隋開皇末，改名長池，屬清化郡。唐武德初，改屬集州。貞觀六年，省入難江。

平桑廢縣。在南江縣西南。唐武德元年，析難江地置，屬集州。貞觀元年省，二年復置，六年又省入難江。

大牟廢縣。在南江縣西南。寰宇記：廢大牟縣在集州西南一百十里，巴州北六十里。漢葭萌縣地。隋爲清化縣地。武德元年，分清化縣西界置大牟縣，取縣東三里大牟山爲名。屬静州。貞觀十七年，割屬巴州。永泰元年，割屬集州。乾德五年，併入難江縣。

普安廢縣。今劒州治。元和志：宋置南安郡。武陵王蕭紀改郡立安州。後魏廢帝二年，先下安州，始通巴蜀，故改安州爲始州。大業三年，罷州爲普安郡。武德元年，復爲始州。先天二年，改爲劒州，取劒閣爲名也。普安縣，郭下，漢梓潼縣地。宋於此置南安縣。周改爲普安。寰宇記：梁天監中於此置南梁州，以其在梁州之南也。梁末改爲安州。輿地紀勝：有古基在劒門縣南二十里許。自縣西南皆攀木緣磴，至此稍平。有豐碑，隋開皇中立，人謂之「始州碑」。蓋隋時州治在此。按：宋本紀元嘉十六年，割秦州之南安屬益州，而州郡志仍屬秦州。元和志謂宋置南安縣，周改普安。今宋志領桓道、中陶二縣，無南安縣。齊志郡始治南安，隋志作「西魏改普安」，説各不同。

永歸廢縣。在劒州東南。南齊僑置白水縣，屬南安郡。西魏改曰永歸。隋屬普安郡。唐屬劒州。宋省。元和志：縣西北至劒州五十三里，漢梓潼縣地。寰宇記：在臨津縣北四十九里，臨津縣地。九域志：乾德五年，省入劒門縣。舊志：今爲永歸壩。

臨津廢縣。在劒州東南。元和志：縣北至劒州一百三十里。漢梓潼縣地。南齊置胡原縣。隋開皇七年，改爲臨津。寰宇記：本邑南閬州之界壤。舊圖經云，梁天監十八年，分閬中於此置胡原縣，屬巴西郡。隋改臨津，以其俯臨津水爲名。九域志：宋熙寧五年，省爲鎮，入普安。輿地紀勝：廢爲漿池鎮。

黄安廢縣。在劒州南。隋書地理志：普安郡黄安縣，舊曰華陽，西魏改焉，又置黄原郡。開皇初，郡廢。元和志：縣北至劒州一百四十里。本漢梓潼縣地。宋於此置華陽縣，屬南安郡。後魏静帝改爲南安。周武帝改爲黄安。寰宇記：普成縣在劒州南一百二十里。梁置梁安縣。後周天和中改黄安。唐末又改普成。又廢華陽城在普成縣南四十里，宋大明中置。後魏元年廢。元史地理志：至元二十年，併普成入普安。

武連廢縣。在劒州西南。劉宋僑置武功縣。西魏改武連。隋屬普安郡。唐屬劒州。宋因之。元省。隋書地理志：普安郡武連縣舊曰武功，置輔劒郡。西魏改郡曰安都，縣曰武連。開皇初郡廢。元和志：縣東北至劒州八十五里。漢梓潼縣地。宋元嘉中，於縣南五里僑置武都郡下辯縣，又改下辯僑置武功縣。周明帝改武功爲武連。寰宇記：廢下辯城在武連縣南五里，臨小潼水。益州記云，宋元嘉二十九年，以武都流人於下辯縣安置。隋大業九年，移於今理。舊志：廢縣在州西南，與梓潼接界，今爲武連驛。按：晉書地理志梓潼郡領武連、黄安二縣，宋、齊志皆無之。元和志、通典、寰宇記諸書亦並不云晉有此縣，蓋晉志成於唐人，或誤以隋縣爲古縣也。

始平廢縣。在劍州北。劉宋置，屬始平郡。後魏屬南白水郡，後廢。水經注：清水逕始平僑郡南，即此。

劍門廢縣。在劍州東北。元和志：縣西南至劍州六十里。漢葭萌縣地。聖曆二年，分普安、永歸、陰平三縣置，因劍門爲名。寰宇記：本漢梓潼縣地。諸葛武侯相蜀，於此立劍閣，以大劍山至此有隘束之路，故曰劍門。九域志：縣在州東北五十五里。景德三年，隸劍門關。熙寧五年，復隸州。元史地理志：至元二十年，併劍門入普安。按：晉志梓潼領劍閣縣，又云桓温平蜀，又於晉壽置劍閣縣，孝武帝罷。蓋即唐劍門縣地也。

始寧舊縣。在巴州東。寰宇記：在其章縣東南十五里。漢宕渠縣地。梁普通六年置縣，並置遂寧郡，又於郡理置始寧縣，因山爲名。隋開皇三年，罷郡，以縣屬巴州。唐貞觀八年，移於今理。宋乾德四年，併入其章。

隆城。在府城東。後魏獠傳：正始後以梁、益二州控攝險遠，乃立巴州。又立隆城鎮。孝昌中魏子建啓以鎮爲南梁州。舊志：按通鑑立鎮在永安二年，西魏改南梁爲隆州，亦以隆城爲名也。寰宇記引後魏典略云「此州故有隆城堅險，因置隆州」，即此。

張儀城。在府城東二十里。明統志：秦時築。舊有張儀廟。唐載初元年，嘗徙閬中縣於此。縣志：在今白沙鎮，亦曰白沙壩。

大獲城。在蒼溪縣東南大獲山上。宋紹定中，都統孫臣、王堅所築。淳祐三年兵亂，制置使余玠修築此城爲閬州治，以蒼溪縣爲倚郭。後元兵取雅州，至閬之大獲山降其城。城因石巖爲之，中通四門，周十里。明崇禎十三年，知縣沈國復修之。

方州城。在蒼溪縣東北方山上。後魏置江州，恭帝改方州。周天和二年廢。唐武德三年又置，八年廢。詳見「恩陽廢縣」下。

譙王城。在南部縣西。輿地紀勝：在新井縣北二十里，譙縱所築。

小劍城。在昭化縣。元和志：在縣西南五十一里，去大劍戍四十里，謂之劍閣道。自縣西南踰小山，入大劍口，即秦使張儀、司馬錯伐蜀所由路也。亦謂之石牛道。又有古道，自縣東南經益昌戍，又東南入劍州普安縣界，即鍾會伐蜀之路也。

東洛城。在昭化縣西北。劉宋置戍於此。西魏置東洛郡。周省入景谷。縣志：東洛城在縣西北四十里。

白壩城。在昭化縣西北。唐書：大曆十四年，南詔與土番入寇，一趨扶文，掠方維、白壩。地理志：景谷縣西北有白壩鎮城。舊志：在今縣西北一百三十里。

平梁城。在巴州西二十五里平梁山上。宋淳祐中，都統張實築，取「平定梁州」之義爲名。

得漢城。在通江縣東得漢山上。有三門。其東二十里山頂上又有石城，周三里，相傳三國時築，謂之擂鼓城。

景谷道。在昭化縣西北。魏景元初伐蜀，鄧艾自陰平由景谷道旁入。元和志：隋景谷縣，因縣北景谷爲名。

石牛道。在劍州東北。華陽國志：秦惠王謀伐蜀，乃作石牛五頭，朝瀉金其後，曰「牛便金」，蜀人悦之。有養卒百人，使之請石牛，惠王許之。乃遣五丁迎石牛入蜀。至周慎靚王五年，秦大夫張儀、司馬錯等從石牛道伐蜀滅之。元和志：即劍閣道也。

石亭戍。在廣元縣北。魏書地形志：東晉壽郡，領石亭縣。按：魏書，正始二年，邢巒取漢中諸城戍，梁晉壽太守王景胤屯據石亭。水經注：漢水西逕石亭戍。皆即此。

開遠戍。在劍州東北。元和志：鍾會故壘，一名開遠戍，在普安縣東北五十三里，亦名空冢戍。昔鍾會軍至此，既度劍閣，居死地，遂倒糧掘冢，決爲死戰。既無所埋，故曰空冢。後魏改名開遠戍。輿地紀勝：縣北三江合流，上有一峰，謂會屯兵處。又姜維壘，在縣東北四十八里大劍鎮。

柏臺鄉。在南部縣西北。輿地紀勝：唐何焕家於西水平亭鄉，開元中爲殿中侍御史知名，明皇賜其鄉名曰柏臺。

鮮于仲通故里。在南部縣東南六十里，廢新政縣東十里報本院。

二龍里。在南部縣西新井廢縣。唐任畹、任疇所居。

陳氏石室。在南部縣西。宋陳堯叟兄弟讀書處。

范目故宅。在閬中縣。輿地紀勝：在縣南十餘里，高祖廟側。

袁天綱宅。在閬中縣。輿地紀勝：在縣東盤龍山側。

天后故宅。在廣元縣北。輿地紀勝：在利州北一里報恩寺。又有梳洗樓，在州西北渡江二里。

閬苑。在閬中縣西故城内。輿地紀勝：唐初魯王靈夔、滕王元嬰相繼鎮是州，以衙宇卑陋，遂修飾宏大之，擬於宫苑，謂之隆苑。後避明皇諱，改爲閬苑。中有五城。宋德之爲守，又建碧玉樓於西城之西南隅，亦名十二樓，以成閬苑之勝概。舊志：碧玉樓，今名過街樓。

治平園。在府城内。方輿勝覽：治平初，太守朱壽昌築東園於牙城之東。中有郎官菴，三角、四照、紅蘂之亭，清風、明月之臺，錦屏閣、花塢、柳塢、曲池。文與可嘗賦十詠詩。

會經樓。在府城内。輿地紀勝：雍子儀元祐中家於將相坊，築會經樓，經史子集，京本、蜀本、浙本各一本，總三萬餘卷。蘇軾爲題閣額，范百禄以下皆有詩，蒲宗孟爲記。

敵萬樓。在府城内。輿地紀勝：在郡城内，張翼德雄威廟門之上。

東樓。在府城南，嘉陵江上。唐杜甫詩：層城有高樓，制古丹雘存。迢迢百尺餘，豁達開四門。

南樓。在府城南。明統志：據江山之會，唐滕王元嬰建。

擊甌樓。在巴州。輿地紀勝：在巴州治緑浄亭東。唐張署有擊甌樓賦并序。署諸父禕從僖宗入蜀，故署避難於此。

思賢樓。在劒州東北七十五里，劒門關水門上。有張載、李白、杜甫、柳宗元畫像。

堆香閣。在府城内，與敵萬樓對。

錦屏閣。在府城北。明統志：與錦屏山對，因名。

雲間閣。在巴州。輿地紀勝：在巴州南龕山絶頂，取杜甫九日寄嚴大夫詩「遥知簇鞍馬，回首白雲間」之句。

飛仙閣。在劒州北。杜甫飛仙閣詩：「土門山行窄，微逕緣秋毫。棧雲闌干峻，梯石結構牢。」方輿勝覽：在梁州。

將相堂。在府城南台星巖。明統志：即陳堯叟兄弟讀書之所，巖上刻「三相堂」字。淳熙中，太守吴昭夫重新之，扁爲「將相堂」。

整暇堂。在閬中縣北十里。宋建，黄庭堅有記。

奪錦亭。在府城東八里。明統志：錦屏紫翠，時人争觀，因名。

紫微亭。在府城南南巖上。明統志：宋陳堯叟兄弟嘗讀書於此。御書賜名曰「紫微亭」。

捧硯亭。在府城南南巖上。明統志：宋司馬池嘗攜其子光游此，因賦詩，命光捧硯。後遂以「捧硯」名亭。

滕王亭。在閬中縣北玉臺山上。方輿勝覽：唐滕王元嬰建，在玉臺觀。杜子美詩所謂「君王臺榭枕巴山」者是也。

望鶴亭。在蒼溪縣治東。明統志：宋吕遊問有詩。

放船亭。在蒼溪縣東，臨嘉陵江。杜甫詩：「送客蒼溪縣，山寒雨不開。直愁騎馬滑，故作放船回。」後人建亭，因名。

飛霞亭。輿地紀勝：在巴州南龕山路窮絶處。有仙人搗練石在其旁。

折柳亭。輿地紀勝：在巴州西門外。自昔如京師之路，巴州柳風致絶殊，太守鄭淵愛之，因以名亭，取「折柳贈行」之意。

流觴亭。在巴州西西龕山上。唐嚴武建。

駕鶴亭。在巴州北王望山。

重陽亭。在劒州東。方輿勝覽：在郡東山之陽。唐大中間，太守蔣侑創，李商隱作銘。

占星臺。在閬中縣東盤龍山上。唐袁天綱築以占天象，遺址尚存。

望鄉臺。在廣元縣南。九域志：利州有望鄉臺。舊志：在今縣南三十里。唐武元衡送柳郎中詩「望鄉臺下秦人去」，即此。

藥臺。在昭化縣西。明統志：竇子明丹竈存焉。其臺與鑪皆鐫石甃成，工極精巧，非今人所能。

玉女臺。在劒州北。輿地紀勝：在大劒山絶頂，峭壁千仞，下瞰古道，行人如蟻。相傳有玉女煉丹於此。

關隘

梁山關。在閬中縣東十里靈山下，與梁山相連，因名。

和溪關。在閬中縣東南二十里，路通達縣、巴州。

南津關。在閬中縣南，臨嘉陵江，有南津渡口。

滴水關。在閬中縣北玉臺山下。又土地關在縣北二十里，與蒼溪羅石鋪接界。

鋸山關。在閬中縣東北五里盤龍山後。爲漢沔要衝之路。

小土地關。在蒼溪縣東南三十里。又鐵山關在縣西五十里。

八字關。在蒼溪縣北八十里。舊有巡司，久裁。又龍山關亦在縣北。

二郎關。在廣元縣南五里。相傳昔有趙二郎昱者，屯兵於此，因名。又梅嶺關在縣西南。

望雲關。在廣元縣北四十五里。山勢高聳，上接雲霄。今名望雲鋪，設馬驛於此。南接問津驛，北接神宣驛。

朝天關。在廣元縣北朝天嶺上。

潭毒關。在廣元縣北九十里潭毒山下。

七盤關。在廣元縣北一百六十里七盤嶺上。明初與二郎、百丈諸關皆有兵戍守。

渡口關。在昭化縣東二里桔柏渡北。

梅樹關。在昭化縣東南四十里梅樹嶺大路。明正德中置。

嵐溪關。在昭化縣南八十里。或曰嵐埡子，亦名弔埡子。止容一人，魚貫而上。

天雄關。在昭化縣西南五里劒州大路。俗名五里埡。

石門關。在昭化縣西南。元和志：在景谷縣南八十里，因山爲阻。昔諸葛亮鑿石爲門，因名。

白水關。在昭化縣西北一百二十里，故白水縣界。華陽國志：白水縣有關尉，東接陰平，西達平武，北連文縣，最爲要隘。

本朝雍正七年設巡司於此，乾隆九年裁。

馬度關。在巴州東二百二十里，接東鄉縣界。相近又有長樂關。皆明嘉靖中置。又有望星關，在州東北四百里，接陝西西鄉縣界。

黃城關。在巴州東南萬山中，嶄巖四絶，箐莽深曲。明嘉靖中建。與達縣龍船關相爲犄角。

鳳嶺關。在巴州西一百五十里，接營山縣界。

白楊關。在通江縣東三百四十里。自陝西西鄉縣入蜀路。

羊圈山關。在通江縣北四百里大巴山中，接漢中府南鄭縣界。明嘉靖中置巡司，久裁。縣境又有土地、望星等關，皆自秦入蜀路也。

壕壩關。在通江縣東北二百里。自漢中入蜀之路。明成化中置巡司，本朝康熙中裁。雍正八年復置，乾隆元年裁。

竹峪關。在通江縣東北二百八十里。自陝西紫陽入蜀之路。

琉璃關。在南江縣東十里。關口有石磴，巉巖峻險。

米倉關。在南江縣北百里。舊置於小巴山絶頂，後徙大巴山之麓。明嘉靖八年置巡司，久裁。又大、小巴山之間有巴峪關，亦嘉靖中置。又大壩關，在縣西北，明移米倉、巡司於此，今裁。

樗林關。在南江縣東北八十里。兩山夾峙，懸崖爲道。又梧桐關，與樗林關對峙。

劒門關。在劒州東北六十里，即劒閣道也。唐置大劒鎮，後設關於此。元和志：大劒鎮在普安縣東北四十八里，開遠戍東十一里。姜維拒鍾會壘也。梁時於此置大劒戍。其山峭壁千丈，下瞷絶澗，飛閣以通行旅。又劒閣道，自利州益昌縣界而南十里，至大劒鎮而合今驛道。秦惠王使張儀從石牛道伐蜀，即此。後諸葛亮相蜀，又鑿石架空爲飛梁閣道，以通行路。方輿勝覽：蜀先主以霍峻爲梓潼太守。是時有閣道，有閣尉，諸葛亮於此置劒門。隋置閣之地皆有關官，而於二劒尚未置關。唐置劒門縣，劍門始置關。又有大劍鎮、小劍戍。宋平蜀，以劍門縣隸劍門關，兵馬都監主之。中興以後，劍門關亦列在利州路十七郡之數。舊志：明洪武末，關廢。嘉靖二十一年重立關，以百户守之。本朝雍正七年置巡司，乾隆元年裁。

羊谷口隘。在通江縣東北三十里。

苦竹隘。在劍州北小劍山頂。四際斷崖，前臨石壑。宋末置戍於此。亦名苦竹寨。

百丈關巡司。在廣元縣東南一百六十里。本朝雍正七年置。

朝天鎮巡司。在廣元縣北六十里。本朝雍正七年置。

神宣驛巡司。在廣元縣東北一百二十里。本朝乾隆二十一年置。

江口鎮巡司。在巴州南一百八十里。本朝乾隆十九年置。

耀池鎮。在閬中縣南六十里。明初置税課局於此，久廢。

青山鎮。在蒼溪縣西三十里。爲西路之衝，唐貞觀中最盛。又有地擀鎮，在縣東北，爲東路之衝，明洪武中最盛。

望喜鎮。在昭化縣南，江水折而東流處。蓋即唐望喜驛。元微之有望喜驛詩。九域志：昭化縣有昭化、望喜、白水三鎮。

龍關鎮。在巴州東三百六十里。州判駐此。

毛浴鎮。在通江縣東二十里。本朝康熙二年設守備駐此，嘉慶十年移駐通江縣城。

漢王寨。在昭化縣北五十里。相傳漢高帝駐兵處。

虎頭寨。在巴州西。輿地紀勝：在恩陽縣西三十里。以山勢如虎頭，故名。相傳張飛拒張郃於此。

花石寨。在通江縣東四十里。又馬鞍山，在縣東七十里。船頭寨，在縣西八十里。

諸葛寨。在南江縣西百里。高五十餘丈，可容萬人。四壁峻拔，惟一面有鳥道可上。其頂有泉，四時不竭。相傳諸葛武侯曾駐兵於此。

來蘇寨。在劒州東八十里。宋乾德三年伐蜀，别將史延德由此克劒門。

木馬寨。在劒州東南九十里。其地有木馬嶺，置寨其上。後唐長興初，石敬塘前鋒拔劒州，董璋自閬州率兵屯木馬寨，即此。輿地紀勝：有木馬山在普成縣，距停舟山五里。

研石寨。在劒州北三十五里。宋淳化五年，王繼恩討李順，由小劒門入研石寨，即此。

蘆塘寨。在劒州東北大劒山頂，險不可登。即董璋所置七寨之一也。

龍門閣。在廣元縣北千佛巖側。唐杜甫詩：「清江下龍門，絶壁無尺土。危途中縈盤，仰望垂綫縷。滑石欹誰鑿，浮梁裹相拄。」方輿勝覽：馮鈐幹云，其他閣道雖險，然在山腰亦微有徑可以增置，獨此閣石壁斗立，虛鑿石竅而架木其上，尤爲險絶。

石櫃閣。在廣元縣北二十五里〔七〕。唐杜甫有詩。又飛仙閣在縣北四十里，下臨碧潭，懸棧而行，若飛仙然〔八〕。又天河閣，在縣北七盤嶺。

馬鳴閣。在昭化縣西北二十里，俗名馬頭寨。後漢建安二十二年，先主遣陳式等絶馬鳴閣道，魏將徐晃擊破之。曹操曰：「此閣道乃漢中險要之咽喉。」即此。又有牛頭山閣，亦在縣西北。皆閣道之險者。

思依堡。在南部縣西北思依山。

隆山驛。在閬中縣南六十里。又舊有錦屏驛，在縣東富春門外，久裁。又雙山驛，在縣北十五里，明初置，後廢。紫石驛，在縣北一百四十里，明正德十年改設柏林遞運所於此，皆久廢。

施店驛。在蒼溪縣東七十里。又槐樹驛，在縣北二十里。舊皆馬驛，久裁。

蒼溪驛。在蒼溪縣西北。又高橋驛，在縣西北六十里。舊皆水驛，久裁。

柳邊驛。在南部縣西八十里。舊爲馬驛，今裁。又有盤龍水驛，在縣東二十五里。明嘉靖中徙於廣安州。

富村驛。在南部縣西一百四十里。舊爲馬驛，久裁。本朝乾隆三十三年，置縣丞駐此。

問津驛。在廣元縣城内，去望雲關四十五里，南至昭化驛五十里。

圓山驛。在廣元縣南七十里，水驛也。

嘉陵古驛。在廣元縣西二里。唐時驛道也。

籌筆古驛。在廣元縣北八十里。相傳諸葛亮出師，嘗駐軍籌畫於此。唐李商隱、羅隱皆有詩。輿地紀勝：在利州北九十九里。舊志：今有朝天廢驛，即古籌筆驛也。自漢中府褒城縣至朝天驛四百四十里。自驛而南，由蒼溪、閬中、潼川州以達成都。自驛而西，由劒門、綿、漢以達成都。蓋鈐束之要地也。明嘉靖中改建於蓬溪。

昭化驛。在昭化縣城内。北接問津，南接大木樹。又虎跳驛，在縣南一百二十里。又龍潭水驛，在縣東南五里。

大木樹驛。在昭化縣西南四十里，馬驛也。

武連驛。在劒州南八十里。本朝乾隆二十七年置驛丞。自神宣驛至此，皆棧道所經。

柳池溝驛。在劒州西南四十里。宋置柳池鎮。南至武連驛四十里。

劒門驛。在劒州東北六十里。本朝乾隆二十七年置驛丞。

津梁

大安橋。在閬中縣東南九里。又有望月橋，在縣東南七十里。錦屏橋，在縣南南津關外。西水橋，在縣南五十里。

金魚橋。在南部縣南。宋陳堯咨致仕歸，母馮氏擊以杖，墮所佩金魚，因名。

狀元橋。在南部縣西門外。以馬涓名。又宏濟橋，在縣西二十里。石魚橋，在縣西三十里。西溪橋，在縣西四十里。

流杯橋。在南部縣北二十五里。下有曲水。

石欄橋。在廣元縣北千佛崖南。輿地紀勝：在綿谷北一里。自城北至大安軍界，管橋欄閣共一萬五千三百十六間，其著名者爲石欄龍洞。

將軍橋。在廣元縣北四十里。

柳津橋。在巴州西三里。

安濟橋。在通江縣治南。又縣西有萬益橋。

五馬橋。在南江縣西北，道通通江。

武侯橋。在劍州東，跨聞溪。相傳諸葛亮所建。又州西五里有平濟橋。

桔柏渡。在昭化縣東北。舊唐書明皇紀：天寶十五年，上次益昌縣渡桔柏江。方輿勝覽：桔柏渡在昭化縣。今昭化驛有古柏，土人呼爲桔柏，故以名潭。舊志：今在縣東北三里，即嘉陵、白水二江合流處。杜甫桔柏渡詩：「青冥寒江渡，駕竹爲長橋。」唐宋以來，皆造浮梁於此。

白沙渡。在劍州北一百四十里，接昭化縣界，即清水江津濟處。兩岸有白沙如雪。杜甫有白沙渡詩。

隄堰

曲迴堰。在昭化縣西北二里。迴旋曲折，其地多旱田。

三堆壩。在昭化縣北二十五里。江岸有大石三堆，因名。舊志：蜀人謂平川爲壩。

陵墓

漢

譙玄墓。在蒼溪縣東北。輿地紀勝：在奉國縣北二十里。土人稱爲譙玄壩。

三國　漢

張飛墓。在閬中縣西故城中。寰宇記：在刺史大廳東二十步，高一丈九尺。本朝乾隆四十三年重新之，周植松柏，築垣以護。

費褘墓。在昭化縣。華陽國志：褘葬晉壽縣山。舊志：在縣西闗外。

魏

鄧艾墓。在劍州北二十里。

唐

房琯墓。在閬中縣城北。杜甫有詩。

鮮于氏墓。在南部縣東南六十里。輿地紀勝：去新政縣東十里，對江報本院，鮮于仲通、叔明皆葬其旁，有顔真卿、韓雲卿所撰碑誌。

章懷太子墓。在巴州。輿地紀勝：在巴州南一里。

宋

陳堯叟墓。在南部縣。明統志：在南部縣北八十里。堯佐、堯咨墓皆在其旁。舊志：堯叟墓在縣東南四十里，堯咨墓在縣西三十里。

馬涓墓。在南部縣北二十里馬村。

朱勇墓。在昭化縣北門外。

楊巨源墓。在昭化縣北十里土基壩。

向佺墓。在通江縣東六十里大鐘山。佺，通江人，理宗時以武功贈團練使。

黄裳墓。在劍州東北百二十里，兼山之陽。

明

趙炳然墓。在劍州東卧龍山麓。

本朝

王起雲墓。在閬中縣錦屏山北。

祠廟

張侯祠。在閬中縣治北。方輿勝覽：在閬州治東，祀蜀漢張飛。舊志：今名雄威廟，各州縣多祀之。

武侯祠。在閬中縣南錦屏山，祀蜀漢諸葛亮。旁有杜甫祠。

忠義祠。在閬中縣西，祀唐姚洪〔九〕。

余公祠。在蒼溪縣大獲城，祀宋余玠。

顏魯公祠。在南部縣離堆山上。真卿爲蓬州長史，過離堆作記，刻之石壁上。宋元符中因立祠，馬存爲記。

靈應祠。在巴州東老君山麓潭側，祀龍神。

李杜祠。在劒州北。方輿勝覽：在劒門關，祀唐李白、杜甫。

忠勤祠。在劒州北一百二十里，祀蜀漢姜維。

三景廟。在府城中。明統志：三景，宋神宗時安岳人。伯曰思忠，戰殁湑井。仲曰思立，戰殁熙河。季曰思誼，戰殁永樂。後建廟於此。

譙玄廟。在閬中縣東一百二十里。

漢高帝廟。在閬中縣南十數里西偃山下。漢慈鄉侯范目等建。

寺觀

大像寺。在府城南。後唐天成中建。

鹿苑寺。在蒼溪縣北關外。宋淳熙中建。

合符寺。在南部縣南。唐咸通中建。

靈溪寺。在廣元縣東一百六十里嘉川壩。

皇澤寺。在廣元縣西嘉陵江岸。九域志：利州皇澤寺，有唐武后真容殿。武士彠爲利州都督，生后於此。輿地紀勝：在州西告成門外。名勝志：即今之臨清門川主廟。

石城寺。在昭化縣南一百里石成山。宋建。四面皆石，其形似城。

嘉祐寺。在通江縣治南。唐中和中建。初名龍興寺，宋改今名。

聖壽寺。在劍州治南。宋嘉定中建。

玉臺觀。在閬中縣北玉臺山上。唐滕王元嬰建。本朝康熙八年修。

雲臺觀。在蒼溪縣東南雲臺山，又名永安觀。宋建。

靈雲觀。在南部縣北二里。宋建。

上真觀。在廣元縣北金山。環觀古柏鬱茂，登高遠眺，萬象羅列。

飛仙觀。在廣元縣北二十五里。江中一山如筍，周圍浪湧，中通一線，行三里始達於觀。觀後有仙應井。

太清觀。在昭化縣西二十五里。元建。

元妙觀。在通江縣西三十里。宋建。

仙女觀。在劍州東北。李宗諤圖經：在普安縣東北五十里北崖頂，唐先天二年置。去觀一里，渡仙女橋，有燒丹臺。

名宦

三國　漢

張飛。涿郡人。先主定益州，以飛領巴西太守。曹操破張魯，留夏侯淵、張郃守漢川。郃督諸軍下巴西，進軍宕渠、蒙頭、盪石，與飛相拒五十餘日。飛率精鋭萬餘人從他道邀郃軍交戰，山道窄狹，前後不得救，飛遂破郃。郃棄馬緣山，獨與麾下十餘人從間道奔還。巴土獲安。

霍峻。枝江人。先主襲劉璋，留峻守葭萌城。張魯遣將誘城，峻曰：「頭可得，城不可得。」後璋將向存等萬餘人，由閬水上攻，圍一年不能下。峻兵纔數百人，伺其怠隙，選精鋭出擊，大破之，斬存。

南北朝　宋

姜道盛。晉壽太守。元嘉十八年，氐賊楊難當寇漢中，裴方明大破之於濁水，道盛先登殞命。詔褒其即戎著效，臨財能清，贈給事中，賜錢十萬。

郭啓元。晉壽太守。有清節，終始匪貳，卒於官。元嘉二十八年，詔賜其家穀五百斛。

齊

楊公則。天水西縣人。領宋熙太守。氐賊李烏奴攻白馬戍，公則固守，經時糧竭，陷於寇，抗聲罵賊，烏奴壯之。因圖烏奴謀泄逃歸，高帝下詔褒美，除晉壽太守。在任清潔自守。

梁

張齊。馮翊人。天監初巴西太守。時南鄭没于魏，乃置南梁州，仰齊應赡。又屢破魏傅豎眼、元法僧兵。齊在益部，累年居軍中，與士卒同勤苦，自頓舍城壘，皆委曲得其便，調給衣糧資用，人無困乏。既爲物情所附，蠻獠亦不敢犯，威名行於庸蜀。十七年，遷南梁州刺史。

魏

崔士謙。博陵安平人。恭帝初轉利州刺史。性明悟，深曉政術，吏民畏而愛之。

令狐整。敦煌人。孝閔時遷始州刺史。雅識情僞，尤明政術，恭謹廉慎，所在見稱。

裴果。聞喜人。孝閔初，除隆州刺史。果性嚴，能決斷。每挫抑豪右，申理屈滯。歷牧數州，號爲稱職。

周

豆盧勣。徒河人。大象中，拜利州總管。王謙作亂，勣嬰城固守，出奇兵擊之，賊解去。

隋

顔之儀。臨沂人。開皇五年，拜集州刺史。在州清静，夷夏悦之。

榮建緒。無終人。開皇中，爲始州刺史，有能名。

唐

李桐客。冀州衡水人。貞觀初，巴州刺史。清平流譽，百姓呼爲「慈父」。

尹思貞。長安人。中宗時補隆州參軍。晉安縣有豪族蒲氏，縱横不法，前後官吏莫能制。州司令思貞推按，發其姦，贜萬計，竟論殺之，遠近稱慶。

于邵。萬年人。天寶末進士。徙巴州刺史。會歲饑，部獠亂，薄城下，邵厲兵拒戰，且遣使諭曉，獠乞降。邵儒服出，賊見皆拜，即引去。

何易于。益昌令。縣距州四十里，刺史崔朴嘗乘春與賓屬泛舟出益州旁，索民挽繂。易于以百姓方耕蠶，身引舟，朴愧疾驅去。鹽鐵官榷取茶利，詔下，所在毋敢隱，易于以其毒民，取詔焚之，觀察使素賢之，不劾也。民有死喪不能具葬者，以俸敕吏爲辦。召高年坐，以問政得失。凡鬬民在廷，易于反復指曉枉直，杖楚遣之，不以付吏，獄三年無囚。督賦役不忍迫下户，或以俸代輸。饋給往來，傳符外一無所進。

李繼容。利州刺史。昭宗時王建陷利州，死之。

五代　後唐

姚洪。長興初戍閬州。董璋叛，密令人誘洪，洪以大義拒之。璋攻陷城，執洪，洪大罵曰：「爾爲天子鎮帥，何苦反耶？吾可爲天子死，不能與人奴苟生。」璋怒，令軍士刲其膚，然鑊於前，自取啗食。洪至死大罵不已。

後蜀

張公鐸。平樂人。孟昶時，授保寧節度使。爲政嚴而不殘。時承前蜀之弊，獄訟繁多，公鐸量其所犯，裁決悉當。在任六年，民被其惠。

李奉虔。太原人。孟昶時爲昭武軍都監。屬夏秋多雨，嘉陵江溢入城，奉虔置堰開壖瀨二十餘處，洩其蓄水，築堤以護，而城克完，人被其利。即授昭武軍節度使。

宋

趙逢。懷戎人。乾德初，出知閬州。時部内盜賊攻州城，逢防禦有功，未幾賊平。

董樞。元氏人。乾德初爲劍州判官。時全師雄之黨攻劍州，樞引兵擊敗之，招降數百人。

陳貫。河陽人。真宗時爲利州路轉運使。歲饑，出職田粟賑饑者，又帥富民令計口占粟，悉發其餘。

李士衡。京兆人。咸平中知劍州。賊王均破廣漢，趨劍州，衡引兵與劍門兵合以拒賊，大破之。

盧鑑。金陵人。真宗時知利州。會歲饑，以便宜發倉粟賑民。秩滿，民請留，詔留一年。

蘇寀。滏陽人。爲利州路轉運使。文州歲市羌馬，羌轉買蜀貨，猾駔上下物價，肆爲姦漁。寀議置折博務，平貨直以易馬，宿弊頓絶。

張若谷。沙縣人。真宗時爲巴州軍事推官。蜀寇掠鄰郡，若谷攝州事，率衆守禦，賊引去。

朱壽昌。天長人。嘉祐中知閬州。大姓雍子良屢殺人，挾財勢得不死。至是又殺人，賂其里人，出就吏獄。壽昌鞫得其實，引囚詰之，囚以實對，取子良寘諸法，郡稱神明。

劉湜。彭城人。通判劒州。審閬州獄，活死囚七人。王堯臣安撫陝西，薦之。

李孝基。濮州人。晏殊、富弼薦其材，歷通判閬州。閬中江水齧城幾没，郡吏多引避，孝基率其下決水歸旁谷，城賴以全。累官光禄卿。

張宗諤。神宗時爲利州路漕使。與同官張升卿議廢茶場司，使依舊通商，時不能從。

張整。鄮陽人。爲利、文州都巡檢使〔一〇〕。邊夷歲抄省地，吏習不與較，至反遺之物，留久乃去。整惡其貪暴無已，密募死士，待其來掩擊幾盡，神宗壯之。

侯可。華陰人。知巴州化成縣。俗尚鬼廢醫，娶婦責財，貧女老不嫁。可爲約束，變其俗。

趙開。安居人。宣和中，除成都路轉運判官。陳榷茶買馬五害，朝廷是其言，令總理四川財賦兼利州路都漕。善理財，大變酒法、鹽法，不加賦而軍用足。

郭浩。隴干人。紹興中知利州。金人破和尚原，進窺川口，抵殺金坪。浩與吴玠大破之。

朱勇。利州統制。與金人戰于瓦亭，被執，臨死罵不絶口。廟祀，賜名忠節。

李蘩。晉原人。孝宗時，爲隆州判官，攝綿州。報活十萬人。劍外和糴在州者獨多，蘩嘗匹馬行阡陌間，訪求民瘼，有老嫗泣曰：「民所以饑者，和糴病之也。」蘩奏免之，民大悦。

陳升卿。仁壽人。乾道間御史，出知劒州。卹民修學，士民咸悦，於學宫旁立祠祀之。

楊震仲。成都人。淳熙中知新井縣，以惠政名。

陳咸。升卿子。開禧中，歷利州路轉運判官。吴曦叛，人情大駭，咸督軍糧，檄守楊震仲，賑流民，備姦盜，衆稍安。曦以咸名士，欲首脇之，檄咸議事，咸不往。抵利州城，僞都運使徐景望已挾兵入居臺治，遇諱日大合樂以享，咸力拒之，欲結賊將以誅景望，不果。曦招之急，咸遂削髮披緇。曦既誅，安丙奏以咸總蜀賦。時帑藏赤立，咸商榷利病，兵政財賦合爲一家，晝夜精勤，調度有方，不二歲，諸倉各贏數十萬。劒州地險，咸增饋米以實之。未幾，金人攻上津，守賴以固。

曹彦約。都昌人。爲利州路轉運判官，兼知利州。關外乏食，彦約悉發本司所儲，減價遣糶，勸分免役，通商蠲税，民賴以濟。

曹友聞。栗亭人。寶慶中利州都統，屢敗元兵。端平三年，蜀帥趙彦呐强檄守大安，與弟萬、友諒、部將劉虎齊發禦敵，友聞入龍尾頭，萬出雞冠隘口，内外兩軍殊死戰。元以鐵騎四面圍繞，一軍盡殁。贈龍圖閣學士，謚曰節，賜廟褒忠。

王佐。理宗時知利州。堅守孤城，降將南永忠以兵薄城下，佐罵之，永忠流涕而退。詔奬諭，進官一秩。

蹇維之。通泉人。理宗時利州通判。王宣辟行參軍事，迎敵力戰而死。

何震之。理宗時權知巴州。守城死於兵，詔贈官三秩。

鄭炳孫。理宗時隆慶教授。不從南永忠降，先縊殺妻女，亦朝服自縊。贈朝奉郎、直祕閣。

趙廣。閬州推官。元兵破城，死之。

楊禮。理宗時知隆慶府。以守安堡功，官兩轉。開慶元年，以堅守城堡，殁於王事，與段元鑑各贈奉國軍節度使，封二字侯，立廟賜額。又寶祐初，利州統制吕達戰殁，贈官四轉。

元

汪德臣。鹽州人。憲宗時，命城益昌。益昌爲蜀喉襟，蜀人憚其威名，諸郡環視，莫敢出門〔一一〕。帝親征蜀，至嘉陵、白水交會，勢洶急。帝問船幾何可濟，德臣曰：「大軍百萬非可淹延，當别爲方略。」即命繫舟爲梁，一夕而成，如履坦途。帝顧謂諸王曰：「汪德臣言不虚發也。」

楊文安。中統五年，充閬州路安撫使。閬州累遭兵革，户口彫耗，文安乃教以耕桑。鰥寡不能自存，願相配偶者，併爲一户充役，民始復業。

暢師文。至元中爲保寧路同知。治尚平簡，反側以安。

明

李宗信。洪武中知保寧府。廉幹正直，賦役必親檢册驗户，高下遂得均平。

劉撝謙。德州人。宣德二年知保寧。清勤仁恕，尤加意學校，士論歸之。

李璧。廣西武緣人。正德中鄢藍亂後，知劍州。百廢俱興，新學校，正風俗，修城池塘堰，復射圃，建書院，刻名儒録以教諸生，士民祀之。

羅明。南昌人。正德中劍州判官。遇鄢藍之寇，偕其子介拒守孤城，力竭被執，父子死之。

朱導。山陰人。正德中知通江。時蜀寇初平，庶務方殷，導諳治體，百廢聿興。九載致政，民爲立廟。子篚，知順慶。孫燮元，歷布政、巡撫，總督蜀中。世著其德焉。

徐尚卿。南平人。知劍州〔一二〕。崇禎十年，李自成由漢中入四川，尚卿泣語衆曰：「若輩宜速去，我封疆吏，誓死於此。」及城陷，遂投繯死。贈布政使司參議。本朝乾隆四十一年，賜謚節愍。

王時化。江陵人。崇禎中知昭化縣。李自成陷城，死之。贈光禄丞。本朝乾隆四十一年，賜謚節愍。

王永年。崇禎中通江指揮，禦寇戰死。同時守備郭震辰、指揮田實，擊賊廣元縣百丈關，亦被執不屈死。本朝乾隆四十一年，均賜謚烈愍。

鄭夢眉。金谿人。崇禎末知南部縣。張獻忠破城，夢眉夫婦並縊死。本朝乾隆四十一年，賜謚節愍。

劉喬抳。陝西人。知昭化縣。崇禎十一年，拒獻賊被執，大罵死之。又中江教諭、攝劍州事單之賓，十七年獻賊陷城，罵賊死。本朝乾隆四十一年，均賜謚烈愍。

詹嘉言。松陽州人。蒼溪教諭。流賊猝至，被執不屈死。又劍州吏目李英俊，隨徐尚卿擊賊，兵敗死之。通江巡檢郭纘化，賊陷巫山，纘化陣歿。巴州同知張連曜，建德人，崇禎十四年獻賊圍城，晝夜死守，及陷，罵賊死。本朝乾隆四十一年，均予入忠義祠。

本朝

郭嶷然。朝邑人。康熙初知昭化縣。邑有黠婦爲衆盜主，前令多被挾制。嶷然至，首捕下獄斃之，餘盜解散，境内以安。其地嘗産金，民爭以獻，悉却之，去官蕭然。

李向榮。冀州人。康熙二十六年知劍州，治稱最。吴三桂僞將譚弘復叛，屢加迫脅，向榮不屈死之。

吴邦熉。仁和人。乾隆十九年知昭化縣。清勤自矢，治獄明決。是非曲直，各得其意以去。歲有餘俸，輒出以葺書院，治橋梁，不以一錢累民，邑人德之。

陳道濟。望江人。乾隆二十六年知閬中縣。輕傜恤民，興學造士，一時有政簡民安之樂。

王贊武。普安人。嘉慶二年署南部知縣。時邪匪不靖，贊武嚴爲備，賊首羅其清盤踞蒼溪孫家坪，不敢犯邑境，戕邑民。贊武意其可以義動，單騎親往諭之，賊羅拜呼青天，即率衆去。五年，匪衆至，猶好語假道，贊武怒，奮往追勦，遇害於富村驛。賜祭葬，卹廕如例。

涂陳策。都勻人。嘉慶二年知通江縣。教匪陷城，死之。賜祭葬，卹廕如例。

朱射斗。貴陽人。官川陝鎮總兵。撫戢兵民，恩威並著。嘉慶二年征勦邪匪，累著奇勳。會攻逆首羅其清等於黑魚洞，生擒之，擊斃逆首包正洪於閬中。五年，賊匪竄渡嘉陵江而北，射斗星馳追賊，至西充老虎巖遇伏被圍，力戰死，賊支解之。事聞，卹廕加等。

校勘記

〔一〕齊明帝永泰元年　「元」，原用「二」，乾隆志卷二九八保寧府二古蹟（下同卷簡稱乾隆志）同，據太平寰宇記卷一三五山南西道利州改。按，齊永泰年號使用不足一年，次年正月即改元永元，此言「永泰二年」，未確。

〔二〕領新安晉城晉安三縣　「新安」，乾隆志作「新巴」。宋書卷三七州郡志新巴郡領縣作「新安」，中華書局點校本據南齊書州郡志改作「新巴」，其校勘記引成孺宋書州郡志校勘記云：「南齊志新巴郡領縣三，新巴、晉城、晉安。疑宋志亦作新巴，寫者涉下晉安，遂謂爲新安耳。」然顧祖禹讀史方輿紀要卷六八云：「晉安帝嘗置新安縣，爲新巴郡治，宋、齊因之。」則未以宋志爲誤。

〔三〕又割岐坪及義清縣置西平州　「西平州」，乾隆志及太平寰宇記卷一三五山南西道利州、舊唐書卷三九地理志山南西道均作「南平州」。然新唐書卷四〇地理志山南道云：「武德七年以義清、岐坪、隆州之奉國置西平州。」且舊唐書卷四一地理志劍南道閬州奉國條亦曰「武德七年，屬西平州」，則「西平州」亦非無據。

〔四〕縣北至利州一百十五里　「一百十五」，原作「一百五十」，據乾隆志及元和郡縣圖志卷二二山南道利州葭萌縣條乙。

〔五〕因縣界平川水爲名　「平川」，原作「平州」，據乾隆志及太平寰宇記卷一三九山南西道巴州改。

〔六〕自魏所置縣移於今縣東南一里屬渠州　「渠州」，原作「集州」，據乾隆志及太平寰宇記卷一四〇山南西道壁州改。

〔七〕在廣元縣北二十五里　「二」，乾隆志作「三」。

〔八〕若飛仙然　「仙」，原作「山」，據乾隆志改。

〔九〕祀唐姚洪　按，「唐」當作「後唐」。舊五代史卷七〇姚洪傳載姚洪長興初戍守閬州死節事甚悉。

〔一〇〕爲利文州都巡檢使　「州」，原作「路」。按，宋無「利文路」之設置。宋史卷三五〇張整傳作「利文州」，「路」乃「州」之誤，據改。又按，乾隆志作「利州路」，亦誤。

〔一一〕莫敢出鬥　「鬥」，原作「門」，據元史卷一五五汪德臣傳改。乾隆志作「相鬥」。

〔一二〕知劍州　「劍」下原衍「川」字，據明史卷二九二徐尚卿傳及乾隆志刪。

大清一統志卷三百九十二

保寧府三

人物

漢

范目。閬中人。有恩信方略。高祖將定三秦，目率賨人爲前鋒，秦地定。封閬中慈鄉侯。

洛下閎。閬中人。明曉天文，隱於洛下。武帝徵待詔太史，拜侍中，不受。

譙隆。閬中人。爲上林令。武帝欲廣苑囿，隆固諫。後遷成皋令，歷侍中，以忠正稱。又涼州刺史趙宏，字溫柔，有儁才。京兆尹徐誦，字子産，有文學。皆閬中人。

任文公。閬中人。父文孫，明曉天官風星祕要。文公少修父術，州辟從事。王莽篡位，挈家奔子公山。公孫述時，蜀武擔山石坼，文公曰：「西州智士死，我乃當之。」自是常會聚子孫設酒食，後三月果卒。益部語曰：「任文公，智無雙。」

譙玄。閬中人。少好學，能説易、春秋。成帝時，對策高第，拜議郎。數上疏切諫，故久稽郎官。平帝時，遷中散大夫。王莽居攝，變易姓名，歸家隱遁。公孫述僭號，徵之不起，遂隱藏田野，終述之世。建武十一年卒。明年，天下平定，光武詔祀以中牢。子瑛，善説易，以易授顯宗。爲北宫衛士令。

楊仁。閬中人。習韓詩，仕郡爲功曹。舉孝廉，除郎。太常上仁經中博士，仁自以年未五十，不應舊科。顯宗時，補北宫衛士令，引見，問當世政蹟，對以寬和任賢、抑黜驕戚爲先。又上便宜十二事，帝嘉之。歷官什邡令。寬惠爲政，勸課掾史子弟，悉令就學，墾田千餘頃。後爲閬中令，卒於官。

嚴遵。閬中人。爲揚州刺史，惠愛在民。每當遷官，吏民塞路攀轅，詔遂留之。居官十八年卒，遠近争賻之，齎錢以百萬計，其子羽固辭弗受。送吏乃散以爲食，食行客。羽官徐州刺史。

三國　漢

程畿。閬中人。劉璋時，爲漢昌長。巴西太守龐羲以天下擾亂，郡宜有武備，頗招合部曲。有讒羲於璋者，羲懼，遣畿子郁索兵自助，畿勸羲盡誠，並規郁效力。先主辟爲從事祭酒。隨征吳敗績，泝江而還。或告之曰：「後追已至，解船輕去可免。」畿曰：「吾在軍未曾爲敵走，况從天子而見危哉！」乃死。子祁，與犍爲楊戲並知名，早卒。

姚伷。閬中人。諸葛亮駐漢中，辟爲掾，並進文武之士。亮稱曰：「掾並存剛柔，以廣文武之用，可謂博雅矣。願諸掾各希此事。」稍遷爲尚書僕射。時人服其真誠篤粹。

黄崇。閬中人。父權，漢鎮北將軍，降魏。崇爲尚書郎，隨諸葛瞻拒鄧艾，屢勸瞻宜速行據險，毋令敵得入平地，瞻未納，崇至於流涕。瞻卻戰至綿竹，崇帥厲軍士，期於必死，臨陣見殺。

馬忠。閬中人。建安末，舉孝廉。巴西太守閻芝發諸縣兵五千人，以補遺缺，遣忠送往。先主與語，稱之。建興八年，諸葛亮召爲參軍。南中劉胄反，以忠討之，遂斬胄，平南土，封博陽亭侯。開復建寧、越嶲舊郡。延熹中，加拜征南大將軍，平尚書事。忠寬濟有度量，忿怒不形於色，然處事能斷，威恩並立，蠻夷畏而愛之。及卒，立廟祀之。

馬勳。閬中人。劉璋時，爲州書佐。先主定蜀，辟爲左將軍屬，後轉州別駕從事。

馬齊。閬中人。太守張飛功曹。飛貢之先主，爲尚書郎。建興中，從事丞相掾，遷廣漢太守，復爲飛參軍。後拜尚書。與馬勳皆以才幹顯。

句扶。漢昌人。忠勇寬厚，數有戰功，功名亞於王平。官至左將軍，封宕渠侯。

張嶷。南充國人。爲越嶲太守，蠻夷服其恩信。在郡十五年。徵拜盪寇將軍，隨姜維伐魏，於狄道臨陣隕身。嶷初見大將費禕待信新附太過，以書戒之，禕果爲降人所害。吳諸葛恪大興兵圖攻取，嶷與諸葛瞻書曰：「太傅受寄託之重，而離少主，履敵庭，非良算。」恪竟以此夷族。嶷識見多如此類。

晉

譙秀。西充國人。性靜默，不交於世。郡察孝廉，州舉秀才，皆不就。及李雄據蜀，略有巴西，雄叔父驤、驤子壽皆慕秀名，具束帛安車徵之，皆不應。常冠皮弁敝衣，躬耕山藪。桓温滅蜀，上疏薦之。朝廷以秀篤老，兼道遠，故不徵，遣使敕所在四時存問。及蕭敬文叛亂，避難宕渠，鄉里宗族憑依者以百數。年九十餘卒。

譙登。西充國人。爲梓潼内史。李驤攻涪城，登食盡援絶，驤攻之益急，登不屈，死之。

龔壯。巴西人。潔己自守，與鄉人譙秀齊名。父、叔爲李特所害，壯積年不除喪，力弱不能復仇。及李壽成漢中，與李特孫李期有隙，壯欲假壽以報，乃説壽稱藩於晉，遂率衆討期，克之。壽襲僞號，欲官之，壯誓不仕，遂詐稱聾，終身不復至成都。壯每嘆中夏多經學，而巴蜀鄙陋，兼遭李氏之難，無復學徒，乃著邁德論。

南北朝　齊

陽黑頭。華陽人。疏從四世同居，並共衣食。又同縣郝道福，累世同爨。建武三年，皆詔表門閭，蠲租役。按：其時華陽縣在今廣元縣地。

陳

侯瑱。西充國人。父弘遠。梁益州刺史蕭範命討白崖山賊張文萼，弘遠戰死。瑱固請復讐，每戰必先鋒陷陣，遂斬文萼，由是知名。範委以將帥之任。累遷至馮翊太守。入陳，以功授湘州刺史，封零陵郡公。

魏

沓龍超。晉壽人。永熙中，梁將樊文熾寇益州，攻圍既久，刺史傅敬和遣龍超夜出，請援於漢中，爲文熾所得，許以封爵，使告城中曰「外無援軍，宜早降」。龍超乃告刺史曰：「援軍數萬，近在大寨。」文熾大怒，火炙殺之。至死，詞氣不撓。

唐

李叔明。新政人。本鮮于氏，賜宗姓。乾元中，除司勳員外郎，副漢中王瑀使回紇。回紇慢，叔明讓曰：「大國通好，使賢王持節。可汗，唐之壻，恃功而倨可乎？」可汗爲加禮。歷洛陽令，號能吏。拜東川節度使。兵盗之餘，撫接有方。子昪，從德宗幸梁州，有扈衛功，官太子詹事。

宋

羅承之。巴州清化人。幼稚特好兵略。乾德中，文協率衆攻閬巴，承之竭資募士，擒文協。太祖召見，賜感義軍節度使，兼知巴州。曾孫士堯，事母至孝，家産盡遺宗族子姪之貧孤者。以孝友旌表。

陳省華。閬中人。事孟昶，爲西水尉。蜀平歸宋，授隴城主簿。歷櫟陽、樓煩令。端拱二年，太宗親試進士，伯子堯叟登甲科，占謝辭氣明辨。太宗顧問：「此誰子？」王沔以省華對。即召省華爲太子中允。累遷殿中丞，知鄆州、蘇州、潭州。智辨有吏幹。入掌左藏，判吏部南曹，擢至左諫議大夫，贈太子少師。

裴莊。閬中人。爲高陵主簿，雷德驤稱其有守。遷太子中允。端拱初，通判真定。累遷祠部郎中，至光禄卿卒。莊有吏幹，好爲規畫，慷慨敢言，太宗奬其忠讜，多聽納。晚年喜接賓客，終日無倦。子焕，咸平進士。

陳堯叟。省華長子。端拱進士，授祕書丞。再遷工部員外郎、廣西西路轉運使。會加恩黎桓，爲交州國信使。初將命者必獲贈遺數千緡，桓責斂於民，堯叟卻之。又悉捕亡命歸桓，桓感，捕海賊爲謝。累遷樞密直學士，簽署院事。真宗幸澶淵，命先赴北寨視戎事，許以便宜。景德中，擢知樞密院事，加尚書左丞，進太傅、同平章事。卒贈侍中，謚文忠，録其孫知章、知言爲將作監主簿。子師古，賜進士出身，後爲都官員外郎。希古，至太子中舍。

陳堯佐。堯叟弟。進士及第。歷魏縣、中牟尉。作海喻一篇，人奇其志。通判潮州，有治績。累遷諫議大夫，爲翰林學士，拜參知政事，晉同平章事、集賢殿大學士，以太子太師致仕。卒贈侍中，謚文惠。堯佐少好學，父授諸子經，其兄未卒業，堯佐竊聽已成誦。初肄業錦屏山，後從种放於終南山。及貴，讀書不輟。善古隸、八分，尤工詩。有集三十卷，又有潮陽編、野廬編、愚丘集、遺興集。

陳堯咨。堯佐弟。舉進士第一，授將作監丞。通判濟州。累擢右正言，知制誥，判吏部流内銓。舊格，選人用舉者，數遷官，而寒士無以進。堯咨進其可擢者，帝特遷之。以學士知永興軍，入爲翰林學士，徙知天雄軍。卒贈太尉，謚康肅。堯咨以氣節自任，工隸書，善射，號小由基。子述古，太子賓客。博古，篤學能文，爲館閣校勘，卒。

陳漸。堯佐從子。少以文學知名。淳化中，與其父堯封皆以進士試廷中，太宗擢漸第，輒辭不就，願擢其父，許之。咸平初，始仕爲天水尉。累遷隴西防禦推官。坐法免歸，蜀中學者多從之遊。後召至京師，授潁州長史，遷耀州節度推官，卒。有文集十五卷。號金龜子。

鮮于侁。閬州人。舉進士，爲江陵右司理參軍。慶曆中，侁條當世之失有四，其語剴切。唐介稱其名於上官，交章論薦。侁盛言左參軍李景陽、枝江令高汝士之美〔一〕，乞移與之。介益以爲賢。通判綿州。綿吏狃貪成風，侁至，一切勿取。趙抃使蜀，薦於朝，未及用。神宗詔求直言，侁應詔上書論時政，專指安石。安石怒，毀短之，神宗曰：「侁有文學可用。」除利州路轉運通判。部民不請青苗錢，安石遣吏詰之，侁曰：「民自不願，豈能强之？」會詔諸路各定所役緡錢，轉運使李瑜定四十萬，侁爭之曰：「利路民貧地瘠，半此可也。」瑜不從，各以其事聞。神宗從侁議。擢京東西路轉運使。徙知揚州。哲宗立，以東國困於役，復以侁使京東。士民聞其重臨，如見慈父母。召爲太常少卿。拜左諫議大夫〔二〕，首言君子小人消長之理甚備。又請廓言路，宜復六科之舊。以疾求去，出知陳州，卒。侁刻意經術，著詩傳、易斷。尤長於楚詞，蘇軾謂近屈原、宋玉，自以爲不可及。

蒲卣。閬州人。登進士。歷提舉湖北、京西常平，再提點潼川路刑獄，俱有治績。累官中大夫。

馬涓。南部人。元祐時進士及第。爲秦州簽判。從謝良佐，講修身爲己之學。後爲臺官有聲，以元祐黨罷。

宇文百之。新井人。性孝友，數世不異居。庭前六燕共巢，紫荊異本同幹，人以爲孝友之應。

雍孝聞。新井人。元符末，有聲太學。徽宗時省試奏名第一，廷試策力詆二蔡及時政未便者，坐竄海外。宣和末，上思其忠，特授修武郎，已卒。

黄裳。普成人。乾道進士。調巴州通江尉。時和糴病民，裳賦詩以諷，總領李蘩爲罷糴。累官國子博士。光宗登極，裳進對，論中興規模。遷嘉王府翊善。作八圖以獻。每進讜言，帝詔勞裳。光宗不朝重華宮，裳請甚切。一日抗聲諫，上起入宫，裳挽裾隨之，至宫門，揮涕而出。慶元初，改禮部尚書，勸上慎終如始，懇懇數千言，爲先事之憂。卒贈資政殿學士，謚忠文。裳簡易端純，推賢樂善，出於天性。篤孝友，與人言，傾盡底蘊。所論天人性命，皆發明伊洛之旨。子瑾，大宗正丞，兼刑部郎官。孫子敏，刑部郎官。

楊巨源。昭化人。倜儻有大志，善騎射，涉獵諸書。劉光祖薦以右職，監興州合江倉。吴曦叛，巨源結義士誅之，功第一，補承事郎。安丙與争功，尋殺巨源，聞者流涕。事白，贈寶謨閣直學士，謚忠愍。

郭靖。高橋土豪巡檢。吴曦叛，盡遷驚移之民使還金，靖亦在遣中。至白崖關，告其弟端曰：「我家世爲宋民，願死於此，爲趙氏鬼。」遂赴江死。

嚴大猷。蒼谿人。吴曦叛，大猷詩云：「勿未到身難擊汰，兵如入手易擒吴。」後以特奏名，授隆慶府司理參軍。著補闕蜀都賦。有方山集四卷。

明

何澄。劒州舉人。正統中，知安福縣。築寅陂，浚渠道，復密湖以溉民田。秩滿，民乞留，詔還任。及去，邑民争饋金帛，一無所受。

李毅。南部人。宣德、正統間，儲穀數千石，賑貸貧民。歲薦饑，悉焚其券，仍納穀數百斛於賑濟倉中，人稱其義。

袁璋。南江人。正德間，流賊倡亂，都御史林俊檄令討賊，璋所向有功，力竭爲賊所獲。子襲挺身救父，連殺七賊，被擒。襲死三日，目猶瞠視其父。總制彭澤嘉其忠節，祀於忠義祠。

雷應通。廣元人。正德初，流賊衝百丈關，知縣何溥禦之。應通父子七人踴躍倡衆，誓以死戰。經旬無援，爲賊所執，父子俱罵賊死。按：明史附見吳景傳，作嘉州人，疑因廣元舊名嘉川而譌，如同傳袁璋，亦譌「南江」作「江南」也。

徐旼。保寧千户所百户。奉檄討鄢藍賊，多斬獲功。副使馮傑被圍於鐵山關，旼往救，爲賊執，不屈死。彭澤爲奏聞，贈正千户。其時死寇難者，利州指揮蔡高、劍州冠帶散官李開之、蒼谿生員陳表，俱以督戰禦賊被執不屈死。通江楊輔政戰死，巡撫林俊以聞，立「忠烈坊」旌之。

楊上林。通江人。父簡，病篤，上林祝於天，斷一指和藥，簡立愈。後復病，上林又割股以進。及卒，哀毁幾絶者數次。

趙炳然。劍州人。嘉靖進士。爲御史，覈宣大、山西兵餉，劾前後督撫樊繼祖等一百七十七人侵冒罪，坐謫有差。歷遷浙江巡撫，廉潔率下。召爲兵部尚書，協理戎政。尋復督宣大、山西邊防甚飭。召還部，乞休去。炳然歷官三十餘年，清勁練達，所至有聲。卒贈太子太保，謚恭襄。

賈棲鸞。巴州人。嘉靖中，知大冶縣。時盜賊縱掠，棲鸞簡徒親率入山，擒巨寇十餘人，盜自是不敢犯境。

謝東陽。保寧千户所人。嘉靖進士。爲人忠信端方，居官廉潔自矢。母族甚貧，分俸給之。事兄極愛敬，撫孤姪成人，讓以産。祀鄉賢。

陳敏。巴州諸生。事母至孝。崇禎七年，賊破巴州，闔城逃散。時敏母病篤，不忍舍去。賊至欲殺其母，敏引頸乞代，賊義而釋之。

李元扶。劒州諸生。流賊陷州城，入宅執其母徐氏，欲殺之，元扶哀求全母，賊許之，殺元扶。

吴宇英。廣元人。官至户科給事中。家居。崇禎末，舉義兵，討賊不克，死。本朝乾隆四十一年，賜謚忠愍。

楊于鼎。劒州舉人。崇禎十年，流寇至，衆潰，于鼎率子姪楊令青等與州守徐尚卿守城。城陷，尚卿被執，于鼎率衆巷戰，奮臂擊賊，賊怒支解死。子姪並被殺。本朝乾隆四十一年，予入忠義祠。

楊于陛。劒州舉人。歷官雲南武定府同知。普名聲之亂，巡撫王伉令監紀軍事，兵敗被執，死之。贈太僕寺少卿，建祠曰精忠。本朝乾隆四十一年，賜謚節愍。

王才啓。劒州諸生。流賊攻城，才啓登城遇敵，射殺二賊，城陷遇害。又廣元李猶龍，獻賊破城，抗節死。本朝乾隆四十一年，俱予入忠義祠。

奇童子。通江人。崇禎間，流賊詐爲官兵襲城，道遇童子，使紿言我兵也。童子佯應之，將及城門，大呼曰：「賊至矣。」賊殺之。邑令爲葬於城西，祭以文，稱爲「奇童子」。本朝乾隆四十一年，予入忠義祠。

本朝

楊繼生。閬中人。順治初，由進士知連江縣。丙申寇至，城陷，繼生死之。祀福州名宦。

楊來鳳。巴州人。順治四年，以肅王令攝蒼谿縣事。六年，改知湖廣沅陵縣，死難。贈按察使僉事。

冉宗孔。蒼谿人。幼遭賊亂，與母相失。宗孔不避兵戈，跋涉尋母。順治十四年，見於漢中，募資贖歸。是年登鄉薦。

任鍾麟。蒼谿人。張獻忠之亂，父母皆被害，鍾麟晝夜號泣，遍歷賊營，僅得母尸，招父魂合葬焉。順治辛卯舉於鄉，官知府。

趙宏覽。劒州人。少遭亂，未嘗廢學，中順治戊戌進士。任江西廬陵知縣，多善政。以憂去。再知江南虹縣，實心愛民，興利除害，不煩苛而事畢舉。虹人請祀名宦。

賈玗。昭化諸生。明末，父玉元知江西龍泉縣，玗留侍母。母死，哀毁骨立。時干戈阻絶，父問不通，玗晝夜悲號。至康熙六年，始聞父卒，玗徒步星奔，乞食道路，以父喪歸。

王起雲。原籍甘肅涇州，家於閬中。以征臺灣，加左都督銜，授廣西新太營參將。適萬承土猺倡亂，起雲帶兵進勦，所向克捷。其明年賊至益衆，起雲請兵救援，自提兵數百名乘勝深入，外援不至，困守重圍，身被數十創而死。家丁樊周、陳義及戰兵魏騰雲等同殉者二十七人。事聞，贈總兵官，賜祭葬，廕子。

張思房。閬中人。累官貴州黎平知府。時滇寇未靖，思房折衝禦侮，不少挫。改陝甘鞏、涼二府同知。致仕歸十餘年卒，祀鄉賢。

冉德。廣元人。康熙丙午舉人。避吴三桂徵聘，逃深箐中。賊刼其父，德奔救，臨以刃弗屈，賊義釋之。蜀平，授陝西西寧知縣。

李先復。南部人。康熙壬子舉人。知山東曹縣，再知湖廣大冶縣，有惠政。行取浙江道御史。累升兵部侍郎。西陲用兵，輓運軍需，至巴里坤。遷工部尚書。致政歸，囊無餘蓄，而好施與，族黨賴之。

劉崑。巴州人。雍正六年，以署都司僉書，管烏蒙鎮左營遊擊。八年，烏蒙賊猓叛，崑挺身決戰，力盡死之。

張朝良。閬中人。從軍青海、西藏，累功授副將。雍正元年，討準噶爾，朝良領二百人分戍卡倫，賊衆大集，圍數十重，朝良轉戰七晝夜，不少息。食盡，採葡萄雜氈雪嚼之。使間行告急，提督顔清如等馳救之，圍始解。朝良身被數十創，衣漬血厚不得脱，取刀剺之。事上，有詔嘉獎，擢總兵，授壽州鎮。移大同鎮，以老乞歸。

楊思溥。閬中舉人。雍正初，任犍爲教諭，倡修義學，以所得學租輸作公費，並捐俸以助。祀名宦。

張文璧。閬中人。川北鎮標把總。乾隆十二年，隨征金川，進攻松林口，戰殁。同縣把總曾榮、外委陳章、馬錦皆是年陣亡。卹廕各如例。

甯法武。通江人。官千總。乾隆十三年，征金川陣亡，卹廕如例。

廖雲。閬中人。官把總。乾隆三十二年，征緬甸陣亡，卹廕如例。

曹順。閬中人。乾隆三十六年，以外委隨征金川，累功擢肅州鎮總兵。四十年，攻黄草坪，順先登督戰，躍騎木柵而射，殪賊十餘，賊突自後以火鎗擊中背死。金川平，圖像紫光閣，有御製贊。同縣把總余瑞龍、千總蘇許、史維紀俱是年陣亡，卹廕均如例。

李顯祖。蒼谿人。官遊擊。乾隆三十八年，與同縣外委李永慶從征金川陣亡，卹廕各如例。

周寬。閬中人。官千總。嘉慶二年，與同縣千總秦廷玉、馬彪，外委雍純修、童國輔、朱占元，俱勦教匪陣亡。遊擊馬愷於四年陣亡，守備楊春和、把總劉應魁、外委曾玉柱、王耀龍於五年陣亡。卹廕各如例。

廖玉殿。閬中人。嘉慶四年，禦教匪於仙女山，被執不屈被害。同縣何榮壽、趙吉、杜清、何堯、趙清、張玉、何平、杜秀林、莫奎、王鳳儀、黎茂德、龔成龍、張國柱、陳明、劉兆金、黎成先、張文斗、黎萬成、黎萬甫、程廷相、王繼倖、明國卿、王成美、張文海、張玉龍、張天福、常中富、陳希學、馮天壽、胡名恒、牟登先、牟登爵、羅梅、甘茂功、王日進、王文彩、羅天錫、楊國泰、侯天保、莫燦儒、杜懷亮、杜士朝、苟士紳、胡廷相、王茂、楊福祥、廖國甫、楊國佐、李先桃、何天才、張啓泰、秦士洪、趙倖、彭子林、馮恒德等俱是年陣亡，均入祀昭忠祠。

張矩。閬中人。嘉慶二年，禦教匪陣亡。同縣戚觀光、胡舜裔、侯士龍、馮朝佐、莫景祥、蒲承恩、楊廷綬、田隆、馮宗乾俱是年陣亡，均入祀昭忠祠。

余天培。蒼谿人。嘉慶二年，禦教匪陣亡。同縣陳暎瑞、羅玉書、余道學、韓宗愈俱先後陣亡，均入祀昭忠祠。

謝加安。南部人。官把總。嘉慶初，勦教匪陣亡，卹廕如例。

李紹先。南部舉人。嘉慶五年，禦賊匪於長樂山，力戰死之。同縣諸生向遐齡、鄭宜緇、姚紹虞、敬心一、敬全英、杜鳳儀、鄧翊桐、吳運昌、杜雨亭、王國寶、魏君用、敬維周、義勇高紀佐、高於元、高於鑑、高仲、高純、高大升、高相林、高廷文、高廷忠、高廷周、高思聰、高思健、高思文、高武元、向茂曾、張上品、敬朝忠、鄭廷位、董芝梁、董芝賢、黃相朝、黃中榮、李詞林、伏國榮、馬萬全、王茂安、李維太、黃相玉、楊珍霄、董芝華、黃相賢、黃偉、虎昇榜、何文澤、蒲紹勳、楊藩、徐志龍、高廷洪、高廷弼、高廷延、高廷梁、李興、鄧加貴、馬元、馬人駒、何繼虞，俱是年陣亡，均入祀昭忠祠。

張占鼇。廣元人。松潘鎮標守備。嘉慶元年，從征達州邪匪，隨總兵何元卿勦賊小坳。賊竄入獅子坪，越嶺窮追，力戰陣亡。卹廕如例。

魏攀舉。廣元人。乾隆庚子武進士。由侍衛補雲南永昌協都司。五十九年，以勦湖南苗賊功，遷遊擊。嘉慶元年，檄征達州教匪，身先士卒，所向克捷。擢永北營參將。三年，攻千佛巖賊卡，先登陣亡，卹廕加等。同縣把總查天福、外委田自貴於四年陣亡，卹廕各如例。

楊繼曉。廣元人。嘉慶二年，教匪焚掠三家壩，繼曉率衆救援，力戰被執不屈死。同縣孫思成、何獻瑞、熊盛周、何瑞新、仲鵬程、高翔仞、劉中和、趙掣和、尚通天、張藥保、彭大忠、邱峩、賈士珍、馬萬中、馬步程、陳明、吳三才、吳仁、蘇尚春、張拱立、伍玉林、伍成、羅文元、楊青、郭文、何元孫、林王倖、毛文、何信、尹福、吳元、王乾、文得中、方能、蘇文成、袁才、李元、孫輔成、賀文、婁伸元、田貴、馬紹先、馬經緯、孫元信、侯泰、王貽、鄒三畏、歐暉、昝貴、王奇元、周行、張元吉、李思明、唐文彥、方萬春、張文達、秦應中、向允春、湯之金、步金玉、雷中義、劉天德、周寅、鄒希俸、胡允亮、賈文進、索福林、王衣卿、何文佐、王三鼎、何思宗、何春然、張朝遠、李如玉、何仁周、王廷舉、何光文、何春啓、何三重、何通士、李文士、何行元、賈文珍、楊士芳、石得仁、何之早、周士友、賈思賢、李廷彥、周謨、馬玉、田先、王能、賀長文、賀春一、郭泰、向玉廷、向天文、王安仁、杜應文、賈全、趙昌元、何惠、何慈、趙應、張富、林紀、章榮、李占龍、常萬魁、王國成、袁公富、趙寅、柳天玉、鄭宇相、李文、王友才、何貴、常法、尹福、屈文泰、李福、張得、吳國文、劉奇、張福、方友、李俸、馮朝甫、李文福、楊友、楊光才、田榮、何玉仁、謝魁、劉天珍、賀仲、楊文、余魁、劉貴、吳大海、吳大貴、高懷士、高守文、孫中興、孫漸昌、任大宗、高祥、高懷哲、楊思學、趙寧、趙秀、李三典、高文安、高登才、高文治、李魁、李明、高勇、楊宗錫、龔維新、涂美、吳順、馮開榮、侯體賢、侯體直、楊學德、楊曉川、楊文仲、楊崇仲、楊曰義、楊崇敏、楊廷貴、陳道現、鄧允興、楊多秀、徐連、楊崇甫、趙長元、楊全壽、楊衍芝、楊文明、陳天華、文士、彭洪良、文品、楊子順、楊冠、文潼、楊得春、楊南陽、楊樹珩、楊衍蕃、楊衍蔚、陳道光、祝文德、楊明元、陳天壽、劉其祥、何正典、何正謨、何有賢、何英賢、何士有、趙福儒、何萬有、何清周、何清龍、何廷仲、何富成、何丕成、楊里、李國祥、何懋喜、何懋林、楊繼泰、何士章、何懋新、楊鳳、何俸、楊宏寬、何應文、何思文、楊繼福、何應昭、張崇義、何福獻、何魁俸、楊繼榮、何芝、何俸璋、祝萬年、祝萬德、張貴、張有、祝三魁、張能讓、張能恭、鄧元興、楊之先、侯曰貴、陳國彥、祝壽昌、楊正邦、鄧宗武、楊學富、陳天壽、楊學德、文學、文師泰、彭洪道、楊學尊、楊洪前、楊志、楊多錫、楊正恒、楊掄元、張能舉、侯允湯、劉應德、何青雲、文應士、金延祥、江大潮、李文碧、劉珍、賈言信、楊興貴、王思敬、楊容寬、黃允伸、何金秀、王良、尹士禄、甄舉、李天福、李思聰、韓友邦、韓喜、李得佐、花思虎、党仁先、田中榮、康爾隨、孫文元、景星布、周瑞玉、史定、馮連、謝復榮、婁有仁、王茂圖、賀朝青、王天福、張祥、黃龍、尚天德、李卓、王甲捷、馬得元、沈中立、吳允吉、趙海、鮮中元、秦朝、張九達、吳文元、張漢、徐步雲、柴作良、邱國珍、楊居召、王珩、胡安仁、林文元、趙貴、冉宏仁、邱中和、何士近、金貴、鄭福美、陶應龍、易元、穆有和、鮑士林、鄧文學、周朝、王友章、張明顯、邱日新、侯超、張思貴、趙榮茂、李國英、王有年、王之魁、謝大才、孫允伸、康萬凝、孫孔先、徐魁、吳自法、張金貴、劉新、吳士貴、李仲、楊普、張大成、孫貴、宋貴齊、劉福、孫允福、胡從龍、姜大山、尹典、楊通、何坤、楊杰、羅光義、王甫、張明、周一方、安謨、田盛、彭明、李清、楊益、胡兆珍、蕭玉、馬林、楊美、蔣浩、李文斗、孫鵬貴、劉子均、張蘂保、劉中和、樊魁、王自元、徐登虎、王問詩、徐萬凝、何占元、何思亮、何小彩、王萬善、王萬一、王子禮、馮允清、張合、陳富、陳友、胡爾成、陳常、李中武、馮中國、彭池、李國珠、孫國用、劉明、尹爾泰俱是年陣亡，均入祀昭忠祠。

李柏林。昭化人。嘉慶五年禦賊陣亡。同縣熊萬伸、朱金榜、張登賢俱是年陣亡，均入祀昭忠祠。

何大林。巴州人。嘉慶二年，賊衆攻城，大林隨汛弁李遇春協力抵禦，巷戰而死。同州諸生楊仕山、王守一、羅至愷、康作新、李守中、何繼模、高彌高、苟騰輝、孫永昌、王心典、李瑶、孫永爵、李乾生、孫永韜、白鶴汀、楊續、楊永一、鄧思、吕應愷、何大受、李作柱，義勇苟添德、何清洲、王達、梁占清、施學士、張模、張鐸、黄鍾相、鄧吉祥、魏正陽、王曰壽、李天玉、孫獻瑞、孫繩武、李果、白廷學、陳家訓、楊人龍、鄧思廉、陳璚、劉元，俱是年陣亡，均入祀昭忠祠。

陳應彪。巴州人。官守備。嘉慶初，與同州千總高守謙同勦教匪陣亡，卹廕各如例。

岳貴。南江人。嘉慶初，以軍功鄉勇勦教匪陣亡，卹廕如把總例。

李朝相。劍州人。官守備。嘉慶初，與同州把總陳在朝、外委劉明玉同勦教匪陣亡，卹廕各如例。

流寓

唐

杜甫。襄陽人。寶應元年，徐知道反，甫避亂梓州，又移閬州。廣德元年，嚴武再鎮蜀，甫卻歸草堂。

鄭谷。宜春人。避亂入蜀，半紀之餘。嘗寓巴州，有巴賓旅寓寄從叔詩。

羅隱。杭州新城人。因亂入蜀，嘗居劒門，往來劒、綿之間。

宋

李好義。下邽人。與兄好古俱寓閬中。好義爲吴曦部將，累著戰功。及曦僭蜀，好義結李貴、楊巨源討斬之。歷官中軍統制，知西和州。

列女

漢

馬妙祈妻義氏。閬中人。與同縣王元瓆妻姬氏、趙蔓君妻華氏皆夙喪夫執共姜之節，守一醮之禮，號曰「三貞」。永初中，廣漢、漢中羌反，虐及巴郡，三人遭亂兵迫匿，懼見拘辱，同時自沈於西漢水而死。有黄鳥鳴其葬處徘徊焉，國人作詩傷之。

宋

陳省華妻馮氏。閬中人。家本富，禄賜且厚，不許諸子事華侈。堯咨爲荆南守，秩滿歸，母問曰：「爾典名藩，有何異政？」對曰：「州當孔道，過客以兒善射，莫不歎服。」母曰：「忠孝輔國，爾父之訓也。爾不能以善化民，顧專卒伍一夫之技，豈父訓哉？」因擊以杖，墮其金魚。

蒲卣母任氏。閬州人。知書，里人號任五經。

陳承己妻彭氏。承己爲閬州僉判。寇入奉國縣，承己爲賊所創，彭罵賊死。理宗追封「恭人」，賜廟閬州。

元

高必塔也妻白氏。利州人。早寡，不忍獨生，以死從夫。

韓貞女。名娥，保寧人。元末，明玉珍據蜀，貞女慮見掠，僞爲男子服，而被驅入伍，轉戰十二年，人莫知其爲處女也。遇其叔父，贖歸成都，始改裝而行。同時從軍者，莫不驚異。後嫁爲馬氏婦，人以韓貞女稱。

明

陳文才妻金氏。名淑貞，廣元人。年十八，適陳，數月，夫亡，守節至八十六歲終。又巴州王賢妻李氏，年二十一，守志事姑。有富家謀娶，姑欲許之，氏誓死不從。俱弘治間旌。

鄭應輝妻廖氏。閬中人。年十五適鄭，三月夫亡，決志從死，姑解諭之，遂斷髮自誓，始終一節。同縣王一松妻荀氏、妾趙氏，楊寀妻李氏，徐敏達妻楊氏，田垕妻張氏、妾張氏，田世勳妻蕭氏，田世武妻韓氏，張顯妻邢氏，賈傑妻張氏，羅某妻王氏，羅穎妻馮氏，劉元凱繼妻楊氏，馬繼祖妻王氏，沈繼顯繼妻王氏，均夫歿守節。任希祖妾楊氏，夫歿殉節。

王廷輔妻閻氏。通江人。正德中，鄢藍賊陷城，閻避縣北林箐中，爲賊所執，觸樹未死，罵不絶口，賊怒殺之。同時昭化賈天禄妻楊氏、賈昌印母李氏、任知永母吴氏、南江王塘妻趙氏、劍州鄭玉紞妻陳氏、毋道福妻楊氏、賈重妻董氏、李瓚妻汪氏、巴州張烈女、劍州陳女匾兒、張女七花，均遇寇不屈死。

李廷相妻楊氏。南部人。幼通孝經、列女傳及史、鑑。年十六，歸李，早寡，守志不二。同縣龔思賢妻李氏、羅昭妻王氏均夫歿守節。

張氏女。蒼谿人。幼許字黎姓，未笄而黎子瞽，父欲改字，女泣曰：「許婚已定，命也，何改爲？」遂相夫終身。又同縣陶文舉妻徐氏，夫歿守節，萬曆初旌。

彭有年妻劉氏。廣元人。夫歿守節。同縣党人文妻解氏、曹某妻倪氏、張智輔妻韓氏、馬九方妻徐氏、何天衢妻趙氏，均以節旌。

陳遷聘妻李氏。廣元人。遷歿，李聞訃登樓自縊。邑令爲題墓。嘉靖中旌。同縣張應奎聘妻鄭氏，父母俱亡，遂養於張氏。未婚而應奎夭，鄭撫棺悲慟，旋以線密縫上下衣，自縊死。

李明楊妻吴氏。昭化人。夫早亡，姑老子瞽，家綦貧，日用取給女紅，奉姑克孝。同縣陶舜徵妻羅氏、羅希玉妻楊氏、羅紹尹妻李氏、吴鑑妻梅氏、吴國彦妻李氏，均以節旌。

晏耳鼎妻牟氏。昭化人。年十五許字晏，未及婚，耳鼎赴成都，譌言已死，母將改字之，牟涕泣求死。耳鼎歸，乃成婚。後流寇掠昭化，牟投江死。

郭宗實妻向氏。通江人。夫歿守節。同縣郭宗夔妻屈氏、趙萬安妻何氏、王言妻苟氏、楊簡繼妻岳氏，均夫歿守節。閻自昌妻張氏、秦之璋妻李氏、劉治邦妻蘇氏，均夫歿殉節。

李開妻齊氏。巴州人。開死於賊，齊與妾某同守節，撫妾子如己出。同州陳九鼎妻岳氏，亦以節旌。

王登龍妻易氏。南部人。夫歿守節。同縣馬會妾易氏、鄧應寵妻李氏，均以節旌。

李惟華妻梁氏。劒州人。夫卒無子，姑老多疾，氏孝事不怠。姑喪畢，歸依母家。兄梁可宗分給田宇，扃户獨居，至親罕見其面。同州毋性妻梁氏，亦以節旌。

李民楫妻蒲氏。廣元人。民楫商於粤。張獻忠寇蜀，蒲負姑入山，經歷危險，俱免於難。聞夫歿，欲自縊，以姑在不死。姑年八十四終，殯葬盡禮。

王豐年妻孫氏。劒州人。事孀姑以孝聞。崇禎中，獻賊陷城，遣子遠遁，與女蘭姑閉户自焚。同州趙公選妻張氏、李一鴻妻聶氏、閬中徐永周妻王氏、劒州趙宏暢妻梁氏，均駡賊遇害。同州張氏女、南部張禄中妻李氏、巴州楊日昇妻李氏，均遇寇不屈死。

李明哲妻羅氏。蒼谿人。隨姑避亂山中，姑病劇，聞寇至，驚悸卒。羅掩埋訖，遂墜崖死。

本朝

李猶龍妻劉氏。廣元人。順治二年，獻賊陷城，猶龍抗節死，劉年二十一。亂離中課子庚生，以孝行舉。學使表以詩，謂「義士節孝，萃於一門」。

楊繼生妻劉氏。閬中人。順治初，繼生任太倉州學正。劉遭寇亂，流離秦、隴間，茹荼自守。後聞夫在，齧斷一指裹書寄之，乃得重聚。繼生中壬辰進士，知福建連江縣，死海寇難。劉同日殉節。同縣張鶴翔妻周氏，康熙初遭吴逆之亂，被擄不屈死。

左烈女。蒼谿人。康熙初，遭吴逆之亂，被擄不屈死。

何現圖妻鄧氏。南部人。康熙初，遭吴逆之亂，被擄不屈死。

劉以灝妻周氏。閬中人。以灝卒於京邸，無子，氏事姑誠孝，撫夫幼弟以灊成名。同縣節婦毋懿妻彭氏、劉昌李妻楊氏、劉世經妻李氏、劉静遠妻謝氏、李桂妻楊氏、李標妻張氏、田兆瑞妻吴氏，均雍正年間旌。

徐天祐妻張氏。巴州人。年少夫亡，豪右欲脅娶之，遂自縊。同州烈婦徐氏年少，夫卒未葬，遭强暴突至家，徐紿以次日易服，夜自縊。楊嵩妻何氏，嫁甫一夕，嵩赴郡試卒，何聞自縊。庠生王詰妻杜氏，年二十，詰病危，諭以他適。杜泣曰：「勿憂此，吾不負君也。」乘夜先自縊。劉崑妻張氏，崑戰死於烏蒙，氏謂二女曰：「吾與汝豈可受賊辱？」遂手刃二女，乃自殺。妾吴氏亦自刎死。均雍正年間旌。

閻啓麟妻文氏。蒼谿人。年少夫亡，孝事孀姑，撫子成立。同縣節婦胡天瑞妻陳氏、陶淑理妻陳氏，均雍正年間旌。

余昆妻文氏。蒼谿人。字諸生余昆。昆貧，母以改字何姓，女不從。何潛以幣迎，女覺走投昆，昆不敢納。適縣令杜士秀課農至，問狀得實，令歸昆，立坊表之。

楊先春妻温氏。巴州人。夫亡守節。雍正年間旌。

朱琨妻王氏。通江人。琨年十九，入賊巢救父，賊并執之，皆罵賊死。氏年十七，生子甫五月，聞變屢縊，以救免。苦節五十餘年。雍正年間旌。

何維漢妻劉氏。劍州人。夫亡守節。雍正年間旌。

吴鼎妻馬氏。閬中人。夫亡守節。同縣節婦趙瓊妻劉氏、謝履妻李氏、張能賢妻郭氏、張盛妻杜氏、馬現瑞妻蔣氏、張增妻鄭氏、張能孝妻廖氏、王東皋妻周氏、吴敏妻羅氏、侯立禮妻王氏、周鍾霖妻張氏、田紹虞妻劉氏、朱崑妻田氏、鮮文中妻蔡氏、顧諦青妻冐氏、殷暹妻袁氏、李文德妻裴氏，烈婦趙氏，俱乾隆年間旌。

張翥妻高氏。蒼谿人。夫亡守節。同縣節婦李應妻苗氏、李崇元妻趙氏、楊書林妻寇氏、向乾貞妻張氏，烈婦羅啓仁妻羅氏、薛登俊妻戴氏，俱乾隆年間旌。

宋之仁妻陳氏。南部人。夫亡葬畢，從容自經。

王允龍妻伏氏。南部人。夫亡守節。同縣節婦謝尚鵬妻李氏、文焕妻謝氏、李翠生妻張氏、何啓俊妻謝氏，烈婦馬華妻陳氏，貞女盧加信女閏姑，俱乾隆年間旌。

王廷汲妻張氏。廣元人。夫亡守節。同縣節婦李博程妻杜氏、韓崑妻權氏、毋瑞時妻侯氏、王式維妻胡氏、魯而敏妻冉氏、賈思齊妻王氏、梁正棟妻童氏、王德麟妻向氏、周崇衡妻楊氏、趙鴻修妻張氏、李光裕妻王氏，俱乾隆年間旌。

何天才妻張氏。昭化人。夫亡守節。同縣節婦吴崇廉妻李氏、吴天滋妻李氏，俱乾隆年間旌。

苟惠妻李氏。巴州人。夫亡守節。同縣節婦張錕妻王氏、喻琯妻楊氏，均乾隆年間旌。

張仲義妻周氏。通江人。拒賊逼遇害。乾隆年間旌。

張宏道妻岳氏。南江人。夫亡守節。同縣節婦岳文華妻林氏、烈婦吴宗儒妻嚴氏，均乾隆年間旌。

鄭詒妻苟氏。劒州人。年少夫亡，族人欲嫁之，引刀自誓，撫兩月孤成立，年九十三終。乾隆年間旌。

張希元妻王氏。閬中人。夫亡守節。同縣節婦曹順繼妻韓氏、孔傳心妻劉氏、王澤宣妻熊氏，烈婦侯某妻魏氏，均嘉慶年間旌。

王士虎二女。長姑、二姑，蒼谿人。嘉慶初，爲賊匪逼脅偕行。二女紿以好語，稍前有峻崖，同奮身躍下死。時同縣羅玉書妻鄭氏、楊占鳳妻李氏俱被擄不屈死。均嘉慶年間旌。

王宗永妻范氏。蒼谿人。夫亡守節。同縣節婦趙心孔妻王氏、文中繡妻崔氏，烈婦王公潮妻李氏，烈女羅秀姑，均嘉慶年間旌。

馬何氏。南部人。嘉慶四年，賊匪破老君寨，不屈被害。同縣高何氏、高趙氏、何鄧氏、敬謝氏、李張氏、張楊氏、羅劉氏、向董氏、向陳氏、馬馬氏、黄鄧氏、黄李氏、虎周氏、何虎氏、虎羅氏、邢李氏、李何氏、范向氏俱遇賊不屈死，均嘉慶年間旌。

袁大成妻胡氏。南部人。夫亡守節。同縣烈婦杜某妻趙氏、鄭張氏均嘉慶年間旌。

趙鵬能妻楊氏。廣元人。嘉慶二年，賊匪破高城堡，不屈被害。同縣趙鐸妻賈氏、趙友林妻李氏、梁世彦妻羅氏、趙堂妻何氏、祝興妻何氏、陳天壽妻王氏、侯體直妻李氏、趙倖妻石氏、袁義妻楊氏、楊繼龍妻魯氏、楊繼林妻王氏、劉昌佑妻李氏、強成忠妻楊氏、苟世成妻詹氏、魏登貴妻嚴氏、昝兆魁妻李氏、侯毓美妻李氏、侯四美妻趙氏、黎中清妻何氏、余學才妻張氏、趙馬氏、尹劉氏、苟劉氏、劉馮氏俱遇賊不屈死，均嘉慶年間旌。

夏世榮妻孫氏。廣元人。夫亡守節。同縣節婦賈思明妻王氏、魯鋐妻王氏、汪海舟妻戴氏、尹銑妻王氏、戴世琮妻劉氏、戴永昌妻羅氏、劉致中妻趙氏、武中俊妻王氏、趙登魁妻孫氏、周鼎妻石氏、王克舉妻趙氏、魏楨麟妻李氏、陳壽春妻鄧氏、楊文燦妻陳氏、姜獻疇妻曾氏、楊家寶妻馬氏、孫國祥妻陳氏、樊璿妻孫氏、貫豫章妻湯氏、李應龍妻王氏、楊德成妻趙氏、王纘緒妻劉氏、汪大任妻郭氏、趙攀魁妻王氏、張鳳年妻楊氏、屈連妻姜氏，烈婦李光連妻羅氏，均嘉慶年間旌。

仲國通妻陳氏。昭化人。賊匪猝至，不屈被害。嘉慶年間旌。

陳居仁妻賈氏。昭化人。夫亡守節。嘉慶年間旌。

藺廣妻李氏。巴州人。嘉慶二年，賊至逼脅同行，至江邊，使招舟子載以渡。李大呼曰：「是乃賊也。」投水死。同州郭俊清女蓮姑，賊至被掠，女大罵，賊殺之，書「烈女尸」三字於背，棄諸路側。又楊醇妻何氏、李杲妻王氏及二女俱遇賊不屈死。均嘉慶年間旌。

饒克才妻馮氏。巴州人。夫亡守節。同州節婦張元清妻李氏、陳汝昌妻王氏、李作槐妻楊氏、苟榮妻蒲氏，均嘉慶年間旌。

陳應龍妻周氏。通江人。嘉慶二年，夫婦皆被賊擄。氏戒其夫曰：「勿從賊取辱也。」隨自縊。同縣周化岐妻孔氏、媳潘氏，潘奇榮母趙氏、媳杜氏，湯全德妻羅氏，劉品儒母閻氏，蔡凝彌母何氏，陳元進母李氏，陳苟氏，蔡何氏，谷陳氏，秦何氏，劉吴氏，吴氏女，俱遇賊不屈死，均嘉慶年間旌。

田賀氏。南江人。嘉慶二年，教匪犯境，不屈被害。同縣李陳氏、李雷氏、王尹氏、何朱氏、何羅氏、張章氏、何楊氏、林唐氏、萬楊氏、楊張氏、羅雷氏、李熊氏、顏陳氏、顏張氏、何李氏、蕭羅氏、何侯氏、向白氏、羅何氏、郭李氏、郭范氏、錢蔣氏、權蹇氏、權鮮氏、權趙氏、何蒲氏、青吴氏、青袁氏、李楊氏、蒲袁氏、楊唐氏、翟楊氏、李張氏、何康氏、龍尹氏、孫杜氏、萬楊氏、藍王氏、沈吴氏、游黄氏、姚屈氏、翟楊氏、劉幺姑俱遇賊不屈死。節婦岳登桂妻王氏，均嘉慶年間旌。

王安仁女三姐。劒州人。爲賊所執，不屈被害。嘉慶年間旌。

仙釋

漢

張道陵。初入蜀，修道鶴鳴山，領弟子趙昇、王長來雲臺，煉大丹服之。漢永壽二年，自以功成道著，將諸品秘録授其長子衡，乃與夫人雍氏登雲臺峯，白日上昇。

晉

范豺。閬中人。桓温時，已斑白，至宋元嘉中不變。或問：「先生是謫仙耶？」云：「東方朔，我小兒時，數與之狡獪也。」後數言禍福皆有驗。文帝惡之，賜豺自盡。而後人復遇之。

宋

羅晏。閬中人。兒時牧山下，見二道人弈，晏捨牧觀之。道人出囊中餅與之，晏食已歸家，覺腹中如燎，因發狂累日。自是惟飲水，數日不一食，稍稍預言禍福，無不驗。宋宣和中，賜號静隱處士。後張浚延至軍中，晏曰：「相公勿恐，明日敵退。」果然。加號太和沖夷先生。

土產

金。華陽國志：晉壽縣有金銀礦。唐書地理志：利州貢金，劍州、巴州貢麩金。

鐵。唐書地理志：綿谷縣有鐵。

綾絹。唐書地理志：閬州貢蓮綾綿絹紬縠，巴州、壁州貢綿紬。寰宇記：利州産絁，劍州産紗，集州産小絹，閬州産重蓮綾。段氏蜀記云：果、閬二州絹長十五丈，重一斤，其色鮮白。

布。唐書地理志：利州、劍州貢絲布，巴州貢貲布。寰宇記：閬中産獠布，壁州産絲布、麻布。

粱米。唐書地理志：利州土貢。

鹽。唐書地理志：閬中、南部、新井、新政有鹽。

茶。寰宇記：巴州産。

橙。唐書地理志：巴州貢。寰宇記：利州産柑子、枇杷。

薑。寰宇記：劍州産。

藥。唐書地理志：利州貢天門冬、芎藭、麝香，集州貢藥子。元和志：劍州貢巴戟天、重臺。寰宇記：閬州貢當歸，利州産附子、天雄、烏頭、黄連，巴州貢巴戟天、白藥。

蠟。唐書地理志：利州、集州土貢。寰宇記：利州、壁州産蠟。

石蜜。唐書地理志：巴州貢。寰宇記：集州産蜜。

葛粉。唐書地理志：劍州貢。

花油。唐書地理志：巴州貢。

席。唐書地理志：劍州貢蘇薰席。

馬策。唐書地理志：壁州貢。

紙。寰宇記：劍州貢蠲紙。

魚。唐書地理志：利州貢鰊魚。寰宇記：利州産鰿子。

校勘記

〔一〕佺盛言左參軍李景陽枝江令高汝士之美 「陽」，原作「楊」，據乾隆志卷二九八保寧府人物（下同卷簡稱乾隆志）及宋史卷三四四鮮于佺傳改。

〔二〕拜左諫議大夫 「左」，原作「右」，乾隆志同，據宋史卷三四四鮮于佺傳改。按，據續資治通鑑長編卷三八七，鮮于佺拜左諫議大夫是在宋哲宗元祐元年九月丁卯，同日遷官右諫議大夫者乃太常少卿梁燾。

順慶府圖

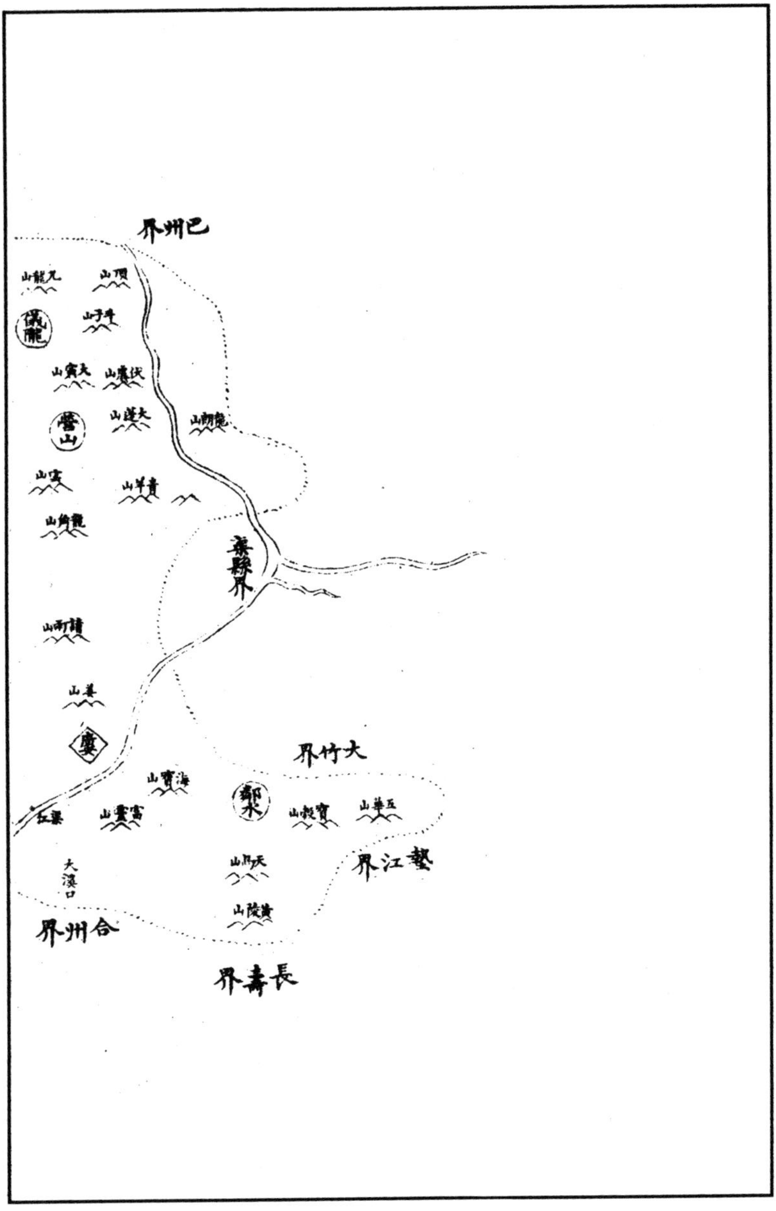
巴州界
九龍山
頂山
儀隴
營山
大蓬山
青羊山
渠縣界
大竹界
鄰水
五華山
墊江界
大溪口
合州界
長壽界

順慶府圖

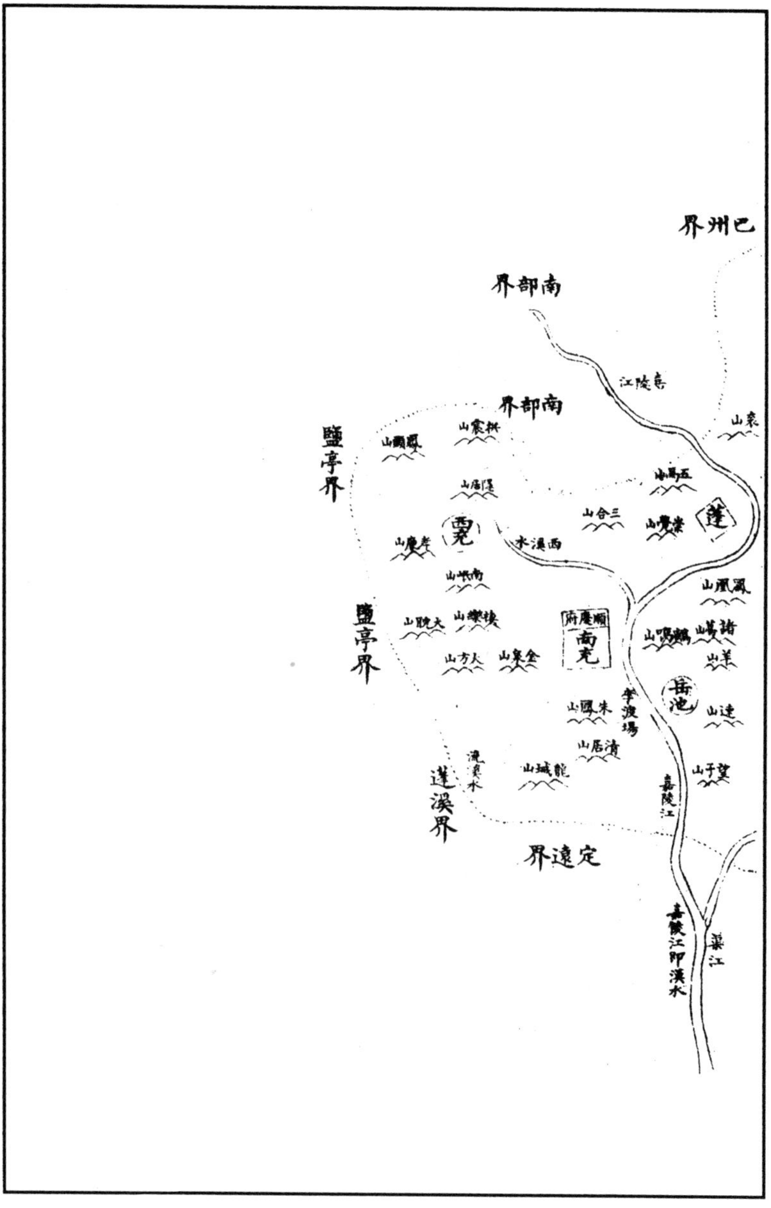
巴州界
南部界
嘉陵江
南部界
鹽亭界
蓬
三合山
西充
西溪水
鳳凰山
順慶府
南充
鹽亭界
岳池
李渡場
清居山
流泉水
嘉陵江
蓬溪界
定遠界
嘉陵江即漢水
渠江

順慶府表

	順慶府	南充縣
秦	巴郡地。	
兩漢	巴郡安漢、宕渠等縣地。	安漢縣 置屬巴郡。後漢初平元年移郡來治。建安六年改屬巴西郡。
三國		安漢縣
晉		安漢縣
南北朝	南宕渠郡 宋置，梁去「南」字。	安漢縣 郡治。
隋	開皇初郡廢，大業初屬巴西郡。	南充縣 開皇十八年改名，屬巴西郡。
唐	果州 武德四年置州，天寶元年改南充郡，乾元元年復故，屬山南西道。	南充縣 州治。
五代	果州 屬蜀。	南充縣
宋	順慶府 寶慶三年升府。	南充縣 府治。
元	順慶路 至元四年置東川路，後改府。十五年復曰順慶府，二十年改路。	南充縣 路治。
明	順慶府 洪武中復府，屬四川布政使司。	南充縣 洪武初移今治。府治。

續表

	西充縣
	安漢縣地。
新興郡梁置。魏改名清居。 漢初縣齊置，屬南宕渠郡。魏改名清居，爲清居郡治。	
開皇初廢。 漢初縣開皇初復故名，屬合州。	南充縣地。
流溪縣開耀元年析置，屬果州。 漢初縣	西充縣武德四年分置，屬果州。
流溪縣 漢初縣	西充縣
流溪縣熙寧六年省。紹興二十七年復置，屬順慶府。 漢初縣	西充縣屬順慶府。
至元二十年省。 至元二十年省。	西充縣屬順慶路。
	西充縣洪武十年省入南充，十三年復置，屬順慶府。

蓬州	營山縣
安溪縣地。	巴郡宕渠縣地。
梓潼郡 梁置。西魏廢。 相如縣 梁天監六年置，郡治。	蓬州 周天和中置。
相如縣 屬巴州郡。	大業初廢。
相如縣 屬果州。	朗池縣 武德四年置，屬果州。寶慶元年屬蓬州。武德元年復置，開元二十九年徙。
相如縣	朗池縣
蓬州 淳祐三年徙置雲山。 相如縣 寶祐六年移蓬州來治。	營山縣 大中祥符五年改名，屬蓬州。
蓬州 至元十五年移來治，二十年升蓬州路，後復爲州，屬順慶路。 相如縣	營山縣
蓬州 屬順慶府。	營山縣 洪武十年省入蓬州，十三年復置。

續表

續表

	儀隴縣
	巴郡閬中縣地。
安固縣 梁置。 景陽郡 梁太清元年置。 宕渠縣 梁置，郡治。 綏安縣 梁大同中置，屬景陽郡。	隆城郡 梁天監元年置。 儀隴縣 郡治。
安固縣 屬清化郡。 開皇初廢。 宕渠縣 屬宕渠郡。 咸安縣 開皇十八年改名，屬宕渠郡。	開皇初廢。 儀隴縣 屬巴西郡。
良山縣 開元二十九年改名，屬蓬州。 宕渠縣 屬蓬州。長安三年移治。 蓬山縣 至德二年改名，屬蓬州。	儀隴縣 武德初屬蓬州，開元二十六年移今治。
良山縣 宕渠縣 蓬山縣	儀隴縣
良山縣 熙寧五年省。建炎二年復置。 乾德三年省。 熙寧三年省。	儀隴縣 徙。
至元二十年省。	儀隴縣 復舊治。
	儀隴縣 洪武十年省入蓬州，十三年復置。

	大寅縣 梁置，屬隆城郡。	伏虞郡 梁大同中置。	
	大寅縣 屬巴西郡。	開皇初廢。	
蓬州 開元二十九年移來治，天寶初改咸安郡，至德二載改蓬山郡，乾元初復故，屬山南西道。	大寅縣 廣德元年改名蓬池，後省。開成元年復置。		伏虞縣 開元末移今治，屬蓬州。
蓬州	蓬池縣		伏虞縣
蓬州 初屬利州路，寶祐六年徙治相如。	蓬池縣 屬蓬州。		伏虞縣
至元二十年省。	至元二十年省。		至元二十年省。

續表

	廣安州	鄰水縣
	巴郡宕渠、安漢、墊江三縣地。	巴郡宕渠縣地。
宣漢縣 郡治。	始安縣 梁置，屬北宕渠郡。	
伏虞縣 開皇十八年改名，屬清化郡。	賨城縣 開皇十八年改名，大業初移今治。	
	渠江縣 武德元年復曰始安，屬渠州。天寶元年又改。	
	渠江縣	
	廣西軍 開寶二年置廣安軍，屬梓州路。咸淳三年改名。 渠江縣 軍治。淳祐三年徙。	鄰水縣 乾德四年移今治。
	廣安府 至元十五年軍廢，二十年置府，屬順慶路。 渠江縣 至元中復舊治。	至元二十年省入大竹。
	廣安州 洪武四年降州，屬順慶府。 洪武十年省入州。	鄰水縣 成化元年復置，屬廣安州。

	岳池縣
	安漢縣地。
鄰水縣梁置，屬鄰州。魏屬鄰山郡。	
鄰水縣屬宕渠郡。	
鄰水縣武德初屬鄰州，三年屬渠州。	岳池縣萬歲通天二年分置，屬果州。 新明縣武德二年分置，屬合州。
鄰水縣	岳池縣 新明縣
	岳池縣開寶二年屬廣安軍。 新明縣改屬廣安軍，開寶六年移治。 和溪縣開禧三年置，屬廣安軍。
	岳池縣屬廣安府。 省。
	岳池縣屬廣安州。

大清一統志卷三百九十三

順慶府一

在四川省治東北六百二十里。東西距四百七十里，南北距二百里。東至綏定府渠縣界二百三十里，西至潼川府鹽亭縣界二百四十里，南至重慶府定遠縣界一百二十里，北至保寧府南部縣界八十里。東南至忠州墊江縣界三百三十里，西南至潼川府蓬溪縣界九十里，東北至保寧府巴州界二百七十里，西北至鹽亭縣界一百二十里。自府治至京師五千八百二十五里。

分野

天文井、鬼分野，鶉首之次。

建置沿革

禹貢梁州之域。春秋爲巴國地。秦爲巴郡。漢爲巴郡安漢、宕渠等縣地。後漢建安中改屬巴西郡，晉因之。劉宋於安漢置南宕渠郡，齊因之。元和志、舊唐志諸書皆同，而宋齊志仍兩屬巴西及北巴西郡。

梁曰宕渠郡。隋開皇初郡廢，大業初屬巴西郡。唐武德四年分置果州，天寶元年改南充郡，乾元元年復曰果州，屬山南西道。元和志、新唐志皆屬山南道，舊唐志、寰宇記則屬劒南道。詳見保寧府。大曆六年更名充州，十年復故。五代屬蜀，置永寧軍。宋亦曰果州南充郡，改隸梓州路。寶慶三年升順慶府。以理宗潛邸故。元至元四年置東川路，後改東川府。十五年復曰順慶府，二十年升爲順慶路，屬四川行省。明洪武初復曰順慶府，屬四川布政使司。本朝因之，屬四川省。領州二、縣八。嘉慶十九年，以渠、大竹二縣改屬綏定府。今領州二、縣六。

南充縣。附郭。東西距一百四十里，南北距一百七十里。東至廣安州界五十里，西至潼川府蓬溪縣界九十里，南至重慶府定遠縣界一百里，北至蓬州界七十里。東南至岳池縣界五十里，西南至蓬溪縣界九十里，東北至綏定府渠縣界九十里，西北至西充縣界五十里。漢置安漢縣，屬巴郡。後漢初平元年，劉璋移巴郡來治。建安六年改屬巴西郡，三國漢及晉因之。劉宋改置南宕渠郡，齊以後因之。隋開皇初郡廢，十八年改縣曰南充，屬巴西郡。唐武德四年，爲果州治。宋因之。南宋爲順慶府治。元爲順慶路治。明復爲順慶府治。本朝因之。

西充縣。在府西北八十里。東西距一百一十里，南北距一百一十里。東至南充縣界三十五里，西至潼川府射洪縣界六十五里，南至潼川府蓬溪縣界六十里，北至保寧府南部縣界五十里。東南至南充縣界四十里，西南至蓬溪縣界四十里，東北至南部縣界三十里，西北至潼川府鹽亭縣界一百二十里。漢安漢縣地。隋南充縣地。唐武德四年，分置西充縣，屬果州。宋因之。南宋屬順慶府。元屬順慶路。明洪武十年，省入南充，十三年復置，屬順慶府。本朝因之。

蓬州。在府東北一百里。東西距九十里，南北距一百四十里。東至營山縣界三十里，西至南充縣界六十里，南至南充縣界九十里，北至儀隴縣界五十里。東南至岳池縣界九十里，西南至南充縣界六十里，東北至營山縣界三十里，西北至保寧府南部縣界五十里。漢安漢縣地。梁置相如縣，兼置梓潼郡。西魏郡廢。隋屬巴西郡。唐武德四年，分屬果州。宋因之，寶祐六年改屬蓬州。元至元十五年，移蓬州來治。二十年升蓬州路，後復爲蓬州，屬順慶路。明洪武初以州治相如縣省入，屬順慶府。本朝因之。

營山縣。在府東北一百八十里。東西距九十里，南北距一百三十里。東至綏定府渠縣界六十里，西至蓬州界三十里，南至渠縣界六十里，北至儀隴縣界七十里。東南至渠縣界八十里，西南至蓬州界三十五里，東北至綏定府達縣界一百三十里，西北至儀隴縣界七十里。漢巴郡宕渠縣地。梁置安固縣。周天和中置蓬州。隋大業初州廢，屬清化郡。唐武德元年，復於縣置蓬州。四年又置朗池縣，屬果州。開元二十九年，徙蓬州治大寅〔一〕，改安固曰良山屬之。寶應元年又以朗池縣屬蓬州。宋大中祥符五年，改朗池曰營山。元至元二十年，省良山入營山。明洪武十年省入蓬州，十三年復置，仍屬蓬州。本朝屬順慶府。

儀隴縣。在府東北二百三十里。東西距一百三十里，南北距一百三十里。東至保寧府巴州界一百里，西至保寧府閬中縣界三十里，南至營山縣界七十里，北至巴州界六十里。東南至營山縣界七十里，西南至保寧府南部縣界四十五里，東北至巴州界八十里，西北至閬中縣界五十里。漢巴郡閬中地。梁天監初，置隆城郡。隋開皇初郡廢。唐武德初屬蓬州，開元二十九年移蓬州治，以儀隴屬之。天寶初改州曰咸安郡，至德二載又改爲蓬山郡。乾元初復曰蓬州，屬山南西道。廣德元年，改大寅縣曰蓬池。五代屬蜀。宋爲蓬州咸安郡，屬利州路。寶祐六年，徙州治相如縣，以二縣屬之。淳祐三年罷郡。元至元二十年，併蓬池入儀隴，仍屬蓬州。明因之。本朝屬順慶府。

廣安州。在府東南一百七十里。東西距九十里，南北距一百四十里。東至綏定府大竹縣界七十里，西至岳池縣界二十里，南至重慶府合州界七十里，北至綏定府渠縣界七十里。東南至鄰水縣界七十里，西南至合州界一百三十里，東北至渠縣界七十里，西北至營山縣界八十里。漢巴郡宕渠、安漢、墊江三縣地。梁置始安縣，屬北宕渠郡。隋開皇十八年，改曰賨城，屬宕渠郡。

唐武德元年，復曰始安，屬渠州。天寶元年，改曰渠江。宋開寶二年，於縣置廣安軍，屬梓州路。咸淳三年，改曰寧西軍〔二〕。元至元十五年軍廢，二十年置廣安府，屬順慶路。明洪武四年，改廣安州，以州治渠江縣省入，仍屬順慶府。本朝因之。

鄰水縣。在府東南二百七十里。東西距一百里，南北距一百五十里。東至忠州墊江縣界六十里，西至廣安州界四十里，南至重慶府長壽縣界七十里，北至綏定府大竹縣界八十里。東南至長壽縣界八十里，西南至重慶府江北廳界七十里，東北至大竹縣界三十五里，西北至廣安州界三十里。漢巴郡宕渠縣地。梁置鄰水縣，屬鄰州。後魏屬鄰山郡。隋屬宕渠郡。唐武德初屬鄰州〔三〕，三年還屬渠州。寶曆元年，省入潾山，大中初復置。宋因之。元至元二十年，省入大竹。明成化元年復置，屬廣安州。本朝屬順慶府。

岳池縣。在府東南一百二十里。東西距一百里，南北距一百八十里。東至廣安州界四十里，西至南充縣界六十里，南至重慶府合州界九十里，北至南充縣界九十里。東南至鄰水縣界一百二十里，西南至重慶府定遠縣界六十里，東北至渠縣界四十里，西北至南充縣界七十里。漢安漢縣地。唐爲南充、相如二縣地。萬歲通天二年，分置岳池縣，屬果州。宋開寶二年，改屬廣安軍。元屬廣安府。明屬廣安州。本朝康熙七年，省入廣安州。六十年，復置，屬順慶府。

形勢

嘉陵大江襟帶於左，金泉、棲樂諸山雄峙於右。宋開漢志。郛壘袤夷，溪水迤其西南，羣峯矗於四望。宋馮耘灌口廟記。依山爲郡，連接漢中。方輿勝覽。

風俗

賨人剽勇，鋭氣喜舞。風俗通。當舟車往來之衝，民喜商賈而怠穡事。宋程涇社稷壇記。漢以忠義名節著，唐以神仙浮屠顯，宋以文章學術名。宋開漢志。古稱忠義之邦，其民淳樸温厚。明統志。

城池

順慶府城。周九里七分，門九。明洪武初築，成化初甃甎。本朝康熙年間屢修，乾隆九年重修。南充縣附郭。

西充縣城。周七里，門四。明天順中築，成化中甃甎。本朝乾隆三十年修，嘉慶二年重修。

蓬州城。周四里，門四。明弘治中建。本朝康熙四年修，乾隆三十一年重修。

營山縣城。周四里九分，門四，池廣一丈。明成化中築，正德中甃甎。本朝康熙四十四年修，嘉慶元年重修。

儀隴縣城。周三里五分，門四。明正德中建。本朝乾隆三十一年修。

廣安州城。周六里，門四。明成化中建。本朝雍正中修，乾隆十八年、三十年、五十一年重修。

鄰水縣城。周四里有奇，門四。明成化初建。本朝康熙四十三年修，乾隆三十年重修。

岳池縣城。周四里三分，門四。明天順中築，成化中甃甎。本朝乾隆三十年修。

學校

順慶府學。在府治南。宋慶曆中建。本朝康熙九年修。入學額數十五名。舊額二十名，嘉慶十九年減五名。

南充縣學。在縣治南。明初建於縣署西北。本朝嘉慶元年遷今所。入學額數十二名。

西充縣學。在縣治南門外。宋淳祐中建。本朝康熙二十四年修。入學額數十二名。

蓬州學。在州治北。宋淳祐中建於雲山，元至正中遷今所。本朝乾隆三十七年修。入學額數十二名。

營山縣學。在縣治西。元至順中建。本朝康熙六年修，雍正九年、乾隆七年、嘉慶七年重修。入學額數十二名。

儀隴縣學。在縣治北金城山〔四〕。明嘉定中建。本朝順治中重建，康熙二十三年修，乾隆三十二年、嘉慶四年、十四年重修。入學額數八名。

廣安州學。在州治南。宋嘉祐中建。本朝康熙二年修，五十年、雍正八年、嘉慶十二年重修。入學額數十二名。

鄰水縣學。在縣治東。宋建。本朝康熙元年修，嘉慶十六年重修。入學額數八名。

岳池縣學。在縣治南。宋太平興國中建。本朝順治十八年修，康熙六十年、乾隆五十三年重修。入學額數八名。

朱鳳書院。在府治西。本朝乾隆十九年建，名懋修書院，尋改今名。

南池書院。在南充縣治西。本朝乾隆十八年建，四十三年修。

鹿巖書院。在西充縣治南。本朝乾隆四十三年建，嘉慶九年修。

蓬山書院。在蓬州治北。本朝乾隆三十七年建。
朗池書院。在營山縣治東。本朝雍正中建，嘉慶三年修。
金粟書院。在儀隴縣金城山。本朝乾隆三十六年建，嘉慶十二年修。
渠江書院。在廣安州治東。本朝康熙中建，嘉慶八年修。
潾山書院。在鄰水縣城内。本朝乾隆十二年建。
鳳山書院。在岳池縣治北鳳山上。明萬曆十三年建。本朝康熙二十五年修。
南充義學。在縣治東。本朝乾隆四十二年建。
營山義學。在縣城内。本朝康熙四十一年建。按：舊志載金泉書院，在府西。嘉湖書院，在府北。嘉陵書院，在府北一里。俱明建。果山書院，在蓬州治南，宋刺史王旦建。振德書院，在蓬州治北，明正德中建。西林書院，在營山縣治西，明隆慶中建。甘棠書院，在廣安州治東十里，明成化中建。甘泉書院，在岳池縣治西，明成化中建。今並廢，謹附記。

户口

原額人丁一萬二十四，今滋生男婦共二百五萬五千四百九十三名口，計三十一萬二千九百六户。

田賦

田地二萬四千五百二十七頃二十八畝八分有奇，額徵地丁正、雜銀五萬四千六百四十七兩七錢二分五釐。

山川

鶴鳴山。在南充縣東十里。相傳唐謝自然昇仙之日，有鶴飛鳴於上。旁有紫雲亭。

諸葛山。在南充縣東四十里。相傳漢諸葛亮駐兵於此。

請雨山。在南充縣東七十里。縣民嘗祈雨有應，因名。

朱鳳山。在南充縣南十里。寰宇記：周迴二十里，昔有鳳凰集此，因置鳳山觀。

清居山。在南充縣南三十五里。輿地紀勝：在南充縣南四十里。有三峯，下瞰四水。有仙人洞。明統志：上有白雲、光相、汲江、五友四亭。宋淳祐中，以兵亂嘗徙府治此山。元至元初，建征南都元帥府於此山之龍竾壩。有金樓，高與山等，亭亭如浮圖，常有光焰。

龍城山。在南充縣西南。寰宇記：在流溪縣東六十里，與石梯山相連。其形盤屈如龍，絕壁如城。

金泉山。在南充縣西。寰宇記：唐貞元十年，謝自然於縣界金泉紫極宫白日上昇。輿地紀勝：金泉山在縣城西果山之足。上有青霞觀。明統志：金泉山下有金泉。又有寶臺山與金泉山相對。舊志：二山皆在縣西二里。上有石像。

果山。在南充縣西八里。舊唐書地理志：果州因山爲名。寰宇記：層峯秀起，松柏生焉。方輿勝覽：晉陳壽居此。上多黄柑。

棲樂山。在南充縣西十里。上有棲樂池，甃之以石，與嘉陵江相通。又有御風亭。

大方山。在南充縣西。輿地紀勝：大方山距城十五里。又有小方山，距城十二里。千峯萬嶺，周迴繚繞，疑若洞天。有滴乳泉。明統志：在縣西三十里。山上有神女泉。

大耽山。在南充縣西一百里，與小耽山對峙。輿地紀勝：在流溪縣。隋居士楊耽在此修養，冬居大耽山石窟中，夏居小耽山絶頂。

清泉山。在南充縣北。輿地紀勝：距城十里。有古刹，下瞰龍門諸山。

西充山。在西充縣治東。爲一邑之勝。舊志：在城内西北隅。又有化鳳山，在城内東隅。

亞夫山。在西充縣東，與縣城相倚。

鹿巖山。在西充縣東八里。鹿溪出此。

雙圖山。在西充縣東十里。舊志：兩峯相對，宛如圖畫。

扶龍山。在西充縣東二十里。輿地紀勝：在西充縣大陵鎮。

南岷山。在西充縣南。輿地紀勝：在縣南十五里。有十三峯九泉。漢何岷隱其上，因名。

歲堂山。在西充縣南二十里。上有百福院，爲歲時禳祝之所。又有鳳儀山，在縣南四十里。

孝廉山。在西充縣西。上有文昌祠。其西曰鳳臺山，頂方如臺。

瓊珠山。在西充縣西北四十里。蜿蜒若瓊珠相連。又有乾明山，亦在縣西北四十里。

鳳頭山。在西充縣西北五十里。萬山攢伏中，一峯孤聳，因名。

隱居山。在西充縣北十里。明統志：上有清泉宮。隋程太虛隱居於此，因名。

回龍山。在西充縣北三十里。聳翠嵯峨，縈迴盤繞。

拱宸山。在西充縣北五十里。又北五十里有紫巖山〔五〕。

玉環山。在蓬州城内北隅。元統志：其山秀麗，四面諸山拱揖，嘉陵江水環之，故名。下有玉環井。

龍角山。在蓬州東。元和志：在相如縣東二百步。高三百丈，從朗池縣界西來。

鳳凰山。在蓬州江南一里。元統志：其上三峯，中峯高峙，兩峯相對，如鳳凰相舞之狀。林木清秀，嘉陵江水從下而流。舊志：在州南五里。

崇覺山。在蓬州西二十里。元統志：一名永安山。兩峯高聳，下有嘉陵江水環之。

三合山。在蓬州西五十里。三峯並起，迴環相合，因名。

五馬山。在蓬州北五里。五峯高聳，勢如奔馬。

獅子山。在營山縣東三十里。以形似名。

青羊山。在營山縣東五十里。上有石池。

龍朗山。在營山縣東六十里。高聳特出。

五星山。在營山縣東南五十里。五峯峭麗，迴環拱揖。

印臺山。在營山縣南三百步。爲縣學前文峯。

翠屏山。在營山縣南一里。

太白山。在營山縣南一里。

營山。在營山縣西南一里。産冬青、蠟梅。

封竇山。在營山縣西三十里。

雲山。在營山縣西，接蓬州界，即古披衣山也。寰宇記：披衣山在朗池縣西南六十里。天將雨，山上雲霧馳曳如披衣然。山上有雲山寺。元統志：雲山在營山縣西四十里，一名披衣山。其山高險，四壁斗絶。宋淳祐三年，制置使余玠建砦栅，移州治於此。

衮山。在營山縣西北。輿地紀勝：在州城西十五里，隸營山縣。山頂有鳳凰院，相傳鳳嘗棲其上。中有風洞，下視如井，有風泠然。自下而上，又有龍馬槽，石壁隱隱如龍鱗之狀。元統志：山距營山縣五十里。

雲鳳山。在營山縣北一里。山勢高騫，宛如雲中飛鳳。又集真山，在縣北八里。

芙蓉山。在營山縣東北八里。峯巒叢秀，若芙蓉然。

大蓬山。在營山縣東北。隋書地理志：安固縣有大蓬山。寰宇記：大蓬山在良山縣東南三十里。有小蓬山，相去二里。列仙傳：葛由乘木羊入蜀，上綏山，隨之者皆得仙術。山在安固縣東三十里。輿地紀勝：大蓬山在蓬州東南七十里。狀若海中蓬萊，因名。又小蓬山，距州城七十五里，一名秀立山。又有透明巖，亦名棲真巖，在大蓬山前。俯瞰縣郭，天氣清明，渠、達諸山，歷歷可數。元統志：大蓬山在廢良山縣南十里，距營山縣八十里。其山高險，方圓四十里。上起十二峯，崖高數十丈，松木秀茂。下有仙人巖。小蓬山在廢縣南十三里。下有溪水環之。明統志：在營山縣東北七十里。舊志：大蓬山有朝隱洞〔六〕，空濶可容數百人。

金城山。在儀隴縣城内。寰宇記：在縣北。上平下聳。明統志：以衆山環向如雉堞然，故名。上有數石如貯米囊，又名金粟山。唐秀士何韜舉義兵討賊於此。其上有祠。舊志：在城内北隅。其東有佛龍洞。

允家山。在儀隴縣東三十里。

斗子山。在儀隴縣東。輿地紀勝：在蓬池縣東北三十里。山勢方平如覆斗，上有天生池。

靈星山。在儀隴縣東。寰宇記：在伏虞縣南七里。高千餘丈。消水源出此山北。

頂山。在儀隴縣東。寰宇記：在伏虞縣東四十里。宣漢水出此。

大寅山。在儀隴縣東南。寰宇記：梁大寅縣取邑西大寅山爲名。

龍駮山。在儀隴縣東南。寰宇記：有聖水源出蓬池縣東北二十里龍駮山，土人浴蠶，即倍有獲。

龍章山。在儀隴縣東南。寰宇記：在蓬池縣東南三里。四時常有花發。輿地紀勝：龍章山有東巖，俯瞰大溪，前眺歌陽、安固諸山，歷歷可數，爲一郡登眺之勝。按：元和志有樂龍山，在蓬池縣南三里，即龍章也。

東華山。在儀隴縣東南。寰宇記：在蓬池縣東三十五里。

伏虞山。在儀隴縣東南。元和志：在伏虞縣東南六十五里。甚險，夷獠被征，即避入此山中。輿地紀勝：山頂有龍湫。

南圖山。在儀隴縣南二里。

高冠山。在儀隴縣西南五十里。昔有鳳鳴其上，又名鳳鳴山。

儀隴山。在儀隴縣西三十里。寰宇記：山頂有石鐫「儀隴」二字。俗謂之赤葛山。流江之水出焉。元統志：一名大儀山。舊志：山畔有金堆洞，左有乳泉。

鼇山。在儀隴縣西北三十里。輿地紀勝：水傍突出一山，嶙峋若鼇，因名。

龍源山。在儀隴縣北二十五里。上有石泉。

九龍山。在儀隴縣北三十里。有九峯狀若龍翔。相近有石城山，四壁峭立如城。

鐵山。在儀隴縣北四十里。山色如鐵。

穀城山。在廣安州東六十里。山高峻，以能興雲雨潤五穀爲名。

富靈山。在廣安州東南。寰宇記：在渠江縣東南七十里。峻峭多藥物，靈仙所居也。又名富樂山。

蛇龍山。在廣安州南。寰宇記：在新明縣東六十里。

白鶴山。在廣安州西南。寰宇記：在新明縣西南一百里。

秀屏山。在廣安州西。輿地紀勝：峭壁森聳，草木叢茂，宛若屏障。舊志：在州西二里。

望子山。在廣安州西。輿地紀勝：即秀屏山來岡。相傳漢將軍馮緄之子一日辭父母去，以來晨白鶴飛翔爲候。緄登此山望之果然，因名。

諫坡山。在廣安州北五里。輿地紀勝：舊名車婆崖。有正言張庭堅故居，因名。

寶穀山。在鄰水縣東四十里。

五華山。在鄰水縣東五十里。上有五峯，秀色如華。

天馬山。在鄰水縣南二十里。形如天馬。

晶然山。在鄰水縣南二十七里，西接廣安州界。輿地紀勝：自宕渠山連延至此。山東有崖，山下石乳三條，呼爲石鐘，村民擊之以禱雨。西有高崖白色，舊名白崖，宋真宗閲圖經改名。

黄陵山。在鄰水縣南五十里。崖半石窟中有泉，不盈不竭。

龍虎山。在鄰水縣南六十里。巉巖聳峙，如龍虎之相持。相近有龍潭峽，四山連峽，下有龍潭。

海寶山。在鄰水縣西四十里。

崑樓山。在鄰水縣北。山巖疊峙，勢如樓觀。宋崑樓鎮以此名。

岳安山。在岳池縣東三十五里。寰宇記：高六百丈，岳池水出焉。上有音聲鳥。舊志：有尭山，在縣東三十里〔七〕，與岳安山相對，分峙三十六峯。

速山。在岳池縣東四十里。唐書地理志岳池縣有龍扶速山，即此。

姜山。在岳池縣東八十里。輿地紀勝：雲山鎮外五里許有山神極靈。明統志：在縣東二十里。姜維嘗屯兵於此。

石黿山。在岳池縣西二里。形如伏黿。

大龍山。在岳池縣西十里。蜿蜒盤曲。又西五里有虎頭山，以巉巖險峻而名。

老君山。在岳池縣西。輿地紀勝：在岳池縣西二十里。明統志：在縣北八十里。相傳唐天祐間，有人乘白鶴至此化爲石。又名白鶴山。因即其地建道宮。大斗溪出此。

翔鳳山。在岳池縣北一里。山有三峯，如鳳之翔舉。

龍穴山。在岳池縣北。輿地紀勝：封山在岳池縣北五里。山秀峯高，有龍穴在山半巖石中。一名龍穴山。有唐何少卿讀書臺。

羊山。在岳池縣北。輿地紀勝：山下十里許，有洞曰角竹。宋元豐間，張庭堅讀書其中。明統志：在縣北三十里。峯巒秀異。

䵷山。在岳池縣北二十里。輿地紀勝：在縣東南三十里。最高大。明統志：俗呼爲禹山。

蕭巖。在西充縣西。輿地紀勝：縣小陵鎮東有石巖，高十餘丈，巖竇空潤，泉水清潔。按：明統志作「虛清巖」。

西巖。在營山縣西。瞰天溪出此。

書巖。在鄰水縣西二十里。相傳唐杜甫寓居於此。又名少陵巖。

龍潭洞。在西充縣西五十里。又名土主洞。穴通秋埡龍井。

琴洞。在西充縣北二十里。人履其中，聲響如琴。

孔雀洞。在營山縣東北。輿地紀勝：在良山縣東十五里。上有石壁，峭絶如削。舊志：在今縣東北一百二十里。洞門如主賓，其中宏敞，左右有石牀。洞盡處有石孔雀，水出喙中。

佛龍洞。在儀隴縣西金城山。明萬曆間傾塌，見洞内有生成石佛，上有「佛龍洞」三字。中可容四五十人，上下懸巖絶壁，各數十丈。

老君洞。在鄰水縣東南六十里老君山下。其水冬温夏涼。又白磁洞在縣南六十里。石洞如屋，雲氣垂白。

卧龍坡。在鄰水縣東北三十五里。相傳漢諸葛亮嘗經此。

闕門石。在鄰水縣南四里。兩溪夾合，石壁如削。下有土洲，洲中大石壁立。

嘉陵江。在南充縣東。自保寧府南部縣流入，經蓬州及縣東，又南入重慶府定遠界。寰宇記：嘉陵江在果州東二百步，自相如縣流入南充界，南流至合州漢初縣界。元統志：蓬州東江岸上有石門，石觜横截江心，長約百丈。舊志：自南部縣東南流入蓬州境，五十里至州城東，折而西南流六十里至南充縣界，又六十里至州城東，又南一百十里復折東南，入定遠縣界。

渠江。在廣安州南。自綏定府渠縣流入州境，一百四十里至州城東，又一百六十里經岳池縣南，又三十里至重慶府合州界，與嘉陵江合。寰宇記：一名渝水。在渠江縣南八十步，又西流經新明縣三十里。

流溪水。在南充縣西南。寰宇記：在流溪縣東北四十步，源出遂州方義縣界，下至當縣北流向東，迤邐入嘉陵江。明統志：在府城西八十里。平流三十里無灘，因名。舊志：流溪源出大耽山，流八十里至縣南入江。古方義，今遂寧地，並無流入縣境之水。

曲水。在南充縣西南四十里。源出琉璃鎮，盤迴曲折，東流八十里入嘉陵江。按：舊志謂與西溪合流，誤。

西溪水。在南充縣西。源出西充縣，東流至縣西南入嘉陵江。寰宇記：西溪水在西充縣，源出崇禮市山。輿地紀勝：在縣東四十步。又有東溪。舊志：今有陵溪在西充縣西三十里小陵鎮，亦名小陵河。又有象溪在縣北四里，虹溪在縣治東，俱至三河口合流。縈繞學宫前，即爲泮池。順流至南充縣入江，即西溪也。又有鹿溪，在西充縣東二十五里。源出鹿巖山下，即東溪也，亦流合焉。按：輿圖名蠻子河，自西充縣東北發源，西南流經縣東，又折東南至府城南入江。

青溪水。在營山縣西南流入蓬州界。寰宇記：披衣山有青溪水出焉。元統志：在營山縣西南五十里。源出披衣山，地名石洞。下至相如縣瑞興鎮，入嘉陵江。舊志：今有藍溪，在營山縣西二十里。源出衮山，南流四十里入蓬州界，名清淡河。又四十里至州南清溪口，入嘉陵江。

消水。在營山、儀隴二縣界。寰宇記：消水源出伏虞縣靈星山北，東南流經良山縣東二里，又東南經廢宕渠縣西十里，又西南經蓬山縣東十五里，又南流，注流江水。按：此水今無考。輿圖營山縣北有一小水，東入流江，源流甚微，亦與寰宇記不合。

宣漢水。在儀隴縣東，西南流入營山縣界。寰宇記：源出伏虞縣東頂山，東流經舊縣南七里，又東流入良山縣界。

鼇水。在儀隴縣西北三十里。寰宇記：出鼇池。元統志：有水一潭，方圓闊五里。舊志：在縣北三十里，流江溪中。

平溪水。在儀隴縣東北十里。輿地紀勝：水出平原，故名。元統志：平溪自本縣青山發源，下接渠州流江。舊志：源出儀隴縣東三十里允家山，南流五十里入流江，名曰合水口。

清溪水。在廣安州南。輿地紀勝：在新明縣東五十里。源出鄰水縣界，西流入渠江。按：輿圖，今州東南鄰水縣西界有仙成河，二源並導，合流而西，左會天池河，至州南入渠江，即清溪水也。

濃水。在廣安州西。輿地紀勝：在岳池縣東北。出龍扶速山，東流入渠江。府志：濃水即西溪水，源出州北一百二十里蓬州之綿壩，分爲二派，南至橡樹壩，合流至城南五里，東折入渠江。以水色常濁，故名濃水。

鄰水。在鄰水縣東。自綏定府大竹縣西發源，西南流逕縣東，又西南入重慶府長壽縣界。寰宇記：鄰水源出鄰水縣東北鄰山，南流經縣東二十六里，又南流。中有大磧，懸流十丈，奔急若疾雷狂電。輿地紀勝：鄰水有二。大鄰水出鄰山頂上，西南流經鄰水縣，入恭州巴縣界。小鄰水亦出山頂，西流屈曲一百五十里入大鄰水。舊志：源出大竹縣西山，西南流五十里入鄰水縣界，名曰東溪。又西南五十里，經縣東三十里，又西南一百里入長壽縣界，名玉溪。

岳池水。在岳池縣東。寰宇記：蒙溪水在岳池縣西北五十里。源出岳安山，東流至故縣鎮西。本是思岳池，因以名縣焉。舊志：岳池水源出姜山，流三十五里至岳池縣城東，轉南合靈溪、龍穴二水，至定遠縣界入嘉陵江。又靈溪水，源出禹山，南流逕縣西。龍穴水，源出龍穴山，南流逕縣東。俱入岳池水。按：輿圖，今縣東西各有一水，至縣南合流，東即岳池，西即靈溪也。岳安山在縣東，水源出此，不應在縣西北，且亦非東流，寰宇記有訛。

海棠川。在西充縣東。明統志：西充有海棠川，環繞縣治。内多海棠，因名。舊志：海棠川小溪，源出雙圖山，流十五里轉南，又一百二十里至南充縣界入江。

清水溪。在南充縣東。源出請雨山，西北流十五里，至縣東北入嘉陵江。居民藉以溉田。

大斗溪。在南充縣東南。源出岳池縣老君山，西流入嘉陵江。溪旁有石如斗，故名。

瞰天溪。在營山縣西。源出西巖，繞城東南下流五十里，至七曲堰入流江。

天生池。在營山縣西。寰宇記：披衣山雲山寺中有池，去嘉陵江三十里。江水或淺，其池亦淺；江水或漲，其池亦漲。號天生池。

耀池。在儀隴縣東南。輿地紀勝：在蓬池縣東南七里。

絲經池。寰宇記：在鄰水縣東南八十里。

流杯池。在鄰水縣西南二十里。陳子昂鑿池遊賞處。

鴛鴦池。在鄰水縣東北七十里。方圓數十丈，時有鴛鴦游泳於此。

將軍池。在岳池縣東五里。相傳漢諸葛亮嘗駐兵於此。

滴乳泉。在南充縣西二十里。府志：昔有道士何志泉飲此泉，年八十面如桃花。宋樊汝賢詩：「雲液落山腹，脈與崑崙通。云何山下叟，八十桃顏紅。」

玉泉。在蓬州南五十里。其泉湧出，狀如噴玉。

甘泉。在廣安州治南。井中有三穴，中一穴泉極甘，大旱不竭。又有石泉，在州東北二十里，源出石崖，清泠甘冽。

昆井。在南充縣。寰宇記：益州記云，南充縣西六十里有昆井，即古之鹽井。

鹽井。南充、西充、蓬州各州縣境皆有。通志：今南充縣有中井六眼，中下井六眼，下井三眼。西充縣有上井十眼，中井八眼，下井八眼。蓬州有中井一眼。

火井。在儀隴縣南。寰宇記：在蓬池縣西南三十里。水涸之時，以火投其中，焰從地中出，可以禦寒，移時方滅。若掘深一二丈，頗有水出。

校勘記

〔一〕開元二十九年徙蓬州治大寅　「大寅」，乾隆志卷二九九順慶府，建置沿革（下同卷簡稱乾隆志）作「蓬池」。按，據新唐書卷四〇地理志：「蓬池，本大寅，廣德元年更名。」則二者名異實同，但更名在後，開元時仍當稱大寅也。

〔二〕咸淳三年改曰寧西軍　「三年」，宋史卷八九地理志、雍正四川通志卷二均作「二年」。乾隆志亦作「二年」，但誤「咸淳」爲「咸安」，又誤「寧西軍」爲「西寧軍」。考宋史卷四六度宗本紀，咸淳三年「二月己未，克復廣安軍，詔改爲寧西軍」。則仍當以「三年」爲是。歷來志書多承宋志之誤，至本志始是正。

〔三〕「梁置鄰水縣」至「唐武德初屬鄰州」　按，鄰水縣、鄰山郡、鄰州之名，史志「鄰」或有作「潾」者。如舊唐書地理志作「潾」，隋書地理志作「鄰」（爲本志所本）。考舊唐書卷三九地理志潾山條云：「潾山，在縣西四十里，重疊潾比爲名。」太平寰宇記卷一三八作「此山重疊，鄰比相次爲名」。則似「鄰」爲正字，「潾」爲借字。

〔四〕在縣治北金城山　「金城山」原作「金山城」，據乾隆志及本卷山川金城山條乙。

〔五〕又北五十里有紫巖山　「巖」，乾隆志作「崖」。

〔六〕大蓬山有朝隱洞　「朝隱洞」，乾隆志、雍正四川通志同，蜀中廣記卷二八、讀史方輿紀要卷六八四川作「朝陽洞」。未知孰是。

〔七〕有毚山在縣東三十里　「毚」，原作「少兔」二字，據讀史方輿紀要卷六八四川岳池縣條改。按，此蓋刻工不識「毚」字，誤作「少兔」二字。乾隆志作「雀」，蓋亦形似而誤。

大清一統志卷三百九十四

順慶府二

古蹟

安漢故城。在南充縣北。漢置。華陽國志：初平元年，征東中郎將安漢趙穎建議，分巴爲二郡，穎欲得巴舊名，故白益州牧劉璋，以墊江以上爲巴郡，治安漢。建安六年，改爲巴西郡，徙治閬中。隋書地理志：巴西郡南充，舊曰安漢，置宕渠郡。開皇初郡廢，十八年縣改名焉。舊唐書地理志：宋於安漢故城置南宕渠郡，隋改安漢爲南充。寰宇記：後魏平蜀，於今州北三十七里石苟壩置南宕渠郡，其縣亦移就郡理。隋廢郡，仍移縣理。安漢城改爲南充縣，以古充國縣爲名。舊志：舊郡治在今城北五里北津渡，明洪武初徙今治。按：明統志「安漢城在府城北三十五里，宕渠城在府城北四十里，即石苟壩。又有充國城，在府南三十五里」。其説舛錯，恐皆誤。

儀隴故城。在今儀隴縣北。寰宇記：儀隴縣在蓬州西北六十里。漢閬中縣地。梁天監元年，於此置隆城郡及儀隴縣，因隴城山爲名。隋開皇三年郡廢，以縣屬蓬州。唐武德三年，割屬方州。八年，廢方州，復屬蓬州。縣城原在金城山頂，四面懸絶，石壁高八十丈，周迴五里，惟西南稍通人焉。開元二十六年，移於山下平溪，即今理也。九域志：縣在蓬州西北九十里。元統志：自蜀多難，此縣人民隨州徙於雲山城保聚，元初復還舊治。縣至蓬州一百五十里。東至永睦縣，西至閬中縣，南至營山縣，東南至小寧州〔一〕，皆一百五十里。西南至南部縣一百三十里，東北至曾口縣一百一十里〔二〕。

鄰水故城。在今鄰水縣北。寰宇記：縣在渠州東南一百三十里。漢宕渠縣地。梁大同三年置鄰州，因山水以名之，寄理州城。隋開皇三年，自州城移於岳池溪，今縣北九里，是故城也。唐武德二年，自故城移於今理。寶曆中，山南西道節度使裴度奏廢之。大中初又改置。輿地紀勝：乾德四年，移縣治崑樓鎮，在州東南一百五十里。按：九域志縣有鄰水鎮，蓋即故縣也。

相如故縣。今蓬州治。隋書地理志：巴西郡相如縣，梁置梓潼郡，後魏郡廢。舊唐書地理志：漢安漢縣地。寰宇記：縣在果州東八十五里。梁天監六年置，即漢司馬相如所居之地，因以名縣。元統志：宋淳祐三年，四川制置使余玠以相如縣接近蓬州營山縣界，旁有雲山，近去嘉陵江十有五里，其山崇峻，乃營立砦柵，俾縣民附入雲山保聚。寶祐六年，郡守張大悅以城歸附，遂以相如縣撥屬蓬州。至元十五年，蜀定，令毀雲山砦，復以軍民還舊理。然此州從昔依山爲治，距相如縣、嘉陵江一百餘里，不當水陸舟車之會，乃徙州於此爲理所，建宣撫征南都元帥府並蓬州總管軍民府。二十年，並廢。按：周、隋蓬州在今營山界，唐、宋蓬州在今儀隴界，元時始治相如，前後凡三徙也。

岳池故縣。在今岳池縣西北。舊唐書地理志：果州岳池縣，萬歲通天二年，分南充、相如二縣置，初治思岳池，開元二十年移治今所。寰宇記：在廣安軍西北一百二十里。明統志：在廣安州西六十里。舊志：舊治伏江里。洪武初，移治翔鳳山南。

漢初廢縣。在南充縣南。隋志：涪陵郡漢初，梁置新興郡，西魏改郡曰清居，名縣曰漢初。開皇初郡廢。元和志：縣東南至合州一百九十四里，本漢墊江縣地，後魏於此置漢初縣，屬合州。寰宇記：梁大同中於此立新興郡。後魏恭帝三年，於今縣西北六十里置清居郡及清居縣，以地勢爽塏，故曰清居。隋初郡廢，改縣爲漢初，屬合州。十六年，自故郡城移於今理。元史地理志：至元二十年，併漢初入南充。按：諸書皆云魏置清居，隋改漢初，而齊書州郡志東宕渠獠郡領漢初縣，蓋齊時已有此縣，隋復舊名也。

流溪廢縣。在南充縣西南。唐置，屬果州。舊唐書地理志：開耀元年，析南充於流溪水側置。寰宇記：在州西南八十五里。宋志：熙寧六年，省流溪縣爲鎮，入南充。紹興二十七年，復爲縣。元史地理志：至元二十年，併流溪舊縣入西充。

蓬山廢縣。在營山縣東。隋書地理志：宕渠郡咸安縣，梁置曰綏安，開皇末改名。寰宇記：縣在蓬州東南九十里。漢宕渠縣地。梁大同中於此置綏安縣，屬景陽郡。隋開皇三年罷郡，以縣屬蓬州。十八年，改爲咸安縣。唐至德二載改爲蓬山縣，以縣界内山爲名。宋史地理志：熙寧三年，省蓬山縣爲鎮，入營山。

朗池廢縣。在營山縣北。寰宇記：朗池縣在蓬州南三十五里。漢宕渠縣地。唐武德四年，劍南道大使竇軌奏割果州相如縣置，以臨古朗池爲名。寶應元年，租庸使徐演奏自果州割屬蓬州。大曆五年，遭賊焚燒，自後權置行縣，未立城壁。貞元元年，移於營山歇馬館爲理，即今縣也。唐志：朗池縣，寶曆元年省，開成二年復置。九域志：大中祥符五年，改曰營山。在蓬州南六十里。元統志：宋淳祐初，余玠移縣治雲山。至元十五年，蜀定，復還舊治。西至相如縣五十里。明統志：在蓬州東六十里。按：通典、新唐志、九域志、元統志皆作朗池，而舊唐志、寰宇記作郎池，未知孰是。

良山廢縣。在營山縣東北。漢宕渠縣地。東晉後爲獠所據，地名恒陵。梁置安固縣。周置蓬州於此。周書：梁州所管地名恒陵者，方數百里，並生獠所居，恃其險固，常懷不軌。天和三年，獠叛，總管長史趙文表討平之，除文表爲蓬州刺史。隋書地理志：清化郡安固縣，梁置。周置蓬州。大業初州廢。寰宇記：良山縣在蓬州東七十二里。梁大同元年，分宕渠縣地置安固縣，取「安静永固」爲名，屬伏虞郡。隋開皇三年，罷郡，以縣屬蓬州。大業中，州併入宕渠。唐武德元年，於縣理置蓬州。開元二十九年，州自此移理蓬池縣，改安固縣爲良山縣。元和中廢，大中中又置。宋史地理志：熙寧五年，省良山縣爲鎮，入伏虞。建炎二年復置。元史地理志：至元十二年，併入營山。舊志：營山故城，在今縣東北八十里。

宕渠廢縣。在營山縣東北。漢縣在今渠縣界，梁改置於此。隋書地理志：宕渠郡宕渠縣，梁置，並置景陽郡。開皇初郡廢。舊唐書地理志：縣舊治長樂山。長安三年，移治羅穫水。寰宇記：廢宕渠縣在蓬州東一百里。梁太清元年，於此置景陽郡及宕渠縣，因縣界山爲名。唐寶曆元年，併入蓬山，大中中又置。宋乾德三年，併入良山。

伏虞廢縣。在儀隴縣東。隋書地理志：清化郡伏虞縣，梁置曰宣漢，又置伏虞郡。開皇初年郡廢，十八年改焉。寰宇記：縣在蓬州東北六十里。漢宕渠縣地。梁大同中，於今縣東三十里置宣漢縣，屬義安郡。隋置蓬州，改爲伏虞縣，以界内伏虞山爲名。大業三年，屬清化郡。武德元年，復屬蓬州，移理於山頂。開元末，百姓請去險就平，遂西南移於消水側，今縣是也。元志：至元二十年，併伏虞入儀隴。舊志：廢縣在儀隴縣東八十里。

蓬池廢縣。在儀隴縣東南。隋書地理志：巴西郡大寅縣，梁置。唐書地理志：蓬州，武德元年，以巴州之安固伏虞、蓬州之儀隴大寅、渠州之宕渠咸安置。開元二十九年移治。廣德元年，更大寅爲蓬池。後省。開成元年，復置。舊唐書地理志：縣舊治斗子山，後移治闢壇口。寰宇記：蓬州東至達州三百二十里，南至渠州一百九十里，西至閬州二百里，北至巴州二百十里。治蓬池縣。漢閬中縣地。梁天監元年，分置大寅縣，取大寅山爲名。元統志：宋淳祐三年，制置使余玠以蓬州舊治經兵革廢，移治於營山縣界雲山上，以蓬池屬之。至元二十年，併入儀隴。舊志：蓬池故城，在今儀隴縣東南六十里。

渠江廢縣。在廣安州北。寰宇記：廣安軍西至果州二百里，西南至合州二百里。治渠江縣。漢宕渠縣地。後漢又爲賨城縣。今縣北十二里有古廢賨城。一名始安城。梁普通三年，於此置始安縣，屬北宕渠郡。隋開皇三年，罷郡，以縣屬渠州。十八年，改爲賨城縣。大業元年，自故城移於今理，南臨渠水，東枕大溪。唐武德元年，復改爲始安縣。至德二載，又改爲渠江縣。乾德六年，以合、果、渠三州相去路遠，山川險僻，多聚寇攘，遂以合州濃洄鎮、渠州新明鎮地置廣安軍，仍割渠江、新明、岳池三縣以成之。從轉運使劉仁燧之請也。輿地紀勝：軍治秀屏山下。宋史地理志：淳祐三年，城大良平爲軍治所。舊治大良城，在州東北六十里，其地石崇四絶，天然險固，即濃洄鎮也〔三〕。元至元中，始還舊治。明初省縣入州。其隋、唐故縣在今州北五里。按：後漢無賨城縣。新、舊唐志皆云天寶元年改名渠江，寰宇記則謂至德二載。又九域志、宋志皆云開寶二年置軍，寰宇記作乾德六年，多不同。

豐樂廢縣。在廣安州西北。唐武德元年，分渠江縣置，屬渠州。八年，仍省。

新明廢縣。在岳池縣南。唐置，屬合州。元和志：縣西南至合州一百二十里。漢墊江縣地。後魏迄隋爲石鏡縣地。武德二年，分石鏡之東北界爲新明縣。寰宇記：縣在廣安軍西六十里。唐分石鏡之東北界，於渠水中索越洲上爲新明縣〔四〕，以「新被明化」爲稱。聖曆三年〔五〕，刺史張柬之以舊縣多水害，奏移於嘉陵江西岸，北連靈巖山，即今縣理是也。乾德六年，割隸廣安軍。宋史地理志：開寶六年，移治單溪鎮。元史地理志：至元後併新明入岳池。舊志：廢縣在岳池南二十里。其唐故縣在岳池南七十里。

和溪廢縣。在岳池縣西。宋置。九域志：新明縣有和溪鎮。輿地紀勝：開禧三年，太守閻伯敏奏乞陞鎮爲縣，屬廣安州。縣在軍西南九十里。府志：和溪故縣在岳池縣西二十里。元省入岳池。

梓潼城。在蓬州西南。輿地紀勝：在相如縣西南二十七里。

芝蘭莊。在儀隴縣東南。輿地紀勝：在蓬州城西一里。孟蜀時有王先生者，年幾百歲。蜀主召至，欲縻以爵，不可，遂告歸，賜所居田數頃爲游息地，號曰芝蘭莊。

袁天綱故宅。在南充縣西金泉山。

譙周故宅。在南充縣北五里。有碑存，有觀星臺。

紀信故宅。在西充縣東三十里。

司馬相如故宅。在蓬州南。寰宇記：在相如縣南二十里。周地圖記云，其地有相如坪，相傳云相如別業在此。宅右西濱漢水，叢薄鬱然。其基名相如琴臺，高六丈，周四十四步。元統志：又有洗筆池、卓劒水。

開漢樓。在府城南。輿地紀勝：郡守陽濟記云「聖朝褒封紀信，有『實開漢室』之語，余摘二字以名是樓」。明統志名安漢樓。

仙鶴樓。在府城後子城上。輿地紀勝：下瞰大江，實爲郡治亭臺之冠。宋邵伯温詩：「春去春來好風月，鶴樓端勝庾公樓。」

北津樓。在南充縣北五里。明道人張三丰詩：「誰喚吾來蜀内遊，北津樓勝岳陽樓。」

梯雲樓。在西充縣治西。

御書樓。在營山縣東六十里。

秀屏樓。在廣安州治西。宋建。以州有秀屏山，因名。

會仙樓。在廣安州。輿地紀勝：在廣安軍市中。

衮繡樓。在鄰水縣西六十里。宋嘉定中，爲制置使安丙建。

清暉閣。在南充縣北。輿地紀勝：俯瞰大江，其景清絶。

蓬萊閣。在蓬州治。輿地紀勝：閣有兩翼室，左爲魯公祠，像居中，兩廡列隋、唐以降刺史八人。

霄漢閣。在廣安州治西。明統志：有唐顏真卿書「霄漢閣」三字，石刻尚存。

清風亭。在府城西。

五友亭。在南充縣清居山。輿地紀勝：游丙題云：「明月清風爲道友，古典今文爲義友，孤雲野鶴爲自在友，怪石流水爲娱樂友，山果橡栗爲相保友。是五友者，無須臾不在此間也。」

擬峴亭。在廣安州西二里。宋張商英有詩。

集芳亭。在廣安州北。輿地紀勝：在渠江縣北二十里。有姚子望者，隱居不仕，放意山水間。奇花異卉，必力致之。因作亭曰集芳。熙寧中黎佚爲之記，有張天覺詩、東坡帖。

覽秀臺。在南充縣寶臺山。輿地紀勝：爲鄉士期集題名之所。明統志：在縣西七里。

邀月臺。在儀隴縣北二十里。有石數十丈，方而絶險，上平濶丈餘，可坐十人，名曰邀月臺。

戲仙臺。在廣安軍東北十里。輿地紀勝：高灘溪上，相傳有仙女遊戲其上。

蓬山館。在營山縣大蓬山下。江山勝槩，爲一郡美觀。

芳溪館。在儀隴縣南。唐元稹感夢詩：「十月初二日，我行蓬州西。三十里有館，其館名芳溪。」

畫卦石。在南充縣東四十里。石有八卦痕，相傳爲李耳遺跡。

關隘

大溪口。在岳池縣東。本朝順治初置通判駐此。

烈面鎮。在南充縣南一百里。本朝康熙中設驛於此，今裁。

北津鎮。在南充縣北五里，即舊縣治。明設北津渡巡司，久裁。

大陵鎮。在西充縣東二十里。九域志：縣有大陵、油井、小陵、大平等九鎮。

七盤鎮。在蓬州界。九域志：相如縣有七盤、琴臺等八鎮。

風竇鎮。在營山縣西三十里，接蓬州界。九域志：縣有風竇、石門、營山、蓬山等十三鎮。

流江鎮。在儀隴縣南。九域志：縣有崚山、流江等五鎮。

鄰山鎮。在鄰水縣。九域志：鄰山縣有鄰山、龍門、沙溪、金山、石船等十鎮。輿地紀勝：龍門鎮在縣西四十五里，金山鎮在縣西十八里。

太平鎮。在鄰水縣。九域志：鄰水縣有鄰水、太平等十鎮。

靈溪鎮。在岳池縣東六十里。輿地紀勝：在靈池鎮。又靈山鎮在縣東八十里。九域志：岳池縣有靈溪、故縣、雲山等七鎮。

李渡場。在南充縣南六十里。本朝乾隆五十一年置主簿駐此。

嘉陵驛。在南充縣東。舊爲水驛，今裁。

盤龍驛。在廣安州南。明嘉靖三十六年自南部縣徙置。

平灘驛。在岳池縣西七十里，嘉陵江濱。以上諸驛皆久廢。

津梁

馬宗橋。在南充縣東四十里。宋邑民馬普宗建，故名。

西橋。在南充縣西三里。

永安橋。在南充縣西北五里。

大安橋。在南充縣北六十里。舊名通濟橋，明萬曆十七年建，後以水溢橋圮重修改名。本朝嘉慶七年修，並砌石塔五層於岸。

文明橋。在西充縣南。相近又有桂花橋，以橋前多桂樹爲名。

石佛橋。在蓬州東。

濟川橋。在營山縣東十五里。本朝乾隆八年建，嘉慶十六年修。

望使橋。在營山縣東三十里。舊爲迎接賓客之所。

天橋。在儀隴縣東南。輿地紀勝：龍章山有天生石橋，長二丈，横駕絶崖，名曰天橋。

至喜橋。在廣安州南五里〔六〕。相傳宋歐陽修自吴入蜀，喜險路至此始平，因名。

靈溪橋。在岳池縣城内。又安拱橋，在縣東五里。清溪橋，在縣西七十里。

洄水渡。在廣安州東。舊名龍門渡。又有羅洪渡，在州東北。皆渠江津濟處。

隄堰

都尉壩。在南充縣南五十里。

陵墓

漢

紀通墓。在西充縣北四十里龍宫山下。

三國　漢

王平墓。在南充縣南十五里〔七〕。

嚴顔墓。在儀隴縣東南。輿地紀勝：在州北三十里絶崖上。

晉

陳壽墓。在南充縣南五里。

譙秀墓。在南充縣北。

南北朝　陳

侯瑱墓。在西充縣南十五里南岷山下〔八〕。

唐

程太虚墓。在西充縣南南岷山下。

宋

何涉墓。在南充縣西北琉璃鎮。

張唐英墓。在廣安州東岳門山下。初葬雙流，紹聖中其子庭玉徙居廣安，改葬於此。

安丙墓。在廣安州南五十里。

張庭堅墓。在廣安州北。

明

黄輝墓。在南充縣東十五里。

王廷墓。在南充縣南十五里。

任瀚墓。在南充縣棲樂山。

陳以勤墓。在南充縣西棲樂山下。

韓士英墓。在南充縣西三十里。

陳于陛墓。在南充縣西金泉山。

馬廷用墓。在西充縣東四十里。

侯文才墓。在營山縣東十里。

王德完墓。在廣安州南。

吴伯通墓。在廣安州東北五十里鵠山。

石天柱墓。在岳池縣東四十里玉屏山。

本朝

丁顯俊墓。在廣安州東北二十里三台山下。

祠廟

安公祠。在府治内。祀宋安丙，魏了翁有記。

陳大學士祠。在府治内。祀明陳以勤及其子于陛。

謝自然祠。在南充縣西金泉山。

王文正祠。在蓬州西。祀宋州守王旦。

王公祠。在營山縣。明正德中鄢藍之亂，僉事王源討賊死難，邑人祀之，並祀典史鄧俊、醫官馬仁、義民張天壽。

顔魯公祠。在營山縣東北大蓬山。蓬州亦有祠。

陳壽廟。在南充縣西二里。

忠祐廟。在西充縣東化鳳山上。祀漢紀信。

利應廟。在西充縣北紫崖山。祀宋王雲。

永濟廟。在儀隴縣西大儀山。敕封忠應王土主張公之神，宋紹興間敕賜「永濟廟」額。旱禱即應。

張桓侯廟。在鄰水縣東。

寺觀

西禪寺。在南充縣治西。宋賜額「真如」，明改今名。

資福寺。在西充縣東。唐圭峯禪師説法於此。

降真寺。在西充縣南十五里。相傳唐程太虚修煉處。

延真寺。在蓬州治東。宋宣和初建。

廣慈寺。在蓬州東。宋建。

靈鷲寺。在營山縣東六十里。宋乾道初建。

崇福寺。在儀隴縣治西。宋紹興中建。

浄居寺。在廣安州東。元至元中建。

姜山寺。在廣安州西姜山。唐僖宗時建。

南峯寺。在廣安州西。宋張商英有詩：「孤雲飛遠岫，落日滿平川。寺據南峯頂，僧傳北祖禪。」

觀音寺。在鄰水縣。明葉希賢隱此讀書。

大聖寺。在岳池縣治南。宋嘉定中建。

龍泉寺。在岳池縣東八十里。明統志：相傳宋太祖微時嘗過此，因渴插劒於地，泉水湧出，因名。

東華寺。在岳池縣西。明統志：相傳吕洞賓嘗過此留宿，夜多蚊，畫一蝙蝠於楹間，至今此地無蚊蚋。

玄妙觀。在南充縣治西。宋治平初建。

青霞觀。在南充縣西金泉山。有步虚臺。

名宦

南北朝 周

趙文表。南鄭人。天和三年，除梁州總管府長史。所管地名恒陵者，方數百里，並生獠所居，恃其險固，常懷不軌。文表率衆討平之。遷蓬州刺史。政尚仁恕，夷獠懷之。

隋

柳儉。解人。高祖時，出爲牧宰，擢蓬州刺史。獄訟庭遣，不爲文書約束，獄無繫囚。

唐

顔真卿。琅邪人。肅宗時，李輔國遷上皇西宫，真卿率百官問起居，輔國惡之，貶蓬州刺史。

王贄弘。大中時果州刺史。蓬果賊依阻雞山，寇掠三川，贄弘奉詔討平之。

宋

朱昂。衡山人。開寶中知蓬州，徙廣安軍。會渠州妖賊李仙衆萬人劫掠軍界，昂設策擒之，蜀民遂安。宰相薛居正稱其能。

邵曰華〔九〕。桂陽人。太平興國八年進士。以大理評事知蓬州録事參軍。部民張道豐等被誣爲劫盜，獄已具，曰華察其枉，不署牘。既而獲正盜，道豐等得釋。代還引對，太宗謂曰：「爾能活平民，深可嘉也。」賜錢五萬。

查道。休寧人。真宗時知果州。王均亂後，寇黨何彦忠擁衆不聽撫，咸請發兵殄之。道微服直趨賊所，初悉驚畏，持滿外向，道神色自若，諭以詔意，或識之曰：「郡守也。」賊黨聞其仁，曰：「是豈害我者！」即相率羅拜請罪，悉給券歸農。

寇瑊。臨汝人。真宗時任蓬州軍事推官。李順餘黨謝才盛等復起爲盜，瑊設方略，擒送京師。

葛宫。江陰人。真宗時知南充縣。東川民艱食，部使者檄守資、昌兩州，以惠政聞。

劉平。祥符人。真宗時知南充縣。夷人寇淯井監，轉運使以平權瀘州事，平率士兵三千擊走之。

崔立。鄢陵人。真宗時爲果州團練推官。役兵輦官物，道險，乃率衆錢傭舟載歸。知州姜從革論如率斂法，當斬三人。立曰：「此非私己，罪杖爾。」論奏，詔如立議。特改大理丞。

邵伯温。洛陽人。徽宗時知果州。請罷歲輸瀘南諸州綾絹絲綿數十萬，以寛民力。

王騭。紹興中知果州，活饑民甚衆。

李瞻。紹興中守廣安軍，活饑民甚衆。

陳咸。隆州人。淳熙中知南充縣。轉運使辟主管文字。歲旱，税司免下户兩税，轉運使安節以爲虧漕計，咸白安節曰：「咸首「苟利於民，違之不可。」因言今楮幣行於四川者幾虧三百萬，苟增印百萬，足以補免放之數。安節從之。軍多濫請，咸曰：「咸首可斷，濫請不可得。」蜀歲收激賞勸輸絹錢，民以爲病，咸覈入節出，歲減二十餘萬緡。

胡元炎。紹定初攝郡事。北兵入利、閬，迫近順慶，元炎收散卒，諭叛將，以全闔郡。詔轉三官。

段元鑑。爲順慶帥守。北兵至，元鑑城守，麾下劉淵殺之以降。

施擇善。爲蓬州轉運使。寶祐中元兵至，殺之。

元

閻公。至正間，爲營山令，有善政。在任牛生二犢，麥秀兩岐，禾一本九穗，民多懷之，立善政碑。

明

王佐。洪武時知岳池縣。坐事被徵，耆民詣闕列其善政以聞。帝嘉之，遣還。既還任，政績益著。

杜沂。真定人。洪武中知順慶。宅心公正，律己廉平，郡人至今傳誦。

田鐸。陽城人。弘治初知蓬州。興文教，暇日親課諸生誦習，勸戒甚嚴。儲穀以備緩急，及唐午之亂，軍餉民食皆賴之。

鄧俊。石首人。任營山典史，署縣事。時僉事王源命督兵禦賊藍廷瑞等，城陷，父子被執，相對罵賊而死。事聞，廕子一人。

史覲辰。石屏人。崇禎中知南充縣，多惠政。值姚黄賊亂，率衆拒之，多所斬獲。以功擢順慶知府。十七年，張獻忠攻城，募兵力禦，城陷被執，罵賊死。本朝乾隆四十一年，賜謚節愍。

本朝

上官宏基。朝邑人。順治初知營山縣。時供億取辦於里民，宏基至，悉除之。政尚寬簡。及卒，貧不能歸櫬，邑人輸金送喪。

湯裔振。南皮人。順治十七年，知南充縣。時軍興旁午，理煩督餉，調度有方，民不病役。祀名宦。

李時亨。棗强人。順治十八年，知鄰水縣。時瘡痍初復，時亨繕城郭，招徠人民，撫綏有要，邑以殷富。

袁定遠。浙江人。康熙庚戌進士，知順慶府。慈惠廉明，正己率屬。時有「吏行冰上，人在鏡中」之頌。

勞温良。廣東人。康熙中知鄰水縣。湛深經術，治先教化，人歌思不置。

廖士貞。湖廣人。康熙十九年知營山縣。逆黨譚弘裨將彭時亨叛，執士貞至渠縣，纍繫月餘，偪以僞職，大罵不屈，望闕再拜，引頸就戮。事聞，卹廕。

徐盛。漢軍鑲紅旗人。康熙十九年，知廣安州。譚弘之變，爲賊所縛，不屈死。贈布政司參議。

劉慥。永北廳人。乾隆九年知順慶府。潔己愛民。創懋修書院，又捐俸置渡田於西溪以濟行人。

韓萊曾。長洲人。乾隆四十一年知順慶府。振興文教，惠愛宜民。當戊戌、己亥間，疊逢荒歉，爲之疏通救濟，活者無算。

張所蘊。涇陽人。乾隆二十年，知西充縣。勤於撫字，加意學校，一時士風丕變。致仕歸，邑人思之。

羅允文。金谿人。乾隆四十九年，知西充縣。勸課農桑，民人殷富。訟獄有黠桀者，輒反覆開導，俱斂迹不敢爲奸，一時仁愛著聞。

黄克顯。上高人。乾隆十七年，知岳池縣。決獄明斷，實心教養。士民立祠祀之。

人物

漢

張翕。安漢人。爲越嶲太守，政化清平。在郡十七年卒，夷人愛慕如喪父母。安帝元初六年，夷叛，張喬遣楊竦討平之。天子以翕有遺愛，乃拜其子湍爲太守，夷人歡喜奉迎。後湍頗失其心，有欲叛者，諸耆老相曉語曰：「當爲先府君故。」遂以得安。

按：「湍」，華陽國志作「瑞」。

陳禪。字紀山，安漢人。仕郡功曹。舉善黜惡，爲邦内所畏。察孝廉，州辟治中從事。鄧騭聞其名而辟焉，舉茂才。時漢中蠻反，以禪爲漢中太守，賊數聞其名聲，即時降服。遷左馮翊，入拜諫議大夫。永寧中拜遼東太守，單于懷服。順帝即位，遷司隸校尉。子澄，有清名，官至漢中太守。曾孫寶亦剛壯有禪風，爲州别駕從事，顯名州里。

三國　漢

龔祿。安漢人。先主定益州，爲郡從事牙門將。建興三年，爲越巂太守。隨丞相亮南征，爲蠻夷所害。

晉

陳壽。安漢人。少好學，師事同郡譙秀。仕蜀爲觀閣令史。及蜀平，司空張華愛其才，舉爲孝廉。除左著作郎，出補陽平令。撰蜀相諸葛亮集奏之。除著作郎，領本郡中正。撰蜀魏吴三國志凡六十五篇。杜預薦爲御史治書。又撰古國志五十篇、益部耆舊傳十篇。壽兄子莅、符皆文詞燦麗，當世馳名。

閻纘。安漢人。博覽墳典，慷慨有大節。爲太傅楊駿舍人，轉安復令。駿誅，棄官葬駿而去。爲西戎校尉司馬。有功封平樂鄉侯。後屢上疏直言，朝廷善其忠烈，擢爲漢中太守，卒於官。

南北朝　魏

淳于誕。其先泰山博人，後家安固恒陵縣。父興宗，齊南安太守。誕年十二，隨父向揚州。父於路爲羣盜所害，誕哀感奮發，傾資結客，旬朔之内，遂得復讐。

唐

李文素。漢初人。光啓中喪母廬墓，芝草生，虎鹿馴其側。刺史以聞，賜粟三百石、錢二十萬。

宋

成象。流溪人。以詩書訓授里中，事父母以孝聞。淳化中李順據郡縣，象父母驚悸而死。象號泣營葬，廬墓側，每慟，聞者戚愴。虎豹環廬而卧，燕百餘集廬中，禾生墓側，吐九穗。遠近目爲成孝子。

何涉。南充人。泛覽博古，六經諸子百家，傍及山經、地理、醫卜之術，無所不學。仁宗時登進士第。范仲淹一見奇之，辟彰武軍節度推官。用龐籍奏，遷著作佐郎，管勾鄜延路招討使機宜文字。時元昊擾邊，軍中經畫，涉預有力。累官司封員外郎。涉長厚有操行，事親至孝，平居未嘗談人過惡。所至多建學館，勸誨諸生。雖在軍中，亦嘗爲諸將講左氏春秋。狄青之徒，皆橫經以聽。有治道中術、春秋本旨、廬江集七十卷。

何羣。西充人。嗜古學，喜激揚論議。慶曆中，石介在太學，羣亦自蜀至，介館羣於家，使弟子推爲學長。羣愈自刻勵，著書數十篇。與人言，未嘗下意曲從，同學目爲「白衣御史」。嘉祐中，直龍圖閣。何郯表其行義，賜號安逸居士。

黎錞。廣安人。慶曆進士，朝議大夫。英宗以蜀士爲問，歐陽修對曰：「文行蘇洵，經術黎錞。」嘗知眉州。蘇軾作遠景樓記，稱其簡而文，剛而仁，明正而不阿，久而民益信之。

張庭堅。廣安人。元祐進士。歷官樞密院編修文字。坐折簡别鄒浩免。徽宗初擢右正言，與鄒浩、龔夬、江公望、常安民、任伯雨皆在諫列，一時翕然稱得人。在職逾月，數上封事，訟司馬光、吕公著之賢，薦蘇軾、蘇轍可用，忤旨徙爲郎。蔡京欲引爲己用，庭堅不肯往〔一〇〕，後遂列諸黨籍。紹興初，贈直徽猷閣。

游桂。廣安人。隆興進士。志慕聖賢，學窮性理。著禮記經學三十一卷行世〔一一〕。仲鴻，其從子也。

游仲鴻。南充人。淳熙進士，知中江縣。紹熙四年赴召，趙汝愚在樞密，謂仲鴻直諒多聞，訪以蜀中利病。汝愚欲親出經略西事，仲鴻諫而止。光宗久不朝重華宫，仲鴻遺書汝愚，陳宗社大計。改監登聞鼓院。會朱熹以論事去，上疏願亟還之。後知嘉定府。擢利州路提點刑獄，政平民悦，乞休去。謚曰忠。

安丙。廣安人。淳熙進士。調大足主簿，秩滿詣闕陳蜀利病十五事，言甚剴切。通判隆慶府。嘗大水，丙白守發常平賑之，又鑿石徙溪，自是無水患。歷知大安軍，有惠政。以誅吴曦功，授四川宣撫使。遷知潭州。紅巾賊張福等叛，四川大震，詔起丙爲安撫使，擒福斬之。進少保。卒，謚忠定。所著有晶然集。

杜源。蓬州人。事親孝。開禧中，蜀大疫，沿路貧民流離，死者棄屍滿野。源於龍章山作二塚，别男女骸骨葬之。義塚碑刻今猶存。

陳霖。梁州人。嘉定中爲瑞金尉。盜起江、閩，霖迎敵力戰，被執不屈死。

游似。仲鴻子。嘉定進士。歷官吏部尚書，侍經幄。理宗問唐太宗貞觀治效何速如是，似乃摭太宗事以陳。淳祐中，拜右丞相，兼樞密使。十上章乞歸，不許。進爵國公。卒贈少保。

元

范均保。儀隴人。至正中割股愈母疾，詔立孝感坊。

陳君節。廣安人。生甫數歲，元末兵起，母被俘。幾三十年，君節寢食不安，攜資尋覓，卒得之，奉母以歸，孝養不衰。

明

羅茂英。儀隴人。洪武中由太學生，歷官勤慎，聲譽著聞。終河南按察司副使。

范循。南充人。永樂初進士，授御史，陞貴州僉事。耿介直樸，克持憲紀，有古人風。

王鐸。岳池人。宣德進士。歷刑科給事中。遇事敢言。陞順天府尹，卒官。

馬驤。西充貢生。官都察院都事。正統中陣亡，賜祭葬，廕子惟善入監。惟善後知湖廣臨武縣，以清節聞。

張永。南充人。景泰進士。天順中知嚴州府。爲政嚴明，墾田興學，治績丕著，璽書褒美。

吳伯通。廣安人。天順進士。官大理評事，轉寺副。時鄉人萬安當國，絶不一往。歷浙江提學、河南僉事、雲南按察，振肅憲度，奸貪畏懾。平生學務躬行，所至以振起士類爲先，學者翕然從之。人稱石谷先生。

楊統。鄰水人。成化進士。任監察御史，巡撫貴州，斷决如流。任滿，百姓乞留一年，上許之。民謡曰：「鄰水楊，但願年年巡貴陽。貪污畏法，軍民安康。」升陝西副使。去之日，黎獠遮道攀留。

何秉良。廣安人。事親孝，居喪盡禮，先後廬墓。事聞，旌表。

李華。營山人。貢入太學，思親歸養。事異母兄，撫弟遺孤，始終不懈。出粟爲族人輸納，兼濟貧乏。同縣貢生王宗舜，撫異母弟及孤姪，不畜私財。俱祀鄉賢。

魏必通。儀隴人。成化中賊犯境，父成率衆禦之，被執。必通入賊營，以身代父，賊乃釋，仍留必通，以不屈遇害。

王秉良。西充人。弘治進士。由刑部郎知雷州。沈毅有爲，修海隄、湖隄。時采珠中官趙蘭多不法，秉良每與之抗，民恃以安。爲蘭誣搆逮京下獄，嘉靖初誣始白。復知長沙府，以忤權要去官。

韓士英。南充人。正德進士，授主事，榷税江西。時宸濠不軌，士英持正不與通。出守岳州，弭盜賑饑，備兵畢節，引水便汲，俱有異政。歷陞都御史、尚書，聲譽不減。

毋德純。南充人。正德進士。歷大理寺正。以議禮戍鄖陽，後復職。陞尚寶卿。吏部尚書楊博疏言，德純争論國事，力劾權姦，衡困既深，緩急可用。

賈雄。西充人。爲寧州衛百户。正德間，鄢藍賊亂，雄以孤軍擊賊於花牌樓，力戰死。賊亦敗去。時死鄢藍賊難者，蓬州費宏道，隨僉事王源至營山勦賊，王被執，衆潰，獨宏道躍馬格鬭，殺數十人，力屈死之。詔卹其家。營山醫官馬仁，城陷死難。營山張添壽追賊至富順三母灘戰死。事聞，旌曰「義勇」，俱入祠。儀隴何本清值賊來攻縣，本清當先陷陣，力屈死之。旌曰「忠義」。南充孫仲玉，與衆守李灘，禦鄢藍賊，爲賊所獲，令探水，仲玉示不可渡，且呼衆固守，賊斬之而去。

石天柱。岳池人。正德進士。歷都給事中。武宗北巡，欲幸宣府，天柱刺血書疏以進，遂止。尚書王瓊欲殺都御史彭澤，天柱力白其無罪。瓊怒，中旨出爲臨安推官。嘉靖初，詔復前職。陞大理寺丞。

任瀚。南充人。嘉靖進士。廷對獻替剴切，名動天下，與羅洪先、唐順之相上下。已而自吏部主事補春坊司直，兼翰林院檢討。引疾歸。瀚少懷用世志，既家居，研究六經，闡明聖學。晚游心於易，深有所得。爲古文，有西漢風。

文階。南充人。嘉靖中知望江縣。時景王就邸湖廣，過望江，供億甚繁，階裁以定式。中官憚之，戢其部弗敢譁。

陳以勤。南充人。嘉靖進士，授檢討。陞洗馬。侍講讀於穆宗潛邸九年，啓沃最多。穆宗立，手詔以禮部尚書兼文淵閣大學士。上謹始十事，又陳時務因循之弊。見同列多黨比，力疾求去。進太子太師，馳傳歸家。居十年，卒，贈太保，謚文端。

張鑑。南充人。嘉靖進士，授會稽知縣。有治績。擢御史，出守建寧。歷陞山西按察使，巡撫山東，政爲諸省最。引疾歸。用薦起總督糧儲八年，夙弊盡革。卒時囊無一金。所著有皇極經世衍義賦、役法屯操奏案諸書。

王廷。南充人。嘉靖進士，授御史。疏劾吏部尚書汪鋐，謫亳州判官。歷蘇州知府，有政聲。累遷户部右侍郎，兼左僉都御史，總督漕運，巡撫鳳陽。時倭寇未靖，廷建議以江南屬鎮守總兵官，專駐吳淞，江北屬分守副總兵，專駐狼山。遂爲定制。遷左都御史。隆慶初，中官許義挾刃脇人財，爲巡城御史許學道所笞，羣璫伏左掖門外邀擊學道。廷上其狀，論戍有差。尋以忤高拱斥爲民。萬曆初，四川巡撫曾省吾言廷守蘇州時，人比之趙清獻，直節勁氣，始終無改，宜復官。詔以故官致仕，仍以高年特賜存問。卒謚恭節。

何子明。南充人。嘉靖進士。爲御史，多所彈劾。尋遷廣東僉事。龍門、從化賊倡亂，勢猖獗，當事者計莫知所出。子明時以少參授節鉞，招撫之，嚴督將裨，非生擒不爲功。由是人無倖功，渠魁授首。及紀平寇績，晉憲副，而子明已卒。

李壽。營山人。少有文行。任褒城令，恤民隱革弊政，舉循良第一。卒祀鄉賢祠。

陳于陛。以勤子。隆慶進士，授編修。歷侍講學士，擢禮部尚書。請修國史，備一代紀載，詔爲副總裁。及入參大政，疏陳親大臣、録遺賢、獎外吏、核邊餉、儲將才、擇邊吏六事，優詔答之。帝以軍政失察，斥言官三十餘人，于陛申救至再，俱不納。累官文淵閣大學士，進太子太保。謚文憲。

譙由龍。南充人。隆慶中知通山縣，擢興國知州。又嘗攝崇陽縣。民並愛戴之。

侯文才。營山人。萬曆中知楚雄府。郡人不知紡織，文才始教之蠶桑。

王德完。廣安人。萬曆進士。擢兵科給事中。甫半載，章數十上，皆邊防大計。歷户、工二科，上籌畫邊餉議，極陳採木礦税及播州用兵之害，備言國計匱乏之由。尋以争國本，廷杖除官。後起户部侍郎。

陳桂棟。鄰水舉人。任内黄知縣，有惠政。陞知徐州。崇禎八年，闖賊圍州城，殉節。本朝乾隆四十一年，賜謚節愍。

楊文岳。南充人。萬曆進士。崇禎初，歷官右副都御史，巡撫登萊。十二年，擢兵部右侍郎，總督保定、山東、河北軍務[一二]。十四年，李自成陷洛陽，詔文岳赴救，困於汝寧，被執，大罵不屈死。賊以其死忠，備禮斂之。其後里人易棺改斂，顔色如生。本朝乾隆四十一年，賜謚忠烈。

張鵬翼。西充人。崇禎中由選貢授衡陽知縣。張獻忠逼衡州，巡撫監司以下皆遁，鵬翼獨守空城。城陷脅降，戟髯罵賊，賊怒而投諸江。妻子赴水死。本朝乾隆四十一年，賜謚忠愍。

王蘋。南充武生。崇禎間獻賊至，語其父曰：「食國家水土，力不能報，畢命可耳。」父然之。賊至，其父拔刀殺數賊死。蘋被擒，亦罵賊死。又同縣武生陳懷西，獻賊誘以官，罵曰：「甘作明朝武生，豈爲逆賊元老！」賊斬之，懸首東門。時西充廩生馬孫鸞、營山諸生王光先均與賊力戰被執，罵賊不屈死。儀隴王爾讀，王皋家僕也。獻賊破城，縣令被賊追，將及，爾讀奮身擊賊，被殺。本朝乾隆四十一年，予入忠義祠。

樊明善。南充諸生。聞闖賊陷京師，大慟，時巡撫龍文光駐順慶，乃衰服詣軍門曰：「鼎湖新去，臣子不共戴天。公聞變三日矣，而無所施爲耶？」龍深謝之。後破家募士，與獻賊屢戰，死之。本朝乾隆四十一年，予入忠義祠。

李沁。營山諸生。善屬文，倜儻多智略。崇禎壬午春，姚、黄賊自秦流入，沁與同庠李晟督邑衆捍禦有功。後屢破流賊，復縣城，殺僞令。丙戌秋，賊大至，圍守二月，沁巡城中礮卒，晟亦被殺死。營山諸生泉應厚、泉應化、冉良富、李尚聰，儀隴諸生席雙楠，劉義國、楊正道，當姚、黄之亂，率衆守寨，力竭被執，均不屈遇害。又儀隴楊若楹爲叔純道嗣，賊執純道至達州，若楹馳赴賊營請代，被害。本朝乾隆四十一年，俱予入忠義祠。

龐昌允。西充人。崇禎進士，授青陽知縣。南京覆，走匿九華山。謀舉兵，事洩被執，夜死旅店中。本朝乾隆四十一年，賜謚節愍。

李乾德。西充人。崇禎辛未進士。累官偏沅巡撫。蜀亂，奉命聯江上兵將，恢復地方。時黔、滇稱王，一時靡然從之，無敢一言抗犯。乾德獨拒不從，書詞凛厲。後孫可望陷嘉定，被執，載舟中，不食者數日，屆月波澤，與其弟御史升德俱赴水死。本朝乾隆四十一年，賜謚忠節。升德謚節愍。

李完。西充人。天啓進士，授西平知縣。調南陽。唐藩驕蹇，縣北有布商被劫，盜爲唐邸豎人，完究治如律。以薦擢御史，出巡兩淮。忤大璫楊顯名，左遷，遂辭歸。崇禎甲申夏，獻賊躪蜀，完潛結義勇，會土賊鮮于洪、僞令高淩雲馳告〔一三〕，賊環兵遽攻之，不屈死。本朝乾隆四十一年，賜謚節愍。

鄧士廉。廣安人。初爲廣東海陽知縣，歷官至吏部侍郎。從桂王入緬，死難。本朝乾隆四十一年，賜謚節愍。同州王瑨，知順寧府，死國難。其子有文書姓名官秩置父屍，又自書一紙納懷中，刎頸死於父側。

本朝

羅爲賡。南充人。順治甲午舉人。知孝豐縣，民人德之。後以行人致仕。祀湖州府名宦祠。

趙心抃。西充人。知山西太平縣，擢兵科給事中。章數十上，條陳蜀省事宜，尤中時弊。解官歸，杜門却掃。鄉人忿爭者，輒以婉言開導，多所感悟。

高儀坤。西充人。性孝友。順治甲午舉人。知平陽縣，有惠政。祀温州府名宦祠。

馮天培。西充人。順治甲午鄉薦第一。知福建漳平縣，有賢聲。祀漳州府名宦祠。

陳宸。西充人。順治丁酉舉人。知山東鉅野縣，以廉潔稱。

陳瑺。營山人。順治辛卯舉人。會多盜，率鄉勇保障地方。歲饑，設廠散粟，存活甚衆。後知耒陽縣，以賢能著。祀衡州府名宦。弟炎，與瑺同舉於鄉，知河南郾城縣，著有四書彙解行於世。

黄世臣。西充人。順治丁酉舉人。康熙二年，授夾江教諭，以經學與諸生相切劘。遷江南來安知縣，有治績。祀滁州名宦祠。

彭際盛。南充人。康熙六年以明經知河南武陟縣，有治績。

丁顯俊。廣安人。歷官陝西寧羌營遊擊。康熙十四年，隨征逆黨王屏藩，奮力攻擊，中礟陣亡。卹廕如例。嘉慶七年，補給恩騎尉世職。

于前光。營山人。性至孝。母病，湯藥必先嘗跪進，達旦不寐。如是者三年，憂劬所積，一日伏母枕先歿，里人哀之。

張國材。南充人。敘馬營把總，隨征金川。乾隆四十年進攻絨布寨陣亡，卹廕如例。

于炳。營山人。乾隆庚寅舉人。性沈潛好學，嚴於律己，士林重之。嘉慶二十三年入祀鄉賢。

楊泰。南充人。嘉慶四年，以外委隨勦教匪陣亡。同縣外委楊林、達衡魁、朱朝富、徐升俱擊賊戰歿。均卹廕如例。

趙輝。南充人。嘉慶四年，集鄉勇禦教匪，被執不屈死。同縣陸正坤、劉心遠、梁盛勤、陳大娃、陳二娃、陳三娃、陳四娃、陳五娃、陳六娃、陳七娃、滕友保、鄧三純、張三娃、周三耀、敖文明、唐苟兒、滕承述、滕家廷、陳聯生、柏二娃、滕承勇、滕大、滕二、滕三、滕四、張仕寬、張戍兒、何大愷、李三兒、周萬春、周通爵、楊爾爵、楊正科、吴勇忠、羅昌鼇、羅順颺、楊順秀、周榮臣、陳柱保、唐壽兒、傅寅保、張世賓、陳世保、張大綬、蔣成化、蔣成瑚、蔣飛雲、李朋、李朝、李連喜、李連尚、張大任、金三仙、余心潮、唐仕麟、唐仕麒、蔣宗元、陳上學、陳二兒、蔣潮雲、陳善朝、張金音、何良臣、何良文、劉昌麟、劉秉德、陳才林、陳才耀、朱登堯、朱受元、周登朝、舒興鼇、范興隆、劉世裕、陳才藝、陽明遠、陽明清、湯文陞、湯文填、湯文隆、湯文鳳、胡心元、張曾新、胡昌大、劉正虎、趙公聰、劉癸娃、蒲大、蒲二、梁運、高梁長兒、劉樂保、雍文沛、周登顯，俱禦賊死，均祀昭忠祠。

陳文郁。西充人。官外委。嘉慶初，隨勦教匪陣亡。卹廕如例。

李廷剛。蓬州人。官千總。嘉慶初，隨勦教匪陣亡。卹廕如例。

冉斌。營山人。官千總。嘉慶初，與同縣外委朱文榜隨勦教匪陣亡。卹廕均如例。

王宗耀。營山人。嘉慶二年，教匪王三槐等攻城，宗耀率團勇堵禦，死之。同縣侯于召、王德佐、李成蹊、魏國鼎、熊紹飛、李景裴、李士徽、李瀛、王太和、陳是、陳經、李郁、李景榮、于燈、王冰臣、王惠臣、李志源、鮮元吉、李俸、陳寅元、陳大芳、白爲暉、佘葱珩、韓錫城、謝光彦、宋映輝、易盤、李茂蔚、康濟、錢萬選、吴維翰、羅應琪、李榆、張政明、佘長齡、張文斗、鄧魁占、蔣仕成、鮮崇序、官仁茂、于煶、李能、李卓、華勝宗、陳懷序、鍾仁賢、鍾紹學、張占魁、張信芳、李長春、楊青林、鄭三凱、鄭元瑢、鄭尚書、易象賢、易象臣、易象俊、易象才、易象厚、胡一彬、胡一侯、胡仁龍、胡仁鳳、胡仁麟、曹之賢、高雲翔、佘興趙、佘興魯、佘興楚、楊大忠、雷正彪、陽榮侯、陽萬禄、王家贊、司大廷、李時裕、易添明、易象樞、易象能、何大前、何其仁、何朝文、陳大翠、蘇文通、熊良秀、熊大畛、熊廷輝、陳仁昭、苟學禹、苟學讓、陳能菘、陳顯富、蕭仲堯、胡長玉、周高達、易昌朝、黄仕文、鮮型先、王恒貴、唐基俊、曹恒秀、徐思敬、雷春有、王良左、李益傑、王用先、陳大富、任大順、陳其與、陳其策、陳大銘、吕名安、侯秉秀、馮翼元、陳其英、陳其全、僧隱參、項世平、馮志尚、吴體先、蕭義明、蔣學瓚、蔣仕湲、楊體全、郭熙宗、陳大觀、熊體龍、劉子林、劉子懷、劉子璋、馬行、王玉品、廖舉章、易象上、易文秀、易樹聲、易樹立、李文祥、李光宇、王運梅、何成檀、何添深、何添禄、何添學、何添柱、何添山、何添富、李茂林、蔣芳愷、楊宗衣、杜生位、官紹禄、于克昭、于作培、于佐培、楊朝宗、蔣仁亮、李芳仕、易文章、王鳳麟、馮毓恩，鄉勇張本容、劉廷相、朱必美、段維新、泉宗魁、劉相周、易澤、蔣臣文、田應科、張玉湖、嚴貴、張槐、李元、朱文龍、蔣忠順、郭三元、鮑文進、蔣文、何其進、石翠山、黄金發、文元照、謝鳳龍、宣貴、秦禮義、王盛廷、杜果庭、鄭廷獻、李紹吉、楊世泰、黄盛禄、彭代宣、陶貴、李盛、張聯斗、孟學文、楊吉祥、涂德厚、王尹富、邱德芳、劉國儒、賀有文、蔣賢臣、曹之賢、魏朝真、伍元贊、陳學先、魏良朋、蔣克孝、蕭昌松、馮善、文應明、文應斗、鮮泰秀、侯國政、楊吉、曾昌貴、陳大品、李文章、楊起鳳、黄元泰、萬全、周一德、劉美雲、姜良忠、唐正元、于太才、鄭文禮、鄧時秀、冉俊、吴相九、馮思泰、王樹桂、劉子富、楊元亨、顔本洪、樊興乾、鄒文學、李瑶、馬士興、何騰黄、周正邦、涂宗元、吴朝輔、陳光舉、李文、方宗耀、張登興、王開忠、楊維陞、羅克順、廖時泰、張學規、陳正偉、翟良保、張禮元、李重有、陳正位、丁達亮、邱宗儀、李子林、丁達位、楊維輸、劉登貴、蘇應芳、葉有明、李高麟、鄧在文、李天相、鄧維龍、李茂賢、吴桂山、譚大勳、廖學泮、陳顯庸、陳顯貴、陳顯榮、劉顯富、李中瑞、蔣仕達、蔣仕英、蔣仕仲、鮮以池、鮮以藻、李洪德、龍成彩、賓民鄉、唐元亨、賓安忠、周順理、黄一位、賓安吉、鮮敬止、周天德、雷震儒、蔣廷文、胡天貴、鮮觀美、蔣治盛、黄一義、黄三福、陳士位、唐元仁、賓民瑄、陶承發、徐茂傑、張富、李中明、黄貴、王瓏、蔣太玉俱禦賊死難，均祀昭忠祠。

劉大順。儀隴人。官外委。嘉慶初，隨勦教匪陣亡，卹廕如例。

楊光昂。廣安人。官湖北巡檢。嘉慶元年，在籍，值教匪王三槐等攻城，光昂集團勇禦賊，被執不屈死。同州王大章、韓肇洙、李世培、唐有書，耆民楊昌萬、鄧德志、楊昌佑、楊昌儒、楊勝秀、楊昌俠、黄元秀、楊顯能、楊士禄、楊昌應、楊光儒、楊世洪、王國錡、滕成宗、楊秀芳、楊正倫、向國朝、張清、唐年春、周國全、周國兆、熊本作、袁臣卿、楊勝位、謝明勝、高茹山、唐君錫、雷洪榜、賀天順、譚國位、高國順、劉永材、吕子華、唐文通、熊文棟、李昌貴、高士禄、左之福、李光禄、劉成棟、任澤茂、劉天五、唐文達、王世泰、吕天恩、楊勝珊、唐文品、楊光先、楊翔英、楊俸、杜琳、楊廷柱、楊世萬、杜學洪、杜志前、楊昌映、李國彦、嚴天鑑、龍時來、伍顯成、李華坤、唐貴、夏陞、李英、伍光堯、吴秀奇、李正紀、夏世用、姚宗位、姚榮芳、周國祖、龍廷德、傅世康、蔣廷德、王有臣、熊天先、熊天宗、馮行善、張鵬益、黄須珅、黄須玢、唐三恪、林國珠、唐捷旺、趙友政、賈鳳、周祖静、周祖榮、楊秀文、屈天定、胡仕成、胡仕椿、胡廷榜、胡紹思、唐學龍、唐奇林、王臣玉、毛正龍、趙朝茂、楊光儒、楊添福、楊文德、屈朝文、楊玳璧、楊光美、粟永道、田宗洛、粟永先、粟永禄、賀章、王仁、吕子榮俱禦賊死難，均祀昭忠祠。

列女

明

龐岳妻張氏。南充人。年十五適岳。岳卒，祖姑年九十，姑亦逾七十，家貧能養，撫孤遊庠。同邑庠生謝彭年妻李氏，夫亡，舅姑欲奪其志，李截兩耳自誓。張永昂妻趙氏，嫁四載而夫殁，遂自縊。張安陽妻馮氏，與子婦文氏兩世苦節。楊芳隆女，嫁甫一期夫亡，長齋，繡大士像數百軸資福。年八十，端坐而逝。

趙子高女。名卯秀，西充人。正德中，同父母避賊至南部寶馬井，賊欲劫以行，女急投崖不死，賊争取之，遂與母俱投於水。其時死鄢藍賊難者，同縣劉景妻安氏、樊秉亮女小解、營山唐宥妻李氏、楊淩曦妻侯氏、女蕙英、儀隴羅氏女、岳池塗元海女，均抗節罵賊被害。

石孝女。岳池人。父母早喪，弟瓊尚幼，誓不適人，撫弟成立。年八十終。正德中楊慎爲作傳，事聞旌表。後又有石氏三女，父母亡，遺弟天柱，三女交誓不字，且撫且教，天柱登正德進士，爲名臣。同縣張瑋妻周氏，萬曆末以節旌。

王朝卓妻明氏。南充人。給事中時舉女。年十八而寡，守節六載。明季爲賊首所獲，大罵不屈，賊寸斬之。同縣杜瑶妻黄氏，年十七而寡，遺腹生子。崇禎末泣語其子曰：「我苦節十七年，值兹寇亂，敢求活乎？爾幸遊泮，慎勿事賊，即報汝父母矣。」遂縊死。

唐通繼妻李氏。西充人。嫁踰年，通病篤，與訣曰：「若年少無子，能守乎？」李齧指自誓。歷節五十四年。同縣張騰霄妻陳氏、陳韶妻張氏、王味龍妻楊氏、吉旭妻馬氏、何達光妻斯氏、馬雲官妻陳氏、高似斗妻王氏、崔大韶妻何氏、王進善妾鄧氏均夫殁守節。孝婦陳輔聖妻杜氏，割股療姑病，竟愈。俱被旌。

張奇策妻杜氏。西充人。崇禎中避賊於張村溝，被執不屈，賊斷其臂，大罵死之。同縣李大年妻某氏、任某妻黄氏、張鵬翼妻某氏、高道妻李氏、張廷機妻梅氏、陳宸女、張尚女，均遭賊不屈死。

王杰妻盧氏。蓬州人。值流賊之難，避於雲山砦，被執，大罵，奪刀自刺死。同州崔之茂母于氏墜崖自盡。

王召女。營山人。許字蓬州賀氏子，未嫁賀夭。或謀聘之，女泣曰：「豈有女子而再受聘者？我有父母，孝養終身足矣。」割耳以誓，守貞不渝。同縣顧應聘妻王氏、王言妻羅氏、李乾道妻某氏、李永蓁妻某氏、媳廖氏、李仕明妻于氏、王宸妻龔氏、妾杜氏、孝女李鍪女，均以節孝旌。

王昱妻李氏。營山人。夫歿守節。長子昌印娶羅氏，次子繼印娶李氏。值寇難，避亂山中，賊搜獲之，姑婦同聲罵賊，悉被支解。有李晟妻于氏同時被執不屈，賊亦支解之。

吴某妻王氏。儀隴人。嫁浹月而寡，鍵户守節，飲食由傳桶進。一日聞欲以夫弟襲其夫指揮之職，泣謂姑曰：「似可綏。」姑詢之，以孕告。果生子伯成，撫之襲職。壽八十。同縣張仕禄妻何氏、楊明道妻雒氏、傅佐政妻張氏、傅佐靖妻田氏、席存仁妻王氏、何潔誠妻侯氏，均夫歿守節。

張如輝妻楊氏。儀隴人。崇禎末，流賊破寨被執，駡賊遇害。同縣楊若梓妻張氏、張景運妻李氏、支氏女俱遭賊不屈死。

王瓘妻陳氏。廣安人。早寡守節。劉盡忠據州城，欲奪其志，氏剪髮毀面，刺一目以誓，賊服其節烈乃止。

侯世延妻吴氏。鄰水人。與同縣吴湝妻談氏均夫歿守節。陳氏、彭氏，姑婦雙節。又周五姑年十四喪父，事母不字。至七十四歲，值賊亂，五姑縱火自焚。

本朝

青明妻任氏。南充人。年十九而寡，豪右欲奪其志，斷髮自誓。兵荒薦歷，糠粃自饜，以甘旨奉姑。姑歿，裹土以葬。苦節五十八年。同縣許某妻王氏、嚴天衢妻楊氏均夫亡守節。

馮璧妻張氏。南充人。姑病，夜禱於天，刲股肉和藥，不足，復刲以進，姑病得痊。

程于淳妻冉氏。南充人。程爲江津舉人，婚匝月，公車北上，奴謀殺於道。冉年十七，間關千里訴有司，執奴論如法。

歸養寡姑，撫姪承嗣，苦節五十一年。事聞旌表。

張應捷妻何氏。西充人。年二十，夫亡守節。張獻忠犯境被執，引頸就戮，賊怒斷其手。賊去復甦，苦節六十載，年八十終。又撫孫翼入庠。

斯爲樸妻李氏。西充人。夫亡，子舉斯方五齡。值寇亂，攜子避山中，教育勤劬。順治甲午舉斯中鄉試，旋卒。又撫孫治甲午鄉薦。卒年八十六。同縣貢生劉時佐妻徐氏，夫奉憲檄招安土寇楊問奇，遇害。徐年二十，無子，繼夫姪荀龍爲嗣。荀龍舉順治甲午鄉薦。徐攜子鳴冤於巡撫李國英，問奇伏辜。又楊勝任妻龐氏、李鍾林妻張氏、馮昌運妻何氏、李映庚妻吕氏、蒲綸妻陳氏、龐之望妻陳氏，均夫亡守節。

高儀坤妻陳氏。西充人。值寇亂，夫婦被執。過祖塋，語夫曰：「今不幸遇賊，若受辱，何以見先人於地下？」遂觸石死。高得脱，後中鄉試，選爲縣令。妾李氏隨之平陽縣任，高卒官，李年二十，僅一女。有欲奪其志者，堅不從，扶櫬歸，以苦節終。

陳鐸妻馮氏。西充人。夫亡守節。同縣節婦高膺祉妻劉氏，均雍正中旌。

良應妻趙氏。蓬州人。值寇亂，舉家逃散。姑爲賊追溺水，趙後至，亦沉水死。

侯甸妻蘇氏。營山人。年十九而寡，孝事舅姑，喪葬盡禮。值兵燹，家益貧，貞操彌厲，苦節四十餘年。

于之驥妻陳氏。營山人。夫肄業太學，卒於京。陳聞，自刎死。

楊伯元妻汪氏。鄰水人。夫早卒，汪哭之淚盡，繼以血。姑病劇，割股療之得瘳。撫遺腹子成立。

鄭大敘妻程氏。廣安人。夫亡，觸地不死，閱三月閉户自經。

任之銘妻杜氏。南充人。夫亡守節。同縣節婦樊銓妻龐氏、譚綽妻楊氏、李碩元妻王氏，烈女韓智女三姑、萬良義女三姑，均乾隆年間旌。

斯永福妻永氏。西充人。夫亡守節。同縣節婦李慎粱妻黄氏、趙源洙妻李氏，均乾隆年間旌。

熊起麟妻廖氏。蓬州人。割股愈姑病。同州節婦聶國榮妻沈氏，夫亡守節，均乾隆年間旌。

龔締勝妻李氏。營山人。夫亡守節。同縣節婦蔡績祖妻姜氏、馮朝選妻鮮氏、羅在位妻司氏、李坊妻向氏、王言雍妻劉氏，均乾隆年間旌。

苟學美妻王氏。儀隴人。守正捐軀，乾隆年間旌。

蘇眉傑妻賈氏。廣安人。夫亡守節。同州節婦鄭倜妻蒲氏、周大容妻段氏，均乾隆年間旌。

鍾士槐妻梅氏。鄰水人。夫亡守節。同縣節婦劉宗書妻陳氏、曹開勳妻甘氏、李成松妻姚氏、彭如壽妻包氏、甘明宣妻李氏，烈婦鄢金聲妻熊氏，烈女鄒清姑，均乾隆年間旌。

王子昌聘妻龍氏。岳池人。年十六，未婚而夫歿，誓不他適，毁容以明志。孝事舅姑，撫夫姪承祀。年九十三歲。乾隆年間旌。

陳金五妻何氏。岳池人。夫亡守節。同縣節婦何獻麟妻廖氏、高潔妻李氏、何秉聰妻廖氏、唐有誥妻李氏、李士恒妻王氏，均乾隆年間旌。

趙廷現妻曾氏。岳池人。夫亡守節。夫弟廷祿逼其嫁，脅以白刃，誓死不移，廷祿竟殺之。乾隆年間旌。

陳秀姑。南充人。嘉慶二年，賊匪犯境，被執不屈遇害。同縣張秦氏、陳蔣氏、高卿氏、姚張氏、馮王氏、馮鄧氏、劉二娘、唐楊氏、唐王氏、郝黃氏、敖袁氏、周李氏、袁許氏、袁李氏、李陳氏、周滕氏、李姜氏、柏黃氏、柏譚氏、柏袁氏、滕羅氏、陳曾氏、李唐氏、李何氏、陳文氏、周劉氏、唐陳氏、唐鍾氏、唐周氏、唐袁氏、陳胡氏、李闞氏、張蒲氏、張龐氏、何馮氏、何劉氏、何蒲氏、何傅氏、何彭氏、雍侯氏、陳李氏、陳孫氏、陳周氏、陳沈氏、傅馮氏、傅嚴氏、趙牟氏、陳張氏、劉馮氏、金陳氏、趙李氏、劉楊氏、時寅姑、尹寅姑、時二姑、敖卯姑、敖二姑、敖三姑、周幼姑、李妹姑、陳寅姑、滕秀姑、崔秀姑、崔喜姑、尹長姑、尹二姑、陳酉姑、滕二姑、唐連姑、唐四姑、趙辰姑俱遇賊不屈死難，均嘉慶年間旌。

唐之化妻李氏。南充人。夫亡守節。同縣節婦涂志鳳妻羅氏、王心愷妻李氏、王啓國妻柯氏、覃良桂妻趙氏、覃成林妻王氏、劉成章妻湯氏，均嘉慶年間旌。

謝思謨妻李氏。西充人。夫亡守節。賊匪破張揚砦，與其姪女同聲駡賊被害。同縣吉兆孚妻張氏、楊春芳妻馮氏、何鴻圖妻馮氏、何瑞圖妻范氏、崔儒妻趙氏、何起鰲妻馮氏、趙國麟妻何氏、媳敬氏、馮氏、何氏、崔昌期妻黄氏、范佳俍妻白氏、張陳氏、張蒲氏、楊氏女靈英與嫂馮氏、張永安妻蒲氏、媳陳氏、女庚姑、己姑，俱遇賊不屈死難，均嘉慶年間旌。

陸倫妻陳氏。西充人。夫亡守節。嘉慶年間旌。

陳鄭氏。蓬州人。嘉慶二年，賊匪犯境，被執不屈遇害。同州胡余氏、張李氏、熊袁氏、羅趙氏、姚張氏、李陳氏、王章氏、王晏氏、劉滐氏、王黄氏、奉郭氏、陳宋氏、劉龍氏、趙鄭氏、郭四姑俱遇賊不屈死難，均嘉慶年間旌。

于閻氏。營山人。嘉慶二年，教匪犯境，被執不屈遇害。同縣陳張氏、陳李氏、陳馬氏、陳羅氏、李侯氏、李陳氏、李王氏、李郭氏、余朱氏、曹陳氏、于何氏、于龔氏、吴楊氏、杜王氏、司楊氏、易廖氏、李李氏、李楊氏、李李氏、李陳氏、楊李氏、楊胡氏、扶晏氏、魏司氏、伍蕭氏、龔陳氏、熊徐氏、白侯氏、侯李氏、謝余氏、謝李氏、段劉氏、蔣羅氏、蔣唐氏、王邱氏、何鄧氏、袁何氏、何陶氏、何郭氏、陳郭氏、陳喻氏、李吴氏、陳蕭氏、陳李氏、陳邱氏、文李氏、易洪氏、李二姑、梅秀姑俱遇賊不屈死難，均嘉慶年間旌。

于煒繼妻陳氏。營山人。夫亡守節。嘉慶年間旌。

張映吉妻羅氏。儀隴人。嘉慶二年，教匪犯境，羅攜女滿姑避難，遇賊相挽赴水死。同縣李茂朝妻廖氏、媳吴氏、孫璞妻高氏、何鄧氏俱遇賊不屈死難，均嘉慶年間旌。

胡元智母唐氏。廣安人。嘉慶二年，教匪犯境，令其子集衆禦賊。賊惡之，間道至其家，唐與元智妻月氏駡賊死。元智嫂龔氏、女五姑、六姑、子婦朱氏俱不屈死難，均嘉慶年間旌。

鄭爲籍妻劉氏。廣安人。夫亡守節。同州烈婦張鳴岐妻鄒氏、李楊氏，均嘉慶年間旌。

賈朝朗妻馮氏。鄰水人。嘉慶二年，教匪犯境，被執不屈遇害。同縣馬開基妻吴氏、武克盛妻熊氏、劉某妻馮氏、熊從範母李氏、熊馮氏、黄鐸妻秦氏、蔣明東之母熊氏、王治策妻謝氏、王行九母游氏、甘克松妻羅氏、廖桂香妻魯氏、藍斌妻甘氏、熊雙保母劉氏、熊擇嶶叔母陳氏、熊從著妻侯氏、熊某妻甘氏、徐長生母馮氏、熊舒安女長姑、熊多才女望姑、彭雲吉女彩姑俱遇賊不屈死難，均嘉慶年間旌。

熊宗筠妻梁氏。鄰水人。夫亡守節。同縣節婦陳士尊妻唐氏，嘉慶年間旌。

楊李氏。岳池人。嘉慶二年，教匪犯境，被執不屈遇害。同縣楊吴氏、夏張氏、高何氏、羅黄氏、舒譚氏、陳涂氏、呂楊氏、陳呂氏、楊黄氏、楊蔣氏、王范氏、王何氏、江卿氏、楊劉氏、李袁氏、羅陳氏、楊陽氏、何張氏、夏三姑、李妹姑、陳長姑、陳壽姑、劉長姑、屈妹姑、楊昭姑、楊凌姑、任姑俱遇賊不屈死難，均嘉慶年間旌。

曹道範妻鄧氏。岳池人。夫亡守節。同縣節婦董聖妻唐氏、宋運坤妻王氏、譚應齡妻鄒氏，均嘉慶年間旌。

仙釋

唐

謝自然。南充女冠。嘗泛海，將詣蓬萊，見道人指言：「天台山司馬子微，名在丹臺，身居赤城，真良師也。」自然乃回，師子微，得道術於金泉山。貞元十年白晝上昇。韓愈有詩。

程太虚。西充人。自知學道，隱居南岷，有二虎侍左右。書符祈年，輒獲豐稔。元和中尸解去。宋賜號道齊大師。

土産

鐵。後漢書郡國志：宕渠有鐵。唐書地理志：潾山縣有鐵。

絲絹。唐書地理志：果州貢黄絹、絲布，蓬州、渠州貢黄綿紬。寰宇記：廣安軍産絲布。明統志：南充、蓬州、廣安俱出絲。

鹽。唐書地理志：南充、西充有鹽。明統志：各州縣俱有鹽井。

黄柑。方輿勝覽：南充縣出。

藥。寰宇記：果州産巴戟天、大黄。又雞文草，五月採，治婦人因産破血。山大荳，八月採，療急風寒。又廣安軍産牡丹皮，南充縣出天門冬。

冬青蠟。元統志：出營山縣。

蘭蕙。元統志：出營山縣大、小蓬山。

紫梨。出廣安州。入口即化者爲佳。

校勘記

〔一〕東南至小寧州　「南」原脱，「寧」作「平」，據乾隆志卷三〇〇順慶府二古蹟（下同卷簡稱乾隆志）及嘉慶四川通志卷五一引元統志改。

〔二〕東北至曾口縣一百一十里　「曾」，原作「會」，據乾隆志改。按，元曾口縣屬巴州，其故址在清巴州治東，儀隴縣東北。「曾」、「會」形似而誤。

〔三〕即濃洄鎮也　「濃」，原脱，據乾隆志補。按，歷代通鑑輯覽卷九二亦曰「大良平在順慶府廣安州東北，舊曰濃洄鎮」。

〔四〕唐分石鏡之東北界於渠水中索越洲上爲新明縣　「洲」，原作「州」，據乾隆志及太平寰宇記卷一三八山南西道廣安軍改。「索越」，乾隆志作「崇鉞」。

〔五〕聖曆三年　「三」，原作「二」，據乾隆志及太平寰宇記卷一三八山南西道廣安軍改。

〔六〕在廣安州南五里　「廣安州」，乾隆志作「岳池縣」，未知孰是。

〔七〕王平墓在南充縣南十五里　按，乾隆志以爲王平墓在大竹縣平池里。

〔八〕在西充縣南十五里南岷山下　「西充」，原作「南充」，據乾隆志改。按，本志卷三九三順慶府山川南岷山條云：「在西充縣南。」又引輿地紀勝云：「在縣南十五里。」可證此處當以「西充縣」爲是。

〔九〕邵日華　乾隆志作「邵暈」。按，邵曄字日華，宋史卷四二六有本傳。「暈」乃「曄」之或體。本志改稱其字，乃避清聖祖嫌諱也。本志類此多有，下皆不出校。

〔一〇〕庭堅不肯往　「庭」，原作「廷」，乾隆志同，據上文及宋史卷三四六張庭堅傳改。

〔一一〕著禮記經學三十一卷行世　按，宋史藝文志著録游桂有經學十二卷，經義考亦著録「游氏桂禮記經學十二卷，佚」。此言「三十一卷行世」，不知何據。

〔一二〕總督保定山東河北軍務　「山東」，原作「山北」，據乾隆志及明史卷二六二楊文岳傳改。

〔一三〕會土賊鮮于洪僞令高凌雲馳告　「土」，原作「上」，據文意改。

敘州府圖

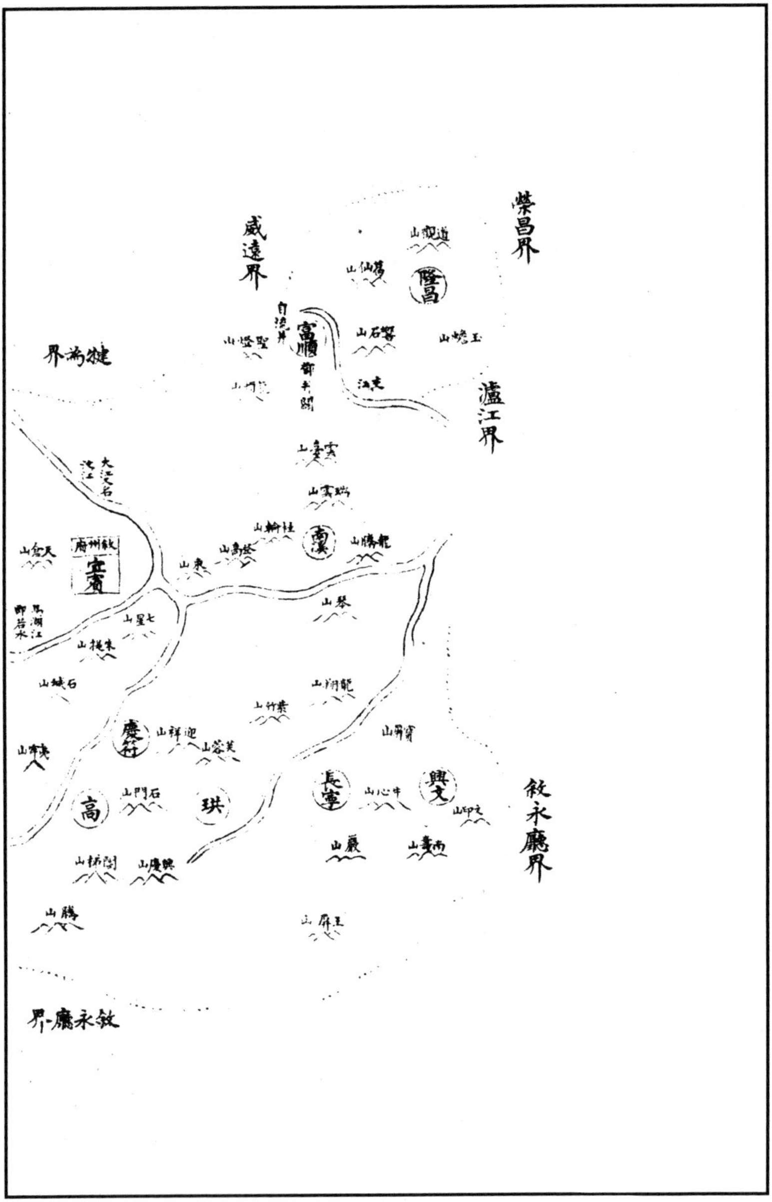

威遠界
榮昌界
隆昌
富順
瀘江界
敘州府
宜賓
南溪
慶符
高
珙
長寧
興文
敘永廳界
敘永廳界

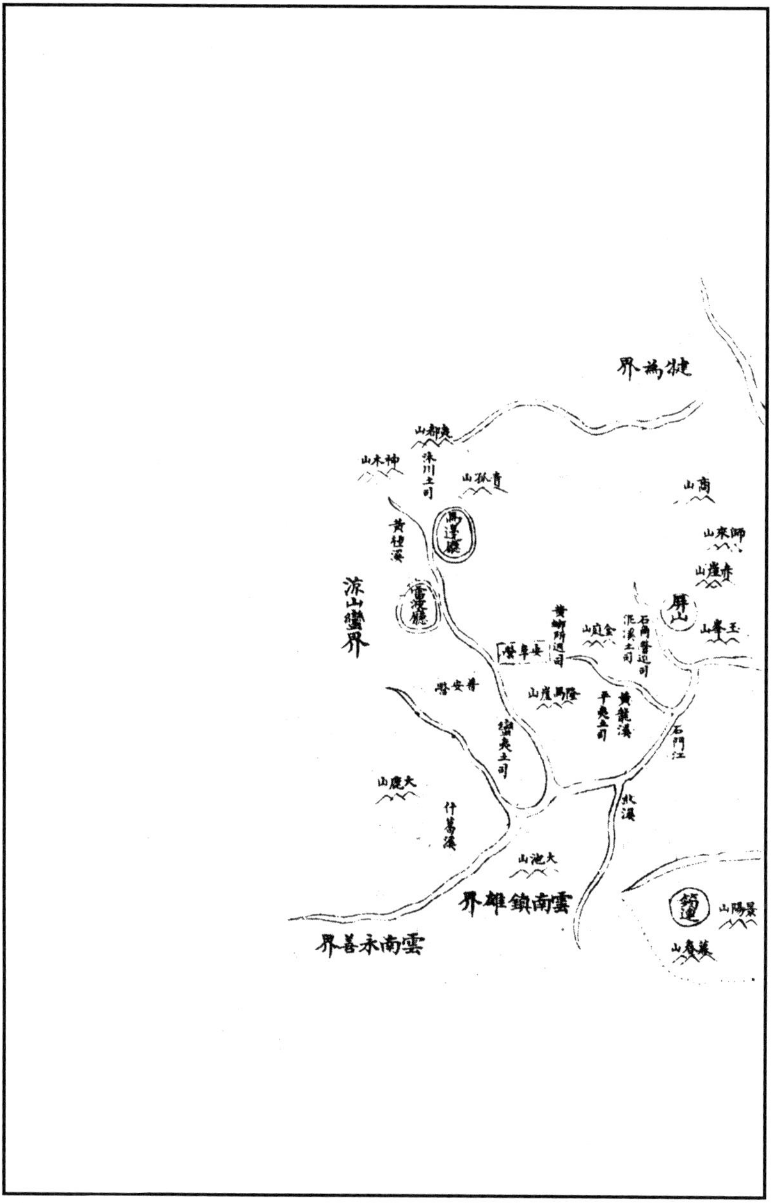
犍為界
夷都山
神木山
沐川土司
青狐山
高山
馬邊廳
雷波廳
涼山蠻界
獅來山
赤崖山
屏山
金庭山
黃螂所巡司
安阜營
泥溪土司
普安營
平夷土司
黃龍溪
蠻夷土司
石門江
大鹿山
什葛溪
北溪
大池山
雲南鎮雄界
雲南永善界
景陽山

敘州府表

	敘州府	宜賓縣
秦	西南夷地。	
兩漢	犍爲郡建元六年置。後漢徙。	僰道縣武帝開，置郡治。後漢屬。
三國		僰道縣
晉		僰道縣
南北朝	犍爲郡齊復移來治。梁大同十年改置戎州。	僰道縣齊復爲郡治。梁爲戎州治。周保定三年改名外江。
隋	犍爲郡大業初改州爲郡。	僰道縣大業初復故名，郡治
唐	戎州武德元年復置州，天寶元年改南溪郡，乾元元年復故，屬劍南道。	僰道縣州治。貞觀中移治，長慶中徙，會昌二年復移治。
五代	戎州屬蜀。	僰道縣
宋	敘州政和四年改名，屬潼川路。	僰道縣政和四年改名宜賓。
元	敘州路至元十八年升路。	宜賓縣路治。
明	敘州府洪武六年改府，屬四川布政使司。	宜賓縣府治。

續表

郁鄢縣 屬犍爲郡，後漢省。			
郁鄢縣 未改置。			開邊縣 開皇六年置，屬犍爲郡。
武德二年省，三年復置。天寶元年改名義賓，屬戎州。		歸順縣 聖曆二年置，屬戎州。	開邊縣 屬戎州。
義賓縣		歸順縣	開邊縣
宜賓縣 太平興國元年改名，熙寧四年省入。	宣化縣 宣和元年置，屬敘州。	乾德中省。	乾德中省。
	宣化縣 屬敘州路。		

	慶符縣
羈縻殷州 咸亨三年析置，尋廢。開元十五年復置，後又廢。貞元二年復置，領殷川、東公、龍原、韋川、賓川五縣，屬戎州都督府，後隸黔州都督府。	開邊縣地。貞觀四年置石門、朱提二縣，五年又置鹽泉縣，俱屬南通州。八年併三縣，置撫夷縣，屬戎州。天寶初省入義賓。
殷州	
商州 改名，尋廢。	慶符縣 政和三年置，兼置祥州。宣和三年州廢，屬敘州。
	慶符縣 屬敘州路。
	慶符縣 屬敘州府。

續表

	富順縣
漢陽縣	江陽縣地。
漢陽縣	
漢陽縣	
漢陽縣	
羈縻曲州 天寶中移州置。	
曲州	
曲州 來附縣 政和三年置，屬祥州。宣和三年省入。	富順監 乾德四年置富義監。太平興國元年改名，屬潼川路。咸淳初徙治虎頭城。
廢。	富順州 至元十二年置富順監安撫司，二十年升州，屬敘州路。
	富順縣 降縣，屬敘州府。

	南溪縣
	僰道縣地。
富世縣周置，兼置洛原郡。	南廣縣梁置，兼置六同郡。
富世縣開皇初郡廢，屬瀘州郡。	南溪縣開皇初郡廢。仁壽二年改名，屬犍爲郡。
富義縣屬瀘州。貞觀二十三年改名。來鳳縣武德元年置，九年省。	初置戎州，貞觀中徙。長慶中移來治，會昌二年復徙。南溪縣初爲州治，後屬。
富義縣	南溪縣
治平初置富順縣，熙寧初省。	南溪縣屬敘州。乾德中移今治。
	南溪縣屬敘州路。
	南溪縣屬敘州府。

續表

長寧縣	高縣
漢陽、江陽二縣地。	南廣縣地。
羈縻淯州 久視元年置，領新定、淯川、固城、居牢四縣，屬瀘州都督府。 羈縻長寧州 領婆員、波居、青(監)〔盧〕、龍門四縣，屬瀘州都督府。後廢。	
没于蠻。	
長寧軍 熙寧八年置淯井監，屬州。政和四年改軍，屬潼川路。 武寧縣 軍治。宣和二年省。 安寧縣 嘉定四年置，屬長寧。	
長寧軍 屬馬湖路。 至元二十二年省。	
長寧縣 洪武初改縣，屬敘州府。	高州 洪武五年降縣，正德十三年復爲州。

	筠連縣
	南廣縣地。
羈縻高州 領柯巴、移甫、徒西三縣，屬瀘州都督府。	羈縻筠州 領鹽水、筠山、羅余、臨居、澄瀾、臨崑、唐川、尋源八縣，屬戎州都督府。
高州	筠州
熙寧後省。	筠州
高州 至元中復置，移治，屬敘州路。	筠連州 改置，屬永寧路。 騰川縣 州治。
	筠連縣 降縣，屬敘州府。 省入州。

續表

	珙縣
	南廣郡 蜀漢延熙中置。
	南廣郡
	南廣郡 梁以後没于蠻。
羈縻連州 領當爲、都寧、羅遊、羅龍、加平、清坎六縣，屬戎州都督府。	鞏州 儀鳳二年置。先天二年改羈縻州，領哆樓、都擅、波婆、比求、播郎五縣。天寶初改因忠郡。乾元初復故，屬瀘州都督府。
連州	鞏州
連州	熙寧後省。
省。	珙州 至元十三年置上、下羅計長官司，屬敘南宣撫司，後改州。
	珙縣 降縣，屬敘州府。

南廣縣太初元年置，屬犍爲郡。	
南廣縣郡治。	
南廣縣屬犍爲郡。元帝時移朱提郡來治，尋罷。	
南廣縣	
開皇四年置協州，大業三年省入開邊縣。	
羈縻協州武德元年復置，領東安、西安、湖津三縣，屬戎州都督府。羈縻播郎州領播勝、從顔、順化三縣，屬戎州都督府。	薛州儀鳳二年置。先天二年改羈縻州，領枝江、黄池、播陵三縣。天寶元年改黄池郡。乾元初復故，屬瀘州都督府。
協州	薛州
協州	熙寧後省。

	興文縣
	漢陽縣地。
羈縻思峨州 天授二年置，領多溪、洛溪二縣，屬瀘州都督府。 羈縻定州 領支江、扶德二縣，屬瀘州都督府。 羈縻扶德州 領宋水、扶德、阿陰三縣，屬戎州都督府。	
思峨州 定州 扶德州	
熙寧後省。 定州 扶德州	
定州 屬敘南路。 廢。	戎州 至元十七年置大壩都總管。二十二年升州，改名，屬馬湖路。
廢。	興文縣 降縣。萬曆二年改名，屬敘州府。

續表

續表

隆昌縣	
江陽縣地。	
	羈縻晏州 儀鳳二年置，領思峩、牱陰、新賓、扶來、思晏、哆岡、羅陽七縣，屬瀘州都督府。 羈縻悅州 領甘泉、青賓、臨川、悅水、夷隣、胡播六縣，屬戎州都督府。
	晏州 悅州
	熙寧後省。
隆昌縣	
隆昌縣 隆慶元年置，屬敘州府。	

續表

屏山縣	馬邊廳	雷波廳
僰道、朱提二縣地。	僰道、朱提二縣地。	越嶲郡地。
		馬湖縣 蜀漢置，屬越嶲郡。
		省。
羈縻殷、馴、騁、浪四州地。		馬湖蠻部地。
蠻地。	蠻地。	
馬湖路 至元十三年置，屬四川行省。	馬湖路地。	至元十三年置雷波長官司，屬馬湖路。
馬湖府 洪武四年改土府。弘治九年改府，屬四川布政使司。 屏山縣 萬曆十七年置府治。	馬湖府地。	洪武二十六年省。

大清一統志卷三百九十五

敘州府一

在四川省治東南七百九十里。東西距五百九十里〔一〕，南北距三百七十五里。東至瀘州江安縣界一百三十五里，西至涼山蠻界四百六十里，南至敘永廳界二百一十五里，北至嘉定府犍爲縣界一百六十里〔二〕。東南至敘永廳界二百二十里，西南至雲南昭通府鎮雄州界二百六十里，東北至重慶府榮昌縣界二百八十里，西北至犍爲縣界一百七十里。自府治至京師六千四百九十里。

分野

天文井、鬼分野，鶉首之次。

建置沿革

禹貢梁州之域。秦爲西南夷地。漢建元六年置犍爲郡，屬益州。華陽國志：郡初治鄨縣，元光五年徙治南廣，始元元年郡治僰道。按：元和志謂昭帝時自僰道移理武陽，誤。後漢爲犍爲郡地。郡徙治武陽，在今眉州界。

三國漢至晉、宋因之。蕭齊復爲犍爲郡治。見宋、齊州郡志。而元和志作李雄竊據，此地空廢，與宋志不同。梁大同十年置戎州。隋大業初復改爲犍爲郡。唐武德元年復曰戎州，貞觀六年置都督府〔三〕，天寶元年改南溪郡。乾元元年復爲戎州，屬劍南道。五代屬蜀。宋政和四年改曰敘州，方輿勝覽作紹聖四年改，與宋志不同。屬潼川路。元至元十八年，升爲敘州路，並立敘南等處蠻夷宣撫司。明洪武六年，改爲敘州府，屬四川布政使司。本朝因之，屬四川省。雍正五年以馬湖府省入，領縣十一、廳二、土司四。

宜賓縣。附郭。東西距八十里，南北距一百五里。東至南溪縣界四十里，西至屏山縣界四十里，南至慶符縣界五里，北至嘉定府榮縣界一百里。東南至慶符縣界二十里，西南至屏山縣界四十五里，東北至富順縣界四十里，西北至嘉定府犍爲縣界一百六十里。古西南夷僰侯國。漢武帝開置僰道縣爲犍爲郡治，後漢屬犍爲郡。晉、宋因之。蕭齊復爲郡治。梁爲戎州治。周保定三年改曰外江。隋大業初復曰僰道，爲犍爲郡治。唐爲戎州治。貞觀中移來治，長慶中徙治南溪，會昌二年復移來治。宋政和四年改曰宜賓，爲敘州治。元爲敘州路治。明爲敘州府治。本朝因之。

慶符縣。在府南少東一百二十里。東西距八十五里，南北距一百五十五里。東至長寧縣界七十里，西至高縣界一十五里，南至珙縣界四十里，北至宜賓縣界一百一十五里。東南至珙縣界四十里，西南至高縣界三十里，東北至南溪縣界九十里，西北至屏山縣界一百二十里。漢置漢陽縣，屬犍爲郡，爲都尉治。三國漢嘗置漢陽郡，尋罷。晉屬朱提郡。宋、齊因之，後没於蠻。唐爲開邊縣地。宋初爲敘州徼外地。政和三年置祥州及慶符、來附二縣。宣和三年州廢，省來附入慶符縣，屬敘州。元屬敘州路。明屬敘州府。本朝因之。

富順縣。在府東北二百四十里。東西距一百二十里，南北距一百二十里。東至隆昌縣界四十里，西至嘉定府榮縣界八十里，南至南溪縣界五十里，北至資州内江縣界七十里。東南至瀘州江安縣界六十里，西南至宜賓縣界四十五里，東北至隆昌縣界四十里，西北至嘉定府威遠縣界三十里。漢犍爲郡江陽縣地〔四〕。周武帝析置富世縣，并置洛原郡。隋開皇初郡廢，以縣屬瀘川郡。唐屬瀘州。貞觀二十三年改曰富義。宋乾德四年升爲富義監，太平興國元年改富順監，屬潼川路。治平初置富順縣屬焉。熙寧初縣省。嘉熙元年蜀亂，監廢，尋復置。元至元十三年，復置富順監安撫司，二十年升爲富順州，屬敘州路。明初降州爲縣，屬敘州府。本朝因之。

南溪縣。在府東一百十里。東西距九十五里，南北距一百二十里。東至瀘州江安縣界二十五里，西至宜賓縣界七十里，南至長寧縣界五十里，北至富順縣界七十里。東南至江安縣界三十里，西南至宜賓縣界七十里，東北至瀘州界一百里，西北至宜賓縣界八十里。漢僰道縣地。梁分置南廣縣，并置六同郡。隋開皇初郡廢，仁壽二年改曰南溪，屬犍爲郡。唐初爲戎州治。貞觀中州徙治僰道，長慶中復移來治。會昌二年復徙州治僰道，以縣屬之。宋屬敘州。元屬敘州路。明屬敘州府。本朝因之。

長寧縣。在府南少東一百二十里。東西距一百里，南北距一百二十里。東至興文縣界五十里，西至慶符縣界五十里，南至珙縣界三十里，北至南溪縣界九十里。東南至興文縣界五十里，西南至珙縣界三十里，東北至瀘州江安縣界一百里，西北至慶符縣界六十里。漢陽、江陽二縣地〔五〕。唐初置羈縻長寧、淯二州，屬瀘州都督府。五代時没於蠻。宋熙寧八年夷人獻地，置淯井監，仍屬瀘州。政和四年，改爲長寧軍，屬潼川路。元屬馬湖路。明洪武初改軍爲縣，屬敘州府。本朝因之。

高縣。在府南少西一百五十里。東西距六十四里，南北距三百里。東至珙縣界二十四里，西至筠連縣界四十里，南至雲南昭通府鎮雄州界二百九十里，北至慶符縣界十里。東南至珙縣界四十里，西南至筠連縣界八十里，東北至慶符縣界十里，西北至屏山縣界一百里。漢南廣縣地。唐置羈縻高州，屬瀘州都督府。宋初因之，熙寧後廢，屬長寧軍。元復爲高州，屬敘州路。明改州爲縣，屬敘州府。本朝因之。

筠連縣。在府西南二百五十五里。東西距五十五里，南北距九十里。東至高縣界二十五里，西至雲南昭通府恩安縣界三十里，南至昭通府鎮雄州界八十里，北至高縣界十里。東南至鎮雄州界三十里，西南至恩安縣界二十五里，東北至高縣界二十里，西北至高縣界十五里。漢南廣縣地。唐置羈縻筠州、連州，屬戎州都督府。宋因之。元改置筠連州，屬永寧路，并置騰川縣爲治。明初廢縣入州，又降州爲縣，屬敘州府。本朝因之。

珙縣。在府南二百里。東西距八十里，南北距一百十里。東至興文縣界六十里，西至高縣界二十里，南至雲南昭通府鎮雄州界八十里，北至長寧縣界三十里。東南至興文縣界一百二十里，西南至筠連縣界一百四十里，東北至長寧縣界三十里，西北至高縣界二十五里。漢置南廣縣，屬犍爲郡。後漢因之。三國漢延熙中置南廣郡。晉及宋、齊因之，後没於蠻。唐儀鳳二年，開山洞置鞏州，先天二年降爲羈縻州，天寶初改因忠郡，乾元初復曰鞏州，屬瀘州都督府。宋初因之，熙寧後省屬長寧軍。其後分姓他居，有上、下羅計之名。元至元十三年歸附，改置上、下羅計長官司，屬敘南宣撫司。明玉珍復改珙州。明初降州爲縣，屬敘州府。本朝因之。

興文縣。在府東南一百九十里。東西距三十里，南北距一百六十里。東至瀘州界二十里，西至長寧縣界十里，南至珙縣界一百三十里，北至瀘州江安縣界三十里。東南至敘永廳界四十里，西南至雲南昭通府鎮雄州界一百四十里，東北至江安縣界三十里，西北至長寧縣界六十里。漢犍爲郡漢陽縣地，後没於蠻。唐儀鳳二年，開山洞置晏州〔六〕。先天二年，降爲羈縻州。天寶初改羅陽郡。乾元初復曰晏州〔七〕，屬瀘州都督府。宋初因之。熙寧後省屬長寧軍，後爲大壩都掌蠻地。元至元十七年立大壩都總管，二十二年升爲戎州，隸馬湖路。明初降州爲戎縣。萬曆四年改名興文縣，屬敘州府。本朝因之。

隆昌縣。在府東北二百七十里。東西距九十里，南北距九十五里。東至重慶府榮昌縣界五十里，西至富順縣界四十里，南至瀘州界二十五里，北至資州内江縣界七十里。東南至瀘州界二十五里，西南至富順縣界四十里，東北至榮昌縣界三十里，西北至内江縣界七十里。漢江陽縣地。明隆慶元年，割重慶府榮昌及瀘州富順縣地置隆昌縣，屬敘州府。本朝因之。

屏山縣。在府西少南二百二十里。東西距二百七十里，南北距三百五十五里。東至宜賓縣界八十里，西至雷波廳界一百九十里，南至雲南昭通府永善縣界隔江五里，北至嘉定府樂山縣界三百五十里。東南至高縣界一百十五里，西南至昭通府鎮雄州界一百九十五里，東北至宜賓縣界一百六十里，西北至雅州府清溪縣界二百里。漢僰道、朱提二縣地。唐爲羈縻殷、馴、騁、浪四州地〔八〕，總名馬湖部，屬戎州都督府。宋時爲蠻所屯據。元至元十三年内附，置馬湖路。明洪武四年改馬湖土府，弘治九年改馬湖府。萬曆十七年置屏山縣爲府治。本朝雍正五年，罷馬湖府，以縣隸敘州府。

馬邊廳。在府西六百里。東西距二百六十里，南北距二百里。東至屏山縣界一百里，西至峩眉縣界百六十里，南至雷波廳界百五十里，北至樂山縣界五十里。東南至屏山縣界百八十里，西南至雷波廳界二百里，東北至屏山縣界四十里，西北至峩眉縣界二百四十里。漢爲朱提、僰道二縣地。晉以來没爲蠻地。元爲馬湖路。明爲馬湖府地。本朝爲邊營。乾隆二十九年，移新鎮通判駐此改廳，嘉慶十三年改設同知。

雷波廳。在府西南五百七十里。東西距一百五十里，南北距一百二十里。東至屏山縣界五十里，西至涼山蠻界一百里，南至雲南昭通府永善縣界二十里，北至馬邊廳界一百里。東南至昭通府鎮雄州界四十里，西南至寧遠府西昌縣界一百二十里，東北至馬邊廳界一百三十里，西北至馬邊廳界二百里。古西南夷。漢爲越嶲郡地。三國漢置馬湖縣，屬越嶲郡。晉初省。唐、宋爲馬湖蠻部。元至元十三年内附，置雷波長官司，隸馬湖路。明洪武二十六年，省爲雷波鄉，屬屏山縣。本朝康熙初仍置長官司。雍正六年，以土官楊明義擾邊勦平之，改置雷波衛。乾隆二十六年升爲廳，屬敘州府。

泥溪長官司。在屏山縣西三里。東至屏山縣界，西至平夷司界，南至雲南昭通府界，北至沐川司界。元至元十三年，與馬湖路同置。明萬曆間改置屏山縣，因移司於此。長官王氏世襲。

平夷長官司。在屏山縣西九十里。東至泥溪司界，西至蠻夷司界，南至雲南昭通府界，北至沐川司界。元至元中置。長官王氏世襲。

蠻夷長官司。在屏山縣西少南一百三十里。東至平夷司界，西至涼山蠻界，南至黄螂所界，北至沐川司界。元至元中置。長官文氏世襲。

沐川長官司。在屏山縣西北一百八十里沐溪北岸。東至涼山界，西至蠻夷司界，南至屏山縣界，北至犍爲縣界。元至元中置。長官悦氏世襲。以上四長官司舊屬馬湖府，本朝雍正五年屬敘州府。

形勢

東距瀘水，西連大峩，南通六詔，北接三榮。圖經。鈎帶二江，撫有蠻獠，宋黄庭堅戎州舍利塔銘。控扼石門、馬湖諸蠻，號爲重地。譙炎東樓記。負山濱江，地勢險阻。張鼎修忠利廟記。

風俗

夷夏雜居，風俗各異。寰宇記。其民樸而易治，其士静而有文。宋孝宗承園記。州以涪翁重，詩書禮樂之澤，漸漬至今。明周洪謨黄太史祠堂記。

城池

敘州府城。周六里，門六。東、南濱大江，西、北池廣五丈。明洪武初因舊址建。本朝乾隆二十七年修，嘉慶十六年重修。宜賓縣附郭。

慶符縣城。周三里五分，門四。明成化初建。

富順縣城。周五里有奇，門七。明天順中因舊土城甃石。本朝乾隆三十一年修，嘉慶五年十年重修。

南溪縣城。周六里七分有奇，門七。南臨江，東、西、北池廣二丈。明天順中建。本朝乾隆二十九年修。

長寧縣城。周六里，門四。外環以池。明成化中因舊土城甃石。

高縣城。周二里，門四。明景泰初築，成化初甃石。本朝乾隆三十二年修，嘉慶十四年重修。

筠連縣城。周一里六分，門四。池廣一丈。明景泰初築，成化二年甃石。本朝康熙八年修。

珙縣城。周二里，門四。明天順中築於麟鳳山。本朝康熙中遷今所，乾隆三十五年甃石。

興文縣城。周一里五分，門四。明洪武中因舊土城甃石。

隆昌縣城。周四里三分，門四。明隆慶中建。本朝康熙六年修，嘉慶五年重修。

屏山縣城。周二里，門五。明隆慶中建。本朝乾隆十五年修，四十六年、嘉慶二年、十四年重修。

馬邊廳城。周二里有奇，門四。明萬曆中建。本朝嘉慶八年修，十七年重修。

雷波廳城。周三里三分。本朝雍正八年建。

學校

敘州府學。在府治東。舊在府南。明萬曆中遷今所。本朝康熙二十四年修，乾隆四十八年重修。入學額數二十名。

宜賓縣學。在縣治東南。宋慶曆中建。本朝康熙二十五年重建，五十六年修，嘉慶十一年重修。入學額數二十名。

慶符縣學。在縣治後。舊在縣東。元大德中建，明洪武三十一年遷今所。本朝康熙二十五年修，雍正間、乾隆六年、嘉慶二年重修。入學額數十二名。

富順縣學。在縣治東。宋建。本朝康熙二十一年修，乾隆二十年重修。入學額數十二名。

南溪縣學。在縣治西北。明萬曆三年自縣西二里遷建今所。本朝康熙二十四年修，乾隆四十四年重修。入學額數八名。

長寧縣學。在縣治西南。明洪武七年建。本朝康熙七年修，乾隆十九年、嘉慶十二年重修。入學額數八名。

高縣學。在縣治東。舊在縣治西。明洪武八年建。本朝康熙五十六年遷建今所。乾隆二十六年修。入學額數八名。

筠連縣學。在縣治西。明洪武初建。本朝康熙五十四年重建，嘉慶十二年修。入學額數八名。

珙縣學。在縣治東南。明洪武中建。本朝康熙二十八年修，乾隆四年重修。入學額數八名。

興文縣學。在縣治南。元至元中建。本朝康熙十年，自縣治北遷建南門外，五十八年復遷今所。乾隆五十八年修，嘉慶十七年重修。入學額數八名。

隆昌縣學。在縣治西。明隆慶中建。本朝康熙二十五年修，五十八年、嘉慶六年重修。入學額數八名。

屏山縣學。在縣治東北。元末建。本朝康熙八年重建，雍正十二年修，嘉慶十三年重修。入學額數八名。

馬邊廳學。在廳治南。明萬曆中建。本朝乾隆二年修，四十五年重修。入學額數五名。

雷波廳學。在廳治内。本朝嘉慶三年建。入學額數三名。

翠屏書院。在府城内。舊在城西翠屏山麓。明成化十八年建。本朝嘉慶六年遷建今所。

東山書院。在宜賓縣治西。本朝乾隆二十三年建，二十九年修。

西江書院。在慶符縣東門内。本朝乾隆四十六年建。

學易書院。在富順縣北。舊名景易。本朝乾隆二十六年建，四十一年修，改今名。嘉慶十六年重修。

琴山書院。在南溪縣治南。本朝乾隆十八年建。

紹聞書院。在長寧縣治西南。本朝乾隆十九年建，嘉慶十一年修。

文江書院。在高縣東。本朝乾隆二十二年建。

騰川書院。在筠連縣。本朝乾隆五十八年建。

南廣書院。在珙縣治東。本朝乾隆二十八年建，嘉慶十七年修。

淩霄書院。在興文縣治東。本朝乾隆四十八年建。

蓮峯書院。在隆昌縣治西。本朝嘉慶六年建。

龍湖書院。在屏山縣治。本朝康熙三十年建，五十九年修。

秉彝書院。在屏山縣。本朝嘉慶六年建。

馬邊書院。在馬邊廳城南。本朝嘉慶十七年建。

南屏書院。在雷波廳治。本朝嘉慶十二年建。

宜賓義學。在縣治北。本朝康熙中建，嘉慶七年修。

富順義學。在縣治北一百里。本朝嘉慶五年建。按：舊志載柳溝書院，在富順縣東北九十里，宋李文淵建。鳳翔書院，在南溪縣北半里。雲臺書院，在南溪縣北八十里。清平書院，在長寧縣寧鎮鄉，明成化中建。文明書院，在長寧縣城南，明嘉靖中建。樓山書院，在屏山縣書樓鄉，明薛瑄講學處。今並廢，謹附記。

户口

原額人丁一萬五千有三，今滋生男、婦共一百七十三萬五千八百一十四名口，計五十一萬七千三百四十户。

田賦

田地二萬八千一百頃六十五畝有奇，額徵地丁正、雜銀五萬二千三十八兩二分三釐，米二百二十七石六斗二升七合六勺有奇。

山川

東山。在宜賓縣東北。方輿勝覽：在敘州城東門外。有報恩寺，塔高二百尺。

登高山。在宜賓縣東二里，大江東岸，險固可憑。宋咸淳中移郡治此。遺址猶存。

七星山。在宜賓縣南十五里。明統志：在府治東。七峯圓秀，狀若連珠。舊志：隔江慶符縣界。

朱提山。在宜賓縣西南。漢書地理志「朱提縣山出銀」，應劭曰：「朱提山在西南。」明統志：在府西南五十里。按：山去府太近，當非漢時故山，但取故縣爲名耳。土夷考「烏撒府有銀鑛之饒」，故山當在其境。

乳洞山。在宜賓縣西南。寰宇記：在開邊縣。有泉如乳，一名乳洞峯。明統志：在府城西南六十里。

大黎山。在宜賓縣西南。元和志：在開邊縣南六十里。

小黎山。在宜賓縣西南。元和志：在開邊縣南四十七里。寰宇記：四時霪霖不絶，俗呼爲大漏天、小漏天。其諸山自嘉州以來，每峯相接，高低隱伏，奔走三峽，石狀難名。按：方輿勝覽作大、小梁山。明統志謂在府東，誤。

石城山。在宜賓縣西南。明統志：在府西南一百里，高峻環列如城。

夷牢山。在宜賓縣西南。方輿勝覽：在宣化縣。蘇轍有遊宜賓見夷牢亂山詩云「崖潤山盡平，連峯遠飛漢」，即此。舊志：夷牢山在宜賓縣西南一百四十里。夷人常會聚於此，語謂「樂」爲「牢」也。

天倉山。在宜賓縣西二里。上有前代屯兵墩臺遺跡，崖壁間有唐乾封二年詹居秀修復古戎州道記。其北有天倉灘，相近大江。

統山。在宜賓縣西六十里。

定誇山。在宜賓縣西一百里。山坡荔支連衮，多屬廖氏。黄庭堅詩「廖致平家緑荔支」，即此山所出。按：方輿勝覽謂之峯巖。

洞山。在宜賓縣西定誇山後。下有洞容數十人，上有一覽亭，登眺爲勝。

仙侶山。在宜賓縣西北二里。明統志：在府治西北。産仙茅。上有真武宮，竹林森翠。山腰有清泉一、石洞四。其一曰楊仙洞，相傳爲宋楊道人昇仙之地。

翠屏山。在宜賓縣西北仙侶山後。以山色常青故名。舊有翠屏書院。

師來山。在宜賓縣西北三里。昔有人浮舟於此，忽見一道人飄然自空而下，止於峯頂，即之不復見。土人呼道士爲師，故名。一名書樓山。舊志：在府西五十里。有鬱姑臺。

赤崖山。在宜賓縣西北。華陽國志：僰道有故蜀王兵蘭，神作大灘〔九〕，其崖嶄峻不可鑿。李冰積薪燒之，故其處懸崖有赤、白、玄、黄五色。魚從楚來至此而止，畏崖映水也。明統志：赤崖山在府治西北。崖岸壁立，瞰大江，色若綺霞。舊志：亦名朝陽崖，在縣西北二十里。

桂叢山。在宜賓縣西北三十里。其上多桂。

汪泉山。在宜賓縣西北五十九里。

可峯山。在宜賓縣西北七十里。一名梯雲嶺。唐志戎州有可峯鎮，葢置於此。

商山。在宜賓縣西北一百里。上建川主廟，禱雨輒應。

迎祥山。在慶符縣東二十里。宋置祥州，以此山爲名。

石門山。在慶符縣南五里，即古石門道也。史記西南夷傳：秦時常頞略通五尺道。漢建元六年，使唐蒙治道，自僰道指牂牁江。水經注：唐蒙鑿石開閣以通南中，迄於建寧二千餘里。山道廣丈餘，深三四尺。塹鑿之跡猶存。唐書韋臯傳：貞元九年，臯遣幕府崔佐時由石門趨雲南，而南詔復通。石門者，隋史萬歲南征道也。天寶中，鮮于仲通下兵南溪，道遂閉。至是，臯治復之，號曰南道。唐書地理志：自開邊縣南七十里至曲州〔一〇〕，又四百八十里至石門鎮。隋開皇五年率益、漢二州兵所開。宋史地理志：慶符縣有石門砦。明統志：石門山在慶符縣南，下瞰石門江。其林薄中多蘭，一名蘭山。

興慶山。在慶符縣南十五里。縣因以名。

漢陽山。在慶符縣北八十里。漢諸葛亮南征，還駐此山。今崖壁鐫「武侯征蠻故道」六字猶存。

禄來山。在富順縣治東，與學宫相對。相連有桂子山，在縣東四里。

同心山。在富順縣東。寰宇記：在富順監城東五里。明統志：一名東山。宋邦人吕震、吕造讀書其上，俱以文章顯，故名。

勸農山。在富順縣南二里。宋太守黄商卿常勸農於此。上有洗馬池、清泉洞。

兜子山。在富順縣南三十五里。聳拔高峻，有巨石若兜鍪之形，故名。

虎頭山。在富順縣西南六十里。高六十餘丈，形如虎踞。宋咸淳初嘗徙鹽治於此。

錫山。在富順縣西南六十里。一名金蟾山。

瑪瑙山。在富順縣西。方輿勝覽：在富順監西，與淩雲山相接。西北諸山惟此最高。中巖有普覺院，北巖有羅漢洞及水簾。

養秀山。在富順縣西一里。一峯聳秀。一名積草山。

淩雲山。在富順縣西一里。方輿勝覽：在富順監西養秀山西北。大江前横，一峯突兀，爲監人登臨之地。

聖燈山。在富順縣西。方輿勝覽：在富順監西五里。明統志：山有聖燈院。嘗有燈出烟霧中，俗謂之聖燈山。西有石峯，峭拔高數丈，如佛像，俗呼爲聖佛。

中崖山。在富順縣西北。方輿勝覽：在富順監西北二里。山勢盤薄，林木葱茂。舊志：以北崖山居左，瑪瑙山居右，此山居其中，故名。又北崖山在縣北二里。

神龜山。在富順縣北。山下有湖，嘗有大龜出，小龜從之，不可勝數，故名。山後有洞，宋時里人李見讀易於此，故名讀易洞。

龍山。在富順縣北二里。下有西湖。

金子山。在富順縣東北四十里。峭壁蒼翠，日光早映如金。

葛仙山。在富順縣東北七十里。上有清泉。相傳葛仙翁嘗憩此，故名。

龍騰山。在南溪縣東二里。下瞰大江。其北有石横空，長四丈許，俗呼爲龍橋。山半有洞深四丈，相傳李八百所鑿，額鐫曰「李公洞」，八分體，字畫遒勁可觀。

平蓋山。在南溪縣。元和志：在縣東三十里。多荔枝。方輿勝覽：在縣西十五里。其地有三山九隴，惟平蓋特出衆山之上〔一二〕，山頂圓平似蓋。明統志：一名牛心山，一名瑪瑙山。昔真人劉景鶴隱此煉丹。有石洞深邃，上有石穴圓如𤥭，有水出焉，取之不竭。又有木葉紋如篆，謂之符葉。

隱山。輿地紀勝：在南溪縣東南逾江七里。

可盧山。在南溪縣南。元和志：在南溪縣南五十里。多笻竹。

琴山。在南溪縣南隔江二里。横洲渚間，狀如琴。

龍磨角山。在南溪縣西六十里。其山巉崖有劃破跡，相傳龍嘗於此磨角，因名。

桂輪山。在南溪縣西七十里。石壁上有黄庭堅書「大桂輪山」四字。

瑞雲山。在南溪縣北二里。雲氣常結而不散，故名。

雲臺山。在南溪縣北八十里。元廖蜀望有詩。

龍透山。在南溪縣東北二十里。山腹有洞穴，深廣十餘丈。

馬鞍山。在長寧縣東。有流盃池、烽火臺。

牛心山。在長寧縣東三里。形崒嵂如牛心然。

棫山。在長寧縣南十五里。峭壁插天，廣延數百里。上有岐路三，曰蠻了、打繚了、萬里箐，皆通徼外。

越王山。在長寧縣南二十里。相傳山有越王墓，故名。

巖山。在長寧縣南三十里。東溪出此。方輿勝覽謂之白崖山。

金龜山。在長寧縣西一里。四面平疇，中突起一阜如龜狀。又名松子山。

筆架山。在長寧縣西五里。山分數峯，狀如筆架。土人嘗觀此山顯晦，驗天陰晴。

紫竹山。在長寧縣西北七十里古賢鄉。宋時鐫崖曰紫竹山。

寶屏山。在長寧縣北。方輿勝覽：軍治之主山也，與棫山諸峯相對。有登雲亭在其上。每歲九日，邑人登高於此。舊志：山在縣北一里。一名登雲山。

龍翔山。在長寧縣北四十里。山形蜿蜒如龍，一名龍峩山。

佛來山。在長寧縣北一百五十里。相傳嘗有佛現於此。

七寶山。在高縣東南六十里。

閣梯山。在高縣南二十里，其山峭壁如閣，其路盤旋如梯，故名。

騰山。在高縣西南五十里。常有霧雨。

朝天山。在高縣西一里。亦名馬鞍山。

遠眺山。在高縣西二里。夷人出入登此，可以眺望。

連珠山。在高縣北一里。以九峯錯峙如連珠而名。

景陽山。在筠連縣東半里。狀如覆鐘。

暮春山。在筠連縣南四里。古木葱鬱。土人暮春祈穀於此。

木浪山。在筠連縣南十里。

亭臺山。在筠連縣南二十五里。高聳如臺，故名。

黄牛山。在筠連縣南三十里。山勢高聳，石壁上有人作驅牛狀，故名。

十八學士山。在筠連縣西五里。

梅得山。在珙縣西北三十里。

冠帽山。在珙縣北一里。峯巒巍峩，形如冠冕。

麒麟山。在珙縣北三里。

芙蓉山。在珙縣北三十里。山有九十九峯，其南二峯突起，謂之小芙蓉。

摩旗山。在興文縣東五里。

文印山。在興文縣東南。本名印靶，明萬曆初曾省吾改名。尖秀如筆，上有白石層疊。

轎頂山。在興文縣東南。峥嶸峭拔，四圍如削，形類車輿。

砲架山。在興文縣南五里。有宋趙遹征蠻遺跡。

南壽山。在興文縣南五里。宋時五斗蠻酋卜漏據此爲砦。舊志：在縣西南十里。

樓峯山。在隆昌縣南。秀峯高聳，儼如文筆。

回龍山。在隆昌縣南一里。爲縣治水口，山前水勢分流，山後復合。

玉蟾山。在隆昌縣南四十里。盤旋聳峙，如蟾蜍偃仰。南眺雒川，迴環如帶，爲登臨之勝。東南去瀘州八十里。

響石山。在隆昌縣西南三十里。上有大盤石，擊之有聲。

道觀山。在隆昌縣北一里。山勢迤衍，岑巒聳疊，俯視東流，爲縣城之枕背。

玉峯山。在屏山縣東十五里。其山直聳清秀，常若碧玉之色。

寶屏山。在屏山縣東二十里，悔泥溪之旁。山勢聳秀如屏。

書樓山。在屏山縣東三十里，西南去平夷土司一百二十里。孤峯聳秀。山巔有巨石方疊如書册，故名。

小悍山。在屏山縣西南，東北去沐川司一百五十里。山崖陡峻，水流悍急。

金庭山。在屏山縣西十六里。山勢平正，狀如庭堂。其土石之色黄赤若金。

鏡山。在屏山縣西三十里。山下有水，澄澈如鏡。

隆馬崖山。在屏山縣西平夷長官司西北二里。其山豐隆，狀如行馬。

大鹿山。在屏山縣西蠻夷長官司東二十里。山谷深邃，多麋鹿。

青孤山。在屏山縣西北沐川長官司東三里。其山孤立，秀出衆山之表，望之鬱然。一名寡孤山。

神木山。在屏山縣西北沐川長官司西二十里。舊名黄種溪山。明永樂四年，營造需材，於此山採得楠木數株，改今名。

龍源山。在屏山縣西北沐川長官司西北六十里。山頂有潭，周數里，相傳有龍潛其中。

夷都山。在屏山縣西北沐川司界。舊志：山在司北半里，高聳秀麗，夷人暇日多會於此。又南現山在司南半里，即夷都山之陽，因其山岡高聳著現，故名。

赤崖山。在屏山縣東北三里。

五峯山。在屏山縣東北二十里。五峯排列，高下相連。

烟遮山。在馬邊廳東三十五里。

大池山。在馬邊廳南五里。山有池，周二里許，深不可測。

龍源山。在馬邊廳南一百里。三面陡峭，惟一徑可登。上平坦有田百餘畝。又有泉源，灌溉不竭。

藥子山。在馬邊廳西一百七十里。山極高峻，深林密箐，爲漢夷接壤處。

龜鳳山。在馬邊廳西北十里。

龍泉山。在馬邊廳北二十五里。

八仙山。在雷波廳東五里。相近有鳳尾山。

貝海山。在雷波廳東。山形如帶，林木鬱葱。

龍頭山。在雷波廳西十里，連烏角界。

天寶山。在雷波廳西二十里，連烏角界。

寶纛山。在雷波廳西北三里。又虎帳山，在雷波廳北五里。

雷番山。在雷波廳北。明統志：在馬湖府城西三百八十里。隋史萬歲征西南夷過此，嘗書「雷番山」三字鐫於石壁，字跡猶存。山中草有毒，經過牲畜必籠其口。行人亦必緘默，若或高聲，雖冬月必有雷霆之應。

箐口嶺。在長寧縣東六十里。

鳳嶺。在長寧縣西四十里。又萬松嶺，在長寧縣西五十里。

晏峯。在興文縣西南五里。峯巒峭拔，唐晏州及思晏縣俱以此峯爲名。

淩家巖。在長寧縣東九十里。上有水流寺，遠眺敘、瀘，大江如帶。

燕巖。在長寧縣北。方輿勝覽：在長寧軍北三里許棲真洞路旁〔一二〕。石峯森列者數百。宋虞易簡有記。

銅鼓巖。在屏山縣西南五里半崖中。有石如銅鼓狀，故名。

統裙巖。在屏山縣西五十里。其巖聳秀，文采斑爛，若諸夷所織統裙之狀。

虞公峽。在長寧縣東十五里。溪上昔有巨石横絶中流，宋嘉定間，故相虞允文子杭孫爲守，鑿之以通舟楫。石上大鐫「虞公峽」三字。

水簾洞。在宜賓縣北十五里。有瀑布如簾下垂，黄庭堅作「奇觀」二大字於旁。

竹巖洞。在富順縣東南五十里。有流盃池。宋侍郎鄭瑩常居此，著前後竹巖賦。

海棠洞。在長寧縣治西。昔郡人王氏環植海棠，春時花開，郡守宴僚屬於其下。

椶子洞。在長寧縣北。方輿勝覽：在長寧軍北三十里。内石乳凝結如椶，故名。又有朝真洞在絶頂，凝真洞在山谷之坳，尤亢爽，有樓閣堂奥之象。

雙洞。在珙縣南廢都安驛東三里。二洞相通，蠻人所居。明總兵劉顯、郭成平蠻旋師過此。洞頂有石，上鐫「天兵紀績」四大字。又有穿山洞，廣十里，奢酋之叛，民多避此得免。

落浦洞。在珙縣南三十里。洞穴深邃。元封洞神爲普惠侯，祈禱輒應。

金鵝洞。在隆昌縣西里許孤山峭壁間。有溪水東來，遶城曲折，環山之趾，下爲懸崖，壁立千尺，飛流如練，稱爲奇勝。俗傳有藏金鵝其中，或以銅鵝换之，故又名换鵝洞。

小離堆。在長寧縣北崖溪上〔一三〕，溪中有怪石，似離堆之象，因名。

惡戾坎。在興文縣東南五十里。山高道險，宿草荒塞。明萬曆初，官軍擊敗蠻賊於此。

丹霄箐。在興文縣南五十里。

玉屏墩。在興文縣西。峯巒聳峙。舊建堡其上。

孝子石。在宜賓縣南二里。水經注：昔僰道縣人有隗叔通者，性至孝，爲母汲江裔水，天爲出平石於江中。今猶謂之「孝子石」。

乞子石。在宜賓縣南。寰宇記：在州南五里。兩石夾青衣江對立，如夫婦相向。俗云，人無子，祈禱有應。

貞婦石。在宜賓縣南。寰宇記：在僰道縣南七里舊州岸。古老相傳，昔有貞婦，夫没無子，事姑甚孝，姑抑之嫁，竟不從，終姑之世。後身没，其居之室有一大石湧出。後人重其貞操，號其石爲「貞婦石」云。

大江。在宜賓縣東北。一名汶江，又名都江。自嘉定府犍爲縣流入，東南流逕宣化故城北，又東遶府城北而東南出合馬湖江。又東逕南溪縣南，又東南入瀘州江安縣界。水經注〔一四〕：江水過武陽，又東南逕僰道縣北，若水、淹水合從西來注之。又東與符黑水合，又東過江陽縣南，洛水東南注之。又逕漢安縣北。元和志：汶江流逕僰道縣東北，又逕南溪縣南，皆去縣十步。方輿勝覽：大江兩崖有大石屹立，昔人因置鐵絙横絶其處，控扼夷寇，名曰「鎖江」。黄庭堅有鎖江亭酌酒詩。

馬湖江。在宜賓縣城南。一名瀘水，一名金沙江。自雲南昭通府流入，東北逕蠻夷、平夷二土司南，又東北逕屏山縣南，又東北逕府城南，又東與大江會。本古繩、若二水下流。漢書地理志：越巂郡遂久縣，繩水東至僰道入江。華陽國志：僰道縣馬湖江會水通越巂。水經「若水至犍爲朱提縣西，爲瀘江水，又東北至僰道縣入於江」，注：若水至大莋，與繩水合，亦通謂之繩水。又逕越巂郡之馬湖縣，謂之馬湖江。又東北至朱提。自朱提至僰道有水、步道。有黑水、羊官水，至嶮難，三津之阻，行者苦之。故俗爲之語曰：「楢溪、赤木〔一五〕，盤蛇七曲。盤羊、烏櫳，氣與天通。看都濩泚，住柱呼尹〔一六〕。庲降賈子，左擔七里。」又有牛叩頭、馬搏頰坂，其艱險如此。寰宇記：馬湖江從戎州西南流出東郭，與蜀江合。方輿勝覽：馬湖江至平夷司合石門江，又至三江口合蜀江。舊志：自生蠻山箐中東北流，至蠻夷司南五十步，合什葛溪，又經平夷司一百二十里，至馬湖城南，又東一百二十里，至宜賓縣與大江會。

石門江。在宜賓縣西南一百三十里。俗呼横江，又名小江。源出雲南昭通府界，東北逕慶符縣西，又東北至縣界，與馬湖江合入大江。中有灘，其水常若鐘鳴，又名鐘灘。漢武時，唐蒙鑿石以通南江，即此。

雒江。在富順縣東。一名中江，一名金川，又名釜川。自資州内江縣流入，逕縣東門外，又東逕隆昌縣西南界，至瀘州合大江。元和志：中江水逕富義縣東百步。方輿勝覽：内江發源漢州雒源，歷富順監南門，自東而西，盤繞縣治，形若釜然，故又號釜川。明統志：釜川在富順，中流有石堆高出水面，分布兩層，前三後七，世傳爲三台七曜石。

支江。在富順縣南。九域志：富順監有支江。舊志：自南溪縣鴛鴦圻分流，又東至瀘州入資江。按：輿圖今無此水，以寰宇記瀘川縣所載支江水考之，疑即雒水之異名也。

思晏江。在興文縣南。源出廢思晏縣，北流逕敘永廳永寧縣，入江安縣界。

水車河。在興文縣東十里。源出故建武城山谷中，下河二十里至縣東北，又西流二十里經梅嶺堡，下合淯溪。居人以竹爲輪，高二三丈，斜列以筒，汲水而上，可溉田疇，號曰筒車。按：輿圖名三渡河，蓋亦淯溪之東派也。

石城河。在雷波廳南二十里。源出蠻界，東流入金沙江。

秦沙河。在雷波廳西南七十里。源出蠻界，東流入金沙江。水石相激，聲如奏樂。

南廣水。源出雲南昭通府鎮雄山箐，流經筠連、高縣界，又經慶符縣西，又東北至宜賓縣界，入於江。即古符黑水也。漢書地理志：南廣縣汾關山，符黑水所出，北至僰道入江。水經注：符黑水出寧州南廣縣，導源汾關山北流，有大涉水注之，出南廣縣北流，注符黑水。又北逕僰道入江，謂之南廣口。元和志：南廣水在開邊縣西北一里。寰宇記：黑水出胡藍生獠界，東北流入蜀江。唐天寶六年，改爲皂水。方輿勝覽：華陽黑水惟梁州，今出南寧州南廣縣後關山，北至僰道縣入江。吴船録：發敘州十五里，南廣江來合大江。舊志：水至南廣鎮入江，南去慶符縣一百三十里。江口有天柱峯，巨石屹立如柱。按：此水上源有東、西二派。舊志「清冷溪在高縣東五里，源出七寶山，北流五十里合復寧溪。復寧溪在高縣東十里，源出珙縣山溪，北流七十里合清冷溪，入慶符縣界」。此東派也。又云定川溪，在筠連縣西，有二源，一出烏蒙黑桃灣，一出鎮雄府羊落溝。二水至兩河口合流，十里至縣西，又北流十里入高縣界，爲梅嶺溪，又名宋水。經縣西，又東合清冷溪。此西派也。今考輿圖，西派源流與舊志略同，其東派則自鎮雄之北界、建武營之西南、筠連縣之東南，凡五道分流，至平塞北合爲一，名宋江。又北流七八十里經高縣界，至縣北，與縣西之梅嶺溪合。又北入慶符縣界，經縣西門外，折而東北流，至宜賓縣南廣洞入江。舊志重見複出，不能悉其源流，又名西派爲宋水，亦誤。

青衣水。在南溪縣。寰宇記：在南溪縣南一里四步。從僰道縣東流至縣界多棱口，又東至瀘州綿水縣地，名龍騰溪。方輿勝覽：青衣江在南溪縣南十五里。古有青衣國，與敘州相鄰，其人因賈至蜀，見漢衣冠，遂求内附。因以名焉。舊志：今有九盤溪，在縣南三十里。源出長寧縣鐵頂寺，北流四十里與僰溪合。僰溪在縣南二十里，源出下界石牌頭，下流二十里與九盤溪合。二水合流，是爲青衣水。又北入江，謂之青衣江口，在縣東二里。按：水經「青衣水出青衣縣」，漢青衣縣爲今雅安蘆山地，武帝罷沈黎郡，置兩都尉，一治旄牛，主外羌，一治青衣，主漢民。是水由今蘆山歷雅安西境北入洪雅界，又東南入夾江，又東至樂山縣西合於陽江，即大渡河下流也。漢安帝延光元年，青衣王子心慕漢制，上求内附。順帝陽嘉二年，改郡名曰漢嘉〔一七〕，以此。方輿紀要：蜀以「青衣」名江者凡三。一在漢嘉，漢書公孫述據蜀，青衣人不賓是也；一在青神，以蠶叢氏而人神之也；一在南溪，與青衣國鄰，其人慕義來此，因以名之。又北入大江，亦謂之龍騰溪。考南溪有龍騰山，在縣東里許，濱大江，並無「龍騰溪」之名。其距蘆山可千里，彼濛、沬諸水於樂山三江口入岷江，直下南溪，即不可仍濛、沬諸水之舊名，則是水之不可名「青衣」也審矣。而謂有三青衣，可耶？又蘇軾詩「想見青衣江畔路」，注謂在青神中巖下，一名平羌水。中巖距三江口且六七十里，非青衣水所經。四川新志：宜賓縣南五里青衣江有兩石夾江對立。二説並不可信。

大秋溪。在宜賓縣西。元和志：在義賓縣東南三十里。有秋溪鹽井，因此水爲名。

馬鳴溪。在宜賓縣西十九里。明統志：發源慶符縣西，會馬湖江達於蜀江。昔土人鄭氏牧馬溪上，産龍駒，將以爲貢，至溪口，忽振鬣長鳴，躍入水。故名。

蘇溪。在宜賓縣西北。方輿勝覽：自州治泝流十里〔一八〕，有前、後潭，瀑布千尺，懸崖而下。名勝志：以蘇軾嘗遊此，故名。舊志：在縣西北二十里，源出赤崖山下，入大江。

越溪。在宜賓縣西北百二十里。寰宇記：去廢歸順縣西十里，流至榮州旭川縣界。舊志：源發簡州山中，歷仁壽、井研至榮縣，始通舟楫。又七十里爲越溪，水秀山清，居民樸厚。春時，兩岸紅緑可愛，隱者嘗卜居焉，以其道險而鄉遠也。俗呼爲登頭溪。下入大江。又有越溪在慶符縣北六十里，自珙縣梅得山發源，流入慶符縣界，入南廣水。

真溪。在宜賓縣西北。舊志：宋黄庭堅云，州西北百二十里有真溪，源出僰山。舊有姓真者居之，故名。東徑富順縣界入江。今有真溪驛。　按：輿圖此水東流入江，不經富順。其北爲龍溪，又北爲沐川，皆東注江。

涪溪。在宜賓縣北十里。方輿勝覽：黄庭堅初謫涪，自號涪翁，放浪山川間。紹聖二年移戎州，城南有溪，遊而樂之，命曰涪溪。其後溪山多以是爲名。明統志：在府北十里。舊志：源出桂叢山下，入大江。

榮溪。在富順縣西二十里。源出資州仁壽縣界，自嘉定府榮縣、威遠流入，至縣西南入雒江。　按：舊志又有之溪在縣南四十餘里，亦即此水也。

鼇溪。在富順縣東北。明統志：宋李文淵築室臨溪，後登進士，人謂之占鼇頭，故名。舊志：源出縣東十里馬鞍山下，入雒江。

福溪。在南溪縣西北四十里。源出宜賓縣高洞，南流百餘里入江，名覆溪，亦名服溪。唐劉崖爲郡都督，改今名。又有桂溪，源出縣西北山中，南流經縣城西入江。

淯溪。在長寧縣東北。又東北流入瀘州江安縣界。方輿勝覽：縣有東溪，發源白崖山。又有西溪，發源越王山，流與桃源溪合。桃源溪一名冷水溪，發源筆架山。舊志：西溪在縣西十里，流二十里，東溪在縣東一里，流三十里，皆至縣東北淯井合流，名淯溪，一名三江口。又東北至武安砦，爲武安溪。又東北至安平砦，爲安平溪。又東北至江安縣界入江。

硯石溪。在長寧縣東北一里。方輿勝覽：硯石溪在牛心山後，岸石如磬，可以爲硯。舊志：又有梅嶺溪，源出縣東梅嶺，皆流合淯溪。

清溪。在長寧縣東北七十里。方輿勝覽：有涇灘，瀑布自山頂飛流而下數十丈，下爲深潭。舊志：其下流爲清溪，下合淯溪。

孔雀溪。在筠連縣西南。舊有孔雀巡司，土舍主之，今廢。

珙溪。在珙縣南一百五十步。源出縣南落浦洞，一名落浦河。北流三十里至縣城西南，折而東北，又五十里入長寧縣界安寧鎮前合淯溪〔一九〕。溪中多石似玉，因以名。縣民以筒車引水入田，得灌溉之利。

螺螄寨小溪。在興文縣西。自建武小隘子發源，距縣十里，至乾溪入洞，至江安青岡村復出，下入大江。

小溪。在隆昌縣東門外。内江、榮昌二縣山溪水合流四十里至此，又東南三十里入瀘州界。按：輿圖名隆橋河。

悔泥溪。在屏山縣東二十里。源出寶屏山麓，下流入馬湖江。溪多泥洳，人艱往來，行者多怨悔，故名。

金魚溪。在屏山縣南三里。自高山麓流出入江。

泥溪。在屏山縣西二里。源出宜賓縣山中，流入馬湖江。

芭蕉溪。在屏山縣西，雷波廳北，沐川司南界。源出龍馬山陰，流入夷都溪，至蠻夷司東溪口，入於馬湖江。

什葛溪。在屏山縣西蠻夷司西二里。源出小悍山，東流入馬湖江。

大鹿溪。在屏山縣西蠻夷司東南二十里。源自深山中流出，多有麋鹿飲其水，故名。按：輿圖此水在平夷司南，有二源合流，東北入馬湖江。

大紋溪。在屏山縣西平夷司南。舊志：去司十里。源自烏蒙府地名鍾灘，流入馬湖江。水流洄漩成紋，故名。又有小紋溪，在平夷司東。按：輿圖小紋溪在北，大紋溪在東，皆流入橫江，去平夷司六十里許，與舊志異。

黃龍溪。在屏山縣西四十里。中有淵，相傳有龍潛此，故名。

黃種溪。在屏山縣西北，雷波廳東北，沐川司西南。源出神木山，東流會夷都溪，至蠻夷溪口入馬湖江。

沐溪。在屏山縣北，沐川司南一里。源出夷都山，東流入江。

清水溪。在馬邊廳東。源出高山，逕馬邊廳南十五里，過沐川司入涼山蠻界。

西湖。在富順縣西。輿地紀勝：西湖周圍三里，有洞窈邃。昔有入洞者，見二女櫛髮於竇間，遺以石鏡，其人致富百倍。明統志：在縣治西。方廣二頃，水潔魚美，菱芡蒲荷，充滿其中。

介湖。方輿勝覽：在長寧軍西城下。中多荷芰。舊志：今廢爲田。

馬湖。在雷波廳北。元史地理志：宋時馬湖部蠻主屯湖内。舊志：在屏山縣西一百七十里。山頂長二十里，廣七里。中有土山如螺髻，可居四百餘人。按：輿圖，湖在今雷波廳北，去屏山三百餘里，近越巂衛東界，下流即黃種、芭蕉二溪。與舊志異。

龍湖。在雷波廳北。舊志：在屏山縣西三百八十里。周二百餘里，四圍皆峻崖，去馬湖江止二里，水與江同消長，日夕作潮。相傳昔有龍馬見此。通志：在今黃螂所南五里。長二十里，廣五里，一名龍海。

復魚池。在府城東。宋張俞有記。

瑞蓮池。在宜賓縣西南六十里馬湖江側，朱提山麓。池有無種蓮，或間十數歲一花，花開則有大吉事，故名。

五子池。在宜賓縣西三里，鄰馬湖江。周廣數十丈，中峙五名，羅列頗奇，遊人每攜樽臨池以爲樂。四旁産五色石，明潤堪供賞玩。

銅鼓池。在慶符縣西三十里。周圍四十餘丈，四時不涸。中有一石如鼓，故名。

百枝池。在富順縣西北四十里。灌溉田畝，支派不一。

仙源池。在南溪縣治北。劉景鶴煉丹，初用此水。

芙蓉池。在南溪縣北六十里。

鳳池。在屏山縣西三十五里。

五龜潭。在富順縣治西崖上。有突出如龜形者五，每陰雨則水面湧沸，若有物焉，禱雨輒應。

荔枝灘。在慶符縣西北二十里，即南廣水所經也。古崖旁多荔枝樹，故名。

銅鼓灘。在南溪縣東。明統志：在縣學東。縣學舊未利。近歲灘之上流生石磧高數十丈，壅水自巽方而去，自是文物稍振。舊志：在縣東十里。又縣東三里有九龍灘，石磧凡九，皆狀如龍頭。

石筍灘。在南溪縣西三十里。江漲險甚。窮冬水落，岸有石長數丈如筍。

鷄公灘。在屏山縣東二里。崖石如鷄竦立。又有鷄肝石灘，在縣西四十里。

結髮灘。在屏山縣西十五里。灘水縈迴，狀如結髮，故名。

鐵鎖灘。在屏山縣西四十五里馬湖江中。夾江兩岸石壁峭立，每夏秋水漲，舟楫不通。用鎖縣於江之北岸，舟行至此，數人攀緣岸上，拽舟而過，故名。

魚符津。在南溪縣西。寰宇記：南溪縣西三十里有魚津，津南有鴛鴦圻。陳壽益部耆舊傳曰：僰道張貞過江覆没，其妻黄氏求尸不得，於溺所自沈，乃挾夫尸出於灘下。因名爲鴛鴦圻。

孟密淵。在屏山縣西沐川司界。即夷都溪下流至此積而成淵。

大龍渦。在屏山縣西平夷司南二十里。流匯紋溪，合馬湖江。

鹽井渦。在屏山縣北四里。半山有池，其水鹽鹵。相傳舊嘗以之煎鹽，故名。

嘉魚泉。在長寧縣東。方輿勝覽：去城一里馬鞍山之西，激石湧出，有小魚，四時如一，不增不長，故名。釀酒極甘。下流入東溪。

温泉。在筠連縣南五十里。

龍泉。在珙縣建武城北關外。泉水甘洌，一鄉田畝資其灌溉。

金魚井。在宜賓縣南。明統志：黄庭堅寓居時，酷喜茶，令人徧汲井泉試之，惟此水品爲第一。

鹽井。在富順縣西。華陽國志：江陽有富義鹽井。元和志：富義鹽井在縣西南五十步，月出鹽三千六百六十石。劒南鹽井，惟此最大。其餘又有井七所。舊唐書地理志：俗呼爲玉女泉。寰宇記：井深二百五十丈，鑿石以達鹽泉。其餘又管大小六井。通志：今富順縣鹽井，上井五十六，中井二十，下井二百五。又長寧縣三井，隆昌、屏山二縣各一井。

月巖井。在富順縣西凌雲山下。清泠芳洌，煮茗尤佳。

葫蘆井。在南溪縣西北五十里。劉景鶴嘗取水煉丹，鑿井口如葫蘆，故名。

龍女井。在長寧縣治西。昔人見小女出入井間，坐石上理髮，故名。

淯井。在長寧縣北。泉有二脈，一鹹一淡，取以煎鹽。塞其一則皆不流。又謂之雌雄井。唐淯州、宋淯井監皆置於此。

校勘記

〔一〕東西距五百九十里　「五百九十」，乾隆志卷三〇一敘州府（下同卷簡稱乾隆志）作「五百九十五」。

〔二〕北至嘉定府犍爲縣界一百六十里　「犍爲」，原脱，據乾隆志補。

〔三〕貞觀六年置都督府　「六年」，乾隆志作「四年」。按，太平寰宇記卷九七戎州云：「貞觀四年以開邊爲南通州，於州置都督府。」此蓋乾隆志所本。考舊唐書卷四一地理志劍南道云：「貞觀四年以開邊屬南通州，六州置都督府。」與寰宇記僅一字之差。中華書局整理本據寰宇記改「六」爲「於」。然舊唐書同卷於成都府下又云：「（貞觀）六年，罷南寧都督，更置戎州都督，屬益州。」則「六年」之説亦有所本。疑舊唐書地理志「六州」爲「六年」之誤。寰宇記誤省置年，因與上文連書，遂使讀者誤以四年爲置年耳。

〔四〕漢犍爲郡江陽縣地　「犍」，原脱，據乾隆志補。

〔五〕漢陽江陽二縣地　按，據本志書例，此句前當有「漢」字，以明時代。乾隆志作「漢犍爲郡漢陽、江陽二縣地」，是也。

〔六〕唐儀鳳二年開山洞置晏州　「晏」上原衍「宴」字，據乾隆志及舊唐書卷四一地理志删。

〔七〕乾元初復曰晏州　「晏」上原衍「宴」字，據乾隆志及舊唐書卷四一地理志删。

〔八〕唐爲羈縻殷馴騁浪四州地　「殷」，原脱，據乾隆志及本志敘州府表補。

〔九〕神作大灘　「灘」，原作「難」，據乾隆志及華陽國志卷三改。按，華陽國志原文云：「僰道有故蜀王兵闌，有神作大灘江中。」

〔一〇〕自開邊縣南七十里至曲州　「曲州」，原作「由州」，據乾隆志及資治通鑑卷二一六唐紀胡三省注改。按，唐時劍南道無由州，與戎州相近的正是曲州。

〔一一〕惟平蓋特出衆山之上　「上」，原作「止」，據乾隆志改。

〔一二〕在長寧軍北三里許棲真洞路旁　「棲」，原作「樓」，據乾隆志改。

〔一三〕在長寧縣北崖溪上　「崖」，乾隆志、方輿勝覽卷六五長寧軍、雍正四川通志卷二四敘州府作「岸」。

〔一四〕水經注　「注」，原脱，據乾隆志補。按，此條所引見於酈道元水經注卷三三江水注。

〔一五〕楢溪赤木　「木」，原作「水」，據乾隆志及華陽國志卷四南中志南廣郡條改。

〔一六〕看都濩泚住柱呼尹　「濩」原作「蘉」，乾隆志同，據華陽國志卷四南中志南廣郡條改。尹，王先謙王氏合校水經注云：「呼尹，當作『呼伊』。住柱呼伊，停杖呼其儔類也。」

〔一七〕改郡名曰漢嘉　「郡」，原作「都」，據乾隆志改。

〔一八〕自州治泝流十里　「泝」，原作「沂」，乾隆志同，據方輿勝覽卷六五潼川府路敘州改。

〔一九〕又五十里入長寧縣界安寧鎮前合淯溪　「安寧」，原作「安平」，據乾隆志改。按，本志避清宣宗諱改。

大清一統志卷三百九十六

敘州府二

古蹟

僰道故城。今宜賓縣治。漢書地理志「犍爲郡僰道」注：應劭曰：「故僰侯國也。」地理風俗記：僰於夷中最仁，有人道，故字從人。華陽國志：僰道縣在南安東四百里，距郡百里。高后六年城之，治馬湖江會。舊本有僰人，故秦紀言僰僮之富。漢民多，漸斥徙之。元和志：戎州即僰道縣，李雄竊據，此地空廢。梁大同十年，使先鐵討定夷獠，乃立戎州，即以鐵爲刺史，後遂不改。僰道縣郭下，本漢舊縣地。唐會昌三年，馬湖江水漂蕩，隨州移在北岸，即今理所。其犍爲郡故城，在青衣江南七里，謂之舊州崖。元史地理志：唐戎州治僰道，在蜀江之西三江口。宋咸淳三年，城登高山爲治所。元至元十三年，復徙治三江口。舊志：圖經云，縣故址有三。漢址在府西南中方鄉，接慶符縣界；一即今治，唐太宗時所移；一在江北，謂之舊州城，唐會昌中所移也。

南溪故城。在今南溪縣西。元和志：縣西至戎州五十里。本漢僰道縣地。梁於此立南廣縣，屬廣漢郡。隋仁壽二年，改爲南溪縣，避煬帝諱也。唐書地理志：戎州有奮戎城，乾符二年置。宋史地理志：南溪縣，乾德中移治舊奮戎城。寰宇記：縣在州東一百二十里，以在僰溪之南爲名。按：舊志有奮戎州，在今縣西七十里。舊置李莊驛於此，蓋即唐時縣治，以其嘗爲州治，故名。今治即奮戎城也。或謂奮戎城在府南，誤。又舊唐志、寰宇記謂本漢南廣縣，周於廢縣置南武戍，隋改龍源戍，後置爲縣，與隋志、元志皆不同，未知何據。

南廣故城。在珙縣西南。漢置，屬犍爲郡。晉、宋、齊皆置南廣郡，後没於蠻。隋以後爲協州地。華陽國志：南廣縣，漢武帝太初元年置，元光五年爲犍爲郡治，孝昭元年郡移僰道。蜀漢延熙中置南廣郡。晉建武元年省。元帝世，刺史王遜移朱提郡治南廣，後刺史尹奉卻還舊治。及李雄定寧州，復置南廣郡。元和志：協州即漢犍爲郡之南廣縣也。其後蠻夷内侵，郡廢。隋開皇四年於此置協州。大業三年，省入開邊縣。武德元年開南中復置，管縣三：東安縣，郭下；西安縣，東南至州二十七里；湖津縣，南至州六十里。寰宇記：協州在戎州西南八百里石門路。天寶中因雲南破移在州西南四百九十三里。

馬湖故城。在屏山縣西。唐書南詔傳：乾符元年，高駢築戎州、馬湖、沐源川等城。通鑑：乾符二年，高駢築城於馬湖鎮，號平夷軍。元史地理志：馬湖路，古牂柯屬地。漢、唐以下名馬湖部，宋時蠻王屯湖内。元至元十三年内附，後立總管府，遷於夷部溪口，瀕馬湖之南岸，創府治。其民散居山箐，無縣邑鄉鎮。領長寧軍及戎州。舊志：元設馬湖路，分其地置長官司六，曰雷坡，曰泥溪，曰平夷，曰蠻夷，曰夷都，曰沐川，遂創路治於蠻夷司夷都溪口之南岸。後因江灘險惡，舟楫多艱，大德九年遷治泥溪司萬福鄉，即今治也。至正元年，併六司爲三。二十三年，明玉珍復分三司爲五。明洪武四年，土總管安濟歸附，改路爲府，復設五長官司，使安氏世守其地。五傳至安鼇而叛，弘治九年討平之，改土官爲流官。按：華陽國志云，越巂郡有馬湖縣，又在元馬湖路西，别見雷波廳。

故高州。在高縣南。唐書地理志：羈縻高州，領縣三：柯巴、移甫、徒西，隸瀘州都督府。元史地理志：高州，古夜郎屬境，鄰烏蠻，與長寧軍相接，均爲西南羌俗。唐開拓邊地，於本部立高州。宋設長寧軍，十州族俱效順。元至元十五年，雲南行省遣官招諭内附。十七年，知州郭安復行州事，蠻人散居村囤，無縣邑鄉鎮。舊志：唐高州故址在今縣南一百二十里。元至元間，知州張景移治懷遠砦。明洪武中知州王旭復徙治今所。

故鞏州。在珙縣西南。唐書地理志：鞏州因忠郡，儀鳳二年開山洞置，縣五：哆樓、都擅、波婆、比求、播郎。寰宇記：

犨州在戎州南三百二十里南廣溪洞。

廢殷州。在宜賓縣西北。唐書地理志：羈縻殷州，咸亨三年析昆明部置。後廢。開元十五年，分戎州復置。後又廢。貞元二年，節度使韋皋表復置，故南溪之境也。縣五：殷川、東公、龍源、韋川、賓川。初與敦州皆隸戎州都督，後屬黔州都督。寰宇記：商州，是獠，在戎州西北二百九十三里，現屬南溪縣，供納賦稅。府志：宋商州即唐殷州，蓋避諱改「殷」爲「商」也。

廢祥州。在慶符縣西一里。宋政和三年置，宣和三年廢。

廢曲州。在慶符縣西。唐天寶中移置。唐書地理志：自開邊縣南七十里至曲州。寰宇記：曲州本在戎州西南九百里，天寶中因雲南破，移在開邊縣界，去縣一百二十七里。

廢淯州。今長寧縣治。唐久視元年置羈縻淯州，以淯井爲名。領新定、淯川、固城、居牢四縣，屬瀘州都督府。蜀王建置淯井鎮。宋初置監以收鹽利，後没於蠻。熙寧八年，夷人得箇祥獻長寧、晏、奉、高、薛、犨、淯、思峨等十州地〔一〕，因復置淯井監。政和四年，改建長寧軍，移治武安。宣和二年復還舊治，後遂不改。九域志：淯井監在瀘州西南二百六十三里。

廢筠州。在筠連縣南。唐書地理志：羈縻筠州，領縣八：鹽水、筠山、羅余、臨居、澄瀾、臨崑、唐川、尋源，隸戎州都督府。寰宇記：筠州在戎州南四百七十里南廣溪洞。舊志：元改置筠連州，又置騰川縣爲治。明初廢縣入州，又降州爲縣。明統志譌「騰川」爲「定川」，又謂元廢縣存州，皆非。

廢連州。在筠連縣境。唐置爲羈縻州，領當爲、都寧、羅遊、羅龍、加平、清坎六縣。元省。寰宇記：連州在戎州西南廣溪洞。

廢思峩州。在珙縣東。唐天授二年置爲羈縻州，領多溪、洛溪二縣，屬瀘州都督府。宋熙寧後省。按：元志有豕峩夷，蓋思峩之訛。府志：思峩州，宋熙寧後廢，地屬長寧軍。

廢定州。在珙縣西南。唐置爲羈縻州，領支江、扶德二縣，屬瀘州都督府。宋因之。元屬敘南路。明初廢。元史地理志：敘南路四十六囤蠻夷千户所，領豖峩夷地，在慶符縣南，南抵定川。古夜郎之屬，唐定州之支江縣也。至元十三年收附，於慶符僑置千户所，領四十六囤。

廢扶德州。在珙縣南。唐置爲羈縻州，領宋水、扶德、阿陰三縣，屬戎州都督府。宋因之。元廢。寰宇記：在戎州東南四百五十七里南廣溪洞。開元十八年自瀘州割。

廢播郎州。在珙縣西北。唐置。唐書地理志：戎州羈縻播郎州，析鞏州置，領縣三：播勝、從顔、順化。寰宇記：播郎州在戎州南二百八十九里南廣溪洞。

廢薛州。在珙縣界。唐儀鳳二年招生獠置，領枝江、黄池、播陵三縣。先天二年降爲羈縻州。天寶元年改爲黄池郡。乾元元年復爲薛州，屬瀘州都督府。宋熙寧後省。按：舊唐志、宋志皆作薛州，唐書、寰宇記俱作薩州，未知孰是。

廢悦州。在興文縣南。唐書地理志：羈縻悦州，領縣六：甘泉、青賓、臨川、悦水、夷鄰、胡播，隸戎州都督府。寰宇記：在戎州南二百十七里南廣溪洞。

廢晏州。在興文縣西。唐置爲羈縻州，屬瀘州都督府。宋熙寧後屬長寧軍。元改置戎州於此。唐書地理志：瀘州都督府晏州羅陽郡，儀鳳二年招生獠置，縣七：思峩、牱陰、新賓、扶來、思晏、哆岡、羅陽。寰宇記：在戎州南三百九十六里南廣溪洞。元史地理志：戎州本西南蠻種，號大壩都掌，分族十有九。唐武后時於本部置晏州。元至元十七年，授以大壩都總管，二十二年升爲戎州，州治在箐前，所領俱村囤，無縣邑鄉鎮。舊志：明初廢州爲縣。萬曆四年，巡撫曾省吾平都掌蠻，奏改今名。

漢陽故縣。在慶符縣南。漢置，屬犍爲郡，爲都尉治。後漢屬犍爲屬國。蜀志，法正子邈官至漢陽太守〔二〕，蓋嘗置郡，屬朱提郡。晉、宋、齊因之。後没於蠻。今縣東有漢陽山、漢陽壩，猶以故縣得名。

開邊廢縣。在宜賓縣西南。元和志：縣東北至戎州六十里。本漢僰道縣地。周爲外江縣地。隋開皇六年，於此縣北一百三十里野客川置開邊縣。上元元年廢，永泰二年復置於今理。唐書地理志：貞觀四年，以石門、開邊、朱提三縣置南通州。八年曰賢州，是年州廢，以開邊隸戎州。宋史地理志：乾德中廢開邊縣。寰宇記：廢縣在馬湖、朱提兩江口。舊志：在府西南六十里，今爲開邊鄉。

宜賓廢縣。在今宜賓縣西北。漢初犍爲郡有郁鄢縣，在今府東南界，後漢省。隋末改置郁鄢縣於此。唐武德二年省，三年復置，屬戎州。天寶元年改爲義賓。宋太平興國元年避諱改曰宜賓。熙寧四年省爲鎮，入僰道。政和間改僰道爲宜賓，而舊縣遂廢。元和志：義賓縣東南至戎州一百六十里。舊志：今縣西北一百六十里有郁鄢灘，蓋即舊治。

歸順廢縣。在宜賓縣西北。唐聖曆二年，分郁鄢縣地，以生獠户置，屬戎州。宋乾德中廢入僰道縣。寰宇記：廢縣在戎州西北三十里。

宣化廢縣。在宜賓縣西北。宋史地理志：敘州宣化本唐義賓縣，熙寧四年改爲鎮，隸僰道。宣和元年復以鎮爲縣，改今名。吴船録：從犍爲百二十里至宣化縣，又百二十里至敘州。元史地理志：元貞二年於宣化縣置萬户府，領軍屯田四千餘頃。舊志：明初省縣。今爲宣化鎮。

石門廢縣。在慶符縣西南。唐初置。唐書地理志：貞觀四年，以石門、朱提二縣屬南通州。八年改置撫夷縣。又戎州有石門鎮。宋史地理志：慶符縣有石門砦。舊志：唐、宋鎮砦皆置於故縣境，以石門路爲名。縣志：石門砦在今縣南十里。

鹽泉廢縣。在慶符縣西。唐貞觀五年，分石門置，屬南通州。八年併入撫夷。元和志：鹽泉鎮在開邊縣西南八十里，即古縣也。

撫夷廢縣。在慶符縣西。唐書地理志：貞觀八年，以石門、朱提、鹽泉置撫夷縣，隸戎州。天寶元年，省入義賓。

來附廢縣。在慶符縣西北。宋政和三年置，屬祥州。宣和三年併入慶符。舊志：在縣西北十五里。今爲來復鋪，謁「附」爲「復」也。

來鳳廢縣。在富順縣東。唐武德元年置，屬瀘州。九年省入富世。

馬湖廢縣。在雷波廳北。華陽國志：越嶲郡有馬湖縣，水通僰道入江。晉初省。按：此縣蓋三國漢所置，其地當與馬湖相近。元馬湖路尚在其東也。

武寧舊縣。在長寧縣東北。宋熙寧七年置小溪口砦，尋改武寧砦。元豐四年廢，五年復置。政和四年置武寧縣，爲長寧軍治。宣和二年省縣爲堡，四年復爲砦。南渡後屬安寧縣。元省。

安寧舊縣。在長寧縣東北。唐初置羈縻長寧州，領婆員、波居、青盧、龍門四縣〔三〕。宋初名婆娑砦。熙寧六年改置安夷砦。大觀四年廢，政和六年復置。嘉定四年升爲安寧縣，屬長寧軍。元至元二十二年省入長寧。

廢富義鹽課司。在富順縣南。又新羅鹽課司，在縣西。皆久裁。

羅計廢司。在珙縣西南。元史地理志：敘南路有上羅計長官司，領蠻地羅計、羅星，乃古西南種族。宋設長寧軍，十州族姓俱效順，各命之官。其後分姓他居，遂有上、下羅計之分。元至元十三年歸附，十五年授千户。其民人散居村箐，無縣邑鄉鎮。下羅計長官司，境近烏蠻，與敘州長寧軍相接。元至元十二年率先内附，十三年以本部夷酋充下羅計千户〔四〕。明統志：珙縣即元下羅計長官司。舊志：下羅計堡，在縣西五十里。明洪武中改置，調敘南衛兵戍守，以控扼蠻獠。景泰初，郡獠叛服不一，復設上羅計堡於縣南六十里，增設官兵戍守。今廢。

虎頭城。在富順縣西南虎頭山上。宋咸淳初，徙監治之，因山爲城，不假修築，足以禦寇。元初還舊治。

淩霄城。在興文縣南一百二十里。宋置，屬長寧軍。明初屬戎縣，都掌蠻依爲巢穴。成化四年，樞臣程信督兵討叛蠻，别將李鑛攻淩霄城。城三面峭壁不可登，其南則深箐連亘數十里，賊縋籐架木而巢其上。鑛尋南崖而北，梯巖架壑以進，後山特高，自高攻下，遂大破賊。萬曆初，蠻復據險叛，巡撫曾省吾討之。詔改淩霄城爲拱極城。

九絲城。在興文縣建武城東。舊爲山都蠻巢穴。

建武城。在興文縣西南。漢犍爲郡漢陽、江陽二縣地。元爲戎州地。明爲戎縣山都蠻地。萬曆元年置建武所，直隸四川都司。本朝康熙六年裁所，以敘州府通判治之。雍正六年移通判於屏山縣新鎮，城廢。

姜維屯。在府城南。明統志：羣峯環秀，一峯特立如筆，高千仞，其頂平正。相傳蜀漢姜維嘗屯兵於此。

西疇。在富順縣西南。方輿勝覽：由城西絶江而上，西行六七里，其地廣六十畝，萬松森列，嘉樹離立，爲李氏西疇，有亭臺齋館、泉石花木之勝。

小桃源。在長寧縣。輿地紀勝：在長寧軍城西冷水溪上。嘉定乙巳，郡守張公市民田，種植桃李，創置亭榭，曰仙津橋、桃花源、桃源洞、武陵洲、緑蘿塢、碧桃灣，亭曰烝霞，軒曰棲碧、柏山。又掘地得一銅牌，鐫曰「小桃源」，其上有詩曰：「綽約去朝真，仙田萬樹春。要知竊桃客，定是滑稽人。」

岑參别業。在南溪縣龍騰山下。參罷嘉州守時寓此，自爲詩曰：「結屋依青嶂，開軒對翠疇。樹成花兩色，溪合水重流。」

東樓。在府治東北。唐建。杜甫有宴戎州楊使君東樓詩。又有西樓，在府治北，宋譙炎建。

冠冕樓。在府治東北。宋黄庭堅賦「僰道苦筍，冠冕兩川」，故名。

南樓。在富順縣治南。宋縣令虞易簡建，魏了翁作記。

桂華樓。輿地紀勝：在長寧軍城東。明統志：後改名桂香。亢爽宏麗。

二老閣。在府治東。繪唐杜甫、宋黄庭堅像於内。
清華閣。在富順縣治。俯鑑湖光，前挹朝爽，爲郡最佳處。
清風閣。在長寧縣治西。一名圓通閣。
霧隱堂。在富順縣治北。宋魏了翁作記。
薛文清書堂。明薛瑄講學處。在屏山縣東三十里。後改爲公館。
荔枝廳。在府治内。方輿勝覽：廳前一樹名萬朵紅，最爲佳品。
墨妙亭。在府治東。龕置黄庭堅筆跡。
涪翁亭。在府治北。宋黄庭堅建。有碑存。
鎖江亭。在府城南鎖江側。明統志：黄庭堅詩「鎖江亭上一杯酒，山自白雲江自横」，即此。
臨賦亭。在富順縣東南五十里。宋嘉定中，邑人吴永錫建。有碑存。
鬱姑臺。在府治北。明統志：宋楊仙遇仙子鬱姑於臺，故名。

關隘

二郎關。在宜賓縣東南隔江。又有摸索關，在府南三百里，當蠻夷溪口。蠻有摩些種，明洪武初禁私茶不得入蠻境，俗呼爲摩些關，語訛爲「摸索」也。又有落桿關，在府南五百里，鬧造關，在府西南五百里，皆昔時捍禦蠻獠之所。

鄧井關。在富順縣南十五里。本朝乾隆二十三年，設縣丞駐此。

李子關。在興文縣東南一百餘里。明成化四年，攻都掌大壩叛蠻，貴州帥毛榮由李子關進，即此。

龍關。有屏山縣東二十里。又有鳳關，在縣西二里。

神龍關。在雷波廳西南七十里。涼山諸蠻出入要路，爲烏角隘之門户。

西平隘。在雷波廳北一百里，與馬邊廳接界，爲番民出入之道，有把總駐守。又雷波廳西有地名石角，其北又有地名沙灣，爲險要處，皆有官兵戍守。

石角營巡司。在屏山縣西。本朝雍正八年置。又有悔泥溪巡司，在縣東，久裁。

黄螂所巡司。在雷波廳東北一百二十里。元時雷波司地。明成化中置平戎巡司，屬馬湖府。後廢。本朝雍正六年改置守禦千户所，屬雷波衛。乾隆二十六年所廢，置巡司。有城，周三里，雍正八年築。

横江鎮。在宜賓縣西八十里。舊設巡司，久裁。

馬湖鎮。在宜賓縣西。唐志：戎州有石門、龍騰、和戎、馬湖、移風、伊禄、義賓、可封、泥溪、開邊、平寇十一鎮。元和志：馬湖戍在僰道縣西二十一里。

戰井鎮。在富順縣。九域志：在富順監東四十里。富順監共有十三鎮。

趙化鎮。在富順縣東五十里。舊有巡司，今裁。

江口鎮。在高縣南四十里。舊有巡司，今裁。

三岔鎮。在筠連縣東南二十里。舊有巡司。又有三土巡司，在縣東南二十里，明正德中置。今俱裁。

鹽水鎮。在珙縣南一百二十里。明初置鹽水壩巡司，萬曆初改歇馬堡，仍設巡司。今裁。

兩河口鎮。在興文縣東北。明初置板橋巡司，萬曆三年改置於此。今裁。

新鄉鎮。在屏山縣西北二百里沐川司界内。東去犍爲縣二百里，南至大涼山五百里。明萬曆十六年築城，設安邊同知於此。又於其西百里烟草峯設守備司，南有大河壩爲前營，中有兩河爲中營，北有水池爲後營，以成犄角之勢，爲控扼蠻夷要地。本朝雍正五年，移府通判駐此。乾隆二十九年，通判改治馬邊廳。

建武營。在興文縣建武城。本朝設遊擊駐防，乾隆四十三年改設都司。

普安營。在雷波廳城内。本朝雍正七年設遊擊駐防，乾隆二年改設參將。

安阜營。在雷波廳黄螂所城内。本朝雍正八年設都司駐此。

涼山等處土百户。皆在屏山縣西界涼山之地。曰挖黑，曰膩乃窠，曰旁阿孤，曰明州樂，曰油石洞，曰大羊腸嚕喀，曰幹田壩，曰蘇柳壩，曰阿招，曰撕栗坪，各轄所部蠻民。並本朝康熙四十二年間歸附。又冷紀土百户，在馬邊廳界，雍正九年歸附。又沙氏溝土千總、天姑密土舍、黄螂土舍，俱在雷波廳界，雍正七年歸附。沙氏溝又有土千户，嘉慶七年置。

自流井。在富順縣界。本朝雍正八年，移駐縣丞駐此。

安遠砦。在長寧縣東七十里。宋皇祐元年置三江砦，三年改曰安遠。宣和二年，以砦爲堡，四年復爲砦。南宋屬安寧縣。元廢。

清平砦。在長寧縣北。宋史地理志：舊隸祥州。政和二年建築，宣和三年以砦隸長寧軍。

靖邊堡。在慶符縣東五里。明宣德中建。

梅洞堡。在長寧縣東五十里。宋政和五年置。元廢。明因舊址設堡，并置巡司，今裁。

石笋堡。在長寧縣南。一名石筆堡。宋政和五年置，曰梅賴，後改今名。

安邊堡。在高縣北一里。其地當興文、珙、筠連三縣之要道。明永樂中置堡以爲控禦。

羅星渡堡。在珙縣南八十里。元至元中設羅星長官司，後廢。又有底東堡，在縣南三十里，明洪武中置，今亦廢。

輪縛大囤。在興文縣南。宋政和四年，晏州夷卜漏反，破梅嶺砦，梓州轉運使趙遹倍道趨瀘州。時賊據輪縛大囤，其山崛起數百仞，林箐深密，壘石爲城，樹栅以守，官軍不能進。遹用奇計以火猱攻囤，遂克之，闢地千餘里。舊志云即今南壽山。

宣化驛。在宜賓縣西北一百八十里，即故縣地。明置驛及巡司於此。本朝康熙中俱裁。雍正七年復置巡司，後仍裁。

月波驛。在宜賓縣西北二百四十里。舊與宣化驛俱爲水驛。今皆裁，設夫役於宣化。

沙河驛。在慶符縣東七十里。由敘入永，通滇、黔大道。

通郵驛。在富順縣西八十里。今裁。

龍騰驛。在南溪縣東二里青衣江口。又李莊驛在縣西七十里。舊皆爲水驛，久裁。

隆橋驛。在隆昌縣東。明初置，屬榮昌縣，嘉靖中改入富順縣。隆慶初，巡撫譚綸以驛介瀘、富順、榮昌三州縣之間，地廣法疏，賦逋盜藪，因奏割三州縣犬牙地置縣。

津梁

惠政橋。在宜賓縣東三十里。

謁仙橋。在宜賓縣西北仙侶山下。有楊仙洞，故名。

迎祥橋。在慶符縣西。

鼇溪橋。在富順縣治東北。宋李文淵家其旁。

東津橋。在富順縣東南，跨金川上。

雙石橋。在富順縣北七十里。宋建，二大石架成。

梅溪橋。在南溪縣北三十里。岸多梅樹。

仙津橋。在長寧縣西，通小桃源。

通濟橋。在長寧縣北門外。舊名通秀。

鎮龍橋。在高縣綏來鄉。本朝嘉慶十三年建。

青雲橋。在筠連縣南。

白楊溪橋。在珙縣育賢鄉。

惠政橋。在興文縣南一里。

隆橋。在隆昌縣南。

進賢橋。在屏山縣東一里。

桂香橋。在屏山縣西半里。

承恩橋。在屏山縣西二里。

隄堰

起鳳堰。在富順縣南三十五里。

朱家堰。在富順縣北十里。明邑人朱苓建。

陵墓

漢

羅孝子墓。在富順縣西聖燈山阯。表云漢益州刺史廣平郡侯羅孝子。

黄帛墓。在南溪縣西二里。漢烈女與夫張貞合葬。

唐

黎幹墓。在宜賓縣城西岸石馬溪之上〔五〕。今石馬尚存。

越王墓。在長寧縣西南。明統志：高廣各數丈，以花甎砌地，有古柏合抱。故老相傳爲越王葬此，未詳何人。或云唐太宗子越王貞爲綿州刺史，卒葬於此。

宋

三程墓。在宜賓縣西百二十里蟠龍寺前。程公許及兄公説、公碩也。

李文淵墓。在富順縣東翠屏山下。

明

劉之綸墓。在府治南七里山後。

吴道宏墓。在宜賓縣治翠屏山半。

周洪謨墓。在宜賓縣南白沙岸上二里許。

樊一蘅墓。在宜賓縣西。

宋世第墓。在宜賓縣北赤崖山。

尹伸墓。在宜賓縣北蓮塘北岸，近三程墓。季子長鑣同時駡賊死，葬伸墓右。

謝廷澔墓。在富順縣東牌壩樓。

朱芹墓。在富順縣北六十里朱家溝。

侯良柱墓。在南溪縣北五十里觀音灘。

晏鐸墓。在隆昌縣北三十里墨溪。

本朝

范嗣鎮墓。在珙縣南水車壩。

李宏鑒墓。在馬邊廳黄茅岡。

祠廟

孝節祠。在府城西二里。祀孝子隗相、吴順、吴審，節士任永、費貽、孫鉉。

武侯祠。在宜賓縣江北，與山谷祠並。祀蜀漢諸葛亮。

黄文節祠。在宜賓縣北。祀宋黄庭堅。

黄烈女祠。在南溪縣治前。祀漢張貞妻黄帛。明嘉靖中重建，本朝康熙中修。

忠祐祠。在長寧縣治東北。宋建。祀南夷巡檢柳光熙。

薛文清祠。在屏山縣東書樓山麓。祀明薛瑄。

忠利廟。在府城内。祀漢牂牁太守陳立。又有廟在南溪縣南琴山上。

金川神廟。在富順縣西二百餘步。有十像。九域志：蓋鹽井神也。五代蜀時封爲金川王。

寺觀

大覺寺。在府治東。元延祐中建。

壽昌寺。在府城東南。唐花臺寺故址。宋淳祐中重建。

文殊寺。在慶符縣東。宋紹興中建。

萬壽寺。有二，一在富順縣東，一在南溪縣治西，俱宋建。

雲隱寺。在富順縣東。宋紹興中建。

龍巖寺。在南溪縣東二十五里。元至元間建。

南壽寺。在興文縣南。元至元間建。

無等院。在宜賓縣南門外。方輿勝覽：黄山谷以元符間寓居，作槁木寮、死灰菴。今猶存。其寺額亦庭堅真跡。

玄都觀。在府治西。元至元間建。

紫極觀。在慶符縣東。元至元間建。

劉真人觀。在長寧縣平蓋山。相傳劉景鶴修煉之地。元至元間建。

名宦

漢

朱博。杜陵人。成帝時官犍爲太守。先是，南蠻豪長若兒數爲寇盜，博厚結其兄弟，使爲反間，襲殺之，郡中以清。

梁

先鐵。武帝時奉使討蠻獠，立戎州，即以鐵爲本州刺史，多有勞績。

唐

張九宗。德宗時戎州刺史。以治化稱。

宋

宋太初。晉城人。太平興國中，通判戎州，以善政聞，有詔褒美。

張宗誨。曹州人。太宗時知富順監。夷人斗郎春叛〔六〕，羣獠騷動，宗誨將郡兵攻破之。

熊本。番陽人。神宗時通判戎州。習其俗，知夷人擾邊者，介十二村豪爲鄉導。後羅晏夷叛，詔本察訪梓、夔，得便宜行事。於是以計致百餘人，梟之瀘州。其徒股栗，願矢死自贖。獨牁陰一酋不至，本率兵進討，牁陰乞降，盡籍丁口土田及重寶善馬，歸之公上，受貢職。於是烏蠻、羅氏、鬼主諸夷皆從風而靡，願世爲漢官奴。

趙希益。金華人。寶慶間知富順監。勤於民事。歲旱，祈禱極誠獲應，民懷其德，繪像學宮。

周湛。鄧州穰人。通判戎州。州俗不知醫，病者以祈禳巫覡爲事。湛取古方書刻石教之，禁爲巫者，自是人始用醫藥。

王佐。爲長寧守將。寶祐中，元兵拔其城，佐與子俱不屈死之。

楊大全。天水人。宋末守敘州。元兵入蜀，大全戰死。贈武節大夫、眉州防禦使，謚愍忠。

明

趙彥。雲南趙州人。宣德中知高縣。恩威並著，遠邇信孚。未幾解去。及正統間芒部入寇，征討弗克，諸夷曰：「趙尹來即降。」於是辟彥至，諸夷皆納款。事聞，詔增彥秩。後卒於官。

歐陽選。衡陽人。正德中知筠連縣。三江蠻叛，與守備何卿併力禦之，邑賴無恙。時總兵欲議招撫，選力辯其非。又白去丈田增税，邊民稱便。

嚴清。雲南後衛人。嘉靖中知富順縣。公廉恤民，治聲大起。

杜傑。黄岡人。萬曆中知長寧縣。適歲歉，賑活甚衆。時九絲初定，黠酋内訌，拮据調劑，卓有鴻勛。後採木山中，值水涸，露禱於天，忽大雨如注，木遂出。先是，西南夷騷動，喜功者多議勦，傑曰：「不可。民方疲於力役，又驅以戰，吾恐邊地險阻，徒勞罔績也。」當事弗聽，卒致覆敗。人服其先識。

徐大禮。會稽人。官長寧主簿。興文知縣張振德來署縣事，與之善。天啓元年，奢崇明反，振德還死興文，長寧亦陷。大禮曰：「吾不可負張公。」一家四人仰藥死。贈同知。

鄭朝棟。湖廣人。知馬湖府。奢賊亂，朝棟率士與參將王懋官軍龍湖山，長寧、高、珙諸縣俱獲安全。又招降瀘部夷數百家，俾歸侵地。部屬黄鄉、磨波諸夷俱感畏安謐。念郡民兵役煩困，多所蠲免。平奢賊有功，總督朱燮元與李仙品、劉可訓、盧安世並列上，升任去。民建祠祀之。

盧安世。貴州赤水衛人。爲富順教諭。奢崇明反，遣其黨來取縣印，知縣棄城遁。安世收兵，率壯士擊斬賊。無何，賊數萬猝至，安世赴鬬，手馘數人。詣上官請兵，復其城。擢僉事。監軍討賊，屢戰有功，進參議。

王碩輔。貴州人。南溪知縣。奢崇明陷其城，死之。贈尚寶卿。

龔萬禄。貴州人。建武所守備。奢崇明反，衆推萬禄主兵事。與指揮李世勛戮力固守，殺賊無算。及城陷，世勛率家屬自焚死。萬禄手刃兩妾兩孫，自刎不死，大呼馳出，賊不敢逼。走至敘州，乞師於巡撫朱燮元，復建武。會官軍敗於江門，賊四面攻之，與子崇學力戰死。贈都督僉事，立祠祀之。本朝乾隆四十一年，賜謚烈愍。

張振德。崑山人。興文知縣。奢崇明反，與妻錢氏及二女俱伏劍死，一門死者十二人。贈光禄卿，謚烈愍，立祠祀之。

劉希文。興文教諭。張振德死，代縣事。甫半載，賊復攻城，誓死不去，妻白氏亦慷慨願同死。城破，夫婦並駡賊死。

艾吾鼎。漢川人。興文知縣，署宜賓縣事。崇禎中，張獻忠陷城，死之，闔門被難。本朝乾隆四十一年，賜謚烈愍。

徐餘慶。新城人。珙縣知縣。崇禎十七年，流賊陷蜀，守孤城被執，不屈死。子文斗請以身代，並遇害。本朝乾隆四十一年，賜謚節愍。

本朝

薛起元。韓城人。順治初，知筠連縣。惟蒼頭一人掃除執爨，事皆親理，不假手吏胥，人服其清正。卒官，貧無以殮。邑人祠之。

趙家駿。忻州人。康熙十一年，知南溪縣。時蜀省初定，城郭未修，值吳三桂叛，家駿自度守禦無具，而職司守土，不可委去，遂自經死。

錢紹隆。海鹽人。康熙十九年，知富順縣。盡心保障，安戢殘黎，調協軍伍，周貧乏，掩遺骸。久而人益思之，祠名宦。

顔敩。宛平人。康熙二十年，知敘州府。時滇寇未殄，戎馬倥偬，敩捍禦有方，保障孤城，民賴以安堵。

何源濬。丹徒人。康熙二十一年，知馬湖府。值進勦滇寇，源濬身親輸輓，民不擾而軍食足。百姓逸散者，給牛種招徠之。後夷玀猖獗，源濬嘗單騎撫勞，生夷懾服。

陳聶恒。武進人。康熙中知長寧縣。撫字有方，聽斷明敏。課士子，興文教，捐置後江渡口義田，並造清溪橋，邑人懷惠焉。

房度。貴筑人。雍正十二年知隆昌縣。多惠政。聽訟明敏，隣邑争來赴愬，政聲翕然。

陳九齡。福建人。乾隆四年知珙縣。能以寬服民，親訓士子，多所成就。

李兆錦。鍾祥人。乾隆十三年知高縣。實心實政，不事矯激，遺愛在人，久而彌彰。

王采珍。濱州人。乾隆十七年知南溪縣。創建義學，置義田以供脩脯。政簡刑清，一時稱循吏焉。

熊葵向。安邑人。乾隆十八年知富順縣。居官以崇化善俗爲務。創建書院，置學田資膏火。去官，士民祠之。

魯華祝。新城人。乾隆四十七年官馬邊通判。有幹濟才。令民墾種黑河等地，人蒙其利。惠民興學，百廢修舉。

潘邦和。仁和人。乾隆五十一年知富順縣。澹泊廉静，與民休息。加意學校，人材蔚興。

人物

漢

隗相。僰道人。養母至孝。母食欲江中正流水，相冬夏汲之，一朝有横石生正流中。哀帝世察孝廉，平帝世爲郎。石在馬湖江，人謂之「孝子石」。

任永。僰道人。好古博學。公孫述連徵命，待以高位，託青盲以避世。述誅，光武聞而徵之，會病卒。

吴順。僰道人。事母至孝。赤烏巢其門，甘露降其户。察孝廉，官永昌太守。

宋

李英恪。富順人。嘗與丁處榮誅王均，擢知富順監。子見，讀易於神龜山，著易樞五卷。天禧中詔附驛以聞。見終隱不起。

丁處榮。富順人。咸平間，王均叛，圍富順，處榮以計擒斬之，殺其餘黨。擢榮州刺史。

劉孝誠。富順人。性至孝。親喪廬墓，有芝草之祥。李見紀其行於學之雁塔。

李夔。富順人。既葬父母，廬墓，有白虎白烏馴擾之異。

廖翰。宜賓人。少以孝義聞。嘗有蠻叛，翰與戰於馬鳴溪，敗陷溪中，數里不没，時皆異之。

廖琮。翰子。嘉祐進士，官至朝議大夫。未五十即致仕。教授鄉閭，多所成就，搢紳高之。子有衡，亦由進士官朝議大夫。黄庭堅與善，呼爲「緑荔枝廖氏」。

斗蓋。長寧人。嘉祐二年，夷謀入寇，蓋先以其事來告淯井監，引兵趨之，捕斬七千餘級。事聞，詔賜蓋錢三十萬，并錦袍銀帶。尋補長寧州刺史。

李文淵。富順人。治平進士，官至朝議大夫。蔡京奇其才，欲招致之，乃謝病歸。

王默。僰道人。治平進士，授什邡主簿。時調夫築洛口堰，其功十萬，默酌民言而賦省，不閱月告成。遷通泉令。適歲饑甚，不待報而發廩，遂大雨。邑有千頃渠久堙爲民病，因決其原注之江，歲以大熟。民畫像祀之。神宗時從討乞弟，師還，以瘴癘不能歸者數萬人，默請以運糧虚舟載還，分令將護，以卒之存亡爲殿最，全活者十七八。

程公許。宣化人。與兄公説、公碩俱登嘉定進士。爲綿州教授。制置使崔與之大加器賞。改知崇寧縣，人甚德之。淳祐中爲起居郎。右史徐元杰暴亡〔七〕，請盡情研究，公論韙之。中批復鄭清之子士昌官職，公許繳奏，寢其命。章言等以論執政出，公許又力争之。公許沖淡寡慾。蜀有兵難，族姻奔東南者多依以居。所著有塵缶文集。後致仕卒，贈宣奉大夫，官其後。

司馬夢求。叙州人。温國公光之後。景定中進士。咸淳末調江陵沙市監鎮〔八〕。沙市地利險固，恃水爲防。德祐中水忽涸，元兵來攻，乘南風縱火，都督程文亮戰敗降，夢求朝服望闕縊死。

明

喻良。高縣人。洪武中歷官太僕卿、廣東按察使。寬平明允，有聲於時。

鮮源。馬湖泥溪人。永樂初由國子生知階州。奉公守法，勸民勤農，治生多善。改遷山東鹽運同知。

熊宗魯。南溪人。由貢生歷官勤能，升山西參議。永樂中遷交阯參政，皆有政聲。

李從智。宜賓人。永樂進士。任大理評事，讞獄無冤。升知蘇州府，以廉能著。郡多淫祀，家署小廟於門。從智見之，一日毁去。後謝病歸，遂不出。

晏鐸。宜賓人。永樂中進士。歷按兩畿、山東，所至有聲。坐言事謫上高典史。鄰境盜發，官兵不能討，鐸捕滅之，歸所掠於民。與劉溥等號景泰十才子。著有青雲集。

馬虎。馬湖平夷人。永樂進士。官翰林。持身清介，孝養祖母，損産惠族，鄉評重之。

張益。南溪人。景泰初知京山縣。積穀萬餘石，歲饑盡發以賑貧民，全活者數萬。

周洪謨。長寧人。正統進士，授編修。景泰元年，疏勸帝親經筵，勤聽政，因陳時務十二事。再遷侍讀。憲宗嗣位，復陳時務，言人君保國之道有三，曰力聖學，曰修内治，曰攘外侮，帝嘉納焉。成化改元，廷議討四川都掌蠻，洪謨上方略六事，詔付軍帥行之。進尚書，加太子少保。卒謚文安。著四書五經論疑及南皋子、菁齋集。子汝瑞，成化間舉人，歷中府經歷。劉瑾伏法，條上五事，俱見嘉納。出守銅仁，興學撫叛，民皆懷服。升參政歸。

李人儀。隆昌人。景泰進士，授御史。以忤石亨、曹吉祥謫襄陽知縣。尋擢荆州知府。守臣上其居縣時治行，特賜封誥。

吳道宏。宜賓人。天順進士。在諫垣時上言星變，詞甚切。成化中歷南大理卿，出撫鄖陽。綏輯流移，民賴以安。

左明善。富順人。天順進士。成化間知臨安府。廉敏有爲，民皆畏愛。交人寇邊，榜諭以禍福，即退去。

馬成。長寧人。知祁陽縣，秩滿應遷，百姓赴闕請留，憲宗命復任三年。鄉民中至老不見官府者，偶至縣庭，長揖不跪，左右叱之，成嘆曰：「使吾民皆如是，胥與葛天氏遊矣。」禮而遣之。

劉忠。南溪人。成化進士。歷户部郎。守正不阿，見萬安當國，引病而歸。事母至孝。子孫兄弟相繼登科。

劉景寅。南溪人。弘治進士。歷户部員外郎。莅政廉謹。劉瑾招致不從，勒爲民。瑾誅，升陝西參政。武宗北狩，諸吏皆趨行在，景寅坐鎮城中，日理煩劇。卒於官。

楊璞。南溪人。弘治進士，授户部主事。早孤，事母以孝聞，友愛伯兄甚至。母喪畢赴部候期，忤劉瑾即引歸。居家二十餘年，不入公門。祖産悉以讓兄，又資嫁族女之無依者。

鄧萬斛。富順人。弘治進士。知寧鄉縣。民籍多詭入寄莊以避役，萬斛正之，民徭用省。

晁必登。宜賓人。弘治進士。任徽江通判。守貪暴，必登以廉佐之。政暇好與諸生講易。郡民充板橋、江川驛籍者，多破産流亡，必登請征銀解馹，迄今賴之。攝廣西曲靖、武定同知，皆有惠政。歷雲南右參政。

李傅。珙縣人。弘治進士。知襄陽府。時土賊合鄖賊寇諸縣，督兵悉擒捕之。尋以憂歸。再知惠州，除徵役加派，請蠲被水田租，民困蘇息。升巡海副使，勦平海寇。吏部奏天下卓異第一。轉貴州參政，權布政使事。年餘致仕歸。代者視庫得羨金七百餘送宅，傅笑曰：「義可取則取之矣。」固却不受。

熊過。富順人。嘉靖進士，選庶吉士。歷禮部郎中。著周易象旨、春秋明志録行世。

謝廷莅。富順人。嘉靖進士。知新喻縣。治最，擢給事中。御史胡鰲建言被謫，抗疏救之。雷震謹身殿，疏陳修省數事。

既而偕同官諫帝南巡，詔下獄，謫雲南典史。累遷浙江僉事。侍養歸，遂不出。隆慶初，吏部奏起遺佚，不赴。萬曆初，巡撫曾省吾奏廷蓮隱居三十年，家徒四壁，樂道著書，宜特加京秩，風勵士林。詔即家進太僕少卿。

范懋和。富順人。兵備潼關，嚴除蠹役，建城鋪五十一所。韓邑山寇、蒲渭桀盜、華雒礦徒，悉就蕩平。祀名宦。

蘇奎章。筠連人。嘉靖中諸生。從父入山，猝遇虎，奎章倉惶泣告，願舍父食己，虎曳尾徐去。後爲岷府教授。

郭成。敘南衛人。由世職歷官蘇松副總兵。倭掠崇明、三沙，成擊沈其舟。隆慶初遷廣東總兵官，破海寇曾一本，擒叛將周雲翔，平潮州盜林明等。萬曆元年，副劉顯征都掌蠻，先登九絲山，生縶阿大。初，成父爲蠻所殺，乃以所斬首及生擒諸蠻置父墓前，割心致祭，鄉人壯之。總兵於銅仁，每苗出掠，潛遣人入其穴，斬馘出，苗以爲神。嘗挺身入林箐察賊，苗一日三四驚，相戒莫敢犯。

劉季體。宜賓人。萬曆中知竟陵縣。歲饑，捐俸三百緡，代完逋賦。襄、鄧水漲，大璫欲曲防，有害於縣，季體毅然争之，遂罷歸。

陳暹。富順人。萬曆中知鄖陽縣。時中官爲礦使，所在大擾。至鄖，暹言礦脈已絶，鄖得報罷。

胡一夔。興文人。官龍陽縣丞，罷歸里居。樊龍之亂，被執不屈死。

尹伸。宜賓人。萬曆進士，授推官。歷升蘇松兵備參政。公廉强直，不事婉阿，三任皆投劾去。天啓時起故官，歷湖廣左、右布政。以失禦流賊罷歸。張獻忠攻陷敘州，駡賊不屈死之。本朝乾隆四十一年，賜謚忠節。

聶繩昌。富順人。天啓中奢崇明之亂，毁家募義勇，禦賊戰死。廕其子。

方明棟。富順人。天啓初爲平越府同知，監軍進討水西賊遇害。贈按察使僉事。又隆昌李師聖，天啓時大同推官，遇流賊陷城，闔家死難。

宋世第。富順人。奢酋叛，世第寓建武。賊將至，安邊郡丞適他出，世第矯丞檄，發庫金以給兵守，城賴以全。事定自陳，請納鑼伏罪，丞聞之撫軍朱燮元。燮元曰：「此有用才也。」徵詣軍門贊機務。口不言功，而自以拔貢資格入都，選新建丞。升雲南新平令，擢知彌勒州。皆有惠政。

朱芹。富順人。萬曆進士。以右參政分守平越。安邦彦圍平越，芹歃血誓衆，募兵堅守，城乃安。後升布政使。

劉時俊。隆昌人。萬曆進士。歷江南數縣令，有能名。於吴江尤著治績。下車即令民具沿門册，就册摘大憝，具數其隱罪，人以爲神。徵輸先分緩急，賦辦而民不困。修湖塘路八十里，民稱爲劉公隄。升南給事，晉太僕卿，告歸。適奢酋叛據重慶，乃上疏請討，朝命贊畫督兵，加兵部右侍郎。崇禎初追録復渝功，再贈尚書。

劉之綸。宜賓人。天啓初舉鄉試。值奢崇明反，倡父老守城，上書監司，請拒賊歸路，監司不能用，賊得渡瀘逸去。崇禎元年第進士，改庶吉士。與同館金聲友善，相與結賢豪，養死士，備國家緩急用。明年冬，都城被兵，數上書陳方略，帝壯之。金聲薦之綸知兵，即超擢兵部右侍郎，副尚書閔夢得協理京營戎政。製木爲大小礮百餘具，又製獨輪火車、偏廂車、獸車，皆輕捷利用。請精兵爲進攻計，會大兵拔遵化、永平，援軍觀望，獨之綸奮前。兵交時礮炸，營中自亂，之綸慨然曰：「受天子厚恩，捐軀以報，戰不捷死耳。敢言退者斬。」乃再戰，自辰至酉，矢盡短兵接之，之綸知不可爲，大呼曰：「死不負天子恩。」解所佩印付家人曰：「持此歸報朝廷。」俄身被兩矢，遂死。天子稱其忠，進贈兵部尚書，録一子入國學。本朝乾隆四十一年，賜謚忠烈。

袁櫟。珙縣人。萬曆選貢。任荆州府通判，升同知。子向科，天啓舉人，歷懷慶同知。旋里，值獻賊亂，父子兄弟闔家殉難。本朝乾隆四十一年，賜向科謚烈愍。

楊爾銘。筠連人。崇禎進士，授桐城知縣。會流賊圍城，爾銘以民兵格之，賊退。無何，賊勢愈熾，躬率士民防守不懈，孤城卒完。擢御史。

樊一蘅。宜賓人。崇禎進士，授襄陽知縣，有聲。入爲銓部郎，人不敢干以私。後爲寧夏巡撫。歸里，值蜀亂，諸鎮將跋扈，一蘅正色責之，咸慴服。年七十八卒。弟一若，生平言行不苟，居父母喪，六載不入私室。後爲劍州知州，卒於官。

王信。宜賓人。崇禎中知呈貢縣。土酋普名聲叛，撫鎮令信爲監軍，敗績，罵賊死。加僉事。本朝乾隆四十一年，賜謚節愍。

魚嘉鵬。宜賓人。篤學力行。獻賊遣僞官至郡，嘉鵬倡義殺之。城破，賊搜獲究其黨，厲聲曰：「我自爲之，恨不能殺獻賊耳，他人何與！」賊磔之。同縣舉人周元孝，諸生李師武、王應世、晏正寅、熊兆桂、劉苞，均罵賊不屈死。本朝乾隆四十一年，俱予入忠義祠。

李合宗。宜賓人。寧夏巡撫樊一蘅之壻。獻賊陷蜀，搜執之，意藉以招一蘅，合宗不從。械至成都，罵賊被害。又諸生梁爲憲，亦一蘅壻，與合宗同志，並死於成都。本朝乾隆四十一年，俱予入忠義祠。

曾印昌。宜賓人。敘州衛世襲指揮同知，升遊擊，守白水江。獻賊圍成都，死之。本朝乾隆四十一年，賜謚烈愍。

張祖周。慶符人。有學行。獻賊陷蜀，語其友曰：「百年有盡，貪生何爲？」遂赴潭水死。同縣貢生何察，獻賊陷城，自縊死。察子五歲，拊棺號痛，不食卒。本朝乾隆四十一年，俱予入忠義祠。

董我前。富順人。崇禎中知衡山縣。歲旱祈雨，暴行烈日中。十六年，獻賊陷衡山，死之。本朝乾隆四十一年，賜謚節愍。

本朝

樊敘倫。宜賓貢生。幼孤，奉母避吳三桂亂，爲賊所執，迫以書記。敘倫以母老泣告，賊爲感動，縱之。母死，哀毀骨立。

何瑞圖。南溪人。吴逆亂，居人盡逃，己獨留侍父病，賊憐而釋之。兄被賊掠，瑞圖追挽之，賊推瑞圖墮水，附斷木得不死。事繼母以孝聞。後任郫縣訓導。卒祀鄉賢祠。

李之藻。珙縣人。順治庚子舉人。任合州教職，勤於訓士，動必以禮。吴逆亂，引歸不出。卒祀鄉賢祠。

樊澤達。宜賓人。康熙乙丑進士。累官翰林院侍讀。值寇亂，奉親避兵越溪，家貧負米百里外，徒跣供爨。嘗於僧寺授徒，往來水道，一日駕筏至漁窩沱，觸石落水，聞水中有人呼曰：「此孝子也。」若有掖之出者，得不死。弟澤迴，四歲失母，哀慟不離喪次。八歲能屬文。與兄負米養父，寒暑不輟。

鄧乾。宜賓人。諸生。家貧，授徒養親。父病篤，乾質子以備喪具。

李謨。富順人。康熙甲子舉人。慷慨好義，嘗數千里歸友人之喪。知太康縣，有廉名。致仕歸，授徒講學，學者稱岺山先生。

張奇星。屏山人。康熙十九年，吴逆餘孽據馬湖，百姓驚逃，奇星結親族鄉勇百餘人擊賊走之，郡賴以安。

范嗣鎮。珙縣人。康熙壬午舉人。侍養父母無違志，以親老不赴選。及殁，葬祭悉如典禮。乾隆二年旌。

郭克廣。隆昌人。父忠懿，官監紀通判，殉節於黔。克廣年十二，自黔奉祖寓播，晝負薪，夜讀書。祖殁，哀毁逾禮。吴逆亂，隱居教授敘、瀘間，從學者百餘人。

李宏鑒。未詳官秩里居。康熙間以將備征吴逆餘黨，力戰死。賜祭葬，贈都督僉事。

曾奇。宜賓人。官外委。乾隆十年隨征金川陣亡。同縣千總何其勳，三十七年陣亡。千總魏元相，三十八年陣亡。卹廕各如例。

楊元龍。富順人。官外委。乾隆三十六年隨征金川陣亡，卹廕如例。

向朝選。長寧人。官把總。乾隆間隨征金川陣亡，卹廕如例。

傅正伸。興文人。官把總。乾隆間隨征金川陣亡，卹廕如例。

朱煜。屏山人。官外委。乾隆間隨征金川陣亡，卹廕如例。

趙廷梁。馬邊人。官外委。乾隆三十七年，與同廳外委胡永華俱征金川陣亡，卹廕如例。

杜倫。宜賓人。官外委。嘉慶元年，與同縣戰兵權安邦隨征黔楚逆苗陣亡，卹廕各如例。

何勝華。屏山人。官守備。嘉慶元年，與同縣把總王奇英俱隨征黔楚逆苗陣亡，卹廕各如例。

吕廷超。馬邊武生。嘉慶元年，與同縣廕生趙璠俱隨征黔楚逆苗陣亡，卹廕各如例。

張永清。雷波人。官千總。嘉慶元年，與同廳千總余海、外委秦申俱隨征黔楚逆苗陣亡，卹廕各如例。

流寓

宋

黄庭堅。分寧人。神宗時實録檢討官。章惇、蔡卞論實録多誣，貶涪州别駕，黔州安置。言者猶以爲處善地，遂移戎州。泊然不以遷謫介意。蜀士多從之遊，講學不倦。凡經指授，下筆皆可觀。

列女

漢

張貞妻黄帛。僰道人。貞受易於學士韓子方，去家三十里，船覆死。貞弟求尸不得。帛往没處自投水中，積十四日持夫手浮出。時人語曰：「符有先絡，僰道張帛。」〔九〕

相登妻周度。僰道人。年十九，登亡，中牟令吴厚求之，斷髮以誓志。後人猶欲求之，乃割其鼻。養子早亡，其妻左亦年十九，遂俱守義以終。

尹讓妻韓姜。僰道人。年二十，讓亡，資中董臺爲弟求妻，不許。臺門生左習、王蘇教姜家言母病迎還，因逼成婚，姜聞故自殺。太守巴郡龔揚哀之，爲殺習、蘇。

宋

司馬夢求母程氏。敘州人。于歸及門，夫死，誓不他適。旌其門曰「節婦」。夢求，其族子，取以爲後。

明

張奎妻何氏。宜賓人。早寡，事姑撫子以節終。洪武中旌。

王伯英妻蹇氏。慶符人。早寡守節。洪武中旌。

杜高賓妻劉氏。宜賓人。夫溺死，劉入水從之，以救免。乃密取夫故巾襪繫肘間，以毒和餅食之，姑驚視，猶持半餅，大言曰：「今日得爲杜門鬼矣。」遂絶。年二十五。同縣張闊妻陳氏、張文星妻廖氏、樊斗卯妻文氏均夫亡守節。

車軫妻張氏。長寧人。守節六十一年，年八十五卒。弘治中旌。同縣李繪妻沈氏、蹇文卿妻李氏、馬純妻龐氏、李元勳妻楊氏、侯啓雍妻朱氏均以夫亡守節。

周孟端女。富順人。正德癸酉遭賊亂，女匿巖穴中，賊搜得之，女投江死，時年十九。賊去，父母哭於江濱，屍忽浮水出。

劉福壽妻魏氏。富順人。夫歿守節。子承教誨，後登科甲。嘉靖中旌。同縣楊炌妻陽氏、萬鼐妻徐氏、周衡妻楊氏、甘芹妻駱氏均夫亡守節。

談本立妻楊氏。南溪人。年十八適談，未一月夫亡。翁姑繼歿，夫弟方二歲，楊撫之成立。同縣羅秉禮妻劉氏，夫亡守節。

張仲雍妻韓氏。珙縣人。嘉靖丙午土賊刧掠，仲雍被殺，韓抱女投崖，賊引藤下援，韓駡賊死。

羅氏女。冬兒，長寧人。萬曆中山都夷阿苟之亂，被執不屈，賊支解之。

郭懋宏妻楊氏。富順人。通書史，工文翰。適隆昌庠生郭懋宏，未踰年懋宏卒，氏書誓詞於帶曰：「妾心一片鐵，不與紅爐滅。煢煢未亡人，茹苦肱九折。一死輕鴻毛，豈受風塵紲。妾髮可剪頭可截。」越二年，夫弟生次子，亟請於舅姑立爲嗣，名孝懿。至七歲，氏曰：「可以死矣。」遂自縊。天啓年間旌。

魏天威妻何氏。高縣人。天啓中奢酋犯縣，何攜二妾何氏、張氏避匿三角巖，遇賊，聯袂同赴水死。詔建三烈坊。同縣陳徵女三姑，幼許聘王應昌，流賊至，避絡角硐中，賊破硐欲犯之，投水死。

彭儒妻郭氏。筠連人。年二十二守節，孝事舅姑。同縣李霖妻詹氏，夫亡守節。

李永年妻蘇氏。筠連人。天啓中奢賊至，掠以行，至鳴鳳岡墜崖死。同縣蘇亮工妻毋氏，崇禎乙酉流賊破城被獲，亦墜鳴鳳岡死。陳登産妻尹氏、陳臺妻羅氏同避流賊於落瓦硐，賊破硐被執不污，俱投崖死。

瞿蕙妻張氏。馬湖人。年二十一守節，至八十歲終。沐川土司方太平妻安氏，早寡守節，養姑撫子，逾二十年，姑歿，安哀毁成疾，不數日卒。

樊一若妻李氏。宜賓人。樊一蘅弟婦。事舅姑以孝著。崇禎中獻賊至被執，時一蘅爲總督，賊繫李於郡以招之，李呼曰：「總督奉命討賊，必殄汝類乃止，縛我何爲？」大罵遇害。妾夏氏同時被執，賊百計誘之，終不從，罵益厲，賊懸其髮於梁，叢射死。樊一蓬妻張氏，爲賊執，訊其夫所在，曰：「死矣。」爇火熾之，至死不吐實。時樊家死難者，男女凡二十五人。同縣尹伸妻邵氏、妾夏氏，尹恩妻楊氏，尹忞妻樊氏，劉之綸妻楊氏，余智妻李氏，均遭賊不屈死。

劉堯銓妻熊氏。富順人。堯銓病，熊割股以救，竟不起。孀居數載。張獻忠破城，罵賊被殺。

袁梁妻胡氏。珙縣人。獻賊至，與子向科妻楊氏闔門殉節。

范璵妻胡氏。隆昌人。獻賊至，隨夫避於明通寺，賊並執之，胡攜女同罵賊死。

劉玆妻盧氏。隆昌人。獻賊至，玆被殺，執盧迫之行。盧曰：「必見夫屍，埋之乃去。」及至，抱屍痛哭，罵賊死。

本朝

蕭參將妻劉氏。富順人。順治己亥，蕭出鎮雅、黎，劉寓雲南楚雄。吴逆亂，泣將七歲子付家丁送蕭所，手刃幼女，取壁間「驛梅驚別意，隄柳暗離愁」句，用離合體賦詩十絶，遂自經。

陳士仁妻晏氏。富順人。流賊擾境，氏被執不從，厲聲以詈，賊怒縛之，投諸烈火焚死。

王子蕃妻尤氏。富順人。守節養姑。姑盲，尤每晨起跪而舐之，目復明。又嘗爲姑吮癰得愈。

樊澤迥妻尹氏。宜賓人。嫁四載夫卒，欲以死殉，姑泣諭乃已。孝奉翁姑，撫子成立。同縣節婦趙發祥妻袁氏、趙暄妻吳氏、趙士先妻張氏、黄道開妻張氏、夏之璜妻李氏，俱康熙年間旌。

楊師震妻蔡氏。富順人。夫亡欲殉，宗族以親老子幼勸。事姑撫子，苦節以終。同縣涂朝卿妻郭氏，夫病，禱以身代，竟不起。守節事姑。康熙年間旌。

李天樞妻陳氏。富順人。夫亡哀毁，臨窆，觸石以求同穴。姑曰：「爾死，如遺孤何？」乃止。繼喪姑，子亦旋逝，又撫數月孫成立。康熙年間旌。

張文富女。南溪人。及笄未字，同鄰女避寇江濱，寇渡江，衆女被執，女奮身躍江中，賊相顧駭散，執者皆得脱。因共祠之。

侯鼎妻胡氏。南溪人。年二十，夫殁，或勸他適，截髮自誓。撫二歲孤成立。與同縣節婦王如玉妻翟氏均康熙年間旌。

董世俊妻何氏。筠連人。夫亡守節，事孀姑，養葬如禮。撫夫兩妹得所歸。課子勤耕，里人呼其田曰「節婦田」。同縣節婦羅邦傑妻陳氏、陳夢筆妻詹氏、郝蕘妻詹氏，均康熙年間旌。

張服仲繼妻蹇氏。屏山人。張官崇慶訓導，蹇留養七旬舅姑。張卒，氏孝養愈謹，撫前妻子與己子辛勤如一。康熙年間旌。

丁元卿妻胡氏。富順人。夫早亡，孀姑六旬，藐孤八月，辛苦養侍，撫子成立。同縣節婦李九河妻王氏、王夢卜妻李氏，均雍正年間旌。

楊師文聘妻羅氏。富順人。夫亡，匍匐奔喪。事姑誠孝，姑歿數十年，言輒流涕。

任覺民妻李氏。南溪人。夫亡，養姑撫弱息，節孝著聞。雍正年間旌。

曾茂先聘妻王氏。屏山人。未婚守志，勤女紅以養父母。雍正年間旌。

權世魁妻王氏。興文人。權爲建武營兵，戍金沙江，暴疾亡。氏聞自縊，以救免，數日不食，哭奠喪前，徧延鄰里，託以三歲孤，夜復縊死。

方如川妻王氏。宜賓人。夫亡守節。同縣節婦毛應第妻單氏、李萬詔妻熊氏、韓元龍妻文氏、韓元鳳妻張氏、樊炳妻胡氏、阮仁蒟妻李氏、劉汝梅妻樊氏、胡世芝妻趙氏、媳朱氏、王璪妻孫氏、彭大泌妻李氏、曾洪美妻李氏、林安榮妻李氏、李天佐妻宋氏，均乾隆年間旌。

王德溥妻郭氏。慶符人。夫亡守節。同縣節婦梁光順妻牟氏，均乾隆年間旌。

唐珩妻楊氏。富順人。夫亡守節。同縣節婦王紀肅妻陳氏、張映妻蕭氏、王勔妻楊氏、胡宗任妻龔氏、李仁修妻陳氏、李璞妻王氏、王近仁妻周氏、王瑶妻徐氏、蕭和永妻徐氏、張鉞妻黄氏、李兆鳳妻李氏、張錫圖妻王氏、周紹濂妻汪氏、李苯妻黄氏，烈婦萬世晟妻倪氏、朱文斌妻倪氏、廖文祥妻趙氏、郭萬珠妻傅氏、田如志妻李氏，烈女郭殿榮女二姑，均乾隆年間旌。

郭維墉妻雷氏。南溪人。夫亡守節。同縣節婦葉芃妻高氏、徐世貞妻劉氏、周應祥妻彭氏、張懋民妻羅氏、帥以葉妻黄氏、高墐妻沈氏、張仁達妻劉氏、侯瓊妻周氏、譚誠妻張氏、趙信琴妻李氏、黄寶訓妻鄧氏、劉子明妻胡氏、尹世弟妻李氏，均乾隆年間旌。

熊良才妻李氏。長寧人。夫亡守節。同縣節婦胡釗妻程氏，均乾隆年間旌。

毛一鳳妻周氏。高縣人。夫亡守節。同縣節婦魏作舟妻詹氏、段希舜妻李氏，均乾隆年間旌。

應琳妻鞠氏。筠連人。夫亡守節。同縣節婦傅英妻葉氏、楊蒼植妻詹氏、陳易妻張氏、王良柱妻劉氏、魏思敬妻胡氏、文必顯妻向氏、何籛妻詹氏、劉淮妻張氏、尹至慎妻程氏、詹紹思妻杭氏，貞女賈尚璧女，均乾隆年間旌。

譚永錫妻王氏。珙縣人。夫亡守節。同縣節婦李兆鼎妻袁氏，均乾隆年間旌。

張懷義妻李氏。興文人。夫亡守節。同縣節婦李石璠妻袁氏、羅璵妻苟氏、羅文彬妻陳氏，均乾隆年間旌。

王文明妻李氏。隆昌人。夫亡守節。同縣節婦雷首魁妻劉氏、郭復新妻吳氏、晏佼妻喻氏、楊維信妻邱氏，均乾隆年間旌。

任應孝妻李氏。屏山人。夫亡守節。同縣節婦任國相妻李氏，均乾隆年間旌。

陳宗富妻彭氏。馬邊人。年十八，夫亡無子，矢志不二，爲翁逼嫁，自縊死。同廳烈婦許世泰妻李氏，早寡撫孤，夫兄受聘逼其嫁，自戕遇救免，復投繯死。均乾隆年間旌。

張信弼妻黄氏。雷波人。守正捐軀。乾隆年間旌。

歐文亮妻劉氏。宜賓人。夫亡守節。同縣節婦柴萬尺妻龔氏、樊選妻張氏、樊鵬妻楊氏、李政妻尹氏、彭家模妻杜氏、張宣祖妻羅氏、胡世文妻方氏、劉奎林妻楊氏、郭宣立妻尹氏、張鳳騰妻王氏、雷暲妻俞氏、胡承緒妻陳氏、蔣宗恒妻劉氏，烈婦葉某妻董氏，貞女謝秀英，均嘉慶年間旌。

嚴太鴻妻李氏。慶符人。夫亡守節。同縣節婦鄭國祥妻簡氏，烈婦嚴某妻陳氏，均嘉慶年間旌。

李英妻王氏。富順人。夫亡守節。同縣節婦李兆端妻王氏、趙如鵬妻郭氏、張其轍妻羅氏、王詠仁妻宋氏、張學源妻田氏、袁明舉妻李氏、王卉芳妻李氏、向德潮妻黄氏、蔡瓊妻李氏、蔡爲敬妻郭氏、王清蕙妻汪氏、林開萬妻羅氏、張品輝妻黄氏、蕭上歆妻王氏，烈婦晏時春妻黄氏，烈女王五姑，均嘉慶年間旌。

傅友松妻劉氏。南溪人。年二十一，夫亡，孝養祖姑，鞠育穉子，苦節五十年。嘉慶年間旌。

胡君聘妻葉氏。長寧人。夫亡守節。同縣節婦曾澤溥妻羅氏、謝代孟妻黄氏、雍大成妻李氏、劉元魁妻韋氏，均嘉慶年間旌。

田元相妻閔氏。高縣人。夫亡守節。同縣節婦魏作霖妻嚴氏，均嘉慶年間旌。

楊鐸妻詹氏。筠連人。夫亡守節。嘉慶年間旌。

王言綸妻周氏。珙縣人。夫亡守節。同縣節婦趙尚乾妻楊氏、武彭齡妻許氏，烈女宋姑，均嘉慶年間旌。

胡日煌妻蕭氏。興文人。夫亡守節。同縣節婦張翃妻石氏、石鑾妻曹氏，均嘉慶年間旌。

李春瀿妻粟氏。屏山人。夫亡守節。同縣烈婦李文明妻王氏，貞女李癸姑，均嘉慶年間旌。

游開科妻趙氏。馬邊人。開科贅於趙氏，母兄皆厭憎，氏因脱簪珥賃屋而居，雖嘗絶糧，不肯向母兄乞升合。一日歸母家方食，夫至，氏以食餉，母兄詬誶逐之，禁女勿歸。氏悲憤自經死。

仙釋

南北朝 周

劉真人。武帝時隱戎州山中得道。按此即劉珍。又見瀘州。

宋

彦室。敘州人。紹興中嘗行山中，遇道人款語，以腹枵告歸，道人笑以肘捫其腹者三，室頓覺異常，歸即辟穀。踰年復夢見道人，啖以棗，呼之過溪。室曰：「吾有親在。」乃止。後隱去不知所終。

法真。敘州人。自幼好道術。延祐間往龍虎山受籙得法歸，禳災治疾，皆有奇效。既卒，鄉人立廟。

明

王守中。泥溪司人。自幼學仙，於後山鑿洞，調息十餘載。一日有異人來訪，因引之去。後十八年復還家，曰：「來救兄死。」時兄已入棺，命取出以水浸之，復甦。後與兄共引去。

土産

葛。唐書地理志：戎州貢葛纖。宋史地理志：敘州富順有葛。

麻布。元和志：戎州貢。

鹽。寰宇記：富順監有鹽井，人享厚利，故曰「富世」，唐改爲富義。井深二十五尺，鑿石以達鹽泉口。

筇竹。明統志：府境出。

苦筍。明統志：宜賓、長寧二縣出。黃庭堅云：「僰道苦筍，冠冕兩川。」

荔枝。蜀都賦注：南裔志云，荔枝出南康縣、僰道縣。唐書地理志：戎州貢荔枝煎。元和志：僰道縣出荔枝，一樹可收五十斗。寰宇記：僰道有荔枝園，僰童多以此爲業，園植萬株。

藥。寰宇記：戎州産半夏、升麻。府志有金星草、紫背龍牙。仙侶山出仙茅。

狨皮暖座。寰宇記：郡國志云，僰道有獸名獑猢，似猿而四足，騰如迅鳥之飛。取此皮爲狐白之用，盈百方成。又段氏蜀記云：戎人進猓獠褥，皂、褐、碧三色相間，出馬湖江、石門兩路蠻界内。

銅鼓。府境出。

校勘記

〔一〕夷人得箇祥獻長寧晏奉高薛鞏淯思峨等十州地　「晏」，原作「宴」，據宋史卷八九地理志五潼川府路條及乾隆志卷三〇二敘州府二古蹟(下同卷簡稱乾隆志)改。

〔二〕法正子邈官至漢陽太守　「邈」，原作「懇」，乾隆志同，據三國志卷三七蜀書法正傳改。

〔三〕領婆員波居青盧龍門四縣　「青盧」，原作「青鹽」，據乾隆志及新唐書卷四三地理志改。「龍門」，乾隆志同，新唐書地理志作「羅門」。

〔四〕十三年以本部夷酋充下羅計千户　「充」，原作「元」，據乾隆志改。

〔五〕在宜賓縣城西岸石馬溪之上　乾隆志同。按，「岸」字疑當在「石馬溪」之後。
〔六〕夷人斗郎春叛　「郎」，原作「都」，據乾隆志及宋史卷二六五張宗誨傳改。
〔七〕右史徐元杰暴亡　「元」，原脱，據乾隆志及宋史卷四一五程公許傳補。
〔八〕咸淳末調江陵沙市監鎮　「監」，原作「鹽」，乾隆志同，據宋史卷四五二司馬夢求傳改。
〔九〕符有先絡僰道張帛　「符」，原作「苻」，據華陽國志卷三蜀志江陽郡符縣條改。

夔州府圖

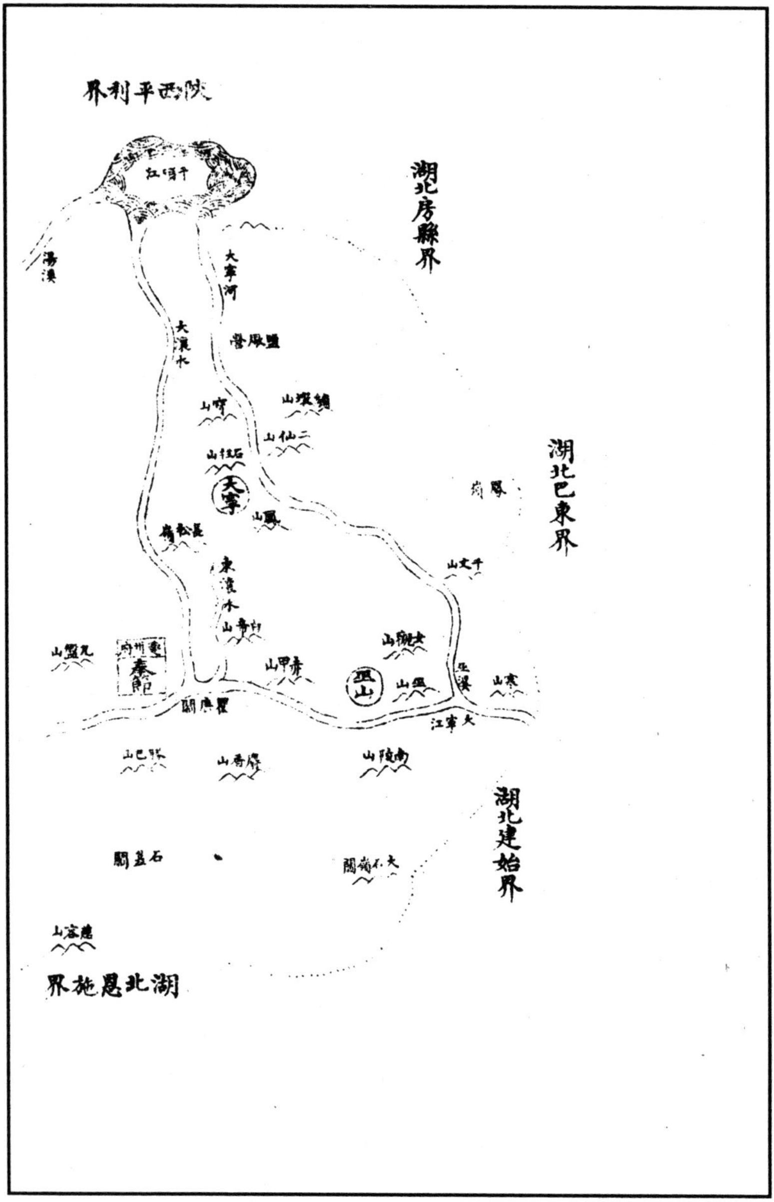
陝西平利界
湖北房縣界
湯溪
大寧河
鹽廠營
二仙山
石柱山
大寧
長松嶺
千丈山
湖北巴東界
九盤山
夔州府
奉節
赤甲山
巫山
大寧江
南陵山
湖北建始界
湖北恩施界

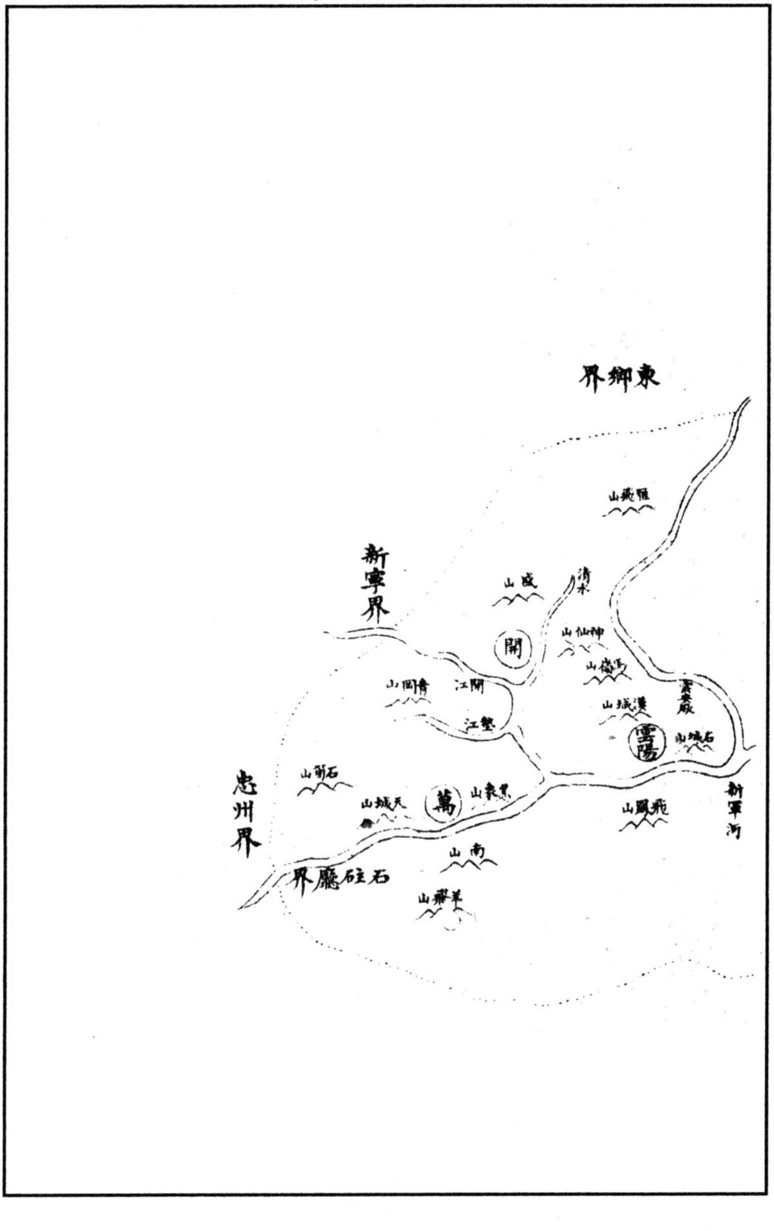
東鄉界
新寧界
清水
開
雲陽
萬
忠州界
南山
石砫廳界

夔州府表

	夔州府	奉節縣
秦	巴郡地。	
兩漢	巴郡後漢初平元年分置固陵郡，建安六年改名。	魚復縣屬巴郡，江關都尉治。後漢建安中爲巴東郡治。
三國	巴東郡	永安縣蜀漢章武二年改名。
晉	巴東郡永和初屬荆州。	魚復縣太康元年復故名。
南北朝	巴東郡齊建元二年兼置巴州，永明元年省。梁改置信州。	魚復縣梁爲信州治。西魏改名人復。
隋	巴東郡開皇初郡廢，大業三年復，改州爲郡。	人復縣郡治。
唐	夔州武德元年復置州，二年改名。天寶元年改雲安郡。乾元元年復故，屬山南東道。	奉節縣州治。貞觀二十二年改名。
五代	夔州屬蜀。	奉節縣
宋	夔州路開寶六年分置峽西路，咸平四年改名。	奉節縣景德二年徙，淳化二年移治。
元	夔州路至元十五年兼置總管府。	奉節縣路治。
明	夔州府洪武四年改府，九年降州，屬重慶府。十三年復升府，屬四川布政使司。	奉節縣府治。洪武九年省，十三年復置。

續表

巫山縣

	巫縣 改置。		
	巫縣 屬南郡。後漢建安中改屬宜都郡。		
建平郡 吴分置，後徙。	巫縣		
建平郡 初置建平都尉，咸寧元年改郡。	巫縣 移置郡治。	南陵縣 東晉置，屬建平郡。	泰昌縣 屬建平郡。
建平郡	巫縣	宋元嘉中省。	泰昌縣 周改名大昌，兼置永昌郡，尋廢。
開皇初廢。	巫山縣 開皇初改名，屬巴東郡。		大昌縣 屬巴東郡。
	巫山縣 屬夔州。		大昌縣 屬夔州。
	巫山縣		大昌縣
	巫山縣 屬夔州路。		大昌縣 端拱初屬大寧監。
	巫山縣		至元二十年省入大寧州。
	巫山縣 屬夔州府。		大昌縣 洪武三年復置，後省。永樂初又置，屬夔州府。

續表

	雲陽縣	萬縣
	朐忍縣 置屬巴郡。後漢屬巴東郡。	朐忍縣地。
	朐忍縣	
北井縣 初屬巴東郡，後屬建平郡。	朐忍縣	
北井縣 周天和中省。	朐忍縣 周改名雲安。	萬川郡 周置安鄉郡，尋改名。
	雲安縣	
	雲安縣 屬夔州。	萬州 武德二年置南浦州。八年廢，尋置浦州。貞觀八年改名。天寶初改南浦郡。乾元初復故，屬山南東道。
	雲安縣	萬州
	雲安軍 開寶六年置，屬夔州路，〔宋〕末廢。 雲安縣 軍治。	萬州南浦郡 屬夔州路。
	雲安軍 至元十五年復置軍，二十年升州。	萬州
	雲陽縣 洪武六年降縣，屬夔州府。	萬縣 洪武六年降縣，屬夔州府。

續表

		開縣	
		朐忍縣地。	
南浦縣 吳置羊渠縣。蜀漢建興八年改名，屬巴東郡。			
南浦縣			
安鄉縣 魏改名魚泉，周又改郡治。	源陽縣 周置，兼置南州及南都郡。建德四年改名懷德，改縣曰武安。		
南浦縣 開皇十八年改名，屬巴東郡。	武安縣 開皇初州郡並廢，屬巴東郡。	義寧二年置萬州。	
南浦縣 州治。	武安縣	開州 武德初改名。天寶初改盛山郡。乾元初復故，屬山南西道。	開江縣 武德初移置州治，廣德初改名。
南浦縣	武安縣	開州	開江縣
南浦縣	武安縣	開州盛山郡 屬夔州路。	開江縣
至元二十年省。	武安縣	開州	省。
	廢。	開縣 洪武六年降縣，屬夔州府。	

漢豐縣 後漢建安二十一年置，屬巴東郡。		
漢豐縣		
漢豐縣 初省，後復置。		
永寧縣 西魏改名。	萬縣 宋置巴渠縣。周改名，兼置萬世郡。	新浦縣 宋置，屬巴東郡。後魏置開江郡。周改江會郡，尋廢，屬周安郡。
盛山縣 開皇末改名。	萬世縣 開皇初郡廢，加「世」字，屬通川郡。	新浦縣 開皇三年郡廢，屬開州。大業二年改屬信州，七年移置。
	萬歲縣 貞觀二十三年改名。寶曆中省，尋置。	新浦縣
	萬歲縣	新浦縣
	清水縣 改名，屬開州。	慶曆四年省。
	省。	

續表

	大寧縣
	泰昌縣地。
漢興縣 後魏置。西魏改名西流，兼置開州及周安、萬安、江會三郡。	周以後爲大昌縣地。
西流縣	
西流縣	
	大寧監 開寶六年置，屬夔州路。
	大寧州 至元二十年升州。
	大寧縣 洪武九年降縣，屬夔州府。

大清一統志卷三百九十七

夔州府一

在四川省治東一千七百四十里。東西距五百四十里，南北距七百四十里。東至湖北宜昌府巴東縣界二百一十里，西至綏定府新寧縣界三百三十里，南至湖北施南府恩施縣界二百四十里，北至陝西興安府平利縣界五百里。東南至湖北施南府建始縣界一百一十里，西南至忠州界三百九十里，東北至湖北鄖陽府房縣界三百一十里，西北至綏定府東鄉縣界六百一十里。自府治至京師四千二百四十里。

分野

天文翼、軫分野，鶉尾之次。

建置沿革

禹貢荆梁二州之域。春秋時爲庸國地，後屬巴國。戰國屬楚，秦屬巴郡，漢因之。後漢初平元年，劉璋分置固陵郡。水經注作「故陵」。建安六年，改爲巴東郡，仍屬益州。按：此本華陽國志，與譙周巴記、晉、宋志不同。詳見重慶府。三國漢因之。晉泰始三年，分屬梁州。太安二年，仍屬益州。永和初，改屬荆州。宋泰始五年，置三巴校尉。寰宇記：宋末廢。齊建元二年，置巴州，永明元年省。梁普通四年，改置信州。見梁書武帝紀。寰宇記作大同三年，誤。周置總管府。寰宇記：後魏廢帝三年，移巴東郡於陽口縣。周明帝二年，於州理置永安郡。其巴東郡惟領雲安一縣。宣政元年，於州置總管府。隋開皇初郡廢，大業元年府廢，三年復改州爲巴東郡。唐武德元年，復曰信州。二年，改曰夔州，仍置總管府。管夔、峽等十九州。貞觀十四年，改都督府，督歸、夔、忠、萬、涪、渝、南七州。後罷府。天寶元年，改雲安郡。乾元元年，復曰夔州。二年，復升都督府，尋罷，屬山南東道。天祐三年，升鎮江軍節度使。唐書方鎮表：至德元載，置夔州防禦使。二載，升夔峽節度使。乾元元年廢。廣德二年，置夔忠涪防禦使〔一〕。天祐三年，升爲鎮江軍節度使。五代屬蜀。後唐天成二年，改曰寧江軍，尋復入蜀。宋仍曰夔州，雲安郡，寧江軍節度〔二〕，爲都督府。開寶六年，分置峽西路。咸平四年，改夔州路。元至元十五年，置夔州路總管府，屬四川行省。明洪武四年，改夔州府。九年，降爲夔州，隸重慶府。十三年，復升爲府，屬四川布政使司。本朝因之，屬四川省，領縣六。

奉節縣。附郭。東西距一百三十里，南北距二百八十里。東至巫山縣界五十里，西至雲陽縣界八十里，南至湖北施南府建始縣界二百里，北至大寧縣界八十里。東南至建始縣界一百一十里，西南至雲陽縣界八十里，東北至巫山縣界七十里，西北至大寧縣界八十里。春秋時庸國之魚邑。漢置魚復縣，爲江關都尉治，屬巴郡。後漢建安中爲巴東郡治。三國漢章武二年，改曰永安。晉太康元年，復曰魚復，宋、齊因之。梁爲信州治。西魏改曰人復。隋仍爲巴東郡治。唐初爲夔州治。貞觀二十三年，改曰奉節，宋因之。元爲夔州路治。明洪武九年省縣入州，十三年復置爲夔州府治。本朝因之。

巫山縣。在府東一百三十里。東西距一百六十里，南北距二百五十里。東至湖北宜昌府巴東縣界九十里，西至奉節縣界七十里，南至湖北施南府建始縣界八十里，北至大寧縣界一百七十里。東南至巴東縣界一百里，西南至建始縣界八十里，東北至湖北鄖陽府房縣界三百里，西北至大寧縣界一百六十里。戰國楚巫郡。秦改爲縣。漢屬南郡。後漢建安中，改屬宜都郡。二十四年，分置固陵郡。三國吴又分置建平郡。晉初置建平都尉，治此。咸寧元年，改都尉爲建平郡。宋、齊以後因之。隋開皇初郡廢，改縣曰巫山，屬巴東郡。唐屬夔州。宋、元屬夔州路。明屬夔州府，本朝因之。

雲陽縣。在府西一百四十里。東西距一百二十里，南北距三百里。東至奉節縣界六十里，西至萬縣界六十里，南至湖北施南府恩施縣界二百四十里，北至開縣界六十里。東南至恩施縣界二百四十里，西南至萬縣界七十里，東北至奉節縣界六十里，西北至開縣界六十里。漢置朐忍縣，屬巴郡。後漢屬巴東郡，晉因之。周改曰雲安。唐屬夔州。宋開寶六年，置雲安軍，屬夔州路，宋末廢〔三〕。元至元十五年，復置軍。二十年，升爲雲陽州。明洪武六年，改州爲縣，屬夔州府。本朝因之。

萬縣。在府西少南二百八十里。東西距二百里，南北距二百十里。東至雲陽縣界八十里，西至忠州界一百二十里，南至湖北施南府恩施縣界一百八十里，北至開縣界三十里。東南至雲陽縣界一百里，西南至忠州界一百二十里，東北至開縣界三十里，西北至忠州梁山縣界八十里。漢朐忍縣地。三國吴置羊渠縣。蜀漢建興八年，改置南浦縣，屬巴東郡。晉及宋、齊因之。後魏改曰魚泉。周置安鄉郡，尋改縣曰安鄉，郡曰萬川。隋開皇初郡廢，十八年仍改縣曰南浦，屬巴東郡。唐武德初屬信州，二年於縣置南浦州。八年州廢，屬夔州。是年復置浦州。貞觀八年，改曰萬州。天寶初曰南浦郡。乾元初復曰萬州，屬山南東道。宋仍曰萬州南浦郡，屬夔州路。元至元二十年，省南浦縣入州。明洪武六年，改州爲縣，屬夔州府。本朝因之。

開縣。在府西少北二百三十里。東西距二百四十里，南北距一百三十里。東至大寧縣界二百里，西至忠州梁山縣界四十里，南至萬縣界六十里，北至綏定府東鄉縣界七十里。東南至雲陽縣界六十里，西南至萬縣界六十里，東北至大寧縣界二百里，西北至綏定府新寧縣界四十里。漢朐忍縣地。後漢建安二十一年置漢豐縣，屬巴東郡。晉廢，後復置，仍屬巴東郡。宋、齊因之。西魏改曰永寧。隋開皇末，改曰盛山，屬巴東郡。義寧二年，於縣置萬州。唐武德初改曰開州。天寶初曰盛山郡。乾元初復曰開州，屬山南西道。廣德元年，改縣曰開江。宋仍曰開州盛山郡，屬夔州路。元省縣入州。明洪武六年，改州爲縣，屬夔州府。本朝因之。

大寧縣。在府北一百八十里。東西距二百六十里，南北距四百二十里。東至湖北鄖陽府竹山縣界一百三十里，西至開縣界一百三十里，南至奉節縣界一百里，北至陝西興安府平利縣界三百二十里。東南至巫山縣界四十里，西南至奉節縣界一百二十里，東北至湖北鄖陽府竹溪縣界二百三十里，西北至開縣界一百八十里。漢魚復縣地。晉爲建平郡泰昌縣地。周以後爲大昌縣地。宋開寶六年，以大昌縣鹽泉所置大寧監，屬夔州路。元至元二十年，升爲大寧州。明洪武九年，降爲縣，屬夔州府。本朝康熙六年，省入奉節縣。雍正七年，復置。

形勢

控二川，限五溪，據荊楚上流，爲巴蜀要郡。歐陽穎引水記。當全蜀衆水所會，鎮以灩澦，扼以瞿唐。夔州報恩寺記。重岡複嶺，上倚絶壁，下臨斷崖，天險之勢。王十朋馬綱狀。水有瞿塘、灩澦，山有赤甲、白鹽，形勢險天下。王十朋武侯祠堂記。水陸津要，全會東門。吴簡言禦寇記。

風俗

郡與楚接，人多勁勇，少文學，有將帥材。華陽國志。其人豪俠，其俗信鬼，其稅易征，其民不偷。李貽孫都督府記。民淳訟稀。王十朋詩：夔峽民淳訟獄稀。峽土磽确，暖氣晚達，故民燒地而耕，謂之火耕。杜甫詩注。

城池

夔州府城。周五里四分，門五。北倚山，東、西、南瀕江。明成化十年建。本朝康熙二十三年修，乾隆二十三年重修。奉節縣附郭。

巫山縣城。周三里二分，門四。明正德中建。本朝乾隆三十二年修。

雲陽縣城。周八里三分，門四。明正德中建。本朝乾隆三十一年修，嘉慶八年重修。

萬縣城。周五里，門三。明成化二十二年因舊土城建。本朝乾隆三十四年修，五十四年重修。

開縣城。周三里有奇，門五，池廣一丈。明成化中建。本朝乾隆三十二年修，嘉慶十三年重修。

大寧縣城。周三里五分，門四。明正德初建。本朝乾隆三十四年修。

學校

夔州府學。在府治東。宋建。明洪武四年修。本朝康熙二十四年重建，嘉慶十七年修。入學額數十名。

奉節縣學。在縣治西北。明洪武中建。成化十年省入府學。本朝康熙二十四年復建，嘉慶十年修。入學額數八名。

巫山縣學。在縣治西北。元至正中建。本朝康熙二十一年修。入學額數七名。

雲陽縣學。在縣治東北。明洪武中建。本朝康熙二十四年修，雍正三年、七年重修。入學額數七名。

萬縣學。在縣治北。明洪武中建。本朝康熙二十二年修。入學額數八名。

開縣學。在縣治西。明嘉靖六年建。萬曆末，遷於盛山西。本朝康熙六年仍建今所。二十四年修，乾隆二十七年、嘉慶十七年重修。入學額數四名。

大寧縣學。在縣治西。明洪武中建。本朝康熙六年省入奉節縣學。雍正八年重建，嘉慶十二年修，十五年重修。入學額數八名。

蓮峯書院。在府治後。本朝乾隆三十二年建，四十三年修。

文峯書院。在府治西。本朝乾隆四年建，嘉慶初修。

聖泉書院。在巫山縣治東。舊名巫峯。本朝乾隆初建，四十三年易今名。

雲安書院。在雲陽縣治西。本朝乾隆二十二年建。

鳳山書院。在萬縣治東。本朝乾隆初建。

芙蓉書院。在開縣東門外。本朝雍正十二年建。

鳳山書院。在大寧縣。本朝嘉慶十二年建。按：舊志載静暉書院，在府治後。宋建。明萬曆初改名仰高。竹林書院，在府治東。宋嘉熙中孟珙建，以處襄陽流寓之士。集賢書院，在萬縣東門外。明嘉靖中建。三賢書院，在開縣東一里。祀元趙受、明陳良、楊文。今並廢。謹附記。

户口

原額人丁七千六百四十四，今滋生男、婦共八十六萬一千五十九名口，計二十六萬六百五十一户。

田賦

田地八千四百九頃八十七畝五分有奇，額徵地丁正、雜銀一萬一千二百二十九兩七錢五分三釐。

山川

白帝山。在奉節縣東十三里。元和志：即州城所據，與赤甲山相接。公孫述時，殿前井有白龍出，因號此山爲白帝山，城爲白帝城。寰宇記：公孫述自以承漢土運，故號曰白帝。

赤甲山。在奉節縣東十五里。水經注：江水南逕赤岬城西。山甚高大，不生樹木，其石悉赤，土人云如人袒胛，故謂之赤岬山。元和志：山在城北三里。漢時常取邑人爲赤甲軍，蓋犀甲之色也。

白鹽山。在奉節縣東十七里，隔江。水經注：廣谿峽北岸山上有神淵，淵北有白鹽崖，高可千餘丈，俯臨神淵。土人見其高白，故名。天旱燃木崖上，推其灰燼下穢淵中，即降雨。常璩曰：縣有山澤水神，旱時鳴鼓禱雨，則必應嘉澤。蜀都賦所謂「應鳴鼓而興雨」也。寰宇記：在州城澗東。山半有龍池。方輿勝覽：在城東十七里。崖壁五十餘里，其色炳燿，狀若白鹽。

麝香山。在奉節縣東南四十里。杜甫詩「水生魚復浦，雲暖麝香山」，即此。

勝己山。在奉節縣南隔江十二里。峯巒疊秀，巍然獨出衆山之上。宋乾道中郡守王十朋命名。相近有文山，一峯秀拔，爲郡之案山。

七曜山。在奉節縣南二百里。亘延直抵湖北施南。

慈容山。在奉節縣西南一百四十里。又金子山，在縣西南二百里，與施南接界。

九盤山。在奉節縣西北十五里。形勢九曲。又西北五里爲三台山。

卧龍山。在奉節縣東北五里。上有諸葛祠，故名。

陽臺山。在巫山縣城内北隅。高百丈，有陽雲臺遺址。

驅熊山。在巫山縣東二里。下有石灘，四時湍流如熊聲。一名箜篌山。

横石山。在巫山縣東十里。有巨石臨江滸。

巫山。在巫山縣東。漢書地理志巫縣注：「應劭曰：巫山在西南。」水經注：江水東逕巫峽。杜宇所鑿，以通江水。郭仲産云，按地理志山在縣西南，而今縣東有巫山，將郡縣居治無恒故也。江水歷峽東逕新崩灘。其下十餘里有大巫山，非惟三峽所無，乃當抗峯岷峨，偕嶺衡疑。神孟涂所處。又帝女居焉。其間首尾百六十里，謂之巫峽，蓋因山爲名。自三峽七百里中，兩岸連山，略無闕處，重巖疊嶂，隱天蔽日，自非亭午夜分不見曦月。至於夏水襄陵，沿泝阻絶。或王命急宣，有時朝發白帝，暮到江陵，其間千二百里，雖乘奔御風不加疾也。春冬之間，則素湍緑潭，迴清倒影，絶巘多生怪柏。懸泉瀑布，飛漱其間。每晴初霜旦，林寒澗肅，常有高猿長嘯，屬引凄異。故漁者歌曰：「巴東三峽巫峽長，猿鳴三聲淚沾裳。」明統志：巫峽在巫山縣東三十里，即巫山也。與西陵、昭峽並稱三峽。

寒山。在巫山縣東五十里。垂崖千層，絶壁萬丈，其勢高寒。荆州記：寒山九阪，最爲險峻。

南陵山。在巫山縣南隔江一里。舊南陵縣以此名。入蜀記：山極高大，有路如綫，盤屈出絶頂，謂之一百八盤。蓋施州正路。黄魯直詩云：「一百八盤攜手上，至今歸夢繞羊腸。」謂此也。舊志：一名向南山。

女觀山。在巫山縣東北四里。方輿勝覽：有石如人形。相傳昔有婦人，夫官於蜀，登山望夫，因化爲石。

鳥飛山〔四〕。在巫山縣東北六十里。言山高鳥飛不能越也。

千丈山。在巫山縣東北一百里。秀異高於衆山。

石城山。在雲陽縣東二里。華陽國志：朐忍縣山有大、小石城。方輿勝覽：在岷江北岸，相去一里。

飛鳳山。在雲陽縣南隔江一里，與縣治相對。山半有瀑布泉。

大梁山。在雲陽縣西北六十里。形勢横亘，如屋梁然。

石峯山。在雲陽縣北一里。

漢城山。在雲陽縣北十五里。明統志：漢扶嘉隱居其上。唐翟法言、楊雲外相繼飛昇於此。

馬嶺山。在雲陽縣北三十里。方輿勝覽：漢扶嘉云「三牛對馬嶺，不出貴人出鹽井」。舊志：三牛山去馬嶺十里，皆近鹽井。

黑象山。在萬縣東十五里，闞鎖水口，其形如象。

南山。在萬縣南隔江三里。下瞰大江，疊翠如屏。

羊飛山。在萬縣西南五十里。

西山。在萬縣西三里。方輿勝覽：其初泉荒草蕪，宋郡守馬元穎、魯有開、元翰相繼修西山池亭，爲峽山絶勝。又有絶塵龕在石壁間，有唐人題記。舊志：一名太白巖。

天城山。在萬縣西五里。四面峭立如堵。惟西北一徑可登。一名天生城。相傳漢昭烈曾於此駐兵。即華陽國志所云小石城山也。

魚存山。在萬縣西十里。上鋭下廣，崖面有石，形如雙鯉。一作魚栫山。

人存山。在萬縣西二十里。四面懸壁，周迴數十里。亦名萬户山。

石筍山。在萬縣西八十五里。寰宇記：在武寧縣東北三十五里。其狀如筍。

木櫪山。在萬縣西一百里。寰宇記：在武寧縣東南十三里。山頂有池，隨大江水漲減。舊有道觀。通志：老蘇、東坡皆有詩。

高梁山。在萬縣西北四十里，接梁山縣界。詳見忠州。

都歷山。在萬縣北三里。一峯突出衆山之上，岃㠊爲平阜，氣象融結。縣之主山。

獅子山。在萬縣北八里。形如狻猊，四面險絶，惟鼻尖可登。

鐵鳳山。在萬縣北四十里。崇岡絶壁，其形如鳳。

神仙山。在開縣東二里。寰宇記：相傳昔有仙人衣朱衣、乘白馬登此山，本道以聞。天寶二載，敕置壇，號神仙宫。

熊耳山。在開縣東南五里。舊志：與神仙山並秀聳擅勝。

瑞賢山。在開縣南隔江五里。羣峯秀直。俗呼爲州面山。

鯉城山。在開縣西南。寰宇記：在新浦縣西四十里。四面懸絶，常渠水流經山下。明統志：山東面有城，城間有浦，多鯉魚，故名。

大池山。在開縣西十里。頂有大池，方廣百畝，水極清洌。

九折山。在開縣西十五里。山形盤旋九折。俗名觀音山。

九龍山。在開縣西二十里。山有九峯，曰石楠、垂雲、玉環、凝香、飛虹、啼猿、磨嵯、飛仙、青楓。亦名九隴山。

青岡山。在開縣西四十里。墊江出此。

盛山。在開縣北一里。爲縣主山。隋以此名縣。唐刺史韋處厚常遊此，作盛山十二景詩，曰宿雲亭、隱月岫、流杯渠、琵琶臺、盤石磴、葫蘆沼、繡衣石、瓶泉井、梅溪、桃塢、茶嶺、竹崖。韓愈爲之序。

石門山。在開縣北一百里。寰宇記：在萬歲縣東北十里。有石穴至深。縣志有石穴名盤頭洞，洞有水，中産嘉魚。

界頂山。在開縣東北七十里。

崖飛山。在開縣東北一百四十里。崖勢高懸如飛鳥。一名雁飛山。

石塔山。在開縣東北。寰宇記：自開、達二州入萬歲縣界，與夔州界接。山下有泉，分爲三道，一入夔州，一入開州，一入達州。

鳳山。在大寧縣東一里。方輿勝覽：一名東山。際溪千仞，木石蒼翠，景物幽絶。上有觀音巖，巖中有月窟、雲巖、釣雪、玉環、浮玉、寶華諸勝。

石柱山。在大寧縣北二十里。方輿勝覽：一峯削成如巫峽，所望翦刀峯與道士峯相連，皆爲奇勝。

寶山。在大寧縣北二十五里。方輿勝覽：在大寧縣北十七里。氣象盤鬱，獨爲雄秀。山上有牡丹、芍藥、蘭蕙，山半有石穴，出泉如瀑，即鹽井也。明統志謂之寶源山。

永隆山。在大寧縣北二百里。又萬頃山，亦在縣北。廣數百里，中有萬頃池。

石鐘山。在大寧縣東北十五里。方輿勝覽：與二仙山相望。上有巨石如鐘，下有三足，煙火之跡宛然，父老以爲爾朱丹鑪。

二仙山。在大寧縣東北十七里。上下皆峭壁，惟一徑寬二尺，長四五丈許，凡遊者不敢下視。有二仙洞，一名王子洞。方輿勝覽：洞在鹽泉之側。峭壁上有石紋，如人相對起伏狀。洞深不可測，洞前有池不竭。

繡墩山。在大寧縣東北四十里。山形如墩，頂平旁峻，惟一徑可通。

走馬嶺。在奉節縣東十里，白帝、赤甲間。

長松嶺。在奉節縣北五十里。上多古松。

茶嶺。在開縣北三十里。產茶味甚佳，不生雜卉。

蓮花峯。在奉節縣西北五里。頂有蓮池。

巫峯。在巫山縣東。宋蘇轍巫山賦：峯連屬以十二，其九可見而三不知。吴船録：自巫縣卜巫峽，灘瀧稠險，湍流洄洑，其危又過夔峽。三十五里至神女廟，廟前灘尤洶怒。十二峯俱在北岸。入蜀記：神女祠正對巫山。峯巒上入霄漢，山脚直插江中。然十二峯者不可悉見，所見八九峯，惟神女峯最爲纖麗奇峭。方輿勝覽：十二峯曰望霞、翠屏、朝雲、松巒、集仙、聚鶴、淨壇、上昇、起雲、飛鳳、登龍、聖泉。明統志：十二峯沿峽首尾一百六十里。

琵琶峯。在巫山縣西南十里。方輿勝覽：對蜀江之南，形如琵琶。相傳此鄉婦女多曉音律。

焦石巖。在巫山縣東半里，鎖大江口。

烏飛巖。在巫山縣西南四十里。又燕子坡，在縣西北四十里，與烏飛巖相對。

上下巖。在雲陽縣西一百里。其下巖亦名燕子龕。王維有贈燕子龕禪師詩。

下巖。在萬縣東二里，與古練巖並擅幽勝。通志：唐末有劉道徵者，鑿龕以居。宋黄庭堅詩：空巖静發鐘磬響，古木倒挂藤蘿昏。

岑公巖。在萬縣南。方輿勝覽：在大江之南。廣六十餘丈，深四十餘丈。石巖盤結如華蓋，左、右方池。有泉名岑公泉，湧出巖際，盛夏注水如簾。松篁藤蘿，蓊蔚葱翠，真神仙窟宅。圖經云，岑公名道願，本江陵人，隋末避亂，隱此巖下，積二十年，尸解去。舊志：在縣南隔江一里。一名岑公洞。

古練巖。在萬縣西十里。旁有治平寺。

瞿唐峽。在奉節縣東十三里，即廣溪峽也。水經注：江水東逕廣溪峽，乃三峽之首。其間三十里，頹巖倚木〔五〕，厥勢殆交。中有瞿唐、黄龍二灘，夏水迴洑，沿泝所忌。寰宇記：峽在夔州東一里，古西陵峽也。連崖千丈，奔流電激，舟人爲之恐懼。吴船録：每一舟入峽數里，後舟方續發，水勢怒激，恐猝相遇，不可解折也。峽中兩岸高巖峻壁。入蜀記：發大溪口入瞿唐峽，兩壁對聳，上入霄漢。其中如削成，仰視天如匹練然。明統志：瞿唐乃三峽之門，兩岸對峙，中貫一江，灧澦堆當其口。

南鄉峽。在奉節縣西四十七里。

赤溪洞。在巫山縣西二十里。溪石俱赤，其内深阻，有重門複洞。相傳爲龍窟。

磁洞。在萬縣西四十里。產石色黑，性堅，可作硯。

楊柳洞。在開縣東二十里。有泉極清。

雷洞。在開縣東北。唐書地理志：萬歲縣東南五里有龍洞。貞元九年，雷雨震開。府志：在開縣東北五十里。一名仙女洞，一名東洞。洞口有石室、石龕、佛像。又有西洞，在縣西北五十里，亦名龍馬洞。又温湯洞，在縣東五里。

老虎坡。在奉節縣西八十里。形狀如虎，勢絶險峻。

灧澦堆。在奉節縣西南瞿唐峽口。水經注：白帝城西江中有孤石爲淫預石，冬出水二十餘丈，夏則没。李肇國史補：蜀之三峽，最號峻急，四月、五月尤險。故行者歌之曰：「淫預大如馬，瞿唐不可下。淫預大如牛，瞿唐不可留。」又梁簡文帝淫預歌：「淫預大如襆，瞿唐不可觸。」寰宇記：灧預堆，周圍二十丈，在州西南二百步，蜀江中心，瞿唐峽口。冬水淺，屹然露百餘丈，夏水漲没數十丈。其狀如馬，舟人不敢進。又曰猶預，言舟子取途不決水脈也，故曰猶預。入蜀記：瞿唐關西門，正對灧澦堆。堆碎石積成，出水數十丈。土人云，方夏秋水漲時，又高於堆數十丈；歲旱時，石露大半，有三足如鼎狀。

千金島。在萬縣南。寰宇記：在南浦縣南三里。屹然江心，石高數丈，廣百步。按：明統志作黄金島，土人每淘金於此焉。

蛾眉磧。在萬縣南。寰宇記：在萬州南對江岸。磧形如眉，多細石斕斑。舊志：每正月初七日，鄉市士女至磧上作雞子卜，擊小鼓作竹枝歌。

石龍。在萬縣西。水經注：江水東逕石龍，有盤石廣四百丈，長六里，阻塞江川。夏没冬出，基亘通渚。舊志：今名盤龍磧。

大江。自忠州流入，東北逕萬縣、雲陽、奉節、巫山四縣南，又東流入湖北宜昌府巴東縣界。水經注：江水自臨江縣界壇，又東右得將龜谿口，又東南會北集渠〔六〕，又右逕汜溪口〔七〕，又東逕石龍，又東逕羊腸、虎臂灘，又東彭水注之，又東右逕朐忍縣故城南，又東逕瞿巫灘，湯溪水注之。又逕東陽灘，又逕魚復縣之故陵北，又右逕夜清而東，歷朝陽道口，又東左逕新市里南，又東右合陽元水，又東逕南鄉峽，東逕永安宫南，又東逕諸葛亮圖壘南，又東逕赤岬城西，又東逕魚復縣故城南，又東逕廣谿峽，自江關東逕弱關、捍關，又東烏飛水注之，又東逕巫縣故城南，又東巫溪水注之，又東逕巫峽，歷峽東逕新崩灘，又東逕石門灘。韋莊峽程記：蜀中二百八十江，會於峽間，次於荆門，都四百五十灘，稱爲至險。明統志：岷江經本府入瞿唐峽，過巫山。夏秋水泛，峽流百里間，灘如竹節，波濤洶湧，舟楫多驚。舊志：自瞿唐而下謂之峽江，又謂之鎖江。自忠州入萬縣界，東流一百二十里，經縣城南。又八十里入雲陽縣界，六十里經縣城南。又六十里入奉節縣界，八十里經府城南。又三十里入巫山縣界，十里經縣城南。又六十里入湖廣巴東縣界。

新軍河。在雲陽縣東南三十里。源出湖北恩施縣界，東北流二百餘里入大江。

大瀼水。在奉節縣東。入蜀記：山澗之流，凡通江者，土人多謂之瀼。方輿勝覽：千頃池，一道南流爲西瀼水。明統志：大瀼水在府城東。自達州萬頃池發源，經此流入大江。舊志：在縣東一里。 按：輿圖〔八〕，此水源出太平廳分水嶺，曰分水河，東南流三百里許，至府城東入江。

東瀼水。在奉節縣東。水經注：白帝城東傍東瀼溪。輿地紀勝：公孫述於水湄墾稻田，因號東屯。舊志：水在縣東十里，源出長松嶺，流經白帝山入大江。

清瀼水。在奉節縣西二十里，即北崖口溪。瀉出兩山間，東入大江。亦稱頭塘溪。

陽元水。在奉節縣西。水經注：陽元水出陽口縣西南高陽山東，北流逕其縣南，又東北流，丙水注之。水發源縣東南柏枝山，北流入高陽溪。溪水又東北流注於江，謂之陽元口。 按：此水舊志無考，今輿圖縣西南有五龍、老馬二溪，東北入江，疑即是。

烏飛水。在巫山縣西南。水經注：烏飛水出天門郡漊中縣界，北流經建平郡沙渠縣南，又北流經巫縣南，西北歷三道三百七十里，注於江，謂之烏飛口。舊志、吴船録有大溪口，在巫山縣西七十里，疑是。 按：輿圖大溪河發源奉節縣西南山谷中，東北流百餘里入大江。

湯溪水。在雲陽縣東，即今東瀼河也。水經注：湯溪水源出朐忍縣北六百餘里上庸界，南流歷縣，翼帶鹽井，下與檀溪水合。又南入於江，名曰湯口。寰宇記：千頃池水，一道西南流爲雲陽縣湯溪。舊志：東瀼河在縣東一里。源出縣北九龍池。按：輿圖東瀼河上流曰五溪河，源出分水嶺西九龍山南，東南流逕五溪關，東至雲陽縣東入大江。其源流之長，與奉節之大瀼相等。自雲陽以東，奉節以西，惟有此水，其即古之湯溪無疑。舊志以東瀼、湯溪分爲二，誤。

彭溪水。源出綏定府新寧縣東北，東流入開縣界，又東南歷萬縣、雲陽界入江。今名開江，亦曰小江，又名臨江。水經注：彭溪水出巴渠郡獠中，東南流逕漢豐縣東，清水注之。又逕朐忍縣西六十里，南流注於江，謂之彭溪口。明統志：開江在開縣治南。源出新寧縣霧山坎，流逕今縣，合清江過雲陽縣，入岷江。舊志：小江自霧山坎東南流七十里，逕開縣南一里，又東南合清江、墊江，逕雲陽縣西四十五里，入大江。其入江處曰小江口，去萬縣六十里。按：寰宇記有常渠水，一名白浦水，西自新寧縣界流入，東流經鯉城山，又東逕新浦縣南三里，又東入開江縣界，蓋即開江之上源也。

墊江水。在開縣南。寰宇記：新浦縣墊江水源自高梁山，東北流至縣南入常渠水。舊志：在縣南三十里。源出青岡山，東流五十里入開江。

清水。在開縣東北。水經注：清水出巴渠縣東北巴嶺南獠中，即巴渠水也。西南流逕其縣，又西入峽，檀井溪水出焉。又西過山至漢豐縣東而西注彭溪，謂之清水口。寰宇記：清水源出萬歲縣東北石塔山，西南流逕石門山，又西南流逕巴渠故城東，又西南流逕萬歲縣東二里，又西南入開江縣界。舊志：清水在開縣東北五十里。源出界頂山，南流五十里至縣東南，入開江。舊云出萬頃池，誤。

巫溪水。自大寧縣北界發源，東南流至巫山縣東，入大江。今曰大寧河，一名昌江。水經注：巫溪水導源梁州晉興郡之宣漢縣東，又南逕建平郡泰昌縣南，又逕北井縣西，東轉歷其縣南，縣有鹽井，其水下通巫溪，溪水又南屈，經巫縣東合聖泉水，又南入於大江。舊志：大寧河一名昌江，源出大寧縣寶源山，南流二十五里，經縣東門外，轉東南八十里入廢大昌縣界，又八十里經故縣南門外，又四十里入巫山縣界，又四十里經縣東一里，南入江。按：輿圖此水源出大寧縣西北，接陝西平利縣界，曰西溪。東南流百里許，有東溪自湖北竹山縣界西流合焉。折西南經鹽井東，有後溪河東流入焉。又轉東南經大寧縣東，又南有白楊河，合水浪、小溪二水，經縣西流入焉。又南會西來之龍溪、上田二水，至廢大昌縣南，有楊溪會湖北房縣之水，自縣東西流入焉。又南流百餘里，經巫山縣東，入大江。方輿勝覽有馬連溪在大寧監西五里，即縣西之白楊河也。明統志謂馬連溪源出萬頃池，流經巫山縣入江，一名昌溪，是誤以馬連溪爲巫溪之上源也。舊志謂源出寶源山者亦非。

龍洞溪。在奉節縣西。水經注：巴鄉村人善釀，故俗名巴鄉清，郡出名酒。村側有溪，溪中多靈壽木。中有魚，其頭似羊，豐肉少骨，美於餘魚。溪水伏流，逕平頭山，内通南浦故縣陂湖。其地平曠，湖澤中有菱芡鯽雁，皆入峽所無。寰宇記：龍洞溪在州西一百里，溪側即善釀酒之村。舊志：在縣西八十里。源出縣西北白海壩，南入大江。

相公溪。在奉節縣西三里。方輿勝覽：在瀼東，以丁謂得名。水可烹茶。又縣西有和豐溪，縣北有馬蝗溪，舊引流入城，供民汲用。

茹溪。在巫山縣城北。俗謂之小溪。

清溪。在巫山縣東十里。北流入江。入蜀記：縣有清水洞，極深，洞通山後，色黤闇，水流其中，鮮能入者。歲旱祈雨頗應。

萬流溪。在巫山縣東六十里。自湖北恩施縣大溪河發源，東流至萬流驛，入大江。

龍溪。在雲陽縣西三十里。

苧溪。在萬縣西一里。自梁山縣界分水鋪發源，經獅子山下，折流十三灣，至城西，復南流入江。因溪旁土肥宜種苧，故名。

按：水經注朐忍縣有池溪口，疑即此。

三潮溪。在開縣東北温湯鹽井側。源出縣東北二十里積真洞，西南流二十里入清江。其水一日三潮，冬温夏涼。又有桃溪，自綏定府達縣大陂溪發源，至縣西二十里與梓水合流，注於開江。梓水自太平山發源，至火焰壩合桃溪。

白水溪。在開縣東北四十里。自雁飛山發源，西南流三十里入清江。

黄龍灘。在奉節縣。寰宇記：灘在白鹽峯下。又方輿勝覽：龍脊灘在城東三里，狀如龍脊，夏没冬見。舊志：每歲人日邑人遊於上，以雞子卜歲豐歉。古謡云：「龍牀如拭〔九〕，濟舟必吉。龍牀彷彿，濟舟必没。」

虎鬚灘。在奉節縣東三十里。杜甫詩「瞿唐漫天虎鬚怒」，即此。

黑石灘。在奉節縣東三十里。吴船録：瞿唐峽中有黑石灘，最號險惡。兩山束江驟起，水勢不能平也。

新崩灘。在巫山縣東。水經：江水歷峽東逕新崩灘。酈注云：漢和帝永元十三年，巫山崩。晉太元二年又崩。當崩之日，水逆流百餘里，湧起數十丈。今灘上有石或圓如簞，或方如屋，若此者甚衆，崩崖所隕，致怒湍流，故謂之新崩灘。其頹巖所餘，比之諸嶺，尚爲竦桀。寰宇記：沿峽十二里有新崩灘。吴船録：自神女廟東二十里至東犇灘，高浪大渦，巨艑掀舞，不當一葉。按：「東犇」蓋「新崩」之譌。

跳石灘。在巫山縣東南十五里舊江北。山頂有石跳落南崖，至今險阻。

瞿巫灘。在雲陽縣東。華陽國志：朐忍縣水道有東陽、下瞿數灘。水經注：瞿巫灘即下瞿灘也。又謂之博望灘。其東陽灘亦謂之破石灘，苟延光没處。九域志：雲陽縣有博望灘。荆州記：張騫奉使西域，於此覆舟，故名。

横石灘。在雲陽縣西萬户驛旁。上有横梁候館。

使君灘。在萬縣東二里。水經：「江水東經羊腸、虎臂灘。」注云：「晉楊亮赴任益州，至此舟覆，懲其波瀾。蜀人至今猶名之爲使君灘。」

新婦灘。在萬縣東南十里。寰宇記：崖上有婦人容狀，故名。

潮灘。在萬縣西六十里。水勢險急，春秋泛溢，江面如潮。

魚復浦。在奉節縣東南二里。漢魚復縣以此名。即八陣圖下之沙洲也。

泗瀼。在巫山縣西四十里。澗水横通大江，兩山對峙。一名錯開峽。

大悲口。在大寧縣西。明統志：溪心兩巨石對峙，上廣下狹。旁有乞靈祠。諺云：「船過大悲口，鹽方是我有。」

蓮花池。在奉節縣西北十里。宋乾道中，有周升亨字行可者爲夔轉運使，嘗鑿池北嶺上，種蓮。王十朋有偕行可賞蓮詩。舊志以爲周濂溪所鑿，誤。

天池。在奉節縣西北十五里。源出磨臺山，泉水湧出，浸可千頃。杜甫詩「天池馬不到」，即此。

楚王池。在巫山縣東。元統志：其水甘美。相傳楚王嘗於池側納凉。池上有肩輿觀。

鴛鴦池。在巫山縣東北七十里，石柱山之左。有二池如鴛鴦然。

龍池。在萬縣東二十五里。

魯池。在萬縣西三里西山之麓。魯有開所鑿。廣百畝，植以紅蓮。舊志：南有流杯池，亦有開所鑿。

千頃池。在大寧縣北，接太平廳界。寰宇記：在大昌縣西三百六十里。波瀾浩渺，莫知涯際。分爲三道，一道南流爲奉節縣西瀼水。按：此池接太平廳界之萬頃池。方輿勝覽謂千頃池在大昌縣西三十六里，明統志又與萬頃池分爲二，皆誤。又見太平廳。

聖姆泉。在奉節縣東。入蜀記：入瞿唐峽有聖姆泉，蓋石上有一罅，人呼於旁則泉出，屢呼則屢出，亦一異也。

義泉。在奉節縣東北卧龍山。舊接筒引入府治，官賣水，歲收錢千餘緡。宋王十朋蠲以給民，并作詩示後。

聖泉。在巫山縣東北。水經注：巫山縣東北三百步有聖泉，謂之孔子泉。其水清潔，下注巫溪水。又溪泉在縣治東北，源出山北谷中，邑人汲之不竭。

天師泉。在雲陽縣西二里。每五月江水漲濁，泉水自巖竇間溢出，甘潔清冽，一邑用之不竭，盡九月而止。

包泉。在萬縣西六里。方輿勝覽：在萬縣西山。府志：其水清冽。宋元符間刺史方澤爲銘，謂與惠泉相上下。

温井。在開縣。其水冬夏常温。

古鹽泉井。在奉節。唐書地理志：縣有永安井。唐李貽孫夔州都督府記：白帝城之左五里，得鹽井十四。寰宇記：八陣圖下東南三里，有一磧，東西百步，南北四十步，磧上有鹽井五口，以木爲桶，昔嘗取鹽，即時沙壅，冬出夏没。舊志：七泉井在府東江心八陣圖下。水可煮鹽。又有上温井、下温井，在龍脊灘南。通志：今縣東南三里，江濱沙磧，有井四五口，夏秋水没，春冬始見。井水泛沙而出，味鹹，俗呼臭鹽井。所謂在八陣圖下者即此。餘不可考。

雲陽鹽井。在雲陽縣北。水經注：湯溪水出上庸界，歷其縣，翼帶鹽井一百所，巴川資以自給。粒大者方寸，中央隆起，形如張繖，因名繖子鹽。有不成者，形亦必方，異於常鹽。王隱地道記：入湯口四十三里，有石煑以爲鹽。石大者如升，小者如拳，煑之水竭鹽成。九域志：雲安縣有團雲鹽井。通志：今縣境鹽井凡十眼。

長灘鹽井。在萬縣南一百里。通志：今縣境鹽井凡六眼。

温湯鹽井。在開縣東北。舊志：其井有三，曰杉木，曰柏木，曰龍馬，皆無鹽輸課。通志：今縣有鹽井一眼。

白鹿鹽井。在大寧縣北寶源山下。相傳有袁氏逐白鹿於此，得鹽泉，故名。

校勘記

〔一〕廣德二年置夔忠涪防禦使　「防禦使」上，新唐書卷六七方鎮表有「都」字。

〔二〕寧江軍節度　「節度」下原有「使」字，據乾隆志卷三〇三夔州府建置沿革（下同卷簡稱乾隆志）及宋史卷八九地理志删。

〔三〕宋末廢　「宋」，原脱，據乾隆志補。

〔四〕烏飛山　「烏」，原作「鳥」，據乾隆志及太平寰宇記卷一四八山南東道夔州、雍正四川通志山川改。

〔五〕頹巖倚木　「倚木」，原作「依水」，據乾隆志及水經注卷三三江水改。按，倚木，樹木攲側而生之謂，與頹巖正相合。依水無謂也。

〔六〕又東南會北集渠　乾隆志作「又東會南北集渠」。按，戴震校水經注曰：「近刻『會』字又訛在『南』字下。」明沈炳巽水經注集釋訂訛曰：「按注有二溪水，則此當作『江水又東會南、北集渠』。」據此，乾隆志是也。本志未審，誤承訛本。

〔七〕又右逕汜溪口　「汜」，原作「氾」，乾隆志同。按水經注卷三三江水注於此句下云「蓋江汜決入也」，則其字當作「汜」，「汜」同「泛」。因據改。

〔八〕按輿圖　「按」上原有「舊」字，據乾隆志删。

〔九〕龍牀如拭　「牀」，原作「狀」，據乾隆志及雍正四川通志卷二三山川改。下句「龍牀彷彿」，「牀」原亦誤作「狀」，亦同據改。按，所謂「龍牀」即黄龍灘也。

大清一統志卷三百九十八

夔州府二

古蹟

永安故城。今奉節縣治。蜀志：章武二年，改魚復縣曰永安。三年，先主殂於永安宮。水經注：江水逕永安宮南，諸葛亮受遺詔處也。其間平地可二十里許，江山迴闊，入峽所無。城周十餘里，背山面江，頹墉四毀，荆棘成林。左右居民多墾其中。寰宇記：先主於永安縣七里別置永安宮，在平地。後周天和元年，自白帝移州理於宮南五十步。宣政元年，復還白帝城。入蜀記：夔在山麓沙上，所謂魚復永安宮也。宮今爲州倉，而州倉在宮西北。景德中，轉運使丁謂、薛顔所徙。比白帝頗平曠，然失險，無復形勝矣。府志：永安宮今爲府儒學基。

白帝故城。在奉節縣東。公孫述所築。歷代皆爲州郡治，宋始移治瀼西，置闕於此。後漢書郡國志：巫縣西有白帝城。蜀志：建安十八年，諸葛亮等將兵泝流定白帝、江州〔一〕。章武二年，孫權聞先主駐白帝，甚懼，遣使請和。水經注：巴東郡治白帝山城，北緣馬嶺，接赤岬山。其間平處南北相去八十五丈，東西七十丈。又東傍東瀼溪，即以爲隍。西南臨大江，闚之眩目。惟馬嶺小差逶迤，猶斬爲路，羊腸數四，然後得上。周書蠻傳：信州舊治白帝。天和元年，陸騰更於劉先主故宮城南八陣之北，臨江岸築城，移置信州。劉禹錫夔州刺史廳壁記：州城初在瀼西，後周建德五年，總管王述移治白帝。入蜀記：瞿唐關即唐故夔州，與白帝城相連。方輿勝覽：州城以宋景德二年徙治瀼西。韓宣瞿唐城記：夔州城在瀼西，關在瀼東。寶祐丙辰既城夔訖，以屯重兵，復城關城以屯輕兵。元統志：宋淳祐二年，復移州治白帝。至元二十二年，仍還瀼西舊治。府志：下關城在奉節縣東十里，即白帝城也。明初割瞿唐衛右所置。周迴數里，東南通赤岬，西北抵瞿唐灧澦。按：杜甫詩「白帝夔州各異城」，寰宇記「奉節縣去州四里」，蓋唐時州縣異治也。

魚復故城。在奉節縣東北。春秋時庸國魚邑。漢置縣，其後移治白帝城，而此城廢。左傳文公十六年：庸人帥羣蠻叛楚，楚人伐庸，七遇皆北，惟裨、儵、魚人實逐之。杜注：魚，庸邑，即魚復。水經注：赤岬城，公孫述所造。因山據勢，周迴七里一百四十步，東高二百丈，西北高千丈，南連基白帝山。舊唐書地理志漢魚復縣，今奉節縣北三里赤岬城是也。

巫縣故城。在今巫山縣東。戰國策：蘇秦説楚威王曰：「南有巫郡」。史記秦本紀：昭襄王三十年，取楚巫郡。水經注：巫縣故楚之巫郡〔二〕。秦省郡立縣，以隸南郡。吴孫休分爲建平郡，治巫城，城緣山爲墉，周十二里一百十步，東、西、北三面皆帶傍深谷，南臨大江。故夔國也。舊唐書地理志：巫縣舊治巫子城。寰宇記：巫山縣在夔州東南七十二里。故城在今縣北，晉移於此。縣本夔子熊摯所治，今多熊姓者。

大昌故城。在巫山縣北。本巫縣地。晉初分置泰昌縣，屬建平郡。宋、齊、梁因之。周改名大昌，置永昌郡。郡尋省。隋屬巴東郡，唐屬夔州。宋端拱元年，改屬大寧監。元至元二十年，併入大寧州。明洪武三年復置，後因民少，併入大寧。永樂初復置，改屬夔州府。本朝康熙九年，省入巫山縣。寰宇記：縣在夔州東北六十四里。宋史地理志：舊在監南六十里。嘉定八年，徙治水口監。舊志：故城周一里有奇。明成化七年土築，在巫山縣北一百二十里。

朐忍故城。在雲陽縣西。漢置。晉曰朐䏰。水經注：常璩曰，縣在巴東郡西二百九十里，縣治故城跨山坂，南臨大江。後漢書注：朐䏰故城，今雲安縣西萬户故城是也。舊唐書地理志：萬户城，在雲安縣西三十里。舊志：宋爲萬户驛，今名萬户壩。按：闞駰十三州志：「朐，音蠢。䏰，音閏。其地下濕，多朐䏰蟲，因以名縣。」顔師古曰：「朐音劬。」李熹曰：「據闞駰之音，則朐當作朐，旁從句。」

南浦故城。今萬縣治。宋書州郡志：南浦縣，蜀建興八年益州牧閻宇表改羊渠立。羊渠不詳，何志「吴立」。寰宇記：後魏廢帝元年，分朐䏰縣地置安鄉郡及魚泉縣，以地土多泉，民賴魚罟爲名。後周改安鄉郡爲萬川郡，魚泉縣爲萬川縣，兼立南州。隋開皇初郡廢，十八年改萬川縣爲南浦縣，以浦爲名。舊志：按華陽國志，固陵郡，初領羊渠縣，吴平後省，改置南浦縣，在郡南三百里。水經注：南集渠自涪陵北，經南浦僑縣西，又北注江。參考諸書，疑南浦本在江北，晉平吴改置於江南，故曰僑縣。後魏於江北南浦地置今縣，隋始復故，名爲南浦。

開江故城。在開縣東一里。華陽國志：巴東漢豐縣，建安二十一年置，在郡西北彭溪源。寰宇記：蜀先主於今縣南二里置漢豐縣，以漢土豐盛爲名。後周武帝改漢豐爲永寧。隋開皇十八年，改爲盛山。唐武德元年，移於今理。廣德元年，改爲開江。

雲安舊城。在雲陽縣東北。漢置鹽官。唐末置雲安監。宋屬雲安軍。熙寧四年，嘗析置安義縣。八年，以户口還隸雲安縣，復爲監。元併入雲陽州。明置雲安鹽課司於此。九域志：監在雲安軍東北三十里。

大寧舊城。今大寧縣治。寰宇記：大寧監，本夔州大昌縣前鎮煎鹽之所，在縣西六十九里溪南山嶺峭壁之中，有鹽井涌出，土人以竹引泉，置鑊煮鹽。開寶六年置監，以收課利。九域志：監東南至夔州一百十里。

陽口廢縣。在奉節縣西。水經注：陽元水出陽口縣西南。寰宇記：梁置陽口縣，蓋在今州西陽水口。後魏廢帝三年，移巴東郡理於此。

南陵廢縣。在巫山縣南大江南岸。東晉時置縣，屬建平郡。劉宋元嘉中廢。元統志：南陵廢縣，在巫山縣南二百步，與陽臺山相對。

北井廢縣。在巫山縣北。晉初置，屬巴東郡。泰始五年，改屬建平郡。宋、齊因之。周天和中省入大昌。水經注：縣有鹽井，井在縣北，故名北井。舊志：在大昌縣東南二十五里。

新浦廢縣。在開縣西南九十里。宋書州郡志：巴東郡領新浦縣。何志：新立。寰宇記：縣在開州西南九十里，亦朐䏰之地。蜀爲漢豐縣地。宋武帝永初中，分漢豐縣於今縣西北七里置新浦縣，屬巴東郡。後魏恭帝三年，於縣置開江郡。周天和五年，改江會郡。建德五年，郡廢，以縣屬周安郡。隋開皇三年罷郡，以縣屬開州。大業二年，廢開州，改屬信州。七年，自縣西北故城移於今理。宋書地理志：慶曆四年，廢新浦縣入開江。

西流廢縣。在開縣西北一百五十里。隋書地理志：通川郡西流縣，後魏曰漢興。西魏改焉，又置開州及周安、萬安、江會三郡。周省江會入周安。開皇初，郡並廢。大業初，州廢。寰宇記：後周天和元年，於漢豐縣理置周安郡。四年，自東關郡城移開州於今州西九十里濁水北故州城，領周安、東關、三岡、開江四郡，其周安郡領西流一縣。其年以東關、三岡二郡屬通州。五年，改開江郡爲江會郡。建德五年，省江會郡入周安郡。隋開皇三年，又罷周安、萬安二郡，以縣屬開州。大業二年，省開州。義寧二年，於盛山縣置萬州，割巴東郡之新浦、通川郡之萬世、西流來屬焉。唐貞觀初，省西流入盛山。

清水廢縣。在開縣東北六十里。唐時萬歲縣。宋改曰清水。元省。隋書地理志：通川郡萬世縣，後周置，又置萬世郡。開皇初郡廢。舊唐書地理志：萬歲，後周之萬縣，隋加「世」字。貞觀二十三年，改爲萬歲縣。寰宇記：萬歲縣，在開州東北四十里。漢朐䏰縣地。蜀爲漢豐縣地。宋武帝於此分置巴渠縣，屬巴東郡。周天和元年，分巴東置萬安郡，改巴渠爲萬歲縣，取縣北有萬歲谷爲名。隋開皇三年罷郡，以縣屬開州。大業二年廢州，以縣屬萬安郡。唐武德元年郡廢，以縣屬開州。二年，自今縣北三十里故城移於今所〔三〕。寶曆中，節度使裴度奏廢之，以其地併入開江。尋又置。九域志：在州東北六十五里。按：寰宇記謂周改縣曰萬歲，與隋唐志皆不合，誤。

武寧舊縣。在萬縣西。漢臨江縣地。周武帝析置源陽縣，並置南州及南都郡。建德四年，改郡曰懷德，縣曰武寧。隋開皇初，州郡並廢，以縣屬巴東郡。唐、宋、元俱屬萬州。明初省入萬縣。舊唐書地理志：縣治巴子故城。寰宇記：在萬州西南一百三十里。

江陰城。在巫山縣西六十里。元統志：後周天和初置縣，建德中廢。

天賜城。在巫山縣西北廢大昌縣西六十里。宋將廉康所築。景定中，守將徐宗武立石〔四〕。

黄侯城。在開縣東五里。五代時，土人黄、侯二家所築。又虎跳城，在縣南十里。五代孟蜀時築。

老鴉城。在開縣南八里。宋政和初築。又鯉魚城，在縣南九十里。宋建炎初築。

楚宫。在巫山縣東北一里。寰宇記：在巫山縣西北二百步陽臺故城内。入蜀記：楚故離宫，俗謂之細腰宫。有一池，亦當時燕游之地，今湮没略盡。元統志：細腰宫在縣東北里許。府志：在女觀山西畔小山頂，三面皆荒山，南望江山甚麗。

故東陽府。在巫山縣東一里。唐書地理志：夔州有府，一曰東陽。元統志：隋置，唐貞觀三年廢。

故陵村。在奉節縣。水經注：舊郡治故陵谿西二里故陵村，谿即永谷也。地多木瓜樹，有魚復尉戍此。

巴鄉村。在奉節縣西。水經注：故陵谿西二里有巴鄉村，村人善釀酒，俗稱爲「巴鄉清」。寰宇記：巴鄉村，在南鄉峽西八十里。

東屯。在奉節縣東。杜甫自瀼西移居東屯詩：白鹽危嶠北，赤岬故城東。輿地紀勝：公孫述於東瀼水濱墾稻田，因號東屯。稻田水畦，延袤可得百許頃。前帶青溪，後枕崇岡，樹木葱蒨，氣象深秀。去白帝五里而近。稻米爲蜀第一。吴潛夔門志：東屯諸處宜瓜疇芋區，瀼西亦然。

八陣圖磧。在奉節縣。水經：江水逕諸葛亮圖壘南。注云：石磧平曠，望兼川陸。有亮所造八陣圖，東跨故壘，皆累細石爲之。自壘西去聚石八行，行間相去二丈，皆圖兵勢行藏之權，深識者所不能了。今夏水漂蕩，歲月消損，高處可二三尺，下處磨滅殆盡。寰宇記：八陣圖在奉節縣西南七里。荆州圖副云：永安宫南一里渚下平磧上，周迴四百十八丈，中有諸葛孔明八陣圖，聚石爲之。各高五尺，廣十圍，歷然碁布，縱横相當。中間相去九尺，正中開南北巷，悉廣五尺，凡六十四聚。或爲人散亂，及爲夏水所没，冬水退後，依然如故。舊志：在縣南二里。成都圖經云，八陣凡三，在夔者六十有四，方陣圖也，其二詳見「新都縣」。

杜甫故宅。在奉節縣。陸游高齋記：少陵居夔三徙居，皆名高齋。其詩曰「次水門」者，白帝城之高齋也。曰「依藥餌」者，瀼西之高齋也。曰「見一川」者，東屯之高齋也。今白帝城已廢爲丘墟。瀼西爲夔府治所，高齋皆不可識。獨東屯有李氏者，居已數世，上距少陵纔二易主，大曆中故券猶在。方輿勝覽：世傳計臺乃少陵故宅。今有祠堂。舊志：明萬曆間，於瀼西故址建草閣。

許旌陽舊宅。在萬縣西。輿地紀勝：在武寧縣西一里。即今之白鶴觀。

白雲樓。在府治。樓有三層，登覽之勝，甲於一郡。

白帝樓。在奉節縣東，故白帝城上。唐杜甫有詩。

最高樓。在奉節縣東白帝城。杜甫詩：「城尖徑仄旌旆愁，獨立縹緲之飛樓。」即此。

萬丈樓。在奉節縣東十里，杜甫故居。後人建樓，取「李杜文章在，光焰萬丈長」之義爲名。

制勝樓。在奉節縣北。宋建。王延熙有詩。

江會樓。在萬縣治西。

四望樓。在萬縣南。明統志：唐白居易詩：「江上新樓名四望，東西南北水茫茫。」

朝陽樓。在大寧縣治。宋孔嗣宗建，以望鳳山。又有絶雲樓，在縣治内。

十賢堂。在府治内。初名歲寒，宋慶曆中建，以祀先賢。嘗至夔者，屈原、諸葛亮、嚴挺之、杜甫、陸贄、韋處厚、白居易、柳鎮、寇準、唐介，凡十人，畫像於堂中，外栽修竹。林栗有記。

詩史堂。在府治内。有唐杜甫畫像。

瑞白堂。在府治。宋楊梅有記。王十朋詩：「昔日在夔州，茲堂見三白。爲瑞不嫌多，年豐最宜麥。」

整暇堂。在府治。又名易治。宋王十朋詩：「風俗無難易，治之端在人。古夔尤易治，民俗本來淳。」

越公堂。在奉節縣東。方輿勝覽：在瞿唐關城内。隋楊素建。唐杜甫詩：「此堂存古制，城上俯江郊。」

橘官堂。在雲陽縣西。漢書地理志：朐䏰縣有橘官。舊志：今五峯驛前有橘官堂。

七賢堂。在萬縣東。祀宋魯有開、張俞、范鎮、蘇洵、蘇軾、蘇轍、黄庭堅，刻其詩堂中。宋陳損有記。

江月亭。在府治。宋王十朋詩：「長江何處水，明月幾州天。月與江無約，相逢是偶然。」

挹翠亭。在奉節縣治。唐白居易游息之所。

杜鵑亭。在雲陽城内。取杜甫詩「雲安有杜鵑」句爲名。

二詠亭。在萬縣治。宋張俞、范鎮嘗相倡酬於此，太守趙希混因以名亭。

濟川亭。在萬縣治門前。輿地紀勝：太守魯有開建，張俞記。亦名曰南浦樓。

雲鴻亭。在開縣西三十里。方輿勝覽：賈偉有詩。

宿雲亭。在開縣北。方輿勝覽：在盛山上。温造建，有記。

翠薌亭。在開縣北。方輿勝覽：夏侯孚先有記。

泳飛亭。在大寧縣舊治。宋建。明統志：其在監治者曰藏春隝、江山堂、芳菲館、清祕閣，皆當時之勝。

陽雲臺。在巫山縣西北。寰宇記：臺高一百二十丈，南枕長江。宋玉賦云「游陽雲之臺，望高唐之觀」，即此。方輿勝覽：在縣西北五十步。又高唐觀，在縣西北二百五十步。吴船録：所謂陽臺、高唐觀，今在巫山來鶴峯上。舊志：按司馬相如子虚賦，前言楚王獵於雲夢，後言登陽雲之臺，孟康註云：「夢中高唐之臺。」據此，當在今荆州及漢陽境。然宋賦言「神女在巫山之陽，高丘之阻，朝朝暮暮，陽臺之下」，則陽臺之巫山理亦有之，若高唐則實在雲夢，不在巫山也。

演易臺。在雲陽縣北三十里，地名向陽坪。宋邵康節於此注易，明御史盧雍立石表之。

拂雲館。在大寧縣。明統志：在宋時刑曹廨舍之西。宣和中，陳似有記。

藏春隝。在巫山縣北。明統志：在大昌縣治。府志：今三臺崖即其地也。其中空洞可容百人〔五〕。

關隘

夔關。在府城南。本朝康熙六年設榷關，雍正七年遣官監督。乾隆元年罷監督，屬知府監收。

瞿唐關。在奉節縣東，即古江關。漢書地理志：魚復縣江關都尉治。後漢書：公孫述遣田戎與將軍任滿出江關。注：「華陽國志曰：巴楚相攻，故置江關。舊在赤岬城，後移在江州南岸，對白帝城，故基在今魚復縣南。」括地志：江關在魚復縣南二十里江南岸。地理通釋：古江關即今瞿唐關。元通志：瞿唐關去城八里，管鎖水鐵鎖二條。舊志：鐵鎖關在瞿唐峽口。唐天祐元年，王建將張武清於夔東作鐵絙，絶江中流，立栅於兩端，謂之鎖峽。宋景定五年，守將徐宗武於白帝城下巖穴設攔江鎖七條，長二百七十七丈五尺，又爲鐵柱二，各高六尺四寸。後人因呼爲鐵鎖關。

百牢關。在奉節縣東十五里。按：唐志百牢關在漢中郡西縣，今寧羌州境。杜甫詩「夔州險過百牢關」，言瞿唐關之險過於西縣之百牢耳，非謂夔州有此關也。後人錯解杜詩，附會而有此名。

石門關。在奉節縣東六十里。兩山相夾，接巫山縣界。

石蕊關。在奉節縣南一百二十里。路通施州。其地有三尖山壁立，亦名尖山關。又有金子關，亦在江南岸。舊皆有巡司，今裁。

得勝關。在巫山縣東六十五里。今爲得勝鋪。

大石嶺關。在巫山縣南八十里。明嘉靖中建。又瞿門關，在縣西六十里，接奉節縣界。

東門關。在雲陽縣北一百里。

西柳關。在萬縣西北。宋寶祐元年，元兵渡漢江攻萬州入西柳關，即此。

茅坡關。在開縣西九十里。又豆山關，在縣西三十里。

虎爪關。在開關北三里。又金線關，在縣北五十里。高橋關，在縣北一百里。

雲安廠鹽課司。在雲陽縣東北。即故雲安監地。本朝雍正七年設巡司，乾隆元年改設鹽課大使。又有鐵甏巡司，在縣北三十里。明置，久裁。

大金溝鹽課司。在大寧縣北三十五里。明設巡司，本朝乾隆元年改設鹽課大使。

三鉤鎮。在奉節縣東三里。寰宇記：舊時鐵鎖斷江，浮梁禦敵處也。鎮居數溪之會，故曰三鉤。唐武德二年廢。

當陽鎮。在巫山縣西北廢大昌縣西四十里。明置巡司，久裁。

五溪鎮。在雲陽縣西北。明置巡司，久裁。

袁溪鎮。在大寧縣東北二十里。明置巡司。又有鹽課司，在縣北二十里。皆久廢。

鹽廠營。在大寧縣鹽廠。本朝嘉慶十一年，設守備駐防。

廣武寨。在奉節縣西南二十里。以廣南軍嘗屯此，故名。

三會寨。在巫山縣東四十里。宋乾德三年，劉光義等伐蜀，收復三會、巫山等寨，拔夔州，即此。今爲三會鋪。

永寧堡〔六〕。在萬縣南巴南里。舊名羅網壩。明嘉靖十一年建關堡。

黄荆壩。在萬縣南，故南堡縣地。舊志：其地接壤施、夷，土司環列，民情頑獷。明萬曆初，知府郭棐以黄荆壩至尖山關沃壤數百里，嘗議令捕盗通判駐此，以資彈壓。

市郭里。在萬縣南。本朝雍正七年設巡司，乾隆中裁。又舊有銅鑼關巡司，在縣南江岸，去府治四百里。武安巡司在縣西，即舊縣。皆久裁。

永寧驛。在奉節縣西一里。明置馬驛，今裁。與萬縣、雲陽、巫山三縣各設站馬三匹。又有南沱水驛，在縣西六十里。

小橋驛。在巫山縣東八十里。明萬曆初，改小橋公館，置巴中馬驛。本朝康熙中，改名小橋驛。後罷爲鋪。

高唐驛。在巫山縣西半里。洪武初置爲水驛。又東九十里至巴東縣萬流驛，今裁。

巴陽驛。在雲陽縣西六十里。一名小彭驛，以彭溪爲名。又有五峯驛，在縣西南，皆水驛也。久廢。

瀼途驛。在萬縣西南六十里。又集賢驛、分水驛，在縣東五里。周溪驛，在縣東五十里。皆明時所置水驛也，今裁。

津梁

龍溪橋。在奉節縣東七里。舊名小溪橋。以溪水出自卧龍山，故名。

相公橋。在奉節縣西三里。宋太平興國初，寇準知巴東縣，嘗至夔，愛其溪水，汲以烹茗。後人建橋溪上，因名。

仙女橋。在巫山縣東。兩山中斷，一棧相連。俗傳仙女所造，故名。

至安橋。在雲陽縣西門外。

天生橋。在萬縣西。方輿勝覽：在苧溪上。乃一巨石，自然成橋，長與溪等，平闊如履平地，溪流出其下。府志：在縣西二里。

天池橋。在開縣西南。

雙龍橋。在大寧縣西十里。本朝嘉慶十六年建。

四十八渡。在大寧縣東二百三十里。道出湖北房山縣。

隄堰

青苗陂。在奉節縣東，白帝城東北五里。方輿勝覽：東屯有青苗陂。杜甫詩：「東屯稻田一百頃，北有澗水通青苗。」明統志：在瞿唐東。蓄水溉田，民得其利焉。

陵墓

周楚故陵。在奉節縣西，接雲陽縣界。水經：「江水逕故陵北。」注：「江側有六大墳，庾仲雍曰〔七〕，楚都丹陽所葬，故以故陵爲名。」

漢

扶嘉墓。在雲陽縣北三十里。

三國　漢

甘夫人墓。在府城内。入蜀記：夔州治在甘夫人墓西南。元統志：墓在府治内鎮峽堂後。按：蜀志甘皇后初葬於南郡，章武二年遷至蜀，後與昭烈合葬，其墓不應在此。

唐

李遠。在雲陽縣西五峯麓。

冉仁才墓。在萬縣西。明統志：仁才，唐浦州刺史。墓有龍朔間所立表。

明

邵仲禄墓。在奉節縣東北六十里香山寺後。仲禄官江西巡撫。

本朝

傅作楫墓。在奉節縣西四里。

祠廟

王梅溪祠〔八〕。在府治南。明萬曆間建，祀宋州守王十朋。

杜工部祠。在奉節縣。通志：今附祀義正祠。

唐質肅祠。在奉節縣東。祀宋唐介，王十朋有記。

七賢祠。在萬縣東。祀宋魯有開、張俞、范鎮、蘇洵、蘇軾、蘇轍、黄庭堅。

劉源祠。在開縣。宋嘉祐中，源平開州萬歲丁谿灘患，民因立祠祀之。

武侯廟。在府治八陣臺下。唐時夔州治白帝，廟在西郊，前有古柏。杜甫有古柏行及武侯廟諸詩。宋乾道中，王十朋移建於此。内有開濟堂，取杜詩「兩朝開濟老臣心」之義。

昭烈帝廟。在奉節縣東。方輿勝覽：去縣六里。

白帝廟。在奉節縣東八里舊州城内。方輿勝覽：有三石筍猶存。入蜀記：白帝廟氣象甚古，松柏皆數百年物。有數碑，皆孟蜀時立。庭中石筍，有黄魯直建中靖國元年題字。通志：明正德七年，巡撫林俊毁公孫述像，祀馬援及川神、土神，改曰三功祠。嘉靖十一年，改祠漢昭烈，以孔明配，曰義正祠。三十六年後以關、張配，曰明良殿。

神女廟。在巫山縣東。襄陽耆舊傳：赤帝女曰瑶姬，未行而卒，葬於巫山之陽，故曰巫山之女。楚懷王游於高唐，夢與神遇，遂爲置觀於巫山之南，號爲朝雲。吴船録：自巫峽三十五里至神女廟。廟中石刻引墉城記：「瑶姬，西王母之女，稱雲華夫人，助禹驅神鬼斬石疏波有功，因祀之。」元統志：神女祠，唐儀鳳元年置。宋宣和四年，改曰凝真觀。紹興二十年，封妙用真人。

寶源廟。在大寧縣北。祀鹽泉神。

漢高祖廟〔九〕。在雲陽縣北十里。舊志：漢高祖遇扶嘉於此，後人立廟。又有扶嘉廟在縣東北雲安場。

桓侯廟。在雲陽縣大江南岸。又巫山縣西亦有廟。縣志：在縣東三十里十二峯南飛鳳峯麓。

寺觀

開元寺。在奉節縣西。唐開元中建。明永樂間，有御賜「四川第一山」金字坊。

龍興寺。在奉節縣北十里。宋王十朋有詩，自註：「欽宗皇帝母王皇后所生之地。」

咸平寺。在奉節縣西北。宋咸平中建。魏了翁有記。

秀峯寺。在巫山縣東北五里。寺有二塔，山巒環拱，樹木蔚秀。

慧日寺。在雲陽縣西。明洪武九年建。

白鶴寺。在萬縣西一百三十里。宋蘇軾、蘇轍皆有題詠。

大覺寺。在開縣北二里。元泰定間建。

集靈觀。在雲陽縣西四十里。明統志：碑云「象山福地，玉華仙館」。

集虛觀。在萬縣西。明統志：内有唐垂拱時所遺鐘。又有巨鐵，紫色，歲旱禱雨，燒之如汗出必有雨，乾則無。又木櫪觀，在縣西一百二十里，許旌陽得道處。

棲霞宫。在雲陽縣北十五里。宋景德初建。

名宦

三國　漢

羅憲。襄陽人。爲巴東太守。時大將軍閻宇都督巴東，拜憲領軍，爲宇副貳。魏之伐蜀，召宇西還，憲守永安城。吴聞蜀敗，欲襲憲。憲曰：「吴不恤吾難，而背盟徼利，不義甚矣。」乃繕甲完聚，勵以節義，士皆用命，大破吴軍。

吴

吾彦。吴人。爲建平太守。王濬將伐吴，造船於蜀。彦覺之，請增兵爲備，晧不從。彦乃輒爲鐵鎖，横斷江路。及師臨境，緣江諸城皆望風降附，或見攻而拔，惟彦堅守。大衆攻之不能克，乃退舍禮之。

晉

勞揚。巴東守將。咸康五年十二月，李壽將李奕寇巴東，揚戰敗死之。

柳約之。安帝時巴東太守。桓靈寶簒位，以桓希爲梁州刺史，毛璩遣約之及建平太守羅述擊破希等，靈寶死。約之進軍枝江，而桓振復陷江陵，述等病。約之詣振僞降，因欲襲振，事泄被害。

温祚。義熙初，巴東太守劉敬宣伐蜀，遣祚揚聲外水，自率龍驤將軍時延祖等由墊江進，達遂寧郡之黄虎，糧盡引還。六年十一月，譙縱陷巴東〔一〇〕，祚與守將時延祖皆死之。

南北朝　宋

臧質。東莞莒人。爲建平太守，甚得蠻楚心。再爲巴東、建平太守，吏人便之。

孫謙。東莞莒人。泰始初，爲巴東、建平二郡太守。時蠻夷不賓，謙將赴職，敕募千人自隨，謙辭，不以兵役爲國費。至郡，布恩惠之化，蠻獠懷之，競餉金寶，謙慰諭而一無所納。性廉潔儉素，俸秩出吏民者，悉原除之，郡境翕然，威信大著。視事三年，徵。

齊

明惠照。平原鬲人。建元元年，因泰始以來，巴、建蠻反，置巴州，以威静之，用惠照爲刺史，綏懷蠻蜑。

魏

李遷哲。安康人。恭帝三年，蠻酋向五子王等陷信州，遷哲與田弘同討之。比至，寇遁走，追擊破之。令鎮白帝、信州。軍糧乏，遷哲收葛根造粉，自與士兼米同食，有異膳即分賜。又親爲醫藥疾患。軍中感之。黔陽蠻田烏度等每抄掠江中，爲百姓患，遷哲隨機出討，殺獲甚多，由是諸蠻畏威。並置四鎮，以静峽路，寇鈔頗息。授信州刺史。

周

賀若誼。洛陽人。爲信州總管，有能名。

隋

王長述。霸城人。高祖時爲丞相，授信州總管。部内夷未賓，長述討平之。

唐

李靖。三原人。武德初，奉詔安輯開州蠻。冉肇則寇夔州，總管趙郡王李孝恭戰未利，靖率兵八百破其屯，要險設伏，斬肇則，俘擒五千。敕勞之。遂陳圖蕭銑十策，詔拜行軍總管，軍政委焉。四年秋，與孝恭乘江漲薄江陵，銑降。

劉禹錫。中山人。元和中知夔州，表言一州利害，公務不冗。

柳公綽。華原人。憲宗時，爲開州刺史。地接夷落，寇嘗逼其城，吏曰：「兵力不能制，願以右職署渠帥。」公綽曰：「若同惡邪？」立誅之。寇亦引去。

五代

韋處厚。萬年人。元和末，爲開州刺史，誠心恤民。文宗朝拜同平章事。

高彦儔。太原人。孟蜀時，夔州招討使。宋師至，彦儔力戰，身被十餘創。判官羅濟勸其降，彦儔不許。宋師壞門入，彦儔挺劍拒之，殺十餘人，乃縱火自焚死。

宋

劉保勳。河南人。宋初雲安監鹽制置使。歲滿，出羨餘百萬，轉運使欲以狀聞，保勳曰：「貪官物爲己功，可乎？」乃止。

李防。内黄人。爲峽西路轉運副使。先是，沿江水遞歲役民丁甚衆，頗廢農作，防悉以城卒代之。

臧丙。大名人。太平興國初，通判大寧監〔一二〕。官課民煮井爲鹽，丙職兼綜其事。先是，官給錢市薪，吏民侵牟，致歲課不充，坐械繫者常數十百人。丙至，召井户面付以錢，既而市薪山積，鹽有羨數。

慕容德琛。太原人。淳化中知夔州。李順之亂，賊酋張餘領衆來寇，德琛與戰龍山。又與都大巡檢白繼贇、巡檢鮮守永敗賊於西津口，悉焚其舟。賊剽開州，圍雲安，德琛往援之。累詔褒諭。

秦傳序。江寧人。淳化五年，充夔峽巡檢使。李順之亂，賊衆奄至，薄夔州城下，傳序督士卒晝夜拒戰。城中乏食，傳序出囊橐服玩盡市酒肉以犒士卒，慰勉之，衆皆感泣力戰。城陷，傳序赴火死。

薛顔。萬泉人。太宗時，爲峽西路轉運使。始孟氏據蜀，徙夔州於東山，據峽以拒王師，而居民不便，顔爲復其故城。

盧士宏。新鄭人。文彦博、包拯以廉能薦，由三司開拆司擢夔州路轉運使。

朱壽隆。諸城人。仁宗時，爲夔州轉運使。巴峽地隘，民困於役，免其不應法者千五百人。

周湛。穰人。仁宗時，爲夔州路轉運使。雲安鹽井歲賦民薪茅，至破産責不已，湛爲捐鹽課，而省輸薪茅，民便之。

王端。仁宗時，知雲安軍。仁宗頒慶曆善救方，端請官爲給錢，和藥於民，遂行於天下。

彭乘。華陽人。寶元中，爲夔州路轉運使。土賊田忠霸誘下溪州蠻將内寇，乘適按部至境，大集邊吏，勒兵下山以備賊，賊遁去。因遣人間之，其黨斬忠霸，夷其家。

曹穎叔。譙人。夔州路轉運判官。夔峽尚淫祀，人有疾，廢醫而事神。穎叔悉禁絶之，並教以醫藥。

陳安石。安陽人。嘉祐中，爲夔州判官，洞悉民隱。時有蓄蠱毒者，捕誅其首，並刻布藥方，由是遇毒者不死。

張詵。浦城人。神宗時，爲夔路轉運判官。渝州蠻叛，詵自率兵討平之。録其功，加直集賢院。

孫構。博平人。神宗時，夔州部夷梁承秀、李光吉、王兗導生獠入寇，轉運判官張詵請誅之。選構爲使，倍道之官。至則遣涪州豪杜安募千人往襲〔一二〕，自督官兵及黔中兵擊其後，斬承秀，入討三族，火其居。餘衆保黑崖嶺，黔兵從間道夜譟而進，光吉墜崖死，兗自縛降。以其地建南平軍。

李周。馮翊人。神宗時，知雲安縣，蠲鹽井之征。

王宗望。固始人。擢夔州路轉運副使。哲宗即位，行赦賞軍，萬州彌旬不給，庖卒朱明因衆怒，白晝入府宅，傷守臣，他兵藉藉謀兆亂。宗望聞變，自夔疾驅至，先命給賞，然後斬明以徇。朝廷嘉之。

劉昉。潮陽人。紹興中，守夔州。政先體要，興學校以造士，勸農桑以厚民，每出郊督耕。又修諸葛亮八陣圖蹟、杜甫東屯故居。

王十朋。樂清人。乾道初，知夔州。布上恩，恤民隱。士之賢者詣門，以禮致之。朔望會諸生，講經詢政。民輸租，俾自概量。訟至庭，温詞曉以義理。及去，民思之如父母。

程師孟。吴人。孝宗時，提點夔州路刑獄。瀘戎數犯渝州邊，使者治所在萬州，相去遠，有警率浹日乃至。師孟奏徙渝。夔部無常平粟，建議置倉。適凶歲賑不足，即矯發他儲，吏不可，師孟曰：「必俟報，餓者盡死矣。」竟發之。

趙方。衡山人。淳熙中，授大寧監教授。俗甚陋，方擇可教者，親訓誘之。人皆感勵，自是始有進士。

何異。崇仁人。慶元中，知夔州，兼本路安撫使。以夔土狹食少，同轉運使立循環通濟倉，民便之。

范蓀。開禧中，爲夔州路轉運判官。疏言：「施、黔等州地曠人稀，占田多者，須人耕墾，富豪誘客户舉室遷去。乞將皇祐官莊客户逃移之法校定，凡爲客户者，許役其身，毋及其家屬。今後凡理訴官莊客户，並用皇祐舊法。」從之。

龐彦海。爲開州守將。咸淳二年，元兵取開州，死之。

韓明。開州守將。元兵破開州，兵潰，明父子巷戰，力屈被執。

徐宗武。夔州路安撫。咸淳元年，宗武城開、達石城。三年，創立卧龍山堡。五年，没於王事。特官其一子承節郎。

楊壽孫。宋末爲雲安主簿。元兵至中江，壽孫與將官何庚、安惟臣、田廣澤等督兵連戰三日〔一三〕，俱死。

上官夔。宋末爲萬州守將。元兵圍城，守禦甚力，招之降不從。城陷，巷戰而死。

明

郭子虚。太和人。洪武十三年，知萬縣，政甚有聲。

胡軫。豐城人。宣德中，知夔州府。獄有不辜三人，擬服上刑，軫辨其冤釋之。嘗劾罷幕官之貪墨者，僚寀肅然。

謝文彬。羅城人。正統初，知雲陽縣。時羣虎白晝食人，多方除之。頌德者比之劉昆。

王謙。武進人。景泰初，知夔州。治行爲蜀最，人畫像祀之。

王禎。吉水人。成化初，授夔州府通判。時荆襄賊石和尚流刦巫山，督盜王同知不救，禎代勒所部民兵赴援。未幾賊刦大昌，禎往救，遂陷圍中，大駡而死。

竇祥。河南人。弘治中，由御史謫知萬縣。廉能剛介，吏畏民懷。

邱瑩。麻城人。弘治初，知開縣。自署於門曰：「愛百姓如子，貪一錢非官。」行如其言。

張惟任。潼關人。萬曆中，知巫山。親課農桑，正學田經界，租入贍寒士。手校驛遞，嚴祛貫蠹，賦聽民自輸。值旱澇，禱輒應。

何承光。鎮遠人。官夔州同知。崇禎七年，賊由荆州長驅至，副使以下皆遁，承光攝府事，率吏民守禦，城陷死之。本朝乾隆四十一年，賜謚節愍。

高日臨。鄱陽人。崇禎時，知大寧縣。七年，流賊犯城，日臨見勢弱不能守，囓指書牒，乞援上官。率衆禦之北門，兵敗被執，大駡不屈，賊碎其體而焚之。同時訓導高錫及妻女、巡檢陳國俊及妻皆遇害。本朝乾隆四十一年，賜日臨謚烈愍，錫、國俊俱入祀忠義祠。

岳農壇。鳳翔人。崇禎末，知大寧縣，有治績。流賊陷城，投泮水死。本朝康熙初，邑人呈請崇祀。又大寧教諭左中道，籍貫未詳，典史史掌文，良鄉人，俱於十七年城破殉節。乾隆四十一年，中道、掌文均賜謚烈愍，予入忠義祠。

郭纘化。崇禎末，巫山巡檢，禦賊死於陣。

本朝

薛人鳳。浙江人。康熙十九年，由夷陵州同擢夔州府通判。轉運軍餉，道經萬縣，遇賊將譚宏率兵刦之，縛至天城山，欲降以僞職。人鳳曰：「吾今日止一死耳，必不爾從。」賊怒礪刃於頸，駡愈烈，死之。

許嗣印。漢軍鑲藍旗人。康熙二十五年，知夔州。時寇氛初靖，嗣印力事拊徇。尤加意學校，修郡志，設救生船於夔、巫間。歲旱，火三日不熄，嗣印齋栗禱神，澍雨如注。

崔邑俊。陽高人。雍正四年，知巫山縣，除弊興利多實政。時楚省饑民入川覓食，日以千計，大吏檄使禁阻。邑俊獨持不可，且請弛禁，捐俸賑粥，病者資其藥餌，斃者予以棺殮。一時歌頌載道。

沈濂。固始人。乾隆二十二年，知雲陽縣。清廉寡欲，實心愛民。興養勸學，多所裨益。

李復發。安溪人。乾隆三十二年，知夔州府。莅政嚴明，百廢俱興。設留養局，增義渡田，創建蓮峯書院，捐貲爲束修膏火。又自遣人購書籍，庋置院齋，以示士子。

梁國林。順天人。乾隆三十六年，知巫山縣。時方征金川，軍務倥偬，能鎮静調度，不誤役，不擾民。居心行政，實惠及人，邑人祀之。

江權。歙縣人。乾隆三十八年，知夔州府。安良除莠，部内肅然。訓迪士子，多所成就。

仲純信。萊陽人。乾隆四十一年，知夔州府。振綱肅紀，頒行保甲法，姦宄斂迹。勸士以敦品爲先，人皆感化。

張至軨。合肥人。嘉慶元年，知夔州府。時方勦教匪，轉餉絡繹，絲毫不以擾民。嘗謂夔郡牛客賈，土著者地瘠多貧，盡心休養。以勞卒於官。事聞，廕一子。

周景福。祥符人。嘉慶元年，知奉節縣。以勦齊嶪山邪匪有功，擢知夔州府。烽燧初銷，亟興教養，於白陽壩開塘引水灌溉，得良田萬餘畝。卒於官。夔人祀之。

人物

宋

宗晏。夔州人。爲都押衙。乾德中，寇犯境，晏扞禦甚力，民賴以安。以功補右班殿直、達州招安巡檢，轉西頭供奉官。

王文義。大寧人。景德中，母疾篤，割股和藥，疾愈。及母卒，廬墓，鄉人憫其貧，日給之食。墳去水遠，無以滌祭器，後廬側忽涌甘泉，人稱孝感。事上聞，賜以衣帛。

廖彦正。夔州人。爲南平司録參軍。徽宗求直言，彦正上封事論時政闕失，由是被召。會修河，除都水使者。中人有與争者，彦正欲力正其罪，遂被斥。後與黨籍。

姚邦基。大昌人。政和進士，知尉氏縣。劉豫僭號，屏居村落間，授徒自給。後朝廷訪隱逸，邦基與焉。

明

青文勝。大寧人。洪武間，爲龍陽典史。邑地濱洞庭，歲罹水患，逋賦數十萬，敲撲死者相踵。文勝慨然詣闕上疏，爲民請命，再上皆不報，復具疏，擊登聞鼓以進，遂自經於登聞鼓下。太祖憐其爲民殺身，詔減二萬四千餘石，定爲額。有司祠祀，扁曰惠烈。

嚴琥。開縣人。成化末，爲高州同知。時石城、信宜二縣大饑，民多流亡，琥捐俸賑濟。化州、吴川等縣歲賦礦鐵，民苦賠補，無敢言者，琥力請停止。民歌曰：「生我慈母，活我嚴父。」

王彦奇。雲陽人。弘治進士，知延安府。清白剛方。時官兵駐郡，多求索，彦奇嚴禁之，民賴以安。歲大饑，賑濟有方，全活者衆。又興學校，正風俗，廣儲蓄，釋冤滯，治水患，弭盜賊，大著政聲。升參政。延民乞留，仍視府事。累官都御史。

李清。開縣人。正德中，鄢藍賊逼，委守險隘。賊間出黄土壩，清諜知，要擊斬之。事聞，授萬縣巡司。

杜斌。大寧人。爲河南沈丘縣丞。正德間，流賊攻城，斌同都司王寶督衆力戰，死焉。

向孔洙。大寧人。正德間，流賊鄢藍攻城，孔洙率民兵臨城拒敵。相持數日，城陷，孔洙奮勇拒戰，稍卻，賊詐議和突入，孔洙墜城而死。

柳英。巫山人。嘉靖中，爲廣東布政使。入境，行李蕭然，惟一蒼頭自隨。未久，與時牴牾，拂衣去。粤中稱廉介，必曰柳布政。後薦起爲光禄卿，以方直著。

劉五緯。萬縣人。萬曆中進士，知無錫縣。正直愛民，廉能著績。以東林黨謫官。

何仲才。雲陽人。母老病齒落，仲才爲人傭作，日得雞子以養，久而不衰。

安民。大寧人。知褒城縣。崇禎五年，流賊陷城，不屈死之。本朝乾隆四十一年，賜謚節愍。

賈萬策。雲陽人。崇禎中，官荆州都司。流賊陷城，不屈死之。

鄧天禄。萬縣人。崇禎末，爲太平戍把總。與覃璞共守城，賊楊東𤎅陷太平，璞被執不屈，天禄奮拳擊賊，賊並磔之。同縣羅惟先手刃妻子，閉家人於一室，縱火焚之，躍入火中，舉家俱死。本朝乾隆四十一年，均予入忠義祠。

吴獻棐。萬縣貢生。崇禎末，流賊張獻忠陷城，逼以爲參軍。與子大英大罵不屈，賊並磔之。本朝乾隆四十一年，予入忠義祠。

羅傑。大寧人。崇禎末賊至，正衣冠坐中堂，罵賊遇害。本朝乾隆四十一年，予入忠義祠。

本朝

沈巨儒。萬縣人。隱居山中，自號西溪野人。總督李國英知其夙學，勸之仕，不應，闢草堂，以詩文自娱。

程正性。萬縣人。順治十六年，以貢生授開州州同。遷河南睢州牧，有治績。詳歸德府名宦。累官雲南永寧同知。

楊春芳。萬縣人。由行伍累官都督同知，管温州城守副將。康熙十四年，耿精忠犯温州，春芳死之。

傅作楫。奉節人。康熙舉人，知良鄉縣。擢御史，典試浙江。洊升至副都御史。後因征厄魯特，督辦糧餉，以軍功議敘。旋乞假歸。生平於書無所不讀，詩尤悲壯雄渾。有雪堂、燕山、遼海等集行世。

張起雲。大寧人。雍正六年，署烽火門參將，訓練有方。遷南澳總兵。設哨安塘，沿海萑苻遠迹。凡營卒年老無依者，捐俸以資其生。施醫藥以愈兵民瘴瘧，芟毒草以免愚民輕生。雍正十年，入祀名宦祠。

傅朝舉。萬縣人。事繼母王氏以孝聞。及卒，親築墳塋，獨居三年。乾隆五年旌。

蔣士傑。奉節人。官外委。乾隆十二年，隨征金川陣亡。同縣把總劉成芳，於三十二年緬甸陣亡。把總任天奇，於三十八年金川陣亡。卹廕各如例。

王宣。奉節人。累官鎮安協副將。乾隆五十四年，隨征安南，於市球江遇伏，力戰陣亡。賜祭葬，卹廕如例。

魏元相。萬縣人。官千總。乾隆三十八年，隨征金川陣亡。同縣外委萬欽，六十年隨勦苗匪陣亡。卹廕各如例。

米兆濟。奉節人。官外委。嘉慶初，與同縣把總胡貴俱隨勦教匪陣亡，卹廕各如例。

程安國。萬縣人。官千總。嘉慶初，與同縣外委龔正海俱隨勦教匪陣亡，卹廕各如例。

桂紳。開縣人。官浙江縣丞。嘉慶元年，在籍率鄉勇禦教匪王三槐等於陳家場，落水死。同縣鄧起甲、熊奎光、王瑞南、蕭國楷、吳覲揚、王崇佑、馮有恒、馮吉德、曹大儒、陳宗舜、羅於釁、李世椿、魏春風、陳鳴皐、傅善慶、李鳴瑶、張奇瑋、李之芳、李世勳、賴名、王定一、蕭國英、姜光顯、郭紹儀、蕭德文、黄鑑、王步鼇、曾大紀、曾大士、陳德潤、陳德潛、陳德洋、陳德沛、陳德深、陳德溢、陳德洞、吳廷採、吳廷召、趙宏超、張梅先、魏正泰、李述榮、李應舒、陳望魯、汪國俊、楊達、林從周、林寂裕、趙連玉、匡懷德、張璇、汪廷翰、汪廷翼、陳元仲、陳元依、陳元伸、龔世傳、蕭積道、陳盛德、唐太庚、唐元昌、楊啓先、張可達、譚子聘、陳真傳、譚君述、余欽祚、段三義、石萬清、李芝義、李芝仁、李天祐、陳方璽、陳大旺、陳楚棟、陳方安、陳楚楨、陳方琦、陳楚勝、陳方勳、陳楚秀、陳楚瑶、陳楚順、張國佐、陳方斌、張國賢、陳楚貴、陳方榮、陳方雄、陳方登、陳方爵、陳方禄、陳大福、陳大壽、陳楚位、陳方德、李紹武、李元虎、李光瑶、李勝元、李勝禹、張國禄、張國茂、張國盛、張國瑞、楊才位、袁全有、周良臣、李天贊、李天聰、桂質恒、陳黄玉、桂質量、陳盛玉、李永乾、范光虞、張永謨、張世才、張爲訓、張穎光、張足先、謝大重、謝大林、謝大鈞、譚大亨、謝大用、孫勝儒、趙勝友、桂文廣、謝文懷、蒲應舉、陳方志、熊天祥、林昆全、黄德元、嚴文相、張文開、朱明禄、黎思儒、常必仁、李仕國、王特安、李世益、王特英、王自德、王第洪、王宗文、秦學信、王允萬、向能壽、張萬普、張永剛、張次伯、蕭宗泰、張尚忠、湯尚方、詹陞、譚能彬、何太江、張國禮、曾大成、楊玉棟、劉正倫、李斌、李貴、張福、何忠貴、李文、周興朝、劉貴、何啓鳳、謝永照、張勝文、黄柏年、林斌、鄭天文、董鳳、楊麟玉、陳杰、趙文斗、黄啓林、魏福、何濟川、李文明、曾嘉能、王啓通、沈賢功、梁朝龍、向禄大、傅貴、梁朝順、田學禄、涂三清、李文惠、賀富棟、譚陞，俱禦賊陣亡。嘉慶年間，均予祀昭忠祠。

向開瑜。大寧人。嘉慶元年，禦賊死難。同縣周景詔、陳文鐸、譚天泰、胡天全、姚佐、龔學裕、譚廷安、湯裔禹、陳大順、周友仁、賀必祥、唐文瑞、陳耀廷、胡加富、姚世倫、夏廷俊、張之學、羅得虎、鍾啓明、李翠華、周明玉、冉國銘、張第、幸文秀、姜先和、張廷元、雷振聲、賀啓志、王元、劉德、鍾湘、蒲成、韓文、譚國棟、張順、方朝珍、王思聖、湯泳鼇、雷忠福、楊萬榮、崔仁馳、徐遇春、安全、譚宣猷、唐秉應、張正川、萬仙遐、張炳玉、米正典、楊庭先、陳大典、趙士賢、李芳秀、李三暴、李書祥、吴大秀、胡成玉、胡代芳、張裔派、冉正泗、温清文、范肇啓、黄君輿、譚廷選、龔宗青、劉支倫、梅景和、葉文秀、王文開、胡萬陽、彭昌烈、張棠、佘潛龍、譚傑、郭應富、王興相、譚登國、向昇、譚澤芳、蹇林、龍朝光、張科士、王壽禄、王啓才、李國清、聶玉美、趙楷香、蕭正壽、王榮先、莫濟川、周羣賢、劉文義、徐紹基、楊光選、李先、張成貴、李松茂、向正宗、王文才、陳忠、熊先義、楊文書、李可文、鍾啓泰、黄興高、袁芾林、鄧雲朝、徐光宗、張以賢、李占鼇、田文先、朱玉可、戴及周、安華明、趙正芳、王相位、汪錫倫、馬春福、陳臨川、李明高、陳美玉、萬有能、黄廷選、陳宗惠、陳宗典、張朝珍、王世泰、張雲山、喬在位、解學魁、易蘭芳、許惟良、邵超相、姜發達、譚相富、田榮湘、李必科、陳學元、游述剛、陳相賢、劉大振、魏興周、劉雄祥、蔡志祖、魏宗山、雷乾祚、何在朝、趙正國、徐南桃、李貴朋、何啓凡、胡成海、張恒桃、張國賢、謝運、劉世泰、崔大賢、高士元、徐光、張人元、廖士庭、葛世楷、王剛本、劉鳳、方天達、蘇奇才、蘇全、陳大榜、李世棟、羅崇江、文超南、王大華、簡清、張尚彬、許世安、郭元德、晏茂盛、朱元富、童孔訓、劉庭秀、朱朝岳、陳彬、杜繼周、張德全、鍾秉仕、向文彬、譚萬鍾、柳興隆、張發勝、聶呈祥、蘇倚本、楊必顯、習化文、劉正坤、金瓖、方德魁、張殿臣、林耀錦、嚴德受、楊國昌、李文魁、傅恒章、王光祚、向志文、向南山、譚先智、冉恭山、向志堯、向以賢、張魁武、李如惠、賈登富、劉益萬、劉富真、賈登貴、黄加陞、廖玉周、陳繼發、周宗明、高文秀、方明尚、胡元慶、杜立榜、吴能祥、李文焕、田應鳳、田紹榮、王興照、吴爾玉、葛世賢、黄世俊、雷合一、楊秉元、王名顯、蘇大鶴、姚一鳳、賀明言、孔先富、鄒兆先、王加植、王加才、吴成宗、祝爽嵐、李在田、丁達信、楊國凰、吴彬、佘能貴、張德科、張德成、向洪盛、田大祥、王周尚、蘇商王、解世位、晏昌舉、侯貴文、張期武、李必華、馬長輝、郭祖文、唐曾三、寇正品、彭名榜、黄九皐、簡國林、佘玉琢、李明揚、陳修周、毛尚彬、王之純、馬興高、田珩、崔永吉、吕天祝、喻光輝、盧泳鳳、熊大謨、吕泳彬、鄭科臣、陳占鼇、陽德常、王文志、龔傅華、周國賓、張壽萬、胡光選、王士海、郝林、李恒遠、王世魁、皮在天、李祥承、王世壽、易海壽、周宗桃、彭可久、方朝畛、汪巽勝、楊泳鼇、雲思福、熊科、侯華謨、張九連、覃古聖、劉居、劉宗慨、彭光、夏仲賢、佘端木、鍾泳福、向君祥、劉文一、邱玉光、劉朝勳、侯興隆、方如九、湯聖祚、王世倫、闞庭禄、汪光遠、官興南、唐一炳、徐世銘、周申揚、周士高、周紹鳳、李綸、李占元、馮鳴松、劉文元、范光琳、尹望、楊智、姚一梅、周先明、徐昌忠、楊啓龍、劉興灉、段茂華、楊普華、李德聖、黄何貴、彭國敬、曾道遠、石文志、鄒佐廷、秦鳳舞、計光隴、王嘉蘭、段茂寅、馬正相、鮮正詞、盧紹華、程肇仕、劉道安、程肇其、鄢湘、范佑第、向明德、田珍、彭立規、鍾昌慶、田自倫、徐添書、馬國鳳、劉國倫、謝正科、王錫佑、熊開榜、晏國仁、徐國華、孔必昌、李希章、温潮良、胡朝舉、何景貴、金秀、萬方仁、汪明高、朱悰仁、曹正國、陳萬鍾、王泳興、何義相、郭世義、王光前、孫華章、劉同興、王德龍、楊正才、蘇世鄰、蕭清蓮，俱禦賊死難。嘉慶年間，均予祀昭忠祠。

流寓

唐

杜甫。襄陽人。永泰初，辭幕府，客居雲安半年，復居夔州二年。大曆三年春，始去夔出峽。

宋

邵雍。洛陽人。游雲安，築演易臺。

李綱。邵武人。再謫雲安軍安置。

明

補鍋匠。不知何許人。永樂初，往來夔、慶間，爲人補鍋。嘗寓宿蕭寺，忽於夔州市中遇馮翁，相顧愕然。已而共入山巖中，坐語竟日，莫知所終。

馮翁。不知何許人。在夔州以章句教童子，給衣食。能爲對句及古詩，輒自題馬二子，或馬公，或塞馬先生。嘗作詩大書壁間，比見補鍋匠，即剷去，莫知所終。

列女

明

千户劉本妻楊氏。奉節人。天順間，本從征清浪陣亡，氏年十八。守志，教子襲職。成化中旌。又雲陽王存輝妻黎氏、王曾煜妻黎氏，均成化中旌。萬縣隆海宏妻胡氏，正德九年旌。

王大用妻易氏。雲陽人。年十八守節，撫子貢成立。子亡，又撫其孫。嘉靖中旌。

梅成羹妻史氏。奉節人。夫殁守節。又同縣梅調羹妻向氏、聶宗妻方氏、方天禄妻曹氏，均萬曆中旌。曹鶚妻任氏、陳佐妻華氏、王瑜妻曾氏、萬民化妻譚氏、劉雲漢妻方氏、金邦賢妻張氏，均夫殁守節。

向瓊妻曾氏。巫山人。年二十一而寡，子雲鶴幼，苦節撫教。比長，娶婦袁氏。年十八，雲鶴卒，姑媳相依，貞操如一。同縣向文質妻胡氏，張獻臣妻向氏，向豫誠妻馮氏，羅英妻楊氏，冉天恩妻官氏，聶子傑妻晏氏、妾侯氏，均夫殁守節。江儀妻黄氏、劉養氣妻張氏、馬猶龍妻陳氏，均夫殁殉節。

黄瑛妻某氏。巫山人。年二十守節，歷三十餘載。賊劉二虎寇境，子煥被掠去，氏自縊於夫墓之側。同縣陳大位妻王氏，早寡守志，撫二子成立。流賊破寨，義不受辱，攜子婦王氏及同寨劉大同妻譚氏俱投崖死。黄甲開妻侯氏、方日旭妻劉氏、何某妻張氏俱爲賊執，罵賊不屈死。

冉應海妻隆氏。萬縣人。夫殁守節。同縣向東妻陳氏、傅萬榮妻解氏、沈逾妻崔氏、向東洋妻張氏均夫殁守節。傅永爵聘妻龔氏，夫殁殉節，崇禎十年旌。

古元直妻譚氏。萬縣人。古爲梁山庠生，流賊陷梁山被執，譚罵賊觸階死，賊壯其烈，令掩之。同縣陳某妻向氏，姚黄賊至，隨夫避賊巖洞，賊破洞殺其夫，攜二子墜崖死。陳某妻萬氏，爲賊譚宏所執，紿以夫有藏金在崖畔，賊同往取，推賊墮崖，氏自盡。

秦昂妻何氏。開縣人。夫早卒，子翰才甫二歲，族人利其産逼嫁之，何誓死無二，撫子游泮。同縣甘某妻陳氏，年十七守節，舅姑欲奪其志，投水死。熊飛妻汪氏、周倫妻陳氏、游治妻姚氏、向潘妻鄭氏均夫殁守節。

本朝

劉贊元妻段氏。奉節人。早寡無子，翁、姑、叔、嬸相繼殁，氏獨力營葬，撫姪燦嗣成立。康熙年間旌。

宋雲得妻譚氏。萬縣人。夫亡守節，遇暴捐軀。康熙年間旌。

聞昌女。昌，通州人，官夔協守備。女字溧陽宋氏，未嫁夫卒，奔喪守節。翁姑繼殁，復入川依父母。父母亡，貧困流離，不渝其操。卒年八十二。

袁國相妻龔氏。奉節人。夫病，刲股以救，不愈。撫孤守節，四十年不踰閾。同縣節婦朱之瑞妻袁氏、王之遜妻陳氏，均雍正年間旌。

劉世禄妻李氏。雲陽人。守正捐軀，雍正年間旌。

姜榮吉妻劉氏。萬縣人。拒賊捐軀，賊焚其居，□子三女俱斃於火。雍正年間旌。

杜葵妻趙氏。奉節人。夫亡守節。同縣節婦李鵬妻周氏、謝民妻張氏、瞿唐士妻龔氏、李殿邦妻劉氏、張彦昇妻曹氏、王應壽妻賀氏、陸永貞妻沈氏、楊朝妻蕭氏、謝廷萊妻張氏、冉登雲妻龔氏、冉明德妻譚氏，均乾隆年間旌。

冉國修妻匡氏。巫山人。夫亡守節。同縣節婦杜世珍妻譚氏、楊聖訓妻方氏、匡世爵妻向氏、宋秉魁妻包氏、龔世俊妻譚氏、李茂妻陳氏、徐琮妻黄氏、向士楷妻陳氏、龔思學妻王氏、向佶妻譚氏、夏登榮妻姜氏，烈婦向發仁妻田氏，均乾隆年間旌。

王成鸞妻羅氏。雲陽人。夫亡守節。同縣節婦冉自修妻王氏、陳聖訓妻白氏、白瑄妻張氏，烈婦余上仁妻宋氏、韓必顯妻李氏、劉兆珍妻張氏、周世武妻徐氏，烈女黄斌女二姑，均乾隆年間旌。

馬英妻杜氏。萬縣人。夫亡守節。同縣節婦杜之章妻譚氏、平其安妻張氏、萬時玉妻龔氏、魏如崐妻詹氏、袁襄妻傅氏、易曰乾妻黄氏，烈婦向世魁妻楊氏，均乾隆年間旌。

王命宰妻姜氏。開縣人。夫亡守節。同縣節婦潘德位妻杜氏，均乾隆年間旌。

沈玉連妻趙氏。大寧人。夫亡守節。乾隆年間旌。

李全香妻田氏。奉節人。嘉慶四年，教匪犯境，寨破被執，罵賊死。同縣節婦史敬憲妻黄氏，撫女寅娣，年及笄，俱被脅行，大罵不從，乘間躍入池中，女隨下同死。又張清妻李氏，高一成妻王氏，王朝榜妻張氏，張永禄妻黄氏，張曰貴妻章氏，吴士魁妻傅氏，趙其昌妻顔氏，丁自貴妻婁氏，胡榮先妻周氏，杜應舉妻閻氏，田祖賢妻劉氏，張在禄妻胡氏，葉乾妻向氏，邵世德妻羅氏，高明妻王氏，張坤妻屈氏，邵惟芳妻曹氏，佘連妻陳氏，楊世海妻張氏，陳明景妻黄氏，張洪先妻彭氏，佘洪道妻譚氏，傅洪林妻李氏，楊明妻王氏，吴天貴妻李氏，劉連正妻許氏，羅明妻吴氏，廖升妻張氏，舒朝榮妻黄氏，胡占鼇妻毛氏，劉魁妻李氏，沈連正妻彭氏，王清漣妻陳氏，白玉妻李氏，李維明妻陳氏，彭生昌妻張氏，黄之玉妻胡氏，鄧文志妻梁氏，劉仕德妻段氏，唐之信妻俞氏，陶之英妻方氏，史元正妻李氏，陳學濂妻佘氏，陳楚珩妻吴氏及女三女、幺女，曾發科妻張氏，張德輝妻陳氏，王文仁妻何氏，田梅妻李氏，王廷柱妻蔡氏及女王姑，張宗勝妻胡氏，劉昌行妻羅氏，郭文甫妻李氏，蕭賢富女，俱不屈死難，均嘉慶年間旌。

徐嵩山妻李氏。奉節人。夫亡守節。嘉慶年間旌。

王昌福妻蕭氏。巫山人。嘉慶二年，遇賊不屈死之。同縣何之柱妻趙氏、向正興妻何氏、袁興周妻黄氏、袁興第妻董氏、孫述妻袁氏、張清妻黄氏、向應習妻鄒氏，俱不屈死難，均嘉慶年間旌。

李朝棟妻吴氏。巫山人。夫亡守節。同縣節婦馮焕妻熊氏，焕弟耀妻王氏，譚鑑妻王氏，陳國鼎妻龔氏，詹璽妻譚氏，李振綸妻曹氏，潘毓祺繼妻李氏，王永貞妻劉氏，張大雅妻周氏，田永多妻韓氏，于芝平妻李氏，辛錡妻向氏，辛朝選妻黄氏、妾吴氏，黃如賢妻馮氏，江公楷妻譚氏，羅萬清妻謝氏，吳瓌妻陳氏，均嘉慶年間旌。

劉吳氏。雲陽人。嘉慶初，遇賊不屈死之。同縣王黃氏、袁氏、王長女、劉鍾氏、劉周氏、周張氏、周錢氏、朱向氏、白唐氏、劉王氏、楊周氏、楊向氏、譚何氏、楊向氏、唐劉氏、羅唐氏、羅何氏、范康氏、范邱氏、范劉氏、方范氏、覃畢氏、王李氏、劉吳氏、張王氏、陳長女、吳李氏、吳王氏、李周氏、李長妹、周劉氏、劉韓氏、周韓氏、傅范氏、傅陳氏、張桂氏、王李氏、葉沈氏、楊邱氏、張葉氏、葉周氏、葉程氏、易龔氏、夏李氏、范李氏、葉張氏、易熊氏、魯胡氏、陳向氏、朱王氏、秦萬氏、劉羅氏、李黃氏、鄧譚氏、劉張氏、羅王氏、王車氏、向楊氏、向鄢氏、向李氏、朱朱氏、劉錢氏、白秦氏、張向氏、張鄢氏、楊羅氏、向朱氏、向張氏、向朱氏、王周氏、吳侯氏、吳張氏、熊陳氏、李晏氏、何余氏、江周氏、江黃氏、江洪氏、江姜氏、譚張氏、程邱氏、程羅氏、何劉氏、程李氏、周盧氏、劉明氏、雷田氏、王王氏、李周氏、吳傅氏、吳劉氏、邱鄧氏、李王氏、李邱氏、李周氏、徐袁氏、袁李氏、劉雷氏、李向氏、陳王氏、汪魏氏、袁何氏、王陳氏、向李氏、馮陳氏、龍皮氏、傅李氏、周楊氏、楊向氏、楊白氏、陳羅氏、王姚氏、向范氏、吳大姑、江張氏、江黃氏、江周氏、江鍾氏、欒余氏、欒陳氏、郭楊氏、晏梁氏、李周氏、李羅氏、鄧張氏、沈向氏、沈張氏、周陶氏、鍾張氏、夏黃氏、夏許氏、夏賀氏、夏喬氏、夏官氏、吳胡氏、吳余氏、李楊氏、周王氏、梁彭氏、彭陳氏、史張氏、吳張氏、瞿二女、曾賴氏、徐馮氏、許傅氏、許龐氏、劉王氏、魏秦氏、潘夏氏、曾楊氏、楊向氏、胡王氏、黃熊氏、黃二女、朱熊氏、劉蘇氏、劉長女、秦劉氏、秦長女、黃王氏、盧陳氏、張劉氏、黃王氏、譚潘氏、陳程氏、曹張氏、劉蒲氏、楊周氏、鄢楊氏、鄢二女、白王氏、劉陳氏、顏吳氏、朱向氏、朱二女、周羅氏、羅向氏、童潘氏、李周氏、李何氏、唐潘氏、唐二女、陳唐氏、李劉氏、李謝氏、羅秦氏、羅大女、羅二妹、徐袁氏、徐羅氏、徐賀氏、周李氏、周王氏、周江氏、李陶氏、龔何氏、張馮氏、張王氏、張長妹、饒張氏、陳熊氏、陳萬氏、鄧王氏、葉彭氏、李薛氏、向鄧氏、向張氏、向陳氏、向何氏、康王氏、黃胡氏、劉倪氏、陳鄧氏、陳大女、向徐氏、張幺女、向吉氏、陳官氏、彭余氏、周譚氏、李龐氏、明向氏、邵胡氏、賀姚氏、瞿周氏、秦康氏、董邱氏，俱不屈死難，均嘉慶年間旌。

王以德妻羅氏。雲陽人。夫亡守節。同縣節婦周仕武妻徐氏、夏承才妻黃氏、鄒士海妻向氏，均嘉慶年間旌。

王氏女。萬縣人。貢生繼倫次女。嘉慶二年，隨母避賊巖穴，母渴甚，女踰嶺汲水，賊至殺其母，脅女同去，女詈曰：「既殺吾母，當俱死於此。」即以提壺擊賊，遂投崖折足而死。同縣陳旺妻巨氏，馬德超妻莫氏，王太元妻周氏，程元妻王氏，程思全妻余氏，王俸妻熊氏，陳元太妻王氏，陳元品妻羅氏，陳元德妻胡氏，蔣順柏妻彭氏，周明全妻俞氏，張太元妻陳氏，朱元高妻陳氏，李子美妻謝氏，曹先元妻謝氏，陳德妻周氏，屈正舉妻袁氏、子婦陳氏，屈某妻嚴氏，譚凡世女六妹，秦應芳女幺妹，俱不屈死難，均嘉慶年間旌。

文何典妻劉氏。萬縣人。夫亡守節。同縣節婦劉思廉妻薛氏，王英妻傅氏，丁應寵妻廖氏，龔治妻陳氏，丁玉彩妻張氏，易正道妻譚氏，烈女陳妹，均嘉慶年間旌。

扈鄧氏。開縣人。嘉慶初，遇賊不屈死之。同縣陳林氏、龔楊氏、羅嚴氏、王張氏、曾程氏、熊秦氏、廖張氏、潘羅氏、廖張氏、楊曾氏、吳周氏、侯徐氏、余楊氏、董王氏、汪帥氏、李田氏、李陳氏、桂張氏、陳王氏、陳徐氏、蔣陳氏、桂王氏、李王氏、潘王氏、熊王氏、潘傅氏、王姜氏、陳鄭氏、陳周氏、扈蕭氏、黄羅氏、傅張氏、姜陳氏、吴李氏、鄭董氏、張譚氏、陳范氏、易蔣氏、桂譚氏、桂冉氏、桂劉氏、吴蕭氏、侯楊氏、張唐氏、譚何氏、張黄氏、張楊氏、陳李氏、楊李氏、李余氏、陳雷氏、張余氏、邱庫氏、周黄氏、張余氏、桂明氏、李楊氏、陳郭氏、馮姑、唐桂香姑余桂姑、周大姑、李昭姑，俱不屈死難，均嘉慶年間旌。

陳浩然妻任氏。開縣人。夫亡守節。姑目失明，遺孤襁褓，教匪犯境，氏扶老攜幼，艱苦備嘗，卒全其操。同縣節婦徐尚廉妻王氏、鄭學文妻温氏、黄天柱聘妻張氏，均嘉慶年間旌。

譚善從妻鄭氏。大寧人。嘉慶二年，遇賊不屈死之。同縣田應秀妻劉氏，周志高妻蕭氏，王三仁妻劉氏，吴朝良妻劉氏，鄭古訓妻周氏，鍾良富妻文氏，鍾良貴妻袁氏，陳昌禮妻杜氏，譚宣理女大姑，金締相女二姑，沈朝相女大姑、二姑，蕭文元妻彭氏，彭明善妻蕭氏，譚映妻鄔氏，王世福妻譚氏，張之孝妻王氏，羅得相妻彭氏，游宗榮妻馬氏，余恒順妻田氏，湯貴妻徐氏，湯連妻冉氏，冉均選妻郭氏，平宗璽妻譚氏，席在清妻冉氏，王文舉妻鍾氏，張懷德妻李氏，王文焕妻吴氏，李之鳳妻楊氏，李之麒妻張氏，李之凰妻胡氏，李之麟妻王氏，劉應武妻陳氏，楊孝妻高氏，羅浩妻張氏，李文彪妻曹氏，羅國倖妻劉氏，冉有富妻羅氏，王月貴妻譚氏，吴登華妻劉氏，蕭在天妻熊氏，莫之貴妻王氏，王興相妻董氏，朱學剛妻劉氏，王宗道妻熊氏，向枚妻龍氏，陳宗虎妻孫氏，舒善留妻李氏，吴國洪妻周氏，高文秀妻冉氏，冉朝陽妻高氏，冉文元妻江氏，王長清妻劉氏，顔應彩妻劉氏，王光仁妻向氏，李書紳妻陳氏，張勝榮妻袁氏，張勝倫妻劉氏，冉詢妻鍾氏，冉相國妻吴氏，姚正仁妻向氏，姚坤山妻陳氏，曾士斌妻胡氏，李彭希妻王氏、女二姑，杜廷禄女二姑，張勝發妻楊氏，冉元必妻鍾氏，張喜妻王氏，游定勝妻李氏，向吉妻王氏，韓永貴妻胡氏，方拜揚妻楊氏，夏俊表妻駱氏，夏同志妻王氏，夏明同妻雷氏，譚廷魁妻劉氏、妾冉氏，文光斗妻譚氏，冉世民妻譚氏，譚志禮妻周氏，任世名妻蔣氏，李芳青妻劉氏，李芳秀妻謝氏，張新本妻董氏，張新開妻秦氏，楊學武妻覃氏，謝運甲妻劉氏，張世見妻冉氏，雷乾祚妻張氏，趙正國妻鄧氏，李貴朋妻沈氏，胡成海妻蔣氏，馬芳遠妻簡氏，劉唐義妻傅氏，劉朝貴妻彭氏，田光賢妻黄氏，袁天才妻李氏，康青雲妻羅氏，康瑞雲妻黄氏，陶世盛妻范氏，劉正海妻董氏，黄文德妻向氏，黄文道妻吴氏，李貴朋女大姑，劉唐義女，袁天才女，傅鼎華女，李順意女二姑，彭鳳華女，康青雲女大姑，賈登富妻陳氏，賈登貴妻鄧氏，高盛烈妻王氏，杜文喜妻向氏，王思元妻洪氏，韋啓貴妻周氏，朱先扶妻王氏，涂永清妻傅氏，譚月明妻陳氏，謝正科妻田氏，李典妻洪氏，冉國成妻張氏，冉朝倖妻王氏，吕洪良妻古氏，鍾其宣妻張氏，譚玉妻周氏，劉國清妻徐氏，李明妻解氏，徐天林妻朱氏，周蕭氏，陳劉氏，向龍氏，彭氏女，俱不屈死難，均嘉慶年間旌。

仙釋

唐

楊雲外。徐州人。大中末，居雲安漢城宮爲道士，常以酒自晦，而行止異常。前進士錢若愚甚敬之，問曰：「神仙之事，果有之乎？」楊曰：「有之，我即其人也。若示以飛空躡虚，履水蹈火，即日有千萬人就我，不亦煩褻乎？」

宋

張道清。字得一，巫山人。以紹興六年，毓於青牛山舍，紫氣騰空，遠近以爲異常。卧巖中，有兩虎踞其側。以開禧二年端坐而蜕。

土産

金。唐書地理志：萬州貢麩金。明統志：萬縣出金。

鐵。府志：雲陽巫山出。

錫。唐書地理志：夔州貢。

紵。唐書地理志：夔州貢紵，開州貢白紵。

紬絹。九域志：雲安軍貢絹。府志：雲安開縣出絲紬。

布。唐書地理志：夔州、開州貢布。府志：雲陽産葛布。

鹽。漢書地理志：巫山、朐䏰有鹽官。唐書地理志：奉節、雲安、大昌、南浦、萬歲有鹽官。寰宇記：開州産鹽。

漆。寰宇記：開州産。府志：雲陽産。

蜜蠟。唐書地理志：夔州貢蜜蠟。寰宇記：開州産蠟。九域志：大寧監貢蠟。府志：巫山出。

香。寰宇記：萬州産白膠香。

紙。寰宇記：萬州産蠲紙。

橘。漢書地理志：魚復、朐䏰有橘官。唐書地理志：夔州貢柑橘，開州貢柑。

茘。蜀都賦：「户有橘茘之園。」注：「朐䏰、魚復二縣出。」

椒。府志：奉節、雲陽、巫山産。

茶。唐書地理志：夔州貢茶。府志：萬縣、巫山出。

藥。唐書地理志：萬州貢藥子。開州貢芣苢實。寰宇記：夔州産巴戟、黄蘗。九域志：萬州産木藥子。明統志：雲陽産厚朴、太乙元精石。

酒。水經注：魚復出。杜甫詩「聞道雲安麴米春」。

山雞。唐書地理志：夔州貢山雞。

吐綬鳥。寰宇記：夔州出吐綬鳥，大如翟，五色可愛，值天和景淑，即吐綬長一尺許，須臾還吞之。

獸皮。唐志：夔州貢熊、羆、鹿皮。府志：雲陽、開縣、巫山出。

校勘記

〔一〕諸葛亮等將兵泝流定白帝江州　「泝」，原作「泝」，據乾隆志卷三〇三夔州府古蹟（下同卷簡稱乾隆志）改。

〔二〕巫縣故楚之巫郡　「楚」，原作「城」，據乾隆志及水經注卷三四江水改。

〔三〕自今縣北三十里故城移於今所　「移」，原在「故城」上，據乾隆志及太平寰宇記卷一三七山南西道開州乙。

〔四〕守將徐宗武立石　「石」，原作「名」，據乾隆志改。

〔五〕其中空洞可容百人　「人」，原作「文」，據乾隆志改。

〔六〕永寧堡　「寧」，原作「平」，據乾隆志改。按，本志乃避清宣宗諱改。下永寧驛，「寧」原亦避諱作「平」，今俱改回。

〔七〕庾仲雍曰　「庾」，原作「庚」，據乾隆志及水經注卷三三江水改。

〔八〕王梅溪祠　「王」字上原有「漢」字。按，王梅溪即王十朋，爲南宋名臣，此標漢顯然有誤。蓋乾隆志編排廟宇，以朝代爲序，故首列漢高祖廟，本志改從府縣類編，移「漢高祖廟」於雲陽縣下，却誤遺「漢」字於首條。今依乾隆志，仍將「漢」字移歸高祖廟條。

〔九〕漢高祖廟　「漢」字原誤置於祠廟首條上，今移歸。説見上條校勘記。

〔一〇〕譙縱陷巴東　「縱」，原作「繼」，據晉書卷一〇安帝本紀「義熙六年」條改。

〔一一〕太平興國初通判大寧監　「大」，原作「太」，據乾隆志及宋史卷二七六臧丙傳改。

〔一二〕至則遣涪州豪杜安募千人往襲　「涪州」、「杜安」，乾隆志同。按，「涪州」當作「渝州」，「杜安」當作「杜安行」。孫構事蹟采自宋史卷三三一孫構傳，中華書局整理本據宋史卷四九六渝州蠻傳及續資治通鑑長編卷二一九改補，是也。

〔一三〕壽孫與將官何庚安惟臣田廣澤等督兵連戰三日　「惟」，原作「朝」，乾隆志同，據宋史卷四五四忠義傳改。「三日」，宋史忠義傳作「二日」。

龍安府圖

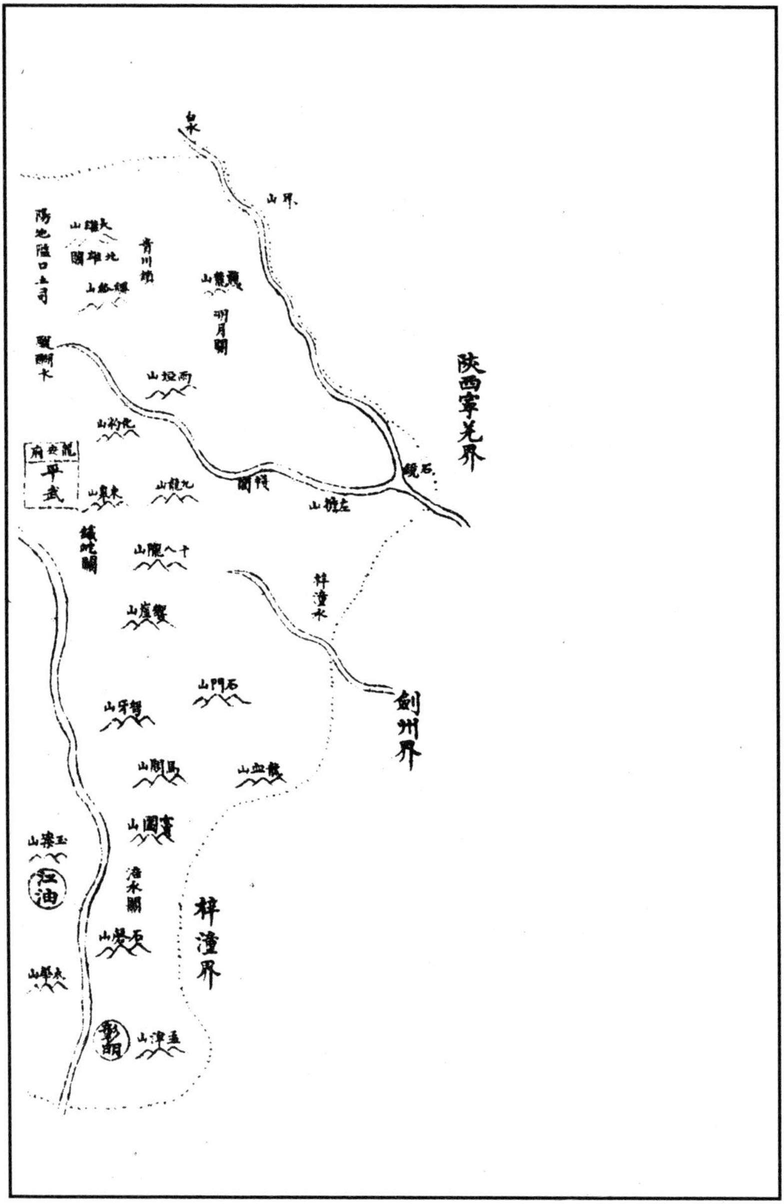
陝西寧羌界
劍州界
梓潼界
龍安府
平武
江油
彰明
明月關
梓潼水
涪水關

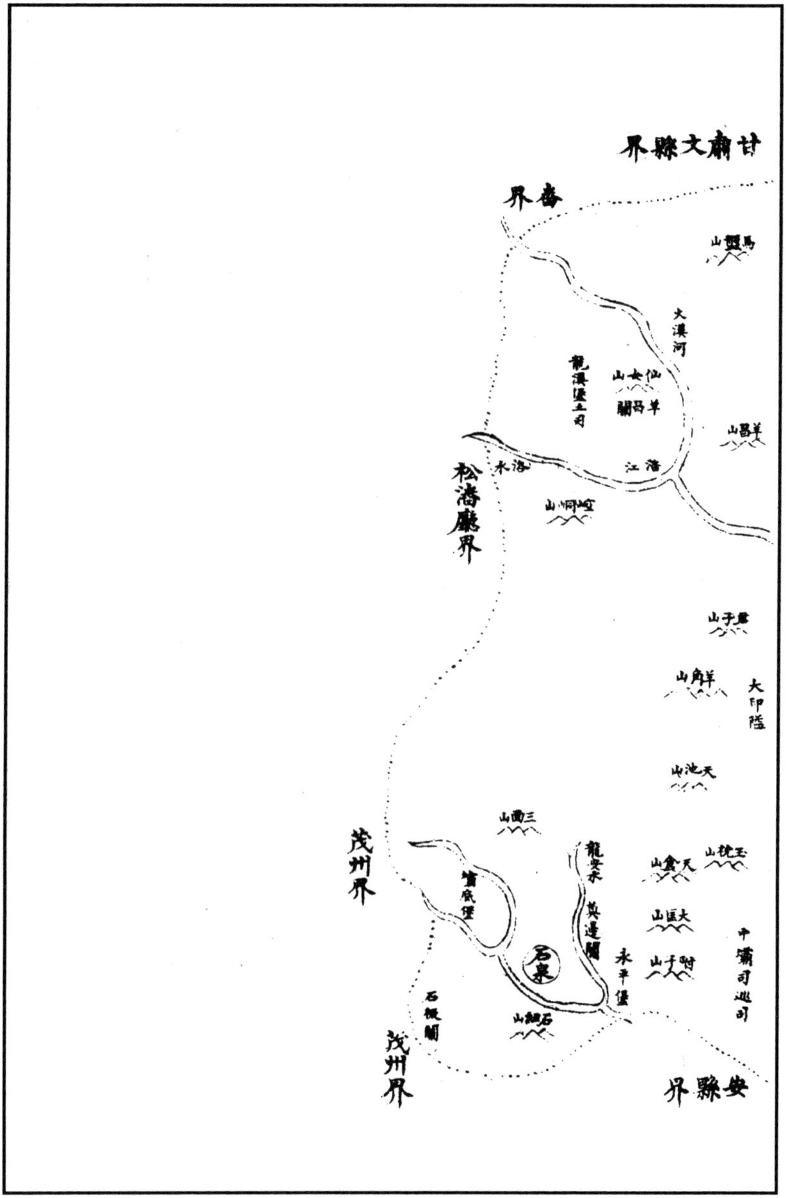
甘肅文縣界
番界
仙女山
龍溪堡土司
涪江
松潘廳界
羊角山
大印隘
天池山
天倉山
大匡山
石泉
永平堡
附子山
石板關
石紐山
茂州界
茂州界
安縣界

龍安府表

	龍安府	平武縣
秦	氐、羌地。	
兩漢	廣漢郡地。	剛氐道 置屬廣漢郡。後漢屬廣漢屬國都尉。
三國	陰平郡地。	
晉		
南北朝	龍州 江油郡 後魏置郡，西魏置州。	江油縣 西魏改置，州郡治。
隋	平武郡 開皇三年郡廢。大業初改州爲郡，更名義寧。二年改龍門郡，尋曰西龍門郡。	江油縣 郡治。
唐	龍州 貞觀元年改龍門州。天寶元年復曰江油郡。至德二載改應靈郡。乾元元年復改州，屬劍南道。	江油縣 州治。
五代	龍州	江油縣
宋	龍州 政和二年改政州，屬利州路。紹興五年復故。寶祐六年徙。	江油縣 寶祐六年徙。
元	龍州 屬廣元路。	
明	龍安府 洪武二十二年改軍民千户所，尋爲州。嘉靖四十五年改府，屬四川布政使司。	平武縣 萬曆十八年置。

續表

	江油縣
	剛氏道地。
平廣縣 蜀漢分置，屬陰平郡。	蜀漢置江油戍。
平武縣 太康元年改名。	
平武縣 宋屬北陰平郡。梁廢。魏復置，屬龍州。 秦興縣 魏置，兼置建陽郡。 馬盤縣 魏置，兼置馬盤郡。	
平武縣 (廣)〔屬〕平武郡。 方維縣 開皇初郡廢，改名，屬平武郡。 馬盤縣 開皇三年郡廢，屬平武郡。	
貞觀八年省。 武德四年屬沙州。貞觀八年省。 清川縣 屬龍州。天寶元年改名。	
清川縣	
清川縣 端平三年省。	
初復置。至元二十二年省入龍州。	
	江油縣 洪武六年州徙還舊治。十年省入梓潼縣。十三年復置，屬劍州。嘉靖四十五年改屬龍安府。

	石泉縣
	蜀郡汶江道地。
	汶山郡地。
	北川縣周置,屬北部郡。
	北川縣屬汶山郡。
	石泉縣貞觀八年分置,屬茂州。永徽二年省。
	石泉縣
寶祐六年,移龍州及江油縣來治。	石泉軍政和七年置。寶祐中徙廢。石泉縣熙寧九年改屬綿州。政和七年爲軍治。寶祐中仍屬綿州。
龍州至元二十二年省縣入州。至正中徙治武都興教鎮,屬廣元路。	石泉縣屬安州。
	石泉縣初屬成都府。嘉靖四十五年改屬龍安府。

續表

彰明縣
廣漢郡涪縣地。
漢昌縣 孝武移置，屬巴西郡。
昌隆縣 西魏改名。
昌隆縣 屬金山郡。
昌明縣 屬綿州。先天元年改名。建中元年移今治。 興聖縣 武德三年分置顯武縣，屬綿州。神龍元年改名。開元二年省入。
彰明縣 後唐改名。
彰明縣
彰明縣
彰明縣

大清一統志卷三百九十九

龍安府

在四川省治北少東六百五十里。東西距七百七十里，南北距五百二十里。東至保寧府劒州界二百八十里，西至松潘廳界四百九十里，南至綿州安縣界三百里，北至甘肅階州文縣界二百二十里。東南至綿州梓潼縣界三百八十里，西南至茂州界四百五十里，東北至陝西寧羌州界四百五十里，西北至黄勝關番地界四百八十里。自府治至京師六千三百四十里。

分野

天文井、鬼分野，鶉首之次。

建置沿革

禹貢梁州之域。周、秦氐、羌地。漢爲廣漢郡剛氐道。後漢置廣漢屬國都尉。三國漢改屬陰平郡，晉因之。宋、齊俱屬梁州北陰平郡。梁時有楊、李二姓分據其地，稱藩於梁。明統志：爲楊傑、李龍遷所據。後魏孝武帝置江油郡。西魏廢帝二年置龍州。按隋書地理志，魏置龍州於陰平縣，後周始徙江油，而平武郡下仍云西魏置龍州。隋開皇三年郡廢。大業初，改州爲平武郡。義寧二年，改龍門郡，尋曰西龍門郡。唐貞觀元年，改龍門州。唐書地理志：初爲羈縻，屬茂州，垂拱中爲正州。天寶元年，復曰江油郡。至德二載，改應靈郡。乾元元年，改曰龍州，屬劍南道。五代因之。宋仍曰龍州江油郡。政和五年，改曰政州。紹興五年，復曰龍州，屬利州路。元亦曰龍州，屬廣元路。舊府志：元至正中升龍州爲元帥府，尋改爲宣慰司。而元志不載。明洪武六年，仍曰龍州。二十二年，改龍州軍民千户所，尋復爲州。宣德七年，改爲宣撫司。嘉靖四十五年，改置龍安府，屬四川布政使司。本朝因之，屬四川省，領縣四、土司三。

平武縣。附郭。東西距四百三十里，南北距四百三十里。東至保寧府劍州界二百八十里，西至松潘廳小河營界一百五十里，南至石泉縣界二百十里，北至甘肅階州文縣界二百二十里。東南至綿州梓潼縣界三百八十里，西南至石泉縣界二百二十里，東北至文縣界二百二十里，西北至小河營界一百五十里。漢置剛氐道，屬廣漢郡。後漢屬廣漢屬國都尉。三國漢分置平廣縣，屬陰平郡。晉太康元年，更名曰平武。宋屬北陰平郡。齊因之。梁時爲氐豪所據。西魏改置江油縣，爲江油郡治，尋爲龍州治。隋爲平武郡治。唐、宋爲龍州治。寶祐六年，隨州徙治今江油縣界。元以江油縣省入龍州，又徙治武都鎮。明洪武二十二年，復移州於今治。嘉靖四十五年，改州爲府。萬曆十九年，復置平武縣爲府治。本朝因之。

江油縣。在府東南二百六十里。東西距二百九十里，南北距六十里。東至保寧府劍州界二百里，西至石泉縣界九十里，南至彰明縣界四十里，北至平武縣界二十里。東南至綿州梓潼縣界九十五里，西南至彰明、石泉二縣界九十里，東北至平武縣界二百五十里，西北至平武縣界一百三十五里。漢剛氐道地。三國漢置江油戍。宋寶祐六年，移龍州及江油縣來治。元至元二十二年，省縣入州。至正中遷州治於武都興教鎮，屬廣元路。明洪武六年，州徙還今府界。十年，併故地入梓潼縣。十四年，復置江油縣，屬劍州。嘉靖四十五年，改屬龍安府。本朝因之。

石泉縣。在府西南三百二十里。東西距二百一十里〔二〕，南北距二百五十里。東至平武縣界一百三十里，西至茂州界九十里，南至綿州安縣界一百里，北至茂州界一百五十里。東南至安縣界七十里，西南至茂州界五十里，東北至平武縣一百二十里，西北至茂州界一百里。漢蜀郡汶江道地。晉爲汶山郡地。周爲汶州北川縣地。唐貞觀八年，分置石泉縣，屬茂州。宋熙寧九年，改屬綿州。政和七年，於縣置石泉軍。宣和三年廢軍，仍屬綿州。七年，復置軍。寶祐中移軍治龍安。元陞軍置安州，以石泉屬之。明初屬成都府。嘉靖四十五年，改屬龍安府。本朝因之。

彰明縣。在府東南三百二十里。東西距七十里，南北距四十五里。東至綿州界三十里，西至綿州安縣界四十里，南至綿州界二十五里，北至江油縣界二十五里。東南至綿州界三十里，西南至安縣界六十里，東北至江油縣界二十五里，西北至江油縣界三十里。漢廣漢郡涪縣地。晉孝武移置漢昌縣，屬巴西郡。宋、齊因之。西魏改曰昌隆。隋屬金山郡。唐屬綿州。先天元年，改曰昌明。五代後唐改爲彰明。宋、元、明因之。本朝順治十六年，併入綿州。雍正六年，復置，屬綿州。九年，改屬龍安府。

陽地隘口長官司。在平武縣北三十里。東至平武縣界二十五里，西至青片、白草界一百六十里，南至羊峒界六十里，北至甘肅階州文縣界一百八十里。宋置龍州判官，尋改守禦千户。元至正間，授宣慰副使。明洪武七年，開龍州，改土長官司。本朝順治六年投誠，仍授長官司，土官王氏世襲。

陽地隘口通判土司。在平武縣北。住牧界址與長官司同。明洪武間置長官司，旋授宣撫僉事。嘉靖間改土通判。本朝順治六年投誠，土官王氏世襲。

龍溪堡知事土司。在平武縣西。其地東至木瓜墩，西至兩岔河，南至石牌溝，北至松潘廳屬磨子坪。宋景定間，置知州世襲。明隆慶間改土知事。本朝順治六年投誠，土官薛氏世襲。

形勢

郡連氐羌，隋書地理志。境帶靈山。唐升都督府記。其地四塞，山川重阻。圖經。峭壁雲棧，聯屬百里。蒲翰十景記。五關設險，僉事史行可賦。六閣懸崖。鄧艾鑿北崖記。夷夏襟喉，川蜀保障。府志。

風俗

性多質直，務農工獵。隋書地理志。巖居谷處，少平陸。鮮穀稻，仰食於綿、劒。許醇序。山高水峻，人多瘤癡聾。寰宇記。

城池

龍安府城。周九里三分，門四，外環以池。明宣德五年建。本朝嘉慶五年修。平武縣附郭。

江油縣城。周三里有奇，門三。明天順六年築，正德中甃石。本朝雍正初修，乾隆二十四年、嘉慶十一年重修。

石泉縣城。周二里，門三。明天啓中因宋舊址甃石。本朝乾隆元年修，十七年重修。

彰明縣城。周四里四分，門四，外環以池。明正德中建。本朝雍正七年修，嘉慶四年重修。

學校

龍安府學。在府治南。宋建。明隆慶中重建。本朝康熙二十二年修，嘉慶十一年重修。入學額數十五名。

平武縣學。在縣治左。明萬曆中建。本朝康熙二十二年修，嘉慶十一年重修。入學額數八名。

江油縣學。在縣治西南。明洪武初建於城内，本朝順治中移建城東三里，乾隆十六年遷建今所。嘉慶元年修。入學額數八名。

石泉縣學。在縣東望崇山麓。宋建。本朝康熙二十二年遷建城内，五十七年復還舊址。乾隆十七年修。入學額數八名。

彰明縣學。在縣治西北。舊在縣城東南，唐大中十二年建。本朝順治十六年裁併綿州學。雍正八年復建，乾隆三十三年遷建今所。入學額數五名。

龍門書院。在府治東。本朝乾隆二十三年建，五十四年修，嘉慶十五年重修。

登龍書院。在江油縣治右。本朝康熙四十六年建，乾隆二十二年修。

西山書院。在石泉縣城西隅。本朝乾隆三十年建。

青蓮書院。在彰明縣治東。唐李白祠舊址。本朝乾隆二十一年建，嘉慶十二年修。

户口

原額人丁五千五十三，今滋生男、婦共八十三萬三千一百六十八名口，計一十三萬四百四十五户。

田賦

田地五千六百二十頃六十一畝有奇，額徵地丁正、雜銀八千七百六十一兩八分六釐。又拗盤等寨番民認納黄蠟折價銀一十四兩六錢四分，拗盤、青片、白草等寨番民認納雜糧折米一百四石八斗六升七合。

山川

東皋山。在平武縣東五里。有古禪寺。

金鳳山。在平武縣東十五里。其土赤色，日光照耀，形如金鳳。

九龍山。在平武縣東五十里。其地峻險，前距鐵蛇關抵番地。一山九嶺，疊聳如龍。

左擔山。在平武縣東。魏志：鄧艾入江油左擔道詣綿竹。華陽國志：自景谷有步道經江油左擔出涪，鄧艾入蜀所經也。方輿勝覽：自文州界青塘嶺至龍州百五十里，自北而南者右肩不得易所負，故云左擔。舊志：山在平武縣東一百八十里，今七里關是也。

龍血山。在平武縣東南。接劍州界。詳見保寧府。

龍陽山。在平武縣東南三十五里。山勢如龍，起伏向陽。

箐青山。在平武縣東南六十里。重峯疊嶂，樹木森鬱，北通青川所。有南溪出此，流入白水。

響崖山。在平武縣東南。元和志：在江油縣南八十二里。出錫。按：方輿勝覽有鳴山水，在江油縣東南，上有飛泉觸石，響應山谷。即此。明統志：在府東南一百里。

弩牙山。在平武縣東南。寰宇記：在龍州東南一百三十四里，高三千七百丈，以形如弩牙而名。明統志：在府東南一百六十五里。

石門山。在平武縣東南。左思蜀都賦：緣以劍閣，阻以石門。元和志：石門山在江油縣東一百三十里，有石門戍，與氐羌分界，去仇池城四百餘里。寰宇記：其山有石壁相對，望之如門。明統志：在府城東南一百七十里。

馬閣山。在平武縣東南。方輿紀要：在廢陰平縣北六十里，峻峭崚嶒，極爲艱險。鄧艾軍行至此，路不得通，乃懸車束馬，造作棧閣，始通江油，山因以名。

十八隴山。在平武縣東南。寰宇記：在陰平縣西南五十里。高千餘丈，岡巒連屬，有十八隴，因名。十二隴在綿州昌明縣界，六隴在縣界。

鎮南山。在平武縣南，渡涪江七里，山峯正對府治。

藥叢山。在平武縣南二十里。多産藥材，因名。或訛爲落叢，俗呼樂從。有東、西溪皆出此，北流入涪。

伏龍山。在平武縣南，渡涪江東二十里。蜿蜒蟠伏如龍。相近有長春山、延賢山。

君子山。在平武縣南，渡涪江東三十里。

羊角山。在平武縣南。寰宇記：在龍州南九十里。兩峯崛起如羊角。出錫。

天池山。在平武縣南入江油界。寰宇記：在龍州南一百三十里，高九十二丈。上有池，周二十三步，其水常滿，號曰天池。本名石人山，唐天寶六年敕改靈液山。

太平山。在平武縣西三里。

崆峒山。在平武縣西。寰宇記：在龍州西二百五十里，高二千五百丈。西接松州交川縣界。方輿勝覽：山谷深險，直接番界。舊志：在府西北一百十里。似平凉之崆峒，故名。

羊昌山。在平武縣西北十五里。山崖層疊，羊昌關在其地。

仙女山。在平武縣西北九十里。相傳仙女遊戲於此。

火風山。在平武縣北十里。山勢峭險。其麓即箭樓山，擁抱府城，一名旗山。

馬盤山。在平武縣北。寰宇記：在龍州北二百里，高二千三百丈。重巒疊嶂，行者難之。舊志：在平武縣東北一百二十里。其形似馬盤旋而上。後魏馬盤縣以此名。

大雄山。在平武縣東北廢青川所北十里。山形峻峭，迴出羣山，即北雄關也。

化豹山。在平武縣東北十五里。山勢高聳，限隔番塞。

纓絡山。在平武縣東北廢青川所西二十里。

飛龍山。在平武縣東北廢青川所東三十一里。相近有東山，有北溪出此，出明月關入涪。

羊盤山。在平武縣東北六十里。石徑九曲，如羊腸然。

兩埡山。在平武縣東北七十里。山嶺分峙兩埡，路通青川、廣昭等處。

界山。在平武縣東北三百里。山甚巍峭，中通洞子灣。

永隆山。在江油縣東十里。上有文昌祠，爲昔人會講遊息之所。

鳳朝山。在江油縣東南。形如飛鳳，環繞縣治。

龍頭山。在江油縣南五里。以形似名。

太華山。在江油縣南十里。三峯奇秀，有似西嶽。

五祖山。在江油縣南。五峯平列，神秀插天，爲諸山之主，隴蜀具瞻。

大匡山。在江油縣西。方輿勝覽：大匡山一名大康山，又名戴天山，在彰明縣北。楊天惠彰明逸事云，李白本邑人，隱居戴天大匡山。吴曾漫録云，彰明有大、小康山，白嘗讀書於此。杜甫寄白詩云：「康山讀書處，頭白早歸來。」又白集有訪戴天山道士不遇詩，即此。明統志：大匡山在江油縣西三十里，彰明縣北五十里。舊志：大匡山在江油縣南二十里。一名點燈山。

牛心山。在江油縣西十里。明統志：在府東南一百五十里。

玉枕山。在江油縣西十里。上有川主祠。

天倉山。在江油縣西七十里，接平武縣界。上有天倉洞、太乙真人洞。

觀霧山。在江油縣北。霧起即雨，土人以之卜陰晴焉。

白魚山。在江油縣北。相傳有二白魚導水至山下，故名。

玉案山。在江油縣北一里。明統志：在府東南一百五十里，山頂有白石如玉案。

天柱山。在江油縣東北五里。山小而極高，形如立柱。

竇圌山。在江油縣東北。杜光庭録異記：昌明縣竇圌山，真人竇子明修道之所也。西接長岡，猶通車馬，東臨峭壁，陡絶一隅。自西壁至東峯，石笋如圌，兩崖中斷，相去百餘丈，躋攀險絶，人所不到。方輿紀要：在江油縣北十里。兩峯聳立，山麓紆迴，南接彰明縣界。明統志：在江油縣東北十里，彰明縣北七十里。按：竇圌山已見陳子昂集，方輿勝覽謂「彰明主簿竇圌字子石，棄官學道隱此山，故名。李白有送竇主簿詩即此」者謬。

酉山。在石泉縣東北。爲縣之祖山，山形肖「酉」字，故名。林木秀蔚，上有平岡，可列坐，稱勝境焉。

望崇山。在石泉縣東一里。層疊起伏，拱抱縣城。其麓爲學宫。

金字山。在石泉縣東二十里。列嶂如屏，岡巒聳翠。

圓頭山。在石泉縣東四十里。山峯甚圓，故名。層巖陡壁，泉鳴如雷。中有山岫，空闊可容數百人，土人嘗避兵於此。

石城山。在石泉縣東南一里。

素龍山。在石泉縣東南二十里。羣峯森列，山勢素白如龍，頭角鱗爪儼然，開朗則晴，陰霧則雨。

四磊山。在石泉縣東南五十里。四山對峙如柱，下有龍湫。

石紐山。在石泉縣南一里。唐書地理志：石泉縣有石紐山。舊志：有二石結紐，因名。山麓有大禹廟。按：譙周蜀本紀禹生石紐，在漢廣柔縣。今爲汶川縣西境，與唐志不同。

蒼頭山。在石泉縣南一里，望之蒼然。上有天齊閣，俯瞰羣峯挺秀，江水瀠洄，爲邑之勝境焉。

千佛山。在石泉縣西一百里。三峯鼎峙，上出雲霄。陟其巔，俯視川西如指掌。上有寺，葢以鐵瓦。有龍湫，禱雨甚靈。

鳳凰山。在石泉縣西北一里。下有二水合流，形如飛鳳。

雪峯山。在石泉縣北三十里。山峯聳峻，冬有積雪，經久不消，望之若銀屏。

雲峯山。在石泉縣北四十里。峭壁峻拔，五峯參差，時現五色雲霞。上有真武觀，下爲永平堡。

三面山。在石泉縣北六十里。上有龍湫，徑不及四寸，而水不絶。

孟津山。在彰明縣東南。寰宇記：自十八隴山向縣東南一里。

太華山。在彰明縣西北三十里，與江油縣接界。明統志：羣仙録載黄奉先攜家人入此山。山多牡丹，開時望之如錦障。

附子山。在彰明縣西北四十里，接安縣界。産附子。

靈臺山。在彰明縣北。隋書地理志：昌隆縣有靈臺山。明統志：在縣北二十里。

石磬山。在彰明縣北。寰宇記：自戴天山向西連接，長三十里。李膺記云，西有石室，方一丈三尺。下有流泉，味甘。内有懸磬，聲聞數里。四面石牀高一丈。

獸目山。在彰明縣北五里。有百崖龍潭，上下凡三潭。産茶，土人謂之「獸目茶」。

紫山。在彰明縣北。舊志：在盤水之西，爲邑之鉅鎮。山色雋異，日出入時光彩耀目。紫山之别麓爲蓮峯山，下有洞穴，幽深數十里，與紫山環峙。

常山。在彰明縣。舊志：自東北蜿蜒而南，控於涪口。又有馬觀山、石碑山、龍距山、華嘴山〔二〕，皆其別麓也。

蕨山。在彰明縣東北。寰宇記：郡國志云，山有鍾乳穴十九。

烈婦崖。在平武縣東南百三十里海棠鋪上，舊名興文閣。山路盤陡，下臨急湍。明永樂五年，諸生嚴庸妻袁氏哭夫自溺於此，詔旌之，故名。

水簾洞。在平武縣東三百二十里。洞崖高峻，飛泉下垂千尺，如簾然。

百匯洞。在江油縣西二十五里。潭水淵碧，歲旱禱雨輒應〔三〕。

龍門洞。在江油縣北五里。有龍牀、石筍，泉流入涪。

朝陽洞。在江油縣北十五里。寰宇記：在龍州南八十里。高九百丈，陰洞潛穴，氣蒸成川。有飛泉下流一百里，入陰平縣，合白樺水。

水源洞。在石泉縣西三十里。上有龍祠，禱雨輒應。

天倉洞。在彰明縣北五十里。洞有三，極險，架石爲橋以渡。

石鏡。在平武縣東二百里通壩寺左。隔溪道旁有石，光明如鏡。

涪江。在平武縣南。自松潘廳小河流入，東南逕江油縣東，又西南經彰明縣東南，南入綿州界。漢書地理志：涪水出剛氐道徼外，南至墊江入漢，過郡二，行千六十九里。水經注：涪水出剛氐道徼外，東南流逕涪縣西，又東南與建始水合。水發平洛郡西谿，西南流，屈而東，西流入於涪〔四〕。涪水又東南逕江油戍北，又東南逕南安郡南，又西逕廣漢五城爲五城水。元和志：涪江南流逕龍州城東，又逕江油城東，又逕昌明縣南一里。其水出金。寰宇記：涪水在江油縣北一里。自松州崆峒山出，下流入州界，又南入綿州。舊志：由小河入縣界，又東南流一百三十里，合火溪河。又二十里至縣西，折而逕縣南，又名爲金盤溪。向東曲流五十里，合故城、高村二河，又轉南二百二十里，會衆山溪水入江油縣界。又南逕縣東五十二里，入彰明縣界分爲二派，一派過城東，一派過城西，流十里至縣南，復合爲一。又南會石泉河入綿州界。

白水江。在平武縣東北。自甘肅文縣流入，又東南入劍州昭化縣界。水經注：白水自陰平橋頭與羌水合，自下羌水得其通稱。又東經郭公城南〔五〕。又東有雍川水，出西南雍溪，東北注之。又東合空冷水〔六〕，傍溪西南窮谷即川源也。又東南與西南五部水會，又東南經建陽郡東，而北與一水合，又南至白水故城〔七〕。

火溪河。在平武縣西北二十五里，一名白馬河。源出白馬路西番界，源流最遠，經天生橋、胡空關，至垂虹橋入涪。又有木易河在縣西〔八〕，源發象鼻關，至木瓜坪鐵索橋入涪。又官渡河在縣西，源發赤山關竹溪嶺，至冷浸廟壩入涪。

高村河。在平武縣北。源發西番界，出高村，經大壩，至白草舖入涪。又故城河在縣東五十里。源發鐵蛇關，出羊盤溝，至故城入涪。

小江河。在平武縣南。源出藥叢山平羌崖，一名青漪江，又名平通河，即古廉、讓水也。東南流一百七十里，過江油縣西，至彰明縣西合涪江。元和志：廉水逕昌明縣東北，讓水出北平地。寰宇記：廉水一名長江水，東北自龍州江油縣流入彰明縣界。宋范柏年，梓潼人。明帝因言貪泉，問：「卿鄉土有此泉否？」柏年曰：「臣居梁、益間，有廉水、讓水，不聞有貪泉。」帝嘉之。一云，此水飲之使人廉讓，故名。按：舊志以讓水爲小江河，廉水爲石泉河。明統志謂廉水在彰明縣北，讓水在縣西五里。據元和志、寰宇記，則二水皆自縣北來，與石泉河無涉也。

石泉河。在平武縣東南。自茂州流入，逕石泉縣南，又東至彰明縣西南，入涪水。即古石密水也，俗亦名湔水。元和志：石密水在石泉縣南一里。舊志：湔水有二源。一出茂州界沈公嶺，東流入石泉縣界，合壩底土司山溪，又五十里至縣西。一出甲竹喇嘛生番，入石泉縣界，東南流一百六十里，合衆山溪至縣西。二水合流爲石泉河，逕縣城南，又東四十里入平武縣界，又東南流七十里合水沙溪，入彰明縣界，又東南十里至縣南入涪。其水沙溪源出平武縣南水沙壩〔九〕，東南曲流六十五里，入石泉河。

梓潼水。在平武縣東南。源出山溪，東南流入綿州梓潼縣界。詳見綿州。

龍安水。在石泉縣東南。源出三面山，合諸山溪之水，東流入安縣界。亦名安昌水。

青川溪。在平武縣東。又東逕劍州入昭化縣界。即古清水也。水經注：清水出平武郡東北，南逕平武城東，屈逕其城南，又西歷平樂郡東南，屈而南逕南陽僑郡東北，又東南逕新巴縣東北，又南逕始平僑郡南，又東南逕小劍戍北。寰宇記：青川縣有清水出啼胡山，闊五丈，東流入利州界。其水清美。亦曰啼胡水。方輿勝覽：醍醐水在清川縣北。明統志：青川溪在府城東一百二十里。源出西番界，流入嘉陵江。又醍醐水源出府東清潭嶺，接青川溪，入嘉陵江。舊志：源出清潭嶺，合白雄關山溪，下流二十里，至青川城東轉南，又一百里至昭化縣界入白水。

匯溪。在江油縣西十五里。源出百匯洞，細流十里合雍村河，下流入涪江。

龍潭溪。在江油縣北。源出竇圌山下，流至石舍崖入涪江。

明月泉。在平武縣東南一百七十里。

濺珠泉。在平武縣東南一百七十里。泉瀉石崖，噴激如珠。

瀑布泉。在平武縣南一百七十里。其泉自層巒疊巘飛流千尺。蒲翰有龍陽十景記，曰朝陽洞、龍門峽、明月潭、瀑布泉、濺珠泉、明月泉、太白臺、巢雲閣、躡翠亭、雲根亭。

神水泉。在江油縣東五里。

甘泉。在石泉縣南二里，有泉甘洌。崖石上刻「甘泉古蹟」四字，縣因以名。

古蹟

古剛氏道。在平武縣東。漢置，屬廣漢郡。後漢屬廣漢屬國都尉。晉省。按：剛氏爲涪水所出，今涪水實出府西，則府境爲故剛氏道無疑。元和志、通典惑於鄧艾傳之説，遂以龍州爲漢魏無人之地，後人又以府爲漢陰平縣地，皆誤。

龍州故城。在平武縣東南。元和志：龍州，秦、漢及魏不置郡縣。魏景元四年，鄧艾征蜀，自陰平行無人之地七百餘里，鑿山通道，造作橋閣，山高谷深，至爲艱難。艾以氈自裹，推轉而下，將士皆攀木緣崖，魚貫而進，先登至江油。即其地也。晉於此置平武縣。西魏平蜀，於此立龍州，并置江油郡、江油縣以屬焉。東至利州四百里，東南至劍州三百二十里，西至松州三百二十里，南至綿州三百二十里，北至文州三百三十里。寰宇記：州在涪水南一里。方輿勝覽：龍州城，梁李龍遷所築，去江油東北三里，蓋即隋唐州城也。舊志：宋寶祐六年，徙治雍村，在今江油縣界。明洪武七年，土知州薛文勝創設州於青川所。二十二年，知州薛繼賢又徙治盤龍壩箭樓山之麓，即今治。今有平夷城在府西三十里，蓋故州也。或曰在今府東南，去江油縣東北三里，誤。按：今府東南一百二十里涪城西有故城，名舊州壩，遺址尚存，疑即魏所置。明統志謂在江油縣東北三里。元和志「涪江逕州東，又逕江油城東」，蓋唐時州縣分治，明統志所云三里，或指唐縣言。舊志謂故城在府西，以在東南者爲非，恐亦無據。

平武故城。在平武縣東北。三國漢置平廣縣，屬陰平郡。晉改曰平武。梁末，李文智據此，自立爲藩王。西魏仍爲平武縣，而別置江油縣，龍州治焉。隋亦曰平武縣，屬平武郡。唐貞觀八年，省入江油。按水經注，平武城爲清水所經，今清水在府東北界，舊志以爲城在府西三十里，誤。

清川故城。在平武縣東北。後魏置馬盤縣，兼置郡。隋開皇三年郡廢，縣屬平武郡。唐屬龍州。天寶元年，改爲清川縣。宋端平三年廢。元初復置。至元二十二年，省入龍州。明洪武四年，改置清川守禦千户所，并置思曩安撫司，隸四川都司。嘉靖十五年，改屬龍安府。本朝順治十六年，併入平武。寰宇記：清川縣在龍州北一百里。舊志：清川所城在府東北百二十里，周二里，當白草番後路，東抵白水陽平關，西通白馬路，抵龍安，南至椒園堡，北通青塘嶺達階文。秦蜀襟要地也。

方維故城。在平武縣東北。西魏置秦興縣，并置建陽郡。隋開皇初郡廢，改縣曰方維，屬平武郡。唐武德四年，改屬沙州。貞觀元年，省爲鎮，入景谷。水經注：白水逕建陽郡東。九域志：文州曲水縣有方維鎮。縣志：方維城在今縣東二百二十里。

江油故城。有四。蜀漢置江油戍，爲鄧艾伐蜀路，在今江油縣東。西魏分平武置江油縣，爲龍州治。隋、唐因之，在今府東南。宋寶祐中，隨州徙治雍村，在今江油縣西北。元至正中，又移隨州治武都興教鎮，在今江油縣東北。明洪武十三年，始復置縣於今治，東北去劍州二百里。

石泉故城。今石泉縣治。元和志：縣西至茂州一百二十里。本漢汶江縣地。貞觀八年置。舊志：宋政和七年，静州夷寇邊，攻茂州，窒隴東道以孤石泉。成都守孫羲叟上言，石泉爲邑，介綿、茂之間，道里闊遠，緩急不相應，非有兵扼其衝要不足以捍外患。於是請改石泉爲軍。寶祐後徙廢。

彰明故縣。今彰明縣治。元和志：縣南至綿州七十里。晉孝武帝自白沙戍移漢昌縣僑理於此，仍屬巴西郡。後魏改爲昌隆縣。先天元年，改爲昌明。寰宇記：彰明縣本昌隆，初在清廉鄉，梁大同四年移於讓水，魏移孟津，唐避諱爲昌明。天寶中江水圮，建中元年移於舊縣，即今理也。今改爲彰明。九域志：縣在綿州北七十一里。

北川廢縣。在石泉縣西三十里，本汶江縣地。周置北川縣，屬北部郡。隋屬汶山郡。唐永徽二年，省入石泉。

興聖廢縣。在彰明縣西南。唐武德三年，分昌隆置顯武縣，屬綿州。神龍元年改曰興聖。開元二年，併入昌明。尋分巴西、涪城、萬安三縣地復置。二十七年復廢。

威蕃城。在石泉縣西三十里。唐穆宗時，吐蕃寇邊，東川節度使王涯上言，蜀有兩道，直擣賊腹，一由龍州清川以抵松州，一由綿州威蕃柵抵鷄棲城，皆險要地。宋孫羲叟既立石泉爲軍，德陽張上行言於羲叟曰：「去石泉三十里威蕃亭，即唐之威蕃柵也，宜先築堡塞以禦其來。」於是遂城其地。

雍村。在江油縣西北。宋進士雍繁孫所居，故名。宋末嘗爲縣治。舊志又有興教鎮，屬武都鄉，元時州縣所治。　按：縣界東接劒州廢武連縣，武連本劉宋所置武都郡，蓋鄉以故郡爲名也。

李白宅。在彰明縣南二十里，碑刻猶存。

清暉樓。在府治內。宋元符間，張覺民作賦。

龍遷樓。在平武縣東一百七十里。梁大通三年，李龍遷建。後郡人圖其像於樓。元末，州治盡燬，樓獨存。

吏隱堂。在舊州倅廳，宋僉判趙衆建。有詩云：「滿耳江聲滿目山，此身疑不在人寰。民舍古意村村静，吏束刑書日日閒。」范鎮、司馬光俱有和詩。

躡翠亭。在府治北。層崖疊嶂中，郡人登覽處。爲龍陽十景之一。

太白臺。在平武縣東南一百五十里。方輿勝覽：在尉廳。太白與尉往來遊此，蒲翰爲之記。

讀書臺。在江油縣南小匡山。李白嘗讀書於此。

仙遊臺。在江油縣北竇圌山上。山又有超然亭，本名竇圌亭。

誓水柱。在石泉縣西四十五里河岸，柱高丈許，圍五尺。相傳昔人恐水衝縣，立此誓之。

關隘

鐵蛇關。在平武縣東十里。明統志：永樂間置。

龍門關。在平武縣西。明隆慶中置。

羊昌關。在平武縣西北一十里羊昌山，通鐵蛇關道。又胡空關在縣西北四十里。皆明永樂中置。

明月關。在平武縣東北。明置巡司，今裁。又舊有杲陽關，在縣東。明初，傅友德伐蜀，下文州，進拔青川杲陽關是也。

北雄關。在平武縣東北一百三十里，接甘肅文縣界。稍南爲瓦舍壩。相近又有控夷關，明萬曆中增置。

涪水關。在江油縣東。唐書地理志：江油縣有涪水關。方輿勝覽：江油有十二關：曰涪水，距城一里；曰秦隴，在青川縣北十五里；曰兜率，在青川縣；曰木葱，在楮林口三店原，去州三十餘里；餘不盡載。

馬蹄關。在江油縣東南十里，竇子明遇仙之處。

奠邊關。在石泉縣東十七里。

石板關。在石泉縣西五里。又有上雄關，在縣西北；大方關，在縣東北。

大印隘。在平武縣南一百四十里。本朝嘉慶七年，設主簿駐此。

中壩場巡司。在江油縣西南，接彰明縣界。本朝雍正七年置。

青川鎮。在平武縣東北一百二十里，即古青川所。縣丞駐此。又縣東北有瓦舍壩巡司，今裁。

芍藥戍。在平武縣東九十里。明統志：本名欅溪戍，唐永徽中改今名。

棧閣。在平武縣東。方輿勝覽：江油左擔路上涪水崖壁上共有六閣，曰青崖，曰𡺸頤，曰石回，曰七里，曰東閣，曰石城。又縣有二閣，曰猿臂，曰黄林。明統志：鄧艾伐蜀，置秦隴等閣道一十二處。洪武十一年，設松潘衛，又置飛仙等道二十五處。名勝志：陰平修路記云：「龍安棧閣在府東者凡八，曰石城，曰佛崖，曰麻園，曰𡺸頤，曰黄陵，曰三店原，曰七里，曰飛仙。在府東南者凡三，曰石回，曰興文，曰猿臂。在府東北者凡二，曰秦隴，曰東閣。在府北者凡九，曰金鼓，曰芭蕉，曰楮株，曰盧崖，曰天井，曰桑坪，曰兜索〔一〇〕，曰木蕊，曰飛泉。在府西北者凡十五，曰金匱，曰桐油，曰龍鳳〔一一〕，曰胡空，曰黄埂，曰劉村，曰鵞頂，曰禪峰，曰石門，曰仙女，曰馬桑，曰溪壩，曰黑水，曰羅漢〔一二〕，曰羊腸。」舊志：興文閣在府東南二十里海棠鋪，山路盤束，下臨急湍，置閣其上，以通行旅。又南巖閣在府東六十五里，明正德初修築，平坦可行。

白草寨。在平武縣西南四百里。一名白草壩，番寨也。東抵石泉，西抵南路生番，南抵茂州番，北抵平武縣界，凡十八寨。

木瓜寨。在平武縣西北二百里，近小河所，番寨也。

白馬寨。在平武縣北三百里，番寨也。北通階、文，西抵漳臘。其生番號黑人，延袤數百里，碉房百許，有名色可舉者凡十八寨。

永平堡。在石泉縣東二十里。形勢陡峻〔一三〕，控制白草諸番隘口。由永平西三里爲奠邊關，關南里許爲火草坪，坪北十五里爲萬安堡，東二十里爲嘉定堡，舊俱爲屯守地。

壩底堡。在石泉縣西北四十里，與茂州接界。其地東抵東安堡，西連白草番，南距石泉，北通青片。明成化後爲戍守要地。由壩抵南五十里，爲石板關，關東十五里爲石泉堡，又東五里爲白印墩，俱分兵屯守。

大印堡。在石泉縣東北，白草番出入要路也。堡西二十里爲茆堆堡，又西五里爲山茅堡，山茅東三十里爲徐塘堡，徐塘北三十里爲伏羌舖，伏羌北六十里爲大方關，俱爲控扼要地。

古城驛。在平武縣東一百二十里。又有平武驛，在縣東一百七十里；小溪驛，在縣東二百里；溪子驛，在縣西；水進驛，在縣西九十里；小河驛，在縣西二百里。皆明置，久裁。

西平驛。在江油縣北五十里。又名平度驛。舊爲馬驛，今裁。

津梁

通駟橋。在平武縣東南二十里〔一四〕。

白石溝橋。在平武縣東南二百八十里。明萬曆間知府孫延重修。

垂虹橋。在平武縣西北二十五里。路接小河所、鐵龍堡。明洪武中，土官薛文勝以篾纜架橋。永樂初，薛忠義置鐵索六條，長十五丈，架板爲橋，名曰垂虹，俗名鐵索橋。弘治十五年，都御史鍾復建二亭於上。

天生橋。在平武縣西北九十里，通羊洞寨。水中有三巨石如柱，居民架木爲橋。

永豐橋。在江油縣南三里。

石佛橋〔一五〕。在江油縣南七里。

上下索橋。在石泉縣東十五里。

漩平橋。在石泉縣東二十里，縣之津要。

迴瀾橋。在彰明縣西五里轉巖山下，本朝雍正十年知縣韓撍建。

永鎮橋。在彰明縣東北十五里。

隄堰

龍門堰。在江油縣北。縣境又有天生、文昌、小河、鐵佛、陳公等堰。

龍備堰。在彰明縣東。縣境又有湖中、永安、永豐、羅村、野壩等堰〔一六〕。

陵墓

南北朝　梁

李龍遷墓。在平武縣東南，舊州城西。

李膺墓。在彰明縣西北。寰宇記：膺，涪人，即作益州記者。按：省志以爲漢李膺，誤。

唐

陳該墓。在江油縣竇圌山。陳子昂有銘。

宋

羅任羅先墓。在平武縣東鼇盤山。兄弟兩侍郎，並葬於此，土人呼爲雙鳳侍郎墓。

明

袁烈婦墓。在平武縣東南一百二十里。生員嚴庸之妻，與夫合墓，墓前建坊。

李嘉墓。在石泉縣東奎星山下。

本朝

李應貴墓。在平武縣南三里臺子山。

李廷明墓。在江油縣東八十里長坪。

祠廟

烈婦祠。在府城内。祀漢守將馬邈妻李氏。

忠義祠。在府東。祀明嘉靖間死難宣撫司僉事王煠。

父母。」

太白祠。在彰明縣南。又江油縣有謫仙祠，俱祀李白。

唐明皇廟。在平武縣東二十里。明皇幸蜀經此。後人改爲元祠。

諸葛武侯廟。在平武縣東一百七十里。初有祠祀鄧艾，宋知州洪咨夔毁之，更祀諸葛，告其民曰：「毋事讐仇而忘父母。」

李龍遷廟。在平武縣東南舊州城西。寰宇記：江油縣左近郭山上有李龍遷祠，唐明皇幸蜀時，嘗令增修禱祝。至長慶四年，敬宗差高品、張士謙至彼尋訪事蹟。方輿勝覽：江油有李龍仙廟。按：道教靈驗記：李虎葬龍州牛心山。靈異記：梁武陵王紀理益州，使龍仙築城於牛心山。及龍仙殁，即葬於山側，鄉里立祠，號李古人廟。唐武德中，改爲觀。武氏革命，鑿斷山脈。明皇幸蜀，有老人蘇坦奏曰：「龍州牛心山，國之祖基，蒙塵之禍，乃掘鑿所致。」明皇即令修填如舊。至德二載，升龍州爲都督府，號靈應郡。据二記，則李虎、龍仙即係一人也。又按唐書，高祖祖虎，祇事西魏，亦非仕梁也。明統志：李龍遷廟，在牛心山側，又有墓在焉。龍遷稱藩於梁，有惠於民，後人立廟祀之。洪武間，賜號龍陽李公之神，歲時有祭。舊志：今名顯濟廟，在江油縣西十里牛心山上。

大禹廟。在石泉縣東南石紐山下。郡人以禹六月六日生，是日祼享，歲以爲常。

寺觀

天安寺。在平武縣東四十五里。劉宋昇明初建。

龍歸寺。在平武縣南五里。旁有龍淵。

大明寺。在江油縣西三十里。宋宣和中建。

廣南寺。在石泉縣南。下有海眼，夏秋雨後，潮聲如鳴鐘鼓。

妙光寺。在彰明縣西北二里。又禪林寺，在縣東；香水寺，在縣西。

玉虚觀。在平武縣東一百七十里。宋紹興中建。重樓複閣，冠絶一方。

清虚觀。在江油縣東北竇圌山。元泰定中建。

名宦

南北朝 魏

裴果。聞喜人。廢帝時授龍州刺史。州人張道等寇逼州城，果奮擊破之，州境清晏。

辛昂。狄道人。廢帝初爲龍州長史，領郡事。州帶山谷，舊俗生梗，昂威惠洽著，吏民畏而愛之。

陸騰。代人。廢帝時拜龍州刺史。常通江油路，直抵南秦。周孝文曰：「此是卿取柱國之日。」即解金帶賜之。州民李廣嗣、李武等憑據巖險，騰密令多造飛梯，夜襲破之，執廣嗣等於鼓下。

周

和洪。汝南人。武帝時，龍州蠻任公忻、李國立等作亂，刺史獨孤善不能禦。朝議以洪有武略，代善爲刺史。月餘斬公忻、國立，餘黨悉平。

唐

田昉。龍州刺史。乾寧三年正月，王建陷州，昉死之。

宋

洪咨夔。於潛人。知龍州。州歲貢麩金，率科鑛户。咨夔曰：「將奉上，乃厲民乎？」出官錢市之。江油之民歲戍邊，復苦軍餉，爲請於制漕司，免之。

明

薛文勝。洪武初龍州知州。率兵從征松潘衛，開路修橋，借給軍餉。既克，遂留松潘衛安撫，招降生番甚衆。

章贊元。會稽人。江油典史。崇禎十六年，流寇至，縣令避入山，贊元坐縣廨不去，賊脅降不屈，躍入水死。本朝乾隆四十一年，賜謚節愍。

羅應選。桃源人。爲龍安府屬官。崇禎甲申，賊入蜀，誓死守城。比陷，舉家遇害。本朝乾隆四十一年，賜謚節愍。

本朝

章士穎。龍巖人。順治丁酉舉人，授龍安府推官。民素苦逋賦，日逃散。士穎多方綏輯，給以牛種，復業者甚衆。

姜炳璋。象山人。乾隆甲戌進士，知石泉縣。作六勤九戒，梓以勸儆其民。民業山，惟種蕎麥充糧。因教以注水作堰法，始知有水田利。又禁火葬，嚴嫁娶，相沿陋俗多所革去。諄諄教諭，民有慈父母之稱。署江油，凡六月，決疑獄，增書院膏火田，除胥役積弊，民戴之如石泉。江油有舊縣壩，久廢，諭民修築，躬親督之。堰成，開田數千畝，民因號爲姜公堰。

徐炎。浙江人。乾隆四十二年，知平武縣。以常平倉民多積欠不能償，即捐廉採補，取民欠册焚之。歲大旱，立壇祈雨，引咎自責，拜禱烈日中，果大雨。夜出聽民舍有書聲，輒給以紙筆，自是力學者衆。

人物

唐

陳該。顯武人。少好學，能屬文。上元元年進士。四舉有道，皆高第。後爲河内縣尉，行高職卑，不改其操。凡歷所職，皆以清廉仁愛著聞。

李白。詳後綿州。按：李白故宅在今彰明縣南清廉鄉漫波渡，唐昌明縣，屬綿州巴西郡。州又治巴西縣，新唐書以白爲巴西人，故因地附見於此。

宋

張珖。彰明人。博學工書。淳熙中，自湖北副曹遷知劒州，愛民多善政。秋潦爲患，築隄捍之。

明

王璽。判官思民子，襲世職。善撫番民。宣德八年，松潘疊溪寺諸處番猓不靖，勦寇殲魁，功升宣撫司僉事。闢東南棧堡勸墾，民始富。又爲郡興學校，助輸將。人德之，祀鄉賢。孫瀠，知漢川、光化兩縣。公直廉平，民皆祠之。

李嘉。石泉人。李嗣泌養子。爲縣諸生。乙酉，松潘兵亂，獲嗣泌，索金帛不遂，將殺之，嘉請以身代，遂見殺，嗣泌獲免。

王懋烈。龍安人。崇禎中張獻忠殘蜀，舉義兵討之。兵敗，闔門死節。本朝乾隆四十一年，賜謚烈愍。

本朝

李廷明。江油人。有勇略。明末獻賊躪蜀，廷明集衆立砦自守，賊不敢犯。國初，授成都城守副將。康熙六年，封昭勇將軍。同縣廩生羅奇才，獻賊至，亦部署鄉人設險自衛，屢出奇兵却賊，全活甚多。論功授知縣，不就。

楊懷玉。平武人。以守備隨征金川，乾隆十二年戰歿於河利山，贈署都司僉書，廕子。同縣千總高天禄、把總羅邦安俱是年金川陣亡，外委馬天輔於六十年隨勦苗匪陣亡，均卹廕如例。

李芳。平武人。父成宗病篤，芳割股愈之。乾隆中旌。

胡華貴。江油人。家陰平河中磧。父母皆老，華貴偶他出，水大至，將没磧，急乘筏歸救，中道墮水，浮沈三里許，遇巨石得生。向所乘筏亦至，遂泝流還，與父母俱得免。僉云孝感所致。

張秉榮。石泉人。官把總。乾隆十二年隨征金川，陣亡，卹廕如例。

列女

郭興瑞。彰明人。父渡水而溺，棹舟拯之，不得，遂舍舟以從，順流二十里，竟全其父。

謝開運。彰明人。家敦孝友，五世同居。宗族内外之間，秩然有序，里人稱之。

虎昇龍。平武人。撫邊營外委。嘉慶三年隨勦邪匪，陣亡。同縣外委王穎翠、把總楊禄俱戰殁。卹廕均如例。

敬服銘。江油諸生。家貧，事繼母孝，待異母弟如同産。嘉慶五年，賊匪冉添元犯境，母子俱被執。母遇害，服銘大罵死之。同縣彭利川父殁未葬，賊至，與妻張氏守柩不去，皆被害。陳端、陳常，貧而能養。賊至，父紹唐、母唐氏年俱八十餘，不能行，兄弟執械以衛父母，皆見殺，父母獲免。何端煒，賊殺其父母，端煒持槍奮擊，爲賊剖腹而死。

唐

李白二孫女。伯禽女。白卒於當塗。元和末，宣歙觀察使范傳正祭其塚，採訪後裔，惟二孫女，一適陳雲，一適劉勸，皆編户甿也。進止仍有風範，因泣言先祖志在青山，頃葬東麓，非本意。傳正爲改葬，立二碑，告二女將改妻士族。皆曰：「夫妻之道命也，亦分也。欲敗其類，所不忍聞。」傳正嘉歎，復其夫徭役。

宋

張珖妻費氏。廣都費樞女。珖少爲進士，幾二十年而仕，以母老，將辭不行，費勸之出。事姑彌謹，盡斥匳中之藏，以具滑甘。雖有疾，自持不怠，至疾平，姑或終不知。珖得夙夜王事，無内顧憂。

明

嚴庸妻袁氏。龍州人。永樂五年，庸至興文閣道墜江死，袁赴溺所投水以殉。家人購屍兩月弗得，後漁人於沙回頭河見二屍相並崖側。事聞旌表。

王正妻任氏。龍州人。夫歿守節。同州高嵩妻劉氏、李昺妾石氏、石泉蹇俊妻李氏，並以節旌。

王世英妻張氏。青川人。夫卒，二子繼亡，遺孫廷用甫一歲，撫之成立。百有三歲乃終。有司表其門曰「節壽」。同所李南山妻柴氏、龍安嚴某妻張氏，並以節旌。

梁道濟妻楊氏。龍安人。崇禎末，賊將張化龍陷龍安，夫婦避亂山中，皆爲賊執，脅使跪，道濟曰：「我讀聖賢書，豈爲賊屈膝耶？」欲犯楊，楊曰：「爾速殺我，隨夫地下足矣。」賊縛剮之，並罵不絶口死。

本朝

舒繼董妻蔣氏。江油人。夫亡守節，事姑孝謹。姑病，刲股愈之。課三子成名。雍正年間旌。

徐成際妻董氏。彰明人。夫早亡，截髮誓志，撫子成名。雍正年間旌。

龔瑛妻王氏。平武人。夫亡守節。同縣節婦王懋誠妻宋氏、周宗旦妻蘇氏、任士舉妻王氏、趙加慶妻王氏、劉塤妻李氏、王瑶妻唐氏、王懋恩妻龐氏、周自新妻蘇氏、高某妻吴氏，烈婦康純一妻魏氏、尹登璧妻任氏，均乾隆年間旌。

王文忠妻趙氏。江油人。夫亡守節。乾隆年旌。

鮮于德妻文氏。石泉人。年十八而寡，撫遺腹子又夭，煢煢無依，兵荒備歷，堅白自全。同縣節婦文成章妻魏氏、唐建極妻衡氏，均乾隆年間旌。

譚桂芳妻陳氏。石泉人。嫁數月，夫溺於江，陳往投於水，衝流激湍於數十里外，與夫屍同浮泊岸。邑人稱異。

彭定聰妻鄭氏。彰明人。年二十四，夫亡，家貧，勵節撫孤。長子守信，娶劉氏，年二十五亦寡。次守義，娶鄭氏，年十八而寡。一門三節，同帷苦守。

張星金妻陳氏。平武人。嘉慶五年，賊匪犯境，突至其家。與夫持刀禦賊，夫被殺，陳遂自刎。同縣尚在成妻蒲氏，賊殺其夫，蒲甘同死，引頸就戮，賊並殺之。又范順妻楊氏，劉元標子婦薛氏，呂賜隆母傅氏及子婦高氏、傅氏，趙某妻傅氏及子婦張氏，何某妻何氏及子婦劉氏，劉子忠妻趙氏，宋福妻劉氏，田登倉妻陳氏，張章氏，趙王氏，甘楊氏，黨毛氏，穆李氏，尚蒲氏，李尚氏，李趙氏，李吳氏，張陳氏，趙劉氏，楊李氏，楊王氏，俱不屈死難，均嘉慶年間旌。

劉文舉妻毛氏。平武人。守正捐軀，嘉慶年間旌。

萬貢妻向氏。平武人。守正捐軀，嘉慶年間旌。

張三錫妻楊氏。江油人。嘉慶五年，教匪犯境，不屈死之。同縣蕭升學妻羅氏、蕭聖敬妻方氏及子婦彭氏俱不屈死難，均嘉慶年間旌。

歐相如妻陳氏。江油人。夫亡守節，嘉慶年間旌。

張輔陽妻李氏。彰明人。嘉慶五年，教匪犯境，與同縣劉仲友妻胡氏俱不屈死難，均嘉慶年間旌。

張某妻辛氏。彰明人。守正捐軀，嘉慶年間旌。

土産

金。華陽國志：剛氏有金銀鑛。唐書地理志：龍州土貢麩金。元和志：涪水出金。

鐵。明統志：龍安府土産。

錫。明統志：龍安府土産。

水銀。明統志：龍安府土産。

麝香。唐書地理志：松州貢。

羚羊角。唐書地理志：龍州土貢。

酥。唐書地理志：龍州土貢。元和志：松州貢牛酥。

葛粉。唐書地理志：龍州土貢。

茶。明統志：彰明縣獸目山産茶，名「獸目茶」。

藥。唐書地理志：龍州土貢厚朴、附子、天雄、側子烏頭。明統志：彰明出附子。府志：土産黄精、史君子、天南星、穿山甲。

蕎麥。明統志：府地早寒，多植甜蕎麥、苦蕎麥二種，資以爲食。

校勘記

〔一〕東西距二百一十里　按，下文云「東至平武縣界一百三十里，西至茂州界九十里」，則東西距二百二十里，與此不合。疑有小誤。

〔二〕華嘴山　「華」，乾隆志卷三〇四龍安府山川（下同卷簡稱乾隆志）作「鏵」。

〔三〕歲旱禱雨輒應　「旱」，原作「早」，據乾隆志改。

〔四〕屈而東西流入於涪　「西」，乾隆志作「南」，考涪江實際流向，乾隆志爲是。按，楊守敬水經注疏於此文下云：「朱『南』訛作『西』，戴、趙改。」胡三省注資治通鑑引水經注此文亦作「西」，可見水經注訛誤已久。乾隆志蓋借鑒戴震之校，本志仍沿襲傳本之誤，殊屬未審。

〔五〕又東經郭公城南　「南」，原作「内」，據乾隆志及水經注卷二〇漾水改。

〔六〕又東合空泠水　「泠」，戴震校水經注改作「冷」。

〔七〕又南至白水故城　「水」，原脱，據水經注卷二〇漾水補。

〔八〕又有木易河在縣西　「木易河」，乾隆志及雍正四川通志作「木瓜河」。

〔九〕其水沙溪源出平武縣南水沙壩　「水沙溪」，原脱「水」字，據上文及乾隆志補。

〔一〇〕曰兜索　「索」，原作「率」，據乾隆志及大明一統名勝志四川名勝志卷之一〇改。

〔一一〕曰龍鳳　「龍鳳」，乾隆志同，四川名勝志卷之一〇作「隆奉」。

〔一二〕曰羅漢　「漢」，原作「溪」，據乾隆志及四川名勝志卷之一〇改。

〔一三〕形勢陡峻　「陡」，原作「陡」，據文意改。乾隆志作「斗」，與「陡」通。

〔一四〕通駟橋在平武縣東南二十里　「二十里」，乾隆志作「二百里」，未知孰是。

〔一五〕石佛橋　「橋」，原作「寨」，據乾隆志及明一統志卷七〇龍安府關梁改。

〔一六〕縣境又有湖中永安永豐羅村野壩等堰　「湖中」，乾隆志作「湖水」，雍正四川通志卷一三上水利作「胡中」。似以「胡中」爲是。